《刑事犯罪办案指引丛书》
编委会

主 任：陈国庆

副主任：苗生明　元　明　史卫忠　郑新俭　罗庆东

编　委：（按照姓氏笔画排序）

　　　　王文利　贝金欣　刘　辰　肖先华　劳　娃

　　　　张建忠　周惠永　曹红虹　黄　琳

刑事犯罪办案指引丛书

编委会主任：陈国庆

毒品犯罪办案指引

肖先华／主　编

DUPIN FANZUI
BANAN ZHIYIN

中国检察出版社

《毒品犯罪办案指引》
主编及编写人员

本册主编： 肖先华

编写人员：（按照姓氏笔画排序）

王玉洁　王　晖　刘　欢　陆　旭

肖　军　肖先华　曹　莉

序 言

陈国庆[*]

2021年6月,《中共中央关于加强新时代检察机关法律监督工作的意见》印发,这是党的历史上首次就加强检察机关法律监督工作作出明确部署,为新时代检察工作高质量发展提供了根本遵循和科学指南,也为检察工作带来了新的发展机遇。刑事检察是检察机关最基本、最核心的业务,是履行检察机关法律监督职能,发挥检察机关在国家政治、经济、社会生活中保障法律实施作用的最为重要的方式和途径。新时代刑事检察工作应当深入学习贯彻党的十九大和十九届历次全会精神,全面落实习近平法治思想,探索具有中国特色、符合司法规律的创新发展之路。

随着检察工作的发展、司法责任制的落实、内设机构的调整、"捕诉一体"办案机制的确立,刑事检察队伍的结构发生了很大的变化,检察人员的能力素养与新形势下刑事检察工作的需要仍有差距。为加强刑事检察队伍"革命化、正规化、专业化、职业化"建设,努力打造"四个铁一般"的刑事检察铁军,最高人民检察院刑事检察部门有关同志组织编写了《刑事犯罪办案指引丛书》(以下简称丛书)。

---

[*] 陈国庆,最高人民检察院党组成员、副检察长。

丛书突出"专业性、分层次、针对性",集中解决各专业刑事办案领域中常见、多发、热点、新型犯罪的司法实务问题,立足检察机关批捕、起诉、监督工作一体化需要,兼顾法律职业共同体和学界需求,对重要罪名或类罪名,结合典型案例、法律规定,依据法律、政策、学理,进行深入分析、研讨,提示重点,提炼规则,提供有说服力的解决方案。

编写过程中,始终注意贯彻和体现本丛书的编写目的:

第一,立足检察,全面指引。丛书适应刑事检察专业化办案需要,融理论和实务、案例和法律、总则和分则、实体和程序、刑事法律和非刑事法律、定罪和量刑于一体,为办案工作提供全方位、多维度指引、帮助,实现"一卷在手、办案顺手"。

第二,立足办案,有的放矢。丛书紧贴办案工作,紧密结合不同领域、种类犯罪特点和司法实践,对办案工作中的重点、难点、热点问题,充分运用法律、原理、政策进行分析,提出解决方案;对相关的指导性案例、典型案例及相关法律做出梳理,提炼出切实管用的办案指引。

第三,立足实用,繁简得当。丛书摒弃大而全的刑法教科书模式,以问题为导向,打造精简、实用的刑事办案操作指南。对办案中的普遍困惑,结合学理通说给出权威观点,厘清问题,阐述本质;对办案中的争议问题,结合实践提出办案思路和倾向性观点,力求达致言之有理、持之有据,法理情相统一。

第四,立足指导,规范权威。力求以精干的作者团队确保丛书的高质量和指引借鉴价值。丛书由最高人民检察院第一、二、三、四检察厅等刑事检察部门领导、相关办案组主办检察官或高级检察官任分册主编。写作团队以高检院各专业办案组为主要作者，适当邀请地方检察机关司法实践经验丰富、研究能力强的检察官参与写作，经相关部门领导审稿后，由本书编委会审定。

新时代新理念新要求。希望丛书的出版能对刑事检察官的专业培训和自我学习提供有益参考，对检察系统内刑事领域高层次领军人才的培养挖掘提供交流平台，为全面提升法律监督质效，抓实刑事检察工作"质量建设年"起到积极作用。

2022 年 4 月

目 录

第一章　毒品犯罪概述 …………………………………………… 1

第一节　毒品的概念、种类及名称表述 ……………………… 3
一、毒品的概念 ………………………………………………… 3
二、毒品的种类 ………………………………………………… 5
三、毒品的名称表述 …………………………………………… 7

第二节　毒品犯罪的概念和立法沿革 ………………………… 10
一、毒品犯罪的概念 …………………………………………… 10
二、毒品犯罪的立法沿革 ……………………………………… 12

第三节　毒品犯罪的发案态势 ………………………………… 14

第二章　走私、贩卖、运输、制造毒品罪办案指引 ………… 19

第一节　走私、贩卖、运输、制造毒品罪概述 ……………… 21
一、走私、贩卖、运输、制造毒品罪的立法沿革 …………… 21
二、走私、贩卖、运输、制造毒品罪的发案态势 …………… 23
三、走私、贩卖、运输、制造毒品罪的概念和构成特征 …… 25
四、走私、贩卖、运输、制造毒品罪的追诉标准 …………… 30

第二节　走私、贩卖、运输、制造毒品罪的证据审查 ……… 31
一、走私、贩卖、运输、制造毒品罪的证据要件 …………… 31
二、走私、贩卖、运输、制造毒品罪常见证据审查 ………… 37

第三节　走私、贩卖、运输、制造毒品罪的认定处理 ……… 48
一、代购毒品行为的认定 ……………………………………… 48

1

二、贩卖假毒品行为的认定 ………………………………… 60
　　三、贩卖复方曲马多、氟胺酮行为的认定 ………………… 61
　　四、短距离运输毒品行为的认定 …………………………… 64
　　五、吸毒者运输毒品行为的认定 …………………………… 66
　　六、寄递毒品行为的认定 …………………………………… 67

第三章　非法持有毒品罪办案指引 ……………………………… 73

第一节　非法持有毒品罪概述 ………………………………… 75
　　一、非法持有毒品罪的立法沿革 …………………………… 75
　　二、非法持有毒品罪的发案态势 …………………………… 77
　　三、非法持有毒品罪的概念和构成特征 …………………… 78
　　四、非法持有毒品罪的追诉标准 …………………………… 88

第二节　非法持有毒品罪的证据审查 ………………………… 91
　　一、非法持有毒品罪的证据要件 …………………………… 91
　　二、非法持有毒品罪常见证据审查 ………………………… 96

第三节　非法持有毒品罪的认定处理 ………………………… 106
　　一、罪与非罪的界限 ………………………………………… 106
　　二、本罪与贩卖毒品罪的界限 ……………………………… 108
　　三、本罪与运输毒品罪的界限 ……………………………… 113
　　四、吸毒人员非法持有毒品行为的认定 …………………… 118
　　五、非法持有毒品数量的认定 ……………………………… 121
　　六、本罪的罪数形态 ………………………………………… 122

第四章　包庇毒品犯罪分子罪办案指引 ………………………… 125

第一节　包庇毒品犯罪分子罪概述 …………………………… 127
　　一、包庇毒品犯罪分子罪的立法沿革 ……………………… 127
　　二、包庇毒品犯罪分子罪的发案态势 ……………………… 129
　　三、包庇毒品犯罪分子罪的概念和构成特征 ……………… 129
　　四、包庇毒品犯罪分子罪的追诉标准 ……………………… 135

第二节　包庇毒品犯罪分子罪的证据审查 …………………… 140
　　　　一、包庇毒品犯罪分子罪的证据要件 ………………………… 140
　　　　二、包庇毒品犯罪分子罪常见证据审查 ……………………… 143
　　第三节　包庇毒品犯罪分子罪的认定处理 …………………… 146
　　　　一、罪与非罪的界限 …………………………………………… 146
　　　　二、本罪与其他犯罪的界限 …………………………………… 148

第五章　窝藏、转移、隐瞒毒品、毒赃罪办案指引 ………… 155
　　第一节　窝藏、转移、隐瞒毒品、毒赃罪概述 ……………… 157
　　　　一、窝藏、转移、隐瞒毒品、毒赃罪的立法沿革 …………… 157
　　　　二、窝藏、转移、隐瞒毒品、毒赃罪的发案态势 …………… 158
　　　　三、窝藏、转移、隐瞒毒品、毒赃罪的概念和构成特征 …… 158
　　　　四、窝藏、转移、隐瞒毒品、毒赃罪的追诉标准 …………… 170
　　第二节　窝藏、转移、隐瞒毒品、毒赃罪的证据审查 ……… 174
　　　　一、窝藏、转移、隐瞒毒品、毒赃罪的证据要件 …………… 174
　　　　二、窝藏、转移、隐瞒毒品、毒赃罪常见证据审查 ………… 176
　　第三节　窝藏、转移、隐瞒毒品、毒赃罪的认定处理 ……… 180
　　　　一、罪与非罪的界限 …………………………………………… 180
　　　　二、本罪与其他犯罪的界限 …………………………………… 180

第六章　非法生产、买卖、运输制毒物品、走私制毒物品罪
　　　　办案指引 ……………………………………………………… 191
　　第一节　非法生产、买卖、运输制毒物品、走私制毒物品罪
　　　　　　概述 ……………………………………………………… 193
　　　　一、非法生产、买卖、运输制毒物品、走私制毒物品罪的
　　　　　　立法沿革 ………………………………………………… 193
　　　　二、非法生产、买卖、运输制毒物品、走私制毒物品罪的
　　　　　　发案态势 ………………………………………………… 194

三、非法生产、买卖、运输制毒物品、走私制毒物品罪的概念
　　　　和构成特征 ………………………………………… 195
　　四、非法生产、买卖、运输制毒物品、走私制毒物品罪的
　　　　追诉标准 …………………………………………… 216

第二节　非法生产、买卖、运输制毒物品、走私制毒物品罪的
　　　　证据审查 …………………………………………… 219
　　一、非法生产、买卖、运输制毒物品、走私制毒物品罪的
　　　　证据要件 …………………………………………… 219
　　二、非法生产、买卖、运输制毒物品、走私制毒物品罪常见
　　　　证据审查 …………………………………………… 228

第三节　非法生产、买卖、运输制毒物品、走私制毒物品罪的
　　　　认定处理 …………………………………………… 231
　　一、罪与非罪的界限 …………………………………… 231
　　二、本罪与制造毒品罪的界限 ………………………… 235
　　三、非法买卖麻黄碱等行为的认定 …………………… 237
　　四、共同犯罪的认定 …………………………………… 243

第七章　非法种植毒品原植物罪办案指引 …………………… 247

第一节　非法种植毒品原植物罪概述 …………………………… 249
　　一、非法种植毒品原植物罪的立法沿革 ……………… 249
　　二、非法种植毒品原植物罪的发案态势 ……………… 251
　　三、非法种植毒品原植物罪的概念和构成特征 ……… 251
　　四、非法种植毒品原植物罪的追诉标准 ……………… 259

第二节　非法种植毒品原植物罪的证据审查 …………………… 263
　　一、非法种植毒品原植物罪的证据要件 ……………… 263
　　二、非法种植毒品原植物罪常见证据审查 …………… 265

第三节　非法种植毒品原植物罪的认定处理 …………………… 273
　　一、罪与非罪的界限 …………………………………… 273
　　二、本罪与制造毒品罪的界限 ………………………… 276

三、本罪的罪数形态 ························ 278

第八章　非法买卖、运输、携带、持有毒品原植物种子、幼苗罪办案指引 ··· 281

第一节　非法买卖、运输、携带、持有毒品原植物种子、幼苗罪概述 ··· 283

　　一、非法买卖、运输、携带、持有毒品原植物种子、幼苗罪的立法沿革 ··· 283

　　二、非法买卖、运输、携带、持有毒品原植物种子、幼苗罪的发案态势 ··· 284

　　三、非法买卖、运输、携带、持有毒品原植物种子、幼苗罪的概念和构成特征 ··· 285

　　四、非法买卖、运输、携带、持有毒品原植物种子、幼苗罪的追诉标准 ··· 291

第二节　非法买卖、运输、携带、持有毒品原植物种子、幼苗罪的证据审查 ··· 293

　　一、非法买卖、运输、携带、持有毒品原植物种子、幼苗罪的证据要件 ··· 293

　　二、非法买卖、运输、携带、持有毒品原植物种子、幼苗罪常见证据审查 ··· 296

第三节　非法买卖、运输、携带、持有毒品原植物种子、幼苗罪的认定处理 ··· 302

　　一、罪与非罪的界限 ························ 302

　　二、本罪与非法种植毒品原植物罪的界限 ··· 304

　　三、本罪的罪数形态 ························ 305

第九章　引诱、教唆、欺骗他人吸毒罪办案指引 ··· 309

第一节　引诱、教唆、欺骗他人吸毒罪概述 ··· 311

　　一、引诱、教唆、欺骗他人吸毒罪的立法沿革 ··· 311

二、引诱、教唆、欺骗他人吸毒罪的发案态势 …………………… 311
　　三、引诱、教唆、欺骗他人吸毒罪的概念和构成特征 …………… 312
　　四、引诱、教唆、欺骗他人吸毒罪的追诉标准 …………………… 322
第二节　引诱、教唆、欺骗他人吸毒罪的证据审查 ……………………… 324
　　一、引诱、教唆、欺骗他人吸毒罪的证据要件 …………………… 324
　　二、引诱、教唆、欺骗他人吸毒罪常见证据审查 ………………… 326
第三节　引诱、教唆、欺骗他人吸毒罪的认定处理 ……………………… 327
　　一、本罪与教唆犯罪的界限 ………………………………………… 327
　　二、本罪的罪数形态 ………………………………………………… 328

第十章　强迫他人吸毒罪办案指引 ……………………………………… 331

第一节　强迫他人吸毒罪概述 ……………………………………………… 333
　　一、强迫他人吸毒罪的立法沿革 …………………………………… 333
　　二、强迫他人吸毒罪的发案态势 …………………………………… 333
　　三、强迫他人吸毒罪的概念和构成特征 …………………………… 333
　　四、强迫他人吸毒罪的追诉标准 …………………………………… 343
第二节　强迫他人吸毒罪的证据审查 ……………………………………… 345
　　一、强迫他人吸毒罪的证据要件 …………………………………… 345
　　二、强迫他人吸毒罪常见证据审查 ………………………………… 349
第三节　强迫他人吸毒罪的认定处理 ……………………………………… 351
　　一、罪与非罪的界限 ………………………………………………… 351
　　二、本罪与引诱、教唆、欺骗他人吸毒罪的界限 ………………… 351
　　三、强迫他人吸毒致人重伤、死亡的定性 ………………………… 355
　　四、本罪罪数形态的其他情形 ……………………………………… 359
　　五、本罪的犯罪完成形态 …………………………………………… 361

第十一章　容留他人吸毒罪办案指引 …………………………………… 365

第一节　容留他人吸毒罪概述 ……………………………………………… 367
　　一、容留他人吸毒罪的立法沿革 …………………………………… 367

二、容留他人吸毒罪的发案态势 …………………………… 368
　　三、容留他人吸毒罪的概念和构成特征 ………………… 368
　　四、容留他人吸毒罪的追诉标准 ………………………… 372

第二节　容留他人吸毒罪的证据审查 ………………………… 375
　　一、容留他人吸毒罪的证据要件 ………………………… 375
　　二、容留他人吸毒罪常见证据审查 ……………………… 387

第三节　容留他人吸毒罪的认定处理 ………………………… 389
　　一、本罪与其他犯罪的界限 ……………………………… 389
　　二、本罪的帮助犯问题 …………………………………… 392
　　三、特定关系人容留吸毒行为的认定 …………………… 393
　　四、特殊容留场所的认定 ………………………………… 395
　　五、涉网络容留吸毒行为的认定 ………………………… 401

第十二章　非法提供麻醉药品、精神药品罪办案指引 …… 405

第一节　非法提供麻醉药品、精神药品罪概述 ……………… 407
　　一、非法提供麻醉药品、精神药品罪的立法沿革 ……… 407
　　二、非法提供麻醉药品、精神药品罪的发案态势 ……… 409
　　三、非法提供麻醉药品、精神药品罪的概念和构成特征 … 409
　　四、非法提供麻醉药品、精神药品罪的追诉标准 ……… 417

第二节　非法提供麻醉药品、精神药品罪的证据审查 ……… 420
　　一、非法提供麻醉药品、精神药品罪的证据要件 ……… 420
　　二、非法提供麻醉药品、精神药品罪常见证据审查 …… 423

第三节　非法提供麻醉药品、精神药品罪的认定处理 ……… 433
　　一、罪与非罪的界限 ……………………………………… 433
　　二、本罪与贩卖毒品罪的界限 …………………………… 433
　　三、非法贩卖麻醉药品、精神药品行为的认定 ………… 435

第十三章　妨害兴奋剂管理罪办案指引 …………………… 437

第一节　妨害兴奋剂管理罪概述 ……………………………… 439

一、妨害兴奋剂管理罪的立法沿革 …………………………… 439
　　二、妨害兴奋剂管理罪的发案态势 …………………………… 440
　　三、妨害兴奋剂管理罪的概念和构成特征 …………………… 441
　　四、妨害兴奋剂管理罪的追诉标准 …………………………… 444
　第二节　妨害兴奋剂管理罪的证据审查 …………………………… 445
　　一、妨害兴奋剂管理罪的证据要件 …………………………… 445
　　二、妨害兴奋剂管理罪常见证据审查 ………………………… 447
　第三节　妨害兴奋剂管理罪的认定处理 …………………………… 448
　　一、罪与非罪的界限 …………………………………………… 448
　　二、本罪与其他犯罪的界限 …………………………………… 449

第十四章　毒品犯罪若干疑难问题办理指引 ……………………… 453

　第一节　毒品犯罪的管辖 …………………………………………… 455
　　一、管辖的基本原则 …………………………………………… 455
　　二、管辖的审查 ………………………………………………… 456
　第二节　毒品犯罪数量和毒品纯度 ………………………………… 463
　　一、毒品数量的认定 …………………………………………… 463
　　二、毒品纯度的问题 …………………………………………… 471
　第三节　毒品犯罪的技术侦查 ……………………………………… 474
　　一、技术侦查措施概述 ………………………………………… 475
　　二、隐匿身份侦查和控制下交付 ……………………………… 476
　　三、毒品技侦证据材料的审查判断 …………………………… 488
　第四节　毒品犯罪的非法证据排除 ………………………………… 498
　　一、口供的审查判断 …………………………………………… 498
　　二、毒品同一性的认定 ………………………………………… 510
　　三、排除非法证据的相关程序 ………………………………… 518
　第五节　毒品犯罪的主观明知 ……………………………………… 527
　　一、主观明知的含义 …………………………………………… 528

二、主观明知的对象 …………………………………… 529

　　三、主观明知的程度 …………………………………… 530

　　四、主观明知的证明 …………………………………… 531

第六节　毒品犯罪的既未遂 ………………………………… 542

　　一、走私毒品的既未遂认定 …………………………… 542

　　二、贩卖毒品的既未遂认定 …………………………… 545

　　三、运输毒品的既未遂认定 …………………………… 552

　　四、制造毒品的既未遂认定 …………………………… 554

　　五、非法持有毒品的既未遂认定 ……………………… 555

　　六、引诱、教唆、欺骗他人吸毒的既未遂认定 ……… 556

第七节　毒品犯罪的自首、立功和认罪认罚从宽制度的适用 … 558

　　一、自首的认定 ………………………………………… 558

　　二、立功的认定 ………………………………………… 565

　　三、认罪认罚从宽制度的适用 ………………………… 574

第八节　毒品犯罪的共同犯罪 ……………………………… 579

　　一、毒品共同犯罪成立的条件 ………………………… 579

　　二、不构成毒品共同犯罪的情形 ……………………… 584

　　三、运输毒品共同犯罪的认定 ………………………… 587

　　四、毒品犯罪居间行为的认定 ………………………… 589

　　五、毒品犯罪主从犯的认定 …………………………… 593

第九节　毒品犯罪累犯和再犯 ……………………………… 596

　　一、毒品犯罪累犯和再犯概述 ………………………… 596

　　二、毒品犯罪累犯和再犯的关系 ……………………… 599

　　三、未成年人毒品犯罪再犯的认定 …………………… 603

第十节　毒品犯罪的刑罚适用 ……………………………… 607

　　一、死刑的适用 ………………………………………… 607

　　二、财产刑的适用 ……………………………………… 618

　　三、涉毒资产的查缴 …………………………………… 619

附 录 ·· 627

附录一 最高人民法院、最高人民检察院毒品犯罪典型案例 ······ 629
2018 年最高人民法院毒品犯罪及涉毒次生犯罪典型案例 ········· 629
2019 年最高人民法院十大毒品（涉毒）犯罪典型案例 ············· 637
2020 年最高人民法院十大毒品（涉毒）犯罪典型案例 ············· 649
2021 年最高人民法院十大毒品（涉毒）犯罪典型案例 ············· 661
2018 年最高人民检察院检察机关依法惩治毒品犯罪典型案例 ··· 674
2019 年最高人民检察院检察机关依法惩治和预防毒品犯罪
典型案例 ··· 680
2020 年最高人民检察院强化法律监督、推进毒品犯罪检察
治理典型案例 ··· 685
2021 年最高人民检察院新型毒品犯罪典型案例 ···················· 690

附录二 《刑事审判参考》毒品犯罪相关案例索引 ················ 698

后 记 ·· 707

第一章

毒品犯罪
概述

第一节　毒品的概念、种类及名称表述

一、毒品的概念

　　毒品类物质在人类文明早期就被发现，包括大麻在内的麻文化在我国至少已经有一万多年的历史。[①]而"毒品"作为一个社会概念，出现只有数百年的时间。在英语中并没有"毒品"这一专有词汇，往往表述为"drug"，而该词原本是指药品。在我国传统汉语中也没有"毒品"这一词汇，清代鸦片战争后，"禁烟""烟毒"等词汇逐渐出现，第二次世界大战前后，"毒品"一词逐渐在国内流传开来。[②]可见，"毒品"一词的概念在不同的国家和地区以及不同的时期，存在不同的认识。随着毒品的蔓延，毒品极大地危害了人类的生命和健康，为共同应对毒品犯罪问题，国际社会加强协作，签署了一系列国际公约。这些国际公约对毒品基本内涵作了明确说明。如，1946年12月11日修正的1936年《禁止非法买卖麻醉品的公约》，首次把非法制造、变造、提制、调制、持有、供给、兜售、分配、购买麻醉品等行为规定为国际犯罪。1972年3月25日修正的1961年《麻醉品单一公约》，将管制范围扩大到天然麻醉原料的种植，包括鸦片、大麻和古柯叶等。1971年2月21日通过的《精神药物公约》，对以往公约中没有规定的精神药物，包括32种迷幻剂进行管制。1988年10月20日通过的《联合国禁止非法贩运麻醉药品和精神药物公约》，对修正的《麻醉品单一公约》《精神药物公约》等作了重要补充，建立了一套完整的实体规范和程序规范。我国已加入后三个公约。上述国际公约均将

[①] 参见李世清：《毒品犯罪刑罚问题研究》，中国检察出版社2011年版，第16页。
[②] 参见崔敏主编：《毒品犯罪发展趋势与遏制对策》，警官教育出版社1999年版，第24页。

"毒品"的内涵明确为麻醉药品和精神药物。

我国学术界对"毒品"的概念曾有激烈的争论。如有观点认为,毒品是指"鸦片、海洛因、吗啡、高根、金丹等长期吸食、注射后能使人逐渐成瘾的制品"①。有观点认为,"毒品即受控制的物品,是指麻醉品或其他所有接受可适用的国际公约控制、管理的物品及其原料"②。还有观点认为,毒品是指"以各种方式吸收进入人体并最终给人带来危害的各种非食物的自然物品或化学合成物品"③。直到1979年7月1日第五届全国人民代表大会第二次会议通过了《刑法》,将"毒品"界定为海洛因、鸦片、吗啡或其他毒品。1990年12月28日,第七届全国人民代表大会常务委员会第十七次会议通过的《关于禁毒的决定》将"毒品"定义为"鸦片、海洛因、吗啡、大麻、可卡因以及国务院规定管制的其他能够使人形成瘾癖的麻醉药品和精神药品"。1997年3月14日第八届全国人民代表大会第五次会议修订的《刑法》在《关于禁毒的决定》的基础上对"毒品"的概念进行了完善,规定"毒品"是指"鸦片、海洛因、甲基苯丙胺(冰毒)、吗啡、大麻、可卡因以及国家规定管制的其他能够使人形成瘾癖的麻醉药品和精神药品"。这一立法规定采取列举与概括相结合的方法,对毒品的概念进行了明确。

一般认为,毒品具有依赖性、危害性、违法性等三个基本特征:一是毒品具有依赖性。毒品的依赖性,又可称为成瘾性,指在某种毒品的长期和反复作用下,人体所产生的生理和心理依赖性。一旦毒品被停用后,吸毒者生理上、心理上将产生严重不适反应,"一朝吸毒,终身成瘾"即反映出毒品的这个特征。二是毒品具有危害性。毒品不仅对人体产生危害,甚至导致吸毒者死亡,而且给社会治安带来巨大危害。毒品容易引发暴力犯罪、侵犯财产犯罪,特别是因贩毒而形成的有组织犯罪危害极大。三是毒品具有违法性。毒品是我国法律规定管制的麻醉药品和精神药品。需要注意的是,合法使用的麻醉药品和精神药品,不属于毒品。

---

① 杨春洗、高铭暄、马克昌等主编:《刑事法学大辞书》,南京大学出版社1990年版,第664页。

② 马克昌等主编:《刑法学全书》,上海科学技术文献出版社1993年版,第122页。

③ 喻晓东等编:《大禁毒》,团结出版社1993年版,第1页。

二、毒品的种类

当今世界，毒品种类繁多，根据不同的方法可以将毒品分为不同的种类。如，按照毒品的来源分类，可将毒品分为天然毒品和合成毒品；按照毒品的毒性大小分类，可将毒品分为软性毒品与硬性毒品；按照国际禁毒公约和法律规定分类，可将毒品分为麻醉药品和精神药物；按照药理学效果分类，可将毒品分为致幻剂、兴奋剂和镇静剂等；按照毒品出现的时间顺序，可将毒品分为传统毒品与新型毒品。

传统毒品主要是通过罂粟等毒品原植物再加工而成的毒品，如鸦片、海洛因、大麻、吗啡、可卡因等。相对传统毒品而言，新型毒品主要是指，通过化学方法进行人工合成的毒品，又被称为"实验室毒品""化学合成毒品"，如甲基苯丙胺（冰毒）、亚甲基二氧甲基苯丙胺（MDMA，摇头丸）、氯胺酮（K粉）、曲马多等。其中，对于没有被1961年《麻醉品单一公约》和1971年《精神药物公约》列管的物质，被称为新精神活性物质（New Psychoactive Substances，简称NPS）。近年来，随着新型毒品不断翻新，新精神活性物质在世界范围内日趋蔓延。据联合国毒品与犯罪问题办公室（UNODC）报告，2009年至2018年共发现新精神活性物质892种，涉及119个国家和地区[1]。2020年底，全球已出现新精神活性物质1047种，其中约450种为近5年新出现的种类。我国已累计发现新精神活性物质9大类317种，近3年新发现50余种。[2]我国政府不断加强对新型毒品的管制，其中列管188种新精神活性物质和芬太尼类整类物质、合成大麻素类整类物质，毒品种类日趋庞大。截至目前，我国一共列管毒品449种，另外整类列管芬太尼类和合成大麻素类物质，主要情况如下：

2005年《麻醉药品和精神药品管理条例》（2013年12月7日、2016年2月6日二次修订）规定，麻醉药品和精神药品，是指列入麻醉药品目录、精神药品目录的药品和其他物质。精神药品分为第一类精神药品和第二类精神药品。目录由国务院药品监督管理部门会同国务院公安部门、国

---

[1] 参见马岩、王优美主编：《新精神活性物质办案实用手册》，法律出版社2019年版，第2页。

[2] 2021年5月11日国家禁毒办通报的数据，参见《国家禁毒办：对合成大麻素类物质整类列管》，载《工人日报》2021年5月12日，第3版。

务院卫生主管部门制定、调整并公布。近年来列管的麻醉药品和精神药品主要是：

2013年11月11日，国家食品药品监督管理总局、公安部、国家卫生和计划生育委员会发布了《关于公布麻醉药品和精神药品品种目录的通知》（食药监药化监〔2013〕230号），列管麻醉药品121种，列管第一类精神药品68种，列管第二类精神药品81种。

2015年4月3日，国家食品药品监督管理总局、公安部、国家卫生和计划生育委员会发布了《关于将含可待因复方口服液体制剂列入第二类精神药品管理的公告》，将可待因复方口服液体制剂（包括口服溶液剂、糖浆剂）列入第二类精神药品进行管理。

2015年9月24日，公安部、国家卫生和计划生育委员会、国家食品药品监督管理总局、国家禁毒委员会办公室发布了《非药用类麻醉药品和精神药品列管办法》，通过附表《非药用类麻醉药品和精神药品管制品种增补目录》列管了116种非药用类麻醉药品和精神药品。

2017年1月25日，公安部、国家食品药品监督管理总局、国家卫生和计划生育委员会发布了《关于将卡芬太尼等四种芬太尼类物质列入非药用类麻醉药品和精神药品管制品种增补目录的公告》，将卡芬太尼、呋喃芬太尼、丙烯酰芬太尼、戊酰芬太尼四种物质列入《非药用类麻醉药品和精神药品管制品种增补目录》进行管理。

2017年5月22日，公安部、国家食品药品监督管理总局、国家卫生和计划生育委员会发布《关于将N-甲基-N-（2-二甲氨基环己基）-3,4-二氯苯甲酰胺（U-47700）等四种物质列入非药用类麻醉药品和精神药品管制品种增补目录的公告》，将N-甲基-N-（2-二甲氨基环己基）-3,4-二氯苯甲酰胺（U-47700）、1-环己基-4-（1,2-二苯基乙基）哌嗪（MT-45）、4-甲氧基甲基苯丙胺（PMMA）和2-氨基-4-甲基-5-（4-甲基苯基）-4,5-二氢恶唑（4,4'-DMAR）四种物质列入《非药用类麻醉药品和精神药品管制品种增补目录》进行管理。

2018年8月16日，公安部、国家卫生健康委员会、国家药品监督管理局发布《关于将4-氯乙卡西酮等32种物质列入非药用类麻醉药品和精神药品管制品种增补目录的公告》，将4-氯乙卡西酮等32种物质列入《非药用类麻醉药品和精神药品管制品种增补目录》进行管理。

2019年4月1日，公安部、国家卫生健康委员会、国家药品监督管理局发布《关于将芬太尼类物质列入〈非药用类麻醉药品和精神药品管制品种增补目录〉的公告》，将芬太尼类物质列入《非药用类麻醉药品和精神药品管制品种增补目录》进行管理。

2019年7月11日，国家药品监督管理局、公安部、国家卫生健康委员会发布《关于将含羟考酮复方制剂等品种列入精神药品管理的公告》，将口服固体制剂每剂量单位含羟考酮碱大于5毫克，且不含其他麻醉药品、精神药品或药品类易制毒化学品的复方制剂列入第一类精神药品管理；将口服固体制剂每剂量单位含羟考酮碱不超过5毫克，且不含其他麻醉药品、精神药品或药品类易制毒化学品的复方制剂列入第二类精神药品管理；将丁丙诺啡与纳洛酮的复方口服固体制剂列入第二类精神药品管理。

2019年12月16日，国家药品监督管理局、公安部、国家卫生健康委员会发布《关于将瑞马唑仑列入第二类精神药品管理的公告》，将瑞马唑仑（包括其可能存在的盐、单方制剂和异构体）列入第二类精神药品管理。

2021年7月1日起，公安部、国家卫生健康委员会和国家药品监督管理局《关于将合成大麻素类物质和氟胺酮等18种物质列入〈非药用类麻醉药品和精神药品管制品种增补目录〉的公告》施行，正式整类列管合成大麻素类新精神活性物质，并新增列管氟胺酮等18种新精神活性物质。

三、毒品的名称表述

2014年8月20日，最高人民法院、最高人民检察院、公安部发布了《关于规范毒品名称表述若干问题的意见》，对在起诉意见书、起诉书、刑事判决书、刑事裁定书中规范表述各类毒品名称作了详细规定。

毒品名称表述坚持三个基本原则：一是以毒品的化学名称为依据，不再直接使用俗称，与刑法、司法解释及相关规范性文件中的毒品名称保持一致。刑法、司法解释等没有规定的，可以参照《麻醉药品品种目录》《精神药品品种目录》中的毒品名称进行表述。二是对于含有两种以上毒品成分的混合型毒品，根据其主要毒品成分和具体形态认定毒品种类、确定名称。混合型毒品中含有海洛因、甲基苯丙胺的，一般应当以海洛因、甲基苯丙胺确定其毒品种类；不含海洛因、甲基苯丙胺，或者海洛因、甲基苯丙胺的含量极低的，可以根据其中定罪量刑数量标准较低且所占比例较大的毒品成分确定其毒品种类。混合型毒品成分复杂的，可以用括号注明其中所含的一至两种其他毒品成分。这一规定与2008年《全国部分法院审理毒品犯罪案件工作座谈会纪要》（以下简称《大连会议纪要》）基本保持一致。三是为体现与犯罪嫌疑人、被告人供述的对应性，对于犯罪嫌疑人、被告人供述的毒品常见俗称，可以在文书中第一次表述该类毒品时用括号注明。

具体而言，关于含甲基苯丙胺成分的毒品名称表述：一是对于含甲基苯丙胺成分的晶体状毒品，应当统一表述为甲基苯丙胺（俗称"冰毒"），在下文中再次出现时可以直接表述为甲基苯丙胺。二是对于以甲基苯丙胺为主要毒品成分的片剂状毒品，应当统一表述为甲基苯丙胺片剂。如果犯罪嫌疑人、被告人供述为"麻古""麻果"或者其他俗称的，可以在文书中第一次表述该类毒品时用括号注明，如表述为甲基苯丙胺片剂（俗称"麻古"）等。三是对于含甲基苯丙胺成分的液体、固液混合物、粉末等，应当根据其毒品成分和具体形态进行表述，如表述为含甲基苯丙胺成分的液体、含甲基苯丙胺成分的粉末等。

关于含氯胺酮成分的毒品名称表述：一是对于含氯胺酮成分的粉末状毒品，应当统一表述为氯胺酮。如果犯罪嫌疑人、被告人供述为"K粉"等俗称的，可以在文书中第一次表述该类毒品时用括号注明，如表述为氯胺酮（俗称"K粉"）等。二是对于以氯胺酮为主要毒品成分的片剂状毒品，应当统一表述为氯胺酮片剂。三是对于含氯胺酮成分的液体、固液混合物等，应当根据其毒品成分和具体形态进行表述，如表述为含氯胺酮成分的液体、含氯胺酮成分的固液混合物等。

关于含MDMA等成分的毒品名称表述：对于以MDMA、MDA、MDEA等致幻性苯丙胺类兴奋剂为主要毒品成分的丸状、片剂状毒品，应当根据其主要毒品成分的中文化学名称和具体形态进行表述，并在文书中第一次表述该类毒品时用括号注明下文中使用的英文缩写简称，如表述为3,4-亚甲二氧基甲基苯丙胺片剂（以下简称MDMA片剂）、3,4-亚甲二氧基苯丙胺片剂（以下简称MDA片剂）、3,4-亚甲二氧基乙基苯丙胺片剂（以下简称 MDEA 片剂）等。如果犯罪嫌疑人、被告人供述为"摇头丸"等俗称的，可以在文书中第一次表述该类毒品时用括号注明，如表述为 3,4- 亚甲二氧基甲基苯丙胺片剂（以下简称 MDMA 片剂，俗称"摇头丸"）等。

关于"神仙水"类毒品名称表述：对于俗称"神仙水"的液体状毒品，应当根据其主要毒品成分和具体形态进行表述。毒品成分复杂的，可以用括号注明其中所含的一至两种其他毒品成分，如表述为含氯胺酮（咖啡因、地西泮等）成分的液体等。如果犯罪嫌疑人、被告人供述为"神仙水"等俗称的，可以在文书中第一次表述该类毒品时用括号注明，如表述为含氯胺酮（咖啡因、地西泮等）成分的液体（俗称"神仙水"）等。

关于大麻类毒品名称表述：对于含四氢大麻酚、大麻二酚、大麻酚等天然大麻素类成分的毒品，应当根据其外形特征分别表述为大麻叶、大麻脂、大麻油或者大麻烟等。

第二节 毒品犯罪的概念和立法沿革

一、毒品犯罪的概念

我国刑法对毒品犯罪具体类型作了明确,但"毒品犯罪"的概念并未明确,学术界对此存在不同的认识。有观点认为,毒品犯罪是指"违反国际公约和国家禁毒法规,走私、贩卖、制造毒品以及从事与上述毒品犯罪直接相关的或其他与毒品有关的应受刑罚处罚的犯罪行为"。[1] 有观点认为,毒品犯罪是指"违反刑法及相关禁毒法规,破坏禁毒管制活动,应受刑罚处罚的行为"。[2] 有观点认为,毒品犯罪是指"违反毒品管理法规,非法走私、贩卖、制造、使用毒品、种植毒品原植物,以及与此直接有关的破坏国家禁毒活动、危害公民身心健康和社会治安秩序,依法应受刑罚处罚的行为"。[3] 有观点认为,毒品犯罪是指"违反毒品、毒品原植物和易制毒化学品及其他禁毒管理法规,破坏禁毒管制活动,依法应受刑罚处罚的行为"。[4] 我们认为,所列最后一种观点完整地界定了毒品犯罪的范畴,且简洁扼要,具有科学性、合理性。

对于毒品犯罪,可以从其形式特征和实质特征两个方面进行理解。毒品犯罪的形式特征,即刑事违法性。行为人违反了毒品、毒品原植物、易制毒化学品以及其他禁毒管理法规,不仅包括《刑法》《禁毒法》等法律,也包括《麻醉药品和精神药品管理条例》《易制毒化学品管理条例》

---

[1] 赵长青主编:《中国毒品问题研究——禁毒斗争的理论与实践》,中国大百科全书出版社1993年版,第259页。

[2] 高贵君主编:《毒品犯罪审判理论与实务》,人民法院出版社2009年版,第47页。

[3] 赵秉志等:《毒品犯罪》,中国人民公安大学出版社1998年版,第53页。

[4] 杨鸿:《毒品犯罪研究》,广东人民出版社2002年版,第167页。

《非药用类麻醉药品和精神药品列管办法》《易制毒化学品购销和运输管理办法》等法规。值得注意的是，虽然我国已签署加入联合国《麻醉品单一公约》《精神药物公约》《禁止非法贩运麻醉药品和精神药物公约》，但相关公约只是明确了相关毒品犯罪类型，无法直接适用。毒品犯罪的实质特征，即社会危害性。毒品犯罪破坏禁毒管制活动，具有社会危害性。毒品犯罪社会危害性严重，世界各国普遍予以严厉打击。对于毒品犯罪侵害的客体，学术界存在一定争议。有观点认为，毒品犯罪侵害的是国家对毒品的管理制度；① 有观点认为，毒品犯罪侵害的是公众健康；② 还有观点认为，毒品犯罪不仅破坏了国家的毒品管理制度，还有害于人民的身体健康。③ 我们认为，第一种观点较为合理，毒品犯罪本质上是违反毒品管理制度，毒品中一大部分属于国家管制的麻醉药品和精神药品，可以用于合法的生产生活，不一定会侵害公众的健康。毒品犯罪不仅是刑法学上的概念，也是犯罪学上的概念，刑法学往往侧重研究毒品犯罪的形式特征，而犯罪学往往侧重研究毒品犯罪的实质特征。

　　毒品犯罪是一类较为特殊的犯罪，相较于其他犯罪，呈现以下特点：一是犯罪隐蔽，不易被发现。毒品案件犯罪手段非常隐蔽，犯罪嫌疑人为把保密做到极限，在选择方式、地点上尽可能隐蔽，在选择合伙人、交易参与人上必须是清一色的最可靠的人员。通常使用秘密而迅速的方法来完成犯罪，除毒品交易双方外，一般没有其他无关人员在场，有些毒品交易甚至采取了单线联系，一对一的交易方式进行。尤其是近年来犯罪嫌疑人反侦查意识的增强，人、货分离等无接触式毒品交易犯罪逐步增多，案件侦破难度增大。二是证据收集、审查难度大。毒品案件没有传统意义上的被害人，犯罪隐蔽，证据种类单一，直接证据匮乏，取证和审查判断证据难度高。实践中，犯罪工具、毒资、毒品包装物、交付凭证、电话通信清单、信息交流记录、毒品交易记录、银行资金往来记录、交通住宿凭证等客观性证据往往难以调取，加之相关证据时效性强，未及时提取极易灭失。部分毒品案件人赃并获，但很多案件并没有当场查获毒品，证据单

---

① 参见高铭暄、马克昌主编：《刑法学》，北京大学出版社、高等教育出版社2010年版，第661页。

② 参见张明楷：《刑法学》（第五版），法律出版社2016年版，第1140页。

③ 参见黎宏：《刑法学》，法律出版社2012年版，第881页。

一，定案存在困难。当前，利用技侦手段侦破毒品犯罪案件愈加普遍，但技侦证据移送转化困难，增加了毒品犯罪证据审查判断的难度。三是口供反复、零口供案件多。毒品犯罪是我国刑法规定的严重犯罪之一，重刑率高，加之犯罪手段隐蔽，犯罪嫌疑人在归案后为了逃避罪责，往往供述反复甚至拒不认罪。还有部分犯罪嫌疑人归案后所作供述，各执一词、相互推诿、互不认可，难以形成证据锁链。犯罪嫌疑人即使在侦查阶段初期作了有罪供述，随着诉讼进程的推进也往往发生翻供。

二、毒品犯罪的立法沿革

新中国成立后，党和政府就制定了一系列禁毒的政策和法规。1950年2月24日，政务院颁布了《关于严禁鸦片烟毒的通令》，对严禁鸦片烟毒及其他毒品作出规定。1952年4月15日，中共中央又发布了《关于肃清毒品流行的指示》，在全国范围内大张旗鼓地发动一次群众性的禁毒运动。1952年10月3日，政务院通过了《中华人民共和国惩治毒犯条例（草案）》，为审查和处理毒贩提供了明确的法律依据。中央人民政府政务院于1952年12月12日颁布了《关于推行戒烟、禁种鸦片和收缴农村存毒的工作指示》，对戒除吸食鸦片、严禁汉族地区种烟、收缴农村存毒等工作了指示。经过禁毒斗争，1952年底，危害中国百余年的烟毒终于在大陆绝迹，中国成为世界上的"无毒国"，成绩令人瞩目。

1979年7月1日，第五届全国人民代表大会第二次会议通过了《刑法》，其中第171条规定了毒品犯罪，即"制造、贩卖、运输鸦片、海洛因、吗啡或者其他毒品的，处五年以下有期徒刑或者拘役，可以并处罚金。一贯或者大量制造、贩卖、运输前款毒品的，处五年以上有期徒刑，可以并处没收财产"。20世纪七八十年代，受到国际国内各种因素影响，我国的毒品犯罪日益猖獗，1979年出台的《刑法》不能满足打击毒品犯罪的需要。1982年3月8日，第五届全国人民代表大会常务委员会第二十二次会议通过了《关于严惩严重破坏经济的罪犯的决定》，将贩卖毒品罪最高法定刑提高至死刑，即贩卖毒品罪"情节特别严重的，处十年以上有期徒刑、无期徒刑或者死刑，可以并处没收财产"。1990年12月28日，第七届全国人民代表大会常务委员会第十七次会议通过了《关于禁毒的决定》。该决定共 16 条，规定了走私、贩卖、运输、制造毒品，非法持有毒品，窝藏、包庇走私、贩卖、运输、制造毒品的犯罪分子，非法种植罂粟、大麻等毒品原植物，引诱、教唆、欺骗他人吸食、注射毒品，违规提供国家管制的麻醉药品、精神药品等犯罪的定罪处罚原则。在这期间，国务院分别于 1981 年 8 月 27 日颁布了《关于重申严禁鸦片烟毒的通知》，1987 年 11 月 28 日颁布了《麻醉药品管理办法》，1988 年 12 月 27 日颁布了《精神药品管理办法》等配套规定。

1997 年《刑法》在 1979 年《刑法》和《关于禁毒的决定》基础上，对毒品犯罪进行了系统规定。刑法分则第六章第七节走私、贩卖、运输、制造毒品罪共设 11 条，12 个罪名。具体罪名包括：走私、贩卖、运输、制造毒品罪；非法持有毒品罪；包庇毒品犯罪分子罪；窝藏、转移、隐瞒毒品、毒赃罪；走私制毒物品罪；非法买卖制毒物品罪；非法种植毒品原植物罪；非法买卖、运输、携带、持有毒品原植物种子、幼苗罪；引诱、教唆、欺骗他人吸毒罪；强迫他人吸毒罪；容留他人吸毒罪；非法提供麻醉药品、精神药品罪。2007 年 12 月 29 日，第十届全国人民代表大会常务委员会第三十一次会议通过了《禁毒法》，共计 7 章 71 条，对禁毒基本原则、禁毒宣传教育、毒品管制、戒毒措施、禁毒国际合作、法律责任等作了规定。《禁毒法》是我国第一部全面规范禁毒工作的法律，为全面推进我国禁毒工作提供了有力的法律保障。2015 年 8 月 29 日，十二届全国人大常委会第十六次会议通过的《刑法修正案（九）》对《刑法》第 350 条关于制毒物品的犯罪作了修改。2015 年 10 月 30 日，最高人民法院、最高人民检察院《关于执行〈中华人民共和国刑法〉确定罪名的补充规定（六）》，对修改后的《刑法》第 350 条罪名明确为非法生产、买卖、运输制毒物品、走私制毒物品罪，取消了走私制毒物品罪和非法买卖制毒物品罪两个罪名。在这期间，国务院于 2005 年 8 月 3 日颁布了《麻醉药品和精神药品管理条例》，2005 年 8 月 26 日颁布了《易制毒化学品管理条例》等配套规定。2020 年 12 月 26 日，十三届全国人大常委会第二十四次会议通过的《刑法修正案（十一）》增加规定了妨害兴奋剂管理方面的内容，作为《刑法》第 355 条之一。2021 年 2 月 26 日，最高人民法院、最高人民检察院《关于执行〈中华人民共和国刑法〉确定罪名的补充规定（七）》，将《刑法》第 355 条之一罪名明确为妨害兴奋剂管理罪。

第三节 毒品犯罪的发案态势

新中国成立之初,烟毒泛滥是当时最为严重的社会问题。据统计,全国罂粟种植面积高达 100 万公顷,烟毒泛滥严重的西南地区,烟地多达 1500 万亩以上,约占耕地总面积的 10%。全国约有鸦片毒贩 30 万人,全国 4 亿多人口中吸毒成瘾者多达 2000 多万,占当时总人口的 4.4%。[①]中央人民政府即采取坚决措施,在全国范围内开展了禁毒运动,收缴毒品,禁种罂粟,封闭烟馆,严厉惩办制贩毒品活动,8 万多毒品犯罪分子被判处刑罚,2000 万吸毒者被戒除了毒瘾,并结合农村土地改革根除了罂粟种植。短短三年时间,就基本禁绝了危害中国百余年的鸦片毒害,创造了举世公认的奇迹。

20 世纪 80 年代以来,在国际毒潮的侵袭下,由于中国毗邻"金三角"等毒源地的特定地理位置,境外毒品不断向中国境内渗透,导致已经禁绝的毒品祸害又卷土重来,毒品违法犯罪活动逐步蔓延。我国政府对此高度重视,动员和领导全国人民同毒品违法犯罪进行坚决的斗争,加强禁毒工作领导,健全禁毒法规,完善禁毒措施,严厉打击毒品违法犯罪活动。1990 年,国务院决定成立国家禁毒委员会,专门负责研究制定禁毒方面的重要政策和措施,协调有关重大问题,统一领导全国的禁毒工作。然而,受国际、国内等多方面因素影响,毒品犯罪案件数量持续走高。据统计,自 1983 年至 1990 年,全国各级法院受理毒品犯罪案件 18457 件,其中 1989 年比 1988 年上升了 20.73%,1990 年比 1989 年又上升了 57.77%。[②]1991 年至 1999 年,全国共破获毒品违法犯罪案件 80 余万

[①] 参见王晓平:《创造世界奇迹的新中国禁烟禁毒运动》,载《党史博采》2019 第 11 期。

[②] 参见赵秉志等:《毒品犯罪》,中国人民公安大学出版社 2003 年版,第 28~29 页。

起，缴获海洛因39.67吨，鸦片16.894吨，大麻15.079吨，冰毒23.375吨，缴获各类易制毒化学品1000多吨。①1999年，共查破走私、贩卖、运输、制造毒品犯罪案件6.4万起，其中万克以上海洛因大案60起，抓获犯罪嫌疑人5.7万名，分别比1998年增加了2.4%和7.9%。依法逮捕毒品犯罪嫌疑人3.7万名，判刑3.3万名。缴获易制毒化学品272吨，缴获海洛因5.3吨、冰毒16吨。破获万克以上海洛因大案60起，缴获的3.5吨海洛因全部来自"金三角"地区。1999年，全国缴获冰毒16吨，是1998年缴获量的10倍，比1991年至1998年缴获冰毒总量还多。登记在册吸毒人员累计达68.1万人，新发现吸毒人员8.5万名，比1998年增长了14%。②2015年，毒品犯罪数量达到近年来历史最高峰值，全国共破获毒品刑事案件16.5万起，抓获毒品犯罪嫌疑人19.4万名，缴获各类毒品102.5吨，同比分别增长13.2%、15%和48.7%。全国有吸毒人员234.5万名。全国破获制造冰毒晶体案件484起，同比增加17.2%。破获制毒物品案件531起，破获非法种植毒品原植物违法犯罪案件6169起，共发现铲除非法种植罂粟289亩、306.1万株，同比分别下降53.3%和29.9%。发现铲除大麻1882亩、148万株，同比分别上升882%和87.9%。③2016年以来，我国的毒品犯罪数量呈逐年下降态势。2021年，全国检察机关共起诉毒品犯罪案件7.5万余人，与2015年的高点相比，下降了54.3%。

总的来看，近年来毒品犯罪呈现以下态势：一是毒品犯罪仍严峻复杂。2016年以来，我国毒品犯罪案件数量呈大幅度下降趋势，国家禁毒工作成效凸显。但毒品犯罪案件涉案人数仍处在高位，在各类刑事案件中位居前列。全国毒品滥用问题发生新变化，滥用合成毒品人员比例上升，青少年涉毒问题突出，因吸毒引发的抢劫、盗窃、诈骗、自伤自残、暴力伤害、驾车肇祸等案件事件不断增多，严重危害社会治安和公共安全。

二是外来毒品渗透加剧，国内制毒犯罪多发。我国毒品主要来源于境外毒源地毒品流入和国内毒品制造。其中，海洛因和冰毒片剂主要来源于"金三角"地区，经云南入境后沿沪昆高速贩往湖南、湖北等华中地区和江西及"长三角"的华东地区，经四川、重庆贩往河北等华北地区，经

---

① 参见刘建宏主编：《中国毒品犯罪及反制》，人民出版社2014年版，第18页。
② 参见中华人民共和国国家禁毒委员会办公室：《1999年中国禁毒报告》。
③ 参见中华人民共和国国家禁毒委员会办公室：《2015年中国毒品形势报告》。

四川、甘肃等地贩往新疆、宁夏等西北地区。"金新月"地区与我国地缘便利，南美贩毒集团不断扩张全球可卡因贩运网络，"金新月"海洛因、南美可卡因也有部分流入国内。受欧美一些国家大麻合法化政策影响，中国境内外籍员工、高校留学生、海外归国人员以及文娱从业人员通过互联网勾联，以国际邮包、航空夹带等方式从境外购买、滥用大麻及其制品现象明显增多。贩毒人员流窜境外走私毒品入境增多。国内生产冰毒晶体、氯胺酮以及新精神活性物质也多发，既流入国内消费市场又走私至境外。国内毒品来源多元化、毒品种类多样化趋势更加明显，进一步加大了治理毒品问题的复杂性。

三是毒品犯罪手段日益翻新。毒品犯罪分子反侦查意识较强，犯罪组织结构极为严密、层级分明、分工明确，毒品交易方式隐蔽而多样，极大地增加了侦查机关跟踪、收集、取证、抓捕难度。毒品犯罪中，犯罪分子大多利用现代化通信工具进行联系交易。大多利用虚假身份证件办理手机卡，使用虚拟运营号码、多种卡号，不定期更换、交替使用，有的还专号专用，有单独与上线联系的卡号，有专门与下线联系的卡号，相互间也多以绰号相称。在通话内容上用语隐蔽，多使用"隐语"。通话中从不涉及准确的数量和明确的地址，行动极为诡秘。特别是一些隐蔽较深的毒品犯罪幕后老板、毒枭，在毒品犯罪的整个过程中始终不接触毒品，进一步加大了查处难度。制贩毒品向偏僻地方转移，有的选择在乡村公路等人迹稀少的地方，有的选择在山区、矿厂等偏僻场所。毒品交接多采取人货分离的方式，买卖双方、运输毒品行为人互不见面，毒品交易的方式、手段不断复杂化、隐蔽化。

四是新型毒品犯罪层出不穷。目前，我国已列管400多种毒品和整类芬太尼类物质，但新型毒品不断出现，识别查处难。如含LSD成分的"邮票"、向学生兜售的"聪明药"以及逐渐蔓延的"0号胶囊""G点液""犀牛液"等色胺类物质，品种五花八门。有的变换包装，伪装成食品、香烟等，如"奶茶"、巧克力形态的毒品。有的是未列管的毒品替代品，如号称"改良K粉"的氟胺酮。还有新精神活性物质作为第三代毒品，在国内迅速扩张，且花样不断翻新，如合成大麻素"娜塔莎"等，据国家毒品实验室检测，全年检测出新精神活性物质41种，其中新发现5种。一些新类型物质，因尚未被国家列管，不属于严格意义上的"毒品"，但其成瘾性、危害性和毒品无异，有的甚至更为严重，相关案件在处理时存在难题。

五是涉网络毒品犯罪增长迅速。"互联网＋物流"已成为贩毒活动主要方式，犯罪分子通过互联网购买、销售毒品和制毒物品，通过网上物色运毒"马仔"或物流进行寄递，再利用第三方支付平台甚至虚拟货币支付毒资，实现人货分离、人钱分离，打击难度增大。犯罪分子利用网络发布、订购、销售毒品和制毒物品；利用网络物色、诱骗、招募"马仔"贩运毒品；利用网络传授制毒技术；利用网络、即时通信工具、移动支付手段进行毒品联络和交易；利用网络空间聚集吸毒，交流体验，引诱他人吸毒等。利用网络实施毒品犯罪，传播信息速度快、覆盖范围广，犯罪成本低，使毒品犯罪活动突破了地域和时间限制，跨区域、跨国界更加普遍。同时，快递行业服务飞速发展，也给犯罪分子带来可乘之机，相比传统的体内藏毒、车辆运输外，寄递毒品具有隐蔽性强、区域跨度大、周期短、物流行业点多面广、人货分离，风险相对较小，通过寄递渠道运送毒品的网络贩毒模式已成新常态，追踪查控难度大。

相关规定链接

1.《刑法》第 347 条至第 357 条；

2. 2014 年 8 月，最高人民法院、最高人民检察院、公安部《关于规范毒品名称表述若干问题的意见》。

第二章

走私、贩卖、运输、制造毒品罪
办案指引

第一节 走私、贩卖、运输、制造毒品罪概述

一、走私、贩卖、运输、制造毒品罪的立法沿革

(一) 1979年《刑法》关于本罪的规定

1979年7月1日,第五届全国人民代表大会第二次会议审议通过了《刑法》,其中规定了制造、贩卖、运输毒品罪。该法第171条规定:"制造、贩卖、运输鸦片、海洛因、吗啡或者其他毒品的,处五年以下有期徒刑或者拘役,可以并处罚金。一贯或者大量制造、贩卖、运输前款毒品的,处五年以上有期徒刑,可以并处没收财产。"该条虽然将制造、贩卖、运输毒品作为犯罪处理,但是没有将走私毒品行为作为犯罪,且法定刑最高也只能是有期徒刑,为后续进一步完善立法留下空间。

(二)《关于严惩严重破坏经济的罪犯的决定》对本罪法定刑的修改

20世纪70年代末80年代初,毒品犯罪在我国死灰复燃且愈演愈烈,成为一个不得不重视的严重社会问题。1982年3月8日,第五届全国人民代表大会常务委员会第二十二次会议通过了《关于严惩严重破坏经济的罪犯的决定》,将1979年《刑法》第171条修改为:"情节特别严重的,处10年以上有期徒刑、无期徒刑或者死刑,可以并处没收财产。"从而将制造、贩卖、运输毒品罪的最高法定刑提高到了死刑。

（三）1987年《海关法》对走私毒品行为及单位刑事责任的规定

1987年1月22日，第六届全国人民代表大会常务委员会第十九次会议通过的《海关法》第47条规定，运输、携带、邮寄国家禁止进出口的毒品、武器、伪造货币进出境的，以牟利、传播为目的运输、携带、邮寄淫秽物品进出境的，或者运输、携带、邮寄国家禁止出口的文物出境的，是走私罪。同时规定："企业事业单位、国家机关、社会团体犯走私罪的，由司法机关对其主管人员和直接责任人员依法追究刑事责任；对该单位判处罚金，判处没收走私货物、物品、走私运输工具和违法所得。"这在立法上第一次突破了犯罪主体只能是自然人的成规，为依法惩治以单位名义走私毒品的犯罪提供了有力的法律武器，还第一次将走私毒品行为作为犯罪处理，形成了"走私、贩卖、运输、制造"四种犯罪行为的罪名框架。

（四）1990年《关于禁毒的决定》对本罪的规定

1990年12月28日，第七届全国人民代表大会常务委员会第十七次会议审议通过了《关于禁毒的决定》，第2条第一次规定走私、贩卖、运输、制造毒品罪，形成了1997年刑法条文的基本框架。相较于1997年《刑法》，《关于禁毒的决定》对本罪规定了3个量刑幅度，在7年以下有期徒刑内没有再细分，没有进一步规定3年以下的量刑，且尚未单独列出甲基苯丙胺这一危害性极大的毒品。

（五）1997年《刑法》本罪的全面修订与完善

1997年3月14日，第八届全国人民代表大会第五次会议对1979年《刑法》作了修订，将《关于禁毒的决定》的主要内容全部吸收。该法分则第六章第七节以"走私、贩卖、运输、制造毒品罪"为题，用11个条文对毒品犯罪作了规定，共包含12个罪名，内容涉及毒品的生产、经营、运输、消费等各个环节。新刑法不但第七节的名称为"走私、贩卖、运输、制造毒品罪"，且第一个罪名条文就是本罪，凸显了本罪在毒品犯罪当中的重要作用。另外，该条文还明确规定"单位犯第二款、第三款、第四款罪的，对单位判处罚金，并对其直接负责的主管人员和其他直接责任人员，依照各该款的规定处罚"，直接在刑法条文中规定单位可以构成本罪的犯罪主体。

（六）2007年《禁毒法》对本罪的相关规定

2007年12月29日，第十届全国人民代表大会常务委员会第三十一次会议审议通过了《禁毒法》。第59条规定，走私、贩卖、运输、制造毒品、非法持有毒品、非法种植毒品原植物等行为构成犯罪的，依法追究刑事责任，尚不构成犯罪的，依法予以治安管理处罚。这一规定未突破1997年《刑法》所确立的毒品犯罪惩罚范围，是对既有毒品犯罪立法的衔接性规定。

二、走私、贩卖、运输、制造毒品罪的发案态势

（一）案件数量持续上升再缓慢下降

1. 逮捕情况。2010年至2021年，全国检察机关共以走私、贩卖、运输、制造毒品罪批捕72.3万件94.4万人，在同期毒品犯罪案件逮捕总件数和人数的占比分别为74.11%和76.32%。2010年至2018年每年逮捕涉本罪人数均在7万人以上，2014年和2016年超过10万人，形成"双顶点"，趋势为逐年上升再下降。

2. 起诉情况。2010年至2021年，全国检察机关共以走私、贩卖、运输、制造毒品罪起诉72.6万件103.5万人，在同期毒品犯罪案件起诉总件数和人数占比分别为72.13%和74.79%。2010年至2018年每年起诉本罪人数均在7万人以上，2015年起诉人数为11.2万人，形成"顶点"，趋势为逐年上升再下降。

3. 审判情况。通过登录中国裁判文书网，查询了1979年以来公开的以"走私、贩卖、运输、制造毒品罪"定罪量刑的判决书数量，虽然这种查询和统计不能完全准确反映每一年发案的态势，但是大体上可以反映出规律。根据统计数据，案件数量整体呈现上升趋势。

1979年至1997年，共有20份案件判决书，1998年至2007年，十年间才有413份判决书，2008年至2012年，虽然逐年上升，但案件数量均

未超过4000件，从2013年起，案件数量呈井喷态势，2014年至2017年，每年均审理走私、贩卖、运输、制造毒品犯罪的案件数量均未超过6万件。其中，2014年处于最高值（69666件），2018年出现回落情况，但仍然超过5万件。

（二）在毒品犯罪中占比较大

根据最高人民检察院公布的2019年办案数据，逮捕走私、贩卖、运输、制造毒品罪70763人，占逮捕总人数的6.5%，在所有罪名中排在第四位，仅次于盗窃罪、诈骗罪和寻衅滋事罪；起诉走私、贩卖、运输、制造毒品罪79937人，占起诉总人数的4.4%，在所有罪名中排在第六位，仅次于危险驾驶罪、盗窃罪、诈骗罪、寻衅滋事罪和故意伤害罪。从2010年至2021年批捕起诉人数来看，走私、贩卖、运输、制造毒品罪逮捕人数均占毒品犯罪总逮捕数的70%以上，起诉人数占毒品犯罪总起诉人数的67.82%以上。2019年，全国法院深入开展禁毒斗争，审结毒品犯罪案件8.6万件，而根据前文数据，全国法院2019年公布了走私、贩卖、运输、制造毒品犯罪判决书50305份，约占全部毒品犯罪的58%。因此，无论是从逮捕、起诉人数来看，还是从生效判决来看，走私、贩卖、运输、制造毒品罪都是占比较大的罪名。

（三）毒品犯罪组织化、复杂化、隐蔽化

随着毒品犯罪打击力度不断加大，毒品犯罪的手段也不断翻新。利用网络和物流运输毒品成为新常态。大量毒贩不再随身携带毒品，而是利用网络购买、销售或者利用虚假的身份信息邮寄毒品，还利用第三方支付平台匿名转账支付毒资，打击难度加大。毒品犯罪分子往往并不满足于单纯的贩卖或运输毒品，而是"制运贩一条龙"运作，因此，犯罪呈现组织化、复杂化趋势。首先，犯罪组织成员较多，分工明确，原材料进货、加工、贩卖甚至运输都有专人负责，单线联系，成员往往难以窥得组织全貌。制毒场所也常常选在果园、鱼塘、货场等地并经常变换，而毒品的原料来源、制毒地点、贩卖流向则往往涉及不同省区市，甚至有与境外人员勾结、交流制毒工艺、流转毒品的行为。上述种种均使得侦破工作进展困难，涉毒人员难以抓获，进而对案件的审查起诉造成较大障碍。伴随着制

毒操作简单化、制毒流程简易化、制毒方式多样化，毒品种类以及毒品数量均得到了巨大的"升级"。毒品违法犯罪呈现出"家族化"的趋势。犯罪分子通过亲友圈子，不断拉人入伙，形成一个个家族式的毒品犯罪团伙，团伙成员多以家族成员为主，以年轻人居多，既有夫妻搭档，也有兄弟配合，还有叔侄结伙，且"运、贩、制、吸"一条龙，呈现明显的团伙化和家族化特征。制毒活动方式呈现作坊式、阶段式。犯罪分子分段实施、流窜作案，以逃避司法打击。

三、走私、贩卖、运输、制造毒品罪的概念和构成特征

走私、贩卖、运输、制造毒品罪，是指明知是毒品而故意实施走私、贩卖、运输、制造的行为。本罪是选择性罪名，凡实施了走私、贩卖、运输、制造毒品行为之一的，即以该行为确定罪名。凡实施了其中两种以上行为的，如运输、贩卖毒品，定为贩卖、运输毒品罪，不实行数罪并罚。运输、贩卖同一种毒品的，毒品数量不重复计算；不是同一种毒品的，毒品数量累计计算。居间介绍买卖毒品的，无论是否获利，均以贩卖毒品罪的共犯论处。走私毒品，又走私其他物品构成犯罪的，按走私毒品和构成的其他走私罪分别定罪，实行数罪并罚。对多次走私、贩卖、运输、制造毒品，未经处理的，毒品数量累计计算。所谓"未经处理"，既包括未经刑罚处理，也包括未作行政处理。但对于犯罪已过追诉时效的，则毒品数量不再累计计算。已作过处理的，应视为已经结案。

（一）客体特征

犯罪客体，是指我国刑法所保护的，而被犯罪行为所侵害或者威胁的社会关系。本罪侵犯的客体是国家对毒品的管理制度和人民的生命健康。鸦片、海洛因、甲基苯丙胺等麻醉药品和精神药品既有医用价值，又能使人形成瘾癖，使人体产生依赖性，因而，被犯罪分子利用来牟取非法利益。近几年来，国际上制毒、贩毒、走私毒品活动不断向我国渗透或借道我国向第三国运输。国内一些不法分子大肆进行制造毒品、贩卖毒品的犯罪活动，使大量毒品流入社会，严重地损害了他人的身体健康。为此国家陆续颁布了一系列的法律、法规，严格控制麻醉药品、精神药品的进出

口、供应、运输、生产等活动，严禁非法走私、贩卖、运输、制造毒品活动。如《药品管理法》《麻醉药品管理办法》《精神药品管理办法》《麻醉药品生产管理办法》《麻醉药品经营管理办法》等法规都对麻醉药品和精神药品的供应、运输、生产等作了具体而严格的规定，任何单位和个人违反上述法律规定，走私、贩卖、运输、制造毒品的，都直接侵犯了有关毒品管制法规。

本罪的对象是毒品。根据《刑法》第357条规定："本法所称的毒品，是指鸦片、海洛因、甲基苯丙胺（冰毒）、吗啡、大麻、可卡因以及国家规定管制的其他能够使人形成瘾癖的麻醉药品和精神药品。"联合国规定了128种麻醉药品，精神药品种类表中共规定了99种精神药品。在我国的麻醉药品、精神药品种类表中，规定了联合国规定的麻醉药品、精神药品，根据我国的情况，还增加规定了一些公约中未规定的药品种类。除以上所列六种常见的毒品外，同时还明确将"国家规定管制的其他能够使人形成瘾癖的麻醉药品和精神药品"列为毒品。1987年11月和1988年12月国务院发布的对麻醉药品和精神药品的管理办法规定，麻醉药品，是指连续使用后易产生身体依赖性，能形成瘾癖的药品。包括阿片类、可卡因类、大麻类、合成麻醉药品类及卫生部指定的其他易成瘾癖的药品、药用原植物及其制剂，如鸦片、海洛因、吗啡、可卡因、杜冷丁等。精神药品，是指直接作用于中枢神经系统，使之兴奋抑制，连续使用能产生依赖的药品。如甲基苯丙胺（去氧麻黄素）、安纳咖、安眠酮等。

（二）客观特征

本罪客观方面，表现为行为人实施了走私、贩卖、运输、制造毒品这4种行为之一。

1.走私毒品。走私，其含义、行为与走私犯罪中的"走私"相同。走私毒品，是指非法运输、携带、邮寄毒品进出国（边）境的行为。行为方式主要是输入毒品与输出毒品，此外对在内海、领海、界河、界湖运输、收购、贩卖毒品的，以及直接向走私毒品的犯罪人购买毒品的，应视为走私毒品，以走私毒品罪立案追诉。根据相关规定，影响走私毒品行为危害性的因素，主要是走私毒品的数量、主体的情况（是否为首要分子、是否参与国际贩毒组织）、方式（是否武装掩护）等。输入毒品行为，将直接危害我国公民的身心健康，危害我国的社会管理秩序；而输出毒品行为，则并不直接危害我国公民的身心健康。换言之，输入毒品行为的直接危害结果发生在我国领域内，而输出毒品行为的直接后果发生在我国领域外。前者行为的危害性显然重于后者。从国外的规定看，许多国家（如德国、日本）都是将输入毒品与输出毒品分别规定为独立的犯罪，或者将输出毒品的行为纳入运输毒品罪中，而前者的法定刑则明显重于后者，其立法宗旨也主要在于保护本国及本国公民的利益。本法虽然没有分别规定输入毒品与输出毒品的法定刑，但司法机关在量刑时，对输入毒品与输出毒品两种行为应当区别对待。

2. 贩卖毒品。贩卖毒品，是指明知是毒品而非法销售或者以贩卖为目的而非法收买的行为。非法销售毒品，即行为人将毒品交付给对方，并从对方获取物质利益。贩卖方式既可能是公开的，也可能是秘密的；既可能是行为人请求对方购买，也可能是对方请求行为人转让；既可能是直接交付给对方，也可能是间接交付给对方。在间接交付的场合，如果中间人认识到是毒品而帮助转交给买方的，则该中间人的行为也是贩卖毒品；如果中间人没有认识到是毒品，则不构成贩卖毒品罪。贩卖是有偿转让，但行为人交付毒品既可能是获取金钱，也可能是获取其他物质利益；既可能在交付毒品的同时获取物质利益，也可能先交付毒品后获取利益或先获取物质利益而后交付毒品。这种物质利益不是指利润，而是指获得物质对价。如果是无偿转让毒品，如赠与等，则不属于贩卖毒品。毒品的来源既可能是自己制造的毒品，也可能是自己购买的毒品，还可能是通过其他方法取得的毒品。贩卖的对方没有限制，即不问对方是单位还是个人，不问对方是否达到法定年龄、是否具有辨认控制能力、是否与贩卖人具有某种关系。出于贩卖目的而非法收买毒品的，也应认定为贩卖毒品。最高人民检察院、公安部《关于公安机关管辖的刑事案件立案追诉标准的规定（三）》第1条规定，有证据证明行为人以牟利为目的，为他人代购仅用于吸食、注射的毒品，对代购者以贩卖毒品罪立案追诉。不以牟利为目的，为他人代购仅用于吸食、注射的毒品，毒品数量达到本规定第2条规定的数量标准的，对托购者和代购者以非法持有毒品罪立案追诉。明知他人实施毒品犯罪而为其居间介绍、代购代卖的，无论是否牟利，都应以相关毒品犯罪的共犯立案追诉。

3. 运输毒品。运输毒品，是指采用携带、邮寄、利用他人或者使用交通工具等方法，在我国领域内将毒品从此地转移到彼地的行为。运输毒品必须限制在国内，而且不是在领海、内海运输国家禁止进出口的毒品，否则便是走私毒品。运输毒品具体表现为转移毒品的所在地，如将毒品从甲地运往乙地。但应注意，从结局上看没有变更毒品所在地却使毒品的所在地曾经发生了变化的行为，也是运输毒品。例如，行为人先将毒品从甲地运往乙地，由于某种原因，又将毒品运回甲地的，属于运输毒品。

4. 制造毒品。制造通常是指使用原材料而制作成原材料以外的物。制造毒品，是指非法利用毒品原植物直接提炼或者用化学方法加工、配制毒品，或者以改变毒品成分和效用为目的，用混合等物理方法加工、配制毒品的行为。为了便于隐蔽运输、销售、使用、欺骗购买者，或者为了增重，对毒品掺杂掺假，添加或者去除其他非毒品物质，不属于制造毒品的行为。

制造毒品包括以下几种情况：一是将毒品以外的物作为原料，提取或制作成毒品，如将罂粟制成为鸦片。二是毒品的精制，即去掉毒品中的不纯物，使之成为纯毒品或纯度更高的毒品。如去除海洛因中所含的不纯物。三是使用化学方法使一种毒品变为另一种毒品。如使用化学方法将吗啡制作成海洛因。四是使用化学方法以外的方法使一种毒品变为另一种毒品。如将盐酸吗啡加入蒸馏水，使之成为注射液。五是非法按照一定的处方针对特定人的特定情况调制毒品。上述五种行为都属于制造毒品。

此外，为了制造毒品而采用生产、加工、提炼等方法非法制造易制毒化学品的，以制造毒品罪（预备）立案追诉。购进制造毒品的设备和原材料开始着手制造毒品，尚未制造出毒品或者半成品的，以制造毒品罪（未遂）立案追诉。明知他人制造毒品而为其生产、加工、提炼、提供醋酸酐、乙醚、三氯甲烷等制毒物品的，以制造毒品罪的共犯立案追诉。

（三）主体特征

本罪的主体既可以是自然人，也可以是单位。达到刑事责任年龄且具有刑事责任能力的自然人均可成为本罪主体。根据《刑法》第17条第2款规定：已满14周岁未满16周岁的未成年人贩卖毒品的，应当负刑事责任。因此，对于走私、运输、制造毒品犯罪，只有达到16周岁才负刑事责任。对于被利用、教唆、胁迫参加贩卖毒品犯罪活动的已满14周岁不满16周岁的人，一般可以不追究其刑事责任。

（四）主观特征

本罪在主观方面表现为故意，且是直接故意，即明知是毒品而走私、贩卖、运输、制造，过失不构成本罪。如果行为人主观上不明知是毒品，而是被人利用而实施了走私、贩卖、运输、制造的行为，就不构成犯罪。本罪行为人的目的与动机如何，无论是营利目的还是其他目的，都不影响本罪的成立。本罪主观故意中的明知，应当根据实施的行为性质，分别认定，具体如下：

走私、贩卖、运输毒品主观故意中的"明知"，是指行为人知道或者应当知道所实施的是走私、贩卖、运输毒品行为。具有下列情形之一，结合行为人的供述和其他证据综合审查判断，可以认定其"应当知道"，但有证据证明确属被蒙骗的除外：

（1）执法人员在口岸、机场、车站、港口、邮局和其他检查站点检查时，要求行为人申报携带、运输、寄递的物品和其他疑似毒品物，并告知其法律责任，而行为人未如实申报，在其携带、运输、寄递的物品中查获毒品的；（2）以伪报、藏匿、伪装等蒙蔽手段逃避海关、边防等检查，在其携带、运输、寄递的物品中查获毒品的；（3）执法人员检查时，有逃跑、丢弃携带物品或者逃避、抗拒检查等行为，在其携带、藏匿或者丢弃的物品中查获毒品的；（4）体内或者贴身隐秘处藏匿毒品的；（5）为获取不同寻常的高额或者不等值的报酬为他人携带、运输、寄递、收取物品，从中查获毒品的；（6）采用高度隐蔽的方式携带、运输物品，从中查获毒品的；（7）采用高度隐蔽的方式交接物品，明显违背合法物品惯常交接方式，从中查获毒品的；（8）行程路线故意绕开检查站点，在其携带、运输的物品中查获毒品的；（9）以虚假身份、地址或者其他虚假方式办理托运、寄递手续，在托运、寄递的物品中查获毒品的；（10）有其他证据足以证明行为人应当知道的。

制造毒品主观故意中的"明知"，是指行为人知道或者应当知道所实施的是制造毒品行为。有下列情形之一，结合行为人的供述和其他证据综合审查判断，可以认定其"应当知道"，但有证据证明确属被蒙骗的除外：

（1）购置了专门用于制造毒品的设备、工具、制毒物品或者配制方案的；（2）为获取不同寻常的高额或者不等值的报酬为他人制造物品，经检验是毒品的；（3）在偏远、隐蔽场所制造，或者采取对制造设备进行伪装等方式制造物品，经检验是毒品的；（4）制造人员在执法人员检查时，有逃跑、抗拒检查等行为，在现场查获制造出的物品，经检验是毒品的；（5）有其他证据足以证明行为人应当知道的。

四、走私、贩卖、运输、制造毒品罪的追诉标准

《刑法》第347条、最高人民检察院、公安部《关于公安机关管辖的刑事案件立案追诉标准的规定（三）》均规定，走私、贩卖、运输、制造毒品，无论数量多少，都应予立案追诉，这是本罪的法定追诉标准。因此，本罪的追诉起点标准，可以归纳为"行为+对象"，即只要实施走私、贩卖、运输、制造四种行为，具体对象为毒品。

走私、贩卖、运输、制造毒品罪是选择性罪名，对同一宗毒品实施了两种以上犯罪行为，并有相应确凿证据的，应当按照所实施的犯罪行为的性质并列适用罪名，毒品数量不重复计算。对同一宗毒品可能实施了两种以上犯罪行为，但相应证据只能认定其中一种或者几种行为，认定其他行为的证据不够确实充分的，只按照依法能够认定的行为性质适用罪名。对不同宗毒品分别实施了不同种犯罪行为的，应对不同行为并列适用罪名，累计计算毒品数量。

第二节 走私、贩卖、运输、制造毒品罪的证据审查

根据毒品犯罪案件证据的共性和特性，公诉证据标准可分为一般证据标准和特殊证据标准。一般证据标准，是指毒品犯罪通常具有的证据种类和形式；特殊证据标准，是指对某些毒品犯罪除一般证据种类和形式外，还应具有的特殊证据形式。

一、走私、贩卖、运输、制造毒品罪的证据要件

证据要件，包括证明毒品犯罪的客体、客观方面、主体和主观方面的证据种类和形式。毒品犯罪侵犯的客体主要是国家对毒品的管理制度，在一些特殊的毒品犯罪中，还同时侵害了国家海关管理制度等。对此，一般可通过犯罪事实的认定予以明确。

（一）客观方面的证据要件

客观方面表现为走私、贩卖、运输、制造毒品犯罪行为等。证明毒品犯罪客观方面的证据主要参考以下内容：

1. 物证及其照片，包括毒品、毒品的半成品、毒品的前体化学物、制毒物品、毒资、盛装毒品的容器或包装物、作案工具等实物及其照片；

2. 毒资转移的凭证，如银行的支付凭证（存折、本票、汇票、支票）和记账凭证，毒品、制毒物品、毒品原植物等物品的交付凭证（托运单、货单、仓单、邮寄单），交通运输凭证（车票、船票、机票），同案犯之间的书信等；

3. 报案记录、投案记录、举报记录（信件）、控告记录（信件）、破

案报告、吸毒记录等能说明案件及相关情况的书面材料；

4. 毒品、毒资、作案工具及其他涉案物品的扣押清单；

5. 相关证人证言，包括海关、边防检查人员、侦查人员的证言，以及鉴定人员对鉴定所作的说明；

6. 辨认笔录、指认笔录及其照片情况的文字记录，包括有关知情人员对犯罪嫌疑人、被告人的辨认和犯罪嫌疑人、被告人对毒品、毒资等犯罪对象的指认情况；

7. 犯罪嫌疑人、被告人的供述和辩解；

8. 毒品鉴定和检验报告，包括毒品鉴定、制毒物品鉴定、毒品原植物鉴定、毒品原植物的种子或幼苗鉴定、文检鉴定、指纹鉴定、犯罪嫌疑人或被告人是否吸食毒品的检验报告，以及被引诱、教唆、欺骗、强迫吸毒的被害人和被容留吸毒的人员是否吸食毒品的检验报告；

9. 现场勘验、检查笔录及照片、录像、现场制图，包括对现场的勘验、对人身的检查、对物品的检查；

10. 毒品数量的称量笔录；

11. 视听资料，包括录音带、录像带、电子数据等。

通过上述证据证明：毒品犯罪事实是否存在；犯罪嫌疑人、被告人是否实施走私、贩卖、运输、制造毒品犯罪行为；犯罪嫌疑人、被告人实施毒品犯罪行为的性质；犯罪的时间、地点、手段、后果；毒品的种类及其数量；共同犯罪中，犯罪嫌疑人、被告人之间的关系及其在共同犯罪中所起的作用和地位；犯罪嫌疑人、被告人的财产状况；是否具有法定或酌定从重、从轻、减轻或免除处罚的情节；涉及管辖、强制措施、诉讼期限的事实；其他与定罪量刑有关的事实。

收集、审查、判断上述证据需要注意的问题：

1. 走私、贩卖、运输、制造毒品犯罪案件中所涉及的毒品，都必须属于刑法规定的范围；

2. 收集证据过程中，应注意固定、保全证据，防止证据在转移过程中因保管失当而发生变化或灭失；

3. 公安机关对作为证据使用的实物应当随案移送检察机关，对不宜或不便移送的，应将这些物品的扣押清单、照片或者其他证明文件随案移送检察机关；

4. 注意审查犯罪嫌疑人、被告人的供述等言词证据，对于以刑讯逼供、诱供、指供、骗供等非法方法收集的言词证据，坚决依法予以排除；

5. 在毒品物证灭失的情况下，仅有犯罪嫌疑人、被告人自己的供述，不能定罪；但是，当犯罪嫌疑人、被告人的供述与同案犯的供述吻合，并且完全排除诱供、刑讯逼供、串供等情形，能够相互印证的口供可以作为定罪的证据；

6. 毒品数量是指毒品净重。称量时，要扣除包装物和容器的重量。毒品称量应由2名以上侦查人员当场、当面进行，并拍摄现场照片。查获毒品后，应当场制作称量笔录，要求犯罪嫌疑人当场签字；犯罪嫌疑人拒绝签字的，应作出情况说明；

7. 审查鉴定时，要注意鉴定主体是否合格、鉴定内容和范围是否全面、鉴定程序是否符合规范（包括检材提取、检验、鉴定方法、鉴定过程、鉴定人有无签字等）、鉴定结论是否明确具体、鉴定报告的体例形式是否符合规范要求，以及鉴定结论是否告知犯罪嫌疑人、被告人；

8. 公安机关依法使用技术侦查手段秘密收集的证据，因为涉及保密问题，不能直接作为证据使用；必须使用技术侦查手段秘密收集的证据证明犯罪事实时，应将其转化为诉讼证据。

（二）主体方面的证据要件

主体既有一般主体，也有特殊主体，包括自然人和单位。经调研发现，部分案件侦查机关未随案移送户籍证明，导致案件作退查处理。部分毒品案件因未随案移送犯罪嫌疑人的前科材料，导致作退查处理。

关于犯罪主体（自然人）的证据主要参考以下内容：

1. 居民身份证、临时居住证、工作证、护照、港澳居民来往内地通行证、台湾居民来往大陆通行证、中华人民共和国旅行证，以及边民证；

2. 户口簿或微机户口卡；

3. 个人履历表或入学、入伍、招工、招干等登记表；

4. 医院出生证明；

5. 犯罪嫌疑人、被告人的供述；

6. 有关人员（如亲属、邻居等）关于犯罪嫌疑人、被告人情况的证言。

通过上述证据证明犯罪嫌疑人、被告人的姓名（曾用名）、出生年月日、居民身份证号、民族、籍贯、出生地、职业、住所地等基本情况。贩卖毒品罪的犯罪嫌疑人、被告人必须是年满14周岁的自然人；其他毒品犯罪的犯罪嫌疑人、被告人必须是年满16周岁的自然人。

收集、审查、判断上述证据需要注意的问题：

1.居民身份证、工作证等身份证明文件的核实。对居民身份证、临时居住证、工作证、护照、港澳居民来往内地通行证、台湾居民来往大陆通行证、中华人民共和国旅行证，以及边民证的真实性存在疑问，如有其他证据能够证明犯罪嫌疑人、被告人真实情况的，可根据其他证据予以认定；现有证据无法证明的，应向证明身份文件上标明的原出具机关予以核实；原机关已撤销或者变更导致无法核实的，应向有权主管机关予以核查。经核查证明材料不真实的，应当向犯罪嫌疑人、被告人户籍所在地的公安机关、原用人单位调取证据。犯罪嫌疑人、被告人的真实姓名、住址无法查清的，应按其绰号或自报情况起诉，并在起诉书中注明。被告人自报姓名可能造成损害他人名誉、败坏道德风俗等不良影响的，可以对被告人进行编号并按编号制作起诉书，同时在起诉书中附具被告人的照片。犯罪嫌疑人、被告人认为公安机关提取的法定书证（户口簿、身份证等）所记载的个人情况不真实，但没有证据证明的，应以法定书证为准。对于年龄有争议的，一般以户籍登记文件为准；出生原始记录证明户籍登记确有错误的，可以根据原始记录等有效证据予以认定。对年龄有争议，又缺乏证据的情况下，可以采用"骨龄鉴定法"，并结合其他证据予以认定。

2.国籍的认定。国籍的认定，涉及案件的审判管辖级别。审查起诉毒品犯罪案件时，应当查明犯罪嫌疑人、被告人的国籍。外国人的国籍，以其入境时的有效证件予以证明。对于没有护照的，可根据边民证认定其国籍；缅甸的个别地区使用"马帮丁"作为该地区居民的身份证明，故根据"马帮丁"也可认定其国籍。此外，根据有关国家有权管理机关出具的证明材料（同时附有我国司法机关的《委托函》或者能够证明该份证据取证合法的证明材料），也可以认定其国籍。国籍不明的，可商请我国出入境管理部门或者我国驻外使领馆予以协助查明。无法查明国籍的，以无国籍人论。无国籍人，属于外国人。

3.刑事责任能力的确定。犯罪嫌疑人、被告人的言行举止反映他

（她）可能患有精神性疾病的，应当尽量收集能够证明其精神状况的证据。证人证言可作为证明犯罪嫌疑人、被告人刑事责任能力的证据。经查不能排除犯罪嫌疑人、被告人具有精神性疾病可能性的，应当作司法精神病鉴定。

（三）主观方面的证据要件

主观方面为故意。关于主观方面的证据主要参考以下内容：

1. 犯罪嫌疑人、被告人及其同案犯的供述和辩解；
2. 有关证人证言；
3. 有关书证（书信、电话记录、手机短信记录）；
4. 其他有助于判断主观故意的客观事实。

通过证据1、证据2和证据3，证明毒品犯罪案件的起因、犯罪动机、犯罪目的等主观特征。当以上证据均无法证明犯罪嫌疑人、被告人在主观上是否具有毒品犯罪的"明知"时，可通过证据4，即根据一定的客观事实判定"明知"。

收集、审查、判断上述证据需要注意的问题：

1. 对于毒品犯罪中目的犯的认定，应注意收集证明犯罪嫌疑人、被告人主观犯罪目的之证据；
2. 对于毒品犯罪中共同犯罪的认定，应注意收集证明共同故意的证据；
3. 推定"明知"应当慎重使用。对于具有下列情形之一，并且犯罪嫌疑人、被告人不能作出合理解释的，可推定其明知，但有相反证据的除外：（1）故意选择没有海关和边防检查站的边境路段绕行出入境的；（2）经过海关或边检站时，以假报、隐匿、伪装等蒙骗手段逃避海关、边防检查的；（3）采用假报、隐匿、伪装等蒙骗手段逃避邮检的；（4）采用体内藏毒的方法运输毒品的。对于具有下列情形之一的，能否推定明知还须结合其他证据予以综合判断：（1）受委托或雇用携带毒品，获利明显超过正常标准的；（2）犯罪嫌疑人、被告人所有物、住宅、院落里藏有毒品的；（3）毒品包装物上留下的指纹与犯罪嫌疑人、被告人的指纹经鉴定一致的；（4）犯罪嫌疑人、被告人持有毒品的。

（四）其他特殊证据要件

特殊证据要件主要包括单位作为主体以及影响量刑的如武装掩护、暴力抗拒、多人多次、犯罪集团、国际贩毒、向未成年人贩毒等特殊证据标准。

1. 单位犯罪的特殊证据

《刑法》第 347 条走私、贩卖、运输、制造毒品罪规定单位可以构成本罪主体。单位毒品犯罪除一般证据标准外，还需要参考以下内容：

（1）证明单位犯罪主体身份的证据，例如，单位注册登记证明、单位代表身份证明、营业执照、办公地和主要营业地证明等；

（2）证明单位犯罪主观故意的证据，例如，证明单位犯罪的目的、实施犯罪的决定形成等证明材料；

（3）证明单位犯罪非法所得归属的证据，例如，证明单位、资金流动、非法利益分配情况等证明材料；

（4）证明单位犯罪中直接负责的主管人员和其他直接责任人员的证据。

通过上述证据证明犯罪系单位行为，与自然人犯罪相区分。

收集、审查、判断上述证据需要注意以下问题：

（1）我国刑法中规定的单位，既包括国有、集体所有的公司、企业、事业单位，也包括依法设立的合资经营、合作经营企业和具有法人资格的独资、私营等公司、企业、事业单位；

（2）个人为进行违法犯罪活动而设立的公司、企业、事业单位实施犯罪的，或者公司、企业、事业单位设立后，以实施犯罪为主要活动的，以自然人犯罪论处；

（3）盗用单位名义实施犯罪，违法所得由实施犯罪的个人私分的，依照刑法有关自然人犯罪的规定定罪处刑。

2. 毒品犯罪再犯的特殊证据

《刑法》第 356 条规定，因走私、贩卖、运输、制造、非法持有毒品罪被判过刑，又犯本节规定之罪的，从重处罚。毒品犯罪再犯的特殊证据主要是证明犯罪嫌疑人、被告人具有走私、贩卖、运输、制造毒品罪、非法持有毒品罪前科的生效判决和裁定。

收集、审查、判断这类证据需要注意以下问题：

（1）毒品再犯前科的罪名仅指走私、贩卖、运输、制造毒品罪和非法持有毒品罪；

（2）对于同时构成毒品再犯和刑法总则规定累犯的犯罪嫌疑人、被告人，一律适用《刑法》分则第356条关于毒品再犯的从重处罚规定，不再援引刑法总则中关于累犯的规定。

3.量刑情节的证据

《刑法》第347条规定，走私、贩卖、运输、制造毒品罪量刑时除了考虑毒品数量外，还有一些特殊的量刑情节，具体如下：

（1）武装掩护的证据。枪支、弹药等武器装备的扣押物品清单；勘验、检查笔录；痕迹鉴定；其他言词性证据。

（2）暴力抗拒的证据。主要有公安、海关、边检部门出具的证明犯罪嫌疑人暴力抗拒检查、拘留、逮捕的材料；暴力抗拒产生后果的证据，如造成财产损失，要有物价鉴定，造成人员伤亡的，要有伤情鉴定的尸体解剖报告等。

（3）多人多次的证据。向多人贩卖毒品的，要有购买人的证言，以及犯罪嫌疑人供述、证人证言等其他证实贩卖的次数；多次贩卖的，每次贩卖均要达到确实充分证明标准的证据。

（4）犯罪集团的证据。要有组织特征、行为特征等证实存在的走私、贩卖、运输、制造毒品犯罪集团的证据。

（5）国际贩毒活动的证据。证明犯罪嫌疑人参与有组织的国际贩毒活动的材料或者犯罪记录。

（6）向未成年人贩毒的证据。购毒者的证言，购毒者出生证明和户籍信息，犯罪嫌疑人供述等。

二、走私、贩卖、运输、制造毒品罪常见证据审查

（一）物证、书证审查

对毒品、毒资、银行账户交易记录、物流寄递单据等物证、书证，应当注重审查是否全面收集，证据的来源是否清楚，勘验、检查、搜查、

提取、扣押、辨认等取证程序和相关笔录的制作是否符合法律和有关规定，应当鉴定的是否进行鉴定等。

收集物证、书证不符合法定程序，可能严重影响司法公正的，应当予以补正或者作出合理解释；不能补正或者作出合理解释的，对相关证据应当予以排除。实践中存在未及时提取扣押的手机短信内容及银行转账详细记录的情况。部分毒品案件中侦查机关缴获了犯罪嫌疑人的手机后未及时依法提取短信内容，有的在犯罪嫌疑人供述称与他人进行短信或通过转账方式进行毒品交易的情况下，侦查机关也未提取相应书证。

（二）视听资料审查

对毒品犯罪案件中的银行监控视频、宾馆监控视频、道路交通监控视频等视听资料和手机通信记录、网络聊天记录、电子交易记录等电子数据，应当注重审查收集程序、方式是否符合法律和有关技术标准，内容是否真实、完整，与其他证据是否存在矛盾等。

（三）勘验、检查笔录审查

部分案件中侦查人员在对毒品进行称量时操作不当，客观影响了毒品数量的认定。毒品的提取、扣押、称量、取样、送检程序有下列情形之一，影响证据真实性的，应当予以补正或者作出合理解释；不能补正或者作出合理解释的，相关证据不得作为定案的根据：

1. 未按照有关规定对不同位置、不同包装的毒品分别进行提取、扣押、封装、称量，或者称量所用衡器不符合有关规定、标准的；

2. 未按照有关规定要求的方法和标准对查获的毒品进行取样的；

3. 毒品的提取、扣押、称量、取样等工作，违反犯罪嫌疑人在场、见证人见证或者拍照、录像等有关规定的；

4. 毒品的称量、取样、送检笔录记载的毒品编号、名称、外观特征与提取笔录、扣押清单不一致的；

5. 其他违反有关规定的情形。

勘验、检查、搜查过程中提取、扣押的毒品，未附笔录或者清单，或者有其他严重违反证据收集程序的情形，不能证明毒品来源的，不得作为定案的根据。勘查人员记录不详细，致使部分案件中毒品的来源不明，导致证据上存在瑕疵。在部分侦查人员对搜查笔录、勘验、检查笔录及提取笔录的制作尚不够重视，甚至存在勘验、检查、搜查后未依法制作笔录的现象。部分案件因勘验、检查笔录内容与其他证据存在矛盾导致退查或犯罪事实无法认定。部分案件仍存在没有告知鉴定结论或鉴定结论通知书未依法附卷的情况。个别案件中，侦查机关抓获犯罪嫌疑人时并未在抓获的第一现场直接进行勘查和拍照固定，制作现场勘查笔录，而是在其他地点进行勘查和拍照。部分毒品案件侦查机关移送审查起诉时未随案移送扣押物品清单或未及时扣押物证导致物证被转移或销毁，定案重要证据灭失。部分侦查人员却未严格遵照执行，导致物品最终来源无法查明、影响案件事实认定。汗液、指纹的提取是一项较易掌握的侦查技术，需要的设备也较简易，但公安部门对这类痕迹物证的取证意识较弱，近年来检察机关办理的毒品案件很少涉及该种证据。

（四）鉴定意见审查

当前部分检验报告中仍存在对毒品品名的表述不规范的问题。部分侦查机关仍存在抓获犯罪分子时未作尿检鉴定的现象，导致难以认定犯罪分子的主观故意。部分案件存在缴获的可疑毒品未作鉴定或鉴定未附卷随案移送审查，对所缴获的液态毒品均是仅作成分鉴定，而未作含量鉴定。对毒品犯罪案件中的鉴定意见，应当注重审查鉴定主体是否具有相关资质，检材的来源是否清楚，取样是否符合有关规定，鉴定过程和方法是否符合相关专业规范的要求，鉴定意见的形式要件是否完备。

对应当鉴定而没有鉴定或者鉴定程序违反有关规定，影响案件事实认定，经人民检察院或者人民法院提出的，应当进行补充鉴定或者重新鉴定。

公诉人、当事人或者辩护人、诉讼代理人对鉴定意见有异议，人民法院认为鉴定人有必要出庭的，应当通知鉴定人出庭作证。必要时，对鉴定人作证采取不公开其个人信息等保护措施。经人民法院通知，鉴定人拒不出庭作证的，鉴定意见不得作为定案的根据。

对检验报告的审查，参照适用鉴定意见的有关规定。

（五）证人证言审查

对毒品犯罪案件中的证人证言，应当注重审查证人是否具有作证能力，询问过程是否合法、规范，证言内容是否真实、完整，证言是否与犯罪嫌疑人、被告人供述等其他证据相互印证。

公诉人、当事人或者辩护人、诉讼代理人对证人证言有异议，且该证人证言对定罪量刑有重大影响，人民法院认为证人有必要出庭作证的，应当通知证人出庭作证。必要时，对证人作证采取不公开其个人信息等保护措施。侦查人员就执行职务过程中目击的犯罪事实、经历的侦查活动等情况出庭作证的，适用前述规定。

证人当庭作出的证言与其庭前证言存在矛盾，证人能够作出合理解释，并有相关证据印证的，应当采信其庭审证言；不能作出合理解释，而其庭前证言有相关证据印证的，可以采信其庭前证言。

经人民法院通知，证人没有正当理由拒不出庭或者出庭后拒绝作证，法庭无法确认其庭前证言真实性的，该证人证言不得作为定案的根据。

（六）供述审查

1. 审查内容。多人涉嫌毒品犯罪案件中侦查人员在讯问犯罪嫌疑人时未全面进行讯问，导致需通过退查重新讯问，甚至可能导致对犯罪嫌疑人的定罪证据单薄。通过讯问犯罪嫌疑人和审查同步录音录像视频，我们发现有相当一部分犯罪嫌疑人为文盲，而侦查人员却未按相关法律规定向其宣读讯问笔录，而是直接要求嫌疑人签名。部分侦查人员基于有罪推定思想，重视有罪证据的收集、忽视对犯罪嫌疑人辩解的核实。在这一情况下，为准确核实案情，做到不枉不纵，检察机关需通过补充侦查来查明真相。

对犯罪嫌疑人、被告人的供述和辩解，应当注重审查以下内容：

（1）讯问的主体、时间、地点、方式以及制作讯问笔录等程序是否符合法律和有关规定，讯问笔录是否全部随案移送；

（2）可能判处死刑的毒品犯罪案件。在讯问犯罪嫌疑人时是否进行同步录音录像，录音录像与讯问笔录的内容是否一致；

（3）犯罪嫌疑人、被告人关于毒品犯罪事实的供述和辩解是否前后一致，是否符合案情、常理，与同案犯罪嫌疑人、被告人的供述和辩解以及其他证据能否相互印证，是否存在无法排除的矛盾；

（4）是否存在采用刑讯逼供等非法方法收集犯罪嫌疑人、被告人供述的情形。

2.对照同步录音录像审查。讯问笔录的内容与同步录音录像存在实质性差异，不能作出合理解释的，该部分内容不得作为定案的根据，以讯问录音录像为准。对确认或者不能排除采用刑讯逼供等非法方法收集的犯罪嫌疑人、被告人供述，应当予以排除。部分可能判处无期徒刑以上刑罚的毒品犯罪案件未进行同步录音录像。部分侦查人员在讯问犯罪嫌疑人时对录音录像全程完整录制的意识未完全转变，认为对讯问过程进行录音录像即可，并不需要全程进行录音录像，因而导致仅录制讯问过程，而未对犯罪嫌疑人阅读笔录及签名过程进行录制。部分侦查人员存在诱导式发问、讯问笔录与犯罪嫌疑人在视频中的口供不一致等现象。部分侦查机关在讯问犯罪嫌疑人时未对讯问过程进行同步录音录像，而是事后补作录音录像，致使其讯问笔录不能采信。

3.翻供应对。犯罪嫌疑人、被告人翻供的，可以按照下列情形分别处理：

（1）翻供前有罪供述稳定、详细，且与其他证据相互印证，犯罪嫌疑人、被告人不能合理说明翻供理由的，可以采信其翻供前的有罪供述；

（2）翻供前有罪供述存在矛盾且无其他证据印证，或者无法排除刑讯逼供、串供等情形的，不得采信其翻供前的有罪供述；翻供理由合理，翻供后的供述或者辩解内容稳定、详细且与其他证据相互印证的，可以采信其翻供后的供述或者辩解。

犯罪嫌疑人、被告人在庭审前不供认犯罪或者供述存在反复，但在庭审中供认，且与其他证据相互印证的，可以采信其庭审供述。犯罪嫌疑人、被告人庭前供述存在反复，在庭审中不供认犯罪，且无其他证据与庭前有罪供述相印证的，不得采信其庭前有罪供述。

（七）主观明知审查

犯罪嫌疑人、被告人到案后否认明知是毒品，但综合同案犯罪嫌疑人、被告人供述，相关证人证言，从毒品包装物上提取的痕迹、生物检材,调取的物流寄递单据、资金交易记录、通信记录等其他证据足以证明其明知的,可以认定其明知是毒品。

犯罪嫌疑人、被告人到案后否认明知是毒品,又缺乏其他证据证明其明知的,可以根据其实施毒品犯罪的方式、过程、毒品被查获时的情形,结合其年龄、文化程度、生活状况、职业背景、是否有毒品违法犯罪经历以及与同案犯罪嫌疑人、被告人之间的关系等情况,综合分析认定其是否明知是毒品。

具有下列情形之一,犯罪嫌疑人、被告人不能作出合理解释的,可以认定其明知走私、贩卖、运输的是毒品,但有证据证明其确实不知情或者确系被蒙骗的除外:

(1)执法人员在口岸、机场、车站、港口、邮局等场所检查时,要求申报为他人携带、运输、寄递的物品和其他毒品疑似物,并告知其法律责任,但未如实申报,在其携带、运输、寄递的物品中查获毒品的;

(2)以伪报、藏匿、伪装等蒙蔽手段逃避海关、边防等检查,或者行程路线故意绕开检查站点,在其携带、运输的物品中查获毒品的;

(3)在执法人员检查时有逃跑、藏匿、丢弃携带的物品、弃车逃离或者其他逃避、抗拒检查行为,在其携带、藏匿、丢弃的物品或者遗弃的车辆中查获毒品的;

(4)在体内或者贴身隐秘处藏匿毒品的;

(5)采用高度隐蔽的方式携带、运输、交接物品,明显违背合法物品的惯常携带、运输、交接方式,从中查获毒品的;

(6)以虚假的身份、地址或者物品名称办理托运、寄递手续,从托运、寄递的物品中查获毒品的;

(7)采用隐匿真实身份、支付不等值报酬等不合理方式,雇用、指使他人携带、运输或者代为接收物流寄递的物品,从中查获毒品的;

(8)为获取不同寻常的高额、不等值报酬为他人携带、运输或者接收物流寄递的物品,从中查获毒品的;

(9)其他可以认定犯罪嫌疑人、被告人明知的情形。

具有下列情形之一,犯罪嫌疑人、被告人不能作出合理解释的,可以认定其明知制造的是毒品,但有证据证明其确实不知情或者确系被蒙骗的除外:

（1）在现场查获制造毒品的工具、设备、原料、配剂、制毒方法说明的；

（2）在偏远、隐蔽等选址明显不合理的场所或者采用伪装方式制造物品，经鉴定是毒品的；

（3）在执法人员检查时有逃避、抗拒检查等行为，在现场查获制造出的物品，经鉴定是毒品的；

（4）为获取不同寻常的高额、不等值报酬为他人制造物品，经鉴定是毒品的；

（5）其他可以认定犯罪嫌疑人、被告人明知的情形。

（八）破案经过审查

对毒品犯罪案件中的侦破经过材料，应当注重审查案件的线索来源是否清楚，是否写明查获毒品、毒资、作案工具等主要涉案物品情况，犯罪嫌疑人是否有自首、坦白、立功等情节，侦破经过与犯罪嫌疑人、被告人供述是否相符等。

人民检察院、人民法院对侦破经过有疑问的。由公安机关作出书面补充说明。

（九）技侦证据审查

1.审查内容。公安机关采取技术侦查措施收集的材料作为证据使用的，应当注重审查以下内容：

（1）采取技术侦查措施是否按照法律和有关规定履行批准手续，批准采取技术侦查措施的法律文书是否随案移送；

（2）采取技术侦查措施的种类、适用对象和期限是否按照批准决定载明的内容执行；

（3）对采取技术侦查措施收集的物证、书证、视听资料、电子数据等证据材料的内容是否作出说明；

（4）采取技术侦查措施收集的证据材料是否与其他证据相印证。

2.采信要求。采取技术侦查措施收集的材料作为证据使用的，应当经当庭出示、辨认、质证等法庭调查程序查证属实。

执行前述规定，可能危及有关人员的人身安全，或者可能产生其他严重后果的，法庭调查应当采取不暴露有关人员的身份、不公开具体技术方法等保护措施，必要时转为不公开审理。无法采取保护措施或者采取保护措施不足以防止产生严重后果的，可以由审判人员在庭外对证据进行核实。

法庭决定在庭外对技术侦查证据进行核实的，可以召集检察人员、侦查人员和辩护律师到场，在场人员应当履行保密义务。

依照规定应当移送技术侦查证据材料而没有移送，或者人民检察院、人民法院认为没有移送的技术侦查证据材料对案件处理有重大影响的，人民检察院可以要求公安机关移送，人民法院也可以通知人民检察院移送。有关机关仍未移送的，应当根据案件情况作出有利于犯罪嫌疑人、被告人的认定。

（十）隐匿身份侦查证据审查

对有关人员隐匿身份实施侦查的案件，应当注重审查是否履行批准手续，犯罪嫌疑人、被告人的犯意如何产生，涉案毒品、毒资的来源和去向，毒品数量如何确定，隐匿身份人员在侦查活动中所起的作用等。

隐匿身份人员在侦查活动中收集的材料作为证据使用的，必要时，应当采取不暴露其身份等保护措施。

隐匿身份人员在侦查活动中诱使本无犯意的人实施毒品犯罪，并向其提供涉案毒品，或者向其提供毒资和购毒渠道的，所提供的毒品、毒资以及从其提供的渠道购买的毒品不得作为认定被引诱人员实施毒品犯罪的证据。

（十一）控制下交付证据审查

对实施控制下交付的毒品犯罪案件，应当注重审查是否履行批准手续，犯罪嫌疑人、被告人是否准备或者正在实施毒品犯罪，对涉案人员、毒品、毒资等进行监控及查获的过程，对涉案毒品实施替代交付的是否拍照、录像并制作笔录，证明实施控制下交付的证据与其他证据是否存在矛盾等。

实施控制下交付收集的材料作为证据使用的，必要时，应当采取不公开有关技术方法等保护措施。

(十二) 自首立功情节审查

对犯罪嫌疑人、被告人及其辩护人提出具有自首、坦白情节的，应当注重审查公安机关出具的侦破经过、证明材料，结合犯罪嫌疑人、被告人供述以及相关证人证言等证据，综合分析认定。

对犯罪嫌疑人、被告人及其辩护人提出具有立功表现的，应当注重审查公安机关出具的证明材料、检举线索来源、有关机关的调查核实材料、被检举揭发人的供述及其受到刑事追诉的相关法律文书等证据，综合分析认定。

人民检察院、人民法院审查认为证明犯罪嫌疑人、被告人具有自首、坦白、立功情节的材料不规范、不全面的，应当通知有关机关予以补正、补充。被告人在审判阶段有检举揭发他人犯罪等情形需要查证的，有关机关应当及时调查核实并移送查证结果。

(十三) 毒品归属审查

从犯罪嫌疑人、被告人的身体、衣服、随身物品及其住处、车辆中查获毒品的，一般可以认定该毒品系犯罪嫌疑人、被告人持有，但确有相反证据的除外。

对从不同场所分别查获毒品和犯罪嫌疑人的案件，犯罪嫌疑人、被告人否认查获的毒品系其持有或者由其实际控制的，应当审查是否提取到犯罪嫌疑人、被告人的痕迹、生物检材或者相关毒品残留物，是否收集到证明查获毒品场所的所有人和实际使用人的证据，以及证明查获的毒品与犯罪嫌疑人、被告人存在关联的证人证言、监控视频等其他证据，综合全案证据能够确认查获的毒品系犯罪嫌疑人、被告人持有或者由其实际控制的，可以依法认定。

犯罪嫌疑人、被告人否认其明知查获的物品是毒品的，依照前文（七）主观明知审查作出认定。

(十四) 对全案未查获毒品

全案未查获毒品，但其他证据确实、充分的，可以认定犯罪事实；全案未查获毒品，又缺乏其他证据的，不能仅根据犯罪嫌疑人、被告人的供述认定犯罪事实。

全案涉及多起毒品犯罪事实,部分犯罪事实中未查获毒品的,对未查获毒品的犯罪事实的认定,可以按照下列情形分别处理:

1. 犯罪嫌疑人、被告人供认犯罪,能够排除刑讯逼供、串供等情形,且所作供述与相关书证、证人证言、电子数据等其他证据相互印证,证据确实、充分的,可以认定该起犯罪事实;

2. 两名以上犯罪嫌疑人、被告人中部分人供认犯罪,能够排除刑讯逼供、串供等情形,有罪供述与其他证据相互印证,且其他人否认犯罪的辩解不能成立,证明相关事实的证据确实、充分的,可以认定该起犯罪事实;

3. 各犯罪嫌疑人、被告人的有罪供述在主要犯罪事实上存在无法排除的重大矛盾或者疑问,或者有罪供述与其他证据之间存在无法排除的重大矛盾或者疑问,证明相关事实的证据未达到确实、充分标准的,对该起犯罪事实不予认定。

(十五)死刑适用审查

对可能判处死刑的毒品犯罪案件,应当注重审查下列影响死刑适用的证据,并查明相关事实:

1. 证明是否属于上下家犯罪以及罪行严重程度的证据,查明毒品的来源、去向,上下家的贩毒数量、次数和对象范围,犯罪的主动性,对促成交易所起的作用,犯罪行为的危害后果等;

2. 证明是否属于共同犯罪以及被告人的地位、作用的证据,查明被告人是否属于毒品犯罪集团的首要分子,共同犯罪的组织者、领导者,罪责最为严重的主犯,是否受他人指使、雇用参与犯罪以及是否有未到案的共同犯罪人等;

3. 证明涉案毒品成分和含量的鉴定意见,查明是否属于成分复杂的新型毒品,毒品是否含量极低等;

4. 证明是否存在隐匿身份人员引诱犯罪的证据,查明被告人是否受到犯意引诱或者数量引诱等;

5. 证明被告人有无犯罪前科或者毒品犯罪经历的证据,查明被告人是否属于累犯、毒品再犯、职业毒犯、多次犯罪或者初犯、偶犯等；

6. 证明被告人有无法定或者重大酌定从宽处罚情节的证据，查明被告人是否具有自首、坦白、立功等情节及其对量刑的影响等；

7. 证明关联案件处理情况的证据，查明关联案件的办理进展和结果。

第三节　走私、贩卖、运输、制造毒品罪的认定处理

一、代购毒品行为的认定

(一) 司法认定标准

关于毒品犯罪的"代购",刑法中并无规定,而是出现在最高人民法院和最高人民检察院出台的相关规范性文件中。2000年4月,最高人民法院《全国法院审理毒品犯罪案件工作座谈会纪要》(以下简称《南宁会议纪要》)规定,代购者代购少量仅用于吸食的毒品,不以牟利为目的,代购的数量超过了法律规定的最低数量标准,构成非法持有毒品罪;代购毒品数量未达到法律规定的最低标准的,则不构成犯罪。2008年12月,最高人民法院《全国部分法院审理毒品犯罪案件工作座谈会纪要》(以下简称《大连会议纪要》)规定,有证据证明行为人不以牟利为目的,为他人代购仅用于吸食的毒品,毒品数量超过《刑法》第348条规定的最低数量标准的,对托购者、代购者应以非法持有毒品罪定罪。代购者从中牟利,变相加价贩卖毒品的,对代购者应以贩卖毒品罪定罪。明知他人实施毒品犯罪而为其居间介绍、代购代卖的,无论是否牟利,都应以相关毒品犯罪的共犯论处。2012年5月,最高人民检察院、公安部《关于公安机关管辖的刑事案件立案追诉标准的规定(三)》规定,有证据证明行为人以牟利为目的,为他人代购仅用于吸食、注射的毒品,对代购者以贩卖毒品罪立案追诉。不以牟利为目的,为他人代购仅用于吸食、注射的毒品,毒品数量达到规定的数量标准的,对托购者和代购者以非法持有毒品罪立案追诉。明知他人实施毒品犯罪而为其居间介绍、代购代卖的,无论是否牟利,都应以相关毒品犯罪的共犯立案追诉。2015年5月,最高人民

法院《全国法院毒品犯罪审判工作座谈会纪要》(以下简称《武汉会议纪要》)规定,行为人为吸毒者代购毒品,在运输过程中被查获,没有证据证明托购者、代购者是为了实施贩卖毒品等其他犯罪,毒品数量达到较大以上的,对托购者、代购者以运输毒品罪的共犯论处。行为人为他人代购仅用于吸食的毒品,在交通、食宿等必要开销之外收取"介绍费""劳务费",或者以贩卖为目的收取部分毒品作为酬劳的,应视为从中牟利,属于变相加价贩卖毒品,以贩卖毒品罪定罪处罚。购毒者接收贩毒者通过物流寄递方式交付的毒品,没有证据证明其是为了实施贩卖毒品等其他犯罪,毒品数量达到《刑法》第348条规定的最低数量标准的,一般以非法持有毒品罪定罪处罚。

综合上述规定来看,对代购行为的定性,存在以下几种情形:一是代购者明知他人实施贩卖毒品等犯罪,而为其代购的,无论是否牟利,均应当以贩卖毒品等犯罪的共犯追究刑事责任。二是代购者为吸毒者代购毒品,从中牟利或变相牟利,如在交通、食宿等必要开销之外收取"介绍费""劳务费",或者以贩卖为目的收取部分毒品作为酬劳的,以贩卖毒品罪追究刑事责任。三是代购者为吸毒者代购毒品,在运输过程中被查获,没有证据证明托购者、代购者是为了实施贩卖毒品等其他犯罪,毒品数量达到较大以上的,对代购者以运输毒品罪追究刑事责任。四是代购者为吸毒者代购毒品,不以牟利为目的,毒品数量超过《刑法》第348条规定的最低数量标准的,对代购者以非法持有毒品罪追究刑事责任。五是代购者为吸毒者代购毒品,不以牟利为目的,毒品数量未达到《刑法》第348条规定的最低数量标准的,对代购者不能追究刑事责任。

(二)代购行为的界定

司法实践中,毒品犯罪分子往往为逃避法律制裁而辩称系代购毒品,自己也未获利,所提供的上家信息仅是绰号或者昵称,根本无法查证真实姓名,也就无法查明该毒品来源,进而无法认定其行为是否确为毒品代购。面对毒品犯罪分子作出的"幽灵抗辩",一些司法人员不注意严格审查,往往以有利于嫌疑人的原则,以无法排除合理怀疑为由不予追究。代购毒品行为在司法实践中的认定存在难题,其中一个重要的因素在于"代购"行为本身并非刑法中的规范用语,内涵不易准确界定。对于代购毒品行为的概念，刑法学界存在不同的理解。有观点认为，代购毒品是为吸毒者代购毒品，其中包括帮助代购者代购。①有观点认为，代购毒品行为是指行为人达成毒品交易，代买人向卖毒人买入毒品，再将毒品转给买毒人的行为。②代购毒品行为是指代购者接受托购者的委托，为托购者购买指定的种类以及数量的毒品，并按照委托者要求的价格与相对人进行交易的行为。③2018年3月，浙江省高级人民法院、浙江省人民检察院、浙江省公安厅联合出台的《关于办理毒品案件中代购毒品有关问题的会议纪要》规定，代购毒品一般是指吸毒者与毒品卖家联系后委托代购者前去购买仅用于吸食的毒品，或者虽未联系但委托代购者到其指定的毒品卖家处购买仅用于吸食的毒品，且代购者未从中牟利的行为。总的来看，当前司法实践中一般所称的代购毒品是指行为人为吸毒者代为购买毒品的行为，内涵比较宽泛，有必要作进一步的划分，以规范司法认定。

1.代购者以牟利或变相牟利为目的，代吸毒者购买毒品。根据前述规范性文件规定，代购者代吸毒者购买毒品，从中牟利或变相牟利，对代购者应以贩卖毒品罪定罪。以牟利或变相牟利为目的的代购行为，因利所驱，极有可能使毒品代购职业化，使代购者成为毒品职业代购人，加快毒品的流通速度，扩大毒品的流通范围，社会危害严重。这一类的代购毒品行为，本质上与普通的贩卖毒品行为并无不同，办案中应当依法予以刑事追诉。

如被告人雍某辉非法持有毒品案④。2009年4月25日22时许，被告人雍某辉在上海市××路××连锁旅店5001房间内，应涉案关系人李某云（另案处理）的要求，帮其带"半套"冰毒，并离开该旅店。次日0时许，雍某辉重新回到旅店，并将"半套"冰毒交给李某云。李某云随即携带冰毒离开房间下楼，与刘某保在旅店门口进行毒品交易。在李某云将

---

① 参见张明楷：《代购毒品行为的刑法学分析》，载《华东政法大学学报》2020年第1期。
② 参见徐宏、李春雷：《毒品犯罪研究》，知识产权出版社2016年版，第110页。
③ 参见廖斌主编：《毒品违法犯罪防治研究》，中国政法大学出版社2016年版，第205页。
④ 参见王宇展、黄伯青：《涉案关系人供述之证明力需证据补强》，载《人民法院报》2011年3月31日，第7版。

上述毒品贩卖给刘某保时,被公安人员当场抓获。根据李某云的交代,公安人员又将雍某辉抓获。本案认定事实的主要证据有:涉案关系人李某云的供述证实,2009年4月25日22时许,她听到被告人雍某辉在电话里准备向别人购买冰毒,于是叫雍某辉帮忙带"半套"冰毒。0时30分许,雍某辉回到房间,并将冰毒给她。李某云提及,雍某辉从别人那里拿"半套"冰毒不会超过5000元,其从雍某辉那里拿再给他些费用的话,不会超过5500元;证人庞某证实,雍某辉出去前问庞某是否需要冰毒,可以帮带回来,庞某说不要。但其女友李某云听到后,说其朋友要,于是雍某辉答应拿"半套"冰毒回来;证人阮某薇证实,2009年4月25日晚,她在5001房间内,看见雍某辉给了李某云一包东西,李某云当时还问东西分量足吗?雍某辉讲:放心!分量足的。后李某云说她朋友在酒店,她去取钱,等拿到钱再结账。

本案在两级检法机关之间出现明显意见分歧:一审检察院和法院均认为,被告人雍某辉向他人非法出售毒品甲基苯丙胺,其行为已构成贩卖毒品罪。宣判后,被告人雍某辉不服,提起上诉,被告人及其辩护人认为,雍某辉是受李某云委托代为购买毒品,其主观上没有牟利目的。二审检察机关支持一审判决意见,建议维持原判。二审法院经审理认为,一审法院认定被告人雍某辉犯贩卖毒品罪的事实不清,证据不足,遂改判被告人雍某辉犯非法持有毒品罪。本案中,证明被告人雍某辉是否具有加价牟利行为的证据只有被告人雍某辉与李某云的供述,但二人的供述相互矛盾,且无其他补强证据予以印证。首先,依据李某云的供述,她与雍某辉之间并没有实际地支付毒资,是她主动叫雍某辉帮忙带"半套"毒品。两人之间事先没有约定毒品的价款,虽然李某云猜测雍某辉是要加价销售的,但事后也没有实际支付,故李某云的供述不能证明雍某辉进行加价销售,也不能证实雍某辉明知李某云将代购的毒品用于贩卖;其次,庞某的证言证实了李某云主动叫雍某辉帮其带"半套"毒品的事实,与李某云的供述一致、相互印证,但该证言同样不能证明雍某辉加价销售或者明知李某云用于贩卖的事实;最后,阮某薇的证言只能证实雍某辉给过李某云毒品,更不足以证实雍某辉有贩卖毒品的行为。综上,本案没有证据证实被告人雍某辉加价销售毒品给李某云,不能根据《大连会议纪要》《武汉会议纪要》的相关规定,推定雍某辉具有牟利的目的;在案也无证据证实雍某辉对李某云贩卖毒品行为具有"明知"或与其构成共同犯罪。据此,二审法院认定本案被告人雍某辉构成非法持有毒品罪是正确的。

2. 代购者不以牟利或变相牟利为目的,在吸毒者主导下代买毒品。在此情形下,吸毒者往往因毒瘾发作、身体不便等原因暂不能自提毒品,让人到其指定的毒品卖家处代购毒品,吸毒者已与毒品卖家联系并谈好交易事宜,吸毒者通常还为代购者提供购买毒品的毒资。该毒品交易实际上由吸毒者主导,代购者只是负责取回毒品,对毒品交易无实质影响,未改变毒品交易的内容,在毒品交易中所起的作用非常有限。可见,这种情况下代购者系依附于吸毒者,因吸毒者具有一定被害人的性质,我国刑法亦未将吸毒行为入罪,对于代购者的代购行为不能以贩卖毒品罪进行定罪处罚。此情形下的毒品代买行为,是符合民众认知、较为典型的毒品代购。当然,对于在运输过程中被查获,毒品数量达到较大以上的,对代购者可以运输毒品罪追究刑事责任;对于非运输过程中被查获,毒品数量超过《刑法》第348条规定的最低数量标准的,对代购者可以非法持有毒品罪追究刑事责任。

如被告人黄某雅运输毒品案①。2018年1月7日晚,经微信商议,被告人黄某雅帮"木瓜"(在逃)向"十哥"(在逃)购买毒品冰毒。黄某雅在南宁市西乡塘区××路××大酒店附近从"十哥"处拿到毒品冰毒后,骑电动车将毒品冰毒运送至南宁市西乡塘区北湖路东一里43号"木瓜"家楼下时被公安人员当场抓获。公安人员从黄某雅驾驶的电动车坐垫下的储物格内查获毒品冰毒疑似物13包,净重10.08克。经鉴定,从所送检材中均检测出甲基苯丙胺。广西壮族自治区南宁市西乡塘区人民法院审理后认为,黄某雅从南宁市××路将毒品运送至同城,两地空间距离较短,本案没有证据证明黄某雅和"木瓜"购买毒品是为了实施贩卖毒品等其他犯罪。黄某雅为他人无偿代购数量较大的毒品,在同城内运送毒品过程中被抓获,其行为应当构成非法持有毒品罪。公诉机关指控黄某雅的犯罪事实清楚、证据充分,但罪名不当,予以变更。遂判决被告人黄某雅犯非法持有毒品罪,判处有期徒刑1年,并处罚金人民币5000元。南宁市西乡塘区人民检察院提出抗诉,南宁市人民检察院支持抗诉,认为一审

---

① 参见广西壮族自治区南宁市中级人民法院刑事判决书,(2019)桂01刑终121号。

判决未将同城内运送毒品的行为认定为"运输毒品"属认定错误。根据黄某雅的供述，其之前有过几次帮他人代购毒品后再在同城运送给买家，并从毒品上家处获得好处，结合黄某雅的运输目的、获利性、所运输毒品数量等因素，即便是较短距离运送毒品，也应以运输毒品对其行为定性。且一审判决适用法律错误，导致量刑畸轻。黄某雅为"木瓜"代购毒品，在运输过程中被查获，没有证据证明黄某雅、"木瓜"是为了实施贩卖毒品等其他犯罪，毒品数量较大，应当对黄某雅以运输毒品罪论处，依法应处7年以上有期徒刑，并处罚金。被告人黄某雅及其辩护人认为，黄某雅携带毒品距离短，不具备运输毒品的特征。其系无偿代购，没有赚取差价，应以非法持有毒品罪定罪处罚，建议驳回抗诉，维持原判。南宁市中级人民法院二审认为，原审被告人黄某雅的供述及其与"木瓜""十哥"的微信聊天记录印证，足以证实黄某雅为他人代购毒品后从甲地运送至乙地的事实，且黄某雅的供述印证其在"木瓜""十哥"间的毒品流通过程中起着桥梁、纽带作用。因"木瓜""十哥"未归案，在案没有充分证据证实黄某雅行为构成贩卖毒品罪。被告人黄某雅代购毒品数量较大，在运输途中被查获，应以运输毒品罪定罪处罚。南宁市西乡塘区人民检察院的抗诉意见、南宁市人民检察院的支持抗诉意见成立，原审被告人黄某雅以及辩护人的辩护意见不能成立。遂依法撤销一审判决，改判被告人黄某雅犯运输毒品罪，判处有期徒刑7年3个月，并处罚金人民1万元。在该案中，被告人黄某雅为他人代购毒品，毒品数量较大，在运输过程中被查获，虽然运送距离较短，但对毒品流通起重要作用，同时在案没有证据证明其与托购者是为了实施贩卖毒品等其他犯罪，应当以运输毒品罪论处。

3. 代购者不以牟利或变相牟利为目的，自行主导代买毒品。在此情形下，吸毒者让代购者代购毒品，但未提供购买毒品渠道，由代购者寻找毒品卖家，商谈毒品交易事宜，甚至购买毒品的数量、种类等均由代购者决定。可见，代购者在整个毒品交易中所处的地位非常重要，主动寻找购毒渠道以完成交易，主观能动性大，实则主导了毒品交易行为，对毒品交易起到极大的促进作用，社会危害性大，原则上均应当以贩卖毒品罪追究刑事责任。当前司法实践中，对于这一类毒品代购行为往往和吸毒者主导下的毒品代购行为同等对待，实则放纵了犯罪。此外，社会上存在一些专门从事毒品代购活动的人，代购毒品积极主动，极大促进毒品的流通，危害很大，即使没有足够的证据证明其从中牟利，也应视为其与贩毒者构成概括的共同犯罪故意，以贩卖毒品的共犯论处。最高司法机关应当通过制定规范性文件、编发指导性案例，区分毒品代购各种情形，统一司法标准，增强打击毒品犯罪质效。实际上，代购者主导下的代买毒品行为，与为吸毒者居间介绍买卖毒品行为并无本质的区别，均应当以贩卖毒品罪进行定罪处罚。

如被告人卞某贩卖毒品案①。2014年12月5日和12月10日，汤某想吸食毒品，但一时找不到毒品来源，便与被告人卞某联系，要卞某为其购买冰毒。卞某每次都从郭某手中购得冰毒，后送至某酒店交给汤某并收取300元。汤某将购得的冰毒与王某、吴某等人一同吸食。12月11日，汤某涉嫌容留他人吸毒被抓获。郭某供述系以130元的价格售给卞某冰毒，卞某则称系以300元的价格购得。对于卞某是否赚取了差价，公安机关无法查明。被告人卞某的行为是单纯的代购毒品，还是构成贩卖毒品罪？第一种意见认为，卞某系为他人代购毒品，且不能查明其从中牟利，故卞某不构成犯罪。第二种意见认为，卞某在贩卖毒品人员与吸食毒品者之间发挥了居间介绍的作用，客观上扩大了毒品的流转面，即便不能查实其是否从中牟利，也应认定其构成贩卖毒品罪。我们认为，显然第二种意见是正确的。在该案中，汤某与郭某并不认识，更无联系，汤某委托卞某购买毒品时，卞某积极为吸毒人员汤某寻找毒源，向与汤某没有联系的郭某购买毒品并交付给汤某，通过自己的"努力"促成了吸毒者与贩毒者的成功交易，且导致汤某容留多人吸毒。虽然不能查实卞某帮汤某代购毒品牟利，但其行为具有社会危害性与刑罚可罚性，符合《武汉会议纪要》中"居间介绍者在毒品交易中处于中间人地位，发挥介绍联络作用，通常与交易一方构成共同犯罪，但不以牟利为要件"的规定。卞某表面上是代购，实际上是居间介绍，应以贩卖毒品罪的共犯论处，以贩卖毒品罪追究卞某的刑事责任。

---

① 参见朱立波、史洪举、郝磊：《代购毒品还是贩卖毒品》，载《人民法院报》2017年2月9日，第7版。

（三）代购牟利的认定

根据最高人民法院会议纪要等文件规定，代购者从中牟利，变相加价贩卖毒品的，对代购者应以贩卖毒品罪定罪。其中，在交通、食宿等必要开销之外收取"介绍费""劳务费"，或者以贩卖为目的收取部分毒品作为酬劳的，应视为从中牟利，属于变相加价贩卖毒品，以贩卖毒品罪定罪处罚。在此情形下，代购者以牟利为目的，其行为本质与贩卖毒品行为无异，促进了毒品流通，导致毒品流入终端吸毒者，社会危害严重，故应当以贩卖毒品罪定罪处罚。可见，代购者是否从中牟取利益或变相牟取利益，是认定代购者能否构成贩卖毒品罪的关键。通常来说，利益包括物质性利益和非物质性利益。物质性利益包含钱财、折抵利益物品、劳务、毒品等，而非物质性利益则应包含逃避处罚、就业、升学、升职等利益。代购者牟取上述利益，是否均构成贩卖毒品罪，值得深入研究。特别是对于当前一些常见情形，是否能够认定为代购牟利，需要予以明确。

1.关于"必要开销"的理解。根据规定，代购者在交通、食宿等必要开销之外收取费用，应当视为牟利，构成贩卖毒品罪。在理解上，一方面，代购者代买毒品时，吸毒者为其提供购毒所需的交通、食宿等费用，属于代购毒品的必要开销，不视为牟利，代购者收取该部分费用进行代购毒品行为，不构成贩卖毒品罪。另一方面，会议纪要等规范性文件并未对"必要开销"作出界定，代购者收取的费用是否属于必要开销，需要结合案件具体情况综合进行判定。对于代购者在代购毒品过程中所花费的必不可少的、不可或缺的费用，应当认定为"必要开销"；对于明显超出必要开销的其他费用，应当认定为牟利，其代购行为构成贩卖毒品罪。办案中，要审查代购毒品的渠道、路线等各种因素，判断代购所需的必要开销。对于略微超出的费用，原则上可不视为牟利，不宜以贩卖毒品罪论处。

如被告人徐某辉贩卖毒品案[①]。2017年5月15日上午，被告人徐某辉接到吸毒人员彭某的电话，要他购买200元的海洛因送过去。徐某辉从外号为"佳满爷"的赵某手中购买了200元的海洛因并微信支付了200元给赵某，毒品送到彭某处后彭支付了200元毒资和20元车费给徐某辉。

---

① 参见湖南省桃江县人民法院刑事判决书，（2018）湘0922刑初171号。

2017年5月16日晚上，被告人徐某辉又接到彭某的电话，要他购买200元的海洛因送过来。徐某辉又从赵某手中购买了200元的海洛因并微信支付了180元给赵某，毒品送到彭某处后彭支付了200元毒资和20元车费给徐某辉。案发后，被告人徐某辉于2017年6月14日被桃江县公安局抓获归案。法院审理后认为，被告人徐某辉第一次为彭某代购毒品时，只收取了必要开销交通费，没有从中牟利，其代购数量（约0.1克）没有达到非法持有毒品罪的最低数量标准，依法不应认定为犯罪。但被告人徐某辉第二次为彭某代购毒品（约0.1克）时，除了收取必要开销交通费外，还获取了20元的差价，应视为从中牟利，属于变相加价贩卖毒品，无论其为他人代购的毒品是否仅用于吸食，均应以贩卖毒品罪定罪处罚。遂判决被告人徐某辉犯贩卖毒品罪，判处有期徒刑7个月，并处罚金人民币3000元。在本案中，被告人徐某辉第一次为彭某代购毒品时，虽然收取了交通费，但属于代购毒品必要的开销，不认定为牟利。被告人徐某辉第二次为彭某代购毒品时，从中赚取了差价，应当认定牟利，依法构成贩卖毒品罪。

2.关于收取部分毒品作为酬劳行为的认定。根据会议纪要的规定，以贩卖为目的收取部分毒品作为酬劳的，以贩卖毒品罪定罪处罚。对此，实践中存在不同的理解。第一种观点认为，只要代购者从中收取部分毒品作为酬劳，就应视为从中牟利，属于变相加价贩卖毒品的行为，应以贩卖毒品罪论处。第二种观点认为，代购者从中收取部分毒品作为酬劳是否构成贩卖毒品罪，取决于其收取毒品的目的是自己吸食还是进行贩卖，前者不宜认定为犯罪，后者应以贩卖毒品罪论处。代购毒品收取部分作为酬劳的行为对代购者来说是应特定人员的吸食目的而帮忙购买，并没有使毒品流入社会公众领域；同时，其本人收取毒品作为酬劳是为了吸食，也没有危害社会公众健康，这种行为并没有侵犯贩卖毒品罪所保护的法益。[①] 我们认为，宜采纳第一种观点，代购者收取部分毒品作为酬劳的，不管其系用于贩卖还是自己吸食，均应以贩卖毒品罪追究刑事责任。代购者收取部分毒品作为酬劳，因毒品属于典型的物质性利益，理应视为代购者从中牟

[①] 参见王东海:《代购毒品收取部分为酬劳如何定性》，载《人民法院报》2016年11月16日，第6版。

利。"不能因为会议纪要中没有对于除'以贩卖为目的收取部分毒品'的行为之外收取毒品的行为进行明确规定就否认其行为属于'牟利'的实质"①。因此，对于代购者收取部分毒品作为酬劳的，应当以贩卖毒品罪论处。

如被告人邵某贩卖毒品案②。2018年4月上旬某日，被告人邵某收取吸毒人员陆某600元人民币后在浙江省德清县××镇××公园公共厕所处，为其代购毒品甲基苯丙胺（冰毒）0.6克，后收取所代购的甲基苯丙胺0.1克作为酬劳。后邵某在相同地点以同样方式进行了两次交易。综上，被告人邵某共计贩卖毒品甲基苯丙胺3次，共计1.8克。法院判决被告人邵某犯贩卖毒品罪，判处有期徒刑7个月，并处罚金人民币8000元。本案中，被告人邵某代购毒品时，收取部分毒品作为酬劳，应当以贩卖毒品罪追究刑事责任。

3. 关于克扣毒品行为的认定。司法实践中，有的代购者为吸毒者代购毒品后，从中私自克扣部分毒品用于吸食，对该行为如何定性存在不同认识。第一种观点认为，代购者不构成贩卖毒品罪。因为其行为系代购行为，并没有"贩卖"行为，如达到法定量则应定非法持有毒品罪。第二种观点认为，代购者构成盗窃罪。行为人在代购毒品的过程中克扣一部分供自己吸食，属于秘密窃取的行为，应当认定为盗窃罪。第三种观点认为，代购者构成贩卖毒品罪。行为人为他人购买毒品，表面上并未从中获取利益，但是其克扣部分毒品供自己吸食的行为应当认定为有偿代购，构成贩卖毒品罪。③我们认为，代购者克扣毒品行为应当以贩卖毒品罪论处。毒品属于典型的物质性利益，代购者予以克扣，已从中牟利，与收取部分毒品作为酬劳的行为无异，已构成贩卖毒品罪。

如被告人李某华贩卖毒品案④。2018年4月24日下午，曾某因想吸毒而通过微信联系被告人李某华帮忙购买毒品，并转账400元钱给被

---

① 胡江、于浩洋:《毒品代购行为刑法认定的实践困难与规范完善》，载《西北民族大学学报（哲学社会科学版）》2019年第2期。

② 参见浙江省德清县人民法院刑事判决书，（2018）浙0521刑初349号。

③ 参见阮兰、葛志敏:《"代购"毒品克扣部分自吸如何定性》，载《检察日报》2013年3月3日，第3版。

④ 参见江西省弋阳县人民法院刑事判决书，（2018）赣1126刑初118号。

人李某华,当天下午被告人李某华便和李某一同来到鹰潭市月湖区,由李某找人购买了400元钱冰毒。返回弋阳县后,被告人李某华私自克扣了0.2~0.3克的冰毒留给自己吸食,将剩余的0.4~0.5克冰毒交予曾某并一同吸食。当晚,被告人李某华将克扣下的冰毒与他人在弋阳县××镇××村××农庄内吸食完。辩护人认为,被告人李某华主观上没有贩卖牟利的目的,代购行为也没有因此获利,客观上代购毒品的行为社会危害性小,毒品亦没有进入流通领域,且本案中无法排除被告人李某华是否吸食其他药品的合理怀疑,指控贩卖毒品证据不足,被告人不构成贩卖毒品罪。法院审理后认为,被告人李某华违反国家对毒品的管制规定,为他人代购冰毒后克扣部分代买的毒品,以达自己免费吸食的目的,从中牟利,其行为已构成贩卖毒品罪。遂判决被告人李某华犯贩卖毒品罪,判处有期徒刑6个月,并处罚金人民币5000元。

4. 关于代购蹭吸行为的认定。代购者为吸毒者代买毒品,分食、蹭吸部分毒品在司法实践中较常见,对于"代购蹭吸"行为是否属于"从中牟利"存在较大争议。多数意见认为,为他人代购仅用于吸食的毒品并蹭吸的行为,根本上是为了满足托购者及代购者自身吸食毒品的需求,不宜认定为牟利行为。如果对以吸食为目的的托购者认定非法持有毒品罪,对蹭吸的代购者认定贩卖毒品罪,也会导致处罚失衡。少数意见认为,蹭吸也是非法获利的一种表现形式,尤其对于多次"蹭吸"甚至以"蹭吸"作为代购毒品主要目的,应当认定为从中牟利。[①] 我们认为,对于代购毒品蹭吸行为,应当区分不同的情况,准确认定其性质。对于为吸毒者代购毒品,代购者与吸毒者偶然分食毒品,进行蹭吸的,不宜认定从中牟利,不认定为贩卖毒品罪。在此情形下,均应当从吸毒者的角度来认定托购者和代购者的行为性质。当然,如果代购毒品数量达到规定的数量标准的,可对托购者和代购者以非法持有毒品罪追究刑事责任。但对于以蹭吸为目的进行代购毒品,代购者多次进行代购蹭吸,以及托购者和代购者存在明确约定或托购者事先承诺给予毒品吸食以及双方存在事后分食毒品默契的,应当认定代购者从中牟利,依法构成贩卖毒品罪。此时代购者蹭吸毒品,实际上是代购者代购毒品行为的报酬,是一种牟利行为,应当依法以贩卖

---

① 参见高贵君、马岩、方文军、李静然:《〈全国法院毒品犯罪审判工作座谈会纪要〉的理解与适用》,载《人民司法》2015年第13期。

毒品罪定罪处罚。

如被告人胡某贩卖毒品案①。2011年3月29日12时许，谢某龙、黄某波等人在王朝大酒店409房打牌。13时许，黄某波用该房的座机拨打被告人胡某手机，要胡某过来，买好水壶、吸管等吸毒工具。胡某因有事，未及时去酒店。17时许，胡某用十几元从王朝酒店右侧摊子上购买了瓶装饮料、吸管、锡纸来到王朝酒店409房。黄某波又问胡某，是否可联系到毒品。胡某即用该房间座机拨打了毒贩"雷某"（基本情况不详，在逃）的手机，要求购买毒品。"雷某"即要其到王朝酒店911房交易。尔后，胡某告诉黄某波、谢某龙等人已联系到毒品。黄某波、谢某龙即交给胡某200元毒资，要胡某去购买毒品。胡某即购买了200元的麻古、冰毒交给黄某波、谢某龙吸食。2011年3月30日凌晨，被告人胡某拨打王朝酒店409房座机与谢某龙等人联系后，于2时许来到该房间。谢某龙、段某、"嘘子"即交给胡某300元要其去购买毒品。胡某即至该酒店911房，再次从毒贩"雷某"处购买了300元冰毒、麻古交给谢某龙、段某等人吸食。2011年3月30日12时许，被告人胡某再次来到王朝酒店409房与黄某波、谢某龙、段某等人在一起。黄某波等从打牌所抽"水子"钱中拿了300元要胡某去购买毒品。胡某即联系毒贩"雷某"，从其处购买了300元冰毒交给黄某波、段某等人吸食。另查明，被告人胡某每次在为吸毒人员黄某波、谢某龙代购毒品后，均从中免费吸食部分毒品。一审法院认定被告人胡某犯贩卖毒品罪，在共同犯罪中起辅助作用，是从犯，应减轻处罚。判决被告人胡某犯贩卖毒品罪，判处有期徒刑1年3个月，并处罚金1000元。胡某上诉及辩解称，其行为不构成贩卖毒品罪，系为吸毒人员代买代购毒品，未从中牟利，不应以犯罪论处。胡某多次为吸毒人员代购毒品，并从中免费吸食的行为，已违反国家毒品管理法规，构成贩卖毒品罪，且情节严重。二审法院认为，胡某每次为吸毒人员代购毒品的同时，均从中免费吸食部分毒品，其行为已属于刑法意义上的牟利，应以贩卖毒品罪论处，其辩解意见不能成立，不予采纳。驳回上诉，维持原判。本案中，被告人胡某多次为吸毒人员代购毒品并蹭吸，应当认定其从中牟利，依法构成贩卖毒品罪，一、二审裁判是正确的。

---

① 参见湖南省衡阳市中级人民法院刑事裁定书，（2011）衡中法刑一终字第84号。

二、贩卖假毒品行为的认定

当前司法实践中时常出现一些贩卖假毒品的案件,这类案件如何处理存在不少争议。第一种观点认为,不知道是假毒品而当成毒品贩卖的行为没有实质的法益侵害,不构成犯罪;第二种观点认为,行为人主观上有贩卖毒品的故意,客观上实施了贩卖的行为,只是基于对象认识错误而未遂,构成贩卖毒品未遂。①从司法解释等规范性文件来看,1991年4月,最高人民检察院《关于贩卖假毒品案件如何定性问题的批复》规定,对贩卖假毒品的犯罪案件,应根据不同情况区别处理:明知是假毒品而以毒品进行贩卖的,应当以诈骗罪追究被告人的刑事责任;不知是假毒品而以毒品进行贩卖的,应当以贩卖毒品罪追究被告人的刑事责任,对其所贩卖的是假毒品的事实,可以作为从轻或者减轻情节,在处理时予以考虑。1994年12月,最高人民法院《关于执行〈全国人民代表大会常务委员会关于禁毒的决定〉的若干问题的解释》第17条规定,对于明知是假毒品而冒充毒品贩卖的,以诈骗罪定罪处罚。不知道是假毒品而当作毒品走私、贩卖、运输、窝藏的,应当以走私、贩卖、运输、窝藏毒品犯罪(未遂)定罪处罚。上述两个文件虽已废止,但对于解决贩卖假毒品行为的定性提供了有益的思路。我们认为,贩卖假毒品与贩卖毒品的主观故意和客观行为相同,具有法益侵害性,应当依法追究刑事责任。其中,犯罪嫌疑人不知是假毒品而以毒品进行贩卖的,说明其主观上具有贩卖毒品的故意。其不知是假毒品而以真毒品进行贩卖,后经鉴定系假毒品的,属于因其意志以外的原因未能得逞,构成犯罪未遂,应当以贩卖毒品罪(未遂)定罪处罚。犯罪嫌疑人的行为构成贩卖毒品罪,在量刑时比照既遂,对其从轻进行处罚。如果犯罪嫌疑人明知是假毒品,而以真毒品进行贩卖,应当以诈骗罪追究刑事责任。当然,综合考虑犯罪嫌疑人贩卖假毒品、数量小等事实,犯罪显著轻微的,可以不作犯罪处理。

如被告人安某东、马某贩卖毒品案②。2016年11月2日,买毒人向被告人马某约购毒品。2016年11月8日18时许,被告人马某伙同被告人

---

① 参见余芳、张德志:《对贩卖假毒品行为定性问题的研究》,载《云南大学学报(法学版)》2007年第1期。

② 参见北京市海淀区人民法院刑事判决书,(2017)京0108刑初397号。

安某东在北京市海淀区某广场天桥上,以人民币600元的价格向买毒人贩卖毒品时被民警当场抓获。民警在被告人马某身上起获2袋可疑白色晶体状物品,经鉴定均未检出常见毒品成分。被告人安某东、马某的辩护人认为,被告人马某、安某东与买毒人员未完成毒品交易即被抓获,本案涉案可疑物中未检出常见毒品,本案不存在贩卖毒品罪的证据。贩卖假毒品客观上并未造成法益侵害的危险,将贩卖假毒品认定为贩卖毒品罪违背了罪刑法定原则,应当宣告被告人无罪。法院审理后认为,被告人马某和安某东以贩卖毒品罪的故意,共同向买毒人员贩卖1.8克白色晶体状物品。二被告人从京外携带涉案毒品来京进行贩卖,业已实施完毕贩卖毒品罪所要求的客观行为,但因意志以外的原因,所贩卖的毒品中未检出常见毒品成分,系犯罪未遂。遂判决被告人马某犯贩卖毒品罪,判处管制2年,罚金人民币2000元;被告人安某东犯贩卖毒品罪,判处管制2年,罚金人民币1000元。

三、贩卖复方曲马多、氟胺酮行为的认定

(一)贩卖复方曲马多行为的认定

司法实践中,贩卖复方曲马多的行为较为常见,如何定性存在不同的认识。有观点认为,复方曲马多虽未被列管,但曲马多是一种化合物,制成固体片剂须以盐酸盐的形式存在,而盐酸曲马多已被列管,贩卖复方曲马多本质上等同于贩卖盐酸曲马多,可以认定为贩卖毒品罪。[①]我们认为,由于目前没有将复方曲马多纳入国家规定管制的精神药品目录,不宜认定为毒品。贩卖复方曲马多的行为,不能以贩卖毒品罪定罪处罚。对于相关行为符合非法经营罪构成要件的,可以非法经营罪追究刑事责任。

其一,复方曲马多并非曲马多的盐、单方制剂或化学异构体,并未被列入《麻醉药品品种目录》《精神药品品种目录》。根据《刑法》第357条的规定,毒品是指鸦片、海洛因、甲基苯丙胺(冰毒)、吗啡、大麻、可卡因以及国家规定管制的其他能够使人形成瘾癖的麻醉药品和精神药

[①] 参见王元鹏:《贩卖复方曲马多行为是否构成贩卖毒品罪》,载《检察日报》2021年1月12日,第7版。

品。最高人民检察院、公安部《关于公安机关管辖的刑事案件立案追诉标准的规定（三）》进一步明确，毒品是指鸦片、海洛因、甲基苯丙胺（冰毒）、吗啡、大麻、可卡因以及国家规定管制的其他能够使人形成瘾癖的麻醉药品和精神药品。具体品种以国家食品药品监督管理局、公安部、卫生部发布的《麻醉药品品种目录》和《精神药品品种目录》为依据。2007年版《精神药品品种目录》首次将曲马多列为第二类精神药品管理，除了另有规定外，还包括其可能存在的盐和单方制剂、化学异构体及酯、醚。2013年版《精神药品品种目录》删去了酯、醚和异构体之前的"化学"二字，即列管范围包括曲马多可能存在的盐和单方制剂、异构体。而复方曲马多并非单方制剂，不是异构体，也不是盐制剂，不在列管范围。

其二，毒品认定应坚持罪刑法定，不宜作不利于犯罪嫌疑人的扩大解释。有观点认为只要从复方曲马多中检测到曲马多成分，就认定复方曲马多为毒品，有违罪刑法定之嫌。从国家对麻醉药品、精神药品的管控历史及体例来看，将相关药品列入《麻醉药品品种目录》《精神药品品种目录》均十分精确，如果有复方制剂列入，则会予以明确表述。现在国家并未将复方曲马多列管，说明其不属于第二类精神药品，司法实践中不能任意作扩大解释。

其三，部分规范性文件已明确复方曲马多不作为第二类精神药品管理。如2012年，公安部禁毒局《关于非法滥用、买卖复方曲马多片处理意见的通知》（公禁毒传发〔2012〕188号）指出，2007年《麻醉药品和精神药品品种目录》没有将复方曲马多片列入二类精神药品，仅将曲马多片及可能存在的盐和单方制剂列入管制；对于非法买卖复方曲马多片、涉嫌构成犯罪的行为，不宜按照贩卖毒品罪或者非法提供麻醉药品、精神药品罪立案追诉。又如2014年国家食品药品监管总局办公厅《关于进一步加强含麻醉药品和曲马多口服复方制剂购销管理的通知》（食药监办药化监〔2014〕111号）明确，在药品销售环节，曲马多口服复方制剂一律列入必须凭处方销售的药品范围，而非麻醉药品、精神药品管理范围。此外，部分省市药监部门也明确复方曲马多片不属于第二类精神药品。

如被告人刘某非法经营案[①]。2018年6月至2019年4月，被告人刘某

---

① 参见福建省上杭县人民法院刑事判决书，（2020）闽0823刑初36号。

在未取得药品经营许可证的情况下，多次向王某甲（另案处理）购买处方药复方曲马多共计 451669.89 元，王某甲将从通化某某药业有限责任公司处购买的复方曲马多通过某物流有限公司以货到付款的方式寄送给被告人刘某，后被告人刘某通过微信、网络微店等方式将复方曲马多销往福建省上杭县、江苏省南京市、广东省河源市、河北省唐山市等地，其中销售给福建省上杭县的周某 14738 元、张某 2774 元、李某 1076 元，从中非法获利。法院审理后认为，被告人刘某违反国家药品管理法律法规，未取得药品经营许可证，非法经营药品，情节严重，事实清楚，证据确实、充分，其行为已构成非法经营罪。被告人刘某犯非法经营罪，判处有期徒刑 4 年 6 个月，并处罚金人民币 25 万元。

（二）贩卖氟胺酮行为的认定

目前，司法实践中存在贩卖氟胺酮的行为，虽然该物质具有成瘾癖性和社会危害性，但因长期未被列管，如何定性存在不同的认识。第一种观点认为，行为人贩卖氟胺酮行为，主观上具有贩卖毒品的故意，但客观上对象不能，因意志以外原因未能得逞，构成贩卖毒品罪（未遂）。第二种观点认为，氟胺酮未被列入毒品名录，贩卖氟胺酮的行为亦未进行刑法规制，贩卖氟胺酮系对象不能犯，贩卖氟胺酮的行为未达到严重的社会危害性，不具有刑事违法性，不构成贩卖毒品罪。氟胺酮具有较强的成瘾癖性和社会危害性，我们认为，在法律、法规和司法解释尚未将氟胺酮正式列为毒品或麻醉药品、精神药品时，对于行为人明知是氟胺酮而将其作为毒品贩卖给购毒者的，不构成贩卖毒品罪，可认定为诈骗罪。对于不明知是氟胺酮而作为其他毒品贩卖的，可认定为贩卖毒品罪（未遂）；对于相关行为符合非法经营罪构成要件的，可以非法经营罪追究其刑事责任。2021 年 7 月 1 日起，公安部、国家卫生健康委员会和国家药品监督管理局《关于将合成大麻素类物质和氟胺酮等 18 种物质列入〈非药用类麻醉药品和精神药品管制品种增补目录〉的公告》施行，新增列管氟胺酮等物质，此后相关犯罪案件均应当按照毒品犯罪相关规定依法办理。

如被告人彭某桢贩卖毒品案[①]。2020 年 5 月 23 日，被告人彭某桢向

---

① 参见浙江省义乌市人民法院刑事判决书，（2020）浙 0782 刑初 1217 号。

苏某华（另案处理）购得350元的氟胺酮，但被告人彭某桢误以为其购买的系毒品氯胺酮，后其将购得的氟胺酮以人民币350元的价格贩卖并邮寄给韦某。2020年5月25日，被告人彭某桢向苏某华以人民币500元的价格购得的氟胺酮，但被告人彭某桢误以为其购买的系毒品氯胺酮，后其将购得的氟胺酮以人民币500元的价格贩卖并邮寄给韦某。2020年5月27日，被告人彭某桢在收取了韦某人民币500元之后，准备再次向苏某华购买氟胺酮并出售给韦某。后因得知韦某被义乌市公安局抓获而停止了贩卖行为。被告人彭某桢违反国家禁毒规定，明知是毒品而予以贩卖，情节严重，其行为已构成贩卖毒品罪。被告人彭某桢已经着手实行犯罪，由于意志以外的原因而未得逞，系犯罪未遂，依法可以比照既遂犯减轻处罚。遂判决被告人彭某桢犯贩卖毒品罪，判处有期徒刑1年6个月，缓刑3年，并处罚金人民币2000元。

四、短距离运输毒品行为的认定

运输毒品，是指采用携带、邮寄、利用他人或者使用交通工具等方法，将毒品从此地转移到彼地的行为。对于毒品转移距离多长才能认定为运输，学术界存在不同的认识。有观点认为，"运输是从一地到另一地间的毒品的空间位移，这两地之间的距离不能过短，如从同一城区内一家房屋内到另一家房屋内的毒品位移，显然不能以运输论"。在最高人民法院刑事审判庭主持编辑的相关刊物刊登的典型案例中，也认为同城毒品交易，购毒地点与送货地点间距离较短，不构成运输毒品罪。[①]我们认为，这一认识不妥。立法者将运输毒品行为与走私、贩卖、制造行为并列，主要是几种行为在社会危害上具有一定相当性，在性质上也具有相似性，即均有促进毒品流通性质。因此，运输毒品的本质不在于毒品发生了位置上的转移，抑或转移位置的长短，而是毒品通过运输进行了社会流通，也即其本质并不在于"毒品在运输"，而是行为人"为何运输"[②]。因此，对于短

[①] 参见高某贩卖毒品、宋某非法持有毒品案，载最高人民法院刑事审判第一、二、三、四、五庭编：《刑事审判参考》（第91集），法律出版社2014年版，第79页。

[②] 参见赵秉志、肖中华：《论运输毒品罪和非法持有毒品罪之立法旨趣与隐患》，载《法学》2000年第2期。

距离转移毒品行为，只要该行为具有促进毒品流通的性质，均应按照运输毒品罪进行定罪处罚。

如被告人邱某连运输毒品案①。2010年7月20日傍晚，宾某生（另案处理）给被告人邱某连8600元，叫她到灵山县××镇购买8000元的毒品海洛因给其吸食，余下的600元作为车费及报酬。被告人邱某连租一辆桂号牌的小汽车来到灵山县××镇，向"阿伟"（另案处理）购买了8000元的海洛因共两小包，当其乘车回到浦北县××镇××村委会路段时，被公安人员人赃俱获。经鉴定，两小包疑似毒品的白色物品中均含有毒品海洛因成分，经称量，两小包毒品海洛因净重20克。检察机关以运输毒品罪提起公诉。辩护律师认为，公安机关在侦查阶段讯问被告人时其交代是贩卖毒品，在检察机关供述时交代其是代他人运输毒品，均是只有被告人的供述，没有其他证据证实，即使认定被告人代宾某生购买毒品，其只得车费外的300多元报酬，根据《南宁会议纪要》的规定，不以牟利为目的代购毒品用于吸食的，应认定为非法持有毒品，其代购毒品是给宾某生吸食的，建议法院以非法持有毒品罪对被告人定罪量刑。广西壮族自治区浦北县人民法院经公开审理后认为，公诉机关指控被告人犯运输毒品罪，因本案在案证据中，被告人在公安机关的供述是贩卖毒品，在检察机关供述是运输毒品，公安机关也未找到贩卖毒品及运输毒品的人，因而只有被告人的供述，没有其他证据证实，本案应确定为非法持有毒品为宜，据此判处被告人邱某连构成非法持有毒品罪。后广西壮族自治区浦北县人民检察院提起抗诉，广西壮族自治区钦州市中级人民法院经审理认为：原审被告人邱某连以牟利为目的，明知是毒品海洛因而采取租车的方式予以运输，且运输的毒品海洛因净重20克，其行为已触犯《刑法》第347条第1款的规定，构成运输毒品罪，原判定罪、适用法律和量刑不当，依法应予改判。实际上，在本案中宾某生同邱某连之间已形成一种有偿的以完成毒品运输为目的的雇用关系。因此，运输毒品给宾某生吸食不是邱某连的主要目的，其帮助运输毒品的主要目的是实现获利，即为了宾某生给其的300多元的好处费，这是一种较为常见的运输行为类型。

---

① 参见广西壮族自治区钦州市中级人民法院刑事判决书，(2010)钦刑一终字第40号。

五、吸毒者运输毒品行为的认定

对于吸毒者运输毒品行为的认定，相关规范性文件作了规定。2000年《南宁会议纪要》规定，吸毒者在运输毒品过程中被抓获的，如果没有证据证明被告人实施了其他毒品犯罪的，一般不应定罪处罚，但查获的毒品数量达到《刑法》第348条规定的定罪标准的，应当以非法持有毒品罪定罪。这就导致吸毒者运输毒品数量再大，也无法以运输毒品罪进行处理，导致量刑明显失衡。2008年《大连会议纪要》对此作了修改，规定为吸毒者在运输毒品过程中被查获的，如果没有证据证明其是为了实施贩卖等其他毒品犯罪行为，毒品数量达到较大以上的，应以其实际实施的毒品犯罪行为定罪处罚。即在运输过程中被查获且毒品数量达到较大以上的，应当认定为运输毒品罪。2015年《武汉会议纪要》进一步作出规定，吸毒者在运输毒品过程中被查获，没有证据证明其是为了实施贩卖毒品等其他犯罪，毒品数量达到较大以上的，以运输毒品罪定罪处罚。

可见，对于吸毒者运输毒品行为的认定，应区别不同的情形：其一，吸毒者在运输毒品过程中被抓获的，如没有证据证明其是为了实施贩卖等其他毒品犯罪行为的，毒品数量未超过《刑法》第348条规定数量最低标准的，一般不定罪处罚。其二，吸毒者在运输毒品过程中被查获的，没有证据证明其是为了实施贩卖毒品等其他犯罪，毒品数量达到较大以上的，以运输毒品罪定罪处罚。

如被告人吴某宁运输毒品案[①]。2018年11月6日13时许，被告人吴某宁驾驶租赁的面包车从贵州省三穗县到天柱县××镇××村以2000元的价格向陆某平（另案处理）购买了10余克毒品海洛因，购得毒品后驾车沿省道返回，于当日15时许，途经三穗县桐林镇寨里路段时被三穗县公安局民警抓获，当场从吴某宁驾驶的面包车左侧门把手位置搜查到毒品疑似物1个，经称量净重为10.08克。经黔东南州公安司法鉴定中心鉴定，该10.08克毒品疑似物中检出海洛因成分。一审法院认为，被告人吴某宁为了吸食毒品，违反国家毒品管理法规，运输毒品海洛因10.08克，

[①] 参见贵州省黔东南苗族侗族自治州中级人民法院刑事裁定书，（2019）黔26刑终107号。

数量较大，其行为构成了运输毒品罪。判决被告人吴某宁犯运输毒品罪，判处有期徒刑7年，并处罚金人民币4000元。被告人吴某宁不服判决，提出上诉。二审法院裁定驳回上诉，维持原判。

六、寄递毒品行为的认定

随着物流行业的快速发展，近年来通过快递方式实施毒品犯罪的案件越来越多，贩毒者往往不直接向购毒者交付毒品，而是通过快递、邮包、托运等物流方式将藏匿毒品的包裹或物品寄递给购毒者。购毒者则自行接收或委托他人代收物流寄递的毒品。此种情形下，对于利用物流寄递方式发送毒品的贩毒者认定贩卖、运输毒品并无争议，但对于接收毒品的购毒者、代收者如何认定其罪名，给司法认定带来了困境。对于以快递物流方式实施毒品犯罪行为的司法认定，《南宁会议纪要》和《大连会议纪要》中并未作出明确规定，《武汉会议纪要》规定，购毒者接收贩毒者通过物流寄递方式交付的毒品，没有证据证明其是为了实施贩卖毒品等其他犯罪，毒品数量达到《刑法》第348条规定的最低数量标准的，一般以非法持有毒品罪定罪处罚。代收者明知是物流寄递的毒品而代购毒者接收，没有证据证明其与购毒者有实施贩卖、运输毒品等犯罪的共同故意，毒品数量达到《刑法》第348条规定的最低数量标准的，对代收者以非法持有毒品罪定罪处罚。上述规定对以快递物流方式实施毒品犯罪行为的认定明确了规则，本书从接收快递者身份出发，将该问题分为购毒者亲自接收快递、代收者接收快递及寄件者接收快递三种情况进行具体分析。

（一）购毒者亲自接收快递行为的认定

购毒者接收快递包裹实际上是购买毒品的行为，须结合其主观目的来认定该行为的性质。

如被告人程某忠非法持有毒品案①。2016年3月8日，被告人程某忠向湖北省汉口一齐姓男子以每只1500元的价格出售6只狗崽（德国牧羊犬幼崽）。3月10日，程某忠与齐姓男子达成协议，齐姓男子以鸽子和

---

① 参见辽宁省沈阳市中级人民法院刑事判决书，（2017）辽01刑终118号。

毒品抵顶其应当支付的买狗钱,并通过铁路进行托运。3月15日,齐姓男子通过铁路托运一个鸽笼给程某忠,收货人"程三",发件人写的也是"程三"。3月16日,程某忠在沈阳北站提取鸽笼并将鸽笼放在轿车内后,即被公安民警抓获。后在鸽笼内搜出3袋白色晶体和1袋红色片剂(7粒)。经鉴定,白色晶体净重136.10克,红色片剂净重0.68克,均检出甲基苯丙胺成分。辽宁省沈阳市苏家屯区人民法院认为,被告人程某忠违反国家对毒品的管理制度,明知是毒品而予以运输,已构成运输毒品罪,依法判处其有期徒刑15年。一审宣判后,被告人程某忠认为一审认定运输毒品罪的证据不足,指控的罪名不成立,提出上诉。沈阳市中级人民法院认为,上诉人程某忠供述的毒品上线齐姓男子现未查实,故无法认定毒品下线程某忠直接参与涉案毒品的运输过程,机打的包裹单上发件人名为"程三",亦无法推定程某忠系发件人,且出行记录显示程某忠在案发前未到武汉,无法证实其邮寄包裹;现场检测报告书证实程某忠系吸毒人员,程某忠供述其购买毒品用于自吸,原公诉机关亦未指控或证实程某忠购买毒品系用于贩卖等其他犯罪的目的。综上,上诉人程某忠作为购毒者,明知是贩毒者通过物流方式寄递的毒品而予以接收,且没有证据证实其为了实施贩卖毒品等其他犯罪,毒品数量达到非法持有毒品的最低数量标准,故程某忠的行为不应评价为毒品上线运输毒品的共犯或帮助犯,以非法持有毒品罪评价更为客观。沈阳市中级人民法院改判程某忠犯非法持有毒品罪,判处有期徒刑9年。

司法实践中,对于这类案件曾存在不同意见:一种观点认为,贩毒者通过物流寄递方式交付毒品的行为因购毒者的购买、送货要求而发生,购毒者提供收件地址、电话等信息,购毒者与贩毒者有通过物流寄递方式运输毒品的共同犯罪故意,且提供地址、电话等行为实质帮助了贩毒者运输毒品犯罪的完成,购毒者应是运输毒品罪的共犯。另一种观点认为,贩毒者通过物流寄递方式运输毒品的行为应视为毒品交付行为的组成部分,对购毒者不应再认定为运输毒品罪,购毒者接收毒品数量达到较大以上的,应认定为非法持有毒品罪。结合《武汉会议纪要》的上述规定,第二种观点具有合理性,理由在于:第一,贩卖、出售行为与购买行为之间具有对合性质,在贩卖、出售行为构成犯罪的情况下,刑法中对购买行为的处置一般分为两种情况:一是规定为独立罪名,如收买被拐卖的妇女、儿童罪；二是不按照犯罪处理，如与贩卖淫秽物品牟利罪相对应的购买淫秽物品的行为人并不构成犯罪。可见，即便贩卖、出售行为构成犯罪，购买行为通常也不会成为共同犯罪。第二，如果将购买毒品行为认定为共同犯罪，将不当扩大刑法打击范围，并难以实现罪刑均衡。如本案中，如果将购毒者接收贩毒者通过物流寄递方式交付的毒品简单定性为运输毒品罪，势必会将所有购毒者均认定为运输毒品罪，打击面过大，亦与宽严相济的刑事政策相悖。第三，认定购买者构成贩卖、出售者的共同犯罪，须以其具有教唆、帮助等共犯行为为前提，否则不应成立共同犯罪。本案中，被告人程某忠只是提出购买需求，对于贩毒者而言并不是教唆行为，也没有提供其他帮助或参与运输的行为，也不能认为购毒者提供收件地址、电话等信息的行为属于运输毒品的帮助行为，这是购买的必经环节，这些行为也没有超出购买行为的通常范畴。

对于亲自接收快递包裹的购毒者行为性质认定，仍应重点审查其主观目的和意图。检察机关应引导公安机关在毒品案件侦查中，注意调取这方面证据的严谨性、及时性、准确性，以确保对毒品犯罪的准确打击，避免因证据调取不足而放纵毒品犯罪。如果能够证明购毒者、接收者存在参与运输毒品，或以实施贩卖走私毒品为目的等情况，即按照购毒者、接收者实际触犯的运输、走私、贩卖毒品罪认定，而不能单纯将接收通过物流寄递方式交付的毒品的行为评价为运输毒品罪的共犯。然而，毒品案件的证据收集有一定难度，对该类案件证据的收集是否全面关系到购毒者、接收者的行为定性，实践中应注重从以下几方面收集证据：首先，审查物流寄递毒品的来源。公安机关应调取购毒者供述毒品上线的信息，调取货运单查询毒品的发货人，调取发货日物流公司的监控录像，对购毒者签署的字迹与货运单上签署的字迹进行文字鉴定，均可以确定购毒者是否为发货人以及是否参与运输毒品的过程。其次，审查购毒者是否具有贩卖毒品等其他目的。公安机关应调取购毒者购买毒品的主观目的的口供，确定其口供的合理性，判断其是否具有贩卖毒品的主观目的。最后，审查购毒者是否实施过贩卖毒品等其他毒品犯罪行为。重点收集毒品下家的证言、刑事判决等前科材料、技术侦查措施获取的证据，以查实据以推定犯罪嫌疑人具有贩卖等目的的事实基础。

（二）代收者接收快递行为的认定

实践中购毒者为了逃避处罚，往往委托他人代为领取藏有毒品的快递包裹。如果代收者对购毒者非法持有毒品或从事其他毒品犯罪活动并不明知，而是基于亲友关系帮忙而已，显然不应认定为犯罪。但是，如果代收者对于购买者的毒品犯罪行为具有明知，其只是被购毒者所利用，充当其犯罪工具，则具有刑法评价的必要，一种情况是如果代收者事先明知购毒者意图实施毒品犯罪，还为其提供帮助，应构成购毒者实施的毒品犯罪的帮助犯。另一种情况是如果代收者事先并不知道购毒者的犯罪意图，仅知道接收的物品中藏有毒品，对这种情况如何处理？本书认为，这种情况下不应认定代收者构成购毒者所实施毒品犯罪的共同犯罪，但其明知毒品而持有，且其不具有实施或帮助他人实施走私、贩卖、运输毒品犯罪的目的，或者在案证据亦不能证实其具有实施走私、贩卖、运输毒品等犯罪的目的，当其持有毒品数量较大、达到《刑法》第348条规定的最低标准时，应认定为非法持有毒品罪。实践中存有争议的是，代收者接收毒品后，尤其是前往特定地点提取毒品后，往往会将毒品携带至购毒者指定的地点交付给购毒者，以获取相应的报酬，代收者携带毒品交付给购毒者，可能是短距离（如购毒者守候在领取点附近），也有可能是长距离（如购毒者指定的离领取点较远的地点）。只要代收者在接收毒品后即被公安机关查获，尚未实施携带毒品交付给购毒者的行为，对其就只能以非法持有毒品罪进行定罪处罚，不能因为推定其必将携带毒品交付给指使其提取毒品的购毒者，就对其以运输毒品罪定罪处罚。

如被告人蒋某某非法持有毒品案[①]。被告人蒋某某受他人指使，负责接收从四川寄递至上海藏有毒品的快递包裹，并提供了虚假的收件人姓名及地址。2015年2月3日12时许，蒋某某联系快递员后，让快递员将包裹送至闵行区××路××足浴店，并让足浴店工作人员代收。蒋某某在前往上述足浴店接收上述快递包裹时，被侦查人员抓获。侦查人员从上述快递包裹内查获藏匿于电脑机箱中用塑料袋包装的白色晶体3包。经鉴定，上述3包白色晶体系毒品甲基苯丙胺，净重为286.38克。原审公诉机关上海市人民检察院第一分院以被告人蒋某某构成运输毒品罪提起公

---

① 参见上海市高级人民法院刑事裁定书，（2015）沪高刑终字第134号。

诉。被告人蒋某某辩称其系为他人代收包裹，并不明知包裹内藏有毒品。蒋的辩护人提出：本案公诉机关提供的证据尚不足以认定蒋某某主观上明知其代收的包裹内藏有毒品，故起诉指控蒋某某犯运输毒品罪证据不足。上海市第一中级人民法院经审理后认为，被告人蒋某某系受他人指使，代收通过快递方式寄送的毒品，从目前案件证据情况来看，并无证据证明蒋某某与他人有运输毒品的共同故意，故不能认定蒋某某的行为构成运输毒品罪，其行为应认定为非法持有毒品罪。因此，一审法院对被告人蒋某某以犯非法持有毒品罪判处有期徒刑12年。一审宣判后，被告人蒋某某提出上诉。上海市高级人民法院经审理后，依法裁定驳回上诉，维持原判。

（三）贩毒者接收快递的行为认定

如果有证据证明接收毒品的人是利用物流寄递方式交付毒品的贩毒者本人或其指使的人，则对接收毒品的人应以运输毒品罪定罪处罚。实践中，也存在贩毒者本人或者指使他人前往以物流寄递方式交付毒品的目的地去提取毒品，然后交付给购毒者的情形。在这种情况下，如果有证据证明收取毒品的人是发送毒品的人或者其指使的人，则与贩毒人本人或指使者直接运输毒品交付给购毒者无异，应将收取毒品的行为作为贩卖、运输毒品的一个环节，从而对收取毒品的人以运输毒品罪或运输毒品罪的共犯予以定罪处罚。在这种情况下，到底认定为贩卖、运输毒品还是非法持有毒品的关键是，是否有证据证明被告人确实系发送该批毒品的贩毒者本人或受其指使收取毒品的人。如果没有确实充分的证据证明的，对接收毒品的人也只能以非法持有毒品罪定罪处罚。

相关规定链接

1.《刑法》第347条；

2. 2007年12月，最高人民法院、最高人民检察院、公安部《办理毒品犯罪案件适用法律若干问题的意见》；

3. 2008年12月，《全国部分法院审理毒品犯罪案件工作座谈会纪要》；

4. 2012年5月，最高人民检察院、公安部《关于公安机关管辖的刑事案件立案追诉标准的规定（三）》；

5. 2015年5月，《全国法院毒品犯罪审判工作座谈会纪要》；

6. 2016年4月，最高人民法院《关于审理毒品犯罪案件适用法律若干问题的解释》；

7. 2016年5月，最高人民法院、最高人民检察院、公安部《办理毒品犯罪案件毒品提取、扣押、称量、取样和送检程序若干问题的规定》。

第三章

非法持有毒品罪办案指引

第一节　非法持有毒品罪概述

一、非法持有毒品罪的立法沿革

毒品在我国向来是一个敏感的话题，因为鸦片曾在中国历史上给我国带来巨大的伤痛。但对于非法持有毒品的行为而言，在我国刑法中却不是自始便存在的罪名，在非法持有毒品罪从无到有的过程中，主要受到我国对持毒行为严厉打击的历史传统、刑事立法上持有型犯罪的确立及立法上对毒品犯罪采取严厉打击的刑事政策三个宏观方面的影响，以及三个因素相互作用最终导致非法持有毒品罪被纳入我国罪名体系之中。

第一，近现代以来，我国十分重视对毒品犯罪活动的严厉打击。1799年清政府便以官方名义发布了在全中国境内禁止进口、使用鸦片，并禁止种植罂粟的规定。在民国时期，《中华民国刑法》（1935年）在第20章第263条中规定："意图犯本章各罪之用，而持有鸦片、吗啡、高根、海洛因或者其化合质料，或者专供吸食鸦片之器具者，一律追究。"可见，在当时不仅对持有毒品的行为进行法律追究，甚至扩展到专门提供吸食毒品工具的行为，上述行为均属法律禁止之列。

新中国成立后，1950年2月24日政务院颁布了《关于严禁鸦片烟毒的通令》，其中第5条规定："散存于民间之烟土毒品，应限期令其缴出……如逾期不缴出者，除查出没收外，并应按其情节轻重分别治罪。"1952年12月12日政务院发布的关于推行戒烟、禁种鸦片和收缴农村存毒的工作指示规定，收缴农村存毒，本着"交出毒品，不予处分"的原则，有计划，有准备和有目标地进行……对于单纯存毒者，只要全部交出毒品，一律不予处分。可见，在新中国成立之初同样严厉惩罚"存毒"

行为，虽然没有对该行为的数量、情节及具体处罚标准作出规定，但明确了对该行为予以处罚的态度。

第二，我国刑事立法对持有这一行为特殊性认识不足导致对非法持有毒品罪的处罚滞后，随着刑法中大量扩充持有型犯罪罪名，理所当然规定了非法持有毒品罪。在1979年《刑法》中，并没有规定非法持有毒品罪这个罪名，仅在该法第171条中规定了制造、贩卖、运输毒品罪。1988年全国人大常委会《关于惩治贪污罪贿赂罪的补充规定》设立了"公务人员持有超过合法收入的财产罪"，这是中国刑事立法对持有型犯罪首次进行了肯定，开启了我国对持有这一行为类型进行研究和罪名设立的先河。此后，1990年12月28日通过的全国人大常委会《关于禁毒的决定》在第3条中规定，禁止任何人非法持有毒品，非法持有毒品达一定数量的，即构成非法持有毒品罪，从而在我国刑事法律中首次规定了非法持有毒品罪。而1994年12月，最高人民法院在《关于执行〈全国人民代表大会常务委员会关于禁毒的决定〉的若干问题的解释》中，第3条第2款对非法持有毒品罪中"持有"行为进行了进一步解释，明确"持有是指占有、携有、藏有或者其他方式持有毒品的行为"，这表明最高司法机关在司法实践中明确肯定了"非法持有毒品罪"。1997年《刑法》继续加大对"持有型"犯罪的惩处力度，分别规定了持有、使用假币罪，非法持有、私藏枪支罪等八种持有型犯罪，其中在第348条规定了"非法持有鸦片一千克以上、海洛因或者甲基苯丙胺五十克以上或者其他毒品数量大的，处七年以上有期徒刑或者无期徒刑，并处罚金；非法持有鸦片二百克以上不满一千克、海洛因或者甲基苯丙胺十克以上不满五十克或者其他毒品数量较大的，处三年以下有期徒刑、拘役或者管制，并处罚金；情节严重的，处三年以上七年以下有期徒刑，并处罚金"。至此，我国刑事立法上正式规定了非法持有毒品罪这一罪名。

第三，对非法持有毒品罪立法规定的变化也源于立法机关对该行为社会危害性认识的不断深入，并借以贯彻对毒品犯罪严厉打击的刑事政策。1979年《刑法》之所以没有规定非法持有毒品罪，当时主要是考虑到持有毒品的一般都是在走私、贩卖、运输、制造毒品犯罪的过程中而持有毒品，所以没有将本罪列为单独的罪名，在定罪时，只按走私、贩卖、运输、制造毒品罪认定。但是，随着毒品犯罪日益猖獗，毒品犯罪的隐蔽性也不断加大，司法机关有时难以有效证明毒品系制造、走私、买卖等具体来源及去向，这必然导致一些犯罪分子逃脱刑事法网，不利于刑法对毒品犯罪的震慑。而"持有"仅是一种事实状态，不需要证明毒品的来源和去向，只要证明具有"持有"毒品的行为就构成犯罪。从而大大降低了司法机关的证明困难，也有利于对毒品犯罪的提前打击，将一些严重的毒品买卖、走私行为遏制在萌芽状态。

因此，1997年《刑法》规定了"非法持有毒品罪"这一兜底罪名。之所以将该罪定位于"兜底罪名"，是因为无论是最高人民法院《关于执行〈全国人民代表大会常务委员会关于禁毒的决定〉的若干问题的解释》还是2000年《全国法院审理毒品犯罪案件工作座谈会纪要》均作出了原则性规定。前者规定，根据已查获的证据，不能认定非法持有较大数量毒品是为了进行走私、贩卖、运输或者窝藏毒品犯罪的，才构成非法持有毒品罪。如果有证据证明非法持有毒品是为了进行走私、贩卖、运输或者窝藏毒品犯罪的，则应定走私、贩卖、运输或者窝藏毒品罪。后者进一步规定，非法持有毒品达到刑法第348条规定的构成犯罪的数量标准，没有证据证明实施了走私、贩卖、运输、制造毒品等犯罪行为的，以非法持有毒品罪定罪。综上，上述规定共同表明，非法持有毒品罪是司法实践中在无法认定走私、贩卖、运输、制造毒品情况下的"退而求其次"的选择，该罪具有法定的"兜底性"。

二、非法持有毒品罪的发案态势

非法持有毒品罪是司法实践中较为常见的毒品犯罪之一。非法持有毒品罪在发案上体现出以下几个趋势：第一，案件数量高位运行，在所有毒品犯罪中近十年来排在前三位的罪名分别是走私、贩卖、运输、制造毒品罪，容留他人吸毒罪和非法持有毒品罪。据统计，2010年，全国检察机关批准逮捕非法持有毒品犯罪3600余件4400余人，起诉3500余件4200余人。此后，非法持有毒品犯罪案件，逐年增多。2015年，全国检察机关批准逮捕非法持有毒品犯罪1万余件1万1000余人，起诉1万余件1万2000余人，到达历史最高峰值。此后，非法持有毒品犯罪案件呈下降态势。2021年，全国检察机关批准逮捕非法持有毒品1200余件1400

余人,起诉1300余件1700余人,非法持有毒品案件虽然经历由少到多再逐年下降的变化,但绝对案件数量仍始终处于高位运行的态势。第二,新型毒品占绝大多数。从查办的非法持有毒品案件涉及毒品类型来看,甲基苯丙胺(俗称"冰毒")、甲基苯丙胺片剂(俗称"麻古""摇头丸"等)、氯胺酮(俗称"K粉")等新型毒品占绝大多数,特别是甲基苯丙胺是最为常见的毒品类型。第三,非法持有毒品案件中持有毒品数量相对较少,本罪中犯罪嫌疑人持有毒品数量虽然达到立案标准,但与走私、贩卖、运输、制造毒品等其他毒品犯罪相比相差甚远,这也是本罪司法实践中判刑轻刑化的重要原因。

三、非法持有毒品罪的概念和构成特征

在我国刑法理论界和司法实务界,对非法持有毒品罪的界定曾经存在一定分歧,各种观点的侧重点不同,为我们全面理解和准确适用本罪提供了借鉴和参照,因此,有必要对比分析一下。

第一种观点认为,非法持有毒品罪是指并非出于走私、贩卖、运输、制造毒品及为他人代为窝藏毒品的目的,或者无法确认具有上述目的,非法私藏和保存一定量毒品的行为。[①]该种观点的不足在于,用排除走私、贩卖、运输、制造毒品或为他人窝藏毒品的目的,来界定非法持有毒品罪的概念,又以非法私藏和保存毒品的行为方式来概括持有行为,不仅可能遗漏"携带"这样的持有行为,还可能过分割裂了非法持有毒品罪与走私、贩卖、运输、制造毒品罪之间的关系,不能为司法实践中因证据原因而认定为非法持有毒品罪的情况提供法理依据。

第二种观点认为,非法持有毒品罪,是指违反毒品管理法规,持有一定数量的毒品,破坏国家对毒品实行管制的行为。[②]这种定义比较完整地揭示了非法持有毒品罪的内涵,但违反毒品管理法规的行为就是对实行的毒品管理制度的破坏,定义中出现了"同语反复"的逻辑错误。

第三种观点认为,非法持有毒品罪是指违反国家毒品管理法规,未

---

① 参见桑红华:《毒品犯罪》,警官教育出版社1993年版,第161页。
② 参见赵秉志主编:《毒品犯罪研究》,中国人民大学出版社1993年版,第176页。

经国家主管部门批准和许可,故意持有一定数量毒品的行为。这种观点突出强调须是"故意持有"才构成本罪,但在犯罪概念中强调"故意"并没有必要,实际上,司法实践中仅要求行为人具有"明知"即可,有关司法解释同时还规定,犯罪嫌疑人、被告人不能作出合理解释时,也可以推定其"应当知道"。

我们认为,非法持有毒品罪,是指明知是鸦片、海洛因、甲基苯丙胺或者其他毒品,而非法持有且数量较大的行为。非法持有毒品罪在犯罪构成要件上具有以下特征:

(一)客体特征

本罪的犯罪客体为国家对毒品的管制制度。毒品是指鸦片、海洛因、吗啡、大麻、可卡因、甲基苯丙胺以及国家规定管制的其他能够使人形成瘾癖的麻醉药品和精神药品。作为麻醉药品和精神药品,毒品具有医疗、教学、科研用途,因此,国家卫生行政管理部门依照法律、法规,可以指定特定的地方和制药厂种植、生产限定数量的毒品原植物和麻醉药品、精神药品。同时,由于毒品具有强烈的成瘾性及对人的身心健康造成极大的危害性,为了防止毒品滥用或者扩散,我国先后颁布了药品管理法、《麻醉药品管理办法》《精神药品管理办法》等法律法规,通过立法对毒品的生产、运输、管理、使用等各个环节进行严格的规定,建立起一整套的管理制度,任何单位和个人未经有关主管部门批准,不能持有麻醉药品和精神药品,违者将受到处罚,直至受到刑事制裁。非法持有毒品的行为必然侵犯了国家对毒品的管制规定。

需要辨明的是,曾有观点认为非法持有毒品罪侵犯的是双重客体,即还包括人民群众的生命健康。[①] 我们认为,非法持有毒品罪不同于走私、贩卖、运输、制造毒品罪等其他毒品犯罪行为,行为人自我持有并不当然导致毒品流向社会,甚至危害他人的身体健康,而行为人将所持有的毒品即便用于自吸,也属于对自己健康权的处分行为,可以认为是自我堕落行为,而行为人的自我堕落一般并不是刑法处罚的对象,正如我国对吸食毒品行为并未规定为犯罪,而仅作为违反行政管理法规的违法行为对待,因

---

① 参见于英君、张志勇:《论持有型犯罪的立法完善》,载《法学》1996年第5期。

此，单纯的非法持有行为并不能与人民群众的生命健康之间建立因果联系。进而言之，毒品确实是一个利弊兼具且极其特殊的物品，国家势必要对这种特殊物品进行有效管理，这是国家维护社会秩序的必要手段。非法持有毒品罪不是因为持有对象是毒品而被禁止持有，是在于这种持有行为本身是否有合法依据，合法使用并持有是国家法律所允许的，而非法持有是国家禁止的，因此，是否违反国家的管理规定便成为判断持有行为正当性的依据，显然，构成犯罪的非法持有毒品行为侵犯的客体为国家对毒品的管理秩序。

另外，本罪的犯罪对象为毒品，毒品的具体范围按照国家相关法律规定来认定。本罪的特殊性在于，侵犯的客体与犯罪对象相分离，本罪是通过对毒品这一违禁品的持有行为来产生社会危害性，实现对国家关于毒品的管理秩序这一客体的现实侵害。但是，也不能认为凡是持有了毒品，必然对毒品管理秩序造成侵害，而是要结合案件具体事实，特别是注意审查犯罪嫌疑人、被告人的辩解，来判断其持有毒品行为是否具有合理的事由或正当的依据，是否违反了国家对毒品的管理秩序、是否具有社会危害性，从而准确认定罪与非罪。

（二）客观特征

本罪的客观方面表现为非法持有数量较大的毒品。具体而言，分为以下几个方面：

1.实施了持有毒品的行为。持有是一种事实上的支配，行为人与物之间存在一种事实上的支配与被支配的关系。所谓持有毒品，也就是行为人对毒品的事实上的支配，通常包括占有、携有、藏有或者其他方式持有毒品的行为。在司法实践中，要注意从不同角度来审查判断是否属于"持有"行为。

第一，持有的本质是对毒品的事实控制和支配。虽然持有一般表现为直接占有、携有、藏有等方式，但是并不要求必须是物理上的握有，不要求行为人时时刻刻都将毒品握在手中、放在身上或装在口袋里，只要行为人能够认识到毒品的存在，能够对之进行管理或者支配，或者说，只要毒品的存废去留由其决定和实际控制即可。

第二，持有并不等同于"所有""占有"。本罪中，持有毒品时并不要求行为人是毒品的"所有者""占有者",即使是他人所有的毒品,但事实上置于行为人支配之下时,或者行为人对毒品具有可控力时,行为人便持有了毒品。行为人是否对毒品"所有""占有",甚至是否知道"所有者""占有者",都不影响持有的认定。

在司法实践中,需要仔细辨别持有、所有、占有等相似行为之间的关系。"所有"一般是指财产所有权,属于物权的一种,是一种权能,表明所有人可以对财物行使占有、使用、收益和处分的权利。而"占有"在民法中就是指所有权中的一项权能,意味着行为人对财物的实际控制和支配,刑法上的占有必须是事实上的占有,而不能是观念上的占有,但不要求实际的掌握。非法持有毒品罪中的持有,是一种行为而不是一项权能,因此,所有人一定是持有人,但持有人不一定是所有人,且构成本罪要求是"非法持有",即便其"所有",在法律上也不会认可和保护其行使民事上的所有或占有权能的。因此,司法实践中要从是否具有所有或占有的主观意思、行为的外在表现、合法性等方面去辨别是否为"非法持有",以准确认定本罪客观行为。

第三,持有不排除"间接持有"。持有并不要求直接持有,在存在他人代持的情况下,依然不影响持有的成立。例如,甲担心自己吸毒会导致携带毒品容易被公安机关发现,便将毒品委托给乙保管,那么,甲作为第一持有人便是间接持有,而乙作为第二持有人是直接持有,二人均构成非法持有毒品罪的共同犯罪。

如被告人华某燕非法持有毒品案[①]。2014年7月5日,被告人华某燕在北京市昌平区××镇××村,通过ATM汇款人民币9100元向他人购买毒品,后对方以快递的方式将毒品邮寄给华某燕。2014年7月8日11时许,被告人华某燕在北京市昌平区××镇××村一出租房内,非法持有含有甲基苯丙胺的毒品34.71克,被民警当场查获。华某燕被抓获后,公安机关将毒品从昌平区××镇某快递公司起获。经鉴定,起获的毒品中检出甲基苯丙胺,共计285.99克。被告人及其辩护人均主张:仅认定起诉书认定的第一起犯罪事实,第二起犯罪事实中快递邮寄的280余克毒品并非都是邮寄给华某燕本人的,只有小部分毒品是被告人的;人民

---

① 参见北京市昌平区人民法院刑事判决书,(2014)昌刑初字第1302号。

币9100元只能买到10克左右的毒品。公诉机关指控的非法持有毒品的数额过高，违背市场常理，被告人尚未取得该部分毒品，其对毒品没有支配权，不应认定为非法持有毒品罪。法院经审理后认为：在案的被告人华某燕的供述和证人证言以及快递单据、通话记录、银行交易明细等书证相互印证，已经形成完整的证明体系，足以认定被告人华某燕通过手机短信以及电话联系等方式向名为"锦有"的广东男子购买毒品，并通过银行向对方汇款，后该男子按照被告人华某燕提供的地址和联系电话向被告人华某燕邮寄毒品280余克的事实。在装有毒品的包裹寄达某速递南口站并派件的过程中，被告人华某燕已经对毒品具有事实上的支配权，其对毒品的持有系间接持有，其完全可以通过快递人员对毒品行使处置权，其行为已经构成非法持有毒品罪。另外，毒品交易价格不影响被告人华某燕的实际行为已经构成非法持有毒品罪，被告人华某燕辩称邮寄的毒品并非都是给其本人的意见，与其之前在公安机关的供述不符，且未提供相应证据佐证，亦不影响其对快递包裹内的毒品非法持有的事实。最终，昌平区人民法院依法认定被告人华某燕犯非法持有毒品罪，判处有期徒刑11年，剥夺政治权利2年，罚金人民币11000元。

司法实践中普遍存在类似本案的情况，行为人在接取毒品的途中，或者在收货现场尚未实际接触到毒品时即被抓获。因行为人坚称接取的毒品系自购用于吸食，或者辩称系受他人指使单纯帮助接取毒品，不知道毒品的具体用途，在案往往缺少认定行为人有实施其他毒品犯罪故意的证据，故无法认定为走私、贩卖毒品等犯罪。同时，毒品交付前的运输行为应当视为贩毒者交付毒品行为的组成部分，不应由购毒者承担责任，而且这种情况下行为人尚未实际接触到毒品，没有实施后续的运输行为，也不应认定为运输毒品罪。但是，对于此类案件，如果行为人接取毒品数量大或者有一定证据显示其有贩卖毒品可能性的，因受证据制约和客观行为所限而对其不以犯罪论处，则难以达到好的处理效果。因而，出于严厉打击毒品犯罪的需要，司法机关通常为了追究行为人的刑事责任而将其认定为非法持有毒品罪。但这就涉及行为人的行为是否达到非法持有毒品罪中"持有"所要求的"控制或支配"程度的判断问题。一方面，尽管买卖毒品本身是违法行为，但仍可参照民法典对买卖合同中标的物所有权转移的规定来判断购毒者是否取得所有权。我国《民法典》第603条第2款第

1项规定:"标的物需要运输的,出卖人应当将标的物交付给第一承运人以运交给买受人",结合标的物所有权自交付时移转的规则,毒品所有权应当自贩毒者将毒品交给快递公司时已转给购毒者。另一方面,行为人获得快递员通知、取得取件码时已经对毒品存在事实上的支配和控制。当物流寄递人员送货至指定地点,并已打电话确认收货者身份,即将交付毒品时,购毒者已确定取得对毒品的支配,构成对毒品的持有。本案中,在装有毒品的包裹寄达某速递南口站并派件的过程中,行为人华某燕已经对毒品具有事实上的支配权,其对毒品的持有系间接持有,其完全可以通过快递人员对毒品行使处置权,其行为已经构成非法持有毒品罪。

第四,持有行为可以由2人以上共同实施。从行为主体的数量上看,持有行为的主体不要求是单独的个人,2人以上共同持有毒品的,也成立本罪,如上述案例中,甲乙2人便属于共同持有。对于共同持有而言,也不要求持有人之间具有排他性,完全可以由2人以上"重叠持有"。

第五,持有属于继续犯。所谓继续犯,是指在犯罪既遂后,犯罪行为与行为引起的不法状态在一定时间内同时持续的一种犯罪形态。通常认为,持有型犯罪均属于继续犯,以非法持有毒品罪为例,行为人犯罪既遂后,非法持有毒品的行为仍在实施,对毒品管理秩序的破坏状态也处于持续进行之中。因此,持有是一种持续性行为,只有当毒品在一定时间内由行为人支配时,才构成持有,至于持续时间的长短,不影响持有行为的认定。当然,持有行为确实需要有一定的时间延续性,如果时间非常短暂的,在认定是否属于"持有"时应慎重。例如,王某身上背着一个装有海洛因的皮包,在饭店吃饭过程中,将皮包交给同桌吃饭的李某暂时看一下,他去一下洗手间,当王某从洗手间出来后,李某将装有海洛因的皮包交给王某,对李某的行为就不能认定为持有。

2.持有具有非法性。持有毒品这一行为本身并不是当然受到法律禁止的,在一些情况下,如教学、科研等情况下,特别是医疗上使用,持有毒品具有一定正当性,因此,构成本罪还要求持有行为具有非法性,即没有合法的根据或者不是基于法律、法令、法规的规定或允许,如违反了国务院的《麻醉药品和精神药品管理条例》等。如果行为人合法持有毒品,则阻却违法性。如医生因病人病情的需要,为了治疗而持有毒品的,经过有权机关批准从事毒品管理职业的,经过有权机关批准制造毒品后持有毒品或依法运输毒品的，都是合法行为，不构成非法持有毒品罪。

3.持有毒品的数量较大。行为人持有的毒品只有达到一定的数量，才构成非法持有毒品罪。我国《刑法》第348条为非法持有毒品罪设计了量化标准，规定了构成犯罪的起点数量。由于各种毒品的成瘾性及人身危害性大小在程度上有所不同，因而构成犯罪的起点有异。即非法持有鸦片200克以上、海洛因或者甲基苯丙胺10克以上或者其他毒品数量较大的，才成立本罪。这里的其他毒品是指法律明确列举的鸦片、海洛因、甲基苯丙胺等常见的毒品以外的国家规定管制的麻醉药品和精神药品，如吗啡、可卡因、大麻等，具体犯罪数额起点，将在后文中予以详释。

（三）主体特征

本罪的主体是一般主体，即具备刑事责任能力、达到刑事责任年龄的自然人。即使是依法从事毒品生产、管理、运输、使用的人员，如果违反国家规定，仍然可以构成本罪。

（四）主观特征

第一，本罪的主观方面必须是故意，即行为人明知是毒品而持有，同时，行为人主观上还不能是以走私、贩卖、运输、制造毒品和窝藏、转移、隐瞒毒品为目的，否则不构成本罪而成立其他相关罪名。

如被告人胡某玲、郗某章、耿某革贩卖、运输毒品案[1]。被告人胡某玲在其家中被抓时，侦查人员当场从其所携带的包内查获12包大小不等的毒品以及电子秤一台，同时，吸毒人员司某平、姚某均证明曾多次从胡某玲处购买过毒品，这样，依现有查获的证据足以证明胡某玲非法持有毒品目的是贩卖牟取非法利益，所以，其行为构成贩卖毒品罪而不是非法持有毒品罪。在满足上述主观条件后，行为人持有毒品目的是否明确或是否有证据证明其目的，都不影响本罪的成立。

如前所述，非法持有毒品罪的立法目的在于，对那些被查获的行为人，因非法持有数量较大的毒品，但又没有足够证据证明其犯有其他毒品犯罪而设立的罪名。相反，如果确有足够证据证明被查获的毒品持有人具

---

[1] 参见陕西省西安市中级人民法院刑事判决书，（2008）西刑一初字第153号。

有其他毒品犯罪的目的，则应认定为构成其他相关毒品罪。例如：（1）如果行为人非法持有毒品的目的是本人或帮助他人走私、贩卖、运输、制造毒品的，应认定为构成走私、贩卖、运输、制造毒品罪（包括共犯），而不是非法持有毒品罪。（2）如果行为人非法持有毒品的目的是为他人转移、藏匿毒品的，应认定为构成转移、窝藏毒品罪，而非非法持有毒品罪。（3）如果行为人非法持有毒品的目的是供自己吸食的，由于刑法不认为吸毒行为系犯罪，因此，一般可不定罪处罚。但查获毒品数量大的，根据《全国法院审理毒品犯罪案件工作座谈会纪要》的精神，应当以非法持有毒品罪论处。

第二，过失不构成本罪，即如果行为人确实不知道是鸦片、海洛因、甲基苯丙胺、吗啡、可卡因或其他毒品而持有的，就不能认定为构成非法持有毒品罪。在毒品犯罪中，如果"人赃俱获"且被告人本身也承认知道自己所持有的是毒品，则一般都能认定。但在绝大多数情况下，被告人都会辩称其对毒品并不明知，而对于司法机关来说，由于毒品交易往往秘密进行，没有犯罪现场，而且双方都是自愿交易，也不会出现特定的被害人，因此要证明被告主观故意十分困难。如何认定被告人主观上"明知"是惩治毒品犯罪案件中的一大难题。对毒品是否"明知"是一种对事物的主观认知状态，判断一个人的主观认知，应当以客观事实为依据，认定被告的主观是否明知是一个"从客观到主观"的查证过程。根据确认方式的不同，毒品犯罪的"明知"可分为自认的明知和推定的明知。自认的明知是指犯罪嫌疑人或被告人自己供述的明知；推定的明知是指被告人否认自己明知，但毒品犯罪中判断被告人对涉案毒品是否明知，不能仅凭被告人供述，而应依据被告人实施毒品犯罪行为的过程、方式、毒品被查获时的情形等证据，结合被告人的年龄、阅历、智力等情况，进行综合分析判断，据此得出结论的方式就是推定明知。

无论是从最高人民法院、最高人民检察院、公安部《办理毒品犯罪案件适用法律若干问题的意见》还是《大连会议纪要》《武汉会议纪要》，都对推定的条件和标准作出了规定，我国实际上已经正式在毒品案件中确认了推定制度。如《大连会议纪要》规定：具有下列情形之一，被告人不能作出合理解释的，可以认定其"明知"是毒品，但有证据证明确属被蒙骗的除外：（1）执法人员在口岸、机场、车站、港口和其他检查站点检查时，要求行为人申报为他人携带的物品和其他疑似毒品物，并告知其法律责任，而行为人未如实申报，在其携带的物品中查获毒品的；（2）以伪报、藏匿、伪装等蒙蔽手段，逃避海关、边防等检查，在其携带、运输、邮寄的物品中查获毒品的；（3）执法人员检查时，有逃跑、丢弃携带物品或者逃避、抗拒检查等行为，在其携带或者丢弃的物品中查获毒品的；（4）体内或者贴身隐秘处藏匿毒品的；（5）为获取不同寻常的高额、不等值报酬为他人携带、运输物品，从中查获毒品的；（6）采用高度隐蔽的方式携带、运输物品，从中查获毒品的；（7）采用高度隐蔽的方式交接物品，明显违背合法物品惯常交接方式，从中查获毒品的；（8）行程路线故意绕开检查站点，在其携带、运输的物品中查获毒品的；（9）以虚假身份或者地址办理托运手续，在其托运的物品中查获毒品的；（10）有其他证据足以认定行为人应当知道的。

在针对行为人"主观明知"进行刑事推定时，应注意以下两个方面：一是用作推定前提的基础事实必须已经查证属实。首先要查明行为人携带、运输、持有的物品确实是毒品，同时行为人有上述列举的反常行为表现。二是依照上述规定认定的明知，允许行为人提出反证加以推翻。由于推定明知不是以确凿证据证明的，而是根据基础事实与待证事实的常态联系，运用情理判断和逻辑推理得出的，有可能出现例外情况。如果被告人能作出合理解释，有证据证明确实受蒙骗，其辩解有事实依据或者合乎情理的，就不能认定其主观上明知是毒品。①

第三，行为人非法持有毒品的动机是多种多样的，不同动机一般对定罪量刑没有影响。但对于持有毒品的目的，要客观判断认定。可以说，非法持有毒品罪的认定问题主要就是证据的分析、事实的认定问题。由于毒品犯罪案件普遍具有证据少、证据收集不到位、翻供现象多等特点，实践中如何分析证据、认定事实也是很有难度的。需要注意，尽管毒品犯罪案件具有上述特殊性，但在办案中仍然要坚持客观审慎，不能人为降低证据标准，特别是在非法持有毒品的行为人主观目的认定上，不能仅根据常理常识而过于主观认定。一是要坚持证据裁判规则，不能脱离查明的案件

---

① 参见周道鸾、张军主编：《刑法罪名精释》（第四版），人民法院出版社2013年版，第902页。

事实和现实掌握的证据材料而过度推定。二是要坚持证明标准,做到"犯罪事实清楚,证据确实、充分",证据尚未达到确实、充分的程度时不能认定,特别是对于翻供、变证的情况,要注重结合其他客观证据的印证情况依法认定。

如被告人黄某东非法持有毒品案①。2002年6月4日,重庆市公安局禁毒总队接群众举报,渝中区××村××号有一名叫张某伟(在逃)的人有重大贩毒嫌疑,遂对该处所实施监控。当晚7时许,被告人黄某东进入张某伟家,不久提一纸袋出来。公安人员即对黄某东进行盘查,当场从黄某东所提纸袋内查获海洛因3000克。公安人员随后又在黄某东租住地渝中区××园××号室内搜查并起获海洛因7006克,咖啡因8200克。犯罪嫌疑人黄某东辩称其是替张某伟和一名叫小胖的男子保管毒品。针对黄某东的行为,曾有不同的意见:一种观点认为,黄某东非法持有毒品数量巨大,其本人并不吸毒,即使吸毒也不可能一次持有如此巨量的毒品,该宗毒品的用途,唯一合理的解释只能是用作贩卖。即便不是黄某东自己贩卖,也是协助别人贩卖。同时,从司法实践看,贩毒分子通常都是将咖啡因用于兑入高纯度海洛因后贩卖,以增加获利。公安人员在黄某东住处既查获了巨量的海洛因,同时又查获了大量的咖啡因,说明此处极有可能就是兑制、贩卖海洛因的窝点。因此,主张对被告人以贩卖毒品罪论处。另一种观点认为,根据黄某东的供述,不能完全排除黄某东有为他人窝藏毒品的可能性。

我们认为,本案中犯罪嫌疑人黄某东的行为确实具有重大嫌疑,但是在同案犯未到案的情况下,目前没有任何证据能够证实其从事或者协助他人实施贩卖毒品的犯罪行为,因此无法认定其具有贩卖毒品的目的。同样,若要认定黄某东构成窝藏、转移、隐瞒毒品罪,就需要证实涉案毒品来自他人,且该人系毒品犯罪分子或犯罪嫌疑人,但在案证据也无法证实。因此,若仅根据常理常识甚至办案经验就认定犯罪嫌疑人黄某东构成贩卖毒品罪等其他犯罪,属于违反规则的推定,与我国现行法律规定的证明标准和证据裁判规则相违背。最终,重庆市第一中级人民法院经审理后认定被告人黄某东非法持有海洛因10006克、咖啡因8200克,其行为已

---

① 参见重庆市第一中级人民法院刑事判决书,(2002)渝一中刑初字第451号。

构成非法持有毒品罪,依法判处被告人黄某东无期徒刑,剥夺政治权利终身。因此,司法实践中,对于现有证据无法证明行为人持有毒品是供自己吸食还是用于贩卖或者是为他人转移、保管等目的时,也无法形成证据锁链证明行为人运输毒品的犯罪事实,但犯罪嫌疑人持有毒品达到非法持有毒品罪所要求的"数量较大"标准的,应以非法持有毒品罪定罪处罚。

四、非法持有毒品罪的追诉标准

1. 一般规定

根据《刑法》第348条的规定,非法持有毒品罪分为3个量刑档:

(1)非法持有鸦片1000克以上、海洛因或者甲基苯丙胺50克以上或者其他毒品数量大的,处7年以上有期徒刑或者无期徒刑,并处罚金。

(2)非法持有鸦片200克以上不满1000克、海洛因或者甲基苯丙胺10克以上不满50克或者其他毒品数量较大的,处3年以下有期徒刑、拘役或者管制,并处罚金。

(3)情节严重的,处3年以上7年以下有期徒刑,并处罚金。

2. 数量标准

由于各种毒品的成瘾性及人身危害性大小在程度上有所不同,因而构成犯罪的标准不同。对于鸦片、海洛因、甲基苯丙胺以外的其他国家管制的麻醉药品和精神药品,刑法法条不可能一一列举出来其定罪量刑的数量标准,因而《刑法》第348条仅对三种毒品犯罪的数额作了具体规定。而对于吗啡、可卡因、大麻等其他毒品的定罪量刑标准,最高人民法院在《关于审理毒品犯罪案件适用法律若干问题的解释》的第1条和第2条中作出了详尽规定:第1条规定,"走私、贩卖、运输、制造、非法持有下列毒品,应当认定为刑法第三百四十七条第二款第一项、第三百四十八条规定的'其他毒品数量大':(一)可卡因五十克以上;(二)3,4-亚甲二氧基甲基苯丙胺(MDMA)等苯丙胺类毒品(甲基苯丙胺除外)、吗啡一百克以上;(三)芬太尼一百二十五克以上;(四)甲卡西酮二百克以上;(五)二氢埃托啡十毫克以上;(六)哌替啶(度冷丁)二百五十克以上;(七)氯胺酮五百克以上;(八)美沙酮一千克以上;(九)曲马多、γ-羟丁酸二千克以上;(十)大麻油五千克、大麻脂十千克、大麻叶及大麻烟一百五十千克以上；（十一）可待因、丁丙诺啡五千克以上；（十二）三唑仑、安眠酮五十千克以上；（十三）阿普唑仑、恰特草一百千克以上；（十四）咖啡因、罂粟壳二百千克以上；（十五）巴比妥、苯巴比妥、安钠咖、尼美西泮二百五十千克以上；（十六）氯氮卓、艾司唑仑、地西泮、溴西泮五百千克以上；（十七）上述毒品以外的其他毒品数量大的。国家定点生产企业按照标准规格生产的麻醉药品或者精神药品被用于毒品犯罪的，根据药品中毒品成分的含量认定涉案毒品数量"。

第2条规定，"走私、贩卖、运输、制造、非法持有下列毒品，应当认定为刑法第三百四十七条第三款、第三百四十八条规定的'其他毒品数量较大'：（一）可卡因十克以上不满五十克；（二）3,4-亚甲二氧基甲基苯丙胺（MDMA）等苯丙胺类毒品（甲基苯丙胺除外）、吗啡二十克以上不满一百克；（三）芬太尼二十五克以上不满一百二十五克；（四）甲卡西酮四十克以上不满二百克；（五）二氢埃托啡二毫克以上不满十毫克；（六）哌替啶（度冷丁）五十克以上不满二百五十克；（七）氯胺酮一百克以上不满五百克；（八）美沙酮二百克以上不满一千克；（九）曲马多、γ-羟丁酸四百克以上不满二千克；（十）大麻油一千克以上不满五千克、大麻脂二千克以上不满十千克、大麻叶及大麻烟三十千克以上不满一百五十千克；（十一）可待因、丁丙诺啡一千克以上不满五千克；（十二）三唑仑、安眠酮十千克以上不满五十千克；（十三）阿普唑仑、恰特草二十千克以上不满一百千克；（十四）咖啡因、罂粟壳四十千克以上不满二百千克；（十五）巴比妥、苯巴比妥、安钠咖、尼美西泮五十千克以上不满二百五十千克；（十六）氯氮卓、艾司唑仑、地西泮、溴西泮一百千克以上不满五百千克；（十七）上述毒品以外的其他毒品数量较大的"。

另外，如果行为人非法持有两种以上毒品的，根据最高人民检察院、公安部《关于公安机关管辖的刑事案件立案追诉标准的规定（三）》第2条第2款规定："非法持有两种以上毒品，每种毒品均没有达到本条第一款规定的数量标准，但按前款规定的立案追诉数量比例折算成海洛因后累计相加达到十克以上的，应予立案追诉。"

3. "情节严重"的标准

值得一提的是，对于《刑法》第348条中的"情节严重"的理解，在最高司法机关没有出台专门司法解释之前，曾有过分歧意见，直接造成了同类案件在量刑上的巨大差异。2016年最高人民法院出台了《关于审理毒品犯罪案件适用法律若干问题的解释》，其中第5条对此作出明确规定，即：非法持有毒品达到《刑法》第348条或者本解释第2条规定的"数量较大"标准，且具有下列情形之一的，应当认定为《刑法》第348条规定的"情节严重"：（1）在戒毒场所、监管场所非法持有毒品的；（2）利用、教唆未成年人非法持有毒品的；（3）国家工作人员非法持有毒品的；（4）其他情节严重的情形。按照上述解释，认定非法持有毒品罪中的"情节严重"不应单纯考虑毒品的数量，还要结合其他情形来认定；同时，持有毒品数量达到"数量较大"标准，也是认定情节严重的必要前提，否则即便接近"数量较大"标准，也具有上述情形之一，根据罪刑法定原则要求，也不应认定为"情节严重"而升格适用的法定刑。

第二节 非法持有毒品罪的证据审查

一、非法持有毒品罪的证据要件

（一）客体方面的证据要件

主要应通过犯罪嫌疑人、被告人供述与辩解、相关证人证言、鉴定意见、视听资料等证据，证明行为人的行为侵犯了国家对毒品的管理制度。具体而言，要注意收集以下几方面证据：

1.毒品检验鉴定意见书

应重点审查行为人持有的物品是否为毒品，属于哪一种毒品，以排除持有的物品为假毒品的情况。应重点审查以下方面：（1）检材的来源、保管、送检是否合法，鉴定材料与扣押材料及送检材料是否一致，委托鉴定的机构是否适格及资质、鉴定人员是否适格及资质、委托鉴定的时间与出具鉴定意见的时间，鉴定方法、程序、意见是否科学、客观、规范，有无告知的法律文书或笔录，行为人是否提出异议等情况。（2）对毒品成分及含量的鉴定，如对涉案毒品可能大量掺假或者成分复杂的新型毒品，以及含有多种毒品成分的混合毒品，应要求侦查机关作成分鉴定，确定含有的各种毒品成分及比例，以便于明确非法持有毒品的种类和数量，从而确定罪与非罪及罪刑轻重。

2.毒品称量笔录、照片及录像等

应重点审查是否由两名以上侦查人员对查获的毒品疑似物进行现场称量，犯罪嫌疑人是否在场，称量过程是否有拍照、录像及现场见证人。对毒品疑似物种类较多或者多个独立包装的，还要注意是否分别称重，或者取样是否科学，并比对有关勘查笔录、搜查笔录、扣押清单所记载的项目，审查与实际称量的毒品是否一一对应，称量过程的照片或录像所反映的情况是否与笔录记载的情况一致等。

（二）客观方面的证据要件

通过各种证据证明行为人非法持有了毒品的事实，主要包括以下方面证据：

1. 犯罪嫌疑人、被告人的供述和辩解

（1）非法持有毒品的时间、地点；

（2）毒品的来源、产地、特征、种类、数量、价值、去向；

（3）持有行为的具体表现，包括把毒品带在身上、藏匿于某处、委托他人保管、收取快递包裹等；

（4）作案工具（如用于吸毒的冰壶）的来源、数量、特征、去向；

（5）具体、详细的犯罪过程；

（6）共同犯罪中的起意、策划、分工、实施、分赃等情况，查明每一个犯罪嫌疑人在共同犯罪中的地位和作用。

2. 证人证言

（1）知情人、关系人、贩卖人的证言；

（2）举报人的证人证言；

（3）药房管理人员、医生、药剂师等的证言，证明提供给行为人的麻醉药品、精神药品的数量、品种等情况；

（4）房屋所有人的证言，证明房屋的出租情况，及实际居住人员情况；

（5）共同居住者的证言，证实行为人对房屋的占有、控制情况，及房屋中物品的归属情况等。

3. 物证

（1）毒品实物或照片；

注意：侦查机关对于查获的毒品应当编号封装、妥善保管，避免受污染。

（2）作案工具，包括盛装物、夹带物、藏匿物、提包等，证明行为人非法持有毒品的方式、地点等情况；对于涉案的通信设备、车辆、银行卡等应当查扣。

注意：对于犯罪嫌疑人以托运、收快递等方式非法持有毒品的，应当及时组织邮递人员进行辨认或者调取相关监控录像、及时提取包裹上的指纹、掌纹或其他 DNA 检材等痕迹物证进行鉴定。

4. 书证

（1）报案登记、受案登记表、举报记录，以及报案人、举报人递交的信件、案件来源、立案决定书、发破案经过等说明材料；

注意：发破案经过应当写明案件线索来源及案件破获经过，包括是否系特情人员提供线索或使用技术侦查手段获得线索等情况。

（2）通话清单、银行账户流水、网络交易凭证等，证实行为人出资购买毒品等事实；

（3）房屋产权证明、房屋租赁合同、住宿登记表等，证明犯罪嫌疑人对毒品藏匿的房屋、场所的控制事实；

（4）假处方、假诊断书、发票等书证，证明行为人从医院得到麻醉药品、精神药品的理由、数量、品种及花费等情况。

5. 鉴定意见

包括毒品种类、数量的鉴定意见，还包括对毒品外包装物提取的 DNA 生物检材或者指纹的鉴定，犯罪嫌疑人语音通话同一性的声纹鉴定意见等，以查明行为人对毒品的持有事实。

6. 搜查、勘验、检查笔录及扣押清单等

（1）现场的勘验、检查、辨认、搜查笔录及照片，包括携带现场、藏匿现场等；

（2）对物证的勘验、检查笔录及照片；

（3）对犯罪嫌疑人及相关人员的人身检查笔录、搜查笔录；

（4）对物品文件的扣押决定书及扣押清单；

注意：扣押清单记载的内容应与勘验、搜查笔录相一致，扣押清单上应注明查获毒品的具体特征、查获毒品的具体位置等，并由犯罪嫌疑人、见证人签字确认，并对搜查、扣押过程全程录音录像、拍照记录；

（5）毒品称量记录，注意注明是否含包装物重量。

7. 视听资料、电子数据

（1）举报人提供或技术手段获取的录音、录像及照片等；

（2）执法记录仪录像；

（3）通话记录，短信、微信、QQ 聊天记录，支付记录、取件通知短信等。

8. 起赃、收缴、封存、销毁笔录或证明。

(三) 主体方面的证据要件

本罪的主体为一般主体，即年满16周岁、具有刑事责任能力的自然人，一般应收集以下证据：

1. 个人身份证据

（1）居民身份证、临时居住证、工作证、护照、港澳居民来往内地通行证、台湾居民来往大陆通行证等；

（2）户口簿、常住人口信息表、公安部门出具的户籍证明等；

（3）医院出生证明；

（4）犯罪嫌疑人、被告人的供述；

（5）有关人员（如亲属、邻居等）关于犯罪嫌疑人、被告人年龄、出生日期的证言。

通过以上证据主要证明：自然人的姓名（曾用名）、性别、出生日期、居民身份证号、民族、籍贯、出生地、职业、住所地等情况。需要注意：司法实践中，经常发生犯罪嫌疑人、被告人或其亲友通过伪造、编造身份证明以减少犯罪嫌疑人、被告人实际年龄的情况，可能影响罪与非罪、罪轻与罪重的认定。对此要注意收集上述各项证据，准确查明犯罪嫌疑人、被告人的真实年龄。如果犯罪嫌疑人的户籍证明与其他身份证明材料记载的出生日期存在矛盾，影响定罪量刑的，应当收集犯罪嫌疑人的出生证明文件、学籍卡、人口普查登记以及无利害关系人的证言等证据材料。

2. 前科方面证据

（1）刑事判决书、裁定书；

（2）释放证明书、假释证明书；

（3）不起诉决定书；

（4）行政处罚决定书；

（5）刑罚执行材料等其他证明材料。

3. 犯罪嫌疑人是否系吸毒人员的吸毒现场检测报告或实验室检测报告

如果犯罪嫌疑人是吸毒人员，要注意审查在案犯罪嫌疑人供述是否在其认知、记忆、表达能力、生理和精神状态正常时进行讯问取得,对于犯罪嫌疑人、被告人因吸毒出现精神恍惚、不能正确认知或正确表达时所作供述,不应直接作为证据使用,应进行补正。

4.犯罪嫌疑人自首、坦白的证据材料

包括发破案经过、犯罪嫌疑人到案经过、有罪供述经过以及证明其到案情况的其他材料。

5.犯罪嫌疑人立功的证据材料

包括犯罪嫌疑人检举揭发材料以及证明其来源的材料、司法机关的调查核实材料、被检举揭发人的供述等相关案件证据材料,对于被检举揭发人员所涉案件已经进入刑事诉讼程序的,应当调取被检举揭发案件的发破案经过等相应法律文书。

通过上述证据查明犯罪嫌疑人、被告人是否具有刑事前科,或者曾因吸毒等违法行为被行政处罚、强制戒毒情况,以确定其是否具有累犯、毒品再犯情节,案发时是否为吸毒人员以及推定其主观上是否具有贩卖的目的。需要注意的是,由于毒品犯罪的再犯可能性极高,司法实践中经常出现犯罪嫌疑人在被取保候审、缓刑执行期间、社区矫正期间再犯罪以及发现漏罪情况,因此,应当准确查明其所有违法犯罪情况,不仅明确案件的司法管辖问题,还要解决案件数罪并罚等实体问题。

(四)主观方面的证据要件

1.犯罪嫌疑人、被告人的供述和辩解。主要查明以下事实:

(1)行为人非法持有毒品的动机、目的及时间、地点、方式、经过、结果;

(2)共同犯罪的组织、策划的时间、地点、参与人员、分工等情况;

(3)行为人通过随身携带及寄存他人住处、偷放其他处所或物品之中等间接持有毒品的行为。

2.证人证言。用以证明行为人持有毒品的动机和目的;以及行为人对毒品性质的明知等情况。

3.物证。包括毒品实物等。

4.书证。包括身份信息、教育背景、工作阅历以及是否因毒品犯罪受过刑事处罚等情况的材料,以便通过上述情况综合分析判断其对所持有的物品为毒品是否具有明知。

5. 电子数据。包括犯罪嫌疑人实施购买毒品、赠送毒品、与他人吸食毒品等行为前后使用的电子邮件、通信往来信息、微信、QQ、陌陌等网络聊天记录等电子数据，审查是否存在涉及毒品的明示或隐晦性语言。

通过以上证据，证明行为人明知自己非法持有毒品的行为违反毒品管理制度，希望或者放任这种危害结果发生的主观心态，至于毒品的具体名称、准确数量、含毒量的高低以及实际价值等，则不要求行为人确切明知。另外，本罪主观方面的特殊要求是：必须排除行为人走私、贩卖、运输、制造毒品和窝藏、转移或者隐瞒毒品的目的。需要注意，非法持有毒品案件犯罪嫌疑人、被告人主观故意的核心在于行为人知道或者应当知道其所持有的物品为毒品，因此，还要注意收集、审查有无证明犯罪嫌疑人、被告人未如实申报、逃避、抗拒检查，丢弃毒品，采取高度隐蔽方式携带、藏匿毒品，以及用虚假身份收取快递等行为，以及根据《大连会议纪要》及相关司法解释规定的其他足以推定犯罪嫌疑人、被告人主观明知的证据。犯罪嫌疑人、被告人对携带、持有物品中被查获的毒品能作出合理解释，有证据证明确实受蒙骗、被利用，其辩解有事实依据或者合乎情理的，不能推定其主观上对行为对象是毒品的明知。

二、非法持有毒品罪常见证据审查

（一）技术侦查获取证据的审查

2012年修订后的《刑事诉讼法》对技术侦查措施作出专门性规定，2018年《刑事诉讼法》第152条第3款规定："采取技术侦查措施获取的材料，只能用于对犯罪的侦查、起诉和审判，不得用于其他用途。"而最高人民法院《关于适用〈中华人民共和国刑事诉讼法〉的解释》也明确规定，采取技术侦查措施收集的证据材料，经当庭出示、辨认、质证等法庭调查程序查证属实的，可以作为定案的根据。结合司法实践，对于技术侦查措施收集的证据在刑事诉讼中的运用，应注意以下几个方面：

第一，坚持"最后使用原则"。在当前的司法实践中，技术侦查手段更多被运用在获取犯罪线索和抓捕犯罪人等方面，如果在案证实毒品犯罪的证据已经足够,可以不使用该证据。只有在其他证据种类极其有限时,技侦材料才不得不用作最后的证据。在刑事诉讼中,对应当移送技术侦查证据材料而没有移送,或者人民检察院、人民法院认为没有移送的技术侦查证据材料对案件处理有重大影响的,人民检察院可以要求公安机关移送,人民法院也可以通知人民检察院移送。有关机关仍未移送的,应当根据案件情况作出有利于犯罪嫌疑人、被告人的认定。之所以如此,是为了避免司法实践中过度依赖技侦证据,而忽视对其他必要证据的收集,甚至人为降低证据要求,也防止侵犯公民合法权利。

第二,原则上技术侦查措施获得的证据要转化为其他合法形式的证据并经查证属实,才能作为定案的依据。无法转化的,侦查机关应当就秘密侦查、技术侦查获得的原始证据材料等情况独立成卷,供检察机关、审判机关在需要时查阅。因此,对公安机关采取技术侦查措施收集的材料作为证据使用的,应当注重审查以下内容:(1)采取技术侦查措施是否按照法律和有关规定履行批准手续,批准采取技术侦查措施的法律文书是否随案移送;(2)采取技术侦查措施的种类、适用对象和期限是否按照批准决定载明的内容执行;(3)对采取技术侦查措施收集的物证、书证、视听资料、电子数据等证据材料的内容是否作出说明;(4)采取技术侦查措施收集的证据材料是否与其他证据相印证。

司法实践中,对于技侦证据应当从形式和实质两个方面进行审查。形式审查的内容主要包括:(1)是否履行批准手续。侦查机关应当在案件立案并经依法审批后才能采取技术侦查措施,采取技术侦查措施收集的材料作为证据使用时,批准采取技术侦查措施的法律文书应当附卷。(2)是否按照批准决定载明的内容(如期限、对象等)执行。(3)是否对证据作出说明。如对于视频、音频资料中涉及的绰号、暗语、俗语、方言等,应说明其含义;对于采取技侦措施收集的视频、音频资料,应制作新的存储介质、文字抄清材料,并出具制作说明(加盖印章)。实质层面的审查内容则包括:(1)是否与其他证据相一致;(2)是否进行声纹鉴定,更加充分地证实声音主体的身份。

第三,要建立明确和不断完善技侦证据的法庭调查程序。司法实践中,对采取技术侦查措施收集的材料作为证据使用的,应当经当庭出示、辨认、质证等法庭调查程序查证属实。

法庭调查过程中，可能危及有关人员的人身安全，或者可能产生其他严重后果的，应当采取不暴露有关人员的身份、不公开具体技术方法等保护措施，必要时转为不公开审理。无法采取保护措施或者采取保护措施不足以防止产生严重后果的，可以由审判人员在庭外对证据进行核实。

法庭决定在庭外对技术侦查证据进行核实的，可以召集检察人员、侦查人员和辩护律师到场，在场人员应当履行保密义务。

（二）对证明毒品数量和种类、含量证据的审查

毒品的种类和数量对非法持有毒品罪的认定和量刑具有至关重要的作用，因此，在审查办案中要高度关注对涉案毒品的扣押、称量、封存、送检、检验等方面证据材料的审查。

第一，对毒品可疑物进行提取、扣押时应有见证人在场，且应当场制作笔录并开具扣押清单。实践中有些案件毒品的搜查、扣押手续仅仅简单描述毒品的样态、外包装，这种描述难以做到毒品检材唯一性识别。《办理毒品犯罪案件毒品提取、扣押、称量、取样和送检程序若干问题的规定》（以下简称《毒品案件程序规定》）第5条规定，毒品的扣押应当在有犯罪嫌疑人在场并有见证人的情况下，由两名以上侦查人员执行。毒品的提取、扣押情况应当制作笔录，并当场开具扣押清单。笔录和扣押清单应当由侦查人员、犯罪嫌疑人和见证人签名。犯罪嫌疑人拒绝签名的，应当在笔录和扣押清单中注明。

第二，要注意审查鉴定意见中检材与扣押毒品是否具有同一性。鉴定意见中的检材要与扣押的毒品相一致，体现在检材编号的一致性，如果鉴定机构对毒品进行了重新编号，应进行说明，保证进行鉴定与在案扣押的毒品具有同一性。《毒品案件程序规定》第7条规定，对查获的毒品应当按其独立最小包装逐一编号或者命名，并将毒品的编号、名称、数量、查获位置以及包装、颜色、形态等外观特征记录在笔录或者扣押清单中。在毒品的称量、取样、送检等环节，毒品的编号、名称以及对毒品外观特征的描述应当与笔录和扣押清单保持一致；不一致的，应当作出书面说明。

第三，要审查检材是否被污染。在司法实践中，常常出现毒品鉴定检材提取人提取意识不足，查获毒品可疑物的时候，未见任何对应的称

量、封装、送检笔录，没有对毒品可疑物进行标记提取、扣押后的保管存在多头管理、职责不明的情况。《毒品案件程序规定》第9条规定，现场提取、扣押等工作完成后，一般应当由两名以上侦查人员对提取、扣押的毒品及包装物进行现场封装，并记录在笔录中。封装时，不得将不同包装内的毒品混合。对不同组的毒品，应当分别独立封装，封装后可以统一签名。

第四，要审查毒品称重过程是否符合法律规定。司法实践中存在部分毒品案件不能体现现场称重及确认毒品重量的过程，以及对多个毒品包装混合称重问题。根据相关规定，在毒品犯罪案件中，除特殊情况外，对收缴的毒品一般要当场称量，称量应当在有犯罪嫌疑人在场并有见证人的情况下进行，并制作称量笔录。毒品称量应由两名以上侦查人员当场、当面进行，并拍摄现场照片。称量笔录应当由称量人、犯罪嫌疑人和见证人签名。犯罪嫌疑人拒绝签名的，应当在称量笔录中注明。

（三）关于证明犯罪嫌疑人、被告人对毒品持有事实证据的综合审查

认定犯罪嫌疑人、被告人构成非法持有毒品罪，在客观方面关键是通过大量证据证实其对毒品的控制事实，对此，除犯罪嫌疑人、被告人的供述及证人证言这些直接证据外，对房屋等场所的勘验检查、对毒品包装物上DNA生物检材的鉴定等客观证据也非常重要，虽然这些证据有时不能直接证明案件事实，但通过综合分析完全可以得出确定结论，而且一定程度上克服了言词证据容易变化的弊端，因此，在办理非法持有毒品案件中，由于行为具有高度隐蔽性，在证据审查中要高度重视上述客观证据的收集和判断。

如被告人陈某云非法持有毒品案[①]。公安机关在陈某云入住的某酒店407房间内当场缴获挂在墙上的1个黑色挎包（内有可疑毒品10小包和3粒，电子秤1个，手机1部以及张某的身份证1张）。经鉴定，所缴获的10小包可疑毒品共净重81.18克，均含甲基苯丙胺成分；3粒可疑毒品净

---

① 参见广东省惠州市中级人民法院刑事判决书，（2014）惠中法刑一终字第29号。

重 0.7 克，均含甲基苯丙胺及咖啡因成分。公诉机关指控被告人陈某云构成非法持有毒品罪，但陈某云辩称毒品是来过其房间的张某的。该案经过上诉、发回重审等程序，最终二审法院以事实不清、证据不足为由，宣告被告人陈某云无罪。理由在于：第一，被告人陈某云供述和张某证言陈述挎包的颜色不同，由于公安机关现场勘验不及时，导致现场勘验照片未能客观、真实地反映案发现场装有毒品的挎包情况，无法印证上诉人的供述或张某的证言；第二，本案发回重审期间，公安机关在查获毒品包装袋上没有提取到指纹，也没有找到407房开房人王某核实情况，故无法证实被告人有接触过挎包内毒品及对407房实际控制的事实，也无法排除毒品属于王某所有的可能性；第三，张某的亲属、邻里等人的证言可以证实张某于2011年9月回到四川邻水的情况，但相关证言没有涉及2011年11月3日前后一周张某身在何处的情况，公安机关亦没有收集、调取到2011年11月3日前后相关车站、机场等地有关张某往返惠阳的交通信息，故本案排除张某作案的可能性不够充分，不能完全排除张某存在作案时间的可能性；第四，被告人陈某云一直供述407房内缴获的毒品为他人所有，虽然在2011年11月3日毒品辨认照片上承认毒品是其持有的，但辨认照片上没有侦查人员签名，辨认过程没有形成笔录无法证实该辨认是在侦查人员主持进行的，该辨认照片不能作为定案的根据。综上分析，本案犯罪主体没有查清，未能排除其他人作案的可能性。

（四）对犯罪嫌疑人、被告人主观故意的审查

对毒品的"明知"也是办理毒品犯罪案件审查的重点，但司法实践中对"明知"证据的审查往往容易被忽视。最高人民法院出台的相关审理毒品犯罪案件的座谈会纪要对毒品犯罪案件的主观明知认定问题进行了推定式的规定，即在有些情况下即使没有相应的证据证明犯罪嫌疑人、被告人主观明知是毒品，但在被告人不作出合理解释，也没有证据证明其确属被蒙骗的情况下，司法机关便可以推定其对毒品是明知的，这无形中也导致司法人员不注重审查主观明知证据情况的出现。采取刑事推定，虽然对证据的要求极大降低，但仍需要运用证据加以证明，起码据以推定的事实应有充足证据证实，如行为人采用高度隐蔽的方式携带、保存毒品的，应当由勘验检查笔录及相应的照片、录像予以佐证，并且相应的取证程序必

须符合法律要求,这就决定了应从证据能力和证明力两个方面去审查。司法实践中,非法持有毒品案件中主观明知认定上的困难,多数源于案件的具体情形并非座谈会纪要所明确规定的,无法据此作出推定。

如被告人赵某燃、张某某贩卖毒品、非法持有毒品案①。2013年10月20日前后,被告人赵某燃与广东省深圳市毒贩陈某某联系,从其处购买甲基苯丙胺(冰毒),并约定以张某某为收件人,通过邮局邮寄的方式,寄往开鲁县某邮政支局。2013年10月24日,被告人赵某燃得知该邮包已到达该邮政支局后,虽联系出租车司机魏某某让其到邮政支局取出,并让其驾车往通辽方向行驶给他送邮包。赵某燃同时从通辽市科尔沁区雇车往开鲁县某镇方向行驶接收该邮包。当两车行驶至某镇某村附近相会,在赵某燃下车取邮包时被开鲁县公安局民警抓获,并在该邮包内查获甲基苯丙胺(冰毒)两袋,重量为48.2207克。虽然2名被告人曾共同实施了贩卖毒品的犯罪行为,但公诉机关并没有提供充足证据证实张某某对赵某燃此次购买毒品具有明知。经过审查查明,被告人张某某事先不知道赵某燃以其本人名义邮寄毒品,该包裹上的联系电话也不是张某某本人使用的,包裹到了之后其本人也不知晓,其也没有领取或者委托他人领取,在公安机关控制该邮包和领取该邮包的魏某某后,在传唤被告人张某某时,其才知道此事。因此,法院认为张某某既不明知赵某燃购买毒品的事实,也没有实施事实上的握有、管理、支配毒品的行为,不构成非法持有毒品罪。

(五)对毒品理化报告等鉴定意见的审查

2012年《刑事诉讼法》将"鉴定结论"改为"鉴定意见",这一修改不仅是称谓的变化,而且是重大的制度变革,这无疑是我国刑事诉讼法的一个重大进步,对司法人员而言,也是一个重大挑战。从法律性质上来说,鉴定意见属于鉴定机构中鉴定人的"意见",本质上是鉴定人运用专业技术知识对有关事项作出的判断,属于一种专业性证言,需要按刑事诉讼法及其解释、司法鉴定程序通则等要求综合审查才能确定其是否可采信。对于鉴定意见而言,其可采性要受到鉴定人的能力水平、鉴定过程、鉴定依据、检材来源等多个因素的影响,其中任何一个环节出现问题,都

---

① 参见内蒙古自治区开鲁县人民法院刑事判决书,(2014)开刑初字第104号。

可能导致"结论"缺乏科学性。因此，以往司法实践中出现的"以鉴代审"这种过度依赖鉴定意见的情况是不值得提倡的，鉴定意见不是理所当然的正确，而是需要经过质证才能确定其科学性。这就要求我们在办理毒品犯罪等案件中，要提高对鉴定意见的审查能力，强化对鉴定意见的审查、分析和判断。

1. 鉴定意见的形式审查

形式审查就是对鉴定意见从有关法律法规和规则所规定的形式要件上看是否齐备。主要是对检材、鉴定程序、鉴定过程与方法、鉴定意见文书等方面，重点是审查鉴定活动是否符合相关的鉴定技术规范。形式上的审查主要包含以下几方面：

（1）审查鉴定主体是否适格。指鉴定主体是否具备特定资质和能力、是否具有特定的专业知识和科学背景以胜任鉴定工作和任务。鉴定机构和鉴定人员只有具备法定的资格和条件，才能依法从事司法鉴定业务，所提供的鉴定意见才能具备证据能力。当前对鉴定人资格作出相关规定的法律规定主要有：全国人大常委会《关于司法鉴定管理问题的决定》和《司法鉴定机构登记管理办法》《司法鉴定人登记管理办法》《人民检察院鉴定机构登记管理办法》《公安机关鉴定机构登记管理办法》等，这些法律规定中对鉴定机构和鉴定人应具备的法定资质、回避情形及执业禁止的情形作出了规定。

第一，应审查鉴定意见是否附有鉴定机构的《鉴定机构资格证书》和《鉴定人资格证书》，进一步审查鉴定机构和鉴定人是否具有可以进行毒品检验的合法资质。第二，应审查鉴定人是否具有应当回避的情形。如与案件当事人存在利害关系、收受贿赂等，对于鉴定人应当回避而未回避的，应当重新鉴定，没有条件进行重新鉴定的，不能作为定案的依据。

（2）对鉴定对象的审查。主要是审查鉴定材料的同一性和真实性，这两个方面如果出现问题将从根本上动摇鉴定意见作为定案依据的证据资格。在检材的同一性上，要审查送检的毒品疑似物是否来源于本案搜查、扣押所得，要做到检材来源可靠，提取合法、保管规范、送检及时。结合扣押清单、扣押笔录、称量笔录、取样笔录、送检人的名字、审查检材保管过程是否完整，整个送检环节是否存在断裂，确保检材与毒品疑似物具有同一性。

在检材的真实性上，主要是审查检材是否受到污染，所反映的是否为毒品疑似物的原始状态。应重点审查以下两个方面：一是检材提取的方法是否科学。《毒品案件程序规定》第 23 条、第 24 条对不同形态毒品取样的方法作了明确规定，如对粉状的毒品疑似物，取样是否均匀影响到纯度检验的结果，又如多包装的毒品、取样是否具有随机性和代表性也会产生重大影响。二是检材是否被污染，取样方法不对或者保管不周都会致使检材被污染，如对于液态毒品疑似物，如果侦查人员使用同一根注射器先后对不同容器内的毒品疑似物进行取样，可能导致不同样本被交叉污染的可能；又如在保管中，实践中经常出现侦查人员将查获的多包装毒品疑似物混合保管的情况。

（3）对鉴定结果的审查。这主要是对鉴定文书的形式要件进行审查。主要审查鉴定意见的形式要件是否完备，是否注明提起鉴定的事由、鉴定委托人、鉴定机构、鉴定要求、鉴定过程、鉴定日期等相关内容，是否由鉴定机构加盖司法鉴定专用章并由鉴定人签名、盖章，鉴定人数是否符合要求；鉴定意见是否明确；是否注明了鉴定过程和鉴定方法；对司法鉴定意见书进行补正，是否改变了司法鉴定意见的原意等。

2. 鉴定意见的实质审查

毒品案件中鉴定意见的实质审查主要是审查鉴定意见的合法性、科学性和关联性。

（1）检验方法是否合理。鉴定方法本身是否合法、科学和合理，将直接影响鉴定意见的正确与否。毒品鉴定检测方法主要有外观检测、化学反应法、免疫学检验法、薄层色谱分析法（TLC）、气相色谱法、高效液相色谱法、气相色谱-质谱联用分析法（GC/MS）、高效液相色谱法（HPLC）和液相色谱/质谱联用法（LC/MS）。司法实践中可能多种方法并用，但每种方法都各有优缺点。在鉴定意见中要注意以下三种检验方法：第一，化学反应法，检测的阴性结果可排除毒品存在，而阳性结果仅提示毒品存在的可能，仍需要使用确证分析技术给予证实。使用这类方法的主要目的是对可疑毒品进行分类筛选，缩小进一步检验的范围。第二，薄层色谱分析法（TLC），属于比对分析，即在检验时必须用相应毒品纯品作对照，当可疑毒品与对照样品分析结果完全一致时，方可下肯定结论。而当被检样品中添加剂、稀释剂成分多或成分复杂时，则难以进行各成分的准确判断，且该方法只能进行半定量检测。第三，液相色谱/质谱联用法（LC/MS）以及多级串联质谱技术，多用于生物或人体内毒品代谢等方面的检测，在缴获毒品检测方面应用较少，主要是配合气相色谱/质谱联用，用来检测难汽化、易分解的毒品组分。由于技术自身的特点，液质联用目前没有像气质联用那样的统一标准图谱库。可见，由于不同检测方法的优缺点、用途等方面具有不同，根据鉴定需求应选取的鉴定方法也存在差异，司法实践中应进行慎重审查。

（2）选取的鉴定标准是否科学。在办理案件过程中，很多司法人员只关注鉴定的结论而不关注鉴定人员依据的鉴定标准，对鉴定适用的标准是否为业界所公认、标准的选择是否合理等问题审查不到位，如一些鉴定意见中对甲基苯丙胺鉴定适用的标准是《甲基苯丙胺的定性定量检验方法》IFSC 04-02-07-2011，但该标准系公安部物证检验中心制定的行业标准，而根据《司法鉴定程序通则》的相关规定，司法鉴定应依下列顺序采用该专业领域的技术标准和技术规范：①国家标准和技术规范；②司法鉴定主管部门、司法鉴定行业组织或者相关行业主管部门制定的行业标准和技术规范；③该专业领域多数专家认可的技术标准和技术规范；④不具备上述技术标准和规范的，可以采用所属司法鉴定机构自行制定的有关技术规范。因此，在具备国家标准的情况下，司法鉴定应当优先适用国家标准。当前在毒品鉴定方面，存在的国家标准包括：GB/T 29635-2013《疑似毒品中海洛因的气相色谱、气相色谱－质谱检验方法》，GB/T 29636-2013《疑似毒品中甲基苯丙胺的气相色谱、高效液相色谱和气相色谱－质谱检验方法》，GB/T 29637-2013《疑似毒品中氯胺酮的气相色谱、气相色谱－质谱检验方法》。司法实践中，还要注意标准选择是否错误，如是否适用GB/T 29635-2013海洛因的气相色谱、气相色谱－质谱检验方法来检验甲基苯丙胺。

（3）鉴定意见与案件是否具有密切关联性。鉴定意见只是刑事诉讼法中规定的法定证据种类之一，虽然其具有重要价值，但也只有与其他证据相互印证，形成证据链，才能作为案件定罪量刑的依据。司法实践中对鉴定意见过分依赖的情况时有发生，错误地认为鉴定意见更为客观，即便鉴定意见与其他证据相矛盾，仍倾向于坚持采纳鉴定意见，忽视对鉴定意见证明力的审查，罔顾其他证据的真实性和证明力，这种做法是不足取的。在毒品犯罪案件中，要审查鉴定意见是否与案件事实及在案其他证据，如勘验、检查笔录、提取物证清单、证人证言等证据相互印证。根据《关于办理死刑案件审查判断证据若干问题的规定》的相关规定，鉴定意见与案件事实或证明对象没有关联性的，该鉴定意见不能作为定案的根据。换句话说，仅有鉴定意见是无法定案的，必须将其与其他证据结合起来，进行综合判断，才能够排除合理怀疑、得出正确结论。

在办理毒品案件中，应强化程序性审查意识，转变过度依赖鉴定意见的司法理念，注重咨询鉴定人，对鉴定中的程序性事项予以核实，必要时，可以申请鉴定人出庭或者申请专家辅助人出庭，以提高鉴定意见的证据能力。在对鉴定意见进行形式和实质的审查质证之后，如果仍不能对鉴定意见的证明力作出判断，则需要考虑更多因素来审查鉴定意见的证明力。如鉴定主体的设备条件、鉴定主体的违法或受处罚情况、鉴定人员的素质以及所提供的鉴定材料的质量等，最终通过对这些因素的分析来综合认定鉴定意见的证明力的问题。

第三节　非法持有毒品罪的认定处理

一、罪与非罪的界限

（一）放任他人藏毒行为的认定

司法实践中行为人基于亲属或者朋友等关系，对他人将持有的毒品藏于自己住处的行为予以放任甚至实施了交递等帮助行为的，根据具体情形可以认定为非法持有毒品罪。如甲、乙二人系朋友，甲明知乙吸毒且从事贩毒活动，但甲从未有任何参与行为。2017年12月20日，乙购买毒品后到甲家留宿，将毒品存放在甲的家中，当天晚上，乙未告之甲存放的东西是毒品，次日，乙外出后电话告之甲存放的东西是毒品，让其保管好，过几天来取走，此后，甲多次催乙尽快将毒品取走，但乙迟迟未来取。同月29日下午，乙在甲家附近茶楼喝茶时，让甲将毒品带过去（甲的住地离茶楼仅隔两条街，距离不足3公里），甲即随身携带毒品步行向乙送去，途中被公安人员查获，查出海洛因20克。针对本案，存在三种不同意见：第一种观点认为，甲携带毒品的行为构成运输毒品罪。第二种观点认为，甲明知乙贩毒还为其提供藏匿毒品、交递毒品的帮助行为，应构成贩卖毒品罪的帮助犯或者窝藏毒品罪。第三种观点认为，甲并不知道乙购买毒品是用于自吸还是贩卖，其行为属于非法持有毒品的行为。

我们认为，甲得知乙藏匿于其家中的物品为毒品后，并未有参与走私、贩卖、运输的目的，其行为虽然改变了毒品存储的位置，但位移较小，在同城的两条街间携带毒品的行为不宜认定为运输毒品罪。由于乙本身系吸毒人员，甲并不知道其购买毒品的数量，也不明知其购买毒品的目的和用途，因此，也不应认定为贩卖毒品罪的帮助犯和窝藏毒品罪。纵观全案，甲的行为属于对藏毒行为的放任，由于藏匿地点为甲的住处，甲有义务要求乙将毒品取走或采取举报等措施。如2000年《南宁会议纪要》规定，"有证据证明行为人不是以营利为目的，为他人代买仅用于吸食的毒品，毒品数量超过刑法第三百四十八条规定数量最低标准，构成犯罪的，托购者、代购者均构成非法持有毒品罪"。司法实践中，行为人代买毒品往往包含持有和交递等环节，交递的过程也会表现为毒品位置的改变，因此，本案中甲的行为可以参照上述规定来认定。第一，从行为本质来看，非法持有毒品罪的"持有"行为，可表现为直接占有、携有、藏有或以其他方法支配毒品的行为，甲作为房屋所有人，其行为已实现了对毒品的实质"控制"，其交递行为是持有行为的延续，与常见持有行为相比，属于"动态持有"，应构成非法持有毒品罪。第二，从行为目的来看，非法持有毒品罪的主观方面表现为明知是毒品而持有，且无证据证明行为人非法持有毒品具有进行其他毒品犯罪的目的。运输毒品罪的主观方面除了明知是毒品，还必须对毒品的去向和来源有一定的认识，即只有为了贩卖、走私毒品、以其他方式扩散毒品、为了帮助他人贩卖、走私毒品或以其他方式扩散毒品而将毒品从甲地带至乙地的行为才能成为刑法所称的"运输"，不能认为凡是改变毒品位置的位移行为都是运输毒品行为。第三，从行为危害来看，甲主观恶性较小，如果认定为贩卖、运输毒品罪，刑罚相对较重；如果认定为非法持有毒品罪，在持有毒品未达到"数量大"标准时，不构成犯罪，即便构成犯罪，也可以体现"罪刑均衡"原则的要求。

（二）持有假毒品行为的认定

如前所述，非法持有毒品罪的犯罪对象为毒品，虽然种类繁多，但均应为真实的能够使人形成瘾癖的、受国家管制的麻醉药品和精神药品等。在办理毒品犯罪案件中，首先应进行毒品性质鉴定，如果经鉴定为不含有任何有效毒品成分的物品的，就是假毒品。对于行为人非法持有假毒品的行为，应具体审查行为人的主观目的来区分认定：

第一，如果行为人明知是假毒品，但不是为了诈骗或其他犯罪目的，而仅仅是为了炫耀自己持有"毒品"，为了显示自己的实力而展示的，则不构成犯罪。

第二，如果行为人并不知道是假毒品，误认为真毒品而持有的，构成非法持有毒品罪（未遂）。理由在于：行为人明知毒品是国家法律法规等禁止任何人非法持有的物品而仍实施非法持有的行为，其主观上具有非法持有毒品犯罪的故意，客观上实施了非法持有毒品的行为，只不过行为人在主观上出现了对象认识错误，应构成非法持有毒品罪，但属于对象不能犯，应构成犯罪未遂。

第三，如果行为人明知是假毒品而故意持有，并且隐瞒真相将假毒品用于出售牟利，犯罪数额较大符合诈骗罪构成要件的，应认定为诈骗罪。

需要注意的是，对于第二种情况下的处理意见存在一定争议，有人认为由于行为人持有的是假毒品，没有造成对法益的现实侵害，不能仅因其主观上有非法持有毒品的犯罪故意，就以非法持有毒品罪定罪处罚。对此，应当具体分析，如果行为人捡拾假毒品后误以为真毒品而持有的，可以考虑不作为犯罪处理；但如果因为公安机关查破案件，通过严密布控，防止毒品流入社会而将运输中的真毒品换成假毒品，行为人而持有假毒品的，应当认定为非法持有毒品罪（未遂）。

二、本罪与贩卖毒品罪的界限

（一）本罪与贩卖毒品罪的区别

走私、贩卖、运输毒品都必然包含对毒品的非法持有，不持有毒品，就无法进行走私、贩卖、运输毒品的犯罪活动。因此，它们之间存在行为上的涵盖关系，在处理上可以理解为非法持有毒品行为是走私、贩卖、运输毒品行为的必经阶段，构成吸收犯。或者，也可以理解为走私、贩卖、运输毒品罪在犯罪构成要件上包容了非法持有毒品行为，按照走私、贩卖、运输毒品罪定罪处罚，不进行数罪并罚。对于制造毒品罪而言，制造毒品后的持有行为，属于制造毒品这一前行为的当然结果，属于"事后不可罚行为"，同样应认定为制造毒品罪一罪。综上，只有在非法持有毒品的行为人拒不说明毒品的来源和用途，而司法机关根据已查获的证据，又不能认定非法持有较大数量的毒品是为了进行走私、贩卖、运输或者窝藏毒品犯罪以及来源于非法制造的，才构成非法持有毒品罪。如果有证据能够证明行为人持有毒品是为了进行走私、贩卖、运输或者窝藏毒品犯罪的，或者该毒品系行为人非法制造得来，则应当以走私、贩卖、运输、制造毒品罪或者窝藏毒品罪论处。

如被告人曹某勇非法持有毒品案①。2016年4月6日中午，被告人曹某勇因吸食毒品与郭某英电话联系。当天15时，被告人曹某勇驾驶摩托车来到祁阳县××镇××路交警大队对面的郭某英出租屋附近，被祁阳县公安局民警抓获，当场从被告人曹某勇身上左边的前、后裤袋内查获疑似甲基苯丙胺的白色晶体，经称重13.68克。经永州市公安司法鉴定中心检验：查获的疑似甲基苯丙胺的白色晶体含甲基苯丙胺成分。湖南省祁阳县人民检察院指控被告人曹某勇构成贩卖毒品罪。但湖南省祁阳县人民法院经审理认为：公诉机关指控公安机关通过郭某英提供的线索知晓曹某勇与郭某英需要交易100克冰毒而进行布控，但却未进行证据固定，双方通话内容、交易及搜查毒品的过程等没有相关证据予以佐证，对郭某英身上查获的71.21克毒品并没有做现场称量及拍照，仅凭情况说明认定郭某英身上的毒品是曹某勇卖给郭某英的，没有形成完整的证据锁链。因此，法院认为公诉机关指控曹某勇实施了贩卖毒品的行为事实不清、证据不足，现有证据无法证实曹某勇向郭某英贩卖了毒品。但被告人曹某勇明知甲基苯丙胺是毒品而非法持有，数量较大，其行为已构成非法持有毒品罪。

由此可见，在司法实践中，非法持有毒品罪与贩卖毒品罪之间处理上容易混淆，法院和检察院在认定贩卖毒品罪还是非法持有毒品罪上容易存在意见分歧，因此，应对二者的区分标准和适用规则进行明确。通常而言，贩卖毒品罪与非法持有毒品罪的显著区别主要体现在三个方面：第一，侵犯的法益有所不同。贩卖毒品罪侵犯的法益是国家毒品管理制度中，有关毒品购销、供应的法律制度，而非法持有毒品罪侵犯的法益是国家对毒品的管理制度。第二，客观行为表现不同，前者的客观方面是出售毒品行为，包括以出售为目的的购买，也包括以营利为目的的代购等行为；后者的客观方面表现为对毒品的控制或者支配状态。第三，成立犯罪的标准不同。即在成立犯罪所要求的毒品数量上不同。非法持有毒品罪是数额犯，有法定的数量标准，行为人持有超过法定数量的毒品才构成犯

---

① 参见湖南省祁阳县人民法院刑事判决书，（2016）湘1121刑初468号。

罪；而贩卖毒品罪属于行为犯，只要行为人实施了贩卖毒品的行为，不论毒品数量多少，都构成犯罪。

（二）大量持有毒品行为的性质认定

在司法实践中，经常出现这样一种情况：查获行为人持有大量毒品，但又无证据证实其贩卖毒品，这种情形应当认定为非法持有毒品罪还是贩卖毒品罪存在较大争议。一种观点认为，如果行为人本身不吸毒或者毒品数量明显超过正常吸食量的话，可以认定为行为人有贩卖毒品故意，应认定为贩卖毒品罪。另一种观点认为，非法持有毒品罪的设立价值就是在没有证据证实行为人具有实施其他毒品犯罪故意的情况下，作为兜底性罪名而降档认定的一种惩罚方式。

从司法经验来看，上述情况中行为人持有的大量毒品虽然多数是用于贩卖，但不应当仅因毒品数量大就径直认定为贩卖毒品罪。首先，贩卖毒品罪与非法持有毒品罪之间的区分依据并不是毒品数量，非法持有毒品案件中持有毒品数量特别大的情形并不少见，单纯根据持有毒品数量认定行为人是否构成贩卖毒品罪事实依据不足。其次，从犯罪构成要件来看，构成贩卖毒品罪行为人应具有贩卖毒品的故意，并且实施了以贩卖为目的购买或者销售毒品的行为，本案中在案证据均无法证实上述主观故意和客观行为，不符合贩卖毒品罪的构成要件。最后，本案不能适用前述事实推定方法，认定行为人具有贩卖故意。本案的情形与推定从贩毒人员住处查获毒品案件之间存在明显不同：一是本案缺乏运用推定认定贩卖毒品事实的前提条件。运用事实推定认定贩毒人员住所等处查获毒品的用途时，有确凿证据证明行为人实施了贩卖毒品犯罪这一关键的基础事实，而前者情节下仅有行为人大量持有毒品的基础事实存在，没有任何证据证明行为人实施了贩卖毒品行为，用于推定的基础事实不充分。二是据以推定的事实与结论之间不具有必然联系。持有大量毒品不必然用于贩卖，还可能是出于代为保管毒品，接受赠予、用于治疗疾病等可能性。

综上可见，司法实践中要注意查明行为人持有毒品的故意内容，在缺乏供述等直接证据的情况下，应结合毒品数量、行为人有无贩卖毒品行为等案件情况，综合分析认定行为人是否具有贩卖毒品的犯罪故意，而不能仅仅根据行为人持有大量毒品就认定其构成贩卖毒品罪。

(三)贩毒人员藏匿、储存毒品行为的认定

司法实践中,最常见的情形是在查获犯罪嫌疑人贩卖毒品后在其车里、住处又搜查出数量较大的毒品,犯罪嫌疑人往往辩解这些毒品并不是为了贩卖,对这种非法藏匿、储存毒品行为如何定性?换句话说,在什么情况下藏匿、储存毒品的行为构成非法持有毒品罪,什么情况下藏匿、储存毒品的行为是贩卖毒品罪?对此,2015年《全国法院毒品犯罪审判工作座谈会纪要》规定:"贩毒人员被抓获后,对于从其住所、车辆等处查获的毒品,一般均应认定为其贩卖的毒品确有证据证明查获的毒品并非贩毒人员用于贩卖,其行为另构成非法持有毒品罪、窝藏毒品罪等其他犯罪的,依法定罪处罚。"因此,对于贩毒人员藏匿、储存毒品行为的性质,关键要看行为的主观故意内容。如果有证据证明行为人以贩卖毒品为目的,那么,行为人藏匿或储存毒品的行为就是贩卖毒品行为的组成部分,构成贩卖毒品罪。如果行为人不具有走私、贩卖毒品的目的,或者未掌握这方面的证据,那么,行为人的行为则构成非法持有毒品罪。

在司法实践中,经常出现这样的情形:犯罪嫌疑人、被告人贩卖毒品的事实清楚、证据确实、充分,但同时其还持有大量毒品,对于这类犯罪行为应作为一个整体看待。如果行为人主观上有贩卖毒品的故意,客观上也实施了贩卖毒品的行为,并且,行为人本人不吸毒或者行为人虽然吸毒,但藏匿或储存的毒品数量明显超过个人吸食所需数量,那么,行为人非法持有毒品的行为应认定为贩卖毒品,即认为持有的毒品也是用于贩卖的,持有毒品行为是贩卖毒品行为的组成部分,应整体认定为贩卖毒品罪。

如被告人张某亮贩卖毒品案①。2010年8月被告人张某亮带着女儿在西峰区××乡××村赵某家租住了两间房屋。2013年7月,被告人张某亮通过电话联系,从银川市购回毒品,藏匿于租住屋内。2013年8月1日15时许,被告人张某亮接到吸毒人员王某军想购买一些毒品海洛因的电话,被告人张某亮便电话指使王某军到西峰区××村附近的一个小巷子内取货。16时许,王某军同吸毒人员孟某某、刘某某一起到被告人张某亮指定的地点,王某军以400元钱从被告人张某亮手中购得两小包毒

---

① 参见甘肃省庆阳市中级人民法院刑事裁定书,(2014)庆中刑终字第29号。

品海洛因，准备离开时，被镇原县公安局侦查人员当场抓获。侦查人员在被告人张某亮住处将其抓获，并现场查获藏匿两处的毒品30包，计25.09克（带包装），经庆阳市公安司法鉴定中心称重，被告人张某亮租住屋内搜出毒品海洛因净重24.96克，出售给王某军的毒品净重0.98克。经鉴定，从镇原县公安局送检的被告人张某亮处查获的白色块状物质中检出毒品海洛因成分，从被告人张某亮处查获的白色粉末状物质中检出毒品海洛因成分；从镇原县公安局送检的王某军处查获的白色块状物质中检出毒品海洛因成分。一审法院认定被告人张某亮贩卖毒品25.94克，构成贩卖毒品罪。被告人张某亮上诉称，其与闫某系男女朋友关系，从银川所购买毒品目的仅为供闫某吸食，其虽确有向王某军出售0.98克毒品的客观事实，但不能因此而认定其对本案所涉毒品均构成贩卖毒品罪，查获的24.96克海洛因应按非法持有毒品罪定罪处罚，并请求二审法院撤销原判，依法改判。二审法院经审理认为，张某亮向吸毒人员王某军出售0.98克海洛因的事实清楚，证据充分，其本人对此亦无异议。张某亮主观上有贩卖毒品的故意，客观上有贩卖毒品的经历，并且其本人不吸食毒品，其藏匿于租住房屋内的24.96克海洛因应视为是为贩卖毒品作准备，是贩卖毒品行为的组成部分，应以贩卖毒品罪定罪。因此，二审法院裁定驳回上诉，维持原判。

上述认定思路实际上是一种事实推定，包括两种情况：一是根据行为人实施贩卖毒品犯罪且并非吸毒人员的基础事实，推定从其住所等处查获的毒品系其以贩卖为目的而购买或者准备用于贩卖；或者根据吸毒人员实施贩卖毒品犯罪且从其住所等处查获的毒品不可能全部用于吸食的基础事实，推定从其住所等处查获的毒品系其以贩卖为目的而购买或者准备用于贩卖。二是在行为人不能提出反证推翻推定事实，即不能证明该部分毒品并非用于贩卖或者并非其所有的情况下，认定从贩毒人员住所等处查获的毒品系其用于贩卖。①

---

① 参见李静然：《非法持有毒品罪的司法疑难问题探析》，载《法律适用》2014年第9期。

（四）行为人非法持有毒品后又贩卖行为的认定

如果行为人起先并没有贩卖毒品的主观故意，而是为了个人吸食而持有毒品，数量较大，后又出售毒品的，属于"临时起意"，符合实质数罪的情形，应按照非法持有毒品罪与贩卖毒品罪数罪并罚。

如被告人唐某、侯某非法持有毒品、贩卖毒品案①。被告人唐某系吸毒人员，因经济拮据请求其朋友侯某帮忙出售其持有的毒品海洛因。侯某开车到户县××乡××村乔某家中联系出售海洛因时，被公安机关抓获，从其身上查获海洛因 0.0178 克。到案后，侯某供述在案发前一个月内，其在户县（现为陕西省西安市鄠邑区）××街分别向付某、张某出售海洛因各一包，共重 0.06 克。公安机关在被告人唐某身上查获海洛因 22.7 克。据此，西安市户县人民法院分别以被告人唐某构成非法持有毒品罪和贩卖毒品罪对其进行数罪并罚；对被告人侯某以贩卖毒品罪定罪处罚。

三、本罪与运输毒品罪的界限

（一）区分两罪的必要性

运输毒品罪是与走私、贩卖、制造毒品罪规定在同一条文中的罪名，其法定刑和量刑标准完全相同，是毒品犯罪体系中最严重的罪名之一。司法实践中，行为人在运输毒品过程中如果被抓获，往往只对其携带毒品的客观事实予以认可，而对毒品的来源及运输目的等问题都拒不供述，如此一来，无论是认定为运输毒品罪还是认定为走私、贩卖、制造毒品罪的共同犯罪都比较困难。在这种情况下，由于查不清毒品的来源和去向，也没有证据证明行为人为了实施其他毒品犯罪而携带毒品，在数量较大时，司法机关往往认定为非法持有毒品罪，以维护国家对毒品的管理秩序。但是这样一来，一是可能造成对非法持有毒品罪过度依赖的倾向，导致司法机关不追求查明案件真相，认为能够定罪处罚即可。二是也极大地放纵了毒品犯罪，导致对毒品犯罪打击不力。从上述实践困境也可以看出非法持有

---

① 参见被告人唐某、侯某非法持有毒品、贩卖毒品案，载法信网。

毒品罪与运输毒品罪之间既存在区别又有所关联，在适用上容易混淆，也在公检法等司法机关之间产生一定分歧。从行为事实上看，运输毒品必须先持有毒品，持有毒品是运输毒品的前提，只有持有了毒品才存在运输的可能；持有毒品的行为人往往也会携带毒品到交通工具上或者在徒步行走过程中，从而进入"运输"状态中。因此，司法实践中，是认定为非法持有毒品罪还是运输毒品罪在法检机关之间常常出现争议。

如被告人王某某非法持有毒品案①。被告人王某某系吸毒人员，是北京市某公司的采购员。该公司主要从武汉某公司采购维护大理石地面的化学药物。2004年以来，公司采购药物都是由王某某和张某某负责。相关流程通常是先由一个采购员电话通知对方公司负责人，说明订购货物的型号和数量，再将货款汇入对方提供的账户内或以现金支付；对方公司将货物通过陆路运输到北京，采购员再去货运站取货。大约在本案案发前十天，王某某让张某某与武汉某公司联系订购两箱药物，张某某通过电话联系向对方公司说明订购货物的型号和数量后，汇款等后续工作都是由王某某亲自完成的。过了几天，货运公司通知张某某去取货，但王某某坚持自己要去取货。2008年12月31日13时许，被告人王某某在北京市朝阳区某物流公司提取由湖北省武汉市邮寄来的上述货物。物流公司人员核对了王某某的身份情况后，将两箱货物交给王某某。王某某携带货物准备离开时被公安人员抓获。公安人员当场从被告人王某某所持包裹中起获毒品甲基苯丙胺24.74克，从其身上起获毒品"冰毒"（甲基苯丙胺）0.22克。上述毒品已经鉴定并收缴。事后警方向武汉某公司了解得知，此次北京方面订货后，一名男子到武汉某公司交纳了运费和货款，并将一盒茶叶放入货箱内，说是给朋友的礼品，委托该公司一并托运。由于不影响托运费用，当时该公司也没有拒绝这一要求。而警方起获的毒品就装在这个茶叶盒中。公诉机关指控：被告人王某某的行为触犯了《刑法》第347条第3款之规定，构成运输毒品罪。被告人王某某辩称自身系吸毒人员，从湖北省武汉市购买"冰毒"的目的是用于本人吸食，公诉机关没有证据证明其欲实施其他毒品犯罪行为，因此其行为不构成运输毒品罪。一审法院根据上述事实和现有证据认为：被告人王某某的行为不构成运输毒品罪，而构

---

① 参见被告人王某某非法持有毒品案，载北大法宝网。

成非法持有毒品罪，公诉机关指控罪名有误，应予纠正。法院认为，被告人王某系吸毒人员，明知他人邮寄的货物中夹带有毒品甲基苯丙胺，仍前往物流中心取货，并被公安机关当场查获，且涉案毒品数量达到《刑法》第348条规定的"数量较大"。本案现有证据不能证明被告人王某某获取毒品是为了实施贩卖等其他毒品犯罪行为，根据相关司法解释及会议纪要的精神，其行为应当构成非法持有毒品罪。故法院判决：被告人王某某犯非法持有毒品罪，判处有期徒刑2年，罚金人民币4000元。这个案件说明准确区分非法持有毒品罪与运输毒品罪的必要性。

(二) 两罪不同的具体表现

从犯罪构成上来看，这两个罪名在以下两个方面明显不同：第一，非法持有毒品罪与运输毒品罪侵犯的客体有所不同，非法持有毒品罪侵犯的客体是国家对毒品的管理制度，而运输毒品罪侵犯的客体是国家毒品管理制度中有关毒品运输的法律制度。第二，运输毒品罪与非法持有毒品罪的客观表现也不相同。运输毒品罪的客观方面表现为，明知是毒品而亲自或者利用他人携带，或者利用交通工具、邮政运输及其他方法将毒品从甲地携带、运送、转移或托运、邮寄至乙地的行为；非法持有毒品罪客观方面表现为非法持有较大数量毒品的行为，体现为对毒品的现实支配和控制。但仅从这两点还不足以将这两种犯罪区分开，我们认为，应着重从主观目的和毒品的客观状态两个方面进行区分：

第一，主观目的上考察是否具有实施其他犯罪的目的。运输毒品罪中的"运输"并非泛指所有使毒品位置发生改变的行为，应当作出限制解释，即只有与走私、贩卖、制造具有关联性的行为才属于本罪中的"运输"，否则难以解释为何将这四个行为并列，且同样规定如此重的法定刑。运输这种行为的法益侵害性体现在增强了毒品的流通性，实现了毒品在不同的控制主体之间的流通，而持有只是一种事实上的支配，并没有这种危害性。因此，动态持有毒品案件原则上应认定为运输毒品罪，但有证据证明行为人主观目的并不是为了流通，也不是为了实施其他毒品犯罪行为的，可以认定为非法持有毒品罪。在司法办案中，针对在交通工具上或候车场所内从犯罪嫌疑人身上、行李中查获毒品的案件，不能简单机械认为就是运输毒品，应当重点审查行为人为什么运输毒品、为谁运输毒品、把毒品运输到什么地方交给什么人、是否牟取利益等，①以判断行为人是否具有使毒品流通的目的，这样才能准确认定行为性质。此外，有人认为应以是否牟利为标准区分非法持有毒品罪与运输毒品罪，我们认为这种观点也不可过于绝对，运输毒品的目的是使毒品流通，即便未牟取利益也可以实现上述目的，其行为的法益侵害性质也不会有所变化，况且实践中运输者是否牟利往往较难查证，如果仅因其没有牟利或者没有证据证明其牟利便一律认定为非法持有毒品罪，将会导致放纵犯罪的不利局面。

但也应看到，主观目的和意图是人的内心事实，这种要素向来具有证据认定上的内在困难，会导致认定的主观化和随意化，因此，主观目的要通过客观行为来表现，要将案件客观事实与主观目的认定结合起来。对于认定是否具有运输的目的而言，要重点审查运输毒品者自身是否吸毒，其携带毒品是否为了吸食。对此，有关会议纪要均作出了明确规定。2000年《南宁会议纪要》规定，吸毒者在购买、运输、储存毒品的过程中被抓获，如果没有证据证明被告人实施了其他毒品犯罪行为，若数量未超过《刑法》第348条规定的最低数量标准的，不定罪处罚。但若查获的毒品数量大的，应当认定为非法持有毒品罪。2008年《大连会议纪要》规定，吸毒者在购买、运输、储存毒品过程中被抓获的，如果没有证据证明被告人实施了其他毒品犯罪行为的，毒品数量未超过《刑法》第348条规定的最低数量标准的，一般不定罪处罚，但若查获的数量达到较大以上的，应以其实际实施的毒品犯罪行为定罪处罚。2015年《武汉会议纪要》规定，吸毒者在购买、存储毒品过程中被查获，没有证据证明其是为了实施贩卖毒品等其他犯罪，毒品数量达到第348条规定的最低数量标准的，以非法持有毒品罪定罪处罚。吸毒者在运输毒品过程中被查获，没有证据证明其是为了实施贩卖毒品等其他犯罪，毒品数量达到较大以上的，以运输毒品罪定罪处罚。

上述三个会议纪要之间存在一定差异，反映出司法机关对吸毒者实施的购买、存储、运输毒品行为态度上的变化：一是前两个纪要均规定，对于没有证据证实行为人实施其他毒品犯罪，毒品数量未达到《刑法》第

---

① 参见彭荣、李丽：《运输毒品罪与非法持有毒品罪之辨析》，载《云南大学学报（法学版）》2014年第5期。

348条规定的最低标准的，一般不处罚。虽然《武汉会议纪要》没有明确规定，但是应视为对之前规则的确认。二是对于毒品数量达到《刑法》第348条规定的最低标准的，《南宁会议纪要》直接规定构成为非法持有毒品罪，而《大连会议纪要》原则性规定要以其实际实施的毒品犯罪行为定罪处罚，《武汉会议纪要》却在采纳《南宁会议纪要》的基础上，进一步明确如果在运输毒品过程中被抓获的，应认定为运输毒品罪。我们认为，《南宁会议纪要》相对来说比较局限，因为没有证据证实其实施其他毒品犯罪仅是从证据角度出发，但不排除通过客观证据推定行为人具有其他犯罪目的，如持有的毒品数量明显超过其正常吸食量，一味认定为非法持有毒品罪，难免有放纵犯罪之嫌，因此《大连会议纪要》的规定更具合理性和周延性，但同时也具有模糊性，司法实践中较难把握，因此《武汉会议纪要》进一步明确，如果行为人实施的确实是运输行为，那么应当认定为运输毒品罪。这条规定一方面印证了运输毒品罪在主观目的上应与走私、贩卖等行为具有关联性，应通过审查行为人是否为吸毒者及毒品数量是否超过其自吸量或种类是否与其吸食的毒品相同等情况来进行推定；另一方面也明确了在运输毒品罪认定上不仅应考察行为人的主观目的，还应考察其行为本质，到底是否属于运输行为，这二者是相辅相成、缺一不可的关系。

第二，客观行为上应考察行为是否使毒品流通或者具有流通的现实危险。要着重从行为是否具有"流通"作用来考察。如前所述，运输行为的目的应具有走私、贩卖等其他毒品犯罪的关联性，如果是为了自吸，那么即便有携带毒品改变毒品位置的行为，由于不可能导致毒品进入社会流通，也不属于运输行为。对于是否用于自吸，不仅要考察行为人是否吸毒，也要考察毒品数量及种类，行为人是否采用特殊运输方式、运输路线及其职业、经济状况、违法犯罪经历等综合判定其运输目的，而不能单纯以毒品数量超过其正常吸食量为由否定其将毒品用于自吸。同时，如果有证据证明吸毒者系受雇用运输毒品、职业运输毒品的，应当以运输毒品罪定罪处罚。①

---

① 参见李静然：《特定情形下运输毒品罪与非法持有毒品罪的区分》，载《人民法院报》2014年7月2日，第6版。

四、吸毒人员非法持有毒品行为的认定

吸食、注射毒品者必然以持有毒品为前提，如果没有可供行为人支配的毒品，则其不可能进行吸食、注射毒品。我国刑法的毒品犯罪罪名体系中并没有处罚个人吸食、注射毒品的犯罪，那么，对为了吸食、注射而非法持有一定数量毒品的行为人，应如何处理呢？根据有关会议纪要规定，应区分情况对待。2000年《南宁会议纪要》规定，对于吸毒者实施的毒品犯罪，在认定犯罪事实和确定罪名上一定要慎重。吸毒者在购买、运输、存储毒品过程中被抓获的，如没有证据证明被告人实施了其他毒品犯罪行为的，一般不应定罪处罚，但查获的毒品数量大的，应当以非法持有毒品罪定罪；毒品数量未超过《刑法》第348条规定数量最低标准的，不定罪处罚。2008年《大连会议纪要》进一步明确为："吸毒者在购买、运输、存储毒品过程中被查获的，如没有证据证明其是为了实施贩卖等其他毒品犯罪行为，毒品数量未超过刑法第三百四十八条规定的最低数量标准的，一般不定罪处罚；查获毒品数量达到较大以上的，应以其实际实施的毒品犯罪行为定罪处罚。"由此可见，《大连会议纪要》在《南宁会议纪要》的基础上又前进了一步，将"如没有证据证明被告人实施了其他毒品犯罪行为"调整为"如没有证据证明其是为了实施贩卖等其他毒品犯罪行为"，明确了吸毒者购买、运输、存储毒品过程中主观目的和意图的重要性。2015年《武汉会议纪要》也进一步重申了上述规则，即：吸毒者在购买、存储毒品过程中被查获，没有证据证明其是为了实施贩卖毒品等其他犯罪，毒品数量达到《刑法》第348条规定的最低数量标准的，以非法持有毒品罪定罪处罚。

虽然会议纪要并非司法解释，但是对全国司法机关对毒品犯罪的认定具有重要的指导作用，由此，我们可以提炼出以下几项规则：

第一，对于吸毒者持有的毒品数量没有达到《刑法》第348条规定的最低标准的，不构成犯罪。但值得研究的是，如果行为人多次少量分别购买、持有毒品，行为人随买随吸，同期持有的毒品量从未达到法定定罪起点标准的，是否应将毒品数量累计计算后，认定为非法持有毒品罪呢？我们认为，不宜将各次购买、持有的毒品数量累计计算，应明确这种情况下行为人非法持有毒品的行为不构成非法持有毒品罪。理由如下：其一，

如果累计计算，那么，吸食、注射毒品而持有过数量相当的毒品，因而构成非法持有毒品罪，显然与立法目的不符。其二，法律对走私、贩卖、运输、制造与非法持有毒品罪规制的重点有所不同。前者强调的是犯罪行为本身所具有的严重的社会危害性，因而没有规定构成犯罪的数量起点，多次走私、贩卖、运输、制造毒品的，毒品数量进行累计计算，以体现严厉制裁的刑事政策；而对于后者则侧重于规制毒品的持有状态，并不是如何获取该毒品，毒品持有的数量反映毒品对社会的潜在威胁的大小。因此，已被行为人自己多次吸食、注射了的毒品不应累计计入非法持有毒品的数量中，只能以行为人同期实际非法持有的毒品数量来认定行为人是否构成非法持有毒品罪。

第二，吸毒者为吸食、注射而持有毒品达到《刑法》第348条规定的最低标准的，则应以非法持有毒品罪论处。如前所述，构成非法持有毒品罪的行为人主观上不能是出于走私、贩卖、运输等目的，但完全可以为了自吸而持有。因为，如果吸毒者持有大量毒品，可能出现以贩养吸、又吸又卖的情况，对社会存在潜在的威胁，且其持有毒品的行为及状态已经突破了刑法规定的底线，应当按照非法持有毒品罪定罪处罚。

如被告人赵某非法持有毒品案[1]。2008年9月19日18时10分许，被告人赵某在深圳机场A号候机楼9号通道准备回沈阳时，在安检通道被检出裤子内裆部藏匿有疑似毒品。经鉴定，在被告人赵某的身上检查出夹带的毒品，其中白色晶体重32.25克，含有甲基苯丙胺成分；红色颗粒重34克，含有甲基苯丙胺和咖啡因成分；粉红色颗粒重1.67克，含有尼美西泮成分。2008年9月20日，被告人的尿液检验样本结果呈阳性。广东省深圳市宝安区人民检察院以被告人赵某犯运输毒品罪向深圳市宝安区人民法院提起公诉。深圳市宝安区人民法院经一审审理认为，被告人赵某作为吸毒人员，在运输毒品的过程中被抓获，所携带毒品数量大，明显超出其个人正常吸食量，其行为已构成运输毒品罪。被告人吸食毒品的实际情况，在量刑时可酌情从轻处罚，判处被告人赵某犯运输毒品罪，判处有期徒刑15年。一审宣判后，被告人赵某提出上诉，辩称其只是携带自己吸

---

[1] 参见广东省深圳市中级人民法院刑事判决书，（2009）深中法刑一终字第341号。

食的毒品，是非法持有毒品，不构成运输毒品罪。其辩护人提出，赵某携带的毒品是用于自己吸食，没有证据证明其将毒品从甲地运送到乙地，应定非法持有毒品罪。深圳市中级人民法院二审审理认为，赵某自己吸毒，无证据证明其要贩卖所携带毒品，无证据证明其贩卖过毒品，亦无证据证明其携带毒品是为了实施其他毒品犯罪行为，根据其所携带毒品的数量解释为其自己因远行较长时间内吸食尚属合乎情理，因而应当对其行为定性为非法持有毒品犯罪。最终，深圳市中级人民法院改判被告人赵某为非法持有毒品罪，判处有期徒刑7年。

从一、二审判决可以看出，吸毒者持有毒品的目的对于其行为性质认定至关重要。司法实践中，可根据持有毒品的数量、行为人吸毒瘾癖程度、毒品市场实际情况等因素综合判断推定行为人持有毒品的目的和意图，具体标准各地情况不同，个案情节有时迥异，也难以一概而论。虽然法律和司法解释并没有对该具体数量标准进行明确，但是可以确立一个裁判基本原则。在司法实践中，一方面，应考虑个案情况，根据毒品数量，综合被告人吸毒瘾癖程度、毒品市场实际情况等因素审查吸毒被告人将持有毒品的目的辩解为用于吸食的合理性。另一方面，要兼顾本地区情况，兼顾量刑均衡，一定时期内可用案例规则作为裁判标准，努力保障同案同判，但不同情节也要体现，实现宽严相济。如本案中，被告人赵某携带运输含甲基苯丙胺毒品32.25克、含甲基苯丙胺和咖啡因毒品34克、含尼美西泮毒品1.67克，其辩解称系用于吸食。考虑到被告人赵某吸毒历史较长，毒品购买地深圳和携带目的地沈阳两地毒品犯罪市场实际情况，且无证据证明其要贩卖所携带的毒品，无证据证明其贩卖过毒品，亦无证据证明其所携带毒品是为实施其他毒品犯罪行为，根据其所携带毒品的数量解释为自己因远行较长时间内吸食尚属合乎情理，其行为不符合运输毒品罪主观方面犯罪构成，应认定为非法持有毒品罪。

第三，如果有证据证明吸毒者持有大量毒品，用于实施其他犯罪的，应以其实际实施的毒品犯罪行为定罪处罚。如前所述，吸毒者在运输毒品过程中被查获，没有证据证明其是为了实施贩卖毒品等其他犯罪的，毒品数量达到较大以上的，以运输毒品罪定罪处罚。

五、非法持有毒品数量的认定

（一）多次非法持有毒品未经处理情形下毒品数量的认定

对于非法持有毒品罪的定罪量刑，毒品数量是重要的标准，构成本罪必须以非法持有毒品数量较大为标准，否则，刑法无介入的必要。司法实践中，行为人持有毒品往往经历一个持续的时间段，且很多行为被认定为非法持有毒品的时候，均以行为人的其他毒品犯罪行为无法查证为前提，这样，在非法持有毒品的认定中，行为人持有的毒品数量，往往只能以查获的数量为准，而对于曾经持有，但目前无法查获的毒品则无法认定在持有的数量之内。实际上，这样的认定思路确实存在放纵毒品犯罪之嫌，但基于证据考虑，除非有确实充分的证据，否则难以认定无实物情况下的非法持有毒品罪。但我们认为，对于无实物毒品的非法持有行为并非一律不能认定，主要还是应考虑案件的事实和证据情况。如《武汉会议纪要》规定，对于未查获实物的甲基苯丙胺片剂（俗称"麻古"等）、MDMA片剂（俗称"摇头丸"）等混合型毒品，可以根据在案证据证明的毒品粒数，参考本案或者本地区查获的同类毒品的平均重量计算出毒品数量。可见，司法实务中并非绝对否定无实物毒品犯罪的认定，但证据上要通过供述、证言等直接、间接证据证实非法持有的毒品数量、种类来谨慎认定。

（二）吸毒者吸食部分毒品情形下毒品数量的认定

司法实践中，非法持有毒品的数量仅以查获的在案的毒品数量来认定，也就是说，在行为人为自己吸食而非法持有数量较大毒品的情况下，行为人已经吸食、注射而消耗的毒品不应再计入非法持有毒品的数量之中。这种处理方式也体现了有关会议纪要的精神，如在《大连会议纪要》中规定，对于以贩养吸的被告人，其被查获的毒品数量应认定为其犯罪的数量，但量刑时应考虑被告人吸食毒品的情节，酌情处理；被告人购买了一定数量的毒品后，部分已被吸食的，应当按能够证明的贩卖数量及查获的毒品数量认定其贩卖的数量，已被吸食部分不计入在内。同样，《武汉会议纪要》也对有吸毒情节的贩毒人员贩卖毒品数量的计算作出规定，其中要求量刑时酌情考虑其吸食毒品的情节,购买的毒品数量无法查明的,按照能够证明的贩卖数量及查获的毒品数量认定其贩卖数量;确有证据证明其购买的部分毒品并非用于贩卖的,不应计入其贩毒数量。

六、本罪的罪数形态

作为兜底性罪名,非法持有毒品罪与走私、贩卖、运输、制造毒品罪等罪名往往存在交叉、竞合、包容等关系,因此,在司法实践中要注意审查辨别行为是一罪还是数罪,数罪之间的关系如何,从而正确指控、准确量刑。

(一)非法持有毒品罪与走私、贩卖、运输、制造毒品罪之间的罪数关系

如前所述,非法持有毒品是走私、贩卖、运输毒品必需的前提条件,也是制造毒品后的当然结果,因此,多数观点认为非法持有毒品罪与走私、贩卖、运输、制造毒品罪之间是牵连犯关系,即非法持有毒品行为是走私、贩卖、运输毒品的手段,后者是非法持有毒品的目的;制造毒品是非法持有毒品的原因,后者是制造毒品的结果,这种观点具有一定道理,在处断上按照从一重罪来处理,往往认定为走私、贩卖、运输、制造毒品罪一罪。同时,我们认为,将上述两个罪名认定为吸收犯的关系也未尝不可,如非法持有毒品的行为是走私、贩卖、运输毒品行为的必经阶段,非法持有毒品也是制造毒品的当然结果,并且,从处理原则上看,无论是按照重行为吸收轻行为、实行行为吸收预备行为还是主行为吸收从行为的原则来看,最终结论都是以走私、贩卖、运制造毒品罪一罪定罪处罚。可见,无论是认为吸收犯还是牵连犯,其处理效果上具有一致性,也都具有一定合理性。

(二)非法持有盗窃、抢夺、抢劫而来毒品行为的认定

对非法持有盗窃、抢夺、抢劫而来毒品行为如何处理,应具体情况具体分析:

1.如果行为人不知道所盗窃、抢夺、抢劫的物品中有毒品而非法持

有的，因主观上不存在非法持有毒品的故意，则不成立非法持有毒品罪，应按盗窃罪、抢夺罪或抢劫罪处罚。

2. 如果行为人不知道所盗窃、抢夺、抢劫物品种有毒品，在获取赃物后发现有毒品而非法持有，或者行为人事先明知他人有毒品而故意盗窃、抢夺、抢劫，得手后又非法持有的，犯罪嫌疑人是在盗窃、抢夺、抢劫的故意和非法持有的故意两种心理态度支配下，实施的盗窃、抢夺、抢劫的行为和非法持有毒品的行为，所以分别构成盗窃罪、抢夺罪或抢劫罪（注意盗窃罪与抢夺罪是数额犯，达到法定数额才构成犯罪）和非法持有毒品罪，应实行数罪并罚。这既符合刑法理论的要求，又考虑了毒品犯罪本身的特殊性，体现了当今严惩毒品犯罪的精神，有利于打击日益严重的毒品犯罪现象。

相关规定链接

1.《刑法》第 348 条；

2. 2007 年 12 月，最高人民法院、最高人民检察院、公安部《办理毒品犯罪案件适用法律若干问题的意见》；

3. 2008 年 12 月，《全国部分法院审理毒品犯罪案件工作座谈会纪要》；

4. 2012 年 5 月，最高人民检察院、公安部《关于公安机关管辖的刑事案件立案追诉标准的规定（三）》；

5. 2015 年 5 月，《全国法院毒品犯罪审判工作座谈会纪要》；

6. 2016 年 4 月，最高人民法院《关于审理毒品犯罪案件适用法律若干问题的解释》；

7. 2016 年 5 月，最高人民法院、最高人民检察院、公安部《办理毒品犯罪案件毒品提取、扣押、称量、取样和送检程序若干问题的规定》。

第四章

包庇毒品犯罪分子罪办案指引

第一节　包庇毒品犯罪分子罪概述

一、包庇毒品犯罪分子罪的立法沿革

1950年2月，在新中国成立之初的禁毒运动之中，中央发布了一系列通令、指示、条例等禁毒规范，对包庇毒品犯罪分子行为作了初步规定，在当时的禁毒运动中发挥了重要作用，也对后期禁毒法律制度的建立有重要意义。1952年3月，中共中央批转铁道部党组《关于运毒、走私情况及处理意见向中央的报告》第3条规定"利用职权包庇掩护毒犯，违法取利累计超过1000万元以上者，应依其情节轻重给予不同之刑事处分"。同年4月，中共中央《关于肃清毒品流行的指示》第2条规定，"要根绝制造、贩卖毒品或包庇掩护毒犯的现象"。同年9月，公安部起草的《中华人民共和国惩治毒犯条例（草案）》，明确规定了窝藏毒品罪和包庇毒犯罪。

1979年《刑法》制定时，由于国内毒品犯罪整体数量不大，毒品问题也并不十分突出，对毒品犯罪量刑不重，且并未单独设立包庇毒品犯罪分子的罪名。20世纪80年代初期，过境贩毒引发的毒品违法犯罪活动愈演愈烈，吸毒人数持续上升，毒品危害日益严重，禁毒形势愈加严峻。在这种情况下，立法者连续以"特别刑法"的形式对刑法典做了补充修订。1982年3月8日全国人大常委会通过的《关于严惩严重破坏经济的罪犯的决定》第1条第3项明确国家工作人员利用职务包庇、窝藏贩毒犯罪分子，隐瞒、掩饰他们的犯罪事实的，按《刑法》第188条徇私舞弊罪的规定处罚；国家工作人员的亲属或者已离职的国家工作人员犯上述罪行的，以包庇罪的规定处罚；有追究责任的国家工作人员不依法处理，或者因受阻挠而不履行法律所规定的追究职责的，对犯罪人员和犯罪事实知情的直接主管人员或者仅有的知情的工作人员不依法报案和不如实作证的,分别比照玩忽职守罪、徇私舞弊罪、私放罪犯罪处罚。

1990年12月,全国人大常委会通过的《关于禁毒的决定》第4条规定,"包庇走私、贩卖、运输、制造毒品的犯罪分子的,为犯罪分子窝藏、转移、隐瞒毒品或者犯罪所得的财物的,掩饰、隐瞒出售毒品获得财物的非法性质和来源的,处七年以下有期徒刑、拘役或者管制,可以并处罚金。犯前款罪事先通谋的,以走私、贩卖、运输、制造毒品罪的共犯论处"。自此始,明确将此类行为单独规定,以作为窝藏、包庇罪的特别规定,增加了罚金刑,体现对包庇毒品犯罪分子罪"既打且罚"从严惩处的立法意图。

1994年最高人民法院《关于执行〈全国人民代表大会常务委员会关于禁毒的决定〉的若干问题的解释》规定,包庇毒品犯罪分子罪,是指明知是走私、贩卖、运输、制造毒品的犯罪分子,而向司法机关作假证明掩盖其罪行,或者帮助其湮灭罪证,以使其逃避法律制裁的行为。

1997年《刑法》第349条规定,包庇走私、贩卖、运输、制造毒品的犯罪分子的,为犯罪分子窝藏、转移、隐瞒毒品或者犯罪所得的财物的,处3年以下有期徒刑、拘役或者管制;情节严重的,处3年以上10年以下有期徒刑。缉毒人员或者其他国家机关工作人员掩护、包庇走私、贩卖、运输、制造毒品的犯罪分子的,依照前款的规定从重处罚。犯前两款罪,事先通谋的,以走私、贩卖、运输、制造毒品罪的共犯论处。最高人民法院《关于执行〈中华人民共和国刑法〉确定罪名的规定》根据修订的《刑法》第349条第1款、第2款规定了"包庇毒品犯罪分子罪"罪名。

2007年12月29日第十届全国人民代表大会常务委员会第三十一次会议通过的《禁毒法》第60条规定:有下列行为之一,构成犯罪的,依法追究刑事责任;尚不构成犯罪的,依法给予治安管理处罚:(1)包庇走私、贩卖、运输、制造毒品的犯罪分子,以及为犯罪分子窝藏、转移、隐瞒毒品或者犯罪所得财物的;(2)在公安机关查处毒品违法犯罪活动时为违法犯罪行为人通风报信的;(3)阻碍依法进行毒品检查的;(4)隐藏、转移、变卖或者损毁司法机关、行政执法机关依法扣押、查封、冻结的涉及毒品违法犯罪活动的财物的。

经过以上立法变迁，我国刑法对包庇毒品犯罪分子罪的打击较为全面，有效地维护了我国的社会管理秩序，对打击毒品犯罪，保障公民正常生活秩序起到了重要作用。

二、包庇毒品犯罪分子罪的发案态势

虽然包庇毒品犯罪分子罪客观方面的表现行为呈现明显的多样性，"既包括为犯罪分子提供隐藏处所和以资助财物等方法帮助其藏匿、逃跑的行为，也包括向司法机关作假证明掩盖其罪行和帮助其湮灭罪迹、隐匿罪证的行为。实质就是为犯罪分子提供条件，帮助其逃避法律制裁"[①]。但由于其犯罪对象严格限缩为包庇走私、贩卖、运输、制造毒品的犯罪分子，并且要求证明行为人主观上明知自己包庇的是上述犯罪对象，在实践中，侦查取证和指控犯罪上有相当的证明难度，因此，本罪一直属于较为"冷僻"的罪名，2010年至2021年，全国检察机关批准逮捕包庇毒品犯罪分子案件近200件400余人，起诉近200件500余人，起诉数分别占毒品犯罪案件总数的0.02%和0.04%。

三、包庇毒品犯罪分子罪的概念和构成特征

包庇毒品犯罪分子罪，是指明知是走私、贩卖、运输、制造毒品的犯罪分子，仍向司法机关作假证明掩盖其罪行，或者帮助其毁灭罪证，以使其逃避法律制裁的行为。

（一）客体特征

本罪侵犯的客体是司法机关同毒品犯罪分子作斗争的正常活动[②]。包庇毒品犯罪分子行为的出发点就是帮助走私、贩卖、运输、制造毒品的犯罪分子逃避法律制裁。从其社会危害性来看，包庇毒品犯罪分子助长毒品犯罪，严重妨碍了司法机关对毒品犯罪分子的侦查、起诉和审判，阻碍正

---

① 王永成主编：《打击毒品犯罪实用》，人民法院出版社1992年版，第46~47页。
② 参见张军主编：《刑法分则及配套规定新释新解》，人民法院出版社2016年版，第1780页。

常的刑事诉讼活动。

如被告人殷某甲包庇毒品犯罪分子案①。被告人殷某甲明知舅舅殷某乙因实施贩卖毒品行为被公安机关抓获,而将之藏匿其处的毒品销毁。公诉机关以被告人犯包庇毒品犯罪分子罪提起公诉。一审法院审理后认为,被告人故意将藏匿于佛堂内的毒品予以销毁,其行为指向的对象是毒品而非殷某乙,故符合转移、隐瞒毒品罪的构成要件,判决被告人犯转移、隐瞒毒品罪。被告人不服,提出上诉。二审法院经审理后认为,上诉人明知殷某乙因实施贩卖毒品行为被公安机关抓获,而将殷某乙藏匿其处的毒品予以抛洒销毁,其行为系帮助毒品犯罪分子逃避法律的制裁,后改判被告人构成包庇毒品犯罪分子罪。

毒品犯罪本身具有极强隐蔽性,不像故意杀人、抢劫等传统的自然犯,犯罪分子与被害人的权益直接冲突,犯罪发生后危害结果直接、即时暴露,使得案件得以及时侦查。而毒品买卖双方,在明知犯罪的情况下,秘密自愿交易毒品进而完成犯罪。在此情况下,包庇毒品犯罪分子的行为人故意设置障碍,对走私、贩卖、运输、制造毒品的犯罪分子进行包庇,使之长期逍遥法外,因而必须受到刑事制裁。

如被告人李某林包庇毒品犯罪分子案②。被告人李某林与某市公安局禁毒支队原支队长王某相识,王某长期多次借款给被告人使用并收取高额利息。2012年8月中旬,被告人的侄子李某出资购买毒品,并安排他人负责运输。后昆明市公安机关将在南昌市一物流中心的取货人当场抓获,并查获毒品30余公斤,李某当日逃离南昌。当晚,昆明市公安局禁毒支队将该案件移送王某所在禁毒支队管辖。被告人得知后便请求王某帮忙,王某答应并将案件情况告知被告人,致使李某长期逃避侦查,直至6年后的2018年9月18日才被抓获归案。

本罪的犯罪对象,必须是从事走私、贩卖、运输、制造毒品的犯罪分子。这不仅包括直接从事了走私、贩卖、运输、制造毒品罪的犯罪分子,也包括以走私、贩卖、运输、制造毒品罪论的犯罪分子③。无论判处何

---

① 参见辽宁省沈阳市中级人民法院刑事判决书,(2014)沈中刑二终字第36号。
② 参见安徽省阜阳市颍州区人民法院刑事判决书,(2019)皖1202刑初432号。
③ 参见邵娟英:《包庇毒品犯罪分子罪适用难点探析》,载《法制与经济》2011年第3期。

种刑罚，都不影响包庇毒品犯罪分子罪的成立。如果行为人包庇的是除走私、贩卖、运输、制造毒品的犯罪分子之外的其他犯罪分子，或者其他普通刑事犯罪，均不构成本罪，或者只能构成普通的包庇罪。本罪中的包庇对象，既包括尚未被抓获而潜逃在外的犯罪分子，也包括已被抓获的已决犯和未决犯。例如，被采取监视居住或取保候审等刑事强制措施的犯罪嫌疑人、刑事被告人，或者被判处管制、假释、缓刑等而被剥夺自由或者限制自由的犯罪人，还有被批准保外就医的犯罪分子、脱逃的犯罪分子等。

（二）客观特征

本罪在客观方面表现为行为人必须具有对走私、贩卖、运输、制造毒品罪的犯罪分子给予包庇和窝藏，使其逃避法律制裁的行为。所谓"包庇"，是指向司法机关作假证明掩盖走私、贩卖、运输、制造毒品的犯罪分子罪行，或者帮助其毁灭罪证，以使其逃避法律制裁的行为。实践中，如果明知某人是公安机关正在追捕的走私、贩卖、运输、制造毒品的案犯，而仍向其提供资助或者交通工具，帮助该案犯潜逃的，或者帮助毒品犯罪分子毁灭罪迹，隐匿、转移、销毁罪证等，也都是包庇毒品犯罪分子的行为，尽管包庇毒品犯罪分子的手段多种多样，但目的只有一个，是帮助毒品犯罪分子逃避法律的制裁。

如被告人蔡某列等包庇毒品犯罪分子案[①]。犯罪嫌疑人蔡某某因制贩毒品氯胺酮被公安机关抓获后，为帮助其逃避法律制裁或减轻处理，蔡某列等4行为人先后两次携带巨款、洋酒、香烟到当地联系公安机关的办案人员，准备花钱找关系"捞出"蔡某某。法院审理后认为，各行为人到惠州市的目的是为帮助蔡某某逃避法律制裁或减轻处理，有主观上的共同故意。客观上，各行为人之间相互联系，多次找惠州市公安局缉毒大队的民警了解蔡某某的详细案情、介绍认识惠州市公安局惠某分局、仲某分局的民警要求其帮助蔡某某等。根据有关司法解释的规定，包庇犯罪分子的手段多种多样，目的只有一个即是帮助犯罪分子逃避法律制裁。本案中各行为人所实施行为的性质就是为帮助蔡某某逃避法律制裁，属于以其他方

[①] 参见广东省汕尾市中级人民法院刑事判决书，（2014）汕尾中法刑一终字第107号。

式包庇犯罪分子的，故认定各行为人的行为构成包庇毒品犯罪分子罪，分别判处有期徒刑1年3个月至1年6个月不等的刑期。

此外，包庇毒品犯罪分子的行为，只能发生在被包庇者实施犯罪之后，并且事先没有通谋，如果事前与毒品犯罪分子有通谋的，事后又包庇的，则属于帮助犯，以共同犯罪论处。窝藏走私、贩卖、运输、制造毒品犯罪分子的，也应当按照本罪处罚。

如被告人范某像包庇毒品犯罪分子案①。被告人范某像在陆丰市某镇某村自家田地上建造一层土角厝用于居住。同年五六月，其子范某某在被告人范某像建造的土角厝上搭建铁皮屋，同时在旁边十米处搭建另一铁皮屋，将此两处作为制毒窝点，并雇请工人在此制毒窝点开始实施制毒行为。同年10月31日，公安机关查获此两处制毒点，现场缴获毒品冰毒重约16.4公斤，制毒原料等一批。被告人范某像到案后向公安机关作虚假证明，帮助掩盖范某某等人制造毒品的罪行。一审判决认为，被告人范某像在其家中的制毒点打扫卫生和管理门户，为范某某制造毒品提供帮助，其行为已构成制造毒品罪，且系从犯，判决其犯制造毒品罪，判处有期徒刑5年，并处罚金人民币5万元。被告人范某像上诉称，其主观上没有制造毒品的犯罪故意，客观上没有实施制造毒品的行为，只是在自家居住的地方打扫卫生、管理门户，原判仅凭其儿子范某某制毒的事实就认定被告人范某像的行为构成制造毒品罪，属于事实不清、证据不足，定性错误，适用法律不当。二审法院审理后认为，被告人范某像明知范某某在自家的土角厝上面及旁边分别搭建铁皮屋作为制毒工场，现场缴获大量的制毒工具、制毒原料及毒品甲基苯丙胺，足以证实范某像知道范某某制造毒品的犯罪事实，但在案证据不能证明范某像有与范某某事先通谋制造毒品的主观故意，亦没有证据证实其有实施制造毒品的客观行为，且范某某亦称被告人范某像有制止过其制造毒品，一审认定其的行为构成制造毒品罪证据不足。但被告人范某像归案后向公安机关作虚假证明，故意隐瞒制毒现场的情况，有意包庇范某某等人制造毒品的犯罪事实，其行为应当构成包庇毒品犯罪分子罪，后改判其有期徒刑3年。

---

① 参见广东省高级人民法院刑事判决书，（2015）粤高法刑一终字第274号。

(三) 主体特征

包庇毒品犯罪分子罪的主体，为一般主体。凡达到刑事责任年龄并具有刑事责任能力的，均可构成本罪。本罪的刑事责任年龄的下限，是已满16周岁。国家机关工作人员犯包庇毒品犯罪分子罪的，应从重处罚。单位不能成为本罪的主体。

如被告人虞某包庇毒品犯罪分子案[①]。被告人虞某系原南郊公园警务站协警。2016年4月18日20时许，被告人虞某在民警肖某的带领下与协警李某等人在本市天心区南郊公园警务站附近进行车辆盘查时，从贩毒人员刘某（另案处理）驾驶的小车内各处查获毒品甲基苯丙胺、甲基苯丙胺片剂、包装袋若干和电子秤、手机等物品。随后，上述人员在警务站内对查扣的物品进行清点并等待办案民警将刘某予以移交。其间，被告人虞某应贩毒人员刘某请求，趁无人注意之际，将贩毒人员刘某被查扣的2袋毒品甲基苯丙胺藏匿于制服口袋中，后将该毒品埋于警务站后墙角下。2016年5月27日，贩毒人员刘某在讯问中向公安机关交待了有警务站协警为其藏匿2袋毒品的事实。2016年5月28日，被告人虞某将上述较重的1袋毒品甲基苯丙胺在南郊公园警务站厕所内冲走，同日主动向公安机关投案并如实供述了自己的罪行。案发后，被告人虞某上交了另1袋毒品甲基苯丙胺，净重25.26克。法院经审理后认为，被告人虞某身为协警，具有协助公安民警查禁犯罪活动的职责，在其依法执行公务期间，属于依照法律从事公务的人员，应以国家机关工作人员论。被告人虞某作为国家机关工作人员，明知刘某系贩毒人员，仍帮助其隐瞒毒品、湮灭罪证，以使其逃避应有的法律制裁，应当以包庇毒品犯罪分子罪追究其刑事责任。法院判决被告人虞某犯包庇毒品犯罪分子罪，判处有期徒刑1年6个月。

(四) 主观特征

包庇毒品犯罪分子罪的主观方面，必须是出于故意，过失不能构成本罪。

故意包括认识要素和意志要素两方面内容，认识要素是"明知"自己的行为会发生危害社会的结果，意志要素是认识要素上的心理决意，包

[①] 参见湖南省长沙市天心区人民法院刑事判决书，（2016）湘0103刑初484号。

括"希望或放任"。包庇毒品犯罪分子罪中的"明知",其中一个重要内容就是必须明知包庇对象是走私、贩卖、运输、制造毒品的犯罪分子[①]。如果不知被包庇人系走私、贩卖、运输、制造毒品罪的犯罪分子,虽为其提供了食宿等便利,即客观上起到了包庇的作用,但按照主客观相统一原则,也不能构成包庇毒品犯罪分子罪。

关于包庇毒品犯罪分子罪中的"明知"问题,通常要考虑以下几个方面:

一是"明知"的内容。有的行为人辩称起初并不了解被包庇人的真实身份,而是在过了一段时间后,才知道被包庇人是走私、贩卖、运输、制造毒品的犯罪分子,不得已继续实施包庇行为。一般认为,本罪是典型的持续犯,只要行为人具有对被包庇人真实身份是"明知"的,即使在实施具体的"包庇"行为时被包庇人未实施毒品犯罪,也构成包庇毒品犯罪分子罪。反之,如果行为人在实施包庇行为期间始终不了解被包庇人的"毒贩"身份,即便实施了一系列"包庇"行为,也不能构成包庇毒品犯罪分子罪。

如被告人邱某容、刘某容等贩卖、运输、制造毒品、保某某包庇毒品犯罪分子案[②]。得知其他同案犯被抓的被告人保某某在明知刘某容涉嫌毒品犯罪,仍驾车将其送走,随后又换乘出租车将其带至某学校附近一游戏室藏匿。辩护人辩称,被告人保某某不知道刘某容当日携带毒品,其行为不构成包庇毒品犯罪分子罪。法院审理后认为,现有证据虽不能直接认定被告人保某某明知当日刘某容携带有毒品,但其对刘某容等人从事毒品犯罪活动的情况是明知的。被告人保某某及刘某容均证实因同案犯屈某被抓获后,为防止刘某容受到查处,邱某容联系被告人保某某接应并安排刘某容藏匿。被告人保某某明知刘某容涉嫌毒品犯罪,仍驾车接应和安排地点藏匿刘某容,帮助其逃避查处,其行为已构成包庇毒品犯罪分子罪,判处其有期徒刑2年3个月。

二是"明知"的程度。如行为人在实施包庇的行为时,只知道他是毒品罪犯,但不知道他究竟犯的是哪种毒品罪。在这种情况下,应该如何

---

① 参见张洪成、黄瑛琦:《包庇毒品犯罪分子罪研究》,载《犯罪研究》2009年第2期。

② 参见四川省成都市中级人民法院刑事判决书,(2013)成刑初字第165号。

定罪？一般认为，应当按被包庇人的犯罪种类来决定。如果被包庇人犯的是走私、贩卖、运输、制造毒品罪，那么行为人构成本罪，如果被包庇人犯的是其他毒品犯罪，则行为人构成普通包庇罪。此非客观归罪，而是由于行为人主观上具备概然性故意，明知他人可能从事各种毒品犯罪而予以包庇，即他人实际实施的毒品犯罪都在其故意包庇的主观意图之中。在认定时应当根据行为人的主客观情况判断是统一于包庇毒品犯罪分子罪或者是窝藏、包庇罪，然后确定不同的罪名。

三是"明知"的认识错误。其一，行为人自认为在包庇毒品犯罪分子，但被包庇人实际上无刑事责任能力或者未满刑事责任年龄，而不构成犯罪。其二，行为人自认为在包庇走私、贩卖、运输、制造毒品的罪犯，但被包庇人却是非法持有毒品罪或者走私制毒物品罪。这两种主观方面的认识错误，处理上有所不同。对于第一种情况，在刑法理论上被称为对象不能犯，行为人构成犯罪未遂；对于第二种情况，误把此罪当成彼罪的，属于抽象的事实错误，要根据主客观相统一原则，以被包庇人的实际行为确定罪名。

四、包庇毒品犯罪分子罪的追诉标准

根据最高人民检察院、公安部《关于公安机关管辖的刑事案件立案追诉标准的规定（三）》第3条的规定，包庇走私、贩卖、运输、制造毒品的犯罪分子，涉嫌下列情形之一的，应予立案追诉：

（1）作虚假证明，帮助掩盖罪行的；
（2）帮助隐藏、转移或者毁灭证据的；
（3）帮助取得虚假身份或者身份证件的；
（4）以其他方式包庇犯罪分子的。

实施前述规定的行为，事先通谋的，以走私、贩卖、运输、制造毒品罪的共犯立案追诉。

根据最高人民法院《关于审理毒品犯罪案件适用法律若干问题的解释》（以下简称《解释》）第6条的规定，包庇走私、贩卖、运输、制造毒品的犯罪分子，"情节严重"主要包括以下情形：

一是被包庇的犯罪分子依法应当判处15年有期徒刑以上刑罚的。这是从包庇对象的角度加以规定。走私、贩卖、运输、制造毒品罪是性质最为严重的毒品犯罪，15年有期徒刑以上刑罚是该罪的最高法定刑幅度，包庇因犯该罪依法应当判处15年有期徒刑以上刑罚的毒品犯罪分子，体现了包庇行为的严重性，故属于"情节严重"。

如被告人王某运输毒品、蒋某春包庇毒品犯罪分子案[①]。毒贩王某和崔某东驾车回到位于深圳市罗湖区凯悦华某28B房的住处附近，崔某东下车先行离开，王某得知同案犯刘某被抓后，当即约出行为人见面询问情况，并向行为人拿钱准备逃跑。尔后，王某将该车钥匙交给行为人，由行为人到凯悦华某附近将车钥匙转交黄某。最后，由黄某将车开离。一审法院结合案件相关情况，以被告人王某犯运输毒品罪判处无期徒刑，并处没收个人全部财产。以行为人犯包庇毒品犯罪分子罪，判处有期徒刑2年6个月。行为人不服，提出上诉认为，其并不知道本案与毒品有关，王某要求其提供帮助存在胁迫成分，并积极配合公安机关抓获王某，构成重大立功。由此可见，其当初犯下的包庇犯罪是无心之失，而对破案提供的帮助，远大于不知情的情况下对犯罪分子提供的帮助。因此，原判对其量刑过重，应改判减轻处罚。二审法院经审理后认为，行为人应崔某东要求上去凯悦华某28B房查看情况时已经发现有警察在场，行为人作为成年人应当知道崔某东住处凯悦华某28B房存在涉嫌犯罪，与租户崔某东有不推脱的关系，但行为人仍将上述情况告知崔某东，使崔某东逃避法律制裁成功逃脱。行为人还告知来电了解的王某，从王某急于与行为人见面了解上述详情的举动，行为人亦应当知道王某与此事亦有关联，但行为人从王某处了解到此事与毒品犯罪有关情况下，仍为王某取款并帮助王某将车钥匙交给黄某，导致黄某将王某使用的车辆开离抓捕现场。据此，行为人在明知王某涉嫌毒品犯罪仍予包庇，其所包庇的毒品犯罪分子王某属依法应当判处有期徒刑15年以上刑罚的，构成情节严重，量刑应在3年以上10年以下有期徒刑，原判认定行为人协助公安机关抓获王某，构成重大立功，据此对其减轻处罚，判处行为人有期徒刑2年6个月适当。最终，二审法院裁定驳回上诉，维持原判。

二是包庇多名或者多次包庇走私、贩卖、运输、制造毒品的犯罪分

[①] 参见广东省高级人民法院刑事裁定书，（2017）粤刑终1400号。

子的。这是从包庇情节的角度加以规定。包括多次实施包庇行为和虽未达多次但包庇人数达到多人的情形。

如被告人龙某森包庇毒品犯罪分子案①。被告人龙某森接到杨某丙（在逃毒品犯罪分子）电话后，驾驶宝马车从凯里市城区赶到凯里学院门口，毒品犯罪嫌疑人杨某丙、杨某甲上了被告人龙某森驾驶的车后，杨某丙在车上告诉被告人龙某森，2人与另一毒品犯罪嫌疑人吴某甲开车从云南运输了几十公斤毒品过来，在福泉市附近高速公路上被警察拦截，几人驾车冲过拦截卡口后驾车逃逸过程中沿路将毒品丢弃，3人弃车后，吴某甲逃散，2人要求被告人龙某森将其送回锦屏县。被告人龙某森没有拒绝，反而帮助毒品犯罪嫌疑人杨某丙、杨某甲2人联系微帮车司机杨某乙并支付400元车费，由杨某乙将毒品犯罪嫌疑人杨某丙、杨某甲送到锦屏县。2018年6月14日16时许，另一毒品犯罪嫌疑人吴某甲电话联系找到被告人龙某森，告之其与杨某丙、杨某甲3人从云南运输毒品被警察追逃之事，要求被告人龙某森将其送回锦屏县老家，被告人龙某森未拒绝，然后驾驶其妻李某的宝马车载吴某甲从凯里市到黎平县的某镇，并拿了600元人民币送给吴某甲。2018年9月4日14时许，公安民警到凯里经济开发区某诊所传唤被告人龙某森到凯里市公安局执法办案中心接受讯问，被告人龙某森如实交代其于2018年6月13日、14日先后为毒品犯罪嫌疑人杨某甲、杨某丙、吴某甲3人提供资金和使用交通工具协助逃匿的经过。原审法院认为，被告人龙某森明知杨某丙、杨某甲、吴某甲是公安机关正在追捕的毒品犯罪嫌疑人，而仍然两次向3人提供资助和交通工具，帮助毒品犯罪嫌疑人逃匿，增加了公安机关办案难度，系情节严重，其行为已构成包庇毒品犯罪分子罪，应当在3年以上有期徒刑10年以下对其量刑处罚。判决被告人龙某森犯包庇毒品犯罪分子罪，判处有期徒刑3年。被告人龙某森不服，提出上诉称，一审以其包庇的事实和情节，认定其构成包庇罪情节严重错误，因此对其判处的3年以上10年以下有期徒刑过重，请二审法院改判2年以下有期徒刑，并适用缓刑。二审法院经审理后认为，上诉人明知杨某丙、杨某甲、吴某甲因运输几十公斤毒品正在被公安

---

① 参见贵州省黔东南苗族侗族自治州中级人民法院刑事裁定书，（2019）黔26刑终114号。

机关追捕，而仍然两次向3人提供资助和交通工具，帮助毒品犯罪嫌疑人逃匿，其行为构成了包庇毒品犯罪分子罪，情节严重，应当对其判处3年以上10年以下有期徒刑。一审法院适用法律得当、定性准确、审判程序合法，最终裁定驳回上诉，维持原判。

三是严重妨害司法机关对被包庇的犯罪分子实施的毒品犯罪进行追究的。"严重妨害"是指包庇者毁灭重要证据导致司法机关难以认定犯罪，作伪证严重影响司法机关准确认定犯罪事实，以及帮助犯罪分子藏匿、潜逃严重妨害其及时到案等情形。

如被告人何某好等贩卖毒品、黄某浪包庇毒品犯罪分子案①。2016年至2017年5月间，毒贩何某好指使覃某山等人以每克90元到100元的价格，多次在中山市某区内贩卖数量大的毒品。2017年4月20日至30日，公安人员在中山市石岐区预伏抓捕何某好等人的过程中，被覃某山发觉。覃某山遂通过电话通知被告人黄某浪，被告人黄某浪在明知被告人何某好、覃某山等人是贩卖毒品的犯罪分子的情况下，仍通知龙某锐将藏匿在上述地点的毒品犯罪证据予以销毁，致使公安机关的抓捕行动无法进行，严重妨害司法机关对上述被告人的毒品犯罪行为进行追究。一审法院审理后认为，被告人黄某浪包庇毒品犯罪分子，情节严重，判处有期徒刑3年。何某好等人上诉，被告人黄某浪未上诉，二审法院全案审查后，裁定驳回上诉，维持原判。

需要特别说明的是，为全面贯彻宽严相济刑事政策，《解释》在第6条第3款规定了实施《刑法》第349条规定的犯罪，可以免予刑事处罚的特定情形。近几年公布的有关掩饰、隐瞒犯罪所得犯罪、盗窃犯罪和诈骗犯罪等司法解释，对于近亲属间实施犯罪的，均规定了不作为犯罪处理或者可以免予刑事处罚的特别条款。《解释》从"亲亲相隐"的诉讼理念出发，参考上述司法解释的规定。对于针对近亲属实施《刑法》第349条规定的犯罪行为的，也设置了可以免予刑事处罚的条款。但考虑到严惩毒品犯罪的政策要求，对适用条件作了严格限制，即需要同时具备以下几个条件：一是不具有本条前两款规定的情节严重情形。即被告人犯罪情节较轻，论罪应当判处3年以下有期徒刑、拘役或者管制。二是归案后认罪、

---

① 参见广东省中山市中级人民法院刑事裁定书，（2018）粤20刑终426号。

悔罪并积极退赃。设置该条件是为了鼓励被告人如实交代犯罪事实,积极退缴毒品、毒赃,以便依法追究走私、贩卖、运输、制造毒品犯罪分子的刑事责任,突出毒品犯罪的打击重点。三是属初犯、偶犯。即可以免予刑事处罚者仅限于初犯、偶犯情形,对于再次犯罪者则应依法惩处。四是综合评价其行为属于《刑法》第 37 条规定的犯罪情节轻微,不需要判处刑罚的情形[①]。

如被告人倪某窝藏罪、宫某某等包庇毒品犯罪分子案[②]。2014 年 5 月初,被告人倪某明知其朋友邹某是网逃人员,仍向邹某提供邮政储蓄银行卡及手机供其使用,并先后两次向该银行卡汇款共计 600 元,为邹某潜逃使用。2014 年 7 月 22 日,倪某又用自己的身份证,在通化县某宾馆开房,为邹某藏匿提供住所,逃避公安机关抓捕。2014 年 2 月至 7 月间,邹某的父亲行为人宫某某、表弟姜某某、朋友郝某某明知邹某涉嫌贩卖毒品正被公安机关追捕,而先后向邹某提供的邮政储蓄银行卡账号分别汇款共计 2000 元、320 元、300 元,为邹某潜逃使用。2014 年 2 月 1 日,被告人宫某甲明知其外甥邹某因涉嫌贩卖毒品正被公安机关追捕,却容留邹某在其家中吃住以逃避警察抓捕。2014 年 10 月 17 日,被告人郝某某主动到公安机关投案。一审法院经审理后认为,行为人倪某明知邹某是犯罪的人而为其提供财物和隐藏处所,帮助其逃匿,其行为已构成窝藏罪;行为人宫某某、姜某某、郝某某、宫某甲明知邹某是毒品犯罪分子而为其提供财物和隐藏处所,帮助其逃匿,其行为均已构成包庇毒品犯罪分子罪。案发后,郝某某主动到公安机关投案,如实供述犯罪事实,构成自首,且无前科劣迹,犯罪较轻,可免除处罚;倪某、宫某某、姜某某到案后,始终如实供述犯罪事实,认罪态度较好,有悔罪表现,且无前科劣迹,均可从轻处罚;宫某甲到案后,始终如实供述犯罪事实,认罪态度较好,有悔罪表现,且无前科劣迹,犯罪情节轻微,可免予刑事处罚。最终法院对倪某、宫某某、姜某某适用缓刑;对郝某某、宫某甲免予刑事处罚。

[①] 参见叶晓颖、马岩、方文军、李静然:《〈关于审理毒品犯罪案件适用法律若干问题的解释〉的理解与适用》,载《人民司法·应用》2016 年第 13 期。

[②] 参见吉林省集安市人民法院刑事判决书,(2015)集刑初字第 16 号。

第二节　包庇毒品犯罪分子罪的证据审查

一、包庇毒品犯罪分子罪的证据要件

（一）客体方面的证据要件

通过证明行为人实施的包庇毒品犯罪分子行为的证据，证明其侵害了司法机关同毒品犯罪分子作斗争的正常活动。实践中，要注意对行为人明知包庇的对象是毒品犯罪分子方面证据的收集和认定。如果无证据证明行为人明知被包庇人的真实身份，即便能够证明为其提供了食宿等便利的，客观上也确实起到帮助毒品犯罪分子藏匿的作用，但仍不能认为行为人故意侵害司法机关同毒品犯罪分子作斗争的正常行动。

（二）客观方面的证据要件

1.犯罪嫌疑人、被告人的供述与辩解

（1）实施包庇毒品犯罪分子的时间和地点；

（2）实施包庇毒品犯罪分子的方法和手段（通风报信、隐匿、毁灭、伪造证据，阻止他人作证和检举揭发，指使他人作伪证，为毒品犯罪分子提供财物、指示逃跑方向、路线、提供藏匿地点，阻挠侦查机关、司法机关工作人员依法查禁等）；

（3）被包庇的毒品犯罪分子情况，犯罪分子与行为人的关系以及包庇产生的后果；

（4）包庇毒品犯罪分子情节严重的证据；

①被包庇的毒品犯罪分子涉嫌毒品犯罪相关情况；

②包庇毒品犯罪分子的次数、人数；

③严重妨害司法机关对被包庇的犯罪分子实施的毒品犯罪进行追究

的（如包庇行为造成毒品犯罪分子长期不能归案的；包庇毒品犯罪分子逃往境外的；包庇毒品犯罪分子因未能及时归案又犯新罪的证据等）；

（5）多人共同实施的，应当查清预谋、犯意提起、组织策划、分工协作、实施等情况，查明各行为人在各自活动中的地位、作用、行为后果，以判定是否构成共同犯罪、主从关系等。

2. 证人证言

（1）行为人与被包庇毒品犯罪分子的关系，实施包庇行为的时间、地点、参与人员、方法手段和过程等；

（2）是否将犯罪的情况告知被包庇的毒品犯罪分子，告知的具体时间、地点、内容，有无其他人员在场；

（3）包庇毒品犯罪分子产生的后果。

3. 物证、书证

（1）为包庇毒品犯罪分子而实施的藏匿、毁损、丢弃的毒品（照片）等；

（2）为被包庇的毒品犯罪分子提供的资金、生活用品、住所、通信工具、交通工具等；

（3）为被包庇毒品犯罪分子提供的证件，作伪证的材料，通信记录，通过银行、微信、支付宝等提供资金的交易凭证、转账记录等；

（4）被包庇人员行踪的书证，如交通运输相关凭证（车票、船票、机票）、汽车 GPS 行车记录、交通卡口记录、住宿登记记录等；

（5）被包庇人因走私、贩卖、运输、制造毒品罪被立案、侦查、起诉或裁判的文书等（报案记录、投案记录、举报记录、控告记录、破案报告、吸毒前科记录以及能说明被包庇人犯走私、贩卖、运输、制造等罪的书面材料）。

4. 现场勘验检查等侦查笔录

（1）对被包庇毒品犯罪分子藏匿处所的勘查、搜查及处所内涉案物品的提取、扣押笔录以及勘查图片、照片等；

（2）对相关地点、物品及人员的辨认笔录。

5. 视听资料、电子数据等

（1）监控视听资料；

（2）用手机、相机等设备拍摄的反映案件情况的资料；

（3）计算机、手机等电子设备中，与包庇毒品犯罪分子犯罪有关联的电子数据，如微信、QQ、支付宝等网络聊天记录、交易记录。

（三）主体方面的证据要件

1.证明行为人刑事责任年龄、身份等自然情况的证据，如果是缉毒人员或者其他国家机关工作人员的，还要注重收集证明其相关身份的书证。

2.证明行为人刑事责任能力的证据。证明行为人对自己的行为是否具有辨认能力与控制能力，如是否属于间歇性精神病人、尚未完全丧失辨认或者控制自己行为能力的精神病人的证明材料。

（四）主观方面的证据要件

1.犯罪嫌疑人、被告人的供述与辩解

（1）包庇毒品犯罪分子的动机、目的；

（2）是否明知自己提供帮助的对象是"毒品犯罪分子"，是否明知自己的行为是帮助其逃匿或者逃避、减轻处罚的行为，是否明知自己的帮助其逃匿或者逃避、减轻处罚的行为，会对刑事诉讼活动产生影响；

（3）犯罪起意的过程，有无预谋策划，谋划的具体内容等。

2.证人证言

（1）犯罪嫌疑人与被包庇毒品犯罪分子的关系，相互之间的往来、通话等，证明行为人包庇毒品犯罪分子的意图；

（2）缉毒人员或相关国家机关工作人员曾告知行为人，其被包庇的人因走私、贩卖、运输、制造毒品进行强制措施或追诉。

3.物证、书证

对被包庇毒品犯罪分子的相关法律文书送达行为人签字的回证、回执等手续。

4.视听资料、电子数据

（1）监控视听资料反映行为人主观故意的内容；

（2）行为人与被包庇毒品犯罪分子之间的微信、QQ等聊天记录证实行为人主观动机、意图方面的内容。

二、包庇毒品犯罪分子罪常见证据审查

(一) 对言词证据的审查

在包庇毒品犯罪分子案件中,言词证据主要是被告人(包庇人)供述和同案犯(被包庇人)供述笔录的审查。总体上,刑事诉讼法详细规定了讯问的主体、地点、时间、程序以及笔录制作等方面内容。讯问笔录既是证明包庇毒品犯罪分子案件事实的直接证据,同时也是排除非法证据的重要线索来源。因此,要重点审查被告人供述(笔录)以下几方面内容:

1. 审查犯罪嫌疑人、被告人供述的内容。要重点审查被告人(包庇人)是否明知被包庇的人是走私、贩卖、运输、制造毒品的犯罪分子,或同案犯(被包庇人)供述能否印证上述事实。要尤为注意的是,同案犯供述是否是引用、转述被告人的供述;其陈述的名词、术语是否与犯罪嫌疑人的身份相符;笔录内容是否存在讯问内容、问答次序、问答内容等基本一致,复制粘贴痕迹明显的现象,如有,应要求办案单位说明原因。

如被告人郑某包庇毒品犯罪分子案①。公安机关对涉嫌贩卖毒品犯罪的嫌疑人徐某实施抓捕时,徐某逃走。次日公安机关对徐某家依法搜查并告知其妻子郑某,徐某已经涉嫌犯罪,如遇见徐某应向公安机关报告。后郑某在明知徐某涉嫌犯罪逃跑的情况下,仍为其提供钱财,与其共同在山东省济宁市租住房屋,支付生活开销,为徐某逃匿提供条件。公诉机关以郑某犯包庇毒品犯罪分子罪起诉到法院。一审法院认为,现有相应证据不能证实被告人明知徐某属于贩卖毒品的犯罪分子,不应以包庇毒品犯罪分子罪对被告人郑某定罪处罚。郑某明知徐某是犯罪的人,仍提供钱款租房为其提供藏匿处所,帮助其逃匿,应以窝藏罪对被告人定罪处罚,判处其有期徒刑3年。检察机关抗诉认为原审判决定性错误,理由是2人系共同生活20年的夫妻,且郑某在徐某潜逃期间一直陪伴在其左右,对于徐某是贩毒分子一事应当明知,并为其提供帮助,应认定郑某犯包庇毒品犯罪分子罪。二审法院经审理后认为,根据现有的证据能够证实郑某应当知道徐某涉嫌毒品犯罪和故意伤害犯罪,但无法确实、充分地证实其明知徐某

---

① 参见内蒙古自治区呼伦贝尔市中级人民法院刑事裁定书,(2016)内07刑终145号。

贩卖毒品，抗诉机关所提徐某供述、于某某供述系 2 人转述郑某的话，二者不能相互印证，郑某亦未供认，抗诉机关所提郑某的供述称徐某贩毒，但未证实其明知徐某贩卖毒品的具体情形和其所知徐某贩卖毒品的信息来源，存在郑某自己猜测的可能性，上列证据可作为郑某明知徐某涉及毒品犯罪的证据，但未能证实郑某明知徐某贩卖毒品的具体事实，亦未证实公安机关明确将徐某涉嫌犯贩卖毒品罪告知郑某，故不能以包庇毒品犯罪分子罪追究郑某的刑事责任，抗诉机关的抗诉理由不能成立，裁定驳回抗诉，维持原判。

2. 审查笔录形式要件，尤其要注意讯问的时间和地点，超过 12 小时的是否提供必要的休息时间，讯问地点是否符合法律规定，侦查人员是否全程在场，有无代签名情形等。

3. 注意矛盾证据的排除。言词证据前后矛盾，在侦查阶段未予解决，也无法通过检察人员讯问排除疑问的，言词证据与书证、物证等其他证据之间存在矛盾需进一步核实清楚的，可通过退回办案单位补充侦查或自行侦查的方式解决。

（二）对电子证据的审查

包庇毒品犯罪分子罪的客观行为具有多样性，除了作虚假证明，帮助掩盖罪行、帮助隐藏、转移或者毁灭证据等常见形式，还包括提供钱款资助、司法机关办案信息等帮助其逃匿等，电子证据也逐渐出现在包庇毒品犯罪分子罪的办案过程中，如犯罪嫌疑人的 QQ、微信聊天记录，支付宝转账记录，手机录音等，这些电子证据在案件中扮演着越来越重要的角色。

如被告人何某才包庇毒品犯罪分子案[①]。被告人何某才在明知其女友蔡某涉嫌毒品犯罪，公安机关正寻找其下落的情况下，仍通过微信以 3500 元的价格联系黑车司机帮助蔡某逃至广东省广州市和中山市藏匿。公诉机关指控被告人何某才犯包庇毒品犯罪分子罪，并向法庭提供了相关证人证言，辨认笔录，监控视频截图，手机微信聊天、转账记录截图，电子证据检查工作记录等证据。法院审理后认为，被告人何某才明知其女友

---

① 参见四川省南充市高坪区人民法院刑事判决书，（2020）川 1303 刑初 87 号。

蔡某涉嫌毒品犯罪，为使其逃避法律制裁，出资联系黑车帮助蔡某逃往外地藏匿，其行为已构成包庇毒品犯罪分子罪，鉴于被告人何某才自愿认罪认罚，可从宽处理，最终判决被告人何某才犯包庇毒品犯罪分子罪，判处有期徒刑8个月。

针对电子证据的审查，应根据电子证据自身不同于其他证据的特点，有针对性地重点审查。

1. 针对电子证据容易被篡改，且不易留下篡改痕迹的特点，重点审查其真实性。一是审查证据的来源，并与其他相关证据进行比对，掌握电子证据所展示的信息与犯罪嫌疑人实施该犯罪行为在时间、空间及内容上是否具有一致性；二是审查储存该电子证据的载体，即存储设备的质量、性能等，以确保不会因存储设备自身的问题导致电子证据在储存过程中发生变异。

2. 针对电子证据与主体行为之间的关系不容易确定的特点，重点审查二者之间的关联性，即所获取的电子证据与行为人实施行为之间是否存在关联性。对此，需借助鉴定人员和专业人员的技术支撑，排除行为人之外的其他人使用计算机进行犯罪的可能性。

第三节 包庇毒品犯罪分子罪的认定处理

一、罪与非罪的界限

根据《刑法》第13条的规定，如果情节显著轻微，危害不大的，不认为是犯罪，对包庇毒品犯罪分子的犯罪应综合全案各种情况，如果被包庇的毒品犯罪分子所进行的毒品犯罪情节轻微，毒品数量很小，受刑法处罚较轻或不需要追究刑事责任，而且包庇毒品犯罪分子的主观恶性也比较小，那么包庇行为本身社会危害性就小，一般不作为犯罪处理。

在实践中，要注意正确区分本罪与知情不举行为的界限。知情不举，"是指知晓犯罪事实或犯罪人的情况而不主动或自觉向司法机关或其他部门依法举报的行为"[1]，既没有向司法机关作虚假证明，对犯罪分子也不提供积极帮助，是消极的不作为。我国刑法没有将知情不举规定在包庇犯罪当中。也就是说，如果对走私、贩卖、运输、制造毒品犯罪分子的知情不举者为无特定义务的一般主体，不构成包庇毒品犯罪分子罪。

如被告人沙某打、马某哈等包庇毒品犯罪分子案[2]。2017年9月，沙某都等3人（均另案处理）合谋到缅甸贩卖毒品。2017年9月13日，沙某都安排马仔杨某呷等3人到成都接运毒品海洛因时被民警抓获，当场查获海洛因29块，净重20381.4克。杨某呷被抓后，杨某呷母亲谢某几听说杨某呷帮助沙某都运输毒品被抓，多次到沙某都母亲家吵闹。沙某都为了避免谢某几将事情闹大而使其受到法律制裁，便指使被告人沙某打出面代表自己和杨某呷亲属协商私了。2018年4月24日，4名被告人及

---

[1] 郦毓贝主编：《毒品犯罪的司法适用》，法律出版社2005年版，第66页。
[2] 参见四川省攀枝花市中级人民法院向社会通报依法审理毒品犯罪情况并发布典型案例，载微信公众号"四川高院"2019年6月24日，https://mp.weixin.qq.com/s/WdnUbqlvDUV 3mZxEI4N1Uw。

双方亲属在某镇某茶楼进行协商，达成口头协议，由沙某都赔偿杨某呷家属人民币156000元，并为杨某呷聘请辩护人争取杨某呷不判死刑，杨某呷家属不能举报沙某都贩毒，不能为杨某呷聘请辩护人。2018年6月6日，攀枝花市中级人民法院判处杨某呷死刑，杨某呷提出上诉，并供出沙某都。沙某都等人贩卖毒品案在攀枝花市人民检察院审查起诉。经人民法院审理认为，被告人沙某打、沙某色、沙某哈、马某哈明知沙某都实施了贩卖毒品的犯罪行为，在为其运输毒品的杨某呷被公安机关抓获后，为使沙某都逃避法律制裁，积极出面组织或参与和杨某呷亲属进行协商"赔偿"，其目的是杨某呷家属不举报沙某都贩卖毒品的犯罪事实，帮助其逃避打击。4名被告人的行为已构成包庇毒品犯罪分子罪，且属于情节严重的情形。故对被告人沙某打判处有期徒刑6年；被告人马某哈判处有期徒刑5年6个月；被告人沙某色判处有期徒刑4年6个月；被告人沙某哈判处有期徒刑4年6个月。本案的典型意义在于，知情不举是指明知是毒品犯罪分子，而不向司法机关检举揭发，表现为消极不作为。而本案中4名被告均积极追求使沙某都逃避法律制裁这一结果，且具体着手实施了"谈判""协商"的包庇行为。故4名被告人构成包庇毒品犯罪分子罪。

但如果对走私、贩卖、运输、制造毒品犯罪分子的知情不举者为具有特定义务的国家机关工作人员，就应考虑如何来追究刑事责任。比如，缉毒人员明知他人为从事走私、贩卖、运输、制造毒品的犯罪分子，但假作不知情况而不履行职务，对犯罪分子行为持纵容态度不采取相应执法行为，故其知情不举本身就意味着包庇毒品犯罪分子，同时这也有可能是徇私枉法。于是这类知情不举者可能触犯了《刑法》第349条，也可能触犯了《刑法》第399条，在法条竞合的情况下，两个法条之间既无特别关系又无吸收关系，故只能根据择一重处断的原则来进行处理。尽管作为国家机关工作人员犯包庇毒品犯罪分子罪应当从重处罚，但仍然是在第349条第1款的法定刑幅度内量刑，即最高为10年有期徒刑，而徇私枉法罪的最高刑为15年有期徒刑，故徇私枉法罪是重罪，作为缉毒机关的工作人员对走私、贩卖、运输、制造毒品犯罪分子的所有知情不举的行为则可能会以徇私枉法罪论处[①]。

[①] 曾文远：《认定包庇毒品犯罪分子罪若干疑难问题探析》，载《福建警察学院学报》2009年第3期。

如被告人汤某、刘某徇私枉法案①。被告人汤某系某省增城市公安局某派出所治安民警，负责掌握、监控辖区内"黄赌毒"情况及查处辖区"黄赌毒"等治安案件。被告人刘某于2013年5月底被聘为增城市某镇政府消防队队员并被安排至该镇派出所工作，负责开消防车、救火，参与该所日常巡逻、出警及该所统一调配的其他勤务工作。同月底，赖某某（另案处理）找到被告人刘某，请其牵线联系一名民警，为赖某某和潘某某（另案处理）等人在该镇某村内开设的"嗨场"即容留他人吸毒场所提供保护并许诺给予好处费。刘某即找到汤某告知此事，汤某同意。同年6月1日该"嗨场"开始营业，同月26日系全国禁毒日，赖某某等人按照汤、刘2人的指示当日未开放"嗨场"。在经营期间，"嗨场"按约定共交给刘某的好处费9900元被刘某、汤某均分。同年7月2日，公安机关扫除涉案"嗨场"，抓获赖某某等人，经公安机关调查认为刘某有包庇毒品犯罪分子的重大嫌疑。同月11日，刘某主动向公安机关投案并如实交代了其犯罪事实，同日该局决定对刘某包庇毒品犯罪分子一案立案侦查；汤某主动到增城市公安局监察室交代其上述犯罪行为。同年8月6日，汤某接受检察机关询问时亦如实交代了其上述犯罪行为。同日，检察机关决定对汤某、刘某涉嫌徇私枉法案立案侦查。两被告人归案后，分别退缴赃款4950元。一审法院以徇私枉法罪分别判处汤某、刘某有期徒刑1年和11个月。

二、本罪与其他犯罪的界限

（一）本罪与包庇罪的界限

《刑法》第310条规定的窝藏、包庇罪，可以分解为窝藏罪与包庇罪。窝藏罪是指明知是犯罪的人而为其提供隐藏处所、财物，帮助其逃匿的行为；包庇罪是指明知是犯罪的人而作假证明包庇的行为②。本罪与窝藏、包庇罪的主要区别是：

1.对象不同。前者所包庇的对象必须是走私、贩卖、运输、制造毒

---

① 参见广东省广州市黄埔区人民法院刑事判决书，(2014)穗埔法刑初字第177号。

② 参见张明楷:《刑法学》(第五版)，法律出版社2016年版，第1095页。

品的犯罪分子，而后者所包庇的对象，则是除上述走私、贩卖、运输、制造毒品犯罪以外的刑事犯罪分子。犯非法持有毒品罪和窝藏毒品、毒赃罪等罪行的人，虽然从广义上讲，也可以称为毒品犯罪分子，但他们不能成为包庇毒品犯罪分子罪的犯罪对象，包庇这些犯罪分子，只能构成包庇罪。

如被告人黄某惠包庇案①。公安机关在陆丰市某镇一酒店的客房抓捕涉毒的同案人林某某（已判刑）时，林某某拒不开门，并打电话叫被告人黄某惠帮其打电话给"勇兄"（另案处理）来摆平此事。被告人黄某惠为帮助同案人林某某逃避法律制裁，教唆林某某不要开门，待将涉毒物品丢弃后再开门。尔后，公安机关破门将林某某抓获，并在现场查获冰毒2242克。后公安机关将被告人黄某惠抓获归案。公诉机关于2014年8月27日以被告人黄某惠犯包庇毒品犯罪分子罪向法院提起公诉，一审法院经审理查明，因被告人黄某惠包庇的同案人林某某系非法持有毒品的犯罪分子，而并非走私、贩卖、运输、制造毒品的犯罪分子。因此，被告人黄某惠的行为构成包庇罪。根据被告人的犯罪事实、情节以及对社会的危害程度，法院判处被告人黄某惠有期徒刑4年。

2. 行为方式不同。窝藏罪的行为主要表现为，为犯罪的人提供隐藏处所、财物等帮助其逃匿；包庇的行为主要表现为向公安、司法机关提供虚假证明，掩盖犯罪行为。而包庇毒品犯罪分子罪的行为方式既包括窝藏罪的行为方式，也包括包庇罪的行为方式，在客观表现上更广泛。

（二）本罪与伪证罪的界限

《刑法》第305条规定的伪证罪，是指在刑事诉讼中，证人、鉴定人、记录人、翻译人对与案件有重要关系的情节，故意作虚假证明、鉴定、记录、翻译，意图陷害他人或者隐匿罪证的行为。从定义中可以看出伪证罪中的故意作虚假证明，为犯罪分子隐匿罪证的行为与包庇毒品犯罪分子罪的行为相似，但是二者具有本质的区别。二者的区别主要有：

1. 犯罪主体不同。包庇毒品犯罪分子罪是一般主体，而伪证罪的主体为特殊主体，它只限于证人、鉴定人、记录人、翻译人。

---

① 参见广东省陆丰市人民法院刑事判决书，（2014）汕陆法刑初字第258号。

2.实施犯罪行为的时间和条件不同。包庇毒品犯罪分子的行为人实施的犯罪行为,可以在毒品犯罪分子被逮捕、关押之前,也可以在被逮捕、关押判刑之后,而伪证罪的行为人实施的犯罪行为,则只能在侦查、审判阶段。

3.行为方式不同。包庇毒品犯罪分子罪在客观方面表现为行为人向司法机关作假证明掩盖毒品犯罪分子罪行,或者帮助走私、贩卖、运输、制造毒品的犯罪分子湮灭罪证,使其逃避法律制裁的行为,行为人掩盖的是毒品犯罪分子的全部罪行或重要犯罪事实;而伪证罪的行为人则必须是在侦查、起诉、审判中对与案件有重要关系的情节作虚假的陈述或隐匿罪证。

4.犯罪对象不同。包庇毒品犯罪分子罪的对象,可以是未经逮捕或者判刑的,也可以是已经判决的毒品犯罪分子。伪证罪的对象只能是正在侦查或审判中的未决犯。

在实践中,二者的一个重要区别是:包庇毒品犯罪分子罪更侧重于包庇犯罪嫌疑人的人身,使得犯罪嫌疑人不被侦查机关、司法机关发现或抓获。伪证罪则更侧重对案件有重要关系的情节,做歪曲、虚假证言或者虚假的证明材料,意图左右司法机关对案件事实情节的判断。

如被告人张某包庇案①。被告人张某的男友胡某(已判决)于2015年租赁某公寓1213房间供其与女朋友使用。2016年2月,胡某在租赁的房间内容留王某吸食毒品,同年6月15日,胡某与被告人张某及王某、李某、余某生等人在该房间内吸食了毒品。后胡某因涉嫌容留他人吸毒被公安机关取保候审,因当时被告人张某怀孕,遂为使其男友胡某不被公安机关依法关押,于2017年7月的一天在胡某伪造的一份租赁合同上的承租方栏目签了自己的名字,并由胡某提供给公安机关,同时在接受公安机关询问时,被告人张某向公安机关陈述该公寓1213房间是其租赁的。公诉机关于2018年8月28日以被告人张某犯伪证罪向人民法院提起公诉。法院审理后认为,公诉机关指控被告人张某犯罪事实成立,应予以支持。但指控被告人张某构成伪证罪不当,被告人张某与胡某系男女朋友关系,且胡某容留他人吸毒时被告人张某也在场,其明知胡某的行为已构成犯罪,

---

① 参见江西省新余市渝水区人民法院刑事判决书,(2018)赣0502刑初339号。

但认为自己当时已怀孕，不会被公安机关关押，便提供虚假证明证实自己是该房间的租赁人，意图帮胡某顶罪并让胡某不被公安机关依法关押，其行为符合包庇罪的构成要件，故对公诉机关指控被告人张某的罪名应予以变更。根据相关犯罪事实、犯罪情节及对社会的危害程度，判决被告人张某犯包庇罪，判处管制2年。

（三）本罪与徇私枉法罪的界限

《刑法》第399条规定的徇私枉法罪，是指国家司法工作人员利用司法职权徇私舞弊，对明知是无罪的人而故意使其受追诉或者对明知是有罪的人而故意包庇使他不受追诉，或者在刑事审判活动中故意违背事实和法律作枉法裁判的行为。这两罪都是对明知有罪的人而故意包庇的行为，但二者又是性质不同的犯罪。其区别主要是：

1.犯罪的主体不同。包庇毒品犯罪分子罪是一般主体，而后罪的主体为司法工作人员，是特殊主体。

2.犯罪的手段不同。包庇毒品犯罪分子行为手段形式可以是多种多样的，目的是为其掩盖罪行。而后罪的行为人只能是利用司法职务上的便利，对明知是有罪的人而故意包庇使他不受追诉。

3.实施的时间要求不同。包庇毒品犯罪分子罪，包庇行为可以在任何时候发生，而后罪的实施一般只能在被包庇的犯罪分子被判决之前，最晚到判决为止。

4.对象不同。包庇毒品犯罪分子罪的对象仅限于走私、贩卖、运输、制造毒品的犯罪分子，而后罪的对象没有限制。对于司法工作人员，没有利用职权，却实施了包庇走私、贩卖、运输、制造毒品的犯罪分子的行为，只能定包庇毒品犯罪分子罪，对于利用职权，包庇以上犯罪分子的行为，只能按《刑法》第399条徇私枉法罪定罪处罚。

如被告人张某甲包庇毒品犯罪分子案[①]。被告人张某甲系云南省镇康县公安局预审科原副科长。1991年8月30日，某边防派出所根据王某某举报将走私毒犯张某乙抓获，查获海洛因155克。张某乙始终供述毒品是

[①] 参见最高人民法院中国应用法学研究所编：《人民法院案例选》（分类重排版），人民法院出版社2017年版，第3627页。

一个女人（张某丙）交给他的。该案移送到公安局预审科后由被告人张某甲承办。1992年2月29日，被告人张某甲传讯张某丙，张某丙对将毒品交给张某乙的事实供认不讳。张某甲出于不可告人的目的，私下让该派出所的志愿兵蔡某某以派出所的名义出具伪证，证明张某丙是本案的报案人。同年4月4日，临沧检察分院承办张某乙走私毒品案的人员向张某甲了解张某丙是否确属报案人时，张某甲又当即以预审科的名义出具了"经与某派出所联系，张某丙属派出所使用的耳目，使用期已达三年"的情况说明。4月中旬，张某甲与张某丙发生了两性关系。后检察机关以事实不清、证据不足将张某乙走私毒品案退回补充侦查，张某甲遂向公安局局长尚某某提出撤销张某乙走私毒品案。尚某某同意后，张某甲制作了《撤销案件通知书》。检察人员认为撤案的理由不充分，张某甲又编造了"侦查人员在设计指挥方面考虑不周，工作中造成失误""认定张某乙犯罪证据不足"等撤案理由送交检察机关。检察机关不同意撤销案件，决定自行侦查。经检察机关查明，张某乙走私毒品案的报案人是王某某，张某丙既非耳目，也非报案人，并要求公安机关逮捕张某丙。1993年3月6日，张某甲遇见了到看守所探望亲属的张某丙，遂以庇护其寻求希望的心理，先后打电话向公安局领导人和检察院负责人请示要不要抓张某丙。在检察院负责人答复"赶快抓起来"之后，张某甲才对张某丙宣布逮捕。张某乙、张某丙已被人民法院以走私毒品罪各判处有期徒刑15年。

检察机关以被告人张某甲犯徇私舞弊罪，向人民法院提起公诉。人民法院审理认为，被告人张某甲身为公安人员，明知张某丙不是张某乙走私毒品的报案人而是走私毒品的犯罪分子，却利用承办案件的便利条件，编造事实予以包庇，致使张某丙较长时间逍遥法外，其行为以构成徇私舞弊罪，判处被告人张某甲有期徒刑1年6个月。宣判后，检察机关以被告人张某甲不具备从轻情节，原判过轻为理由，提出抗诉。二审法院审理后认为，被告人张某甲利用承办案件的便利条件，编造事实包庇走私毒品犯罪分子，其行为已构成包庇毒品犯罪分子罪，情节严重，改判被告人张某甲犯包庇毒品犯罪分子罪，判处有期徒刑4年。

在该案中，1979年《刑法》第188条规定的徇私舞弊罪①是司法工作

---

① 1997年《刑法》已将其修改为第399条第1款的徇私枉法罪。

人员徇私舞弊，对明知是无罪的人而使他受追诉、对明知是有罪的人而故意包庇不使他受追诉，或者故意颠倒黑白做枉法裁判的行为。本案被告人张某甲身为公安人员，明知张某丙是张某乙走私毒品案的共犯，却利用自己承办此案的职务之便，故意编造事实，出具伪证，对她进行包庇，使她免受刑事追诉，其行为完全符合徇私舞弊罪的主客观要件。但是，全国人大常委会《关于禁毒的决定》（以下简称《决定》）第4条第1款对包庇毒品犯罪分子的行为作了特别规定。凡是包庇毒品犯罪分子的，无论是特殊主体还是一般主体，均构成包庇毒品犯罪分子罪。根据有关的司法解释，包庇毒品犯罪分子罪，是指明知是走私、贩卖、运输、制造毒品的犯罪分子，而向司法机关作假证明掩盖其罪行，或者帮助其湮灭罪证，以使其逃避法律制裁的行为。本案被告人张某甲的行为也完全符合包庇毒品犯罪分子罪的特征，这属于法条竞合。按照特别法优于普通法的法律适用原则，对本案被告人张某甲的行为应依照《决定》定包庇毒品犯罪分子罪，而不应依照刑法定徇私舞弊罪。因此，二审法院根据《决定》第4条第1款的规定，认定张某甲犯包庇毒品犯罪分子罪，本案于1991年8月30日案发后，被告人张某甲即多次出具伪证庇护张某丙，致使张某丙逍遥法外达一年半有余，直到1993年3月6日才被抓获，张某甲的行为严重扰乱了司法机关打击毒品犯罪的活动，一审法院对其判处有期徒刑1年6个月显然偏轻，二审法院改判其有期徒刑4年是适当的。

（四）本罪与窝藏、转移、隐瞒毒品、毒赃罪的界限

窝藏、转移、隐瞒毒品、毒赃罪也规定在《刑法》第349条，是指为犯罪分子窝藏、转移、隐瞒毒品或者实施毒品犯罪所得财物的行为。客观方面表现为行为人实施了窝藏、转移、隐瞒毒品或毒赃的行为。窝藏、转移、隐瞒的对象是毒品、毒赃。这是与包庇毒品犯罪分子罪最大的区别。前者包庇的是物，后者包庇的是人。

如被告人刘某某转移毒品案[①]。王某某从乘车到河南省购得毒品海洛因45克准备运回韩城贩卖。王某某由河南返回韩城途中到达山西省河津市，电话告知被告人刘某某开车到韩城市黄河大桥接他。随后，被告人刘

[①] 参见陕西省韩城市人民法院刑事判决书，（2016）陕0581刑初68号。

某某在明知王某某去河南购买毒品回韩城贩卖的情况下,仍驾车与王某甲到韩城市黄河大桥处将王某某接回,当行至韩城市某镇附近时被公安人员拦截,但被告人刘某某冲过拦截未停车,公安人员后又驾车追赶拦截住该车,将被告人刘某某等3人带至公安机关,并当场查获王某某从河南购买的毒品海洛因45克。公诉机关认为,被告人刘某某明知其丈夫王某某去河南贩卖毒品,仍去接王某某,在返回的路上有冲卡行为,后被公安机关强行拦截,其行为构成包庇毒品犯罪分子罪。法院审理后认为,被告人刘某某明知王某某购买毒品予以贩卖,仍帮助其转移毒品,构成转移毒品罪,最终判处被告人刘某某有期徒刑1年。

相关规定链接

1.《刑法》第349条;

2. 2012年5月,最高人民检察院、公安部《关于公安机关管辖的刑事案件立案追诉标准的规定(三)》;

3. 2016年4月,最高人民法院《关于审理毒品犯罪案件适用法律若干问题的解释》。

第五章

窝藏、转移、隐瞒毒品、毒赃罪办案指引

第一节 窝藏、转移、隐瞒毒品、毒赃罪概述

一、窝藏、转移、隐瞒毒品、毒赃罪的立法沿革

1979年《刑法》并未明确规定窝藏、转移、隐瞒毒品、毒赃罪，在实践中，对于毒品、毒赃实施窝藏、销售等行为的，按照第172条窝赃罪处理，即明知是犯罪所得的赃物而予以窝藏或者代为销售的，处3年以下有期徒刑、拘役或者管制，可以并处或者单处罚金。当时有观点认为最高法定刑3年有期徒刑与窝藏毒品行为的危害后果极不匹配，理论界也从完善刑事立法的角度提出增设"窝藏毒品罪"，理由主要有三个方面：一是毒品在卖出之前不具有窝赃罪中赃物的性质；二是尽管窝藏毒品的行为与窝赃犯罪行为相似，但二者性质不同；三是对窝藏毒品的行为以窝赃罪论处，可能导致重罪轻判。[①]

窝藏、转移和隐瞒毒品、毒赃的行为，不仅妨碍了司法机关对毒品犯罪的查处，使走私、贩卖、运输、制造毒品的犯罪分子逃避打击，获取非法利益，还为继续实施毒品犯罪创造条件。为进一步加大打击毒品犯罪力度，1990年12月，全国人大常委会《关于禁毒的决定》（以下简称《决定》）第4条单独规定了窝藏毒品、毒赃罪和掩饰、隐瞒毒赃性质、来源罪。

按照最高人民法院1994年《关于执行〈全国人民代表大会常务委员会关于禁毒的决定〉的若干问题的解释》第5条的规定，《决定》关于窝藏毒品、毒赃罪的规定，是对刑法第172条的补充。第6条同时规定，掩

[①] 参见赵秉志等：《毒品犯罪》，中国人民公安大学出版社2003年版，第263~264页。

饰、隐瞒毒赃性质、来源罪，是指明知是出售毒品所得的财物而通过金融机构中转、投资等方式，掩盖其非法性质和来源，或者明知是出售毒品所得的财物而有意向司法机关隐瞒其非法性质和来源的行为。其与窝藏毒赃罪的区别，在于行为人掩饰、隐瞒的是财物的非法性质和来源，而不是财物本身。

1997年《刑法》又对这两个罪名作了拆分，将原有的窝藏毒品、毒赃罪调整为第349条窝藏、转移、隐瞒毒品、毒赃罪。将掩饰、隐瞒毒赃性质、来源罪中的行为方式纳入第191条所规定的洗钱罪之中。

二、窝藏、转移、隐瞒毒品、毒赃罪的发案态势

窝藏、转移、隐瞒毒品、毒赃罪是行为人为毒品犯罪分子隐匿直接罪证毒品和毒赃，给揭露、查缉毒品犯罪制造障碍。虽然本罪是行为犯，但由于毒品犯罪本身的隐蔽性特征，加之本罪的对象严格限缩在走私、贩卖、运输、制造毒品犯罪分子的毒品、毒赃，在毒品犯罪中数量并不突出，2010年至2021年，全国检察机关批准逮捕窝藏、隐瞒、转移毒品罪360余件1300余人，起诉380余件1500余人。从2015年至2021年的起诉案件数量来看，也呈现明显的下降趋势。

三、窝藏、转移、隐瞒毒品、毒赃罪的概念和构成特征

窝藏、转移、隐瞒毒品、毒赃罪，是指明知是毒品或者是毒品犯罪所得财物而为犯罪分子窝藏、转移、隐瞒的行为。

（一）客体特征

本罪侵犯的客体是国家对毒品的管制和国家司法机关查处毒品犯罪的正常活动。窝藏毒品、毒赃的行为，不仅帮助犯罪分子隐匿罪证，妨碍司法机关的调查取证，使犯罪分子逃避法律的制裁，而且为毒品犯罪分子继续犯罪提供物质条件，这些毒品可以随时流入社会，危害他人的身心健康。因此，窝藏毒品、毒赃的犯罪行为具有严重的社会危害性，应依法予以惩处。

本罪的犯罪对象是行为人以外的走私、贩卖、运输、制造毒品的其他犯罪分子的毒品和毒赃。所谓毒品是指鸦片、海洛因、甲基苯丙胺（冰毒）、吗啡、大麻、可卡因以及国家规定管制的其他能够使人形成瘾癖的麻醉药品和精神药品。所谓毒赃，是指犯罪分子进行毒品犯罪所得财物，以及非法所得获取的收益。非法所得获取的收益，是指利用毒品违法犯罪所得的财物及孳息或者经营活动所获取的财物，以及有关财产方面的利益，包括金钱、物品、股票、利息、股息、红利、用毒品犯罪所得购置的房地产、经营的工厂、公司等①。这些财物必须是毒品犯罪分子进行毒品犯罪所得，如果是其他犯罪所得，只能构成普通窝赃罪。

如被告人刘某某转移、隐瞒毒赃、帮助犯罪分子逃避处罚案②。一审法院认定，2013年4月13日，被告人刘某某的弟弟刘某甲因涉嫌制造毒品被抓获后，刘某甲的妻子邹某某告诉被告人刘某某，刘某甲有一笔200万元的毒赃藏于刘某乙家中。后被告人刘某某独自一人到雁江区某镇刘某乙家猪圈地下挖出一个白色的搪瓷桶，内有现金人民币200万元。2013年7月被告人刘某某以年利息百分之十出借120万元给李某某，以四分利息出借50万元给谢某某。一审法院认为被告人刘某某明知是犯罪分子的毒资而予以转移、隐瞒，其行为已构成转移、隐瞒毒赃罪，判处有期徒刑1年，并没收扣押在案的赃款200万元及孳息12万元，上缴国库。被告人刘某某不服，提出上诉称，其不明知那200万元是毒赃，不构成转移、隐瞒毒赃罪，且原判量刑畸重，请予改判。二审法院审理后查明，证人邹某某、谢某某、李某某证言、刘某某供述、现勘笔录及银行记录等证据，证实刘某某明知刘某甲将200万元埋藏于地下而不存入银行，该笔巨款来路不正，刘某甲因毒品犯罪被抓获，该200万元应系刘某甲的毒资。其将刘某甲藏匿的该200万元予以转移占有牟利，构成转移、隐瞒毒赃罪，裁定驳回上诉，维持原判。

（二）客观特征

本罪在客观方面表现为行为人为走私、贩卖、运输、制造毒品的犯

---

① 参见刘家琛主编：《新刑法条文释义》，人民法院出版社1997年版，第1529～1530页。

② 参见四川省资阳市中级人民法院刑事裁定书，（2014）资刑终字第90号。

罪分子窝藏、转移、隐瞒毒品、毒赃的行为。

1.窝藏是指将犯罪分子的毒品、毒赃窝藏在自己的住所或者其他隐蔽的场所，以逃避司法机关的追查。

（1）窝藏行为须出于利他目的，即代他人藏匿毒品以对抗司法机关追查。故此，毒品犯罪分子为使自己或同案犯逃避打击而藏匿毒品，不能以本罪论处。同时，成立本罪中的窝藏，既不要求行为人与毒品犯罪分子事先通谋，也不以毒品犯罪分子最终逃脱法律制裁或者所藏毒品顺利返还毒品犯罪分子为必须。也即，毒品犯罪分子的家庭成员、亲友等为助其躲避惩处，擅自将其毒品藏匿抑或藏匿后毒品仍被起获、收缴的，仍然应当构成本罪。

如被告人汤某某窝藏、转移毒品案①。被告人汤某某在长沙市红星市场附近的一家旅馆内，听见同住的薛某辉（已提起公诉）与周某清电话联系。在电话中，周某清要薛某辉带毒品麻古回南县，薛某辉表示同意。2014年7月20日上午10时许，薛某辉将一个用卫生纸包裹着30粒麻古的小包给行为人后离开旅馆，行为人将麻古放在其居住房间的床铺凉席下面。12时许，被告人汤某某在联系不到薛某辉的情况下，擅自做主将薛某辉的30粒麻古带回南县。14时许，薛某辉电话联系被告人汤某某，约好在南县拿回毒品麻古。19时许，被告人汤某某在南县某电影院门口，将毒品麻古交还给薛某辉时，被公安人员现场抓获。一审法院认为：被告人汤某某违反国家毒品管理法规规定，明知是毒品麻古而为犯罪分子窝藏、转移，其行为已构成窝藏、转移毒品罪，判处被告人汤某某有期徒刑1年2个月，并处罚金人民币5000元。

（2）行为人对毒品窝藏处所能够有效控制。非法地接纳、存储物品以掩饰、隐瞒其性质是窝藏一词的应有之义。窝藏行为的成立与否，首先取决于行为人对藏匿场所的控制及其程度。对此，应从行为时行为人对藏匿场所的主观认知与客观上接触、放置、取回毒品并排除他人干预的难易程度来加以判断。相应地，除藏于家中、随身携带等常见的窝藏形式外，将毒品吞入腹内以及通过包装、伪装等物理手段掩盖毒品存在的，均应认定为窝藏。而吸食、弃置等行为人无法控制或者控制力极弱的场所，则均

---

① 参见湖南省南县人民法院刑事判决书，（2014）南法刑初字第251号。

难以构成本罪中的窝藏。

如被告人王某宾窝藏毒品案①。被告人王某宾在临泉县某镇某小学的路边接到陈某、王某、孙某（均已判）3人送来的毒品。陈某让被告人王某宾帮助销售毒品，被告人王某宾将该毒品带回家后，对陈某谎称毒品因质量问题未能找到买主。两天后，被告人王某宾将纸箱中的13包毒品放入一个编织袋中，并用青菜掩盖进行伪装，交给孙某带回阜阳，孙某又将毒品交给陈某。2005年4月11日，陈某带着有被告人王某宾伪装的毒品前往临泉销售，途经原临泉县收费站时被公安机关当场抓获。经当面称量，被查毒品重6431克，经鉴定被查毒品中检出吗啡成分。2016年5月24日，被告人王某宾主动到临泉县公安局投案。一审法院认为：被告人王某宾明知是毒品而窝藏，情节严重，其行为已构成窝藏毒品罪，判处有期徒刑4年，并处罚金20000元。

（3）窝藏处所应具有隐蔽性。与包庇毒品犯罪分子罪等罪不同，本罪侵害国家禁毒追诉活动的特殊之处在于行为人通过隐匿毒品这一关键罪证对司法机关收集证据、查证毒品犯罪事实并收缴毒品的禁毒追诉活动实施阻碍。所以，藏匿地点的隐蔽与否也是评判窝藏行为的重要标准。就此，可以从行为人所选择的藏匿方式、设置的掩盖屏障给他人察觉毒品存在制造的干扰程度进行分析。当然，窝藏地点的隐蔽性并不以对他人视觉、触觉、嗅觉等身体感官的屏蔽为限。行为人通过暴力、胁迫等非法手段使他人不敢了解或难以了解毒品隐藏真相也应肯定其隐蔽性。

如被告人马某兰贩卖毒品、李某窝藏毒品案②。毒贩马某兰到其女婿被告人李某家中，将装有毒品的一个黑色塑料袋交给被告人李某，被告人李某将毒品藏匿于室内储藏间的木柜里。2015年10月29日11时许，马某兰携带另一部分毒品前往同心县某处附近欲向他人出售，其在小区门口乘车准备前往交易地点时被公安民警抓获。当场查获白色晶体颗粒状毒品209.29克。当日12时许，被告人李某得知马某兰被抓获后，担心家中藏匿的毒品被公安民警发现，遂电话指使妻妹马某甲将其先前藏匿于家中储藏间木柜里装有毒品的黑色塑料袋拿至其在小区门口经营的"酷吧客"冰

---

① 参见安徽省临泉县人民法院刑事判决书，（2016）皖1221刑初271号。
② 参见宁夏回族自治区高级人民法院刑事裁定书，（2016）宁刑终70号。

激凌店。随后,马某甲将黑色塑料袋带至"酷吧客"冰激凌店内,被告人李某遂将装有毒品的黑色塑料袋藏匿于该店地下室。13时许,公安民警到"酷吧客"冰激凌店将被告人李某抓获,并从该店地下室一个某品牌矿泉水箱内搜查到外用黑色塑料袋、内用透明塑料袋包裹的白色晶体颗粒状毒品3包共计288.4克。一审法院认为,被告人李某为马某兰窝藏、转移毒品甲基苯丙胺288.4克,情节严重,其行为已构成窝藏、转移毒品罪,判处其有期徒刑3年6个月。

2."转移"主要是指将犯罪分子的毒品、毒赃从一地转移到另一地,以抗拒司法机关对毒品、毒赃的追缴,帮助犯罪分子逃避法律的制裁,或者便于犯罪分子进行毒品交易等犯罪活动。

如被告人张某甲、张某乙贩卖毒品、梁某转移毒品案[①]。毒贩张某甲得知其下线张某乙被抓后,在某公寓某房内将毒品放进被告人梁某包内并准备逃离现场,后被告人梁某携带毒品转移逃跑时被公安人员抓获,公安人员同时在上述房间内将张某甲抓获,当场缴获 iPhone 6 等手机 5 台及毒品2包(共重57.4克)。一审法院认为,被告人梁某为犯罪分子转移毒品,其行为已构成转移毒品罪,判处其有期徒刑1年6个月。

行为人参与转移毒品、毒赃的形式多样,可以亲自实施,亦可幕后指使;可以提供工具,也可支付费用。从客观行为来看,转移毒品多表现为运输行为,但此处的"转移"应该限于为使走私、贩卖、运输、制造毒品的犯罪分子逃避法律追究而转移毒品;如果为了走私、贩卖等目的而转移毒品的,则应认定为(走私、贩卖)运输毒品罪。因此,区分转移毒品行为与运输毒品行为主要考察两者的目的。从距离远近的角度上并不能把握"转移"的含义。与"运输"比较,转移的特征在于行为人移动毒品、毒赃在主观上是为了抗拒司法机关对毒品或者犯罪所得财物的追缴,帮助毒品犯罪分子逃避法律的制裁,而运输的特征在于,行为人移动毒品的目的在于走私、贩卖、制造毒品。可见,把握"转移"不能仅从行为的客观性上着手,而且要从主观性上着手[②]。简言之,转移毒品罪中的毒品,是走私、贩卖、运输、制造毒品罪的犯罪分子已经完成相应的毒品犯罪后的毒

---

① 参见广东省广州市中级人民法院刑事判决书,(2019)粤01刑终1773号。

② 参见王作富主编:《刑法分则实务研究》,中国方正出版社2003年版,第1640页。

品，而运输毒品罪中的毒品，则是为了进行走私、贩卖、运输、制造毒品犯罪行为的毒品①。

如被告人谭某华走私、运输毒品案②。谭某华提出申诉称，原审判决认定其构成运输毒品罪不符合法律和审判实践中对运输毒品罪的认定，其行为应当构成窝藏、转移毒品罪。再审法院审查后认为，《刑法》第347条规定的走私、贩卖、运输、制造毒品罪是选择性罪名，对同一宗毒品实施了两种以上犯罪行为的，应当按照所实施的犯罪行为的性质并列确定罪名，毒品数量不重复计算，不实行数罪并罚。申诉人在接收、分装毒品，然后将毒品交付给他人的行为过程中，实施了运输毒品的行为，原判认定申诉人的行为构成运输毒品罪并无不当。根据《刑法》第349条的规定，窝藏、转移、隐瞒毒品、毒赃，是指明知是毒品或者毒品犯罪所得的财物而为犯罪分子窝藏、转移、隐瞒的行为。本罪侵犯的客体是国家对毒品的管制和国家司法机关的正常活动。而申诉人在本案中是受同案人的雇佣，为同案人接收、分装毒品，并将包装好的毒品交付给他人，从中获取高额报酬，申诉人行为目的并非为同案人窝藏、转移毒品，帮助同案人逃避司法机关追查。其接收、分装毒品，并将包装好的毒品交付给他人的行为是走私、运输毒品行为的组成部分，目的是获取非法的高额报酬，是走私、运输毒品犯罪的共犯，最终法院驳回了申诉。

3. "隐瞒"是指行为人在司法机关询问调查有关犯罪分子的情况时，自己明知走私、贩卖、运输、制造毒品的犯罪分子的毒品、毒赃藏在何处，而有意对司法机关进行隐瞒的行为。

从程度上看，"隐瞒"一词可以有三种表现：一是"知情不举"，即明知真相而未主动向公安、司法机关告发；二是"缄口不言"，即在受到公安、司法机关询问时不予合作，故意不提供有关毒品或毒赃的数量、存放地点等情况；三是"以假乱真"，即在受到询问时，非但不提供有关毒品或毒赃的真实情况，而且有意提供不真实的情况，在客观上造成转移视线、干扰侦破活动的结果③。

---

① 参见关纯兴、黄瑛琦：《窝藏转移隐瞒毒品毒赃罪研究》，载《云南警官学院学报》2009年第5期。

② 参见广东省高级人民法院驳回申诉通知书，（2019）粤刑申469号。

③ 参见郑伟：《毒品罪三疏两议》，法律出版社2011年版，第147页。

在实践中，本罪中的"隐瞒"不包括知情不举的消极不作为，且"隐瞒"通常是窝藏、转移行为的后续行为，单纯的隐瞒行为较为少见。只要行为人实施了其中任一行为，就构成本罪。

如被告人郑某窝藏、隐瞒毒品案①。2016年12月8日22时许，王某某（另案处理）与被告人郑某电话联系后，带吸毒人员刘某（已判决）至常德市武陵区某社区某室被告人郑某租住的家里。王某某从自己随身携带的手提包内拿出一大包毒品冰毒、麻古，在被告人郑某家中客厅茶几上进行分装。随后，刘某从王某某处购买2000元毒品后，二人先后离开被告人郑某家。被告人郑某将王某某遗留在桌上的毒品用白色塑料袋装好，并用黑色塑料袋套在外面，将毒品藏匿在自家电视机下面的柜子内。当日23时许，民警到被告人郑某家里询问王某某涉嫌贩卖毒品一案相关情况，被告人郑某故意隐瞒王某某及其毒品的情况。次日9时许，民警再次到被告人郑某家中侦查王某某涉嫌贩卖毒品一案相关情况，被告人郑某主动投案并将自己藏匿的147.34克毒品上交。一审法院审理后认为，被告人郑某明知是犯罪分子所持毒品，仍将毒品隐藏在自己的住所以逃避司法机关追查，并在侦查机关追查毒品向其询问时，故意不讲毒品隐藏处，情节严重，其行为已构成窝藏、隐瞒毒品罪，判处有期徒刑3年。

（三）主体特征

本罪的主体为一般主体，即凡是达到刑事责任年龄、具有刑事责任能力，实施了窝藏、转移、隐瞒毒品、毒赃的人，均可构成本罪。

（四）主观特征

1. 本罪在主观方面表现为故意，即行为人明知是用于走私、贩卖、运输、制造的毒品、毒赃而故意予以窝藏、转移、隐瞒，这是区分罪与非罪的重要标志之一。如果行为人不知是毒品、毒赃而代为保管、收藏的，不构成本罪，可构成掩饰、隐瞒犯罪所得罪。

如被告人李某慈转移毒赃案②。2016年7月13日上午，被告人李某慈

---

① 参见湖南省常德市武陵区人民法院刑事判决书，（2017）湘0702刑初130号。
② 参见贵州省清镇市人民法院刑事判决书，（2017）黔0181刑初574号。

之兄李某甲（已判刑）携带 2578.8 克毒品海洛因从云南省昭通到贵阳市云岩区某酒店，以人民币 60 万元的价格贩卖给贾某，贾某将毒赃 60 万元汇入被告人李某慈妻子撒某的邮政银行卡。李某甲电话联系被告人李某慈确认已经收到该款项，李某甲才在该酒店将毒品海洛因交易给贾某，被清镇市公安局民警抓获。2017 年 7 月 15 日，被告人李某慈得知李某甲被公安机关抓获，便从云南省鲁甸县家中赶到清镇市公安局某派出所探询情况，获知李某甲确因贩卖毒品被公安机关抓捕羁押，被告人李某慈未向公安机关供述李某甲贩卖毒品所得财物被其所得。公安机关通过侦查到云南省鲁甸县被告人李某慈家中追赃，因未遇被告人李某慈，便让其妹李某乙告诉被告人李某慈，其保存的 60 万元是李某甲贩毒所得毒赃，让其退交公安机关，被告人李某慈明知 60 万元是李某甲犯罪所得财物而将其挥霍。公安机关对被告人李某慈网上追逃，2017 年 3 月 8 日，被告人李某慈被抓获归案。

公诉机关以被告人李某慈犯转移毒赃罪向法院提起公诉，庭审中，辩护人辩称，被告人李某慈不知道是毒赃，公安机关上网追逃信息立案日期是 2016 年 7 月 13 日，而被告人李某慈在 7 月 15 日曾到公安机关询问关于李某甲贩毒被羁押一事，公安机关询问完毕后并未对被告人李某慈采取任何强制措施，被告人李某慈有理由相信该 60 万元和李某甲贩毒无关，所以不构成转移毒赃罪。被告人李某慈知道李某甲有盗窃等违法行为，所以应认定为掩饰、隐瞒犯罪所得罪更符合犯罪构成。一审法院经审理查明，2016 年 7 月 15 日被告人李某慈到清镇市禁毒大队了解李某甲因贩毒被羁押一事时，公安机关向其告知李某甲系因贩卖毒品而被羁押，同时询问被告人李某慈有关撒某的银行卡的情况，被告人李某慈告诉公安机关他不知情。但实际情况是被告人李某慈于两天前也就是同年 7 月 13 日，持撒某名下的银行卡去将 60 万元取出，但却向公安机关隐瞒了该事实。另有证人锁某飞等人证言证实，7 月 15 日公安机关明确告知去清镇禁毒大队了解情况的 4 人，李某甲贩毒所得 60 万元是毒赃，如果得到不得使用，应上缴公安机关。在从清镇市回到鲁甸县后，公安机关也通过被告人李某慈之妹李某乙，告知该 60 万元是毒赃，要上缴公安机关。可被告人李某慈却将该款项挥霍殆尽。辩护人提出公安机关于 2016 年 7 月 13 日对被告人李某慈网上追逃，同年 7 月 15 日被告人李某慈到公安机关了解李某甲犯罪情况时，对被告人李某慈进行简单询问后便放其回家，未采取任何强制措施与事实不符。相关证据证实，李某慈的逃跑日期为2016年7月13日，网上追逃签发时间为2016年10月20日。一审法院最终以被告人李某慈犯转移毒赃罪，判处有期徒刑6年，并继续追缴毒资人民币60万元，上缴国库。

2.《刑法》第349条第3款规定，"犯前两款罪，事先通谋的，以走私、贩卖、运输、制造毒品罪的共犯论处"。根据这一规定，包庇毒品犯罪分子罪和窝藏、转移、隐瞒毒品、毒赃罪，均以行为人不具有"事先通谋"为单独成罪的必要条件。值得注意的是，这里"事先通谋"的对象，以走私、贩卖、运输、制造毒品罪犯为限，所以与其他毒品犯罪分子事先通谋的，不能适用本款规定，只能构成其他毒品犯罪的共犯。如果事前有通谋的，属于共同犯罪中的帮助犯，以共犯论处。

如被告人余某荣贩卖毒品案①。余某荣申诉称，原审法院认定其贩卖毒品罪事实不清，证据不足。理由如下：（1）申诉人与唐某海两人的犯罪构成不同，并非共同犯罪。（2）申诉人消极办案的行为，不符合不作为犯罪的成立条件。（3）认定申诉人是缉毒人员与唐某海事先通谋，构成贩卖毒品犯罪事实认定不清，证据不足。（4）认定申诉人是主犯没有事实和法律依据，申诉人有自首情节，原判量刑偏重。再审法院审查后认为：原审判决认定申诉人犯贩卖毒品罪的事实清楚，证据确实、充分，定罪和适用法律准确，量刑适当。理由如下：（1）唐某海在安排同案人罗某乐、罗某日到某镇贩卖毒品前，均先与申诉人商量好，让申诉人不要抓捕其2人，并承诺其2人每贩卖1克毒品给申诉人好处费10元，另每月再付2000元让申诉人跟派出所其他民警打招呼，为此总共给了申诉人6万元左右。上述事实有唐某海、同案人司徒某某及申诉人本人的供述相互印证，"挖财"软件记载的贩毒数据也予以佐证，因此足以认定申诉人明知唐某海等人在贩毒，仍为他们提供保护，且收取了好处费，故申诉人与唐某海等人构成贩卖毒品罪的共同犯罪。（2）罗某乐、罗某日的贩毒犯意虽不是因申诉人而产生，但申诉人向唐某海承诺不抓捕，直接纵容了他们的贩毒行为；罗某乐虽是申诉人的特情，但特情人员没有贩毒不被抓捕的特权，申诉人无

---

① 参见广东省高级人民法院驳回申诉通知书，（2019）粤刑申225号。

权以此为由而不抓捕其。作为一名人民警察，申诉人负有制止和侦查违法犯罪活动的法定职责，也有不得包庇、纵容违法犯罪活动的法定义务，因此，申诉人消极办案的不作为行为，完全符合不作为犯罪的成立条件。（3）申诉人与唐某海事前有密谋，事后收取了好处费，明知唐某海、司徒某某、罗某乐、罗某日在贩毒而不予抓捕，对唐某海等人的暗中保护行为就是对贩毒犯罪分子的包庇行为。唐某海给予申诉人的好处费是依据罗某乐在某镇贩毒的数量按固定的每克提成10元为标准，视为共同贩毒的提成款并无不当。申诉人身为开平市公安局某派出所的人民警察，属于国家机关工作人员，却包庇毒品犯罪分子，对申诉人的行为应适用《刑法》第349条的规定，原判适用法律正确。（4）一审判决认定申诉人在共同犯罪中起次要作用，是从犯，并已对申诉人从轻处罚。同案人司徒某某在归案后于2013年8月29日作出供述（该时间点早于申诉人），指证申诉人是暗中保护其等贩毒人员的某派出所人员，故公安机关在申诉人供述前已掌握了申诉人参与毒品犯罪的线索，因此申诉人于2013年9月4日在接受纪检机关讯问时如实交代办案机关掌握的上述线索所针对的事实，不能认定为自首。原判根据申诉人在共同犯罪中的地位和作用，判处无期徒刑量刑适当，再审法院作出驳回申诉的结论。

3. 并非所有的知情均可以认定为贩卖毒品罪的共犯，由于《刑法》第349条对窝藏毒品等行为是否构成贩卖毒品的共犯作了严格的限制，即只有事先通谋的，才是贩卖毒品的共犯，而在贩毒人着手实施贩卖毒品活动之后窝藏毒品的，应该属于窝藏毒品罪。

在一起窝藏毒品抗诉案件①中，李某刚与林某勇约定于次日交易毒品海洛因300克。同日晚上，李某刚等人在厦门市集美区某社某甲室内，对拟用于第二天贩卖的毒品海洛因进行加工，行为人（李某波）在旁观看。次日凌晨，李某刚提出要将加工好的海洛因等毒品和加工工具等物品寄存到行为人的暂住处某社某乙室，行为人同意寄存。同日12时许，李某龙在李某刚的指示下找到行为人，从其暂住处将李某刚寄存的毒品及加工工具等物品拿到某社某甲室。2010年1月17日14时许，李某龙在李某刚

---

① 参见郑婉红、杨陆平：《同意他人将毒品寄存于暂住地的行为认定》，载《人民法院报》2011年9月29日，第6版。

的指示下，伙同被告人陈某超携带毒品海洛因来到集美区某镇某茶楼。李某龙让陈某超携带毒品在楼下等候。李某龙到该茶楼212室与林某勇等人商定交易事项。谈妥后，二人交易时被公安人员当场抓获。

一审法院经审理认为，被告人李某龙、陈某超违反国家对毒品管理的规定，伙同他人共同贩卖毒品，其行为均已构成贩卖毒品罪，系共同犯罪。其中，李某龙贩卖海洛因397.9克、咖啡因67.4克；被告人陈某超贩卖海洛因294.8克，均属数量大。李某龙、陈某超共同贩卖海洛因294.8克的共同犯罪中，李某龙携带海洛因到交易现场，直接与买主进行交易，起主要作用，系主犯。陈某超负责在交易现场楼下保管毒品并等候，在共同犯罪中起次要作用，系从犯，依法应当减轻处罚。判决被告人李某龙犯贩卖毒品罪，判处无期徒刑，并处没收个人全部财产。判决被告人陈某超犯贩卖毒品罪，判处有期徒刑12年，并处罚金人民币20000元。行为人明知李某刚贩卖毒品，仍同意李某刚将346克海洛因、67.4克咖啡因及加工毒品犯罪工具等物寄存在其住处，其行为已构成窝藏毒品罪，判处有期徒刑3年。宣判后，检察机关提出抗诉，认为行为人对李某刚等贩卖毒品起了帮助作用，其行为构成贩卖毒品罪，系共同犯罪。一审认定行为人的行为系窝藏毒品罪，属适用法律不当，定性错误。经二审法院审理后认为，行为人应李某刚之要求，同意李某刚将毒品海洛因346克、咖啡因67.4克及加工毒品工具等物寄存在其暂住处，其行为构成窝藏毒品罪。虽然行为人对涉案毒品用于贩卖知情，但是没有任何证据表明行为人与李某刚等人曾经对共同参与贩卖毒品行为有过共谋，行为人也没有参与贩卖毒品的行为。因此，最终认定行为人为窝藏毒品罪，而非贩卖毒品罪的共犯，裁定驳回抗诉，维持原判。

4. 关于窝藏、转移、隐瞒毒品、毒赃罪中的"明知"问题，在通常情况下，应当以普通人的认知水平为标准进行判断，在特殊情况下，如行为人具有毒品犯罪的经历，或者从事过麻醉药品和精神药品的管理工作等，就应结合行为人自身实际水平为标准来判断。一是要根据客观情况，根据一般的经验、常识，普通人能否确切地或可能认识到所窝藏、转移的物品是毒品；二是要根据犯罪分子的个人情况，即从行为人的年龄、民族、知识水平、社会阅历等情况，应当或能够认识到所窝藏、转移、隐瞒的物品是毒品的。

根据司法解释的规定,"明知"包括"知道"或者"应当知道",前者是知道一个明确的事实,如行为人供述已被明确告知或亲眼所见接保管的物品是毒品;后者是推定其知道,可以是知道一种概然性很高的可能性。如故意选择没有检查站的路段绕行,或者经过检查站、点时以假报、隐匿等蒙骗手段逃避检查的;采用将毒品吞服或者非常隐蔽的方式窝藏、转移的;受委托或者雇佣转移毒品获利明显超过正常情况的;在行为人身上、所有物、住宅院落里藏有毒品等。在推定行为人"明知"时,一定要有相当的基础事实。用基础事实可以推定行为人主观上具有明知,但得出的有罪结论并非唯一或者不确定时,应当适用相对较轻的罪名。

如被告人李某国窝藏、转移毒品案①。一审法院以被告人李某国窝藏、转移毒品,情节严重,判处其有期徒刑10年,并处罚金30000元。一审宣判后,被告人李某国以一审法院认定其构成犯罪的证据不充分为由提起上诉,请求宣告其无罪。理由如下:余某让被告人李某国查看路上是否有警察,目的是看路上是否查酒驾;余某只是说存放东西,并没有讲明是何东西;被告人李某国也没有打开过存放的物品。二审法院审理后认为,判断李某国对涉案毒品是否明知,不能仅凭李某国的供述,而应当依据被告人实施毒品犯罪行为的过程、方式、毒品被查时的情形等证据,结合李某国的年龄、阅历、智力等情况,进行综合分析判断。(1)经查,余某在购得毒品返回枝江途中给李某国打电话让其到高速路口接他,并让李某国查看路上是否有警察,李某国遂开车上路查看后到高速路口等候。上述逃避检查的物品交接方式,明显违背惯常合法物品交接方式。(2)李某国收到物品后,既未询问是何物品,也未查看,而是将装有物品的篮子提回家后放在自己睡觉的卧室,并用窗帘遮挡。上述采用隐蔽方式保管物品,明显违背惯常合法物品保管方式。(3)对于以上两点,李某国不能作出合理解释,且结合毒品被查时的情形,足以认定李某国对涉案毒品主观明知。法院对李某国的上诉理由均未予采信。最终裁定驳回上诉,维持原判。

---

① 参见湖北省宜昌市中级人民法院刑事裁定书,(2019)鄂05刑终309号。

四、窝藏、转移、隐瞒毒品、毒赃罪的追诉标准

根据最高人民检察院、公安部《关于公安机关管辖的刑事案件立案追诉标准的规定（三）》的规定，为走私、贩卖、运输、制造毒品的犯罪分子窝藏、转移、隐瞒毒品或者犯罪所得的财物的，应予立案追诉。实施上述行为，事先通谋的，以走私、贩卖、运输、制造毒品罪的共犯立案追诉。

为走私、贩卖、运输、制造毒品的犯罪分子窝藏、转移、隐瞒毒品或者犯罪所得财物的，应当立案。本罪是行为犯，只要行为人实施了为犯罪分子窝藏、转移、隐瞒毒品或者犯罪所得财物的行为，原则上就构成犯罪，应当立案侦查。

为走私、贩卖、运输、制造毒品的犯罪分子窝藏、转移、隐瞒毒品或者毒品犯罪所得的财物的"情节严重"主要包括以下情形：

1.为犯罪分子窝藏、转移、隐瞒毒品达到"数量大"标准的。这是从窝藏、转移、隐瞒毒品数量的角度加以规定的。这主要考虑到毒品的危害性和刑法分则第六章各罪法定刑衔接的角度，将窝藏、转移、隐瞒毒品"数量大"规定为"情节严重"，判处3年以上10年以下有期徒刑，较好体现了不同罪名犯罪性质的差异。并且，也与包庇依法应当判处15年有期徒刑以上刑罚的毒品犯罪分子属于"情节严重"的规定相对应。

如被告人沙某窝藏毒品案[①]。纳某（已判决）为向贩卖毒品人员阿某（已判决）提供货源，从四川省成都市运输毒品海洛因到呼和浩特市。阿某指示纳某将毒品送至呼和浩特市某村被告人沙某租住房，并电话联系被告人沙某代为接收毒品。被告人沙某将毒品藏匿于出租房院内一白色箱内，后被公安民警当场抓获。经称量，民警当场查获的3块毒品疑似物，净重分别为393克、320.1克、30克，从中检出的海洛因成分为51.01%。一审法院审理后认为，被告人沙某帮助贩毒人员藏匿毒品海洛因743.1克的行为构成窝藏毒品罪，且窝藏毒品数量大，应当认定情节严重，判处有期徒刑4年。

---

① 参见四川省凉山彝族自治州中级人民法院刑事判决书，（2018）川34刑初19号。

2.为犯罪分子窝藏、转移、隐瞒毒品犯罪所得的财物价值达到50000元以上的。这是从窝藏、转移、隐瞒毒赃数额的角度规定的。一般认为,窝藏、转移、隐瞒毒赃行为的危害性要小于窝藏、转移、隐瞒毒品行为,但大于一般的掩饰、隐瞒犯罪所得行为。最高人民法院2015年制定的《关于审理掩饰、隐瞒犯罪所得、犯罪所得收益刑事案件适用法律若干问题的解释》第3条规定,一般情况下,掩饰、隐瞒犯罪所得及其产生的收益价值总额达到100000元以上的属于"情节严重",但掩饰、隐瞒救灾、扶贫等特定款物价值达50000元的即为"情节严重"。"两高"2011年制定的《关于办理危害计算机信息系统安全刑事案件应用法律若干问题的解释》第7条也规定,涉及此类犯罪而掩饰、隐瞒违法所得50000元以上的属于"情节严重"。考虑到毒品犯罪的特殊性,为体现依法严惩,将窝藏、转移、隐瞒毒赃"情节严重"的标准规定为50000元以上。

如被告人张某等转移毒赃案①。被告人张某得知张某勇的儿子张某甲、张某乙因为贩卖毒品被公安机关抓获,张某勇为张某甲子女的生活费用问题发愁。张某找来周某与张某勇共同商议,决定将张某甲储蓄在银行卡账户中贩毒所得的毒赃转出用于支付张某甲子女的生活费等费用。通过补办手机卡、绑定微信号后,张某又找来被告人张某贵。2019年11月4日至7日间,张某、张某勇、周某、张某贵通过微信转账的方式多次将78000元转移到微信账户,并提现74000元交给张某勇,余款4000元由周某使用。一审法院认为,被告人张某、张某勇、周某、张某贵转移的毒赃数额超过50000元,均属情节严重,依法均应在"三年以上十年以下有期徒刑"的量刑幅度内科刑,根据各被告人犯罪的事实,犯罪的性质、情节等,判处张某有期徒刑3年;张某勇、周某有期徒刑1年6个月;张某贵有期徒刑1年。

3.为多人或者多次为他人窝藏、转移、隐瞒毒品或者毒品犯罪所得的财物的,这是从犯罪情节的角度加以规定。

如被告人张某梅转移、隐瞒毒赃案②。被告人张某梅的丈夫加某为了贩卖毒品在某县农商行办理了信合卡,购毒者将所购毒资打进其卡内后,

---

① 参见广西壮族自治区北流市人民法院刑事判决书,(2020)桂0981刑初28号。

② 参见陕西省榆林市中级人民法院刑事判决书,(2016)陕0831刑初120号。

加某将毒品直接送货或将毒品送到指定地点的方式进行毒品交易。2015年11月26日,该县公安局民警在县农商银行对被告人张某梅及其丈夫加某进行现场盘查时,在加某的上衣口袋内查获毒品海洛因12小包,计10.77克,现金2000元。在被告人张某梅身上查获涉毒赃款15000元。经查,加某用于贩卖毒品的农商银行卡流水打进毒资共计324540元,已全部转移。其中,被告人张某梅在此银行卡内共支取12次,取出毒资128500元,并将取出的毒资转移至其母朱某名下的农行账号。另查明,涉案毒赃款被县公安局收缴。法院认为,被告人张某梅明知毒品犯罪所得财物而进行隐瞒、转移,其行为侵犯了国家对毒品的管理制度和国家的司法秩序,触犯了我国的刑律,构成转移、隐瞒毒赃罪,被告人张某梅多次转移毒赃,情节严重情形,故判决被告人张某梅犯转移、隐瞒毒赃罪,判处有期徒刑3年2个月。涉案毒赃128500元予以没收。

4.严重妨害司法机关对该犯罪分子实施的毒品犯罪进行追究的,这是从犯罪的行为后果加以规定,在实践中,以此认定窝藏、转移、隐瞒毒品、毒赃罪情节严重的情形极少,可以从行为人窝藏、转移毒品致其灭失而导致司法机关难以认定上游犯罪等情形慎重把握。

为全面贯彻宽严相济刑事政策,根据最高人民法院《关于审理毒品犯罪案件适用法律若干问题的解释》在第6条第3款规定,对于窝藏、转移、隐瞒毒品、毒赃罪也规定了可以免予刑事处罚的特定情形,适用时与包庇毒品犯罪分子罪的条件相同。一是行为人犯罪情节较轻,论罪应当判处3年以下有期徒刑、拘役或者管制。二是归案后认罪、悔罪并积极退缴毒品、毒赃,以便依法追究走私、贩卖、运输、制造毒品犯罪分子的刑事责任,突出毒品犯罪的打击重点。三是属初犯、偶犯。最后还要综合评价其行为属于《刑法》第37条规定的"犯罪情节轻微不需要判处刑罚的"情形。

如被告人李某犯窝藏毒品案①。毒贩李某仁以200元的价格将一小包毒品冰毒贩卖给应某某,后由李某仁之妻项某英在其家楼下与应某某完成交易,项某英被公安机关当场抓获,并扣押交易毒品。李某仁得知项某英被抓后,将房间内的毒品和相关工具交给被告人李某嘱其放好。被告人李

---

① 参见浙江省温州市龙湾区人民法院刑事判决书,(2016)浙0303刑初991号。

某遂将毒品、毒品分装工具等藏匿到自己卧室的床铺下。后公安机关上楼将被告人李某抓获,在被告人李某的卧室内查获冰毒9.8克及毒品分装工具等物品。一审法院审理后认为,被告人李某为近亲属窝藏毒品甲基苯丙胺9.8克,已构成窝藏毒品罪,但其归案后认罪、悔罪,且系初犯、偶犯,犯罪情节轻微不需要判处刑罚,最终判处免予刑事处罚。

第二节　窝藏、转移、隐瞒毒品、
毒赃罪的证据审查

一、窝藏、转移、隐瞒毒品、毒赃罪的证据要件

（一）客体方面的证据要件

通过证明行为人实施的窝藏、转移、隐瞒毒品、毒赃行为的证据，证明其侵害了国家对毒品的管制和国家司法机关的正常活动。实践中，要注意对行为人明知窝藏、转移、隐瞒的对象是走私、贩卖、运输、制造毒品犯罪分子的毒品和毒赃等证据的收集和认定。如果无证据证明行为人明知是毒品、毒赃而代为保管、收藏的，即便客观上也确实起到帮助毒品犯罪分子的作用，但仍不能认为行为人是对国家管制毒品犯罪和国家司法机关正常活动的侵犯。

（二）客观方面的证据要件

1. 犯罪嫌疑人、被告人的供述与辩解

（1）窝藏、转移、隐瞒毒品、毒赃的时间、地点、参与人、方式、次数和经过等；

（2）毒品、毒赃的来源、种类、数量、主要特征、去向以及窝藏、转移、隐瞒毒品、毒赃的条件、对价等；

（3）窝藏、转移、隐瞒毒品、毒赃情节严重的证据；

①窝藏毒品、毒赃的数量等相关情况；

②为犯罪分子窝藏、转移、隐瞒毒品犯罪所得的财物价值；

③为多人或者多次为他人窝藏、转移、隐瞒毒品或者毒品犯罪所得

的财物的；

④严重妨害司法机关对该犯罪分子实施的毒品犯罪进行追究的（如窝藏、转移、隐瞒毒品行为造成毒品流入社会的；毒赃流入毒品犯罪集团的等）。

（4）共同犯罪的，各行为人之间如何进行犯意联络、联络内容、具体分工，以及在共同犯意支配下各行为人实施的行为和相应后果等。

2. 证人证言

关系人、目击人、发现人等知情人员的证言，证明其与行为人、上游犯罪嫌疑人之间的关系，以及所知悉的行为人实施窝藏、转移、隐瞒毒品、毒赃的实施情况等。

3. 物证、书证

行为人实施犯罪提供的工具、资金及场所，毒品、毒赃的权属、来源、表现形式、种类、数量、价值、去向等。

（1）作案工具、涉案毒品、毒赃、资金及清单；

（2）便条、收据、账本等；

（3）行为人与案件有关的资金进出流水账、记账凭证等。

4. 鉴定结论

（1）毒品的鉴定意见；

（2）毒品、毒赃及相关物品表面的指纹、痕迹的鉴定等。

5. 现场勘验等侦查笔录

（1）对毒品、毒赃隐藏的场所开展侦查活动所制作的现场勘查笔录、搜查笔录、提取笔录等；

（2）对相关场所、毒品、毒赃以及人员的辨认笔录等。

6. 视听资料、电子数据

（1）监控视听资料；

（2）用手机、相机等设备拍摄的反映案件情况的资料；

（3）计算机、手机等电子设备中，与犯罪有关联的电子数据。如微信、QQ网络聊天记录、交易记录等。

（三）主体方面的证据要件

1. 证明行为人刑事责任年龄、身份等自然情况的证据。

2. 证明行为人刑事责任能力的证据。

（四）主观方面的证据要件

1. 犯罪嫌疑人的供述与辩解

（1）窝藏、转移、隐瞒毒品、毒赃的犯罪动机、目的、时间、地点、手段、经过等；

（2）是否明知窝藏、转移、隐瞒的是他人的毒品或是毒品犯罪所得的赃物，是否获取非法利润、牟利、营利等情况；

（3）是否明知自己提供帮助的对象是毒品犯罪分子，是否明知自己的行为是帮助其逃匿或者逃避、减轻处罚的行为，是否明知自己帮助其逃匿或者逃避、减轻处罚的行为，会对刑事诉讼活动产生影响；

（4）共同犯罪的，各行为人之间如何进行犯意联络、联络内容、具体分工等情况。

2. 证人证言

（1）行为人与毒品犯罪分子的关系和了解程度，实施窝藏、隐瞒、转移毒品、毒赃行为的时间、地点、参与人员、方法手段和过程等；

（2）行为人是否将犯罪的情况告知毒品犯罪分子，告知的具体时间、地点、内容，有无其他人员在场；

（3）窝藏、转移、隐瞒毒品、毒赃产生的后果。

3. 物证、书证

如收条、毒品、现金等，证实行为人窝藏、转移、隐瞒毒品、毒赃的时间、数量、交易人、对价等。

二、窝藏、转移、隐瞒毒品、毒赃罪常见证据审查

（一）窝藏、转移、隐瞒毒品、毒赃罪的证据特点

在司法实践中，窝藏、转移、隐瞒毒品、毒赃案件由于本身是毒品犯罪，除了证明犯罪对象是毒品或毒赃以外，主要的待证事实有两方面：一是要证明行为人实施了窝藏、转移、隐瞒毒品、毒赃的事实。由于该罪的犯罪对象是上游犯罪也即走私、贩卖、运输、制造毒品犯罪的毒品或犯罪所得，犯罪行为也主要在上游犯罪行为人与实施窝藏、转移、隐瞒的行为人之间进行，故要证明存在实施了上述事实，主要的证据是上游犯罪行

为人的证词及本罪犯罪嫌疑人的口供。二是要证明行为人对本罪对象毒品和毒赃来自上游犯罪是明知的。证明这一事实最直接的证据也是犯罪嫌疑人的口供。这些口供要与其他证据相结合才能证明案件主要事实，由于上游犯罪是毒品案件，在侦查中往往还有现场勘查、痕迹检验，可能还有技侦证据，要综合审查认定上述事实。

（二）窝藏、转移、隐瞒毒品、毒赃罪的主要证据审查

对窝藏、转移、隐瞒毒品、毒赃案件主要证据是言词证据和物证，基本的审查原则还是两个方面：一是对确定案件每个证据客观真实的基础上，进而判断每个证据的证明力。二是对每个证据审查判断的基础上，把在案全部证据联系起来，进行综合分析，找出其内在联系，考查在案证据是否充分，判断在案证据对案件事实的证明力，从而对案件事实作出结论。

1. 言词证据的审查

对犯罪嫌疑人、被告人的讯问笔录要全面，包括与上游犯罪行为人的联系、犯意的提起，重点关注犯罪动机和目的，审查犯罪嫌疑人、被告人供述的犯罪时间、地点、过程和细节，是否明知是毒品或毒赃，以及毒品、毒赃的来源、种类、数量、去向，以及被抓获的情况等。同案犯罪嫌疑人、被告人供述不能相互矛盾，各犯罪嫌疑人、被告人对同一事实情况的供述细节上要一致，特别是关键细节的印证点要一致。

窝藏、转移、隐瞒毒品、毒赃案件中的证人，主要是案件的当事人、知情人（包括上游犯罪的犯罪嫌疑人、被告人）、提供案件线索的人（包括特情人员）、案件中某个环节或者阶段的证明人（包括提供运输工具、窝藏地点的人，出租车、客车驾驶员，物流或者邮递承接人）以及其他目击者等。审查证人证言时应当注意把握：要首先审查证人与行为人之间的关系，同时，审查证言内容与案件是证人直接感知还是传来证据，证言内容与案件事实的关联性以及与其他证据的关联性有无矛盾，能否相互印证。证人提供证言时不能受到他人指使、收买或者暴力、威胁、引诱、欺骗、暗示。要查明案发时间与作证时间的间隔长短，证言内容的准确性不能受到影响。同一证人出具多份证言内容不一致的，应当分析证言改变的原因，结合其他证据判断真伪。

如被告人赵某贞窝藏毒赃案①。2011年以来，被告人赵某贞的弟弟赵某甲（另案处理）在南平市延平区长期贩卖毒品。2016年初，被告人赵某贞应赵某甲要求帮忙借到一张户名为张某的建设银行卡，赵某甲在取得该建设银行卡后便用于存取贩卖毒品所得的收益。其间，赵某甲因身体残疾数年无生活自理能力，故无法自行前往银行存取毒资，于是要求被告人赵某贞帮忙，被告人赵某贞先后4次帮助赵某甲将毒资存入其为赵某甲借到的建设银行卡16700元、35000元、23100元和9000元。后公安机关在南平市延平区某路某号某单元某室内抓获被告人赵某贞及赵某甲等人，并从被告人赵某贞手中查获赵某甲所有的一袋冰毒。

一审法院认为被告人赵某贞明知是他人贩卖毒品所得的收益，仍多次予以窝藏，情节严重，其行为已构成窝藏毒赃罪，判处有期徒刑3年8个月，83800元毒赃继续予以追缴，上缴国库。被告人赵某贞不服，提出上诉称，其不知所存钱款是赵某甲用于贩卖毒品的钱款，其辩护人提出公安机关在讯问阶段存在诱供的情形，原判推定上诉人主观明知赵某甲贩毒的事实不清，证据不充分，应根据"疑罪从无"的原则，宣告上诉人无罪。二审法院审理后查明，一是对于证据合法性方面，上诉人被抓获后，公安机关对其所作的讯问笔录均有制作同步录音录像，从公安机关讯问的录像看，该讯问程序合法，并经一审庭审举证、质证，可以作为本案的定案依据；二是对于上诉人的主观明知方面，上诉人的多位亲属的证言均证实上诉人案发前已知道其弟弟有吸毒、贩毒的行为，该节证人证言和被告人的供述能够相互印证，足以认定上诉人主观上明知其弟弟贩卖毒品的事实。另从上诉人在侦查阶段所作供述的内容来看，其弟弟赵某甲向其借银行卡存取款时，其因害怕赵某甲将其银行卡用于跟毒品有关的事情会牵连到自己，所以没有使用自己的银行卡，而是向其姐夫张某借卡用于存取款，因此，原判综合全案的事实、证据分析，推定上诉人主观上应明知是其弟弟贩卖毒品的所得收益，仍多次帮忙存储，并无不当。故二审法院未采纳上诉人及其辩护人提出的诉辩意见，裁定驳回上诉，维持原判。

2. 对物证的审查判断

在窝藏、转移、隐瞒毒品、毒赃案件中，上游犯罪的毒品和毒赃不

---

① 参见福建省南平市中级人民法院刑事裁定书，（2017）闽07刑终250号。

仅是本案的犯罪对象还是主要的物证，它与案件情况存在着必然的联系，对本罪的成立起着至关重要的作用。实践中，物证的来源通常是通过上游犯罪的被害人和上游犯罪人进行辨认。物证除了毒品以外还包括毒品包装物、装载物，从包装物上提取物质以及装载毒品的工具等。在收集物证的过程中，应当从以下方面重点把握：由于涉及窝藏、转移、隐瞒，毒品的来源可以间接认定行为人的主观明知，要注重对毒品可疑物、毒赃来源的审查，应当依据法律规定制作查获经过笔录、检查笔录、搜查笔录、提取笔录、毒品称量、指认、收缴扣押笔录，上述笔录应当完整记载查获毒品可疑物的时间、地点及经过，检查或搜查详细情况，毒品可疑物包装、数量、形状、颜色及外观特征，称量时间、地点、方法，犯罪嫌疑人指认、在场人见证等情况，并由侦查人员、犯罪嫌疑人、见证人签名认可，犯罪嫌疑人拒绝签名或有意见的要记明原因。

　　依法应当追缴或者没收的财物、违禁品，侦查机关应当提供扣押物品清单，并向检察机关移送证明属于被告人的财产、违法所得或者供犯罪所用的本人财物的相关证据，以便法院作出判决。预谋贩毒案件中，查获的毒资、犯罪工具应当提取、扣押，并制作相应笔录，涉案银行存款应当冻结。侦查机关应当随案移送涉案款物，不能随案移送的，应当移送涉案款物的扣押笔录、提取笔录和扣押物品清单，并证明其与犯罪的关联性。

第三节 窝藏、转移、隐瞒毒品、毒赃罪的认定处理

一、罪与非罪的界限

区分罪与非罪的界限,要注意《刑法》第349条对本罪没有"数额"和"情节严重"的具体规定。从原则上说,窝藏、转移、隐瞒毒品、毒赃的行为都可构成犯罪,但司法实践中,要综合全案情况,具体分析,不能把一切窝藏、转移、隐瞒的行为都认定为犯罪,如果窝藏、转移、隐瞒毒品、毒赃的数量很小,又是初犯、偶犯等,主观恶性较小,一般可不作为犯罪处罚。

二、本罪与其他犯罪的界限

(一)窝藏毒品罪与非法持有毒品罪的界限

《刑法》第348条规定的非法持有毒品罪,是指明知是毒品而非法持有且数量较大的行为。此处的持有表现为对毒品一种事实上的支配关系,可以表现为占有、携有、藏有或以其他方法支配毒品,既包括直接持有,也包括间接持有,还包括共同持有。持有毒品时并不要求行为人是毒品的所有者或占有者,也不要求必要的持有时间,只需达到一定数量即可构成犯罪。窝藏毒品罪与非法持有毒品罪在客观方面表现相似,但仍有非常明显的区别:

1.主观方面不同。窝藏毒品罪的行为人有以帮助实施走私、贩卖、运输、制造毒品犯罪的行为人逃避法律追究的主观目的,非法持有毒品罪

则只需明知是毒品而非法持有即可。

2. 犯罪对象不同。窝藏毒品罪的犯罪对象是其他毒品犯罪分子实施走私、贩卖、运输、制造的毒品和毒赃,而非法持有毒品犯罪的行为人持有的毒品,既可以是自己所有、占有的毒品,也可以是他人所有、占有的毒品,且行为人是否知道所有者、占有者,不影响该罪成立。

3. 构成犯罪标准不同。窝藏毒品罪对毒品的数量没有要求,一般来说,只要实施了窝藏毒品的行为都可构成犯罪。而成立非法持有毒品罪则对持有的毒品数量有明确的要求。

4. 侵犯的客体不同。窝藏毒品罪侵犯的客体是国家对毒品的管理秩序和国家司法机关查缉毒品犯罪的正常活动。窝藏毒品行为,不仅帮助犯罪分子隐匿罪证,妨害司法机关的调查取证,使犯罪分子逃避法律制裁,而且为毒品犯罪分子继续犯罪提供物质条件。而非法持有毒品罪侵犯的客体则是国家对毒品的管理秩序和公众的健康。

司法实践中,如果在被告人家中搜查出数量较大的毒品,但被告人拒不交代毒品的来源,或者对毒品的来源作虚假供述的,无论涉案毒品是不是被告人窝藏的他人毒品,均应该对其认定为非法持有毒品罪[①]。如果能查清毒品来源,认定被告人确系藏匿他人毒品,则应当以窝藏毒品罪定罪处罚。

需要注意的是,有人认为非法持有毒品罪在主观上是"单纯持有",也就是既不是为进行其他毒品犯罪而持有,也不是为其他犯罪分子而持有,这种说法具有一定合理性,但要明确的是,所谓的"单纯持有"只是从证据认定角度来说的,并不一定代表客观事实。司法实践中,非法持有毒品的来源是多种多样的,有的可能是自己加工制造的,有的可能是购买而来的,有的可能是他人赠送的,有的可能是捡拾而来,有的可能是受委托保管的,有的可能是通过盗窃、抢劫等非法手段获得的,但只要行为人拒不说明毒品的来源,在案也无法证实毒品的来源和用途的话,作为兜底罪名可以认定为非法持有毒品罪,所以,在这种情况下,所谓的"不是为其他犯罪而持有"或单纯持有仅仅是从证据角度而言,是一种案件事实而不是客观事实。因此,如果有证据证明持有毒品是为了走私、贩卖、运

---

① 参见张勇等主编:《法官智典刑事卷》,人民法院出版社 2018 年版,第 192 页。

输、制造毒品，或是行为人自己制造出以后的自然持有，应认定为走私、贩卖、运输、制造毒品罪，而不是非法持有毒品罪。如果有证据证明持有毒品是为了走私、贩卖、运输、制造毒品的犯罪分子藏匿毒品，帮助他们逃避法律处罚的，应定窝藏毒品罪，而不是非法持有毒品罪。只有根据已经查明的证据，尚不能确认持有的毒品是为了走私、贩卖、运输，既不是行为人自己制造的，也不是为走私、贩卖、运输、制造毒品犯罪分子窝藏的，才能按非法持有毒品罪处理。

（二）为非法持有毒品犯罪嫌疑人窝藏毒品行为的定性

司法实务界与刑法理论界对于为非法持有毒品的犯罪嫌疑人窝藏毒品的行为如何定性均存在争议。刑法理论界存在两种不同观点：一种观点认为，如果通谋的，构成非法持有毒品罪的共同犯罪，如果事先没有通谋而事后提供窝藏毒品帮助的，同样也构成非法持有毒品罪的共犯。另一种观点认为，只有当行为人与非法持有毒品的犯罪嫌疑人事先通谋，才成立非法持有毒品罪的共犯，如果事先无通谋而事后为非法持有毒品的犯罪分子窝藏毒品，主观上对毒品明知的，构成《刑法》第349条规定的窝藏毒品罪。与此相同，司法实务界同样存在上述两种不同意见，甚至对上述行为既有判处非法持有毒品罪的也有判处窝藏毒品罪的判决。

如被告人杨某非法持有毒品、许某窝藏毒品案①。2013年3月22日晚，被告人杨某在兰州市某二手车交易市场门口从他人处购来约110余克海洛因，分为5小包后于当日22时许交给被告人许某藏匿在家中。2013年3月23日20时许，被告人杨某经过电话联系后，驾车与被告人许某前往兰州市某二手车交易市场门前，由被告人杨某从他人处购来海洛因一包后交给被告人许某携带。次日凌晨1时许2人返回至兰州市西固区某大厦附近时被公安人员抓获，当场查获被告人许某扔在马路边的上述海洛因一包，净重50.3克。随后，根据被告人许某的主动交代，在其家中查获被告人杨某于3月22日晚让其藏匿的海洛因5小包，净重113克。

该案中，检察机关指控两被告人均构成非法持有毒品罪，而一审法

---

① 参见甘肃省兰州市中级人民法院，（2013）兰刑二初字第66号刑事判决书；甘肃省高级人民法院，（2014）甘刑二终字第22号刑事判决书。

院判决认定被告人杨某构成非法持有毒品罪、被告人许某构成窝藏毒品罪。宣判后，检察机关提出抗诉，认为一审法院对被告人许某变更罪名错误。而二审法院经审理认为，抗诉机关的抗诉理由成立，主要理由在于：首先，窝藏毒品罪的成立必须有上游犯罪的存在，根据《刑法》第349条的规定，窝藏毒品罪的上游犯罪应为走私、贩卖、运输、制造毒品罪，而本案杨某定性为非法持有毒品罪，许某在本案中的地位和作用依附于杨某，杨某没有按走私、贩卖、运输、制造毒品罪来定罪，许某的行为也不应构成窝藏毒品罪。其次，窝藏类犯罪与上游罪名都存在明知的问题，但窝藏类犯罪的明知时间应在事后，如果事前或者事中明知，窝藏类犯罪的被告人与上游犯罪的被告人构成上游犯罪的共犯，不再以窝藏罪定罪处罚。本案证据显示，许某在事前或者事中明知并参与了杨某购买毒品的行为，因此，杨某的行为构成非法持有毒品罪，许某亦构成非法持有毒品罪，二人为共同犯罪，但许某为本案的从犯。最后，是否为毒品的所有者并不是区分非法持有与窝藏的标准，持有是一种事实上的支配，具体表现为占有、携带等方式，并不要求具有排他性，如果行为人（所有者）认为自己管理毒品不安全，完全可以与他人共同持有。因此，本案中许某虽说不是毒品的所有者，但在行为性质上也完全可以定性为非法持有毒品罪。综上，许某的行为构成非法持有毒品罪，与杨某构成共同犯罪，杨某为主犯，其为从犯。最终，二审法院改判被告人许某构成非法持有毒品罪。

我们认为这种情形下应认定为非法持有毒品罪，理由如下：第一，从《刑法》第349条的规定来看，该条分别规定了包庇毒品犯罪分子罪和窝藏、转移、隐瞒毒品、毒赃罪两个罪名，这两个罪在性质上类似，均属于毒品犯罪的事后帮助行为；而从条文之间的关系看，这两个罪名的罪状之间具有承接关系。包庇毒品犯罪分子罪的对象仅限于走私、贩卖、运输、制造毒品的犯罪分子，而不包括其他毒品犯罪分子，而窝藏、转移、隐瞒毒品、毒赃罪中的"犯罪分子"很明显与包庇毒品犯罪分子罪具有相同含义，理应限于走私、贩卖、运输、制造毒品的犯罪分子，而不包括非法持有毒品的犯罪分子。立法作如上规定，只是出于文法表述简洁的考虑——两罪在同条同款中紧接规定，如果在前罪已作限定的情况下，在后罪中再作相同表述，则会出现不必要的重复，使条文用语显得累赘而不够精练；否则，就会出现性质类似的罪行，因构成条件重大差异而有失协调的情形，这显然不符合法律的基本解释原理，有违立法精神。第二，非法持有毒品罪属于继续犯，即犯罪既遂后非法持有毒品的犯罪行为和不法状态仍同时持续，在此期间，他人帮助窝藏毒品的，属于事中通谋的代持毒品行为，而不是事后帮助行为，应构成非法持有毒品罪的共同犯罪。第三，从窝藏类犯罪的构成特征看，其犯罪对象为财物时应为犯罪所得财物，而非法持有毒品罪犯罪分子所持有的毒品并非一定是犯罪所得，比如行为人可通过继承、捡拾、购买等方式持有毒品，因此，为非法持有毒品的犯罪分子窝藏毒品的行为并不符合窝藏类犯罪的构成特征。第四，如果对这种情形认定为窝藏毒品罪，实质上是不当地忽视了行为人之间均对毒品具有实际支配的客观事实。第五，从《刑法》第349条第3款规定可以进一步、更明显地看出，认为"窝藏、转移、隐瞒毒品、毒赃罪中的犯罪分子包括非法持有毒品的犯罪分子"这种观点的不合理性。该款规定，犯前两款罪（即包庇毒品犯罪分子罪和窝藏、转移、隐瞒毒品、毒赃罪），事先通谋的，以走私、贩卖、运输、制造毒品罪的共犯论处。若按上述观点，只要事先通谋的，行为人即便是为非法持有毒品的人窝藏、转移毒品的，也要以走私、贩卖、运输、制造毒品罪论处，这显然严重违背了共同犯罪的基本原理。综上，在为犯罪分子窝藏毒品的案件中，具体的认定规则为：如果与走私、贩卖、运输、制造毒品的犯罪分子通谋，为其窝藏毒品的，构成走私、贩卖、运输、制造毒品罪的共同犯罪；如果事先与走私、贩卖、运输、制造毒品的犯罪分子无通谋，事后窝藏毒品的，构成窝藏毒品罪。无论与非法持有毒品的犯罪分子是否事先通谋，只要在其非法持有毒品后为其窝藏毒品的，均构成非法持有毒品罪的共同犯罪。

如被告人曾某聪制造毒品、转移毒品案①。被告人曾某聪在广东省清远市某酒店门前从曾某彬处取得一个黑色背包，在明知该背包装有大量毒品的情况下，仍驾驶一辆红色北京现代小轿车将该背包带至曾某彬位于清远市的租住处。2015年11月17日凌晨1时许，公安机关将被告人曾某聪抓获，当场从其裤袋内、驾驶的车内、携带的背包内起获大量毒品。一审法院认为，被告人曾某聪非法持有毒品数量大，其行为已构成了非法持有毒品罪，判处有期徒刑13年，并处罚金人民币20000元。被告人曾某

---

① 参见广东省清远市中级人民法院刑事判决书，（2017）粤18刑终308号。

聪不服，提出上诉，称对其应认定为转移毒品罪。经二审法院审理查明的事实、证据与一审查明的事实和证据一致，但二审法院认为，对于上诉人行为的认定，必须根据在案证据，从其主观方面及其客观行为进行全面分析，再根据主客观相统一的原则来评价其行为的性质。

具体到本案中，关于上诉人的客观行为方面，其只是应曾某彬的要求，将毒品转移至曾某彬指定的地点。本案中无证据证明曾某聪是该批毒品的所有者，也没有证据证明其受他人指使保管该批毒品，上诉人在转移毒品过程中存在对毒品一定时间内的支配和控制，但并不意味着其对该批毒品享有实际上的支配和控制权限。故其客观行为应认定为实施了转移毒品行为。关于上诉人的主观方面，其与同案人曾某彬的供述皆供认曾某彬只是要求上诉人帮忙转移毒品，而上诉人也确实按曾某彬的要求实施了转移毒品的行为。现有证据证明，上诉人在主观上有接受他人安排为他人转移毒品的故意。非法持有毒品罪无论是主观上还是客观上均要求行为人对毒品达到控制与支配的程度。本案中上诉人客观上在转移毒品过程中对毒品有一定程度的支配与控制，但尚未达到认定非法持有毒品罪所要求的支配与控制程度；主观上亦不能推定上诉人有支配与控制该批毒品的故意，故其行为并不符合非法持有毒品罪的构成要件，因此其行为不构成非法持有毒品罪。本案中上诉人主观上有转移毒品的故意，客观上实施了转移毒品的行为，故其行为应定性为转移毒品罪，该定性符合主客观相一致的原则。上诉人转移毒品数量大，应认定为情节严重。故二审法院认为，曾某聪明知是毒品，仍帮助他人转移毒品，其行为已构成转移毒品罪，且属情节严重。改判曾某聪犯转移毒品罪，判处其有期徒刑 5 年。

（三）转移毒品罪与运输毒品罪的区别

《刑法》第 347 条规定的运输毒品罪，是指采用携带、邮寄、利用他人或者使用交通工具等方法在我国领域内转移毒品。而转移毒品罪中的转移限于为使走私、贩卖、运输、制造毒品的犯罪分子逃避法律追究而转移毒品。可见二者在客观方面都表现为改变毒品的空间位置。在实践中，主要是以行为人改变毒品位置的主观目的和毒品的进一步流向作为区分二者的界限。以帮助其他毒品犯罪分子逃避法律制裁为目的转换毒品藏匿处所的，构成转移毒品罪；行为人改变毒品位置是为下一步进行走私、贩卖、再加工等的,则构成运输毒品罪。

如被告人周某贩卖毒品、吴某杰、张某敏转移毒品案①。被告人周某携带毒品入住某酒店602客房。次日,又用假身份证在该酒店开了1903客房。3月18日晚,周某电话联系夏某婷(另案处理)寻找毒品下家。19日晚,周某与夏某婷、周某甲、吴某、张某(均另案处理)等人在上海市某路某号某酒店515房间内,商定以每盎司人民币9500元的价格共出售价值20万元的冰毒给夏某婷等人。其间,周某感觉情形不对,以去拿货为由,离开某酒店返回上海某甲酒店,让被告人吴某杰将冰毒834.27克、二甲基安非他明51.2克毒品转移。吴某杰将毒品拿回家中藏匿后,又联系被告人张某敏将毒品交给其,张某敏将毒品藏匿于某路某号某饮食店内。上述毒品在吴、张被抓获后被警方缴获,被告人周某被抓获后又被警方缴获冰毒2.8克、二甲基安非他明4.03克、氯胺酮0.74克。

经法院审理查明,被告人吴某杰虽自己承认、张某敏亦供称吴是周某的马仔,帮周某送货,但周某予以否认,且无其他证据足以证实。此次周某在某酒店515房间内与夏某婷等人洽谈贩毒事宜时,吴未在场,也无证据证明吴某杰参与了贩卖毒品的事先共谋。现有证据只能证明吴某杰临时受周某指使,单纯实施了转移毒品的行为。同理,张某敏对周某贩毒,也只是凭主观推测,没有证据证明其事先参与贩毒共谋,故对张也应以其具体实施的行为,即协助吴某杰转移毒品来确定罪名。再从相关证据来看,周某在将东西交给吴某杰时即交待:"东西放在这里不安全,你拿回家,我需要你再拿来。"另据吴某杰供述:"知道里面是冰毒(大约有1公斤)。"可见,吴某杰是在明知周某交给自己的东西是毒品的情况下,为了帮助周某逃避司法的打击,抗拒司法机关对毒品的追缴,而实施的转移毒品行为,且吴、张二人帮助周某转移毒品数量大(冰毒834.27克、二甲基安非他明51.2克),使得司法机关在逮捕周某时仅从其身上搜到少量毒品(2.8克冰毒、4.03克二甲基安非他明、0.74克氯胺酮)。由此可能造成本应被判无期徒刑以上刑罚的毒贩子,因认定其犯罪的重要证据不足(无法查到毒品),而难以追究其刑事责任的严重后果。综合上述情况来看,对吴、张均应以转移毒品罪定罪处罚。

---

① 参见上海市第一中级人民法院刑事判决书,(2008)沪一中刑初字第22号。

（四）本罪与掩饰、隐瞒犯罪所得、犯罪所得收益罪的区别

《刑法》第312条规定的掩饰、隐瞒犯罪所得、犯罪所得收益罪是指明知是犯罪所得及其产生的收益，而予以窝藏、转移、收购、代为销售或者以其他方法掩饰、隐瞒的行为。此二罪在客观方面都有替犯罪分子窝藏、转移犯罪赃物的行为，主观方面都出于故意。两罪存在法条竞合关系，根据特别法优于一般法的原则，当窝藏、转移、隐瞒的是毒品、毒赃的情形时，优先适用特别法，即窝藏、转移、隐瞒毒品、毒赃罪的规定；当行为不构成窝藏、转移、隐瞒毒品、毒赃罪时才能适用掩饰、隐瞒犯罪所得、犯罪所得收益罪的规定。

两罪的不同之处主要体现在以下几个方面：

1.犯罪客体不同。掩饰、隐瞒犯罪所得、犯罪所得收益罪的犯罪客体是司法机关追查犯罪和追缴赃物的正常活动；而窝藏、转移、隐瞒毒品、毒赃罪的犯罪客体是国家对毒品的管理制度和惩治毒品犯罪的正常活动。

2.犯罪对象不同。两罪在犯罪对象上既有竞合，又有所区别。掩饰、隐瞒犯罪所得、犯罪所得收益罪的犯罪对象是一切刑事犯罪活动所得的财物及其财产性利益，即所有犯罪所得的赃物。犯罪对象主要是物品，包括通过犯罪直接获得的物品，经加工、改良后的物品以及通过该物品所获取的收益。而窝藏、转移、隐瞒毒品、毒赃罪的对象仅限于毒品或者毒品犯罪活动所得的财物。

3.行为表现方式不完全相同。掩饰、隐瞒犯罪所得、犯罪所得收益罪的行为方式有多种多样，表现为对犯罪所得及其产生的收益进行窝藏、加工、收受、转移、买卖、介绍买卖及其他性质相同的掩饰、隐瞒方式；而窝藏、转移、隐瞒毒品、毒赃罪的行为方式表现为窝藏、转移、隐瞒毒品和毒品犯罪所得的赃物的行为。

4.主观方面的认识要素不同。两罪在主观方面都是出于故意，但是在掩饰、隐瞒犯罪所得、犯罪所得收益罪中行为人只要明知自己窝藏、转移、收购、代为销售的是他人犯罪所得及其收益即可成立故意；而在窝藏、转移、隐瞒毒品、毒赃罪中，行为人还必须明知犯罪对象是毒品犯罪分子的毒品或者进行毒品犯罪所得的赃物。应该说窝藏、转移、隐瞒毒

品、毒赃罪在主观认识上的要求比掩饰、隐瞒犯罪所得、犯罪所得收益罪更加严格。由于两罪在主观认识因素上的不同,当出现行为人误以为其所掩饰、隐瞒的毒品或者毒赃只是一般的犯罪所得及其收益时,这种情况属于事实上的认识错误,不能以窝藏、转移、隐瞒毒品、毒赃罪定罪处罚,而以掩饰、隐瞒犯罪所得、犯罪所得收益罪论处才能体现主客观相一致的原则。

5.犯罪主体不同。掩饰、隐瞒犯罪所得、犯罪所得收益罪的主体是自然人和单位;而窝藏、转移、隐瞒毒品、毒赃罪的犯罪主体是自然人,如果出现单位为毒品犯罪分子窝藏、转移、隐瞒毒品和毒赃的情况时,根据罪刑法定原则只能处罚实施该行为的自然人。

如被告人范某霞窝藏、转移毒品案[①]。2014年4月10日10时许,被告人范某霞电话指使白某甲在濮阳市某路某园22号楼3单元门口将装有毒品疑似物的书包交给吕某保管,10时30分许,吕某被某派出所民警抓获,并当场在吕某携带的书包里查获毒品11包。庭审中,其辩护人认为被告人范某霞构不成窝藏、转移毒品罪,符合掩饰、隐瞒犯罪所得罪,且毒品未流入社会未造成严重的社会危害后果,建议对其从轻处罚。一审法院审理后认为,被告人范某霞明知是毒品而实施了窝藏、转移、隐瞒的行为,不符合掩饰、隐瞒犯罪所得罪构成要件,其辩护意见不予采纳。根据被告人范某霞的犯罪事实、情节、性质及对社会的危害程度,判决被告人范某霞犯窝藏、转移毒品罪,判处有期徒刑4年。

(五)本罪与洗钱罪的界限

2020年12月,《刑法修正案(十一)》对洗钱罪作了修改。修改后的洗钱罪是指为掩饰、隐瞒毒品犯罪、黑社会性质的组织犯罪、恐怖活动犯罪、走私犯罪、贪污贿赂犯罪、破坏金融管理秩序犯罪、金融诈骗犯罪的所得及其产生的收益的来源和性质,提供资金账户,将财产转换为现金、金融票据、有价证券,通过转账或者其他支付结算方式转移资金,跨境转移资产,以其他方法掩饰、隐瞒犯罪所得及其收益的来源和性质等行为。本罪与洗钱罪存在相似之处,如都涉及毒品犯罪所得财物,在客观方面都

---

① 参见河南省台前县人民法院刑事判决书,(2018)豫0927刑初222号。

存在一定的掩饰、隐瞒有关毒品犯罪所得及其产生的收益的来源和性质等，但二者也有显著的区别，主要包括：

1. 犯罪对象不同。虽然"毒品犯罪所得的财物"是两罪的共同对象，但是洗钱罪的对象不包括毒品本身，并且洗钱罪中毒品犯罪之外的其他法定6类犯罪的违法所得及其产生的收益不能成为窝藏、转移、隐瞒毒品、毒赃罪的对象。同时，"犯罪产生的收益"可以成为洗钱罪的犯罪对象，却未被列入窝藏、转移、隐瞒毒品、毒赃罪的犯罪对象之中。

2. 具体行为方式不同。洗钱罪不包括"窝藏"，即为犯罪对象提供隐藏的处所；而窝藏、转移、隐瞒毒品、毒赃罪则不包括"掩饰"。

3. 目的要件不同。洗钱罪的成立要求行为人具有为了掩饰、隐瞒法定7类犯罪所得及其产生收益的来源和性质，从而达到"漂白"赃钱的目的；而窝藏、转移、隐瞒毒品、毒赃罪则无目的要求，一般认为是行为人为了逃避司法机关的追查或者从中牟利，并没有转换、改变毒赃的来源和性质之"漂白"意图。

4. 犯罪主体不同。洗钱罪的主体包括自然人和单位，而窝藏、转移、隐瞒毒品、毒赃罪的主体只能是自然人，不包括单位在内。

如陈某某洗钱案[①]。被告人陈某某明知自己的妻子沙某（另案处理）在贩卖毒品，还将自己在农业银行开户的账户提供给沙某，帮助其转移、窝藏毒资，隐瞒资金来源和性质。在2017年6月至11月，沙某先后3次让吴某某在中国农业银行成都站北支行、高笋塘支行，将贩卖毒品所得毒资20万元、17.5万元、20万元存入被告人陈某某持有的账户中。前两笔被陆续取走，第三笔被公安机关依法予以冻结。庭审中，被告人陈某某的辩护人认为，公诉机关定性有误，对被告人陈某某应以窝藏、转移毒赃罪定性。理由如下：1.指控被告人陈某某构成洗钱罪证据不足。现有证据仅能证实被告人陈某某明知他人汇入自己银行卡的钱系毒品犯罪所得而予以默认持有，并无证据证明被告人陈某某有将卡内他人汇入的资金合法化的主观故意和客观行为。2.被告人陈某某系被动接受沙某雇请的人将毒品犯罪所得转入自己的银行卡内，也没有实施让卡内资金改变性质的其他掩饰、隐瞒行为，沙某犯罪所得款项仅仅发生了物理上的隐匿或者转移。

---

① 参见四川省盐源县人民法院刑事判决书，（2018）川3423刑初76号。

3. 被告人陈某某与沙某系夫妻关系,一方办理并持有银行卡可视为双方均可使用的账户,如果有洗钱的故意,不可能在夫妻之间进行往来。被告人陈某某持有毒赃具有被动性,也未给办案机关追赃造成阻碍,请法院对被告人陈某某从宽处理。

经法院审理后认为,被告人陈某某明知沙某转入其账户的钱是贩卖毒品所得,还为其提供自己的银行账户,帮助沙某掩饰资金的来源和性质,协助其妻子转移与其职业、财产状况明显不符的资金,且被告人陈某某在协助沙某转移毒资的过程中,提供了自己农业银行开户账号,通过银行汇款又短时间频繁取走,并以钱是从新疆、广东、山西、浙江等地打工、跑"黑的"挣来为由加以隐瞒和掩饰,其行为侵犯了司法机关打击毒品犯罪的正常司法活动,还侵犯了金融管理秩序,符合洗钱罪的犯罪构成要件,故未予采纳辩护意见,判决陈某某犯洗钱罪,判处有期徒刑2年,并处罚金人民币3万元;对中国农业银行成都高笋塘支行冻结被告人陈某某的20万元人民币,依法予以没收,上缴国库。

相关规定链接

1.《刑法》第349条;

2. 2012年5月,最高人民检察院、公安部《关于公安机关管辖的刑事案件立案追诉标准的规定(三)》;

3. 2016年4月,最高人民法院《关于审理毒品犯罪案件适用法律若干问题的解释》。

第六章

非法生产、买卖、运输制毒物品、走私制毒物品罪办案指引

第一节　非法生产、买卖、运输制毒物品、走私制毒物品罪概述

一、非法生产、买卖、运输制毒物品、走私制毒物品罪的立法沿革

本罪是 1997 年刑法新设的罪名，1979 年刑法并没有规定本罪。其中，走私制毒物品罪是从 1990 年全国人大常委会《关于禁毒的决定》第 4 条规定修改而来，但该决定并未规定非法生产、买卖、运输制毒物品罪。

1997 年刑法规定了非法买卖制毒物品、走私制毒物品罪，其中增加了非法买卖制毒物品行为入刑的规定。为了加大对此类犯罪的惩治力度，进一步遏制制毒物品犯罪的蔓延，增强对源头性毒品犯罪的打击力度，2015 年 8 月 29 日《刑法修正案（九）》对本罪进行了大范围的修改，主要体现在以下五个方面：

一是增加规定非法生产、运输制毒物品的犯罪行为。这一修改，一方面体现了我国打击制毒物品相关犯罪行为的刑事立法与缔约的《联合国禁毒公约》规定的一致性；另一方面也弥补了之前无法有效打击非法生产、运输制毒物品行为的立法漏洞，彰显我国日益完善毒品犯罪刑事立法的决心。因此，本罪罪名也相应地调整为非法生产、买卖、运输制毒物品、走私制毒物品罪。

二是删除了原规定中的"在境内非法买卖"中的地点限制，体现了立法机关采取更加概括的规定，从而能够适应不断变化的犯罪模式。[①]

三是修改了本条的刑罚规定，将之前的两个量刑档次，调整为 3 个

[①] 参见魏东主编：《毒品犯罪与律师刑事辩护技巧》，法律出版社 2017 年版，第 33 页。

量刑档次，其中最低的量刑档次未变化，第二个量刑档次由之前的"三年以上十年以下有期徒刑"修改为"三年以上七年以下有期徒刑"，同时增加了第三个量刑档次为"七年以上有期徒刑，并处罚金或者没收财产"。由此可见，本罪的最高刑由10年有期徒刑提高至15年有期徒刑，同时还增加了没收财产的财产刑相关规定。

四是将本罪设置为情节犯，规定了"情节较重"才能构成本罪。删除之前"数量大的"法定刑升格条件的同时，分别规定了"情节较重""情节严重""情节特别严重"3个量刑档次。这体现了本罪的定罪量刑不仅仅考虑数量，还要考虑其他的严重情节，从而有利于灵活应对司法实践中的新情况。

五是根据第1款的修改相应地修改了第2款关于以共同犯罪论处的规定，将"明知他人制造毒品而为其提供前款规定的物品"修改为"明知他人制造毒品而为其生产、买卖、运输前款规定的物品"。

二、非法生产、买卖、运输制毒物品、走私制毒物品罪的发案态势

近几年来，因我国不断加大对毒品犯罪的打击力度，毒品犯罪形势也悄然发生着变化，部分犯罪分子不再直接从事传统的毒品犯罪，而是将犯罪手段向前延伸至制毒物品环节，通过生产、买卖、走私等手段先获得制毒物品，再利用该制毒物品制造毒品或者非法变卖制毒物品，从而牟取暴利。[1] 为了切断境外生产制造毒品所需要的化学物品的来源，配合国际禁毒斗争，我国不断加大对易制毒化学品的管制力度。

自2010年至2021年，全国检察机关以非法买卖制毒物品罪批准逮捕1400余件3500余人，提起公诉1500余件4000余人。其中2014年批准逮捕240余件600余人，提起公诉300余件900余人，为历年之最。自2010年至2021年，全国检察机关以走私制毒物品罪批准逮捕1400余件4000余人，提起公诉1200余件4600余人。其中，2010年至2015年全国

---

[1] 参见最高人民法院实务小全书编选组编：《毒品案件办理小全书》（第二版），人民法院出版社2018年版，第433页。

检察机关批准逮捕数和提起公诉数均维持在个位数或者十位数,自2016年起两项数据突破百位数,2018年批准逮捕290余件800余人,提起公诉240余件980余人,为历年之最。

境外毒品对我国形成了"多头入境、全线渗透"的严峻局面的同时,随着化学合成技术的日新月异,不断涌现出新型合成毒品,而用于制造这些新兴合成毒品的原料等化学品有些甚至还没有被列入管制。针对此类化学品,因泰国、缅甸等国家对有关化学物品的生产、进口、运输等环节进行严格管理和控制,有一部分境外制毒犯罪分子转到从我国"进口"相关化学品[1],由此可见,依法打击惩治走私制毒物品犯罪迫在眉睫。

此外,由于制毒物品种类繁多,可选择范围广,可替代性强,所以随着对某一制毒物品的打击力度加大,随之而来的变化是不同种类的制毒物品,甚至用非列管的易制毒化学品代替,使得毒品的原料不断更新换代。国内制毒物品流失问题突出,非列管化学品大量流入制毒渠道。如"2016年,全国破获制毒物品犯罪案件444起,缴获制毒物品1584.6吨,其中一类易制毒化学品305.43吨,同比增加75.5%"。[2]随着制毒物品监管、整治、打击力度不断加大,国内非法流入制毒渠道的制毒物品大幅减少,"2019年共破获制毒物品案件332起,缴获各类化学品2313.6吨,同比分别减少39.3%和78.3%"。但非法生产、买卖、运输制毒物品、走私制毒物品犯罪仍处多发态势,形势依然严峻。

三、非法生产、买卖、运输制毒物品、走私制毒物品罪的概念和构成特征

非法生产、买卖、运输制毒物品、走私制毒物品罪,是指违反国家规定,非法生产、买卖、运输醋酸酐、乙醚、三氯甲烷或者其他用于制造毒品的原料、配剂,或者携带上述物品进出境,情节较重的行为。

---

[1] 参见张洪江、周智勇、王力欣、李鹏:《人民法院审理毒品犯罪案件司法适用与定罪量刑》,中国法制出版社2020年版,第150页。

[2] 参见国家禁毒委员会办公室:《2016年中国毒品形势报告》。

（一）客体特征

由于制毒物品作为制造精神药物和麻醉药品的化学物品，既是生产、科研、医疗等领域常用的物品，又是制造海洛因等毒品不可缺少的配料，一旦没有加强管理流入非法渠道，就会成为制造毒品的原料和辅助配剂。国家对易制毒化学品进行严格控制，对它们的生产、经营、购买、运输、进出口实行分类管理和许可制度，禁止使用现金或实物进行交易，严禁非法生产、运输、销售，甚至携带进出境。① 由于我国对易制毒化学品采取的是全流程管控，即对生产、经营、购买、运输和进出口实行严格的分类管理和许可、备案制度，故非法生产、买卖、运输制毒物品、走私制毒物品罪侵犯的客体是国家对制毒物品的管理制度。另外，根据《海关法》第82条第1款规定，运输、携带、邮寄国家禁止或者限制进出境货物、物品或者依法应当缴纳税款的货物、物品进出境的行为属于走私行为，走私制毒物品罪同时还侵犯了国家对外贸易管理制度。

本罪的犯罪对象是制毒物品，又称为易制毒化学品，包括制造毒品的原料和配剂。因为"刑法规定的制毒物品实际上是法律规定管制的可用于制造麻醉药品和精神药物的化学原料和配剂，在化工和行政管理领域与易制毒化学品是对应的概念"。②

对于制毒物品，我们应当充分认识到它的本质是一种化学品，虽然有可能成为毒品，但是不能简单与毒品画上等号。故制毒物品具有双重属性，一方面制毒物品作为工农业生产、生活医药、科研等领域经常使用的原料、化工用品，是正常生产、生活必不可少的化工原料、辅料等，另一方面制毒物品的化学属性，并结合其在制毒生产过程中所起的作用，其可能成为毒品的主要成分、配剂等。③ 如麻黄碱，一方面正常的生产用途是治疗感冒的康泰克主要成分，另一方面是毒品犯罪分子用于生产冰毒的主要材料。醋酸酐，一方面正常的生产用途是阿司匹林的主要材料，另一方

---

① 参见周道鸾、张军主编：《刑法罪名精释》（第四版），人民法院出版社2013年版，第927页。

② 高贵君、王勇、吴光侠、王光坤：《〈关于办理制毒物品犯罪案件适用法律若干问题的意见〉的理解与适用》，载《人民司法》2009年第15期。

③ 参见公安部禁毒局等编著：《易制毒化学品管理与执法指南》，中国人民公安大学出版社2007年版，第2页。

面是用于合成海洛因的主要原料。高锰酸钾，一方面正常的生产用途是工业常用的氧化剂，另一方面也是在制造可卡因过程中必不可少的强氧化剂。正因为制毒物品的特殊性，决定了它必须要进行管制，即只能在严格限定的范围内生产、经营、运输、进出口，并接受严格的监管。

1997年刑法设置本罪后，由于当时国家还没有出台管制全部制毒物品的相关法规，而我国当时已经缔约的《联合国禁止非法贩运麻醉药品和精神药物公约》专门对"经常用于非法制造麻醉药品或精神药物的物质"作了规定，要求缔约国采取认为适当的措施，防止在此公约中的附表一和附表二中所列的12种化学物品（其中包括醋酸酐和乙醚），被用于非法制造麻醉药品或者精神药物。①

2000年最高人民法院出台的《关于审理毒品案件适用法律若干问题的解释》对于麻黄碱、伪麻黄碱及其盐类和单方制剂、醋酸酐、乙醚等几类制毒物品定罪量刑数量标准予以明确②，但由于2005年《易制毒化学品管理条例》明确了23种（类）易制毒化学品进行管制，公安机关破获了大量制毒化学品案件，但是由于缺乏相应的其余19种制毒物品的定罪量刑标准，影响了对此类制毒物品犯罪的打击力度。③为此，2009年《关于办理制毒物品犯罪案件适用法律若干问题的意见》第1条规定，制毒物品是指"刑法第三百五十条第一款规定的醋酸酐、乙醚、三氯甲烷或者其他用于制造毒品的原料或者配剂，具体品种范围按照国家关于易制毒化学品管理的规定确定"。这也是第一次在刑法层面实现了制毒物品和易制毒化学品两个概念的对接。在起草该意见时，有观点认为可以根据我国已经加入的《联合国禁止非法贩运麻醉药品和精神药物公约》中规定的制造毒品的设备、材料以及国家确定的易制毒化学品范围来确定制毒物品范围，从而使得我国的规定与上述公约相协调。④但考虑到该意见实际上是对《刑

---

① 详见《联合国禁止非法贩运麻醉药品和精神药物公约》第12条规定。
② 参见2016年最高人民法院出台的《关于审理毒品犯罪案件适用法律若干问题的解释》，本文件又重新整合了这部分内容。
③ 参见陈国庆、韩耀元、张玉梅：《〈关于办理制毒物品犯罪案件适用法律若干问题的意见〉解读》，载《人民检察》2009年第14期。
④ 参见高贵君、王勇、吴光侠、王光坤：《〈关于办理制毒物品犯罪案件适用法律若干问题的意见〉的理解与适用》，载《人民司法》2009年第15期。

法》第350条规定的细化，应当遵循罪刑法定原则，不能对法条本身进行类推解释，否则会超出立法应有的含义，从而违反罪刑法定原则，故该意见并未被采纳。当然，我国相关法律已对《联合国禁止非法贩运麻醉药品和精神药物公约》附表所列举的23种可用于制造毒品的化学物品，《易制毒化学品管理条例》已经充分予以吸收。与此同时，还有观点认为，该意见对于制毒物品的界定应当明确到具体的法律规定，即依据《易制毒化学品管理条例》附表种类来确定制毒物品的范围。但由于考虑到列举的相关易制毒化学品的品种并非一成不变，国家会根据化工行业的发展和禁毒形势的需要进行调整，故未在意见中详细列举具体的制毒物品类别。①

因此，制毒物品的范围是根据《易制毒化学品管理条例》规定的化学物品种类。对于刑法规定的"其他用于制造毒品的原料或配剂"，法律没有规定的种类需国务院有关部门参照《联合国禁止非法贩运麻醉药品和精神药物公约》中附表所列的几种可用于制造毒品的化学物品进行确定，如果没有经过法定程序进行列管的易制毒化学品，即使其可能是某种毒品的原料或者配剂，但仍不能认为是本罪的制毒物品，故不能对行为人以本罪论处。

具体而言，《易制毒化学品管理条例》列管了23种易制毒化学物品，第一类是可以用于制毒的主要原料，第二类、第三类是可以用于制毒的化学配剂，分别为：

第一类：（1）1-苯基-2-丙酮；（2）3，4-亚甲基二氧苯基-2-丙酮；（3）胡椒醛；（4）黄樟素；（5）黄樟油；（6）异黄樟素；（7）N-乙酰邻氨基苯酸；（8）邻氨基苯甲酸；（9）麦角酸*；（10）麦角胺*；（11）麦角新碱*；（12）麻黄素、伪麻黄素、消旋麻黄素、去甲麻黄素、甲基麻黄素、麻黄浸膏、麻黄浸膏粉等麻黄素类物质*。

第二类：（1）苯乙酸；（2）醋酸酐；（3）三氯甲烷；（4）乙醚；（5）哌啶。

第三类：（1）甲苯；（2）丙酮；（3）甲基乙基酮；（4）高锰酸钾；（5）硫酸；（6）盐酸。

其中第一类、第二类所列物质可能存在的盐类，也纳入管制；带有*

---

① 参见陈国庆、韩耀元、张玉梅：《〈关于办理制毒物品犯罪案件适用法律若干问题的意见〉解读》，载《人民检察》2009年第14期。

标记的品种为第一类中的药品类易制毒化学品，第一类中的药品类易制毒化学品包括原料药及其单方制剂。①

除此之外，根据《易制毒化学品管理条例》第2条规定，制毒物品还应包括报国务院批准列入管制的其他品种，如羟亚胺、1-苯基-2-溴-1-丙酮、3-氧-2-苯基丁腈、N-苯乙基-4-哌啶酮、4-苯胺基-N-苯乙基哌啶、N-甲基-1-苯基-1-氯-2-丙胺、溴素、1-苯基-1-丙酮等。

为了进一步明确制毒物品的种类，便于司法机关把握，2016年最高人民法院《关于审理毒品犯罪案件适用法律若干问题的解释》规定，制毒物品种类包括：

（1）麻黄碱（麻黄素）、伪麻黄碱（伪麻黄素）、消旋麻黄碱（消旋麻黄素）；

（2）1-苯基-2-丙酮、1-苯基-2-溴-1-丙酮、3，4-亚甲基二氧苯基-2-丙酮、羟亚胺；

（3）3-氧-2-苯基丁腈、邻氯苯基环戊酮、去甲麻黄碱（去甲麻黄素）、甲基麻黄碱（甲基麻黄素）；

（4）醋酸酐；

（5）麻黄浸膏、麻黄浸膏粉、胡椒醛、黄樟素、黄樟油、异黄樟素、麦角酸、麦角胺、麦角新碱、苯乙酸；

（6）N-乙酰邻氨基苯酸、邻氨基苯甲酸、三氯甲烷、乙醚、哌啶；

（7）甲苯、丙酮、甲基乙基酮、高锰酸钾、硫酸、盐酸；

（8）其他制毒物品。

随着化学技术的提升，犯罪分子手段的不断翻新，有可能会出现犯罪分子利用受监管以外的制毒物品进行制造毒品的行为，为此司法解释设置了一个兜底性的规定，以便应对不断涌现的新情况。

制毒物品的范围应当按照相关规定严格把握，特别是对于有制毒物品成分的物品，不能直接类推解释为制毒物品。

如被告人古某群等非法经营案②。2003年5月，同案人何某茜（另案

---

① 详见《易制毒化学品管理条例》附表《易制毒化学品的分类和品种目录》规定。
② 参见最高人民法院刑事审判第一、二、三、四、五庭编：《刑事审判参考》（第57集），法律出版社2007年版，第10页。

处理）得知朱某良（另案处理）需要盐酸氯胺酮注射液用于制造毒品，即决定联系货源购买。何某茜找到被告人陈某耀打听能否买到盐酸氯胺酮注射液，陈某耀又联系了被告人古某群，向古某群提出要购买盐酸氯胺酮注射液。古某群见有利可图，便于5月下旬至7月下旬，冒用广东省医药进出口有限公司的名义，分6次向山东省某制药有限公司以每支人民币0.62元的价钱购入盐酸氯胺酮注射液共220箱（每箱3000支，共660000支）。根据相关法律规定，制毒物品的范围盐酸氯胺酮及其注射液均不在制毒物品的范围。2004年4月30日，最高人民法院研究室发布的《关于非法买卖盐酸氯胺酮行为法律适用问题的答复》规定："行为人在2003年2月原国家药品监督管理局发布《关于氯胺酮管理问题的补充通知》以前非法买卖盐酸氯胺酮，构成犯罪的，按照非法买卖制毒物品罪追究刑事责任。"该规定也仅仅是明确了2003年2月以前盐酸氯胺酮按照制毒物品处理，而并未涉及盐酸氯胺酮注射液的性质。从上述分析可以看出，本案案发时，没有任何法律、法规及司法解释将盐酸氯胺酮注射液规定为制毒物品，故不能以本罪定罪处罚。

（二）客观特征

非法生产、买卖、运输制毒物品、走私制毒物品罪在客观方面表现为，违反国家规定，非法生产、买卖、运输醋酸酐、乙醚、三氯甲烷或者其他用于制造毒品的原料、配剂，或者携带上述物品进出国（边）境的行为。

1."违反国家规定"的认定

所谓违反国家规定，根据《刑法》第96条规定是指"违反全国人民代表大会及其常务委员会制定的法律和决定，国务院制定的行政法规、规定的行政措施、发布的决定和命令"，故本罪的"非法"是指违反我国国家规定，如全国人大常委会制定的禁毒法、国务院制定的《易制毒化学品管理条例》等法律、行政法规对醋酸酐、乙醚、三氯甲烷等制毒物品进行管制的相关规定，以及我国缔约的联合国有关公约，如《联合国禁止非法贩运麻醉药品和精神药物公约》等相关规定。另外，对于属于药品和危险化学品的制毒物品的生产、买卖、运输、进口、出口，除了应当遵守《易制毒化学品管理条例》的有关规定以外，应当遵守有关药品和危险化学品的法律、行政法规等规定。①

需要特别注意的是，如前文所述，制毒物品对应的是行政领域的易制毒化学品，除了《易制毒化学品管理条例》对易制毒化学品进行管制之外，还有大量部门规章以及地方性法规对其进行管理，如硫酸钡、氯化铵等化学品虽然没有出现在国家管制目录之中，但是其可以作为制造毒品的化学用品，故在四川、云南等地的地方性法规中对其已有相应的管制规定。对此，我们认为，违反国家规定的把握应当严格根据刑法相关规定，对于违反地方性法规、部门规章的行为，不能认定为"违反国家规定"，不能对仅违反地方性法规、部门规章的行为人以本罪论处。

2. "非法生产、买卖、运输、走私制毒物品行为"的认定

根据《刑法修正案（九）》、最高人民法院、最高人民检察院《关于执行〈中华人民共和国刑法〉确定罪名的补充规定（六）》的规定，非法生产、买卖、运输制毒物品、走私制毒物品的行为可以分为非法生产、买卖、运输、走私行为，具体是指除了依照国家规定，按照法定的行政审批手续进行生产、买卖、运输上述制毒物品，或者按照审批依法携带入境的行为以外的一切行为。

由于制毒物品的双重属性，本罪所指的非法行为包括两类，一是经过审批有资格生产、经营、运输、进出口制毒物品的单位违规、超范围操作；二是未经过审批的没有资质单位或者个人进行的非法行为。

（1）非法生产制毒物品行为

由于非法生产制毒物品行为是在《刑法修正案（九）》中才入刑，目前尚无相关法律、司法解释等对非法生产制毒物品行为的具体方式进一步明确。参照司法解释关于非法买卖制毒物品行为方式的规定，非法生产制毒物品的具体行为方式可以包括：一是未经相关部门许可、备案而生产制毒物品的行为；二是超出许可证明或者备案证明的品种、数量范围生产制毒物品的行为；三是使用他人的或者伪造、变造、使用失效的许可证明或者备案证明生产制毒物品的行为；四是明知他人无许可证明、备案证明而为其生产制毒物品的行为。

---

① 参见陈国庆、刘跃进主编：《毒品犯罪案件立案追诉标准适用指南》，中国人民公安大学出版社2012年版，第58页。

根据《易制毒化学品管理条例》的规定，生产3类易制毒化学品的管制程度并不相同。在生产环节可以分为两种情形：一是生产第一类易制毒化学品的，应当经过相关行政主管部门审批，取得相应的生产许可证才可以生产。具体要求是"申请生产第一类中的药品类易制毒化学品的，由省、自治区、直辖市人民政府药品监督管理部门审批；申请生产第一类中的非药品类易制毒化学品的，由省、自治区、直辖市人民政府安全生产监督管理部门审批"。① 二是生产第二类、第三类易制毒化学品的，应当在规定期限向相关行政主管部门备案，具体要求为"生产第二类、第三类易制毒化学品的，应当自生产之日起30日内，将生产的品种、数量等情况，向所在地的设区的市级人民政府安全生产监督管理部门备案"。② 因此，所谓非法"生产"行为既包括经过国家确定的有资格生产制毒物品的单位违规、超量的生产行为，也包括其他单位和个人未经批准、备案而生产制毒物品的行为。

一般而言，生产制毒物品是指从制毒物品原植物直接提炼，或者通过化学方法制造、加工、提炼、配制制毒物品的行为。③ 对于采取物理方法的行为能否认定为生产制毒物品行为，目前并无明确的法律规定。《全国部分法院审理毒品犯罪案件工作座谈会纪要》中规定了"以改变毒品成分和效用为目的，用混合等物理方法加工、配制毒品的行为，如将甲基苯丙胺或者其他苯丙胺类毒品与其他毒品混合成麻古或者摇头丸"可以认定为制造毒品行为，但是"对毒品掺杂掺假，添加或者去除其他非毒品物质，不属于制造毒品的行为"。参照上述规定，我们首先需要明确的是生产制毒物品的本质是将非制毒物品制造成制毒物品。实践中，为了逃避检查，犯罪分子可能采取各种伪装、隐匿制毒物品的行为，如对于制毒物品本身进行伪装，更换包装物，掺杂到其他货物中、掺入石油（之后再提纯还原）等。那么我们可以明确的是，改变制毒物品形态（固态变成液态等）、变更包装、掺杂掺假、添加或者去除其他非毒品物质的行为仅是隐蔽制毒物品的手段而已，均不能认定为生产制毒物品行为。实践中，对于

---

① 详见《易制毒化学品管理条例》第8条规定。
② 详见《易制毒化学品管理条例》第13条规定。
③ 参见魏东主编：《毒品犯罪与律师刑事辩护技巧》，法律出版社2017年版，第34页。

行为人通过混合等物理方法加工、配制制毒物品的行为能否认定为生产制毒物品并无统一标准。我们认为,不能对"生产"进行过分扩张的理解,对于此种情形一般不能认定为生产制毒物品行为,除非法律有明确的规定,如行为人对麻黄碱复方制剂可以通过手工剥离方式获取麻黄碱类物质,故可以认定。

(2)非法买卖制毒物品行为

《关于办理制毒物品犯罪案件适用法律若干问题的意见》规定,"违反国家规定,实施下列行为之一的,认定为刑法第三百五十条规定的非法买卖制毒物品行为:1.未经许可或者备案,擅自购买、销售易制毒化学品的;2.超出许可证明或者备案证明的品种、数量范围购买、销售易制毒化学品的;3.使用他人的或者伪造、变造、失效的许可证明或者备案证明购买、销售易制毒化学品的;4.经营单位违反规定,向无购买许可证明、备案证明的单位、个人销售易制毒化学品的,或者明知购买者使用他人的或者伪造、变造、失效的购买许可证明、备案证明,向其销售易制毒化学品的;5.以其他方式非法买卖易制毒化学品的"。其中,"第(1)项未经许可或者备案,擅自购买、销售易制毒化学品的情形,是依照《易制毒化学品管理条例》第三十八条、《易制毒化学品购销和运输管理办法》第三十条、《非药品类易制毒化学品生产、经营许可办法》第二十九条规定作出的。第(2)项超出许可证明或者备案证明的品种、数量范围购买、销售易制毒化学品的情形,是针对第(1)项内容作出的补充性规定,基本对应《易制毒化学品管理条例》第四十条、《易制毒化学品购销和运输管理办法》第三十一条、《非药品类易制毒化学品生产、经营许可办法》第三十条的规定。在易制毒化学品的许可证明或者备案证明中,载明了允许购买或者销售易制毒化学品的品种及其数量范围,超出的部分应当以未经许可或者备案论处。第(3)项使用他人的或者伪造、变造、失效的许可证明或者备案证明购买、销售易制毒化学品的情形,基本对应《易制毒化学品管理条例》第三十八条、《易制毒化学品购销和运输管理办法》第三十条、《非药品类易制毒化学品生产、经营许可办法》第二十九条的规定。第(4)项经营单位违反规定,向无购买许可证明、备案证明的单位、个人销售易制毒化学品的,或者明知购买者使用他人的或者伪造、变造、失效的购买许可证明、备案证明,向其销售易制毒化学品的情形,基本对应《易制毒化学品管理条例》第十八条、《易制毒化学品购销和运输管理办法》第十条的规定"。① 由此可见,除了第(5)项作为兜底性规定之外,第(1)项至第(4)项规定的非法买卖行为都是围绕《易制毒化学品管理条例》规定的许可、备案要求所设置的情形。

《易制毒化学品管理条例》中对于买卖3类易制毒化学品的管制程度并不相同,在买卖环节可以分为两种情形:一是买卖第一类易制毒化学品的,应当经过相关行政主管部门审批,取得相应的经营、购买许可证才可以进行。其中,第一类中的药品类易制毒化学品的,由省、自治区、直辖市人民政府食品药品监督管理部门审批、第一类中的非药品类易制毒化学品的,由省、自治区、直辖市人民政府安全生产监督管理部门审批。② 二是买卖第二类、第三类易制毒化学品的,应当向相关行政主管部门备案,需要注意的是经营和购买环节分别向不同的行政主管部门备案。其中,经营第二类易制毒化学品的,应当自经营之日起30日内,将经营的品种、数量、主要流向等情况,向所在地的设区的市级人民政府安全生产监督管理部门备案;经营第三类易制毒化学品的,应当自经营之日起30日内,将经营的品种、数量、主要流向等情况,向所在地的县级人民政府安全生产监督管理部门备案;购买第二类、第三类易制毒化学品的,应当在购买前将所需购买的品种、数量,向所在地的县级人民政府公安机关备案。个人自用购买少量高锰酸钾的,无须备案。③ 需要特别注意的是,根据《易制毒化学品购销和运输管理办法》规定,个人不得购买第一类易制毒化学品和第二类易制毒化学品。禁止使用现金或者实物进行易制毒化学品交易,但是个人合法购买第一类中的药品类易制毒化学品药品制剂和第三类易制毒化学品的除外。④

因此,非法"买卖"行为,既包括经过国家确定的有资格买卖的单位违规、超量的经营行为,也包括其他单位和个人未经上述行政主管部门批准、备案而买卖制毒物品的行为。

---

① 参见高贵君、王勇、吴光侠、王光坤:《〈关于办理制毒物品犯罪案件适用法律若干问题的意见〉的理解与适用》,载《人民司法》2009年第15期。
② 详见《易制毒化学品管理条例》第10条第1款、第15条第1款规定。
③ 详见《易制毒化学品管理条例》第13条、第17条规定。
④ 详见《易制毒化学品购销和运输管理办法》第4条规定。

其中，有两种情形需要特别关注：其一，未经备案的购买制毒物品行为，应当结合物品的具体用途判断是否构成犯罪，如果用于正常的生产、生活，则可能不构成本罪。

如犯罪嫌疑人郝某某涉嫌非法买卖制毒物品案①。2017年6月至2018年6月期间，某商贸公司法定代表人郝某某以某商贸公司的名义在未经公安机关备案的情况下，从河南省某化工厂多次购买硫酸、盐酸，销售给位于鹤壁市山城区某华有色金属有限责任公司（以下简称某华公司）（未经公安机关许可、备案）盐酸共计1314瓶（折合质量3843.45千克）、硫酸共计7541瓶（折合质量34376.55千克）用于铜渡液、活化液。2018年鹤壁市公安局山城区分局对郝某某涉嫌非法买卖制毒物品案立案侦查。鹤壁市公安局山城区分局于2019年1月21日将郝某某涉嫌非法买卖制毒物品案移送鹤壁市山城区人民检察院审查起诉。根据规定，非法买卖硫酸、盐酸在2.5吨以上的，即为"情节特别严重"，而本案中郝某某的涉案数量达38吨多，远超这一标准。山城区人民检察院办案人员在提前介入了解案件情况，经过审慎考量后认为：一是郝某某系民营企业负责人，采取羁押措施对企业发展影响较大；二是本案虽然涉案数量达到"情节特别严重"，但实际未造成严重后果；三是郝某某始终配合办案机关调查取证，无社会危险性。最终公检达成一致意见始终未对其采取羁押措施。山城区人民检察院办案人员多次到某华公司去实地走访，了解某华公司的生产状况及硫酸、盐酸的储存、使用情况，并引导公安机关取证，取证结果证明某华公司购买硫酸、盐酸确实用于合法生产。检察机关办案人员认为根据最高人民法院《关于审理毒品犯罪案件适用法律若干问题的解释》第7条第3款的规定："易制毒化学品生产、经营、购买、运输单位或者个人未办理许可证明或者备案证明，生产、销售、购买、运输易制毒化学品，确实用于合法生产、生活需要的，不以制毒物品犯罪论处。"由于出罪条款是规定在该司法解释第7条"情节较重"的情形中，而郝某某属于第8条"情节特别严重"的情形。检察官联席会议对法律适用问题产生了严重的分歧，山城区人民检察院将该案向上级检察机关逐级汇报，鹤壁市人民检

---

① 参见犯罪嫌疑人郝某某涉嫌非法买卖制毒物品案，《强化法律监督、推进毒品犯罪检察治理典型案例》，载最高人民检察院官网，https://www.spp.gov.cn/xwfbh/wsfbt/202006/t20200626_468560.shtml#2。

察院、河南省人民检察院对此高度重视，对案件进行了认真分析，并到某华公司实地查看，提出了明确、具体的指导性意见，应当适用该司法解释第7条第3款规定的出罪条款。由于硫酸、盐酸是我国列管的第三类易制毒化学品，郝某某未到公安机关备案，即买卖硫酸、盐酸，其行为违反了《易制毒化学品管理条例》的有关规定，但其销售至某华公司的硫酸、盐酸，均系用于合法的生产经营活动，郝某某的行为不构成非法买卖制毒物品罪，据此检察机关对郝某某作出不起诉决定，同时向公安机关发出检察建议：一是对郝某某违反《易制毒化学品管理条例》的行为作出相应的行政处罚；二是对辖区内相关化工企业合法经营情况开展专项摸底排查。

其二，具有生产、运输制毒物品资质的单位、个人，并不等同于其具有买卖制毒物品的资质，如果其不具备买卖资质，仍可能构成非法买卖制毒物品罪。

如被告人顾某非法买卖制毒物品案①。被告人顾某系个体运输司机，通过缴纳管理费的方式将自己所有的槽罐车挂靠于上海市金山区某汽车运输有限公司，个人独立开展化学品运输业。在挂靠运输过程中，被告人顾某为谋取非法利益，大量贮存、积攒在运货时槽罐车内残余的盐酸、硫酸，后在不具备易制毒化学品经营资质、未依法进行备案的情况下，多次违反国家规定向他人销售上述易制毒化学品。该案被告人顾某具有运输易制毒化学品的资质，故其运输行为不宜认定为非法运输制毒物品罪，由于其不具有买卖制毒物品的资质，其销售行为应当构成非法买卖制毒物品罪。

（3）非法运输制毒物品行为

由于非法运输制毒物品行为是在《刑法修正案（九）》中才入刑，目前尚无相关法律、司法解释等对非法运输制毒物品行为的具体方式作进一步明确。参照司法解释关于非法买卖制毒物品行为方式的规定，非法运输制毒物品的具体行为方式可以包括：一是未经相关部门许可、备案而运输制毒物品的行为；二是超出许可证明或者备案证明的品种、数量范围运输制毒物品的行为；三是使用他人的或者伪造、变造、失效的许可证明或者备案证明运输制毒物品的行为；四是明知他人无许可证明、备案证明，为

---

① 参见上海市金山区人民法院刑事判决书，（2015）金刑初字第421号。

其运输制毒物品的行为。

根据《易制毒化学品管理条例》的规定，运输3类易制毒化学品的管制程度并不相同，且分类方法与生产、买卖环节有着明显区别。具体而言，在运输环节可以分为两种情形：一是运输第一类、第二类易制毒化学品的，应当经过相关行政主管部门审批，取得相应的运输许可证才可以进行。其中，跨设区的市级行政区域（直辖市为跨市界）或者在国务院公安部门确定的禁毒形势严峻的重点地区跨县级行政区域运输第一类易制毒化学品的，由运出地的设区的市级人民政府公安机关审批；运输第二类易制毒化学品的，由运出地的县级人民政府公安机关审批。① 二是运输第三类易制毒化学品的，应当向相关行政主管部门备案才可以运输，具体要求是应当在运输前向运出地的县级人民政府公安机关备案。② 因此，非法"运输"行为，既包括经过国家确定的有资格运输的单位违规、超量的运输行为，也包括其他单位和个人未经上述行政主管部门批准、备案而运输制毒物品的行为。

运输制毒物品行为的具体方式主要包括携带、邮寄、利用他人或者使用交通工具等方法在我国领域内将毒品从甲地转移到乙地。③ 需要注意的是，一是运输的范围应当在国内，不能是内海、领海、界河、界湖运输制毒物品，否则应认定为走私行为而非运输行为。二是运输行为是将制毒物品从一地运往另一地，一般为两地之间长距离的运输行为，应当具有一定的距离，距离较短的行为不宜认定为运输行为。三是表面上看行为人最终没有将制毒物品运送到其他地点，但是实际上制毒物品的位置发生过位移的行为也可认定为运输行为，如行为人已经将制毒物品从甲地运输到乙地，后因交易时间重新调整，又将制毒物品带回甲地的行为，也属于运输行为。

（4）走私制毒物品行为

走私制毒物品行为是指制毒物品实现了跨越国（边）境的转移，如果仅在内地的空间范围内，无论位置发生了多大的变化，也不能认定为走

---

① 详见《易制毒化学品管理条例》第20条第1款规定。
② 详见《易制毒化学品管理条例》第20条第2款规定。
③ 参见张洪江、周智勇、王力欣、李鹏：《人民法院审理毒品犯罪案件司法适用与定罪量刑》，中国法制出版社2020年版，第9页。

私制毒物品行为。常见的走私手段有绕过海关或关卡，偷运制毒物品进出国（边）境的；采用藏匿、伪装等欺骗手段，逃避海关监管的；超过经营范围将制毒物品采取表面合法形式进出国（边）境的等。具体而言，走私制毒物品的具体行为方式包括三大类，一是利用飞机、火车、船只等交通工具将制毒物品运输入境或者出境；二是过境人员通过随身携带制毒物品入境或者出境；三是利用国际物流、快递等邮寄的方式将制毒物品走私，通常会采用假姓名、假身份邮寄。

根据《易制毒化学品管理条例》的规定，进出口3类易制毒化学品的管制非常严格，均需要经国务院商务主管部门或者其委托的省、自治区、直辖市人民政府商务主管部门审批，[①] 其中，对于特殊的易制毒化学品还有额外的要求，对进口第一类中的药品类易制毒化学品的，有关的商务主管部门在作出许可决定前，应当征得国务院药品监督管理部门的同意；[②] 麻黄素等属于重点监控物品范围的易制毒化学品，由国务院商务主管部门会同国务院有关部门核定的企业进口、出口。[③] 因此，走私制毒物品行为，既包括经过国家确定的有资格进出口的单位违规、超量地进出口制毒物品，也包括其他单位和个人未经上述行政主管部门批准而进出口制毒物品。

需要特别注意的是，最高人民法院、最高人民检察院《关于办理走私刑事案件适用法律若干问题的解释》第20条规定："直接向走私人非法收购走私进口的货物、物品，在内海、领海、界河、界湖运输、收购、贩卖国家禁止进出口的物品，或者没有合法证明，在内海、领海、界河、界湖运输、收购、贩卖国家限制进出口的货物、物品，构成犯罪的，应当按照走私货物、物品的种类，分别依照刑法第一百五十一条、第一百五十二条、第一百五十三条、第三百四十七条、第三百五十条的规定定罪处罚。"故行为人直接向走私制毒物品的人非法收购走私进口的制毒物品或者在内海、领海、界河、界湖运输、收购、贩卖国家进行管制的制毒物品的，也属于走私制毒物品行为。

走私制毒物品行为是否有未遂状态存在一定的争议。有观点认为，

---

① 详见《易制毒化学品管理条例》第26条第1款规定。
② 详见《易制毒化学品管理条例》第27条第2款规定。
③ 详见《易制毒化学品管理条例》第28条规定。

走私制毒物品罪与走私罪侵犯的客体不同，走私制毒物品罪是妨害社会管理秩序罪，只要实施了国家规定禁止的行为且具有社会危害性，就构成本罪，故本罪属于行为犯没有既未遂之分。但我们认为，走私制毒物品行为存在未遂情形，可以分为两种情形：一种未遂情形是未进入海关环节。

如被告人陈某贤等走私制毒物品案①。被告人陈某贤、曹某勋联系广东东莞市某物流公司的吴某玉，谎称涉案的麻黄碱是减肥药，让吴某玉运送到台湾。2006年9月19日，二被告人乘车到东莞市某镇某钓虾场将该批麻黄碱交给吴某玉。后21日公安机关将3人抓获。从本案的事实看，被告人曹某勋虽然与吴某玉谈好运输费用并将货物交付吴某玉，但未能按照吴某玉的要求提供能证明是减肥药的成分分析表及订立切结书，因此吴某玉不可能为其办理相关的托运手续。事实上吴某玉收受该批麻黄碱后将其存放于钓虾场，尚未带至其物流公司，也未办理托运手续交付运输。3被告人走私出境的目的是根本无法实现的。故本案应认定为犯罪未遂。

另一种未遂情形是进入海关环节。

如被告人王某甲等走私制毒物品、非法买卖制毒物品案②。被告人王某甲、王某乙在境内非法购买用于制造毒品的原料丙酮、苯乙酸乙酯、乙二醇单丁醚和新洋茉莉醛，勾兑成假冒的苯基丙酮准备出售给黎巴嫩客户，通过王某乙之前联系的天津某船务代理有限公司将丙酮运送至天津报关后被查获，依法构成走私制毒物品罪，但由于意志以外的原因而未得逞，是犯罪未遂。

3. "情节较重""情节严重""情节特别严重"的认定

2000年最高人民法院出台的《关于审理毒品案件定罪量刑标准有关问题的解释》③明确了刑法规定列举和国家已规定的醋酸酐、三氯甲烷、乙醚、麻黄素类的具体定罪量刑数量标准。2005年《易制毒化学品管理条例》明确规定了23种（类）易制毒化学品，公安机关由此破获了大量制毒化学品案件，但是由于缺乏其余19种（类）易制毒化学品相应的定罪量刑标准，影响了对制毒物品犯罪的打击力度。后有关部门相应出台了

---

① 参见福建省厦门市中级人民法院刑事判决书，（2007）厦刑初字第34号。
② 参见河北省石家庄市长安区人民法院刑事判决书，（2014）长刑初字第191号。
③ 根据最高人民法院《关于审理毒品犯罪案件适用法律若干问题的解释》（法释〔2016〕8号），该文件自2016年4月11日起被废止。

《关于办理制毒物品犯罪案件适用法律若干问题的意见》《关于公安机关管辖的刑事案件立案追诉标准的规定（三）》等，以此明确各类制毒物品的具体定罪量刑标准。

(1) "情节较重"的认定

关于第一档次"情节较重"的制毒物品数量标准，《关于公安机关管辖的刑事案件立案追诉标准的规定（三）》《关于审理毒品犯罪案件适用法律若干问题的解释》《关于办理制毒物品犯罪案件适用法律若干问题的意见》均有规定。其中，《关于审理毒品犯罪案件适用法律若干问题的解释》中将"情节较重"的情况分为两种情况。

一是不同种类的制毒物品数量（包括列管的33种制毒物品）作为"情节较重"的标准。司法解释的相关规定下调了麻黄碱、羟亚胺等25种制毒物品的定罪数量起点。同时，为防止刑法设定的较高幅度法定刑出现虚置，将适用3年有期徒刑以下刑罚（"情节较重"）的制毒物品数量标准上限，从以往定罪数量起点的10倍一律下调至5倍。所以作这样的修改，是为了加大对制毒物品犯罪的惩治力度，"一是在制造毒品过程中发挥的作用。包括该类制毒物品属于主要原料还是配剂，是否具有不可替代性，制造毒品的用量、比例等。二是当前的犯罪形势。包括该类制毒物品流入制毒渠道的数量、走向，在制造毒品犯罪中出现的频率等。三是制成毒品的种类、危害。例如，因甲基苯丙胺与氯胺酮的定罪量刑数量标准差距较大，制造甲基苯丙胺的主要原料麻黄碱与制造氯胺酮的主要原料羟亚胺的定罪量刑标准也要体现一定差别。四是合法用途和管制级别。包括该类制毒物品是否存在合法用途，在工农业生产和日常生活中是否广泛使用，行政管制级别的高低等"。[①]

二是以特定的行为+前款数量50%作为"情节较重"的标准。特定的行为包括：①曾因非法生产、买卖、运输制毒物品、走私制毒物品受过刑事处罚的；②2年内曾因非法生产、买卖、运输制毒物品、走私制毒物品受过行政处罚的；③一次组织5人以上或者多次非法生产、买卖、运输制毒物品、走私制毒物品，或者在多个地点非法生产制毒物品的；

---

① 叶晓颖、马岩、方文军、李静然：《〈关于审理毒品犯罪案件适用法律若干问题的解释〉的理解与适用》，载《人民司法·应用》2016年第13期。

④利用、教唆未成年人非法生产、买卖、运输制毒物品、走私制毒物品的；⑤国家工作人员非法生产、买卖、运输制毒物品、走私制毒物品的；⑥严重影响群众正常生产、生活秩序的；⑦其他情节较重的情形。以上情形分别是从违反犯罪经历、犯罪情节、犯罪主体、危害后果等方面进行规定。如"第三项将一次组织五人以上实施犯罪和在多个地点非法生产规定为'情节较重'，是考虑到该罪涉案人员、加工窝点众多的具体情况。第六项主要是指生产制毒物品过程中污染水源或者土壤，导致养殖的鱼类、牲畜或者种植的农作物大量死亡等严重影响群众生产、生活秩序的情形"。①

（2）"情节严重"的认定

关于第二档次"情节严重"的制毒物品数量标准，根据《关于审理毒品犯罪案件适用法律若干问题的解释》第8条规定，是指：①制毒物品数量在本解释第7条第1款规定的最高数量标准以上，不满最高数量标准5倍的；②达到本解释第7条第1款规定的数量标准，且具有本解释第7条第2款第3项至第6项规定的情形之一的；③其他情节严重的情形。其中，第①项规定的"情节严重"为数量标准，起点是根据"情节较重"数量标准的上限，上限是"情节较重"数量标准的5倍；第②项规定的"情节严重"为"数量标准+特定的行为"标准，即数量达到"情节较重"数量标准，且解释第7条第2款第3项至第6项规定的情形。

（3）"情节特别严重"的认定

关于第3档次"情节特别严重"的制毒物品数量标准，根据《关于审理毒品犯罪案件适用法律若干问题的解释》第8条规定，是指：①制毒物品数量在本解释第7条第1款规定的最高数量标准5倍以上的；②达到前款第1项规定的数量标准，且具有本解释第7条第2款第3项至第6项规定的情形之一的；③其他情节特别严重的情形。其中，第①项规定的"情节特别严重"为数量标准，起点是根据"情节严重"数量标准的上限；第②项规定的"情节特别严重"为"数量标准+特定的行为"标准，即数量达到"情节严重"数量标准，且解释第7条第2款第3项至第6项规定

---

① 叶晓颖、马岩、方文军、李静然:《〈关于审理毒品犯罪案件适用法律若干问题的解释〉的理解与适用》，载《人民司法·应用》2016年第13期。

的情形。

如被告人鲁某平非法生产制毒物品案①。2016年5月，被告人鲁某平与周某（另案处理）共谋生产邻氯苯基环戊酮（以下简称邻酮），商定由周某提供资金，鲁某平负责联系工厂、组织人员。同年6月，鲁某平选定河南省平顶山市一生化公司车间作为生产邻酮的地点，并安排王某某（另案处理）做技术员。周某向王某某支付10万元定金，并安排蔡某某、陈某某参与生产邻酮。至同年7月25日被查获时，鲁某平等人利用该公司设备、人员生产邻酮4批次，共计231.5千克。该案是一起比较典型的非法生产邻酮的案件。邻酮是生产羟亚胺的原料，而羟亚胺又可用于制造毒品氯胺酮。被告人鲁某平明知邻酮属于被管制的易制毒化学品，为牟取暴利伙同他人非法进行生产，至案发时产量达230余千克，属于情节特别严重，应当判处7年以上有期徒刑。

司法解释虽然明确了情节较重、情节严重、情节特别严重定罪量刑的数量标准，但并没有明确多次生产、买卖、运输制毒物品、走私制毒物品未经处理后制毒物品的数量计算问题。《关于办理走私、非法买卖麻黄碱类复方制剂等刑事案件适用法律若干问题的意见》第6条规定了未经处理的涉案制毒物品应累计计算。对此，有观点认为，不能将该意见普遍适用到所有的制毒物品案件中。一是该意见是在《刑法修正案（九）》之前出台的，且针对的仅仅是走私、非法买卖制毒物品行为；二是该规定仅针对的麻黄碱类复方制剂的范围，不能直接类推适用到其他易制毒化学品。②我们认为，多次生产、买卖、运输、走私制毒物品未经处理的情形应当累计计算。我国刑法中涉及数额的犯罪多是以累计计算为原则，如《刑法》第347条规定的"对多次走私、贩卖、运输、制造毒品，未经处理的，毒品数量累计计算"，根据体系解释原则，对制毒物品犯罪也可以参照适用。

实践中，涉案的制毒物品可能是不同种类，如何计算数量可能直接影响犯罪嫌疑人的行为是否构罪以及属于哪一量刑档次。如果认为不同种类制毒物品不能进行折算，很可能会放纵一些具有严重危害性的制毒物品

---

① 参见《毒品犯罪及涉毒次生犯罪十大典型案例》，载《人民法院报》2017年6月22日，第3版。

② 参见吕行：《非法生产、买卖、运输制毒物品罪的司法扩张与限缩认定》，载《河南警察学院学报》2020年第1期。

相关犯罪行为，甚至成为一些犯罪分子逃避法律制裁的一种方法。从打击制毒物品犯罪出发，对于此种情形应当对多种制毒物品折算后进行累计计算。由于制毒物品的种类繁多，具体如何折算并无明确的法律规定。我们认为，可以参照走私、贩卖、运输、制造毒品罪的有关规定，涉案的制毒物品如果属于同一量刑标准的不同品种，按1∶1比例进行折算；如果不属于同一量刑标准的品种，按其数量标准之间的比例进行折算，在起诉书中应当表述各种制毒物品的具体数量，无须表述折算关系以及折算成某一种制毒物品的总量。

（三）主体特征

本罪的主体是一般主体，自然人和单位均可构成本罪。

1. 自然人

凡是达到刑事责任年龄、具有刑事责任能力的自然人，只要实施了非法生产、买卖、运输、走私制毒物品的行为均可构成本罪。

构成本罪的自然人中有一部分人员本身就是从事制毒物品生产、经营、运输、进出口相关业务的行业从业人员，由于其具有这样的从业经历，有利于认定其构成制毒物品相关犯罪。

2. 单位

根据《刑法》第350条第3款规定："单位犯前两款罪的，对单位判处罚金，并对其直接负责的主管人员和其他直接责任人员，依照前两款的规定处罚。"由此可见，单位可构成本罪，且实行双罚制，既对单位判处罚金，也要对相关人员判处刑罚。具体承担刑事责任的人员只包括两类，一是直接负责的主管人员；二是其他直接责任人员。前者是指在单位实施的犯罪中直接起决定、策划、组织、批准、授意、纵容或者指挥作用的人员，主要有单位的领导、部门主管等人员。后者是指除了前述人员以外的在犯罪活动中起主要、骨干作用的人员，在单位犯罪中具体实施犯罪且作用较大的人员，既可以是单位的经营管理人员，也可以是职工（包括聘用、雇用的临时人员）。① 是否属于单位犯罪，应当根据《刑法》第30条规定来把握单位犯罪的特征，主要结合3个要件来把握，一是以单位名

---

① 详见最高人民法院《全国法院审理金融犯罪案件工作座谈会纪要》第2条规定。

义实施，二是体现了单位意志，三是犯罪是为了单位的利益。如何判断单位的工作人员能够代表单位意志，一般而言，单位领导的主观意思原则上可以看作是单位自身的意思，但是单位领导违反单位自身的目标、议事程序，擅自决策的除外。单位一般工作人员的行为是否体现单位意志，一般要看是否属于听从单位领导指挥、命令而实施的行为，或者其所实施的行为是否在单位概括性授权范围之内。[①]

如果本罪的犯罪单位主体是不具有独立法人资格的分支机构，是否按照本罪追究其刑事责任，可以区分两种情形处理：（1）全部或部分违法所得归分支机构所有并支配，分支机构作为单位犯罪主体追究刑事责任；（2）违法所得完全归分支机构上级单位所有并支配的，不能对分支机构作为单位犯罪主体追究刑事责任，而是应当对分支机构的上级单位（符合单位犯罪主体资格）追究刑事责任。

涉嫌犯罪的单位被撤销、注销、吊销营业执照或者宣布破产的，对实施犯罪行为的该单位直接负责的主管人员和其他直接责任人员予以追诉，对该单位不再追诉。涉嫌犯罪的单位已被合并到一个新单位的，对原犯罪单位及其直接负责的主管人员和其他直接责任人员追究刑事责任。在提起公诉时，对被告单位应列原犯罪单位名称，但注明已被并入新的单位。

由于制毒物品本身不被法律所限制而只是被列管，其中制毒物品本身也属于生产药物等的前体或者中间体，实践中有一些有审批资质生产、销售制毒物品或者利用制毒物品生产药物等的企业，在巨大经济利益的诱惑之下，利用监管环节可能存在的漏洞，实施非法生产、买卖、运输、走私制毒物品的行为，该单位完全可能成为本罪的主体。

需要特别注意的是，以下几种情形不能认定为单位犯罪：一是个人为从事制毒物品等相关犯罪而设立的公司、企业实施制毒物品相关犯罪的；二是公司、企业成立以来以实施制毒物品相关犯罪为主要活动的；三是个人盗用公司、企业的名义来实施制毒物品相关犯罪的。

如被告人吕某阳、崔某方走私制毒物品案[②]。被告人吕某阳、崔某方

---

① 参见黎宏：《刑法学总论》（第二版），法律出版社2016年版，第121页。
② 参见北京市高级人民法院刑事判决书，（2008）高刑终字第459号。

分别利用担任赤峰某制药科技股份有限公司国际销售部经理、业务员的职务便利，于2007年1月至3月间结伙并伙同范某星（另案处理），在办理该公司向他国出口含有麻黄浸膏粉的混合物的业务中，为逃避海关监管，隐瞒该混合物含有易制毒化学品的事实，以"绿茶减肥冲剂"等品名，将该公司生产的含有麻黄浸膏粉的混合物1000余千克（含麻黄浸膏粉500余千克）向北京首都机场海关申报出境，并办结通关手续。该公司本身具有对外销售含有麻黄浸膏粉的混合物的资质并一直进行相关业务，如果该公司严格履行手续，正常从事相关经营活动，并不构成走私犯罪。本案属于公司工作人员擅用单位名义、私下活动，应认定为自然人犯罪。

（四）主观特征

本罪的主观方面只能是故意构成，即明知是国家禁止运输、携带出入境的或者明知是国家管制的制毒物品而非法生产、买卖、运输或者携带进出境。过失不能构成本罪。

关于非法生产、买卖、运输制毒物品、走私制毒物品犯罪嫌疑人主观明知的认定，主要包括两个方面，一是对涉案物品性质的明知；二是对生产、买卖、运输、走私非法性的明知。以非法买卖制毒物品罪为例，可以分为两种情形：一是直接以制造毒品为目的的犯罪，包括自己制造毒品而购买制毒物品，以及明知他人制造毒品而为其提供制毒物品两种情况，行为人对制毒物品的明知较好认定，因为其犯罪目的就是自己制造毒品或为他人制造毒品提供帮助。二是不以制造毒品为目的，纯粹以获取利益为目的，违反国家规定非法买卖制毒物品的行为，在证明这类犯罪行为人主观明知非法买卖的对象是制毒物品上具有一定复杂性。如何判断主观明知的具体标准，可以参照《关于公安机关管辖的刑事案件立案追诉标准的规定（三）》第5条规定，即"实施走私制毒物品行为，有下列情形之一，且查获了易制毒化学品，结合行为人的供述和其他证据综合审查判断，可以认定其'明知'是制毒物品而走私或者非法买卖，但有证据证明确属被蒙骗的除外：（一）改变产品形状、包装或者使用虚假标签、商标等产品标志的；（二）以藏匿、夹带、伪装或者其他隐蔽方式运输、携带易制毒化学品逃避检查的；（三）抗拒检查或者在检查时丢弃货物逃跑的；（四）以伪报、藏匿、伪装等蒙蔽手段逃避海关、边防等检查的；（五）选择不设海关或者边防检查站的路段绕行出入境的；（六）以虚假身份、地址或者其他虚假方式办理托运、寄递手续的；（七）以其他方法隐瞒真相，逃避对易制毒化学品依法监管的"。上述七种情形的共同特征就是在买卖易制毒化学品的过程中故意采取了一定的欺骗手段，从而逃避相关机关对易制毒化学品的监管，以此推定行为人的主观明知。

需要注意的是，如果确有证据证明被蒙骗的，即使采取了上述行为也不应认定其主观明知，特别是在共同犯罪中共犯的主观认定上。如被告人饶某某、刘某、陈某等非法生产、买卖、运输制毒物品案[①]。涉案的制毒物品是苯丙酮（化学名称"1-苯基-1-丙酮"），在生产过程中，多次出现堵塞等技术问题，被告人饶某某等人除了找相关人员到现场进行技术指导及工艺改进之外，陈某通过私人关系找到知名大学的教授、副教授帮忙做样品检测，其并未告知生产制毒物品的非法性，而是以生产医药中间体为名寻求帮助，因此对于进行检测的教授、博士而言，虽然其行为对于陈某等人生产制毒物品起了不可或缺的作用，但是他们主观上并不知道自己的行为是为非法生产制毒物品提供了帮助，因此不宜认定为非法生产制毒物品罪的共犯。

四、非法生产、买卖、运输制毒物品、走私制毒物品罪的追诉标准

根据《关于公安机关管辖的刑事案件立案追诉标准的规定（三）》规定，违反国家规定，非法运输、携带制毒物品进出国（边）境、买卖制毒物品，涉嫌下列情形之一的，应予立案追诉：（1）1-苯基-2-丙酮5千克以上；（2）麻黄碱、伪麻黄碱及其盐类和单方制剂5千克以上，麻黄浸膏、麻黄浸膏粉100千克以上；（3）3,4-亚甲基二氧苯基-2-丙酮、去甲麻黄素（去甲麻黄碱）、甲基麻黄素（甲基麻黄碱）、羟亚胺及其盐类10千克以上；（4）胡椒醛、黄樟素、黄樟油、异黄樟素、麦角酸、麦角胺、麦角新碱、苯乙酸20千克以上；（5）N-乙酰邻氨基苯酸、邻氨基苯甲酸、哌啶150千克以上；（6）醋酸酐、三氯甲烷200千克以上；（7）乙

---

① 参见江苏省泰兴市人民法院刑事判决书，（2019）苏1283刑初406号。

醚、甲苯、丙酮、甲基乙基酮、高锰酸钾、硫酸、盐酸400千克以上；（8）其他用于制造毒品的原料或者配剂相当数量的。

非法运输、携带两种以上制毒物品进出国（边）境，每种制毒物品均没有达到上述规定的数量标准，但按前款规定的立案追诉数量比例折算成一种制毒物品后累计相加达到上述数量标准的，应予立案追诉。

为了走私、非法买卖制毒物品而采用生产、加工、提炼等方法非法制造易制毒化学品的，以走私、非法买卖制毒物品罪（预备）立案追诉。

明知他人实施走私、非法买卖制毒物品犯罪，而为其运输、储存、代理进出口或者以其他方式提供便利的，以走私、非法买卖制毒物品罪的共犯立案追诉。

根据《关于审理毒品犯罪案件适用法律若干问题的解释》规定，违反国家规定，非法生产、买卖、运输制毒物品、走私制毒物品，达到下列数量标准的，应当认定为《刑法》第350条第1款规定的"情节较重"：（1）麻黄碱（麻黄素）、伪麻黄碱（伪麻黄素）、消旋麻黄碱（消旋麻黄素）1千克以上不满5千克；（2）1-苯基-2-丙酮、1-苯基-2-溴-1-丙酮、3，4-亚甲基二氧苯基-2-丙酮、羟亚胺2千克以上不满10千克；（3）3-氧-2-苯基丁腈、邻氯苯基环戊酮、去甲麻黄碱（去甲麻黄素）、甲基麻黄碱（甲基麻黄素）4千克以上不满20千克；（4）醋酸酐10千克以上不满50千克；（5）麻黄浸膏、麻黄浸膏粉、胡椒醛、黄樟素、黄樟油、异黄樟素、麦角酸、麦角胺、麦角新碱、苯乙酸20千克以上不满100千克；（6）N-乙酰邻氨基苯酸、邻氨基苯甲酸、三氯甲烷、乙醚、哌啶50千克以上不满250千克；（7）甲苯、丙酮、甲基乙基酮、高锰酸钾、硫酸、盐酸100千克以上不满500千克；（8）其他制毒物品数量相当的。

违反国家规定，非法生产、买卖、运输制毒物品、走私制毒物品，达到上述规定的数量标准最低值的50%，且具有下列情形之一的，应当认定为《刑法》第350条第1款规定的"情节较重"：（1）曾因非法生产、买卖、运输制毒物品、走私制毒物品受过刑事处罚的；（2）2年内曾因非法生产、买卖、运输制毒物品、走私制毒物品受过行政处罚的；（3）一次组织5人以上或者多次非法生产、买卖、运输制毒物品、走私制毒物品，或者在多个地点非法生产制毒物品的；（4）利用、教唆未成年人非法生产、买卖、运输制毒物品、走私制毒物品的；（5）国家工作人员非法生产、买卖、运输制毒物品、走私制毒物品的；（6）严重影响群众正常生产、生活秩序的；（7）其他情节较重的情形。

根据《关于办理制毒物品犯罪案件适用法律若干问题的意见》规定，违反国家规定，非法运输、携带制毒物品进出境或者在境内非法买卖制毒物品达到下列数量标准的，依照《刑法》第350条第1款的规定，处3年以下有期徒刑、拘役或者管制，并处罚金：（1）1-苯基-2-丙酮5千克以上不满50千克；（2）3，4-亚甲基二氧苯基-2-丙酮、去甲麻黄素（去甲麻黄碱）、甲基麻黄素（甲基麻黄碱）、羟亚胺及其盐类10千克以上不满100千克；（3）胡椒醛、黄樟素、黄樟油、异黄樟素、麦角酸、麦角胺、麦角新碱、苯乙酸20千克以上不满200千克；（4）N-乙酰邻氨基苯酸、邻氨基苯甲酸、哌啶150千克以上不满1500千克；（5）甲苯、丙酮、甲基乙基酮、高锰酸钾、硫酸、盐酸400千克以上不满4000千克；（6）其他用于制造毒品的原料或者配剂相当数量的。

根据《关于办理走私、非法买卖麻黄碱类复方制剂等刑事案件适用法律若干问题的意见》规定，走私、非法买卖麻黄碱、伪麻黄碱、消旋麻黄碱及其盐类5千克以上不满50千克；去甲麻黄碱、甲基麻黄碱及其盐类10千克以上不满100千克；麻黄浸膏、麻黄浸膏粉100千克以上不满1000千克，应当处3年以下有期徒刑、拘役或者管制，并处罚金。

根据《关于办理邻氯苯基环戊酮等三种制毒物品犯罪案件定罪量刑数量标准的通知》规定，走私、非法买卖邻氯苯基环戊酮20千克以上不满200千克；1-苯基-2-溴-1-丙酮、3-氧-2-苯基丁腈15千克以上不满150千克，应当处3年以下有期徒刑、拘役或者管制，并处罚金。

第二节　非法生产、买卖、运输制毒物品、走私制毒物品罪的证据审查

一、非法生产、买卖、运输制毒物品、走私制毒物品罪的证据要件

(一) 客体方面的证据要件

1. 证明制毒物品种类的证据

制毒物品一般是各类易制毒化学品,其性质除了犯罪嫌疑人供述和辩解、证人证言等言词证据证实之外,最关键的是依据现场查获的制毒物品实物及毒品检验机构出具的制毒物品鉴定意见来认定。

2. 证明制毒物品成分、纯度的证据

本罪的定罪量刑标准主要是根据制毒物品的数量认定,一般可以不作含量鉴定。但是对于犯罪嫌疑人可能判处有期徒刑7年以上刑罚的案件,可以根据案件情况作出含量鉴定。另外,对于一些特殊制毒物品的相关案件则需要查明制毒物品的成分、纯度。以麻黄碱类复方制剂案件为例,根据相关规定需要按照涉案麻黄碱类复方制剂中麻黄碱类物质的含量作为涉案制毒物品的数量。其中,对于正规厂家出产的成品药剂,需要根据扣押的复方制剂、药品批准证明文件、工厂生产工艺等证据计算麻黄碱含量;对于已拆除包装、改变形态的麻黄碱类复方制剂,除了犯罪嫌疑人供述、知情人员证言等言词证据以外,最关键的是需要对扣押的制剂进行含量鉴定予以认定数量。

3. 证明制毒物品数量的证据

实践中,需要认定的制毒物品数量包括两种情形,一是查获的制毒

物品，主要根据现场勘验检查笔录、现场扣押、提取、封存的制毒物品等证实现场扣押制毒物品实物的相关证据予以证实。二是未查获制毒物品实物的制毒物品数量，不仅要根据犯罪嫌疑人供述，还需要通过证人证言、双方联系的微信、QQ聊天记录等电子数据、银行转账等书证、监控录像等证据证实。如果言词证据并不一致的，应当根据存疑有利于被告人的原则就低认定。

（二）客观方面的证据要件

1. 非法生产制毒物品行为的相关证据

（1）有关"非法"方面的证据

如前文所述，非法生产制毒物品包括两种类型，一是其他单位和个人未经上述行政主管部门批准、备案生产制毒物品的情形，只要有证据证实涉案单位、个人没有相应的资质，即可以认定其非法性。二是经过国家确定的有资格生产制毒物品的单位违规、超量生产的情形，由于这些单位有相应的资质，需要重点审查有资格生产的制毒物品品种、数量与实际销售、购买的情况是否相符，超范围、超量生产的，才能认定其非法性。

（2）有关生产制毒物品的证据

由于生产制毒物品是一个复杂的过程，除了犯罪嫌疑人供述、证人证言等言词证据之外，还应当围绕生产制毒物品的各个环节收集证据。

①生产制毒物品前的准备环节：制毒物品原料、工具等物证、现场勘验检查笔录、扣押笔录等，其中现场发现的机器、设备，要进行识别、分类，犯罪嫌疑人正常生活、生产工具不能作为犯罪工具予以扣押，对于生产制毒物品没有任何帮助的机器、设备也不是涉案的犯罪工具。

②生产制毒物品的方法、工艺环节：不能仅凭犯罪嫌疑人供述来认定，一方面应当结合配方、原料目录、工艺流程、生产制毒物品过程进行记录、台账、清单等书证认定，另一方面根据查获的制毒物品、原料、机器设备等推断具体的方法、工艺[①]，必要时可以借助专家、相关行业从业人员证言对此进行核实。

[①] 参见林金文主编：《毒品犯罪案件证据认定的理论与实务》，人民法院出版社2017年版，第296页。

③生产的制毒物品：现场扣押的制毒物品、现场勘验检查笔录、扣押、提取笔录等。

2. 非法买卖制毒物品行为的证据

（1）有关"非法"方面的证据

如前文所述，非法买卖制毒物品包括两种类型，一是相关单位和个人未经上述行政主管部门批准、备案而买卖的情形，只要有证据证实涉案单位、个人没有相应的资质，即可以认定其非法性。二是经过国家确定的有资格经营、购买制毒物品的单位违规、超量买卖制毒物品的情形，由于这些单位有相应的资质，需要重点审查有资格经营、购买的制毒物品品种、数量与实际销售、购买的情况不符，超范围、超量销售、购买，才能认定其非法性。

（2）有关买卖制毒物品的相关证据

①买卖双方达成买卖制毒物品合意的证据：犯罪嫌疑人供述和辩解、知情人员的证言、买卖双方的微信或者QQ聊天记录、电子邮件等电子数据、电话通话记录等。

②交易方式的证据：犯罪嫌疑人供述和辩解、知情人员的证言等证实犯罪嫌疑人如何进行买卖制毒物品，有无经人居间介绍、是否属于代购、代卖等。

③交易过程的证据：监控录像、犯罪嫌疑人供述和辩解、知情人员的证言等证实买卖制毒物品行为的时间、地点、参与人等。如果是在买卖制毒物品过程中被抓获的，还应注意收集、抓获经过、审查现场勘验笔录、扣押的制毒物品、现场指认笔录、辨认笔录等证实现场交易情况。

3. 非法运输制毒物品行为的相关证据

（1）有关"非法"方面的证据

如前文所述，非法运输制毒物品包括两种类型，一是其他单位和个人未经上述行政主管部门批准、备案而运输的情形，只要有证据证实涉案单位、个人没有相应的资质，即可以认定其非法性。二是经过国家确定的有资格运输的单位违规、超量运输的情形，由于这些单位有相应的资质，需要重点审查有资格运输的制毒物品品种、数量与实际运输的情况不符、超范围、超量运输，才能认定其非法性。

（2）不同运输方式的证据

①行为人自身携带运输制毒物品的情形：一是查获的制毒物品及包装物、藏匿制毒物品的物品（如旅行袋、行李箱、衣服等）、现场勘验笔录、犯罪嫌疑人辨认笔录等证明制毒物品实物的相关证据；二是犯罪嫌疑人自己驾车或者乘坐交通工具时，车辆行驶轨迹、监控录像、高速公路收费站等交通卡口记录、加油站加油记录、相关公共交通购票记录等证明运输制毒物品情况的相关客观性证据；三是犯罪嫌疑人供述、知情人员证言等证实运输情况的言词证据。

②邮寄运输制毒物品的情形：一是查获的制毒物品及快递外包装、现场勘验笔录、快递检查笔录、犯罪嫌疑人辨认笔录等证明制毒物品实物的相关证据；二是快递物流公司开具的物流单、邮寄现场监控、犯罪嫌疑人供述、收寄人员、快递人员证言等证明制毒物品邮寄过程的证据。

③利用他人运输制毒物品的情形：如果犯罪嫌疑人利用的人员明知运输的是制毒物品，除了①要求的证据之外，还需要收集、审查其与犯罪嫌疑人之间联系的证据，除了犯罪嫌疑人供述、知情人员的证言之外，还需要收集双方相互联系的信件等书证、手机短信、微信或者QQ聊天记录、电子邮件等电子数据。

4.走私制毒物品行为的相关证据

（1）有关"非法"方面的证据

如前文所述，走私制毒物品包括两种类型，一是相关单位和个人未经有关行政主管部门批准而进出口制毒物品的情形，只要有证据证实涉案单位、个人没有得到相应的批准，即可以认定其非法性。二是经过国家确定的有资格进出口的单位违规、超量进出口制毒物品的情形，由于这些单位有相应的资质，需要重点审查有资格进出口的制毒物品品种、数量与实际进出口的情况是否相符，超范围、超量进出口的，才能认定其非法性。

（2）不同走私方式的证据

①行为人自身携带制毒物品走私的情形：一是海关等机关依法查获的制毒物品及包装物、藏匿制毒物品的物品（如旅行袋、行李箱、衣服等）、现场勘验笔录、犯罪嫌疑人辨认笔录等证明制毒物品实物的相关证据；二是犯罪嫌疑人自己驾车或者乘坐交通工具时，车辆行驶轨迹、监控录像、高速公路收费站等交通卡口记录、加油站加油记录、相关公共交通

购票记录、边境关卡登记等证明走私情况的相关客观性证据；三是犯罪嫌疑人供述、知情人员证言等证实走私情况的言词证据。

②国际邮寄制毒物品的情形：一是海关等机关依法查获的制毒物品及快递外包装、现场勘验笔录、快递检查笔录、犯罪嫌疑人辨认笔录等证明制毒物品实物的相关证据；二是快递物流公司开具的物流单、邮寄现场监控、犯罪嫌疑人供述、收寄人员、快递人员证言等证明制毒物品邮寄过程的证据。

③特殊的走私制毒物品的情形：海关等机关依法查获的制毒物品、抓获经过、现场勘验笔录、犯罪嫌疑人供述等证据，证实犯罪嫌疑人直接向走私制毒物品的人非法收购走私进口的制毒物品或者犯罪嫌疑人在内海、领海、界河、界湖运输、收购、贩卖国家进行管制的制毒物品。

④利用他人走私制毒物品的情形：如果犯罪嫌疑人利用的人员明知走私的是制毒物品，除了①要求的证据之外，还需要收集、审查其与犯罪嫌疑人之间联系的证据，除了犯罪嫌疑人供述、知情人员的证言之外，还需要收集双方相互联系的信件等书证、手机短信、微信或者QQ聊天记录、电子邮件等电子数据。

（三）主体方面的证据要件

1. 自然人犯罪

（1）证明自然人基本情况的证据

犯罪嫌疑人的基本情况，应当要依据户籍证明、护照、港澳居民来往内地通行证、台湾居民来往大陆通行证等证据材料予以证实。由于走私制毒物品罪中常常有境外人员的参与，如果其中有无国籍人、外国人的，其所持护照、港澳台通行证等与其他证据材料相矛盾的，应全面根据是否有有关外国驻我国使领馆出具的认证证明，或者公安机关户籍部门出具的确认犯罪嫌疑人是不是我国公民等证明材料综合认定。

（2）证明自然人刑事责任能力的证据

判断犯罪嫌疑人是否具有刑事责任能力，需要重点审查两个方面的证据。一是关于刑事责任年龄，判断其是否达到刑事责任能力年龄（已满16周岁），是否已经是成年人（已满18周岁）。重点审查有关出生日期的证据，如果户籍证明的出生日期与其他证据相矛盾的，不能径行以户籍证明认定，应当结合犯罪嫌疑人的出生证明文件、入学等登记表、无利害关系人（如居委会、村委会工作人员、邻居等）的证人证言综合判断，确有必要时可进行骨龄鉴定，作为年龄判断的参考。二是犯罪嫌疑人有无精神病，通常情况下一般推定犯罪嫌疑人没有精神病，但是如果案件中的犯罪嫌疑人行为举止反常，可能患有精神病，就需要结合精神病鉴定、相关医院就诊情况、证人证言等予以判断。

（3）证明自然人相关行业经历的证据

由于本罪涉及的制毒物品具有双重属性，如果行为主体具备一定涉案制毒物品相关从业经历、专业背景，根据常识可以判定其应当知晓相关制毒物品法律管理规定，有利于其主观故意的认定，因此应收集运用犯罪嫌疑人的任职情况、职业经历、专业背景、培训经历、此前任职单位或者其本人因从事同类行为受到处罚情况等证据。

（4）证明共犯真实身份的证据

制毒物品犯罪案件中，往往是共同犯罪、集团犯罪，现场可能抓获的仅是部分犯罪嫌疑人，对于后面抓获的犯罪嫌疑人是不是共犯，特别是犯罪嫌疑人不认罪，否认实施、参与制毒物品犯罪的情形，就需要综合多方面的证据予以认定。

一是制毒物品、外包装、作案工具等相关物品依法提取的痕迹、生物检材，与犯罪嫌疑人的DNA进行比对鉴定。

二是存取款凭证、物流快递单据、住宿登记等书证上的笔迹，与犯罪嫌疑人本人的笔迹进行比对。

三是电话通话、QQ、微信聊天记录、电子邮件等电子数据。其中特别需要注意的是手机号码登记人与实际使用人不一致的，应当查明手机号码的实际使用人。除了犯罪嫌疑人的供述、知情人员的证言之外，可以通过通信时间、地点、电话通话联系人、犯罪嫌疑人的行踪轨迹等综合判断。

2. 单位犯罪

单位构成本罪时实行的是双罚制，因此既要对单位主体的相关证据进行审查，也要对承担相关刑事责任的单位直接负责的主管人员和直接责任人员的相关证据进行审查。

（1）单位

由于单位是法律拟制的人，对于以单位的名义实施的犯罪，仍需要对是否构成单位犯罪进行实质性审查判断。应注意收集、审查和判断犯罪行为所体现出的是个人意志还是单位意志方面的证据，即重点审查单位是否真实存在，是否为了实施犯罪而设立，单位设立后是否以实施犯罪行为为主要业务，犯罪所得是否进入单位所有、控制的账户，以正确区分实施非法生产、买卖、运输、走私制毒物品行为的主体是单位还是自然人。在审查证据过程中要注重对单位主体身份、经营范围、经营情况等相关证据的审查。

①单位统一信用代码、组织机构代码、营业执照、工商注册登记证明、税务登记证、住所地证明等证明单位基本情况的书证。

②单位银行账号证明、注册资料、年检情况、审计或清理证明等，证明单位经营情况的证据；如认定单位分支机构的，需要单位内部组织的有关合同、章程、协议书，单位资金的分配、支配、流向方面书证等证明；如单位已经被撤销的，应有其主管单位出具的证明。

③如果单位有从事易制毒化学品、药品生产、经营等特殊行业的，应当根据相关主管部门颁发的许可证、生产批准文件等书证予以认定。

④单位的章程、会议记录、犯罪单位的主管人员、其他直接责任人员供述、相关证人证言等证明单位决定实施相关犯罪活动的证据。

通过以上证据，证明犯罪主体是依法成立、拥有一定财产或者经费、能以自己的名义承担责任的单位，且犯罪活动是经单位决策而实施的。

（2）相关责任人员

单位犯罪中追究的责任人员是负直接责任的主管人员和其他直接责任的人员，因此，对于相关责任人员既要按照自然人情况的证据审查，也要审查其作为单位犯罪责任人员的证据。

①组织人事部门的人事任免文件、会议记录、法定代表人身份信息等书证，犯罪嫌疑人供述与辩解、单位内部证人证言等相关证据，证明单位直接负责的主管人员和其他直接责任人个人任职、职责等以及责任人员是否按照单位的决策实施具体犯罪活动的证据。

②相关责任人员的身份情况按照前述自然人的证据标准进行收集、审查。

(四) 主观方面的证据要件

关于犯罪嫌疑人主观明知的认定主要包括两个方面，一是对涉及的制毒物品性质明知；二是对生产、买卖、运输、走私非法性的明知。

原则上认定犯罪主体的主观故意时，并不要求以明知法律的禁止性规定为要件。在审查时不能单纯依靠犯罪嫌疑人的供述来认定主观明知，特别是实践中很多犯罪嫌疑人零口供拒不认罪，对此，应当结合犯罪嫌疑人参与制毒物品犯罪的过程、方式，被查获的制毒物品种类等，并结合犯罪嫌疑人自身的年龄、生长环境、文化程度、从业经历等相关客观性证据，综合判断分析其主观明知。以行业经历为例，如果行为主体具备一定易制毒化学品活动相关从业经历、专业背景或在犯罪活动中担任一定管理职务的行为人，根据常识可以判定其应当知晓相关易制毒化学品监管规定。如果有证据证明其实际从事的行为应当批准而未经批准，行为在客观上具有非法性，原则上就可以认定其具有实施制毒物品犯罪的主观故意。在证明行为人的主观故意时，应当收集运用行为人的任职情况、职业经历、专业背景、培训经历、此前任职单位或者其本人因从事同类行为受到处罚情况等证据，同时可以证明行为人提出的"不知道相关行为被法律所禁止，故不具有实施制毒物品犯罪的主观故意"等辩解不能成立。

1.首先需要重点收集审查犯罪嫌疑人供述和辩解、证人证言、犯罪嫌疑人有关制毒物品犯罪相关情况的电话通话记录、微信、QQ聊天记录等电子数据以及其他直观反映犯罪嫌疑人主观明知的证据，该类证据往往能够起到最直接的证明作用。

2.《关于办理制毒物品犯罪案件适用法律若干问题的意见》列举了7种可以推定犯罪嫌疑人主观明知的情形，我们可以以此为指引，从以下几个方面收集此类证据。

（1）改变产品形状、包装或者使用虚假标签、商标等产品标志的情形，包括犯罪嫌疑人改变制毒物品原来的形状、包装，或者在原来的外观、包装使用假标识。除了收集现场扣押的制毒物品、外包装、标签、商标等物证之外，还应当注重收集改变形状、包装前的制毒物品、真实的商标、标签等产品标志并进行真伪对比，从而能够直接证实犯罪嫌疑人通过造假手段，企图使他人将制毒物品当作其他物品。

（2）犯罪嫌疑人逃避或者抗拒检查的情形。其中，"以藏匿、夹带或者其他隐蔽方式运输、携带易制毒化学品逃避检查的"，重点收集犯罪嫌疑人的人身检查笔录、现场勘验检查笔录、现场监控录像等证据以证实犯罪嫌疑人采取隐蔽方式运输、携带制毒物品的行为；"抗拒检查或者在检查时丢弃货物逃跑的"，重点收集现场工作人员、其他在场人员的证言、执法记录仪、依法扣押的制毒物品等证据以证实犯罪嫌疑人抗拒检查或者逃跑的行为；"以伪报、藏匿、伪装等蒙蔽手段逃避海关、边防等检查的"，重点收集海关、边防等工作人员的证言、现场检查的监控录像、现场勘验检查笔录、依法扣押的制毒物品等证据以证实犯罪嫌疑人采取蒙蔽手段逃避检查的行为；"选择不设海关或者边防检查站的路段绕行出入境的"，重点收集犯罪嫌疑人绕行的行踪轨迹、监控录像、现场勘验检查笔录等证据以证实犯罪嫌疑人违反常规，逃避出入境检查的行为。

（3）以虚假身份、地址或者其他虚假方式办理托运、寄递手续的情形，除了重点收集现场勘验检查笔录、依法扣押的制毒物品、快递单、寄运单等以外，还应当注重收集证明犯罪嫌疑人真实的身份、地址等的证据，应当注意审查是否从场所、物品上提取到有用的痕迹、生物检材，以及物流相关单据等书证上的笔迹，可以根据案件需要与犯罪嫌疑人的相关DNA、笔迹样本进行比对鉴定，从而证实犯罪嫌疑人在托运、邮寄制毒物品时实施了弄虚作假的行为，违反了货物运输要求真实姓名、地址的基本要求。

（4）以其他方法隐瞒真相，逃避对易制毒化学品依法监管的情形，由于该项规定是为了应对司法实践中不断变化的新情形而设置的兜底性规定，① 所以应当注重收集审查足以证明犯罪嫌疑人应当知道其行为对象是制毒物品，且实施的是非法行为的相关证据。

3.通过客观证据推定犯罪嫌疑人主观明知的本质是根据实施制毒物品犯罪相关联的基础事实与证明主观明知的事实之间的常态联系，根据逻

---

① 参见高贵君、马岩、李静然：《〈关于办理走私、非法买卖麻黄碱类复方制剂等刑事案件适用法律若干问题的意见〉的理解与适用》，载《人民司法》2012年第17期。

辑、常情常理推断出来的结论。① 由于刑事推定在某种程度上放松了控方的证明责任，应当允许辩方有反证的权利。② 具体而言，通过客观证据推定犯罪嫌疑人有实施制毒物品犯罪的主观故意时，应当允许反证。当犯罪嫌疑人能够作出合理解释，证明自己确实被蒙蔽的，或者提供相反的证据，此时则不能认定其对于实施制毒物品犯罪的主观明知。

需要注意的是，由于制毒物品犯罪中的共同犯罪，犯罪分子为了逃避侦查，人货分离、遥控指挥，采取集团作案的方式，严格遵守严密的等级和指挥系统，采用密码沟通，即使抓获了部分犯罪嫌疑人，其也仅是通过单线联系部分共犯。对此，要认定共同犯罪中犯罪嫌疑人的主观明知，除了依靠犯罪嫌疑人和同案犯的供述和辩解以外，还要通过客观性证据综合认定，一是买卖制毒物品的价格明显高于市场交易价格，则一般可以排除正常经营易制毒化学品的目的。二是帮助运输、携带进出境的报酬明显高于正常劳务报酬的，则一般可以判定其对行为的"非法性"具有一定认知。

二、非法生产、买卖、运输制毒物品、走私制毒物品罪常见证据审查

（一）制毒物品鉴定意见的审查判断

1. 鉴定人、鉴定机构是否具备鉴定资格，是否与案件或案件当事人有利害关系或其他特殊关系，鉴定意见没有附鉴定人资格证明文件的，应当及时调取。

2. 鉴定意见形式是否完备，是否具备序言、简要案情、检材取样、检验过程及记录、分析说明、鉴定意见等内容，鉴定意见尾部是否有2名以上鉴定人签名、盖章。

3. 检材的送检、拆封、取样是否依照法定程序进行，检材与原始提取物是否系同一物，检材的提取时间与检验鉴定时间的间隔长短，检材的

---

① 参见人民法院实务小全书编选组：《毒品案件办理小全书》（第二版），人民法院出版社2018年版，第430页。

② 参见劳东燕：《刑事推定中的合理联系标准》，载《清华法学》2010年第4期。

提取数额情况是否有记录。具体而言，对于毒品成分及含量的鉴定意见，应当注意审查检材提取是否符合相关专业规范要求。对于在不同地点缴获的多个包装的缴获物品，或者犯罪嫌疑人或物品持有人供述有多个包装的物品，应当根据不同的缴获地点或供述情况对其进行分组鉴定。对于缴获物品本身或者其包装物的外观特征不一致的多个包装的缴获物品，还应当根据缴获物品及其包装物的外观特征进行分组鉴定。确有必要时，对毒品含量采取抽样鉴定的，应当同时提交进行随机抽样方法的情况说明。

4. 鉴定意见的分析论证是否周密，分析论证和鉴定结论是否矛盾，鉴定意见与案件其他证据有无矛盾。

5. 审查委托鉴定机关是否将用作证据的鉴定意见及时告知犯罪嫌疑人、被告人。对应当鉴定而没有鉴定或者鉴定程序违反有关规定，影响案件事实认定的，应当补充鉴定或者重新鉴定。不具备补充鉴定或者重新鉴定条件的，应当依法作出有利于犯罪嫌疑人的认定。

（二）电子数据的审查判断

电子数据是指控本罪的重要证据，但面临的一个问题是身份同一性的认定。具体而言，很多犯罪嫌疑人互不相识，在交易过程中往往都不使用真名，需要破解线上线下两个身份的同一性。重视侦查机关是如何将电子数据中虚拟的身份与犯罪嫌疑人真实身份之间建立起的关联。由于网络并非都是实名制，就更需要确定谁是账号的真实使用者。对手机提取的相关电子数据，由于手机本身就是无形电子数据的有形载体，如果是在犯罪嫌疑人身上或者所居住、工作的特定场所查获的手机，①一般而言就可以直接证明犯罪嫌疑人与手机中电子数据的关联性。对于从网站论坛、邮箱提取的电子数据，由于行为人可以凭借账号和密码在任何连接网络的电脑上登录，这就使得论坛信息、邮件内容并不需要特别依赖于特定的存储介质，②这就需要审查侦查机关有无通过技术手段，审查网络 IP 地址、网络终端归属等，结合犯罪嫌疑人供述、证人证言等综合判断电子数据与犯罪

---

① 参见胡铭、王林:《刑事案件中的电子取证：规则、实践及其完善》，载《政法学刊》2017 年第 1 期。

② 参见周新:《刑事案件电子证据的审查采信》，载《广东社会科学》2019 年第 6 期。

嫌疑人的关联性。

与此同时，还应重点审查电子数据、视听资料的提取过程是否损坏、改变，有无进行完整性校验；对收集、提取、检查电子数据的相关活动有无录像；电子数据检查时有无对存储介质进行写保护、有无制作数据备份等。电子数据的结果应当重点审查电子数据提取笔录内容是否完整；有无侦查人员、电子数据持有人（提供人）签名或者盖章；电子数据检查笔录有无注明检查方法、过程和结果，是否有相关人员签名或者盖章等。

（三）现场勘验检查笔录的审查判断

1. 勘验、检查、搜查、提取、扣押程序是否符合法律要求，是否有见证人在场见证，见证人的选取是否符合法律规定，是不是2人以上侦查人员同时进行等。

2. 记载内容是否完整准确，是否详细载明勘验、检查、搜查的时间、地点、过程，现场的方位、环境，提取、扣押的物证、书证情况，包括扣押物证、书证特别是涉案毒品疑似物的名称、型号、规格、数量、重量、颜色、新旧程度和缺损特征以及摆放位置等，是否与照片及其他笔录记载相互一致。现场勘验检查笔录，涉及扣押相关涉案物品，注意审查有没有全面提取、扣押现场所有的制毒物品、外包装、作案工具、制毒物品及外包装的痕迹、生物检材等各类证据材料。

3. 笔录形式是否符合法律规定，是否有见证人、侦查人员、被检查、搜查人员签名，是否附有相应的照片、图示及录音录像材料等。注意审查录像、拍照有无客观、完整地反映查获场所的整体情况，制毒物品及相关物证的原始状态、外观特征、所处位置等具体情况，对毒品等物证、书证的包装、形态、特征、数量等描述不详，或者描述与现场照片、录音录像存在差异的情况，应当要求侦查机关作出补正或者合理解释，否则不能作为定案的根据。

4. 勘验、检查、搜查、提取笔录及扣押清单上缺少侦查人员、被搜查、检查人员或物品持有人、见证人签名，或者收集程序、方式存在其他瑕疵的，侦查机关应当作出补正或者合理解释，否则不能作为定案的根据。

第三节　非法生产、买卖、运输制毒物品、走私制毒物品罪的认定处理

一、罪与非罪的界限

（一）主观不明知的情形

因为行为人明知是制毒物品而非法生产、买卖、运输、走私制毒物品的行为才构成本罪，如果确实有证据证明行为人不知道是制毒物品，或者行为人受他人欺骗实施上述行为的，不构成本罪。

（二）数量不够追诉标准的情形

由于不同的制毒物品要达到不同的数量才能构罪，如果行为人非法生产、买卖、运输、走私的制毒物品数量未达到相关法律规定的追诉标准，则只是一般违法行为，不构成本罪，可由相关行政主管部门根据《易制毒化学品管理条例》等相关规定给予行政处罚。

（三）可以不作为犯罪处理的情形

由于制毒物品的双重属性，司法实践中有一些情形不宜作为犯罪处理，对此多个规范性文件分别作出了规定。其中，《关于审理毒品犯罪案件适用法律若干问题的解释》第7条第3款规定："易制毒化学品生产、经营、购买、运输单位或者个人未办理许可证明或者备案证明，生产、销售、购买、运输易制毒化学品，确实用于合法生产、生活需要的，不以制毒物品犯罪论处。"《关于办理制毒物品犯罪案件适用法律若干问题的意见》规定："易制毒化学品生产、经营、使用单位或者个人未办理许可证明或者备案证明，购买、销售易制毒化学品，如果有证据证明确实用于合

法生产、生活需要，依法能够办理只是未及时办理许可证明或者备案证明，且未造成严重社会危害的，可不以非法买卖制毒物品罪论处。"对此，有人认为不同文件规定的出罪条件不一致，如何把握存在困惑。我们认为，虽然两个文件在文字的表述上有不一致之处，但从本质上看均是要对同样的行为进行出罪化处理，后出台的文件继承了之前意见的精神。[①] 具体而言，我们在办理此类案件时要重点把握3个条件：一是确有证据证实生产、经营、购买、运输制毒物品的目的是合法正常的工农业生产、医疗科学、日常生活等生产、生活所需；二是确有证据证实单位或个人具备办理许可、备案手续的资格而未能及时办理；三是该案没有造成严重的社会危害后果。如果自然人或者单位的行为符合上述3个条件，主观恶性小，社会危害性不大，根据《刑法》第13条的规定，属于"情节显著轻微危害不大"的情形，不应认定为犯罪。

如犯罪嫌疑人滕某红非法买卖制毒物品案[②]。犯罪嫌疑人滕某红系江苏扬州某化工有限公司（简称"某化工"）法定代表人。某化工成立于1994年8月，先后取得非药品类易制毒化学品经营备案证明、危险化学品经营许可证，经营范围为相关化学品的销售。2016年4月至2017年7月，某化工在未经备案的情况下，多次向刘某某等4人各自经营的企业出售简单加工后的丙酮合计13吨，销售款合计人民币67315元，刘某某等4人将购买的上述丙酮均用于各自经营企业的乙炔气体罐装生产。公安机关以滕某红涉嫌非法买卖制毒物品罪，于2018年5月14日移送江苏省扬州市江都区人民检察院审查起诉。经审查，检察机关发现案件存在以下问题：一是本案应系单位犯罪，但公安机关仅对企业负责人以自然人犯罪移送审查起诉。二是根据最高人民法院《关于审理毒品犯罪案件适用法律若干问题的解释》第7条第3款规定，销售易制毒化学品，确实用于合法生产、生活需要的，不以制毒物品犯罪论处。而在案证据表明，现已查证的相关买家均将所购丙酮用于合法生产经营，尚有部分丙酮的去向和用途需要进一步侦查。三是某化工作为一家民营企业，长期从事合法的生产经

---

① 参见叶晓颖、马岩、方文军、李静然：《〈关于审理毒品犯罪案件适用法律若干问题的解释〉的理解与适用》，载《人民司法·应用》2016年第13期。

② 参见犯罪嫌疑人滕某红非法买卖制毒物品案，《检察机关依法惩治和预防毒品犯罪典型案例》，载《检察日报》2019年6月26日，第1版。

营活动，企业及其负责人均无犯罪前科，亦未曾被行政处罚。涉案行为虽然销售金额不高，但销售数量大，一旦入罪即属"情节特别严重"，应处7年以上有期徒刑，并处罚金或者没收财产。因此，罪与非罪的认定对企业经营及其负责人的命运影响巨大。2018年7月13日，江都区人民检察院将案件退回补充侦查，要求公安机关就某化工是否还向其他公司出售丙酮及丙酮用途进行补查，并对本案送检样本取证过程进行说明，证实鉴定意见的合法性和关联性。根据检察机关要求，公安机关先后前往山西、陕西、河北等地实地调查，调取了购买人所购丙酮用途、去向的相关证据，发现上述购买人在当地均合法经营相关企业，所购丙酮均用于企业乙炔气体的罐装生产，未用于违法犯罪活动。经调查也未发现滕某红销售的丙酮有其他被用于制毒等违法犯罪活动的情形。

2018年8月8日，公安机关将案件重新移送审查起诉，认为滕某红明知购买方未提供备案证明，非法出售易制毒化学品，构成犯罪。对于"确实用于合法生产、生活"的部分可以合理扣减，其他利用网络对外销售的部分应予认定。且该司法解释第7条第3款所规定的出罪情形，仅应适用于该条所解释的《刑法》第350条第1款规定的"情节较重"情形，而不适用于"情节严重""情节特别严重"的两种情形。

2018年8月29日，江都区人民检察院检察委员会研究后一致认为，本案不应定罪，应对滕某红作出不起诉决定。理由主要有：一是现有证据证明所售丙酮用于合法生产经营。二是对制毒物品用途举证不能的不利后果不应由犯罪嫌疑人承担。不能根据司法解释规定的"确实用于合法生产、生活需要的，不以制毒物品犯罪论处"，推导出"未查清去向和用途的，以犯罪论处"。三是对司法解释中出罪条款的理解应符合体系解释原理。该司法解释第7条第3款是与第1款、第2款共同构成关于非法生产、买卖、运输制毒物品、走私制毒物品罪入罪情节的规定。考虑到易制毒物品被实际用于合法生产、生活需要，其上游的生产、销售行为未产生社会危害性，不作犯罪论处显然更为合适。四是本案销售制毒物品的行为主体实际是某化工，公安机关仅以滕某红个人涉嫌犯罪移送审查起诉，显属不当。由于检察机关审查认为本案中的个人行为不构成犯罪，故只需对滕某红作不起诉处理，无须对某化工追加宣告不起诉。

对滕某红宣告不起诉后，鉴于涉案企业不经备案销售丙酮的行为违反了《易制毒化学品管理条例》的规定，江都区人民检察院建议公安机关依法给予相应的行政处罚，并对辖区内化工企业开展专项摸底排查。公安机关采纳了检察建议，对涉案企业给予100余万元的行政处罚，没收违法所得67315元，并对辖区内的化工企业经营情况开展了专项检查。江都区人民检察院还结合当地实际，组织辖区内的化工企业代表座谈，通报本案的审查处理情况，提醒化工企业遵守法律法规，合法生产经营。

在前述分析非法生产、运输、买卖制毒物品行为时，还包括超范围、超量经营的行为，如《关于办理制毒物品犯罪案件适用法律若干问题的意见》第1条第2款第2项规定"超出许可证明或者备案证明的品种、数量范围购买、销售易制毒化学品的"非法买卖制毒物品行为，如果确有证据证实行为人是为了合法生产、生活需要，依法能够办理实际买卖制毒物品数量范围的许可、备案手续但未及时办理，且造成严重社会危害的，根据举重以明轻的当然解释原则，可不以犯罪论处。[①]

另外，我们还需要注意的是，上述文件仅适用于非法生产、买卖、运输制毒物品行为，对于走私制毒物品行为，由于该行为侵犯的客体还包括国家对外贸易管理制度，所以即使确有证据证明走私制毒物品是用于合法生产、生活需要，也仍可能构成走私制毒物品罪。

（四）从旧兼从轻原则的适用

制毒物品数量入罪门槛，需要注意相关司法解释规定的数量标准的变化，因此，对于同一种制毒物品，应结合最新的规定予以确认。由于制毒物品的范围应由国家规定予以明确，如果行为人实施具体行为时该物品尚不属于国家规定的制毒物品，则不宜认定为本罪。

如被告人谢某威、梁某玲走私制毒物品案[②]。谢某威、梁某玲先后于2002年5月5日、2002年6月28日、2002年7月13日分3批从国内购得盐酸55.76吨（货款为8101.88元）、52.12吨（货款为7572.99元）、52.3吨（货款为7599.15元），在未办理任何合法出口手续的情况下，组织、指挥他人将上述盐酸走私运往越南。为履行1988年《联合国禁止非

[①] 参见最高人民法院实务小全书编选组：《毒品案件办理小全书》（第二版），人民法院出版社2018年版，第432页。

[②] 参见《最高人民法院公报》2007年第9期。

法贩运麻醉药品和精神药物公约》的义务，我国对外贸易经济合作部于1999年颁布了《易制毒化学品进出口管理规定》，其中附录所列的22种易制毒化学品名称中包括了盐酸。但是，国家经济贸易委员会、公安部、国家工商行政管理局于2000年11月21日联合下发了《关于加强易制毒化学品生产经营管理的通知》，其中的附录没有将盐酸列入易制毒化学品。此后，对外贸易经济合作部和公安部又于2002年发布了《易制毒化学品进出口国际核查管理规定》，该规定也是为履行1988年《联合国禁止非法贩运麻醉药品和精神药物公约》而制定的，其中也没有将盐酸列入易制毒化学品。上述行政规章关于盐酸是否为制毒化学品的规定虽然存在矛盾，但依据新规定优于旧规定的原则，应以新规定为准。综上，我国现行法律未将盐酸列为制毒化学品，最新相关行政法规、规章也没有规定盐酸属于制毒化学品，因此不能认定盐酸属于制毒物品，故2名被告人的行为不宜认定为走私制毒物品罪。

二、本罪与制造毒品罪的界限

（一）两罪之间的区别

本罪与制造毒品罪的最大区别体现在犯罪对象上，即制毒物品和毒品之间的区别。两者无论是理化性质还是外观上均有差别，在功用上也存在不同。毒品属于国家禁止流通物，其危害性是现实存在的，其存在就有危险，不具有任何使用或者利用价值；而制毒物品属于国家限制流通物，具有易制毒及一般化学原料的双重属性，其危害性是潜在的、不确定的。很多制毒物品既可以作为毒品的制造原料，又是一般工农业生产和科研常用的化学原料，如果合法使用，是有利于生活、生产活动的。一些在日常生产、生活中应用广泛的易制毒化学品，或者属于制造毒品配剂的化学品，若只是少量非法交易，尚未达到严重社会危害程度的，属于情节显著轻微，危害不大，可不认为是犯罪。因此，制造毒品罪不论数量多少，都应当追究刑事责任，而非法生产、买卖、运输制毒物品、走私制毒物品必须达到一定的数量才能构成犯罪。

(二) 两罪之间的联系

《刑法》第 350 条第 2 款规定:"明知他人制造毒品而为其生产、买卖、运输前款规定的物品的,以制造毒品罪的共犯论处。"由此可见,如果行为人明知他人制造毒品,而为其生产、买卖、运输制毒物品的,同时符合制造毒品罪的共犯和非法生产、买卖、运输制毒物品罪的犯罪构成,属于想象竞合犯,从一重罪处罚,即按照制造毒品罪的共犯论处。需要注意的是,该规定没有明确规定明知他人制造毒品而为其走私制毒物品的情形应当如何处理。对此,我们首先应当判断该规定属于注意规定而非法律拟制规定,根据想象竞合犯的原理,也应当按照制造毒品罪的共犯论处。[①]

这里需要注意的是,构成制造毒品罪共犯的明知应当是具体的,而不能是概括的推断。根据《关于办理走私、非法买卖麻黄碱类复方制剂等刑事案件适用法律若干问题的意见》规定,行为人明知相对人即将利用行为人提供的麻黄碱类复方制剂(或其他帮助)制造毒品,而不是仅仅知道其所提供的物品可能会被用于制造毒品。对于明知的对象范围,不能扩大解释为不确定的多数人,应当有明确、具体的人员,才能认定为制造毒品罪的共同犯罪。即使在毒品的重灾区,为不特定的制毒人员提供制毒物品,也不应以制造毒品共犯论处,否则,设立非法买卖制毒物品罪的罪名就失去了意义。

如被告人李某沣等非法买卖制毒物品案[②]。李某沣、范某鑫、洪某伟供述知道麻黄素可用于制造毒品,但其没有将麻黄素卖给直接制毒的人,制毒的人从不与他们接触。现有证据无法证明下家余某通用麻黄素制造毒品,买卖链条上涉及的 6 人均没有参与制毒的行为,也没有查到制毒的实物、工具、场地等,3 名被告人买卖麻黄素的行为主要是为了倒卖牟利。一审判决 3 名被告人构成制造毒品罪,后二审判决改判为非法经营罪。这是基于行为人必须明知某个特定的人要制造毒品而为其提供制毒物品的方可构成制造毒品罪的共犯,若是只知道他人购买麻黄素是提供给不确定制

---

① 参见李梁、曾涛:《走私、非法买卖制毒物品罪的修改与完善——〈刑法修正案(九)〉第 41 条的理解与适用》,载《云南社会科学》2016 年第 1 期。

② 参见王在魁、周彦:《明知不特定他人制毒而买卖麻黄素构成非法买卖制毒物品罪》,载《人民司法·案例》2016 年第 11 期。

毒的人，不应以制造毒品罪共犯论处。

与此同时，由于制造制毒物品是制造毒品的一个必经环节，行为人虽然制造出制毒物品，但为了进一步制造出毒品，已经开始实施制造行为，但如果尚未制造出粗制毒品或者毒品半成品的，应当认定行为人的行为已经着手实施犯罪，为制造毒品未遂，而不是预备。

如被告人张某等人制造毒品、传播犯罪方法案[①]。2011年至2013年，被告人张某为吸引境外客户购买2-甲基-3-（3，4-亚甲二氧基苯基）-环氧丙酸钠、2-甲基-3-苯基-环氧丙酸钠等已被某些国家管制的化工原料，多次指使被告人梁某、张某成等人根据其安排，在上海某医药科技有限公司（以下简称某公司）实验室内，用2-甲基-3-（3，4-亚甲二氧基苯基）-环氧丙酸钠研制成易制毒物品胡椒基甲基酮，并最终合成毒品MDMA；用2-甲基-3-苯基-环氧丙酸钠研制成易制毒物品1-苯基-2-丙酮，并最终合成毒品甲基苯丙胺，通过上述制造实验，完善制造毒品与易制毒物品的工艺流程，进而提供给购买原料的境外客户。由于制造制毒物品与制造毒品有着紧密的联系，行为人需要先制造出制毒物品，最终才能制造出毒品，此时行为人的定性不宜认定数罪，只认定制造毒品罪即可。

我们需要特别注意的情形是，行为人将含有制毒物品的物质，如麻黄碱复方制剂、麻黄草等，加工、提炼制毒物品，这仅是制造毒品的一个先行步骤，不是制造毒品犯罪的一个环节，此时的行为属于预备还是未遂存在争议，根据《关于办理制毒物品犯罪案件适用法律若干问题的意见》第1条第4项规定："为了制造毒品或者走私、非法买卖制毒物品犯罪而采用生产、加工、提炼等方法非法制造易制毒化学品的，根据刑法第二十二条的规定，按照其制造易制毒化学品的不同目的，分别以制造毒品、走私制毒物品、非法买卖制毒物品的预备行为论处。"

三、非法买卖麻黄碱等行为的认定

麻黄碱类物质属于《易制毒化学品管理条例》品种目录列管的第一

---

① 参见上海市第一中级人民法院刑事判决书，（2014）沪一中刑初字第237号。

类易制毒化学品，是制造甲基苯丙胺等苯丙胺类合成毒品的主要原料，因此属于刑法规定的"制毒物品"。由于甲基苯丙胺类合成毒品逐渐成为我国主要毒品的种类，作为甲基苯丙胺原料的麻黄碱类物质亦成为毒品犯罪分子争相获取的对象。与此同时，麻黄碱类复方制剂作为含有麻黄碱类物质的药品复方制剂，是用于治疗感冒和咳嗽的常用药品，且大多为非处方药，常见的如新康泰克胶囊、麻黄碱苯海拉明片、消咳宁等。由于我国将麻黄碱类物质及其单方制剂作为易制毒化学品进行严格管控，毒品犯罪分子转而寻求易于获取的麻黄碱类复方制剂作为制毒原料，导致麻黄碱类复方制剂脱离药用渠道流入非法渠道的形势较为严峻，在司法认定上存在争议。

（一）数量计算问题

由于刑法明确规定对毒品数量不以纯度折算，如前文所述，为从严惩处制毒物品犯罪，我们认为对于制毒物品也不宜以纯度折算，直接按照实际的重量计算。

麻黄碱类制毒物品比较特殊，如果犯罪对象是麻黄碱，直接按照具体的数量计算。如果是麻黄碱类复方制剂，如何计算数量存在争议。有观点认为，对非法买卖麻黄碱类复方制剂构成制毒物品犯罪的，也可不以纯度折算，而以查获的复方制剂的数量计算。我们认为，麻黄碱类复方制剂是由麻黄碱类物质和其他成分混合而成的药品制剂，其中的麻黄碱类物质才是制毒物品，直接按照涉案麻黄碱类复方制剂数量定罪量刑缺乏科学性，也会导致处罚过于严厉，有违罪刑相适应原则。因此，在对相关行为以走私或者非法买卖制毒物品罪定罪处罚时，应当将涉案麻黄碱类复方制剂所含麻黄碱类物质的数量认定为制毒物品的数量。故《关于办理走私、非法买卖麻黄碱类复方制剂等刑事案件适用法律若干问题的意见》第6条规定："实施本意见规定的行为，以走私制毒物品罪、非法买卖制毒物品罪定罪处罚的，应当以涉案麻黄碱类复方制剂中麻黄碱类物质的含量作为涉案制毒物品的数量。"有关涉案麻黄碱类复方制剂的具体数量计算方法，可以区分情形，一是对于正规厂家出产的成品药剂，可以按照其药品批准证明文件中列明的成分、含量进行计算；二是对于已拆除包装、改变形态的麻黄碱类复方制剂，则需要对该制剂进行含量鉴定。[①]与此同时，由于实践中犯罪分子为了逃避刑事制裁，往往采取少量多次、化整为零等手段非法贩运麻黄碱类复方制剂。为保障打击效果，对多次实施的行为未经处理的，应累计计算其中制毒物品的数量。

（二）行为人主观明知地认定

对于生产、买卖、运输、走私麻黄碱类复方制剂的行为可以分成两类。一是直接以制造、买卖、运输、走私毒品或者制毒物品为目的，包括本人具有该目的而生产、买卖、运输、走私麻黄碱类复方制剂，或者明知他人具有该目的而提供帮助生产、买卖、运输、走私麻黄碱类复方制剂这两种行为方式，此时容易认定行为人主观明知其实施的是毒品犯罪。二是行为人不直接以相关毒品犯罪为目的，而是为了谋利实施相关行为。由于麻黄碱类复方制剂并非制毒物品，实践中，非法买卖或者运输、携带、寄递麻黄碱类复方制剂进出境，处于交易的中间环节，不直接用于加工、提炼制毒物品进行走私、非法买卖或者制造毒品，也没有拆除包装、改变形态的，通常较难认定行为人具有实施制造毒品或者制毒物品犯罪的主观故意。

我们认为，构成制毒物品相关犯罪的共犯，其主观明知应该是具体的，即相对人即将利用行为人提供的麻黄碱类复方制剂（或其他帮助）制造毒品，而不是概括地知道其所提供的物品可能会被用于制造制毒物品。

如被告人解某英等非法买卖制毒物品、张某明非法经营案[②]。被告人田某雨、王某谦通过熟人介绍，从国内一些大型医药公司大批购入新康泰克（麻黄碱类复方制剂）卖给被告人张某明，张某明再倒手卖给梁某等人。田、王、张3人未改变新康泰克的药品属性，贩卖目的在于通过差价获取利润，故不能将其行为认定为非法买卖制毒物品罪，否则就等于将新康泰克等同于制毒物品，不符合法律规定。同时，没有具体证据证明张某明明知解某英等人将所购新康泰克胶囊拆解后作为制毒物品出售。尽管客观上张某明的行为为解某英等人贩卖制毒物品提供了帮助，但因缺乏共同

---

① 高贵君、马岩、李静然：《〈关于办理走私、非法买卖麻黄碱类复方制剂等刑事案件适用法律若干问题的意见〉的理解与适用》，载《人民司法》2012年第17期。

② 参见最高人民法院刑事审判第一、二、三、四、五庭编：《刑事审判参考》（第87集），法律出版社2012年版，第94页。

犯罪的故意，故不能对张某明、田某雨、王某谦以非法买卖制毒物品罪的共犯论处。由于司法实践中对此类情况存在较大争议，为了有效解决主观明知问题，《关于办理走私、非法买卖麻黄碱类复方制剂等刑事案件适用法律若干问题的意见》第5条予以明确规定，应当根据物证、书证、证人证言以及犯罪嫌疑人、被告人供述和辩解等在案证据，结合犯罪嫌疑人、被告人的行为表现，重点考虑以下因素综合予以认定：1.购买、销售麻黄碱类复方制剂的价格是否明显高于市场交易价格；2.是否采用虚假信息、隐蔽手段运输、寄递、存储麻黄碱类复方制剂；3.是否采用伪报、伪装、藏匿或者绕行进出境等手段逃避海关、边防等检查；4.提供相关帮助行为获得的报酬是否合理；5.此前是否实施过同类违法犯罪行为；6.其他相关因素。

（三）改变麻黄碱类复方制剂状态的行为定性

由于麻黄碱类复方制剂只是含有麻黄碱类物质的复方制剂，本身并非制毒物品，因此，实践中行为人需要通过改变麻黄碱类复方制剂的状态来获得麻黄碱类物质。虽然《关于办理走私、非法买卖麻黄碱类复方制剂等刑事案件适用法律若干问题的意见》对于相关方式的定性进行了明确，但由于当时非法生产制毒物品的行为并未入刑，所以司法机关认定思路仅能从非法买卖、走私制毒物品罪来考虑。随着《刑法修正案（九）》明确将非法生产行为入刑，对改变麻黄碱类复方制剂状态如何定性，应进行类型化分析。

1. 加工、提炼方式

行为人通过加工、提炼的方法从麻黄碱类复方制剂中提取麻黄碱类物质，其本质是提取制毒物品或者提取制毒物品再制造毒品，因为提炼后再用于合法的制药、工业生产用途，不仅有悖常理，而且成本过高，实践中无一此种情形的案例。[①] 故该种方式的定性，应当结合行为人的不同主观目的，分别构成制造毒品罪、非法生产制毒物品罪。

其中，有争议的是手工剥离等物理提炼的方式应如何定性。有观点认为加工、提炼方式是对相关物质进行了一个性质的改变，应当具有一定

---

① 参见高贵君、马岩、李静然：《〈关于办理走私、非法买卖麻黄碱类复方制剂等刑事案件适用法律若干问题的意见〉的理解与适用》，载《人民司法》2012年第17期。

的技术含量,实践中存在通过手工剥离麻黄碱类复方制剂获取麻黄碱类物质的行为,不宜认定为是一种加工、提炼方式,故不构成制造毒品罪、非法生产制毒物品罪。但我们认为,由于麻黄碱类复方制剂是新康泰克、白加黑感冒片、消咳宁等常见药品,通过物理提炼甚至手工分离的方法就可以从这些药品中提炼出麻黄碱类物质,该行为也应当结合行为人的不同主观目的,分别认定为制造毒品罪、非法生产制毒物品罪。

2.拆除包装、改变形态

实践中,行为人出于非法买卖、走私麻黄碱类复方制剂的目的,会拆除麻黄碱类复方制剂的包装、变更包装、改变制剂本身的形态,如固态变成液态等,该行为本身并不能提取出麻黄碱类物质,均不能认定为制造毒品罪、非法生产制毒物品罪,但由于拆除包装、改变形态会使得麻黄碱类复方制剂丧失原本的合法属性,可以认定其主观上实施毒品犯罪的非法目的,应当结合后续的行为分别以非法买卖制毒物品罪、走私制毒物品罪定罪处罚。

(四)麻黄碱类物质相关犯罪定性

涉及麻黄碱类复方制剂的相关犯罪定性有以下几方面内容:

一是单纯针对麻黄碱类复方制剂实施的行为,应根据行为人主观目的不同,依法认定相关犯罪。如果行为人是以制造毒品为目的,购买、运输、携带麻黄碱类复方制剂进出境的行为构成制造毒品罪。如果行为人是以提炼制毒物品为目的,其购买、运输、携带麻黄碱类复方制剂进出境的行为构成非法买卖、走私制毒物品罪。如果没有证据证明行为人是为了制造毒品或者走私、非法买卖制毒物品,则该情形属于缺少认定为制造毒品或者制毒物品犯罪的主观要件,由于麻黄碱类复方制剂不是制毒物品,不能按照制造毒品或者制毒物品犯罪定罪处罚,如符合非法经营罪、走私普通货物、物品罪等其他犯罪构成的,应依法定罪处罚。该处罚的定罪思路实质上就是针对走私、非法买卖麻黄碱类复方制剂的行为堵上了处罚的漏洞,具有兜底作用。特别需要注意的是,由于麻黄碱类复方制剂是常见药品,如果采取合法手段购买复方制剂,就需要特别关注行为人的主观目的,如果是为了制造毒品或者走私、生产、买卖、运输制毒物品而实施的购买行为,应追究刑事责任。

二是改变麻黄碱类复方制剂状态后实施的行为,应根据行为方式不同,依法认定相关犯罪。如果行为人用于生产、制造甲基苯丙胺,应当认定为制造毒品罪。如果行为人非法买卖、运输、走私相关物品的行为,应当认定非法买卖、运输制毒物品罪、走私制毒物品罪。

三是行为人的行为同时构成数个罪名的情形,应从一重罪处罚。行为人实施麻黄碱类复方制剂相关犯罪时,有可能构成制造毒品罪、制毒物品相关犯罪的同时,也构成非法经营罪、走私普通货物、物品罪等其他犯罪的,根据想象竞合犯的处罚原则,依照处罚较重的规定定罪处罚。

四是行为人虽然具有实施制毒物品相关犯罪的主观目的,但涉案麻黄碱类复方制剂中麻黄碱类物质的含量尚未达到制毒物品犯罪定罪数量标准的情形,构成非法经营罪、走私普通货物、物品罪等其他犯罪的,依法定罪处罚。具体而言,一种情形是涉案数额达到非法经营罪或者走私普通货物、物品罪的定罪数额的标准。非法经营罪主要以非法经营或者违法所得数额,走私普通货物、物品罪主要以偷逃税额为入罪标准,均与涉案物品价格挂钩。对于部分麻黄碱类物质含量相对较低但价格相对较高的麻黄碱类复方制剂,虽达不到制毒物品犯罪的定罪标准,但涉案数额可能达到非法经营罪或者走私普通货物、物品罪处罚的标准。另一种情形是行为人的行为符合非法经营罪或者走私普通货物、物品罪的特殊入罪情节规定。根据《关于公安机关管辖的刑事案件立案追诉标准的规定(二)》第79条和《刑法》第153条第1款第1项的规定,在规定的时间内因同种非法经营行为受过两次以上行政处罚后又进行同种非法经营的,或者1年内因走私被给予两次行政处罚后又走私的,无论是否达到相应经营数额、违法所得或者偷逃税额标准,都可以按照非法经营罪或者走私普通货物、物品罪处罚。由于出口麻黄碱类复方制剂不需要缴纳关税,运输、携带、寄递麻黄碱类复方制剂出境的行为不具备认定为走私普通货物、物品罪的条件,但上述行为通常与非法买卖麻黄碱类复方制剂行为密切相关,结合实践一般可以认定为非法经营罪。

(五)非法采挖、买卖麻黄草等犯罪行为性质认定

随着我国对麻黄碱类物质及其复方制剂的监管力度不断加大,由于麻黄草中含有麻黄碱,犯罪分子转而利用麻黄碱提取麻黄碱类物质,从而

制造甲基苯丙胺。为此，2013年最高人民法院、最高人民检察院、公安部、农业部、食品药品监管总局专门出台了《关于进一步加强麻黄草管理严厉打击非法买卖麻黄草等违法犯罪活动的通知》。

对于非法采挖、买卖麻黄草等犯罪行为应当区分情形，准确定性，依法予以打击。一是以制造毒品为目的，采挖、收购麻黄草，依法构成制造毒品罪。二是以提取麻黄碱类制毒物品后进行走私或者非法贩卖为目的，采挖、收购麻黄草，涉案麻黄草所含的麻黄碱类制毒物品达到相应定罪数量标准的，分别构成走私制毒物品罪、非法买卖制毒物品罪。三是如果行为人明知他人制造毒品或者走私、非法买卖制毒物品，向其提供麻黄草或者提供运输、储存麻黄草等帮助的，分别以制造毒品罪、走私制毒物品罪、非法买卖制毒物品罪的共犯论处。四是如果没有证据证明行为人是为了制造毒品或者走私、非法买卖制毒物品，或者涉案麻黄草中麻黄碱类物质的含量尚未达到制毒物品犯罪定罪数量标准的情形，行为人未取得麻黄草采集、收购许可手续，违反国家规定采挖、销售、收购麻黄草，依法构成非法经营罪。

四、共同犯罪的认定

所谓共同犯罪，是指各行为人的行为都指向同一犯罪，相互联系、相互配合，形成一个统一的犯罪活动整体。① 对于主从犯的认定，应当结合其在共同犯罪中所处的地位、参与程度、犯罪情节、对危害结果所产生作用的大小等进行综合判断。② 在非法生产、买卖、运输制毒物品、走私制毒物品罪中，特别需要注意审查以下几类人员的主从犯作用。

1. 对于出资者、犯意提起者，即使其没有实施具体的犯罪行为，由于其在共同犯罪中发挥着极为积极且不可替代的作用，一般情况下应当认定其为主犯。

如被告人陈某贤等走私制毒物品案③。本案犯意是由被告人陈某贤所

---

① 参见高铭暄、马克昌主编:《刑法学》，北京大学出版社、高等教育出版社2016年版，第165页。

② 参见黎宏:《刑法学总论》(第二版)，法律出版社2016年版，第288页。

③ 参见福建省厦门市中级人民法院刑事判决书，(2007)厦刑初字第34号。

提起的，支付相关毒资也是陈某贤实施的，陈某贤参与了本案的重要环节的犯罪活动。被告人林某钦为了走私进行实施了伪装、运输制毒物品到东莞的过程，其行为是本罪的重要环节。2名被告人在共同犯罪中所起的作用均是重要的，并不是次要的和辅助作用，不应当认定为从犯。经查，被告人陈某贤与"阿伟"进行走私犯罪通谋，联系被告人曹某勋进行走私犯罪，负责商谈运输费用及支付报酬，并到珠海市交接制毒物品，在共同犯罪起组织作用；被告人曹某勋负责联系制毒物品的承运人，纠集被告人林某钦参与犯罪，共同伪装、运输、寄存制毒物品，收取报酬；被告人林某钦虽被纠集参与犯罪，但积极实施了伪装、运输制毒物品的行为。3名被告人均积极参与走私犯罪，其实施的行为是整个走私犯罪链条中重要的、不可或缺的环节，3名被告人的行为只是分工不同，无主次之别。被告人是否获利并不影响主从犯的认定。

2.制毒物品犯罪中，常常在购买人和出售者之间有居间人的存在，在制毒物品买卖双方之间介绍、撮合，促成制毒物品交易。《关于办理制毒物品犯罪案件适用法律若干问题的意见》针对为走私或者非法买卖制毒物品犯罪提供便利的行为作了专门规定，即明知他人实施走私或者非法买卖制毒物品犯罪，而为其运输、储存、代理进出口或者以其他方式提供便利的，以走私或者非法买卖制毒物品罪的共犯论处。因为居间介绍人所实施的中介犯罪行为在整个犯罪中起着重要作用，积极促成毒品交易的完成，处于"承上启下"的地位，并起着不可替代的重要作用，是毒品犯罪中不可缺少的环节，因此居间人在毒品犯罪中一般应认定为主犯。

3.一般情况下，单纯的代购者可以认定是从犯，但是当代购者主动联系上家，帮助支付款项，积极促成交易的情况下，应认定为主犯。

如被告人卢某等非法买卖制毒物品案①。2009年7月24日，河南省襄城县某乡某村的耿某某（外逃）让被告人郭某帮其购买一些制毒原料，后被告人郭某就与被告人卢某联系，让卢某帮助购买5袋制毒原料，并交给被告人卢某26万元现金。2009年7月27日上午，被告人卢某在高速公路商丘服务区附近，从一姓"刘"的手中购买13袋制毒原料羟亚胺，后在许南公路襄城县某镇某路口与郭某交易5袋制毒原料羟亚胺时，被公

---

① 参见河南省襄城县人民法院刑事判决书，（2010）襄刑初字第87号。

安机关当场抓获，并当场查获羟亚胺 13 袋，总计共重 325.55 千克。经鉴定，13 袋羟亚胺中均验测出含有氯胺酮成分。被告人卢某不仅仅是单纯的代购行为，还主动联系上家、支付钱款进行交易，应认定为非法买卖制毒物品罪的主犯。

4. 对于运输者应根据在共同犯罪中所起的作用认定主从犯。如果行为人仅是受雇用单纯地实施了运输制毒物品行为，行为人与雇主没有其他意思联络，仅是领取运输制毒物品的相关报酬，那么其仅对运输行为负责，一般只认定为非法运输制毒物品罪的共犯。如果该运输环节是让制毒物品交易成功交付给买家的关键环节，风险极高，此时负责运输的人员在非法运输制毒物品共同犯罪中应认定为主犯。

相关规定链接

1.《刑法》第 350 条；

2. 2009 年 6 月，最高人民法院、最高人民检察院、公安部《关于办理制毒物品犯罪案件适用法律若干问题的意见》；

3. 2012 年 5 月，最高人民检察院、公安部《关于公安机关管辖的刑事案件立案追诉标准的规定（三）》；

4. 2012 年 6 月，最高人民法院、最高人民检察院、公安部《关于办理走私、非法买卖麻黄碱类复方制剂等刑事案件适用法律若干问题的意见》；

5. 2014 年 9 月，最高人民法院、最高人民检察院、公安部《关于办理邻氯苯基环戊酮等三种制毒物品犯罪案件定罪量刑数量标准的通知》；

6. 2016 年 4 月，最高人民法院《关于审理毒品犯罪案件适用法律若干问题的解释》。

深刻文化的问题。产品检查共查处假 13 起，没收过期食品 335.5 斤。经宣法办公室的组织，开展了家庭暴力中心组建工作，告诉人民群众的合法权利，让我们的村民，在法律问题面前，不仅是要法不护法的表现，以及要执法并且细查最新的法律知识。

4. 做好和调解好上访问题。对调解中出现的问题的问题，如果行为人不履行调解协议的，对违法律条件责任的行为人，可以及时向派出所提起控诉。对于法院及审判部门的决定和法院判决，加强法律实施的相关工作的意义及加快推进及完善义务教育工作，依法律法规及时地处理及加入解决上访而造成其他国家问题的处理与上访。

相关法规规定

（相关文件、法律法规）

2．2009年6月，最高人民法院、最高人民检察院、公安部《关于依法惩处流浪乞讨违法犯罪活动工作的意见》

3．2012年9月，最高人民法院发布《关于办理渎职刑事案件适用法律若干问题的解释》(二)。

4．2012年9月，最高人民法院、最高人民检察院、公安部《关于办理家庭暴力犯罪案件适用法律若干问题的意见》

5．2014年9月，最高人民法院、最高人民检察院、公安部《关于依法办理家庭暴力犯罪案件的意见》的具体理论法律解释

6．2016年10月，《中华人民共和国家庭暴力反对法》的具体法律制度

中国民法大典条约

第七章

非法种植毒品原植物罪办案指引

第一节 非法种植毒品原植物罪概述

一、非法种植毒品原植物罪的立法沿革

新中国成立以后，1950年2月，政务院发布了《关于严禁鸦片烟毒的通令》，全国上下一心拔除罂粟大麻等植株。1952年底，中国宣布摆脱烟毒，此后国内长期一段时间内无毒。当时主要采取行政手段管控非法种植毒品原植物的行为。20世纪70年代末，非法种植毒品原植物的行为逐渐增多。1979年7月颁布《刑法》，明确规定了制造、贩卖、运输、走私毒品罪，但没有将非法种植毒品原植物的行为入罪。1987年1月起施行的《治安管理处罚条例》①规定："严厉禁止违反政府规定种植罂粟等毒品原植物，违者除铲除其所种罂粟等毒品原植物以外，处十五日以下拘留，可以单处或者并处三千元以下罚款；构成犯罪的，依法追究刑事责任。"1987年11月颁布的《麻醉药品管理办法》②规定："麻醉药品原植物的种植单位，必须经卫生部会同农牧渔业部、国家医药管理局审查批准，并抄报公安部。"因刑法并没有将非法种植毒品原植物的行为入罪，导致入罪标准、入什么罪、处什么样刑罚等均没有明确规定，存在诸多司法实践难题。当时有观点认为毒品原植物是绝大多数毒品生产的源头，应当以制造毒品罪论处。1988年公安部《关于毒品案件立案标准的通知》③规定，私种罂粟等毒品原植物二百五十株（相当于生鸦片一两）以上的，以制造毒品罪立案。但以制造毒品罪定罪处罚非法种植毒品原植物的行为值得商

---

① 自《治安管理处罚法》2006年3月1日起施行，该文件废止。
② 自《麻醉药品和精神药品管理条例》2005年11月1日起施行，该文件废止。
③ 根据2009年12月11日发布的《公安部关于废止和修改部分禁毒工作部门规章及规范性文件的通知》修订。

权,在行为性质上混淆了种植与制造的概念。

1990年12月,全国人大常委会《关于禁毒的决定》首次明确将非法种植毒品原植物的行为单独定罪。该决定第6条规定:"非法种植罂粟、大麻等毒品原植物的,一律强制铲除。有下列情形之一的,处五年以下有期徒刑、拘役或者管制,并处罚金:(一)种植罂粟五百株以上不满三千株或者其他毒品原植物数量较大的;(二)经公安机关处理后又种植的;(三)抗拒铲除的。非法种植罂粟三千株以上或者其他毒品原植物数量大的,处五年以上有期徒刑,并处罚金或者没收财产。非法种植罂粟不满五百株或者其他毒品原植物数量较小的,由公安机关处十五日以下拘留,可以并处三千元以下罚款。非法种植罂粟或者其他毒品原植物,在收获前自动铲除的,可以免除处罚。"1994年,最高人民法院《关于执行〈全国人民代表大会常务委员会关于禁毒的决定〉的若干问题的解释》明确非法种植毒品原植物罪要与制造毒品罪区别开来,明确以原料制毒的才能以制造毒品罪定罪处罚。1997年,修订后的《刑法》吸收继承全国人大常委会《关于禁毒的决定》的相关内容,将非法种植毒品原植物的行为纳入刑法规范,正式确定了非法种植毒品原植物罪。2000年6月施行的最高人民法院《关于审理毒品案件定罪量刑标准有关问题的解释》[①]对种植大麻数量较大、数量大的标准进行了明确。该解释第5条规定:"非法种植大麻五千株以上不满三万株,应当认定为刑法第三百五十一条第一款第(一)项规定的非法种植大麻'数量较大';非法种植大麻三万株以上,应当认定为刑法第三百五十一条第二款规定的非法种植大麻'数量大'。"2016年4月起施行的最高人民法院《关于审理毒品犯罪案件适用法律若干问题的解释》,对《刑法》第351条中规定的数量较大、数量大进一步完善。该解释第9条规定:"非法种植毒品原植物,具有下列情形之一的,应当认定为刑法第三百五十一条第一款第一项规定的'数量较大':(一)非法种植大麻五千株以上不满三万株的;(二)非法种植罂粟二百平方米以上不满一千二百平方米、大麻二千平方米以上不满一万二千平方米,尚未出苗的;(三)非法种植其他毒品原植物数量较大的。非法种植毒品原植物,

---

① 根据最高人民法院《关于审理毒品犯罪案件适用法律若干问题的解释》(法释〔2016〕8号),该文件自2016年4月11日起被废止。

达到前款规定的最高数量标准的,应当认定为刑法第三百五十一条第二款规定的'数量大'。"

二、非法种植毒品原植物罪的发案态势

非法种植毒品原植物罪是一种较为多发的毒品犯罪,呈高发、频发的发展趋势。2010年,全国检察机关批准逮捕非法种植毒品原植物犯罪240余件320余人,起诉560余件630人,此后办案数基本稳定,略有上升。至2021年,全国检察机关批准逮捕非法种植毒品原植物犯罪60余件70余人,起诉1400余件1400余人,起诉数较上年历史高点有所下降。

除少数地区种植大麻外,基本是种植罂粟为主,且主要集中在偏远、经济欠缺发达地区。从中国裁判文书网相关裁判文书统计来看,2015年至2020年,全国非法种植大麻案件3674件,非法种植罂粟案件10574件,河南省、安徽省、江苏省、云南省、山东省、河北省等省份中的偏远、经济欠发达地区较为频发、高发。偏远、经济欠发达地区农民普遍认为罂粟嫩叶可作为菜食用,罂粟根茎可治疗牲畜疾病,罂粟壳可作火锅调料,罂粟汁可治疗胃病。

如被告人杨某会非法种植毒品原植物罪案[1],杨某会将一个罂粟果带回广西壮族自治区河池市南丹县某镇某街某号家楼顶种植,用于食用其幼苗,公安机关现场查获罂粟苗1400余株。

三、非法种植毒品原植物罪的概念和构成特征

非法种植毒品原植物罪,是指违反国家关于对麻醉药品原植物的管理制度,明知是罂粟、大麻以及其他毒品原植物而非法种植,数量较大的或经过公安机关处理后又种植的或抗拒铲除的行为。

---

[1] 参见广西壮族自治区河池市南丹县人民法院刑事判决书,(2018)桂1221刑初95号。

（一）客体特征

非法种植毒品原植物罪侵犯的客体是国家对毒品原植物种植的管理制度。罂粟、大麻等毒品原植物不仅是提炼、加工毒品的原料，也是医用麻醉药品生产必不可少的原料。国家为了满足医疗、科研及教学的需要，在严格控制管理下允许国有农场按照年度审批计划少量种植，严禁任何单位、个人未经审批或超审批计划种植。从1978年开始，国家先后颁布一系列严格管控种植罂粟等毒品原植物的法律法规、命令及通知，如《麻醉药品管理条例》《关于重申严禁鸦片烟毒的通知》《关于禁绝鸦片烟毒问题的紧急指示》《麻醉药品管理办法》《关于禁毒的决定》、禁毒法等。同时，在国家允许种植部分毒品原植物的地方，当地党委政府也相继立法明确区分工业大麻和毒品大麻，经批准允许种植工业大麻。因此，任何单位和个人未经合法批准，或虽经批准但超审批计划种植毒品原植物，均属于非法种植毒品原植物，均属违反国家对麻醉药品原植物种植的管理规定。

（二）客观特征

非法种植毒品原植物罪的客观方面表现为非法种植毒品原植物数量较大，或经公安机关处理后又种植毒品原植物，或抗拒铲除毒品原植物的行为。因此，非法种植毒品原植物罪的客观方面包括以下行为，一是非法种植毒品原植物数量较大；二是经公安机关处理后又非法种植毒品原植物；三是抗拒公安机关铲除毒品原植物。

1. 非法种植毒品原植物"数量较大"的理解

（1）种植的理解

理论界对种植含义的界定有较大分歧，主要有以下观点，第一种观点认为，种植是指播种、锄草、施肥、灌溉以及收取种子的整个行为过程[①]。第二种观点认为，种植是指播种、育苗、移栽、插苗、施肥、灌溉、割取津液或者收取种子等行为[②]。第三种观点认为，种植是指以收获为目的的播种、培植（如灌溉、施肥、除草等），包括自己播种培植和自然生长

---

① 参见王作富主编：《刑法分则实务研究》，中国方正出版社2013年版，第1470页。
② 参见张明楷：《刑法学》（第五版），法律版社2016年版，第1155页。

或他人播种由自己培植等两种情况①。我们赞同第二种观点，依据立案追诉标准的规定，种植是指播种、育苗、移栽、插苗、施肥、灌溉、割取津液或者收取种子等行为。无论行为人是实施整个过程，还是实施几个或一个行为，无论是行为人自己实施，还是雇用他人实施，无论行为人在自己的地里种植，还是在荒山野地种植，均视为种植。

（2）毒品原植物的理解

毒品原植物是可用来提炼、加工成鸦片、可卡因等麻醉药品和精神药品的原植物。我国非法种植的毒品原植物主要是罂粟。常见的毒品原植物包括罂粟、大麻、古柯等，近年来涉及新型毒品原植物如恰特草、迷幻蘑菇等案件增长较快。

作为常见的毒品原植物，罂粟是罂粟属下一种植物。罂粟是制造鸦片的主要原料，《麻醉药品品种目录》（2013年版）将罂粟浓缩物、罂粟壳列为麻醉药品。作为毒品原植物的罂粟仅指罂粟科中吗啡、罂粟碱等含量较高，可以提炼毒品的鸦片，而不是罂粟属下所有植物，如冰岛罂粟不是毒品原植物。冰岛罂粟花与罂粟虽同科，但形态特征及所含化学成分有所不同，前者为园林观赏植物，不属于用来提炼毒品的罂粟，可作花卉种植。因此，具体案件中对涉案罂粟是否属于毒品原植物应通过鉴定查清涉案罂粟的性质。

大麻属的下级分类是大麻，其有两个亚种，分别是印度大麻和火麻。一般来说，大麻从用途上分为工业大麻和毒品大麻。工业大麻的四氢大麻酚（THC）含量低于0.3%，可以广泛用于农业、纺织、造纸等。作为毒品的大麻主要是指矮小、多分枝的印度大麻。大麻类毒品的主要活性成分是四氢大麻酚（THC），《精神药品品种目录》（2013年版）将其列入一类精神药品。司法机关在办理具体案件时，只要涉案的大麻经鉴定为大麻科大麻属的"大麻"，就应认定为毒品原植物，不要求区分印度大麻和火麻或工业大麻和毒品大麻。《关于加强国家麻类产业体系工业大麻种植与加工管理的通知》记载，大麻属为单一属，大麻属植物均为管制的毒品原植物，适用国家毒品管制的法律法规。如果有确实充分的证据证实涉案大麻是火麻或工业大麻，因四氢大麻酚（THC）含量低，可以作为酌定从轻、

---

① 参见何秉松主编：《刑法学教科书》，中国法制出版社1994年版，第781页。

减轻甚至免于处罚的情节。

古柯在大约5000年以前被人类发现有毒，主要产地在南美洲，我国台湾、云南等地也有种植。《麻醉药品品种目录》（2013年版）将古柯叶列为麻醉药品。古柯叶片含有古柯碱，可以提炼可卡因。《麻醉药品品种目录》（2013年版）也将可卡因列为麻醉药品，形态为无色结晶或白色结晶性粉末，易溶于水，医疗中可作局部麻醉使用。

（3）"数量较大"的理解

刑法及司法解释规定，非法种植毒品原植物罂粟500株以上或200平方米以上，大麻5000株以上或2000平方米以上，或其他毒品原植物数量较大，或者其他毒品原植物面积较大、尚未出苗的，属于数量较大[1]。司法实践中难以解决的难题集中在两个方面：一是行为人同时种植罂粟、大麻且分别没有达到数量较大的标准，如何认定数量；二是其他毒品原植物的数量较大、面积较大如何认定。

关于如何认定其他毒品原植物的数量较大、面积较大的问题。由于其他毒品原植物中麻醉性物质种类、含量、性质与罂粟、大麻存在较大差异，无法科学折算，需要最高司法机关出台相关司法解释予以进一步明确。

既种植罂粟又种大麻，分别没有达到数量较大标准，且不具备其他入罪情节，如何认定数量？理论界有专家学者认为，行为人同时种植两种以上毒品原植物，可以折算后进行综合判断[2]，但没有提出折算的方法。我们认为可以探索罂粟、大麻按1∶10的折算方式进行折算。因为无论从植株数，还是从面积平方米来看，罂粟与大麻数量较大的比均是1∶10。在处理具体案件时，司法机关之间应加强沟通，统一共识。

2."经公安机关处理后又种植"的理解

"经公安机关处理后又种植"是非法种植毒品原植物罪入罪条件之一，需要注意以下几个方面：

---

[1] 参见《刑法》第351条第1款；最高人民检察院、公安部《关于公安机关管辖的刑事案件立案追诉标准的规定（三）》第7条第1款；最高人民法院《关于审理毒品犯罪案件适用法律若干问题的解释》第9条第1款。

[2] 张明楷：《刑法学》（第五版），法律出版社2016年版，第1155页。

（1）"处理"的理解

刑法理论界对"处理"的理解有两种观点。第一种观点认为，"处理"是指公安机关行政处理，如治安处罚、强制铲除等。第二种观点认为，"处理"不仅包括因非法种植毒品原植物被公安机关行政处罚等，还包括因非法种植毒品原植物被依法追究刑事责任[①]。如因非法种植毒品原植物的行为人受刑罚处罚后又种植的，只有符合《刑法》第351条第1款第1项或第3项的规定，才能认定为本罪[②]。我们赞成第二种观点，"处理"是依法对行为人因实施非法种植毒品原植物行为作出的处理决定，包含思想教育、行政处罚和刑罚处罚等。主要理由：一是"处理"不是一个法律概念和词语，其语义范围应该大于并包含处罚，处罚可以分为行政处罚和刑事处罚。二是非法种植毒品原植物罪属于公诉案件，行为人因非法种植毒品原植物受刑罚处罚必然被公安机关立案侦查，并移送检察机关审查起诉，属于公安机关"处理"的范畴。三是行为人因非法种植毒品原植物受刑罚处罚后又种植的，其主观恶性、社会危害性比因非法种植毒品原植物而受行政处罚的行为人的主观恶性、社会危害性要大得多，更应作为犯罪行为予以严惩。

（2）前后种植的数量和时间间隔

刑法理论界对此有3种观点。第一种观点认为，因非法种植毒品原植物被公安机关处理后在5年内又种植毒品原植物的，无种植数量要求[③]。第二种观点认为，前后两次种植行为应有一定的时间限制，且应区分是否以营利为目的、是不是落后地区用来治疗疾病等情况合理界定再次种植的数量[④]。第三种观点认为，前后两次种植应在保证公平正义的前提下不拘泥具体时间的限制，无种植数量限制[⑤]。我们赞成第三种观点。主要理由：一是《刑法》第351条第1款第1项与第2项属于并列规定，不应以第1项

---

① 参见郎胜：《中华人民共和国刑法释义》，法律出版社2015年，第616页。

② 参见张明楷：《刑法学》（第五版），法律出版社2016年版，第1156页。

③ 参见高铭暄、马克昌主编：《中国刑法解释》，中国社会科学出版社2005年版，第2465~2466页。

④ 参见徐宏、李春雷：《毒品犯罪研究》，知识产权出版社2016年版，第224~225页。

⑤ 参见张洪江、周智勇、王力欣等：《人民法院审理毒品犯罪案件司法适用与定罪量刑》，中国法制出版社2020年版，第196页。

中的数量要求去缩小第2项适用范围；二是立法本意是约束明知违法而故犯或不知悔改的行为人，经公安机关处理后又种植反映行为人主观恶性、社会危害性大，应比一般的非法种植毒品原植物行为的追诉标准低；三是从文义理解，公安机关处理后又种植，即公安机关对前次种植行为已经进行处理，但再次种植的。显然前后两次种植之间有时间间隔，但在刑法、司法解释对时间间隔长短没有作出具体规定之前，不宜违法设定具体的时间间隔。一般情况下，时间间隔的长短可以作为行为人主观恶性、社会危害性大小的判断依据，时间间隔越短主观恶性、社会危害性越大，反之越小。

如被告人时某亮非法种植毒品原植物案[①]，2018年6月16日，时某亮因非法种植毒品原植物，被泗县公安局决定罚款500元。2019年3月25日，时某亮又在自己家院内种植罂粟400株。安徽省泗县人民法院认为，时某亮非法种植毒品原植物，经公安机关处理后又种植，其行为已构成非法种植毒品原植物罪。

3. "抗拒铲除"的理解

"抗拒铲除"是非法种植毒品原植物罪入罪的客观行为之一，司法实践中具体认定时应注意以下几点：

（1）"抗拒铲除"的主体

"抗拒铲除"的主体只能是非法种植毒品原植物且年满16周岁的自然人，不能是其他参与抗拒铲除的自然人。其他参与抗拒铲除的自然人缺乏构成非法种植毒品原植物共犯的条件。其他自然人如果采取暴力、胁迫方法阻碍国家机关工作人员执行铲除公务，构成犯罪的，应当以妨害公务罪定罪处罚，致人重伤或死亡的，应以故意伤害罪或故意杀人罪定罪处罚。同时，抗拒铲除的主体也不能是单位，因为单位不构成非法种植毒品原植物罪。

（2）"抗拒铲除"的对象

关于"抗拒铲除"的对象有三种观点。第一种观点认为，是抗拒国家机关依法执行的铲除行为[②]。第二种观点认为，是抗拒国家机关或基层组

---

① 参见安徽省泗县人民法院刑事判决书，（2019）皖1324刑初349号。
② 参见王作富主编：《刑法分则实务研究》，中国方正出版社2013年版，第1470页。

织依法执行的铲除行为[1]。第三种观点认为，是抗拒公安机关依法执行的强制铲除行为[2]。我们赞同第二种观点，第一种和第三种观点均缩小了抗拒铲除的对象范围，与当前我国禁毒形势及禁毒措施不相符。抗拒铲除的对象应是国家机关、基层组织依法执行的铲除行为。禁毒法规定各级人民政府、村民委员会、居民委员会均有制止、铲除非法种植毒品原植物的职责[3]。村民委员会、居民委员会基层组织虽不是国家机关，但禁毒法授权其有铲除非法种植的毒品原植物的职责，其依法执行的铲除行为理应是抗拒铲除的对象。国家机关是否具有铲除非法种植的毒品原植物的职权，应依据法律法规确定。国务院办公厅《关于转发国家禁毒委员会成员单位主要职责的通知》[4]规定了公安部、农业部、国家林业局有铲除毒品原植物的工作职责，国务院机构改革后承继相关职能的公安部、农业农村部、国家林业和草原局有职权铲除非法种植的毒品原植物。同时，对于国家机关强令行为人自己铲除而拒不铲除的，不属于抗拒铲除，因没有明确的抗拒铲除的对象，仅仅是简单地拒绝执行命令。

（3）"抗拒铲除"的手段

关于"抗拒铲除"的手段有两种观点。第一种观点认为，"抗拒铲除"是指非法种植毒品原植物的行为人采用暴力、威胁、胁迫或其他强制手段足以妨碍主管部门铲除毒品原植物的强制手段[5]。第二种观点认为，"抗拒铲除"是指非法种植毒品原植物的行为人，在公安机关或毒品原植物的主管部门在强制铲除时，采取暴力或其他手段抗拒铲除[6]。我们赞同第一种观点，第二种观点将抗拒铲除的手段限于暴力手段，缩小了打击的范围。抗拒铲除的手段应该分别从质和量的角度同时考量。一是就质而言，只要非法种植毒品原植物的行为人出于抗拒铲除目的而实施的行为，均属抗拒行为；二是就量而言，非法种植毒品原植物的行为人出于抗拒铲除目

---

[1] 参见张明楷：《刑法学》（第五版），法律出版社2016年版，第1156页。
[2] 参见娄云生：《刑法新罪名集解》，中国检察出版社1994年版，第255页。
[3] 参见《禁毒法》第19条第2款。
[4] 参见国务院办公厅《关于转发国家禁毒委员会成员单位主要职责的通知》，（国办发〔2001〕4号）。
[5] 参见刘家琛主编：《新罪通论》，群众出版社1993年版，第217页。
[6] 参见何秉松主编：《刑法教科书》，中国法制出版社1994年版，第781页。

的而实施的行为，应是足以阻碍强制铲除措施实现的各种抗拒手段。抗拒铲除的手段没有限定，只要出于抗拒铲除的目的而实施的足以阻碍国家机关或村民（居民）委员会铲除毒品原植物工作的开展。抗拒铲除的行为可具体表现为暴力、威胁、胁迫或设置障碍等。

（三）主体特征

非法种植毒品原植物罪的犯罪主体是一般主体，即是年满16周岁具有刑事责任能力的自然人。本罪不同于走私、贩卖、运输、制造毒品罪，非法生产、买卖、运输制毒物品罪、走私制毒物品罪，非法提供麻醉药品、精神药品罪，单位不能构成本罪。理论界有人认为，依据禁毒法规定，麻醉药品药用原植物由获得许可的企业按照国家规定种植，如果获得许可种植的企业违规种植，完全可能构成单位犯罪。我们认为，根据罪刑法定原则，对获得许可种植的企业违反国家有关规定非法种植毒品原植物，符合最高人民检察院、公安部《关于公安机关管辖的刑事案件立案追诉标准的规定（三）》，对组织、策划、实施者以本罪定罪处罚，对企业不能以本罪定罪处罚。

（四）主观特征

非法种植毒品原植物罪在主观方面表现为故意。从罪状的表述上看，法律没有关于犯罪目的的规定，不需要行为人具备特定的犯罪目的。通常来看，禁毒法、刑法的立法宗旨在于禁止一切非法种植毒品原植物的行为，彻底铲除毒源。因此，不论行为人基于何种目的非法种植毒品原植物，只要达到数量较大、面积较大或有经公安机关处理后又种植、抗拒铲除的情形，均可以以非法种植毒品原植物罪追究刑事责任。

具体办案过程中须要注意认识错误问题：一是行为人将毒品原植物种子误认为是其他植物种子种植的，不论数量大小或面积大小，也不论是否属经公安机关处理后又种植的，因其主观上没有非法种植毒品原植物的故意，不构成犯罪。但在行为人知道或应当知道后，在收获前不自动铲除的，如果符合《刑法》第351条第1款、第2款的规定，应以非法种植毒品原植物罪定罪处罚。二是行为人将其他植物种子误认为是毒品原植物种子而种植的，或将变坏的毒品原植物种子误认为是良好的毒品原植物种子而种植的，其主观上具有非法种植毒品原植物的主观故意，种植面积达到较大以上的，构成非法种植毒品原植物罪的未遂。

四、非法种植毒品原植物罪的追诉标准

（一）立案标准

根据最高人民检察院、公安部《关于公安机关管辖的刑事案件立案追诉标准的规定（三）》的规定，公安机关对行为人非法种植罂粟500株或200平方米以上、非法种植大麻5000株或2000平方米以上或经公安机关处理后又种植、抗拒铲除、非法种植其他毒品原植物数量较大的应当立案追诉，但行为人在收获前自动铲除的可以不予立案追诉。行为人只要参与播种、育苗、移栽、插苗、施肥、灌溉、割取津液、收取种子等行为中一个环节或多个环节，均应认定为实施了种植行为。非法种植毒品原植物的株数一般应以实际查获的数量为准。如果行为人种植面积大，逐株清点数目不符合办案实际，可以采取抽样测算每平方米平均株数的方式，计算种植总株数。

对有证据证明有犯罪事实，可能判处徒刑以上刑罚的犯罪嫌疑人，采取取保候审尚不足以防止发生社会危险的，应当批准逮捕。在具体办理非法种植毒品原植物案过程中应严格审查是否可能判处徒刑以上刑罚，是否具备社会危险性，是否认罪认罚，坚持少捕慎捕原则，能不捕就不捕。从中国裁判文书网相关裁判文书统计分析来看，2020年1月至9月，全国1586件生效非法种植毒品原植物罪裁判文书中，917件非法种植毒品原植物罂粟1000株以下且自愿认罪认罚，均被判处管制或拘役；312件非法种植毒品原植物罂粟1000株至1500株且自愿认罪认罚，均被判处有期徒刑1年6个月以下，适用缓刑。据此，行为人非法种植毒品植物罂粟500株至1500株的，且认罪认罚的，在无其他从重处罚情节的情况下，一般不予逮捕。

（二）量刑标准

关于刑罚方面，本罪配置有3个档次：一是5年以上有期徒刑，并

处罚金或没收个人财产；二是 5 年以下有期徒刑、拘役或管制，并处罚金；三是收获前自动铲除可以免除处罚。

1. 5 年以上有期徒刑，并处罚金或没收个人财产

根据刑法规定，有期徒刑除数罪并罚和减刑外，为 6 个月以上 15 年以下。因此，非法种植毒品原植物罪的最高刑期可以是 15 年有期徒刑，并处罚金或者没收财产。司法实践中，可以根据非法种植毒品原植物数量大小、具体情节在 5 年以上 15 年以下有期徒刑内量刑，并处罚金或者没收财产。

2. 5 年以下有期徒刑、拘役或管制，并处罚金

《刑法》第 351 条第 1 款与第 2 款关于附加刑规定有区别，第 1 款规定是并处罚金，第 2 款规定是并处罚金或没收财产。这样的设置无疑是充分考虑了非法种植数量大的罪行更严重，社会危害性更大，因此附加刑中增加了没收财产的选择，司法机关可以结合具体案件作出选择，更好地制裁主观恶性大罪行严重的犯罪嫌疑人，使罪责刑相适应。另外，我们还需注意的是，本罪的附加刑罚金是并处罚金而不是单处罚金。

如被告人赵某平非法种植毒品原植物案①。赵某平非法种植毒品原植物罂粟 552 株。河南省沈丘县人民法院审理认为，原审被告人赵某平犯非法种植毒品原植物罪，判处罚金人民币 1000 元。沈丘县人民检察院抗诉称原判单处罚金适用法律错误，量刑不当。河南省周口市中级人民法院认为，原审被告人赵某平非法种植毒品原植物罂粟 500 株以上不满 3000 株，其行为已构成非法种植毒品原植物罪。《刑法》第 351 条对非法种植毒品原植物罪只规定并处罚金刑，故原审法院在对被告人赵某平未判处主刑的情况下，单处罚金属于适用法律错误，应予以纠正，抗诉理由成立。

3. 收获前自动铲除可以免除处罚

（1）自动铲除免除处罚没有前置条件

根据刑法规定，非法种植罂粟或其他毒品原植物收获前自动铲除可免除处罚。从语义解释上看，本规定没有任何前置条件，只要行为人在收获前自动铲除即可以免除处罚，不论公安机关等禁毒主管部门是否发现。换言之即使在公安机关等禁毒主管部门发现后才自动铲除的，也可以免除

---

① 参见河南省周口市中级人民法院刑事判决书，（2018）豫 16 刑终 515 号。

处罚。从刑法条文关系上看，该款与第1款、第2款属于并列关系，不存在前款是后款的前提关系。换言之，不论行为人种植的数量是较大还是大，也不论行为人是否属于经公安机关处理后又种植的，只要在收获前自动铲除即可以免除处罚。

如被告人万某松非法种植毒品原植物案①，被告人万某松听说鸦片秧苗好吃，还可以止咳，便购得一个罂粟果播种在自家菜园的小树林内。公安机关在村内开展铲除罂粟苗活动，被告人万某松得知后立即回家用汽油割草机铲除罂粟苗，在铲除过程中被澧县公安局民警发现，后共同铲除，经清点共计2929株。湖南省澧县人民法院认为，被告人万某松非法种植罂粟500株以上不满3000株，其行为已构成非法种植毒品原植物罪。被告人万某松主动铲除种植的毒品原植物，其行为应当视为自首；被告人万某松归案后，如实供述了自己的犯罪事实，依法可以从轻处罚。被告人万某松犯非法种植毒品原植物罪，判处有期徒刑10个月，缓刑1年。湖南省澧县人民检察院提出抗诉认为原审判决适用法律、量刑错误。湖南省常德市中级人民法院认为，原审被告人万某松非法种植毒品原植物罂粟500株以上不满3000株，其行为已构成非法种植毒品原植物罪。但原审被告人万某松在收获前，自动铲除其非法种植的毒品原植物罂粟，且归案后如实供述了自己的犯罪事实，依法可以免除处罚。抗诉机关抗诉理由成立，予以支持。原审被告人万某松犯非法种植毒品原植物罪，免除处罚。

（2）自动铲除具有时限性、自愿性、彻底性

首先，有时限性。行为人必须在收获前铲除，这样能够避免更严重的危害后发生。其次，有自愿性。行为人不是执法人员强制要求实施的铲除行为。诚然，行为人在执法人员的初步教育等非强制措施下实施的铲除行为，不影响自愿性的认定。最后，具有彻底性。自动铲除后毒品原植物彻底毁灭，不能复生。行为人在收获前自动铲除后，毒品原植物又复生的，不能免除处罚。

如被告人冯某某非法种植毒品原植物案②，冯某某种植罂粟后，在收获前被公安机关发现便自动铲除罂粟，公安机关复查种植现场发现复生

---

① 参见湖南省常德市中级人民法院刑事判决书，（2017）湘07刑终247号。
② 参见福建省南平市光泽县人民法院刑事判决书，（2009）光刑初字第123号。

1034株罂粟，最终法院以冯某某犯非法种植毒品原植物罪判处有期徒刑1年。

(3) 自动铲除是可以免除处罚

自动铲除可免除处罚，赋予了司法工作人员可以根据行为人种植的数量、面积大小，主观恶性大小，社会危害性大小，认罪认罚情况等综合作出决定，实现办案效果的政治效果、社会效果、法律效果的有机统一。如果行为人种植的数量大或有其他恶劣情节，且也不认罪认罚，可以不作出免于处罚的决定，实现类案处理的公平公正。

收获前自动铲除可以免除处罚中的"处罚"，从治安管理处罚法规定和刑法规定来看，应包含治安处罚和刑事处罚。刑法规定的收获前自动铲除可免除处罚中"处罚"只能刑事处罚，不包括治安处罚。司法机关作出免除刑事处罚的决定后，行政机关一般也不能给予治安处罚。

第二节　非法种植毒品原植物罪的证据审查

一、非法种植毒品原植物罪的证据要件

（一）客体方面的证据要件

非法种植毒品原植物罪在客体方面表现为犯罪嫌疑人违反国家规定私自种植毒品原植物。司法实践中，应注意收集种植后剩余的毒品原植物种子、毒品原植物、割取的津液、收取的种子、毒品原植物的秸秆、土壤样本、加工收获津液种子的工具等物证，犯罪嫌疑人供述，鉴定意见等，证明犯罪嫌疑人私自种植毒品原植物。如果是国家审批单位内部人员私自违反规定种植的，还应收集国家批准同意的种植计划等书证。

（二）客观方面的证据要件

非法种植毒品原植物罪在客观方面表现为犯罪嫌疑人私自种植罂粟、大麻等毒品原植物数量较大或面积较大，或经公安机关处理后又种植及抗拒铲除的行为。需要收集的证据及证明的事实主要包括：

1. 收集剩余毒品原植物种子、种植工具肥料、割取的津液、收取的种子、毒品原植物的秸秆、土壤样本、加工收获津液种子的工具等物证，购买毒品原植物种子的银行流水明细与收据、购买种植毒品原植物用的肥料工具的银行流水明细与收据、支付雇请工人工资银行明细或其他凭证、土地租赁合同、支付土地租金银行明细或其他凭证、土地权属证件、破案经过、报案记录、投案记录、举报控告记录、铲除毒品原植物记录等书证，犯罪嫌疑人家属、雇请工人、种子肥料等销售人员、基层组织相关人员、检举揭发人员等的证言，犯罪嫌疑人供述，剩余种子、毒品原植物植株、津液、收获种子及土壤中相关根茎、泥土样本等的鉴定意见，非法种

植毒品原植物现场、藏匿津液种子现场等的勘验、检查、辨认笔录，电子邮件、微信聊天记录、通信往来信息及其他网络聊天记录、网页信息发布等电子证据，监控视频等视听资料，证明非法种植毒品原植物的种类、数量、时间、地点、目的等事实。

2. 在前项证据基础上，还应收集犯罪嫌疑人曾因非法种植毒品原植物被公安机关处理的决定（含思想教育的笔录、警告或责令整改的记录、行政处罚决定、刑事立案决定书及刑事判决书）、公安机关对原种植行为的处理情况说明等书证，证明犯罪嫌疑人因非法种植毒品原植物经公安机关处理后又非法种植毒品原植物的事实。

3. 在前第一项证据的基础上，还应收集公安机关责令铲除毒品原植物的通知书、公安机关警告或责令整改的记录等书证，抗拒铲除的木棒、铁棍等物证，抗拒铲除过程致执法人受伤的伤情鉴定意见，目击证人证言，犯罪嫌疑人供述和辩解，证明犯罪嫌疑人抗拒铲除的毒品原植物种类、抗拒铲除时间、抗拒铲除方式、抗拒铲除目的、抗拒铲除动机及抗拒铲除结果等事实。

（三）主体方面的证据要件

非法种植毒品原植物罪的主体是一般主体，需要收集的证据及证明的事实主要包括：

1. 收集户口簿、居民身份证、临时居住证、护照、港澳居民来往内地通行证、台湾居民来往大陆通行证、边民证、工作证等书证，犯罪嫌疑人供述和辩解，证明犯罪嫌疑人的姓名（曾用名）、性别、年龄、民族、文化程度、籍贯、住址、工作单位、职业、政治面貌等。

2. 收集入学登记表、常住人口登记表、户口簿、医院出生证明、病历及医院诊断证明等书证，犯罪嫌疑人家属、邻居、医生等人证言，鉴定意见，犯罪嫌疑人供述和辩解，证明犯罪嫌疑人的刑事责任年龄和刑事责任能力。

3. 收集因非法种植毒品原植物被公安机关思想教育的记录、行政处罚决定书，强制戒毒决定书，刑事判决书等书证，村民（居民）委员会相关人员证言，犯罪嫌疑人供述和辩解，证明犯罪嫌疑人的前科劣迹事实。

4. 收集破案经过、接出记录、110接警记录、通话记录、检举揭发书面材料及立案侦查情况等书证，陪同到案等人证言，犯罪嫌疑人供述和辩解，查清是否有自首、立功等情节。

（四）主观方面的证据要件

非法种植毒品原植物罪属于故意犯罪，不存在过失情形。非法种植毒品原植物的动机、目的不是本罪的构成要件，但是目的、动机可以直接反映出犯罪嫌疑人主观故意。因此，需要证明的犯罪事实主要包括：一是犯罪嫌疑人非法种植毒品原植物的动机、目的事实；二是犯罪嫌疑人经公安机关处理后又种植的动机、目的事实；三是犯罪嫌疑人抗拒铲除的动机、目的事实；四是村民（居民）委员会的禁毒宣传情况。

证明犯罪嫌疑人的主观故意时，应当注意收集犯罪嫌疑人实施非法种植毒品原植物犯罪使用的电子邮件、微信聊天记录、通信往来信息及其他网络聊天记录、网页信息发布等电子证据，传真、信函、曾因非法种植毒品原植物被公安机关处理的相关决定等书证，证人证言，犯罪嫌疑人供述和辩解，当地村民（居民）委员会入户开展禁毒宣传的资料等其他有助于判断主观故意的客观事实。

二、非法种植毒品原植物罪常见证据审查

（一）物证、书证的审查判断

1. 查明物证、书证的合法性

具体办案中，要重点审查搜查笔录、提取笔录、扣押决定书、扣押清单及现场勘查笔录、照片等，查清毒品原植物、津液、毒品原植物秸秆等物证，银行交易明细、行政处罚决定、思想教育笔录、病历等书证，是何时、何地、何种情况下以何种方式搜查、提取、扣押等，是否由侦查人员依法调取。扣押在案的物证、书证是否附有相关笔录或者清单，笔录或清单描述的特征、数量、质量、名称是否与物证、书证相符，笔录或清单是否有侦查人员、物品持有人、见证人签名。对书证的审查还应重点审查是否有出具或制作单位签章、制作人签名、落款时间；对物证的审查还应重点审查是否有见证人参与搜查、提取、扣押、封装等，如果没有见证人

参与是否有录音录像。对物证、书证的来源、收集程序有疑问，且侦查机关又没有作出合理解释的，应作为非法证据予以排除。

2. 查明物证、书证的真实性

对于查获的毒品原植物、行政处罚决定书等物证、书证原件未随案件移送的，应当审查物证的照片、录像及书证的副本、复制件与原物、原件是否相符，制作程序是否符合法律和有关规定。具备辨认条件的物证、书证是否交由当事人或者证人进行辨认。物证的照片、录像不能反映原物外形特征的，书证有更改或更改迹象不能作出合理解释的，或者书证的副本、复制件不能反映原件及其内容的，应作为非法证据予以排除。

3. 查明物证、书证的关联性

对于查获的毒资、车辆及农用机械等物证，机动车行驶证、存折等书证，应及时审查是否属非法种植毒品原植物所得经济收益，或是否登记在犯罪嫌疑人名下主要用于非法种植毒品原植物等，如果查清与非法种植毒品原植物行为没有关联，应及时发还。

4. 查明物证、书证是否全面收集

对于已经割取津液或收取种子的案件，应当审查是否提取种植地点泥土样本并送检，对没有处理的毒品原植物秸秆是否提取、扣押、送检。对已经开始加工津液或毒品原植物种子的，应审查是否对加工现场进行勘验检查，是否搜查、提取、扣押相关物证并送检。对存在能证明犯罪嫌疑人没有作案可能性的存疑证据是否已经收集并附卷。

（二）口供的审查判断

非法种植毒品原植物的犯罪嫌疑人对自己的犯罪事实最清楚不过，据此侦查人员讯问时一般围绕犯罪嫌疑人取得毒品原植物种子的途径、种植的目的、动机，种植的种类、数量或面积，收取的津液或种子的数量、去向，以及参与非法种植的其他人员情况等进行讯问。具体办案中应从5个方面审查证人犯罪嫌疑人供述和辩解：

1. 查明笔录制作的合法性

审查讯问笔录记载的侦查人员与提讯证记载的侦查人员是否一致，是否具有侦查员身份；审查笔录起止时间与提讯证记载时间是否一致，与其他证据起止时间是否有冲突；犯罪嫌疑人是否核对讯问笔录；讯问笔录内容是否有复制粘贴情况。

2. 查明讯问笔录的完整性

对照提讯证记载情况，审查侦查终结移送起诉前，对犯罪嫌疑人的讯问笔录，无论是有罪供述，还是无罪辩解，是否全面、完整地随案移送；是否对犯罪嫌疑人的全部犯罪事实综合制作完整的讯问笔录。

3. 查明讯问过程的合法性

核实在讯问前是否告知了诉讼权利和义务、表明侦查人员身份，有无同步录音录像，有无可能采取暴力、威胁等非法方法手段进行讯问，是否有诱供情况。需注意的是，讯问过程的合法性，单凭犯罪嫌疑人供述的笔录无法准确判断，应结合同步录音录像、入所健康体检表、首次供述、同案人的供述及鉴定意见作出前后的有罪供述变化等综合判断。

4. 查明讯问笔录的真实性

核实讯问笔录证明的犯罪嫌疑人主观明知，毒品原植物种子的来源及购买种子的经济来源，非法种植毒品原植物的动机、目的、种类、时间、过程、数量、同案人员及地位、作用，曾因非法种植毒品原植物被公安机关处理，抗拒铲除的动机、目的、方式、结果，收取的津液、种子等的去向及加工过程，归案情况、检举揭发情况、家族病史情况、家庭经济情况、家庭成员基本信息、认罪认罚情况等，是否与鉴定意见、勘验检查笔录、证人证言、书证等相互印证。

5. 查明供述前后是否一致

犯罪嫌疑人供述前后不一致的，应审查犯罪嫌疑人原来供述的背景，翻供的原因，不同诉讼阶段翻供的变化，翻供的内容有无其他证据予以印证。对于毒品原植物、收取的津液或毒品原植物种子等不存在的案件，在完全排除诱供、逼供、串供等情形，犯罪嫌疑人供述与其他同案人供述、证人证言、书证、土壤鉴定意见相互吻合的，犯罪嫌疑人供述可以作为定案的根据。

（三）证人证言的审查判断

非法种植毒品原植物案件因劳动量大、持续时间长的特点，决定了犯罪嫌疑人不可能逃离群众视线，知情人员较多，侦查机关制作证人证言较多。具体办案中应从几个方面审查证人证言：

1. 查明证人的作证能力

审查证人的户籍资料等是否附卷，核实证人是否属于未成年人；综合审查证人全部证言，判断证人是否处于吸毒或醉酒状态，及有无正确认知和正确的表达、表述能力。

2. 查明证言的收集程序

审查询问笔录或权利义务告知书，核实是否告知证人权利与义务及询问人员是否有侦查员身份；查清笔录起止时间与其他证据形成时间是否冲突，笔录内容是否有复制粘贴情况；查明侦查人员是否有采取暴力、威胁等非法方法收集证言的可能，证人是否核对笔录。

3. 查明证言的真实性

核实证人与犯罪嫌疑人是否有利害关系；证人是否属于检举揭发人、见证人、知情人；证人证明的犯罪嫌疑人非法种植毒品原植物的动机、目的、种类、数量、时间、地点、过程，曾因非法种植毒品原植物被公安机关处理，抗拒铲除目的、动机、方式、结果等与鉴定意见、勘验检查笔录及犯罪嫌疑人供述是否相互印证；证人对证明的案件事实是来自其直接感知，还是道听途说。对证人评论性、推测性、猜测性的证言，应予排除采信。

4. 查明证言前后是否一致

对证言前后不一致的，应重点查清证人原作证的背景，证人改变证言的原因及改变的证言是否与客观性证据、其他证言、犯罪嫌疑人供述相互印证。证人证言前后不一致，对定罪量刑有重大影响的，应通知其出庭作证。

（四）被害人陈述的审查判断

非法种植毒品原植物罪中一般没有被害人，但在犯罪嫌疑人实施暴力抗拒铲除时，可能致依法执行铲除公务的人员受伤，不排除有被害人陈述的证据种类。由于此类被害人身份特殊，属于执法人员，应将其执行职务的情况制作成书面笔录，并附陈述人身份的证明。应重点审查：一是查明被害人的身份。应审查被害人的任职文件、工作、执法证等书证，核实被害人是否具有依法执行铲除毒品原植物的职权；二是查明被害人陈述的真实性。核实被害人陈述证明的受伤部位是否与伤情照片相吻合，伤口形状、大小、成因是否与抗拒铲除工具、方式等相吻合，受伤过程是否与犯罪嫌疑人供述、证人证言、视听资料等相印证。

（五）鉴定意见的审查判断

非法种植毒品原植物案件中均会遇到司法机关委托的鉴定机构作出鉴定意见，鉴定意见对案件事实的认定具有非常重要的作用。应重点审查：一是查明鉴定意见形式要件。重点查明是否注明提起鉴定的事由、鉴定委托人、鉴定机构、鉴定要求、鉴定过程、鉴定方法、鉴定日期等相关内容，是否由鉴定机构加盖司法鉴定专用章并由鉴定人签名、盖章。二是查明鉴定主体鉴定资质。查明鉴定机构和鉴定人是否具备法定资质，是否按期年审；鉴定人是否与案件有利害关系、以侦查员身份参与侦查、以见证人身份参与见证等应当回避的情形。三是查明检材来源及取样方式。毒品原植物、津液、种子、土壤样本、毒品原植物秸秆等检材的来源、取得、保管、送检是否符合法律、有关规定，与相关提取笔录、扣押物品清单等记载的内容是否相符，检材是否充足、可靠。四是查明鉴定过程、鉴定方法。重点查清鉴定程序是否符合法律、有关规定，鉴定过程和方法是否符合相关专业的规范要求。毒品原植物的检验、鉴定分为三种：外观检验、理化检验和 DNA 检验。大部分毒品原植物，鉴定部门或专业部门经过外观即可鉴别，如果丧失了植物形态或者不具备外观检验条件的，可以采取理化检验和 DNA 检验的方法进行确定。五是查明鉴定意见客观性。重点审查鉴定意见是否明确，与案件待证事实有无关联，与勘验、检查笔录及相关照片等其他证据是否矛盾，当事人对鉴定意见有无异议。

鉴定意见具有如下情形，不得作为定案依据：鉴定机构不具备法定资质，或者鉴定事项超出该鉴定机构业务范围、技术条件的；鉴定人不具备法定资质，不具有相关专业技术或者职称，或者违反回避规定的；送检材料、样本来源不明，或者因污染不具备鉴定条件的；鉴定对象与送检材料、样本不一致的；鉴定程序违反规定的；鉴定过程和方法不符合相关专业的规范要求的；鉴定文书缺少签名、盖章的；鉴定意见和案件待证事实没有关联的；经法院通知，鉴定人拒不出庭作证的。

有些地方没有具备资质的鉴定机构需要对毒品原植物进行鉴定的，可以委托侦办案件的公安机关所在地的县级以上农牧、林业行政主管部门,或者设立农林相关专业的普通高等学校、科研院所出具检验报告①。对此,侦查机关应先委托具有鉴定资质的机构指派具有鉴定资质的人员进行鉴定,只有在本辖区没有法定的司法鉴定机构时才可以委托县级以上农牧、林业行政主管部门,或者设立农林相关专业的普通高等学校、科研院所出具检验报告。检验报告可以作为定罪量刑的依据,检验报告审查内容和排除情形参照适用上述内容。

如被告人起某琼非法种植毒品原植物案②,被告人起某琼欲用罂粟苗治疗牲畜疾病等,将家中存放的罂粟果实中部分种子播种到自己家的菜地里。民警接到报警后即赶赴现场展开调查,查获疑似罂粟植株共计2147株。公安机关对当场抽取的植株送中国科学院昆明植物研究所标本馆鉴定。经该标本馆鉴定,被告人起某琼所种植植物均为罂粟科罂粟属植物罂粟。四川省攀枝花市仁和区人民法院认为,被告人起某琼非法种植罂粟2147株,其行为构成非法种植毒品原植物罪。一审判决宣判后,原审被告人起某琼不服而提出上诉,提出"案卷材料没有反映出鉴定机构及鉴定人员有鉴定资质,该鉴定意见不能被采用,因此鉴定对象是不是罂粟植株也无法认定"。四川省攀枝花市中级人民法院认为,上诉人起某琼违反国家对毒品原植物种植的管理制度,非法种植毒品原植物罂粟,数量大,其行为构成非法种植毒品原植物罪。经查,中国科学院昆明植物研究所标本馆出具的《植物鉴定证明》的性质是检验报告,出具该检验报告的两名专业人员具有相关资质,该检验报告可作为本案的参考,《植物鉴定证明》证实的内容与上诉人起某琼承认其种植的是罂粟苗的供述能相互印证,能认定上诉人起某琼非法种植的就是罂粟。最终驳回上诉,维持原判。

(六)勘验、检查笔录的审查判断

勘验、检查笔录记载了丰富的案件信息,如实反映物证、书证来源,案发现场情况,侦查人员执法过程。勘验、检查不规范,直接影响物证、书证的合法性、真实性、关联性的认定。非法种植毒品原植物案件中,毒品原植物的种类、数量多少或种植毒品原植物面积大小不仅是区分罪与非

---

① 参见《办理毒品犯罪案件毒品提取、扣押、称量、取样和送检程序若干问题的规定》第34条。

② 参见四川省攀枝花市中级人民法院刑事裁定书,(2017)川04刑终56号。

罪的重要依据，也是量刑的重要证据，所以勘验、检查相关现场是取证工作的重要环节。勘验、检查的现场不仅有种植毒品原植物的现场，还包括加工津液、毒品原植物种子的现场。在审查勘验、检查种植毒品原植物现场笔录及照片时，应重点查明清点毒品原植物株数或测量种植毒品原植物面积的方法是否科学、合理，毒品原植物株数、种植毒品原植物面积是否准确，是否提取、扣押毒品原植物植株，是否对毒品原植物进行拍照，种植毒品原植物现场是否被破坏，如属破坏现场是否提取土壤样本、毒品原植物秸秆等。在审查勘验、检查津液或种子加工现场笔录时，应重点查明是否提取、扣押犯罪嫌疑人收取的津液、毒品原植物种子，用于收割、加工津液、种子的工具及相关生物物证、指纹等。

此外，一般还应查明勘验、检查主体是不是 2 名以上侦查人员；勘验、检查活动是否有见证人参与，见证人是否签名，见证人与案件是否有利害关系，如果没有见证人参与是否有录音录像与侦查机关出具的说明；勘验、检查的现场有无保护情况，现场是否发生变动；勘验、检查现场痕迹、物品提取是否全面、客观、规范，笔录制作是否符合法律、有关规定，笔录文字记录与实物或绘图、照片、录像是否相符等。

（七）电子数据的审查判断

在信息时代，非法种植毒品原植物案件中出现越来越多的微信聊天记录、短信通信记录、QQ 聊天记录、网页发布信息等电子数据证据材料。电子数据较于其他证据种类是一种新的证据类型，在具体的审查与判断过程中应注重：

1. 查明电子数据真实性

审查是否移送原始存储介质，如原始存储介质无法封存或不便移动时有无说明原因；有无注明收集、提取过程及原始存储介质的存放地点或电子数据的来源等情况；电子数据是否具有数字签名、数字证书等特殊标识，收集、提取过程是否可以重现，如有增加、删除、修改等情形是否附有说明。电子数据具有篡改、伪造、无法确定真伪或增加、删除、修改等情形影响电子数据真实性，不得作为定案的根据。

2. 查明电子数据完整性

审查原始存储介质的扣押、封存状态，查看录像审查电子数据的收集、提取过程，比对电子数据完整性校验值，与备份的电子数据进行比较，审查冻结后的访问操作日志。

3. 查明电子数据合法性

审查收集、提取电子数据是否由 2 名以上侦查人员进行，取证方法是否符合相关技术标准；收集、提取电子数据是否附有笔录、清单，笔录、清单有无侦查人员、电子数据持有人（提供人）、见证人签名或者盖章，没有持有人（提供人）签名或者盖章的是否注明原因，对电子数据的类别、文件格式等是否注明清楚，是否由符合条件的人员担任见证人；电子数据检查是否将电子数据存储介质通过写保护设备接入检查设备。

4. 查明电子数据关联性

通过核查相关 IP 地址、网络活动记录、上网终端归属、相关证人证言以及犯罪嫌疑人供述和辩解等进行综合判断，认定犯罪嫌疑人的网络身份与现实身份的同一性；通过核查相关证人证言以及犯罪嫌疑人供述和辩解等进行综合判断，认定犯罪嫌疑人与存储介质的关联性。

第三节　非法种植毒品原植物罪的认定处理

一、罪与非罪的界限

(一) 主观明知认定

非法种植毒品原植物罪的主观故意表现为故意，如果没有确实、充分的证据证明行为人主观明知，则不能认定本罪。认定明知须根据基础事实与待证事实之间具有必然的联系，运用情理推理判断和逻辑推理得出。如果基础事实与待证事实之间没有必然联系，就无法认定行为人主观明知。

如被告人冯某才非法种植毒品原植物案[①]，冯某才租用西吉县某乡某村他人承包地非法种植大麻约16亩，约117232株。西吉县人民法院认为，冯某才就租地种植大麻的行为、其家人是否知悉、是其一人种植还是与他人合伙种植以及种植过程等关键事实多次供述不一致、前后矛盾，反映出冯某才害怕家人及其亲戚、朋友因此事而受到牵连，害怕他们被追究法律责任的矛盾心理，具有逃避打击的心理。加之冯某才身为隆德县某乡某村人自家有承包地而到其他县租地种植，且种植地点较为偏僻，冯某才在种植时主观上应当是明知其种植的所谓麻子就是大麻，且经鉴定冯某才所种植的为大麻科大麻属的大麻，故以冯某才犯非法种植毒品原植物罪判处有期徒刑5年。固原市中级人民法院认为，认定该罪的主观方面必须要求被告人在主观上是明知的，认定明知是根据基础事实与待证事实之间需具有必然的常态联系，运用情理推理判断和逻辑推理得出的，判断冯某才是否明知应当以客观实际情况为依据。原审判决根据上诉人冯某才种植地点偏僻、种植面积大、家人不知晓及上诉人冯某才在新疆打工来认定上

---

① 参见宁夏回族自治区高级人民法院刑事判决书，(2019) 宁刑再6号。

诉人冯某才明知种植的是大麻,因该基础事实与上诉人冯某才明知之间没有必然的联系,无法认定上诉人冯某才种植大麻时主观上是明知。根据疑罪从无的原则,上诉人冯某才无罪。检察机关对无罪判决提出抗诉。宁夏回族自治区高级人民法院认为,二审判决认为一审根据冯某才种植地点偏僻、种植面积大、家人不知晓及冯某才在新疆打工来认定原审上诉人冯某才明知种植的是大麻的定案证据存在不足,并无不当,驳回抗诉,维持原审判决。

(二) 种植行为认定

行为人只要参与播种、育苗、移栽、插苗、施肥、灌溉、割取津液、收取种子等行为中一个环节或多个环节,均应认定为实施了种植行为。行为人不实施上述行为,则不构成本罪。司法实践中,不能仅凭土地归属或谁租赁使用的基础事实推断其有种植行为。

如被告人张某堂非法种植毒品原植物案[①],萧县公安局某派出所民警在某镇某村村北的轧花厂东侧张某堂的苹果园内,发现罂粟共计3500株。安徽省萧县人民法院认为,张某堂非法种植罂粟,数量达3500株,构成非法种植毒品原植物罪。张某堂以其未种植罂粟为由不服提出上诉。宿州市中级人民法院认为,证人王某、蔡某、黄某等能证明种植罂粟的苹果园是张某堂家承包地;张某堂在侦查机关及一审中始终供认该苹果园是其承包地;张某堂证明其妻黄某未种植罂粟与黄某证明一致。上述证据足以认定张某堂种植罂粟。原判认定张某堂犯非法种植毒品原植物罪的事实清楚,证据确实充分,驳回上诉,维持原判。黄某申诉提出认定张某堂种植罂粟的证据不足。宿州市中级人民法院再审认为,本案缺乏张某堂非法种植罂粟的客观证据,只能证明种有罂粟苗的苹果园是张某堂家的承包地。故撤销张某堂犯非法种植毒品原植物罪的定罪量刑部分。

(三) 家庭成员参与种植行为认定

在偏远山区或农村,行为人在自己责任田或承包地非法种植毒品原植物,家庭成员参与的情况较为普遍,应妥善处理好2个问题:一是家庭

---

① 参见安徽省宿州市中级人民法院刑事判决书,(2016)皖13刑再3号。

成员均参与非法种植毒品原植物的,如何追诉犯罪?二是边远、落后山区,农民遵循传统种植毒品原植物用来治疗疾病,如何追诉犯罪?

1.家庭成员均参与非法种植毒品原植物,如何追诉犯罪?根据中国裁判文书网统计,有部分非法种植毒品原植物的案件,家庭成员均参与种植的一个或多个环节。我们认为,对于非法种植毒品原植物数量较大或面积较大,不属于经公安机关处理后又种植、抗拒铲除的案件,一般情况下从重点打击、维护家庭社会稳定、教育挽救为主的立场出发,在区分主从犯的基础上,对主犯追究刑事责任,对社会危害性不大且自愿认罪认罚的从犯,可以不提起公诉或提出判处拘役、管制的量刑建议,对提出判处拘役、有期徒刑的量刑建议,一般要建议适用缓刑。对被不起诉人,应建议公安机关给予行政处罚。

2.边远、落后山区的农民遵循传统、历史种植毒品原植物用来治疗疾病,如何追诉犯罪?交通不便、经济落后的山区,农民为不负担昂贵的医疗费用,常用土方(罂粟)治疗疾病。针对这类案件,如属于非法种植毒品原植物数量较大或面积较大,不属于经公安机关处理后又种植、抗拒铲除的案件,要本着先教育后惩罚的原则,对社会危害性不大且自愿认罪认罚的犯罪嫌疑人,可以不提起公诉或提出判处拘役、管制的量刑建议,对提出判处拘役、有期徒刑的量刑建议,一般要建议适用缓刑。对被不起诉人,应建议公安机关给予行政处罚。

如犯罪嫌疑人雷某甲非法种植毒品原植物案[①],被不起诉人蒋某某(另案处理)和雷某甲母女,为给雷某甲患癌症的父亲雷某乙止痛,雷某甲找来罂粟种子播种,日常由蒋某某负责施肥、除草。2020年4月14日,被不起诉人蒋某某和雷某甲种植于房屋附近蒜苗地的罂粟被下乡扶贫的镇人民政府工作人员发现,二人随即按要求将罂粟铲除。经民警现场清点,涉案罂粟共计840株。重庆市江津区人民检察院认为,被不起诉人雷某甲伙同他人非法种植罂粟,共计840株,实施了《刑法》第351条第1款第1项规定的行为,但被不起诉人雷某甲为给患癌症家人止痛而种植罂粟,在政府工作人员要求后即时铲除,属犯罪情节轻微,具有认罪认罚、如实供述的情节,根据《刑法》第37条的规定,不需要判处刑罚。依据《刑

[①] 参见重庆市江津区人民检察院不起诉决定书,渝津检刑不诉〔2020〕216号。

事诉讼法》第 177 条第 2 款的规定，决定对雷某甲不起诉。

二、本罪与制造毒品罪的界限

1990 年全国人大常委会《关于禁毒的决定》和刑法均没规定非法种植毒品原植物罪有特定的犯罪目的，只要行为人明知是毒品原植物而仍然种植，即使以观赏为目的或自己食用为目的，具有刑法规定的入罪情节，就可以以本罪定罪处罚。对于本罪与制造毒品罪的关系，司法实践中应注意两个问题。

（一）割取浆液（津液）行为的认定

对于割取浆液（津液）行为的定性，刑法理论界存在争议。第一种观点认为，如果行为人既有实施种植毒品原植物的行为，又实施割浆行为，同时触犯了非法种植毒品原植物罪和制造毒品罪，可按重罪吸收轻罪原则，以制造毒品罪定罪处罚；如果行为人没有种植毒品原植物的行为，仅是实施割浆行为，可直接按制造毒品罪定罪处罚[①]。第二种观点认为，该行为与制造毒品行为不同，割取的浆液（津液）属于生鸦片，因此割取浆液（津液）行为应含在种植行为中。而制造毒品的行为应是在割取的浆液（津液）基础上，进行加工、提炼的行为[②]。我们认为，行为人进行系列种植行为至毒品原植物成熟并进行收获割浆，构成一个农业操作行为整体，即收获割浆行为既是种植行为的一种，又是种植行为的终结行为。最高人民检察院、公安部《关于公安机关管辖的刑事案件立案追诉标准的规定（三）》亦规定，割取浆液（津液）的行为属于种植行为的一个环节。但在具体办案中应注意：一是行为人在割浆液（津液）前未进行种植行为，而只是对自然生长或不受种植者雇请对他人种植的毒品原植物进行收获割浆以获取毒品的，应以制造毒品罪定罪处罚；二是如果行为人在收割浆液（津液）后又进行加工、提炼的，则转化为制造毒品的行为，应以制造毒品罪定罪处罚。

[①] 参见赵秉志主编：《毒品犯罪研究》，中国人民大学出版社 1993 年版，第 141 页。
[②] 参见王绍涛：《试述非法种植毒品原植物罪的构成与处罚》，载《惩治毒品犯罪理论与实践》，中国政法大学出版社 1993 年版，第 261 页。

如被告人张某某制造毒品案①,张某某在自家后边园子内种植罂粟481株。罂粟成熟后,张某某自2016年6月20日至案发前,先后6次用刮胡子用的刀片从罂粟果实中提取罂粟浆,并在阳光下晒成褐色的鸦片膏,共计13.43克。经鉴定,张某某种植的罂粟和提取的鸦片膏中均含有吗啡、可待因、蒂巴因、罂粟碱、那可汀成分。黑龙江省绥化市北林区人民法院认为,张某某自己种植罂粟割浆并对所取得的浆液进行晾晒形成鸦片,属于利用毒品原植物进行提炼、加工,其行为构成制造毒品罪。

(二)以制造毒品为目的而非法种植毒品原植物的行为认定

以制造毒品为目的而非法种植毒品原植物行为的定性,刑法理论界有不同观点。第一种观点认为,确有证据证明行为人以制造毒品为目的而种植毒品原植物,应以非法种植毒品原植物罪定罪处罚。该观点认为种植毒品原植物的行为即使属制造毒品罪的预备行为,但是刑法已经将非法种植毒品原植物的行为规定为一种独立的犯罪,有其特定的构成要件,不应以预备犯来定罪处罚,应以本罪定罪处罚②。第二种观点认为,确有证据证明行为人以制造毒品为目的而种植毒品原植物,种植行为和种植制造行为之间属"手段"和"目的"的牵连关系,应按照择一重罪处断的原则以制造毒品罪定罪处罚。行为人关于为了制造毒品而种植毒品原植物的供述比较稳定一致的,而且种植毒品原植物和制造毒品在行为上具有关联性、时间上具有紧密性③。我们认为,如有确实、充分的证据证明行为人以制造毒品为目的而非法种植毒品原植物的,应按照牵连犯中择一重罪处断原则,以制造毒品罪定罪处罚。

如被告人章某富制造毒品案④,章某富在买药时,获得罂粟种子,并将种子种植在自家地里。罂粟成熟后,章某富用刮胡刀将罂粟果割开,提炼出鸦片。陕西省山阳县人民法院认为,章某富非法种植罂粟,在罂粟成

---

① 参见黑龙江省绥化市北林区人民法院刑事判决书,(2016)黑1202刑初268号。
② 参见徐宏、李春雷:《毒品犯罪研究》,知识产权出版社2016年版,第229页。
③ 参见张洪江、周智勇、王力欣等:《人民法院审理毒品犯罪案件司法适用与定罪量刑》,中国法制出版社2020年版,第204页。
④ 参见陕西省山阳县人民法院刑事判决书,(2019)陕1024刑初字193号。

熟后割取罂粟浆液，制作成鸦片膏，其行为已构成制造毒品罪；如没有确实、充分的证据证明行为人以制造毒品为目的而非法种植毒品原植物的，应以非法种植毒品原植物罪定罪处罚；如果具体案件中既查明了种植毒品原植物的事实，也查明了制造毒品的事实，但种植行为和制造毒品行为之间关联度不紧密，一般以非法种植毒品原植物罪和制造毒品罪数罪并罚。

又如被告人孙某铎非法种植毒品原植物、制造毒品案①，2017年，孙某铎承租土地种植大麻16000余株。2018年二三月，孙某铎雇用并指导张某等人先用车碾压种植后收割、晾干的大麻，然后把麻籽和麻糠分离开来，最后将麻糠筛成麻面，制成大麻烟。2018年4月19日16时许，上述大麻烟被公安机关查获，净重261.46千克，被查获的大麻烟检出四氢大麻酚、大麻酚成分。一审法院认定孙某铎犯制造毒品罪，判处无期徒刑，剥夺政治权利终身，并处没收个人财产人民币400000元；犯非法种植毒品原植物罪，判处有期徒刑3年，并处罚金人民币20000元。数罪并罚，决定执行无期徒刑，剥夺政治权利终身，并处没收个人财产人民币400000元，罚金人民币20000元。二审法院认为上诉人孙某铎非法种植大麻，数量较大，其行为已构成非法种植毒品原植物罪；孙某铎将大麻加工成大麻烟，属于其他毒品数量大的情形，其行为构成制造毒品罪，依法应数罪并罚。原判定罪准确，量刑适当，审判程序合法。依法驳回上诉，维持原判。

三、本罪的罪数形态

（一）为贩卖毒品原植物种子或鸦片膏而种植毒品原植物行为的认定

1.为贩卖毒品原植物种子而种植毒品原植物行为的认定。无论最终是否贩卖了毒品原植物种子，种植行为和贩卖种子行为之间属"手段"和"目的"的牵连关系，应按照择一重罪处断的原则，以非法种植毒品原植物罪定罪处罚。如果行为人在收获毒品原植物种子后才产生贩卖毒品原植物种子的故意，且实施了贩卖行为，系独立的数个行为，应当以非法种植

---

① 参见辽宁省高级人民法院刑事裁定书，（2019）辽刑终427号。

毒品原植物罪与非法买卖毒品原植物种子罪数罪并罚。

2. 为贩卖鸦片膏而种植毒品原植物行为的认定。如有确实、充分的证据证明行为人以贩卖毒品为目的而非法种植毒品原植物的，应按照牵连犯中择一重罪处断原则，以贩卖毒品罪定罪处罚；如没有确实、充分的证据证明行为人以贩卖毒品为目的而非法种植毒品原植物的，应以非法种植毒品原植物罪定罪处罚；如具体案件中既查明了种植毒品原植物的事实，也查明了贩卖毒品的事实，但种植行为和贩卖毒品行为之间关联度不紧密，一般以非法种植毒品原植物罪和贩卖毒品罪数罪并罚。

如被告人程某仁贩卖、制造毒品案①，2001年春季，程某仁种植罂粟10平方米。罂粟成熟后，程某仁割取罂粟浆液晾晒制作成鸦片膏295克，分两次通过霍某旺（已判刑）卖出，得款人民币3000元。黑龙江省沾河林区人民法院认为，程某仁非法种植罂粟，并将其制作成鸦片膏，进行贩卖，其行为已构成贩卖、制造毒品罪。

（二）以暴力或威胁方法抗拒铲除致人伤亡行为的认定

1. 行为人没有实施种植毒品原植物行为，但实施了暴力或威胁抗拒铲除毒品原植物行为的认定。行为人因不是毒品原植物的种植者，不能以非法种植毒品原植物罪定罪处罚。司法实践中，要注意以下问题：一是执行铲除行为的主体是国家机关工作人员的，则以妨害公务罪定罪处罚；造成国家机关工作人员重伤、死亡的，属于妨害公务罪与故意伤害罪、故意杀人罪的想象竞合，应按其最重之刑处断，以故意伤害罪、故意杀人罪定罪处罚；造成国家机关工作人员轻伤以下（含轻伤），以妨害公务罪定罪处罚。二是执行铲除行为的主体是村民（居民）委员会工作人员，造成轻伤、重伤或死亡的，以故意伤害罪、故意杀人罪定罪处罚；如果没有人受轻伤以上伤情或死亡，但造财产损失达到故意毁坏财物的追诉标准，可以故意毁坏财物罪定罪处罚；如果铲除主体受伤为轻伤以下（不含轻伤）、财产损失也没有达到故意毁坏财物罪的追诉标准，一般不以犯罪论处。

2. 行为人不仅实施了非法种植毒品原植物行为，还实施了暴力或威胁抗拒铲除行为的认定。司法实践中，要注意以下几个问题：一是暴力或

---

① 参见黑龙江省沾河林区人民法院刑事判决书，（2016）黑7510刑初5号。

威胁抗拒铲除行为致人轻伤以下（含轻伤）的，应以非法种植毒品原植物罪定罪处罚，如果有轻伤后果可以酌情从重处罚。二是暴力或威胁抗拒铲除行为致人重伤、死亡的，但不属于非法种植数量较大或面积较大、经公安机关处理后又种植的，属于想象竞合，应按其最重之刑处断，以故意伤害罪、故意杀人罪定罪处罚。三是暴力或威胁抗拒铲除行为致人重伤、死亡的，也属于非法种植数量较大或面积较大、经公安机关处理后又种植的，系独立的数个行为，以故意伤害罪或故意杀人罪和非法种植毒品原植物罪数罪并罚。

相关规定链接

1.《刑法》第351条；

2. 2012年5月，最高人民检察院、公安部《关于公安机关管辖的刑事案件立案追诉标准的规定（三）》；

3. 2016年4月，最高人民法院《关于审理毒品犯罪案件适用法律若干问题的解释》；

4. 2016年5月，最高人民法院、最高人民检察院、公安部《办理毒品犯罪案件毒品提取、扣押、称量、取样和送检程序若干问题的规定》。

第八章

非法买卖、运输、携带、持有毒品原植物种子、幼苗罪
办案指引

第一节　非法买卖、运输、携带、持有毒品原植物种子、幼苗罪概述

一、非法买卖、运输、携带、持有毒品原植物种子、幼苗罪的立法沿革

我国将非法买卖、运输、携带、持有毒品原植物种子、幼苗行为规定为犯罪，时间较晚。1963 年颁布《关于严禁鸦片、吗啡毒害的通知》规定，将积存和没收的罂粟种子交由省、直辖市、自治区财政厅、局后上缴财政部，未将涉及罂粟种子的行为规定为犯罪。1973 年国务院《关于严禁私种罂粟和贩卖、吸食鸦片等毒品的通知》规定，对违抗追缴种子的行为要依法惩处，但未规定具体处罚标准。1979 年颁布的《刑法》也没有规定非法买卖、运输、携带、持有毒品原植物种子、幼苗罪。1981 年国务院《关于重申严禁鸦片烟毒的通知》、1982 年中共中央、国务院《关于禁绝鸦片烟毒问题的紧急指示》亦未对毒品原植物种子、幼苗的处理作出明确规定。1990 年全国人大常委会《关于禁毒的决定》增加规定了非法种植毒品原植物罪等新罪名，但未增加规定非法买卖、运输、携带、持有毒品原植物种子、幼苗罪。

1997 年修订《刑法》时，在总结我国及世界禁毒实践经验，借鉴国际禁毒条约和其他国家、地区立法成果的基础上，选择性地采纳了法学界与司法部门提出的立法建议，规定未经灭活的罂粟、大麻等毒品原植物种子、幼苗可以成为毒品犯罪对象，将非法买卖、运输、携带、持有毒品原植物种子、幼苗的行为纳入刑法调整的范畴，明确规定了非法买卖、运输、携带、持有毒品原植物种子、幼苗罪。非法买卖、运输、携带、持有未经灭活的罂粟种子 50 克以上、罂粟幼苗 5000 株以上，大麻种子 50 千

克以上、大麻幼苗50000株以上,其他毒品原植物种子、幼苗数量较大的应予立案追诉。

二、非法买卖、运输、携带、持有毒品原植物种子、幼苗罪的发案态势

非法买卖、运输、携带、持有毒品原植物种子、幼苗罪是一种偶发的轻刑毒品犯罪,一般被非法种植毒品原植物罪所吸收。近十年来,案发虽少,但整体呈增长趋势,尤其最近几年增长趋势更加明显。2010年至2021年,全国检察机关批准逮捕非法买卖、运输、携带、持有毒品原植物种子、幼苗犯罪共170余件240余人,起诉400余件600余人。其中,2010年,全国检察机关批准逮捕非法买卖、运输、携带、持有毒品原植物种子、幼苗犯罪10余件,起诉10余件。此后呈逐年上升态势。2021年,全国检察机关批准逮捕非法买卖、运输、携带、持有毒品原植物种子、幼苗犯罪60余件70余人,起诉160余件200余人,达历年之最。据中国裁判文书网相关裁判文书统计分析,本罪的案发地主要集中在云南省、河南省、甘肃省的偏远地区,被告人一般为治病所买或持有;偶发在经济发达地区的案件中,被告人一般将毒品原植物种子作为调味剂添加到食品中。

如被告人翟某明非法持有毒品原植物种子、生产有毒、有害食品案[①],翟某明伙同他人购买罂粟果实作为饭庄的调味品使用。翟某明被公安机关抓获后查获罂粟果实494.36克(罂粟种子233.34克),饭庄排骨汤中罂粟碱、吗啡、可卡因、那可丁项目不合格。天津市滨海新区人民法院认为,翟某明伙同他人在食品加工过程中掺入有毒、有害的非食品原料罂粟壳,其行为已构成生产有毒、有害食品罪;翟某明非法持有未经灭活的罂粟种子,数量较大,其行为已构成非法持有毒品原植物种子罪。

---

① 参见天津市滨海新区人民法院刑事判决书,(2019)津0116刑初20686号。

三、非法买卖、运输、携带、持有毒品原植物种子、幼苗罪的概念和构成特征

非法买卖、运输、携带、持有毒品原植物种子、幼苗罪，是指非法买卖、运输、携带、持有未经灭活的罂粟、大麻、古柯等毒品原植物种子或者幼苗，数量较大的行为。本罪是选择性罪名，须根据行为人所实施的客观行为类型和犯罪对象来选择适用罪名。

（一）客体特征

非法买卖、运输、携带、持有毒品原植物种子、幼苗罪的客体是国家对毒品原植物种子、幼苗的管理制度。从新中国成立初期开始，我国先后颁布了一系列法规、法令和通知，均禁止非法种植罂粟、大麻和古柯等毒品原植物，而非法买卖、运输、携带、持有毒品原植物种子、幼苗的行为极有可能发展成非法种植毒品原植物的行为。1987年颁布的《麻醉药品管理办法》规定对罂粟等种子必须要有专人负责，严加保管，严禁自行销售和使用。2005年颁布的《麻醉药品和精神药品管理条例》虽未直接对毒品原植物种子、幼苗作出规定，但规定对麻醉药品药用原植物实行管制，这当然也包含了对麻醉药品药用原植物的种子、幼苗实行管制。

非法买卖、运输、携带、持有毒品原植物种子、幼苗罪的犯罪对象是未经灭活的罂粟、大麻、古柯等毒品原植物的种子、幼苗。毒品原植物的种子是指种子植物的胚珠经受精后形成种皮、胚和胚乳等结构，分被子植物的种子和裸子植物的种子。毒品原植物的幼苗是指毒品原植物种子已经萌发、尚未成熟的个体，可通过进一步的栽培、成长后达到成熟的状态。同时，关于未经灭活的认定在司法实践中应把握两点：

一是罂粟、大麻、古柯等毒品原植物的种子、幼苗未经专门的人工灭活程序处理，不包含自然灭活。罂粟、大麻、古柯等毒品原植物的种子、幼苗自然灭活，因犯罪对象已不具备活性，应当认定本罪的未遂。如犯罪嫌疑人马某某非法携带、持有毒品原植物种子案①，犯罪嫌疑人马某某

---

① 参见河南省南阳市社旗县人民检察院不起诉决定书，社检一部刑不诉〔2019〕34号。

到社旗县某镇某街做卖膏药生意时,因泡罂粟酒医治其手脚疼痛之需,将一袋未经人为灭活处理的带籽罂粟携带至该地某旅馆客房内。后被民警依法查获,罂粟种子重量为100.23克,不具有活性。社旗县人民检察院认为,马某某实施了《刑法》第352条规定的行为,因其自愿如实供述自己的犯罪事实,且系犯罪未遂,犯罪情节轻微,依照刑法规定不需要判处刑罚,故依法决定对马某某不起诉。

二是一般需要通过鉴定机构或专业机构出具鉴定意见或检验报告,认定是否经过灭活。对于种子的检测,应由鉴定机构或专业机构进行发芽率实验,涉案种子能萌发则认定未经灭活,发芽率高低不影响未经灭活的认定。如被告人马某宾非法种植毒品原植物、非法持有毒品原植物种子案①,太和县公安局在工作中发现马某宾在家中楼顶种植罂粟530株和家中藏匿罂粟头2811.36克(去壳后种子净重868.74克)。安徽农业大学对种子抽样鉴定发芽率,3份样品罂粟种子平均发芽率分别为:1号1%;2号2%;3号2%。鉴定意见表明该种子未经灭活。安徽省太和县人民法院认为,马某宾的行为构成非法种植毒品原植物罪和非法持有毒品原植物种子罪。

(二)客观特征

1."非法买卖"行为的理解

"非法买卖",是指未经国家主管部门批准或授权,以金钱或实物作价,非法购入或出售未经灭活的毒品原植物种子、幼苗的行为。应包括两种情况:一是经过国家主管部门批准,有权买卖毒品原植物种子、幼苗的单位,超批准范围进行买卖;二是非经批准,擅自买卖毒品原植物种子、幼苗。买卖没有固定的形式或方式,既可以是公开的,也可以是不公开的;既可以是钱货同时交接,也可以是钱货分离交接;既可以是当事人直接交易,也可以通过中间人交易;既可以批发零售,也可以以货易货;既可以以营利为目的,也可以不以营利为目的等。通过中间人交易的情形,应特别注意查明中间人主观是否明知是未经灭活的毒品原植物种子、幼苗。买卖不同于贩卖,对于买和卖两种行为,均应按照本罪定罪处罚。

---

① 参见安徽省阜阳市中级人民法院刑事裁定书,(2020)皖12刑终24号。

如被告人蔡某进、杨某潘等人非法买卖、运输毒品原植物种子案①，蔡某进到龙陵县配送副食品时，杨某华、余某芬以每500克20元的价格，向蔡某进分别订购10千克、5千克罂粟籽，作为食品调料自用和贩卖。2019年6月16日14时许，蔡某进雇用杨某潘、赛某卢从芒市前往龙陵县配送其为杨某华、余某芬购买得的罂粟籽等副食品，在杭瑞高速公路龙陵县收费站出口处时被民警查获，当场从杨某潘驾驶的小卡车货厢内查获罂粟籽2袋（未经灭活），经称量分别净重9929.15克、5035.11克。后民警在龙陵县意达农贸市场，从余某芬经营的摊位上查获罂粟籽1袋（未经灭活），经称量净重203.80克。云南省龙陵县人民法院认为，蔡某进、杨某潘、赛某卢、杨某华、余某芬违反国家毒品管理法规，蔡某进向杨某华、余某芬贩卖数量较大的未经灭活的毒品原植物种子罂粟籽，并安排杨某潘、赛某卢负责运输，5名被告人的行为均已触犯刑律，蔡某进构成非法买卖、运输毒品原植物种子罪，杨某潘、赛某卢构成非法运输毒品原植物种子罪，杨某华、余某芬构成非法买卖毒品原植物种子罪。

另外，本罪不适用最高人民法院《全国法院毒品犯罪审判工作座谈会纪要》中关于"贩毒人员被抓获后，对于从其住所、车辆等处查获的毒品，一般均应认定为其贩卖的毒品"的规定。如果行为人买卖毒品原植物种子、幼苗被抓获后，侦查机关在其住所、车辆等处查获其他毒品原植物种子、幼苗，在没有查清该种子、幼苗来源、去向的情况下，不能直接计入非法买卖毒品原植物种子、幼苗的数量中。如果达到立案追诉标准，宜认定为非法持有毒品原植物种子、幼苗罪。

如被告人韩某恩非法买卖、持有毒品原植物种子案②，被告人韩某恩在吴桥县某镇大集上非法出售罂粟果实，当场被查获罂粟种子（未经灭活）246.3克。后侦查机关在其家中查获罂粟种子（未经灭活）130.6克。河北省吴桥县人民法院认为，韩某恩非法出售未经灭活的罂粟种子，数量较大，其行为已经构成非法买卖毒品原植物种子罪；韩某恩非法持有未经灭活的罂粟种子，数量较大，其行为已经构成非法持有毒品原植物种子罪；韩某恩犯数罪应数罪并罚。

---

① 参见云南省龙陵县人民法院，（2019）云0523刑初226号。
② 参见吴桥县人民法院，（2018）冀0928刑初8号。

2. "非法运输"行为的理解

"非法运输",是指行为人利用邮寄、携带、他人或交通工具等方式,将毒品原植物种子、幼苗从一地转移至另一地的行为。有观点认为运输行为不包含携带①,也有观点认为运输行为应包含携带②。我们认为,运输行为不应该包含携带,二者系两种不同的行为。

如被告人谭某东非法运输毒品原植物种子案③,2017年2月19日11时许,谭某东持当日火车票(K9306次德保至南宁、K1206次南宁至茂名的2张火车票)在德保火车站接受安检时,在其身上和随身携带的双肩包内先后查获罂粟种子123克,罂粟种子未经灭活。广西壮族自治区南宁铁路运输法院认为,谭某东违反国家规定,非法运输未经灭活的罂粟种子,数量较大,构成非法运输毒品原植物种子罪。

有观点认为运输只能在国内,跨境运输应当被认定为走私罪。也有观点认为运输既可以在国内也可以跨越国(边)境④。我们认为,本罪的运输行为应该包含跨境运输行为。如果将跨境运输毒品原植物种子、幼苗的行为用走私罪定罪处罚,将面临无法打击跨境运输行为的情况,有放纵犯罪之嫌,与当前禁毒形势不符。走私罪一般以偷逃税收额或曾因走私被给予2次以上行政处罚后又走私的为立案追诉标准,而毒品原植物种子、幼苗属于禁止入关物品没有偷逃关税之说。

如被告人余某四、余某富走私、运输毒品及非法运输毒品原植物种子案⑤,余某四、余某富共谋从缅甸偷运罂粟壳、罂粟籽进入中国云南腾冲并伺机贩卖。2015年7月9日凌晨,余某富驾驶轿车在前探路,余某四驾驶装运有罂粟壳及罂粟籽的货车在后运输。余某四驾驶货车经中缅友谊碑附近黑泥塘岔路沿腾密公路从某镇某寨非法出入境通道将罂粟壳及罂粟籽走私入境至我国并绕过猴桥边境口岸联检楼。2时30分许,余某四驾

---

① 参见高铭暄、马克昌主编:《中国刑法解释》,中国社会科学出版社2005年版,第247页。
② 参见刘建宏主编:《中国毒品犯罪及反制》,人民出版社2014年版,第190页。
③ 参见南宁铁路运输法院刑事判决书,(2017)桂7102刑初21号。
④ 参见徐宏、李春雷:《毒品犯罪研究》,知识产权出版社2016年版,第240~241页。
⑤ 参见云南省保山市人民法院刑事判决书,(2015)保中刑初字第343号。

驶货车途经腾密公路某路段时遇海关缉私民警设卡查缉，余某四弃车逃离现场，缉私民警从货车中查获 1180 千克罂粟壳，查获 20 千克罂粟籽。不久后被告人余某四、余某富被抓获归案。经鉴定，罂粟壳中均含有吗啡成分，罂粟籽未灭活，发芽率为 32.7%。云南省保山市中级人民法院认为，余某四、余某富走私、运输毒品罂粟壳 1180 千克、非法运输未经灭活的毒品原植物种子罂粟籽 20 千克的行为，构成走私、运输毒品罪及非法运输毒品原植物种子罪，应数罪并罚。

3."非法携带"行为的理解

"非法携带"，是指行为人随身携带毒品原植物种子、幼苗的行为。携带与运输两者的区别，一是携带一般是无法查明目的地的随身运输，而运输的目的地一般可以查清；二是携带一般是行为人本人随身携带，而运输一般利用快递、他人或交通工具等方式运输。二者在司法实践中有时很难区分，需要结合案件事实和证据准确认定。如被告人李某某非法携带毒品原植物种子案[1]，2018 年 3 月 1 日 11 时许，在民权县江山大道北段高铁站内，李某某随身携带的塑料袋内装有罂粟壳和罂粟幼苗，被民警当场查获。经称量清点罂粟籽 100.9 克、罂粟幼苗 108 棵。经鉴定涉案罂粟原植物种子具有活性，未经灭活处理。河南省民权县人民法院认为，李某某非法携带罂粟种子，数量较大，已构成非法携带毒品原植物种子罪。

4."非法持有"行为的理解

"非法持有"，是指行为人明知未经灭活的毒品原植物种子、幼苗而控制支配。这里的控制支配关系，应是社会公众一般观念上予以承认的控制支配关系，不应要求行为人时时刻刻在物理上支配毒品原植物种子、幼苗。如在行为人家里、经营店铺等地查获，一般可以认定行为人具有控制支配关系。同时，持有人不要求是毒品原植物种子、幼苗的所有人或占有人，即使属于他人所有或占有，但社会公众在观念上能够认定是行为人持有时，一般也能认定属于行为人持有。

如被告人何某芳非法持有毒品原植物种子案[2]，云南省盈江县市场监督管理局在何某芳开的"喳姐户撒过手米线店"内查获用黑色塑料袋

---

[1] 参见河南省民权县人民法院刑事判决书，（2018）豫 1421 刑初 262 号。
[2] 参见云南省盈江县人民法院刑事判决书，（2020）云 3123 刑初 127 号。

封装的罂粟籽一包,净重295.45克;用矿泉水瓶装的罂粟籽一瓶,净重104.40克。经云南云林司法鉴定中心鉴定,用黑色塑料袋装的罂粟籽是罂粟科罂粟属的罂粟,种子具有生活力,萌发率在95.00%~97.00%之间,平均发芽率为96%;用矿泉水瓶装的罂粟籽是罂粟科罂粟属的罂粟,种子不具有生活力,不能萌发。云南省盈江县人民法院认为,何某芳违反国家对毒品原植物种子管理的规定,非法持有未经灭活的罂粟种子,数量较大,其行为构成非法持有毒品原植物种子罪。

(三)主体特征

非法买卖、运输、携带、持有毒品原植物种子、幼苗罪的犯罪主体是一般主体,即是年满16周岁具有刑事责任能力的自然人。本罪不同于走私、贩卖、运输、制造毒品罪,非法生产、买卖、运输制毒物品、走私制毒物品罪,非法提供麻醉药品、精神药品罪,单位不能构成本罪。有观点认为,依据禁毒法规定,麻醉药品药用原植物由获得许可的企业按照国家规定种植,如果获得许可种植的企业违规买卖、运输、携带、持有麻醉药品药用植物种子、幼苗,完全可能构成单位犯罪[①]。我们认为,根据罪刑法定原则,对获得许可种植的企业违反国家有关规定非法买卖、运输、携带、持有麻醉药品药用植物种子、幼苗,符合最高人民检察院、公安部《关于公安机关管辖的刑事案件立案追诉标准的规定(三)》的规定,对组织、策划、实施者以本罪定罪处罚,对企业不能以本罪定罪处罚。

(四)主观特征

非法买卖、运输、携带、持有毒品原植物种子、幼苗罪在主观方面表现为故意。从罪状的表述上看,法律没有关于犯罪目的的规定,不需要行为人具备特定的犯罪目的。构成本罪的行为人应当明知自己非法买卖、运输、携带、持有的是未经灭活的毒品原植物种子、幼苗。若行为人不明知,则不构成本罪。若行为人误以为是已经灭活的毒品原植物种子、幼苗,则属于事实认识错误,以本罪未遂犯追究刑事责任。

---

① 参见徐宏、李春雷:《毒品犯罪研究》,知识产权出版社2016年版,第242页。

四、非法买卖、运输、携带、持有毒品原植物种子、幼苗罪的追诉标准

(一) 立案标准

根据最高人民检察院、公安部《关于公安机关管辖的刑事案件立案追诉标准的规定(三)》的规定,公安机关对行为人非法买卖、运输、携带、持有毒品原植物罂粟种子50克以上或幼苗5000株以上,大麻种子50千克以上或幼苗5万株以上,其他毒品原植物种子、幼苗数量较大的应当立案追诉[1]。公安机关对行为人非法买卖、运输、携带、持有少量未经灭活的罂粟等毒品原植物种子或者幼苗的,处10日以上15日以下拘留,可以并处3000元以下罚款;情节较轻的,处5日以下拘留或者500元以下罚款[2]。行为人无论出于什么目的非法买卖、运输、携带、持有毒品原植物种子、幼苗,只要达到立案追诉标准,公安机关均应立案侦查。

对有证据证明有犯罪事实,可能判处徒刑以上刑罚的犯罪嫌疑人、被告人,采取取保候审尚不足以防止发生法律规定的社会危险性的,应当批准逮捕[3]。非法买卖、运输、携带、持有毒品原植物种子、幼苗罪属于轻罪,法定刑幅度为3年以下有期徒刑、拘役或者管制,并处或单处罚金。在具体办案过程中应严格审查是否可能判处徒刑刑罚,是否具备社会危险性条件,是否认罪认罚,坚持少捕慎捕原则,能不捕就不捕。据中国裁判文书网相关裁判文书统计分析,2020年1月至9月,全国58件生效非法买卖、运输、携带、持有毒品原植物种子、幼苗案件的裁判文书中,40件自愿认罪认罚,被判处管制、拘役或单处罚金;7件自愿认罪认罚,均被判处有期徒刑1年以下,适用缓刑;其余案件均伴随有贩卖、运输、制造毒品或生产、销售有毒有害食品的事实。据此,仅涉及非法买卖、运输、携带、持有毒品原植物种子、幼苗的事实的案件中行为人自愿认罪认罚的,在无其他从重处罚情节的情况下,一般不予逮捕。

---

[1] 最高人民检察院、公安部《关于公安机关管辖的刑事案件立案追诉标准的规定(三)》第8条。
[2] 《治安管理处罚法》第71条第1款第2项。
[3] 《刑事诉讼法》第81条第1款。

（二）量刑标准

非法买卖、运输、携带、持有毒品原植物种子、幼苗罪属于轻罪，法定刑为3年以下有期徒刑、拘役或管制，并处或单处罚金。据统计，2020年1月至9月，人民法院在中国裁判文书网发布的生效一审裁判文书中，单独涉及非法买卖、运输、携带、持有毒品原植物种子、幼苗罪的案件适用认罪认罚从宽制度的比例极高，接近100%。这些案件量刑较轻，判处拘役、有期徒刑的有23件，绝大部分宣告缓刑；判处管制12件；单处罚金5件。检察机关在提起公诉时，如属仅涉及非法买卖、运输、携带、持有毒品原植物种子、幼苗事实的案件，行为人自愿认罪认罚，且犯罪情节较轻、再犯危险性小、悔罪程度高，一般建议法院宣告缓刑或判处管制、单处罚金；如行为人还属于未成年人、年满75周岁的人或怀孕妇女，应当建议法院宣告缓刑或判处管制、单处罚金。

如被告人崔某忠非法持有毒品原植物种子案[①]，2020年6月6日上午，桐柏县公安局安棚派出所民警在被告人崔某忠家中发现其私藏罂粟种子净重63.88克。经国家林业局森林公安司法鉴定中心鉴定：该罂粟种子具有活力。公诉机关认为被告人崔某忠的行为已构成非法持有毒品原植物种子罪，建议判处管制6个月，并处罚金。河南省桐柏县人民法院认为，公诉机关指控罪名成立，量刑建议适当。被告人崔某忠犯非法持有毒品原植物种子罪，判处管制6个月，并处罚金人民币3000元。

---

① 参见河南省桐柏县人民法院刑事判决书，（2020）豫1330刑初261号。

第二节 非法买卖、运输、携带、持有毒品原植物种子、幼苗罪的证据审查

一、非法买卖、运输、携带、持有毒品原植物种子、幼苗罪的证据要件

(一) 客体方面的证据要件

非法买卖、运输、携带、持有毒品原植物种子、幼苗罪在客体方面表现为犯罪嫌疑人(被告人)违反国家毒品原植物管理规定。具体案件中,一般需收集未经灭活的毒品原植物种子、幼苗等物证,证人证言,犯罪嫌疑人(被告人)供述,鉴定意见等,证明犯罪嫌疑人(被告人)违反国家毒品原植物管理规定,非法买卖、运输、携带、持有未经灭活的毒品原植物种子、幼苗的种类、时间等。如果是经国家批准单位内部人员违反规定而买卖、运输、携带、持有的,还应收集国家批准文件等书证,证明犯罪嫌疑人(被告人)违反国家批准而买卖、运输、携带、持有未经灭活的毒品原植物种子、幼苗的种类、时间等。

(二) 客观方面的证据要件

非法买卖、运输、携带、持有毒品原植物种子、幼苗罪在客观方面表现为犯罪嫌疑人(被告人)非法买卖、运输、携带、持有未经灭活的毒品原植物种子、幼苗数量较大的行为。具体案件中,一般需证明的事实及收集的证据如下:

1. 非法买卖、运输、携带、持有的行为

非法买卖、运输、携带、持有的行为所需要证明的事实有:一是非

法买卖、运输、携带、持有的具体方法、手段；二是非法买卖、运输、携带、持有的时间、地点、数量。因此，需收集交通工具、携带工具等物证，购买毒品原植物种子或幼苗的银行流水明细与收据、雇请人员运输费用支出的流水明细或相关票证、物流企业出具的收寄凭证，物流企业仓储、出货、发货的记录，破案经过、报案记录、投案记录、举报控告记录等书证，证人证言，邮件、包裹被检查、查验的笔录及照片，执法人员证言，犯罪嫌疑人（被告人）的供述和辩解，监控视频等视听资料。对这些证据进行逐一比对、综合判断，证明犯罪嫌疑人（被告人）实施非法买卖、运输、携带、持有毒品原植物种子、幼苗的时间、地点、方式等。

2. 毒品原植物种子、幼苗

非法买卖、运输、携带、持有毒品原植物种子、幼苗罪的犯罪对象是毒品原植物种子、幼苗，其需要证明的事实包括种类、数量。因此，需收集藏匿毒品原植物种子、幼苗场所、人身的勘验、检查、辨认笔录及照片，扣押笔录及清单，测量或称量笔录及清单，毒品原植物种子、幼苗等物证，毒品原植物种子、幼苗的鉴定意见或检验报告，犯罪嫌疑人（被告人）家属、雇请人员、运输从业者、检举揭发人员等的证言，犯罪嫌疑人（被告人）供述和辩解，电子邮件、微信聊天记录、通信往来信息及其他网络聊天记录、网页信息发布等电子证据，证明犯罪嫌疑人（被告人）实施非法买卖、运输、携带、持有毒品原植物种子、幼苗的种类、数量。

3. 毒品原植物种子、幼苗未经灭活

毒品原植物种子、幼苗经过人工灭活后，行为人再买卖、运输、携带、持有就不再具有制造成毒品的社会危险性，因而不构成本罪。因此，需收集毒品原植物种子、幼苗的鉴定意见或检验报告，证明毒品原植物种子、幼苗的成活概率，成活概率的高低不影响未经灭活事实的认定。

（三）主体方面的证据要件

非法买卖、运输、携带、持有毒品原植物种子、幼苗罪的主体是一般主体，一般需要证明的事实及收集的证据主要包括：

1. 犯罪嫌疑人（被告人）的基本信息

收集户口簿、居民身份证、临时居住证、护照、港澳居民来往内地通行证、台湾居民来往大陆通行证、边民证、工作证等书证，犯罪嫌疑人（被告人）供述和辩解，证明犯罪嫌疑人（被告人）的姓名（曾用名）、性别、年龄、民族、文化程度、籍贯、住址、工作单位、职业、政治面貌等。

2. 犯罪嫌疑人（被告人）的刑事责任能力

收集入学登记表、常住人口登记表、户口簿、医院出生证明、病历及医院疾病诊断证明等书证，犯罪嫌疑人（被告人）家属、邻居、医生等人证言，鉴定意见，犯罪嫌疑人（被告人）供述和辩解，证明犯罪嫌疑人（被告人）的刑事责任能力。

3. 犯罪嫌疑人（被告人）的量刑情节

收集强制戒毒决定书、刑事判决书、释放证明、行政处罚决定书等书证，犯罪嫌疑人（被告人）供述和辩解，证明犯罪嫌疑人（被告人）的前科劣迹事实；收集破案经过、接出警记录、110接警记录、通话记录、检举揭发书面材料及立案侦查情况说明等书证，陪同到案等人的证言，犯罪嫌疑人（被告人）供述和辩解，查明犯罪嫌疑人（被告人）是否有自首、立功等法定从轻、减轻或免除处罚情节。

（四）主观方面的证据要件

非法买卖、运输、携带、持有毒品原植物种子、幼苗罪属于故意犯罪，不存在过失情形。非法买卖、运输、携带、持有毒品原植物种子、幼苗的动机、目的虽不是本罪的构成要件，但属直接反映犯罪嫌疑人（被告人）主观故意的客观事实。具体案件中，一般应注意收集犯罪嫌疑人（被告人）实施非法买卖、运输、携带、持有毒品原植物种子、幼苗客观行为所使用的电子邮件、微信聊天记录、通信往来信息及其他网络聊天记录、网页信息发布等电子证据，传真、信函、银行转账记录、网上银行或其他网络支付平台交易记录等书证，证人证言，犯罪嫌疑人（被告人）供述和辩解，当地村民（居民）委员会入户开展禁毒宣传的资料等，查明犯罪嫌疑人（被告人）的目的、动机，以便基于客观事实判断犯罪嫌疑人（被告人）主观故意内容。

二、非法买卖、运输、携带、持有毒品原植物种子、幼苗罪常见证据审查

（一）物证、书证的审查判断

1. 合法性的审查

审查搜查笔录、提取笔录、扣押决定书、扣押清单及现场勘查笔录、照片等，查明毒品原植物种子、幼苗等物证，银行交易明细、车票、高速路通行记录等书证，是何时、何地、何种情况下以何种方式由谁搜查、提取、扣押的；扣押在案的物证、书证是否附有相关笔录或者清单，笔录或清单描述的特征、数量、质量、名称是否与物证、书证相符，笔录或清单是否有侦查人员、物品持有人、见证人签名。同时，对书证的审查还应重点审查是否有出具或制作单位签章、制作人签名、落款时间。对物证的审查还应重点审查是否有见证人参与搜查、提取、扣押、封装等，如没有见证人参与是否有录音录像和侦查机关出具的说明。对物证、书证的来源、收集程序有疑问，且侦查机关又不能作出合理解释的，应作为非法证据予以排除。

2. 真实性的审查

对于查获的毒品原植物种子、幼苗等物证，应当审查物证的照片、录像与原物是否相符，物证是否交由犯罪嫌疑人（被告人）、证人进行辨认。对于查获的书证未随案件移送的，应当审查书证的副本、复制件与原件是否相符，制作程序是否符合法律和有关规定，是否交由当事人或者证人进行辨认。物证的照片、录像不能反映原物外形特征的，书证有更改或更改迹象不能作出合理解释的，或者书证的副本、复制件不能反映原件及其内容的，应作为非法证据予以排除。

3. 关联性的审查

对于查获的毒资、车辆等物证，机动车行驶证、存折等书证，应及时审查是否与非法买卖、运输、携带、持有毒品植物种子、幼苗行为有关联，如没有关联应及时发还。

4. 全面性的审查

仔细审查勘验笔录及照片、搜查笔录、扣押清单等，查明是否有遗

漏提取、扣押物证、书证的情形或遗漏移送物证、书证的情况。仔细审查犯罪嫌疑人（被告人）无罪、罪轻的辩解及辩护人的辩护意见、证人证言，查明是否遗漏有需侦查调取的物证、书证，证明犯罪嫌疑人（被告人）没有作案可能性的证据是否已经附卷。

（二）证人证言的审查判断

非法买卖、运输、携带、持有毒品原植物种子、幼苗的行为，一般较为隐秘，知情人较少。这类案件一般是犯罪嫌疑人（被告人）家属或同村群众举报案发，案件证人一般家属较多。具体办案中主要从以下几个方面审查。

1. 获取程序性的审查

核实询问证人是否个别进行；询问笔录的制作、修改是否符合法律、有关规定，是否注明询问的起止时间和地点，首次询问时是否告知证人有关作证的权利义务和法律责任，证人对询问笔录是否核对确认；询问未成年证人时，是否通知其法定代理人或者有关人员到场，其法定代理人或者有关人员是否到场；制作笔录的侦查人员是否有侦查员身份，笔录起止时间与其他证据形成时间是否冲突，查清笔录内容是否有复制粘贴情况，是否有采取暴力、威胁等非法方法收集证言的可能。证人证言具有询问证人没有个别进行的，书面证言没有经证人核对确认的，询问聋、哑人未提供通晓聋、哑手势的人员，询问不通晓当地通用语言、文字的证人未提供翻译人员等情形的，不得作为定案的根据。

2. 内容实体性的审查

一是查明证人与案件当事人、案件处理结果有无利害关系，是否处于吸毒或醉酒状态，有无正确认知和正确的表达表述能力。处于明显醉酒、中毒或者麻醉等状态，不能正常感知或者正确表达的证人所提供的证言，不得作为证据使用。二是查明证人对证明的事实是来自其直接感知，还是道听途说。证人的猜测性、评论性、推断性的证言，不得作为证据使用，但根据一般生活经验判断符合事实的除外。三是查明证言前后是否一致。对证言前后不一致的，应重点查清证人原作证的背景，证人改变证言的原因及改变的证言是否与客观性证据、其他证言、犯罪嫌疑人（被告人）供述相互印证。证人证言前后不一致，对定罪量刑有重大影响的，应通知其出庭作证。证人当庭作出的证言与其庭前证言矛盾，证人能够作出合理解释，并有相关证据印证的，应当采信其庭审证言；不能作出合理解释，而其庭前证言有相关证据印证的，可以采信其庭前证言。证人拒绝出庭作证的，应予排除采信其所作的证言。

（三）口供的审查判断

侦查人员讯问时一般围绕犯罪嫌疑人（被告人）取得毒品原植物种子、幼苗的时间、地点、途径、目的、动机，毒品原植物种子、幼苗的种类、数量，以及其他涉案人员情况等进行讯问。具体办案中，一般应从以下方面审查犯罪嫌疑人（被告人）供述和辩解。

1. 移送完整性的审查

——对照提讯证记载情况，查明侦查终结移送起诉前，侦查机关对犯罪嫌疑人（被告人）讯问形成的讯问笔录，无论是有罪供述，还是无罪辩解，是否全面、完整地随案移送。同时，也应审查侦查机关是否对犯罪嫌疑人（被告人）的全部犯罪事实综合制作完整的讯问笔录。

2. 获取程序性的审查

一是查明笔录制作的合法性。讯问时间、地点，讯问人的身份、人数，讯问的方式是否符合法律规定；讯问笔录起止时间与提讯证记载时间是否一致，与其他证据起止时间是否有冲突；二是查明讯问程序的合法性。讯问前是否告知了犯罪嫌疑人刑事诉讼权利与义务和认罪认罚从宽制度相关法律规定，是否表明侦查人员身份；讯问未成年犯罪嫌疑人时，是否通知其法定代理人或者有关人员到场，其法定代理人或者有关人员是否到场；有无采取暴力、威胁等非法方法进行讯问的可能，是否有诱供情况；犯罪嫌疑人是否核对讯问笔录，讯问笔录内容是否有复制粘贴情况。

3. 内容真实性的审查

一是查明口供与其他证据能否印证。讯问笔录证明的犯罪嫌疑人主观明知，犯罪嫌疑人非法买卖、运输、携带、持有毒品原植物种子、幼苗的来源、动机、目的、种类、时间、过程、数量，同案人员及地位、作用，犯罪嫌疑人归案情况、检举揭发情况、家族病史情况、家庭经济情况、家庭成员基本信息、认罪认罚情况等，是否与鉴定意见、勘验笔录、证人证言、书证等相互印证。二是查明供述前后是否一致。犯罪嫌疑人供述前后不一致的,应审查犯罪嫌疑人原来供述的背景、翻供的原因、不同诉讼阶段翻供的变化、翻供的内容有无其他证据予以印证。对于毒品原植物种子、幼苗等不存在的案件,在完全排除诱供、逼供、串供等情形,犯罪嫌疑人供述与其他同案人供述、证人证言、书证相互吻合的,犯罪嫌疑人供述可以作为定案的依据。

(四)鉴定意见的审查判断

非法买卖、运输、携带、持有毒品原植物种子、幼苗罪案件中均会遇到司法机关委托鉴定机构作出鉴定意见,鉴定意见对案件事实的认定具有非常重要的作用。司法实践中,一般从以下方面审查鉴定意见。

1. 证据能力审查

一是查明鉴定主体的合法性。鉴定机构和鉴定人是否具备法定资质,是否按期年审;鉴定人是否与案件有利害关系、以侦查员身份参与侦查、以见证人身份参与见证。二是查明鉴定过程的合法性。毒品原植物种子、幼苗等检材的来源、取得、保管、送检是否符合法律、有关规定,与相关提取笔录、扣押物品清单等记载的内容是否相符,检材是否充足、可靠;鉴定程序是否符合法律、有关规定,鉴定过程和方法是否符合相关专业的规范要求。三是查明鉴定文书形式的合法性。鉴定文书是否注明提起鉴定的事由、鉴定委托人、鉴定机构、鉴定要求、鉴定过程、鉴定方法、鉴定日期等相关内容,是否由鉴定机构加盖司法鉴定专用章并由鉴定人签名、盖章。

2. 证明力的审查

一是审查鉴定意见的明确性。能证明案件事实的鉴定意见,应是明确的结论性意见,倾向性鉴定意见不能作为定案的依据。

二是审查鉴定意见的关联性。是否严格按照委托事项作出鉴定意见,鉴定材料是否与待证事实相关联,鉴定意见与待证事实之间是否属于直接关联、必然关联。

三是审查鉴定意见的印证性。鉴定意见与物证、书证、证人证言及勘验、检查笔录等证据是否有矛盾,鉴定意见是否告知犯罪嫌疑人及被害人,犯罪嫌疑人、被害人是否对鉴定意见提出异议及异议的内容。

此外,如有些地方没有具备资质的鉴定机构对毒品原植物及其种子、幼苗的专门性问题进行鉴定，可以委托侦办案件的公安机关所在地的县级以上农牧、林业行政主管部门，或者设立农林相关专业的普通高等学校、科研院所出具检验报告。检验报告可以作为定罪量刑的依据，检验报告审查内容和排除情形参照适用上述内容。

（五）勘验、检查笔录的审查判断

勘验、检查笔录记载了丰富的案件信息，如实反映物证、书证来源，案发现场情况，侦查人员执法过程。勘验、检查不规范，直接影响物证、书证的合法性、真实性、关联性的认定。非法买卖、运输、携带、持有毒品原植物种子、幼苗案件中，毒品原植物种子、幼苗的种类、数量多少不仅是区分罪与非罪的重要依据，也是量刑的重要依据，所以勘验、检查相关现场是取证工作的重要环节。在审查勘验、检查买卖、运输、携带、持有毒品原植物种子、幼苗的现场笔录及照片时，应重点查明清点毒品原植物种子、幼苗的数量或测量的方法是否科学、合理，毒品原植物种子、幼苗的数量是否准确，是否提取、扣押毒品原植物种子、幼苗，是否对毒品原植物种子、幼苗进行拍照，买卖、运输、携带、持有毒品原植物种子、幼苗的现场是否被破坏，是否提取毒品原植物种子、幼苗包装物表面的生物物证、指纹等。

此外，一般还应查明勘验、检查主体是不是2名以上侦查人员；勘验、检查活动是否有见证人参与，见证人是否签名，见证人与案件是否有利害关系，如果没有见证人参与是否有录音录像与侦查机关出具的说明；勘验、检查的现场有无保护情况，现场是否发生变动；勘验、检查现场痕迹、物品提取是否全面、客观、规范，笔录制作是否符合法律、有关规定，笔录文字记录与实物或绘图、照片、录像是否相符等。

（六）电子数据

在信息时代，非法买卖、运输、携带、持有毒品原植物种子、幼苗案件中出现越来越多的微信聊天记录、短信通信记录、QQ聊天记录、网页发布信息等电子数据证据材料。在具体的审查与判断过程中应注重审查以下几个方面：

1. 真实性审查

审查是否移送原始存储介质，如原始存储介质无法封存或不便移动时有无说明原因；有无注明收集、提取过程及原始存储介质的存放地点或电子数据的来源等情况；电子数据是否具有数字签名、数字证书等特殊标识，收集、提取过程是否可以重现，如有增加、删除、修改等情形是否附有说明。电子数据如具有篡改、伪造、无法确定真伪或增加、删除、修改等情形影响电子数据真实性，不得作为定案的根据。

2. 完整性审查

审查原始存储介质的扣押、封存状态，查看录像审查电子数据的收集、提取过程，比对电子数据完整性校验值，与备份的电子数据进行比较，审查冻结后的访问操作日志。

3. 合法性审查

审查收集、提取电子数据是否由 2 名以上侦查人员进行，取证方法是否符合相关技术标准，收集、提取电子数据是否附有笔录、清单，笔录、清单有无侦查人员、电子数据持有人（提供人）、见证人签名或者盖章，没有持有人（提供人）签名或者盖章的是否注明原因，对电子数据的类别、文件格式等是否注明清楚，是否由符合条件的人员担任见证人，电子数据检查是否将电子数据存储介质通过写保护设备接入检查设备。

4. 关联性审查

通过核查相关 IP 地址、网络活动记录、上网终端归属、相关证人证言以及犯罪嫌疑人（被告人）供述和辩解等进行综合判断，认定犯罪嫌疑人（被告人）的网络身份与现实身份的同一性；通过核查相关证人证言以及犯罪嫌疑人（被告人）供述和辩解等进行综合判断，认定犯罪嫌疑人（被告人）与存储介质的关联性。

第三节　非法买卖、运输、携带、持有毒品原植物种子、幼苗罪的认定处理

一、罪与非罪的界限

（一）犯罪对象认定

本罪的犯罪对象是未经灭活的毒品原植物种子、幼苗。未经灭活的司法认定标准前述已经详细阐述，在此不予赘述。但应注意涉案毒品原植物种子的发芽率确实极低情形，根据案件的具体情况可以对行为人进行从轻、减轻处罚或不提起公诉，甚至可以依据《刑法》第13条认为不构成犯罪。

如犯罪嫌疑人马某甲非法持有毒品原植物种子案[①]，米易县公安局民警在工作走访中发现，被不起诉人马某甲在家里存放有3包疑似罂粟种子，净重380克。经中国科学院昆明植物研究所标本馆鉴定，疑似罂粟种子属植物罂粟种子。经中国西南野生生物种质资源库鉴定，罂粟种子饱满率为55%，饱满种子活力低于10%。四川省米易县人民检察院认为，马某甲的上述行为，情节显著轻微、危害不大，不构成犯罪，依法决定对马某甲不起诉。

毒品原植物从播种开始要经历幼苗、成熟、开花、衰老、直到凋零的全阶段。一般会经历幼苗期、生长期、开花期、结果期、凋零期。幼苗期是指种子在温度和水分适宜的情况下萌发，生长为幼苗。在幼苗期，种子主要生长它的根系部分和叶子。幼苗期后，毒品原植物在气温适宜的情况下，会迅速地长大，这一时期为生长期，植物的茎秆和根系部分以及叶子迅速发展完善。因此，如非法买卖、运输、携带、持有的毒品原植物属

[①] 参见四川省米易县人民检察院不起诉决定书，攀米检公诉刑不诉〔2014〕4号。

生长期、开花期、结果期、凋零期，则不构成本罪。

（二）主观明知认定

行为人的主观上应当知道其所买卖、运输、携带、持有的是未经灭活的毒品原植物种子、幼苗。毒品原植物的种子、幼苗不像毒品原植物那样容易辨认。如果行为人受蒙蔽、欺骗等实施买卖、运输、携带、持有行为，不能认为犯罪。如果没有确实、充分的证据证明行为人主观明知，则不能认定行为人构成本罪。

如犯罪嫌疑人刘某某非法运输、持有毒品原植物种子案[①]，被不起诉人刘某某与辽宁省阜新市彰武县某乡的孙某某取得联系，欲将其自己地内收获的214袋麻籽（重约7710公斤）拉至彰武县交给孙某某处理。刘某某于2018年3月15日至2018年3月30日，雇用车辆将自家的214袋麻籽（重约7710公斤）拉至辽宁省阜新市彰武县某地。经鉴定，该麻籽为大麻科大麻属大麻，均有活力。彰武县人民检察院认为缺少认定被不起诉人刘某某主观明知的证据，不符合起诉条件，依法决定对刘某某不起诉。

（三）数量较大认定

涉案种子是否经灭活通常的做法是进行发芽率检测，但发芽率只能作为评价是否灭活的标准，不能作为计算重量的标准，即不能用发芽率乘以查获种子的重量得出涉案种子的重量。

如被告人马某某非法种植毒品原植物、非法持有毒品原植物种子案[②]，太和县公安局在工作中发现马某某在家中楼顶种植罂粟530株和家中藏匿罂粟头2811.36克（去壳后种子净重868.74克）。安徽农业大学对种子抽样鉴定发芽率，3份样品罂粟种子平均发芽率分别为：1号1%；2号2%；3号2%。鉴定意见表明该种子未经灭活。安徽省太和县人民法院认为，马某某的行为构成非法种植毒品原植物罪和非法持有毒品原植物种子罪。一审宣判后马某某不服提出上诉，上诉称"未经灭活"应理解为可以

[①] 参见辽宁省阜新市彰武县人民检察院不起诉决定书，彰检公刑不诉〔2019〕26号。

[②] 参见安徽省阜阳市中级人民法院刑事裁定书，（2020）皖12刑终24号。

发芽成活，马某某持有的罂粟种子平均发芽率仅为2%，可以发芽成活的罂粟种子数量没有达到较大以上，其行为不构成非法持有毒品原植物种子罪。安徽省阜阳市中级人民法院认为，在卷的罂粟种子发芽率鉴定意见证实马某某持有的罂粟种子未经灭活，罂粟种子发芽率大小并不影响其构成本罪。最终裁定驳回上诉，维持原判。

二、本罪与非法种植毒品原植物罪的界限

非法买卖、运输、携带、持有毒品原植物种子、幼苗罪与非法种植毒品原植物罪的区别主要在犯罪对象、犯罪客观方面。

（一）犯罪对象不同

非法买卖、运输、携带、持有毒品原植物种子、幼苗罪的犯罪对象为未经灭活的毒品原植物种子、幼苗，非法种植毒品原植物罪的犯罪对象为毒品原植物。毒品原植物从播种开始要经历幼苗、成熟、开花、衰老、直到凋零的全阶段。因此，非法种植毒品原植物罪中的犯罪对象不但包含幼苗期的毒品原植物，还包含生长期、开花期、结果期、凋零期的毒品原植物，而非法买卖、运输、携带、持有毒品原植物幼苗罪的犯罪对象只能是未经灭活的属幼苗期的毒品原植物。行为人非法买卖、运输、携带、持有生长期的毒品原植物来种植的，达到非法种植毒品原植物罪的立案追诉标准的，直接以非法种植毒品原植物罪定罪处罚。

（二）客观方面不同

非法买卖、运输、携带、持有毒品原植物种子、幼苗罪的客观方面应包含非法买卖、运输、携带、持有的行为，而非法种植毒品原植物罪的客观方面应是种植毒品原植物、经公安机关处理后又种植、抗拒铲除的行为，种植应包含播种、育苗、移栽、插苗、施肥、灌溉、割取津液或者收取种子等行为，无论行为人是实施整个过程，还是实施几个或一个行为，无论是行为自己实施，还是雇用他人实施，无论行为人在自己的地里种植，还是在荒山野地种植，均视为种植。

三、本罪的罪数形态

（一）关于行为人既有实施非法买卖、运输、携带、持有毒品原植物种子、幼苗的行为，又实施非法种植毒品原植物的行为的认定

1.行为人以非法种植毒品原植物为目的而非法买卖、运输、携带、持有毒品原植物种子、幼苗的，属于手段行为与目的行为的牵连关系，按照从一重罪处断的原则，以非法种植毒品原植物罪定罪处罚。

2.行为人以出售、治病等目的非法买卖、运输、携带、持有毒品原植物种子、幼苗后，临时起意实施了非法种植毒品原植物的行为或侦查机关不但查实行为人实施了非法种植毒品原植物的行为，也查实行为人非法买卖、运输、携带、持有毒品原植物种子、幼苗的行为，但不能查清两者之间存在密切的关联，这种情况下的两个行为不属于牵连关系，应按照非法种植毒品原植物罪和非法买卖、运输、携带、持有毒品原植物种子罪数罪并罚。

（二）关于行为人非法买卖、运输、携带、持有罂粟壳和罂粟种子或罂粟果实行为的认定

行为人同时贩卖、运输罂粟壳和罂粟种子的情况比较常见。因为犯罪对象的不同，行为人的客观行为侵犯了不同的客体，在分别达到立案追诉的情况下，应以贩卖、运输毒品罪和非法买卖、运输、携带、持有毒品原植物种子罪数罪并罚。行为人非法买卖、运输、携带、持有罂粟果实的情况也较为常见。我们认为对此不应数罪并罚，行为人的犯罪对象罂粟壳和罂粟种子属尚未分离的果实，属于吸收犯，应按照重行为吸收轻行为的原则，以贩卖、运输毒品罪或非法持有毒品罪处罚，应将罂粟壳与种子进行分离、称量，不能将罂粟种子重量计入罂粟壳重量中。

如被告人董某某运输毒品、非法运输毒品原植物种子案①，董某某雇用李某某驾驶货车欲从瑞丽市前往大理市，途经杭瑞高速龙陵服务区时，被保山市芒颜边境检查站执勤人员当场从该车车厢内查获董某某藏匿运输

---

① 参见云南省高级人民法院刑事判决书，（2019）云刑终533号。

的罂粟壳（含籽）7袋，罂粟种子80袋；同月24日，侦查人员又从该车车厢夹层内查获罂粟壳（含籽）19袋，罂粟种子49袋。经称量，查获的毒品罂粟壳（含籽）共计26袋，重386.120千克；129袋罂粟种子共计净重3396.206千克。经鉴定，本案查获的种子为罂粟的干燥种子（有发芽率），查获的果壳确定为罂粟的干燥果壳（壳内种子有发芽率），罂粟壳含有吗啡成分。云南省保山市中级人民法院认为原审被告人犯运输毒品罪和非法运输毒品原植物种子罪。作出判决后，原审被告人董某某不服，提出上诉称：原判认定其运输的毒品罂粟壳386.12千克系罂粟壳和罂粟籽的混合重量，不能推定其所运输的罂粟壳已经超过200千克，请求对其所犯运输毒品罪的量刑幅度在"有期徒刑七年以上"量刑。云南省高级人民法院认为，侦查机关在对本案查获的毒品罂粟壳（含籽）进行称量时，未将壳、籽分离分别称量计重；后因当地气候潮湿等客观原因，扣押、保管的罂粟壳（含籽）的重量已发生变化，不具备单独分别称量的条件和重新提取检材的属性。现有证据不能推定董某某所运输的毒品罂粟壳数量已经超过200千克，以有利于被告人原则，认定董某某运输毒品罂粟壳的数量较大，处7年以上有期徒刑，并处罚金。改判原审被告人董某某犯运输毒品罪，判处有期徒刑10年，并处罚金人民币5万元；犯非法运输毒品原植物种子罪，判处有期徒刑3年，并处罚金人民币1万元；数罪并罚，决定执行有期徒刑12年，并处罚金人民币6万元。

（三）关于行为人购买罂粟果实后，将罂粟壳打碎添加至食品中，将罂粟种子予以保存的行为认定

行为人购买罂粟果实后，将罂粟壳与罂粟种子分离，把罂粟壳打碎放入面汤、火锅等中，罂粟种子自己买卖、持有的情形时有发生。此类案件中，如果查获的罂粟壳不够40千克、罂粟种子数量较大，应以生产、销售有毒、有害食品罪和非法买卖、运输、携带、持有毒品原植物种子罪数罪并罚；如果查获的罂粟壳40千克以上、罂粟种子数量较大，应以非法持有毒品罪，生产、销售有毒、有害食品罪和非法买卖、运输、携带、持有毒品原植物种子罪数罪并罚。

如被告人张某某生产、销售有毒、有害食品、非法持有毒品原植物

种子案①，被告人张某某从他人手中获得一些罂粟壳后，为给自己经营的卤肉店的卤肉去腥、提香，便开始在自己熬制的卤汤中添加罂粟壳卤制猪肉出售。2020年7月3日，河南省南阳市公安局某分局民警与南阳市宛城区市场监督管局工作人员对张某某经营的卤肉店进行联合检查时，现场对卤汤抽样检测显示罂粟项目检测结果呈阳性。经河南中测技术检测服务有限公司进一步检验，张某某卤肉店卤猪肉中含罂粟碱 30.7ug/kg，卤汤中含罂粟碱 69.6pg/kg。同时公安机关对从张某某家中扣押的37个罂粟壳进行果壳和果籽分离，罂粟籽净重为89.9克。经国家林业局森林公安司法鉴定中心对查获的罂粟籽进行司法鉴定，鉴定意见为罂粟科罂粟属植物罂粟，具有活力。辩护人辩称，对被告人以两个罪名处罚不适当，因为被告人持有罂粟是为了加工卤肉，虽然说罂粟籽没有灭活，净重89.9克，但目的只是为了在卤肉中添加使用。所以非法持有毒品原植物种子罪应当被生产、销售有毒、有害食品罪所吸收，单以生产、销售有毒、有害食品罪判处被告人刑罚。河南省南阳市宛城区人民法院认为，被告人张某某在自己卤制猪肉的过程中添加罂粟壳而后出售卤肉，且非法持有净重为89.9克具有活力的罂粟籽，犯罪事实清楚，证据确实、充分，其行为已构成生产、销售有毒、有害食品罪和非法持有毒品原植物种子罪；被告人犯数罪，应当数罪并罚；被告人辩护人辩称的对被告人应按一罪处罚意见，无明确法律依据，不予采纳。

相关规定链接

1.《刑法》第352条；

2. 2012年5月，最高人民检察院、公安部《关于公安机关管辖的刑事案件立案追诉标准的规定（三）》；

3. 2016年4月，最高人民法院《关于审理毒品犯罪案件适用法律若干问题的解释》；

4. 2016年5月，最高人民法院、最高人民检察院、公安部《办理毒品犯罪案件毒品提取、扣押、称量、取样和送检程序若干问题的规定》。

---

① 参见河南省南阳市宛城区人民法院刑事判决书，（2020）豫1302刑初550号。

第九章

引诱、教唆、欺骗他人吸毒罪办案指引

第一节 引诱、教唆、欺骗他人吸毒罪概述

一、引诱、教唆、欺骗他人吸毒罪的立法沿革

在我国现有吸毒者中,有相当一部分是在他人的引诱、教唆、欺骗下开始吸食、注射毒品,后发展到不能自拔的地步,由此可见,引诱、教唆、欺骗他人吸食、注射毒品行为的社会危害性之大。《联合国禁止非法贩运麻醉药品和精神药物公约》要求各缔约国对引诱、教唆、欺骗他人吸食毒品的行为采取法律措施予以严惩。1979年7月颁布《刑法》未规定本罪。1990年12月全国人大常委会《关于禁毒的决定》第7条规定:"引诱、教唆、欺骗他人吸食、注射毒品的,处七年以下有期徒刑、拘役或者管制,并处罚金。……引诱、教唆、欺骗或者强迫未成年人吸食、注射毒品的,从重处罚。"1994年12月最高人民法院《关于执行〈全国人民代表大会常务委员会关于禁毒的决定〉的若干问题的解释》第9条规定:"根据《决定》第七条第一款的规定,引诱、教唆他人吸毒,是指通过向他人宣扬吸食、注射毒品后的感受等方法,诱使、唆使他人吸食、注射毒品的行为。欺骗他人吸毒,是指用隐瞒事实真相或者制造假象等方法使他人吸食、注射毒品的行为。"1997年,修订后的《刑法》沿用了全国人大常委会《关于禁毒的决定》第7条的内容,将法定刑幅度由一个增至两个。

二、引诱、教唆、欺骗他人吸毒罪的发案态势

引诱、教唆、欺骗他人吸毒罪近十年来的发案态势总体平稳,在2019年达到最高峰值。根据相关数据显示,从2010年至2021年,因引诱、教唆、欺骗他人吸毒罪被依法逮捕的人数共计800余人,起诉1000

余人。在所有毒品犯罪中,十年来逮捕人数和起诉人数均位居倒数第五。除 2019 年逮捕人数和起诉人数均凸高(逮捕 142 人,较上一年度增长 133%,起诉 147 人,较上一年度增长 158%)之外,其余每年因该罪被逮捕人数基本保持 50 至 60 人,呈轻微波动趋势,2015 年的逮捕人数较 2010 年增长了 30.7%,2016 年下降 13%,2017 年下降 17%,2018 年又较上一年增长 24%。起诉人数 2010 年至 2015 年呈逐年上升趋势,2015 年的起诉人数是 2010 年的 1.47 倍,2016 年至 2018 年呈逐年下降趋势,2018 年的起诉人数是 2015 年的一半。

三、引诱、教唆、欺骗他人吸毒罪的概念和构成特征

关于引诱、教唆、欺骗他人吸毒罪的概念表述,刑法理论界有不同的观点。综合起来,大致有如下几种观点:一是认为本罪是指违反麻醉药品、精神药品管理法规,故意引诱、教唆、欺骗他人吸食、注射毒品的行为[①]。二是认为本罪是指违反国家禁毒法规,以引诱、教唆、欺骗为手段,促使他人吸食、注射毒品的行为[②]。三是认为本罪是指故意使用各种手段,引诱、教唆、欺骗他人吸食、注射毒品的行为[③]。四是认为本罪是指使用各种手段引诱、教唆、欺骗他人吸食、注射毒品的行为[④]。五是认为本罪是指引诱、教唆、欺骗他人吸食、注射毒品的行为[⑤]。六是认为本罪是指违反国家法律法规规定,使用各种手段,引诱、教唆、欺骗他人吸食、注射毒品的行为[⑥]。

上述几种概念之间的差异主要在以下 4 个方面:一是是否将违反国家关于毒品的管理规定界定在定义中;二是将引诱、教唆、欺骗是否理解为手段;三是将故意是否作为本罪概念的内容;四是是否把他人吸食、注射

[①] 参见桑红华:《毒品犯罪》,警察教育出版社 1992 年版,第 198 页。
[②] 参见娄云生:《刑法新罪名集解》,中国检察出版社 1994 年版,第 259 页。
[③] 参见赵秉志主编:《毒品犯罪研究》,中国人民大学出版社 1993 年版,第 189 页。
[④] 参见宣炳昭等主编:《特别刑法罪刑论》,中国政法大学出版社 1993 年版,第 353 页。
[⑤] 参见张明楷:《刑法学》(第五版),法律出版社 2016 年版,第 1157 页。
[⑥] 参见周其华等:《刑法补充规定适用》,中国检察出版社 1995 年版,第 359 页。

毒品作为本罪的结果要件规定在定义中。通过分析上述差异，我们认为，首先，违反国家规定在本罪中具体是指违反国家关于麻醉药品、精神药品的管理法规，它是本罪的犯罪前提，应该在定义中体现出来。尽管观点一、二、六中有所表述，但其表述均不够准确。其次，引诱、教唆、欺骗实质上就是促使他人吸毒的几种手段形式，因而观点三、四、六将这3种手段理解为行为方式，与"各种手段"这一上位概念并列，是不确切的。再次，引诱、教唆、欺骗本身就含有故意之义，因而观点一的"故意"二字显系多余。最后，促使他人吸毒是本罪行为的目的，也是本罪行为的结果。他人吸毒是本罪既遂的标志，因而在概念中应当体现这一点。综上所述，我们认为引诱、教唆、欺骗他人吸毒罪，是指违反国家关于麻醉药品、精神药品管理法规，采用引诱、教唆、欺骗的手段，促使他人吸食、注射毒品的行为。

（一）客体特征

对于本罪的客体，刑法理论界有几种不同的主张：一是认为本罪侵犯了社会主义社会风尚[1]；二是认为本罪侵犯了社会治安秩序和他人的身心健康[2]；三是认为本罪侵犯了社会管理秩序[3]；四是认为本罪侵犯了国家对毒品的管制[4]；五是认为本罪侵犯了国家对毒品的管理制度和他人的身心健康[5]。我们认为上述第五种观点比较准确。首先，社会管理秩序不是本罪的犯罪客体，因为此处所讲的犯罪客体是就引诱、教唆他人吸食、注射毒品的犯罪行为所侵犯的直接客体而言的，而社会管理秩序则是一个大而广的概念，包括毒品管理制度在内的众多管理活动均属于此范围之内，因而可称为包括毒品管理制度在内的众多犯罪的同类客体，但不是直接客体。其次，社会主义风尚是一个过于宽泛和模糊的概念，不能准确体现毒品犯罪

---

[1] 参见赵秉志主编：《毒品犯罪研究》，中国人民大学出版社1993年版，第190页。

[2] 参见娄云生：《刑法新罪名集解》，中国检察出版社1994年版，第260页。

[3] 参见赵玉亮等主编：《新罪行各论》，群众出版社1996年版，第594页。

[4] 参见赵秉志主编：《新刑法教程》，中国人民大学出版社1997年版，第755页。

[5] 参见宣炳昭等主编：《特别刑法罪刑论》，中国政法大学出版社1993年版，第353页。

尤其是本罪所侵犯的社会关系的特征，因而不宜表述为本罪的犯罪客体。而毒品作为一种既可以药用，又可能滥用的麻醉药品和精神药品，属于国家严格管制的禁止或限制流通物，除了特殊部门（如医疗、科研部门）可以按法律规定使用外，其他单位和个人均无权拥有，更无权处理。凡是以毒品这种违禁品作为犯罪工具的行为，均是无视国家关于毒品的管理规定的行为，它严重地破坏了我国对毒品的管理制度和秩序。引诱、教唆、欺骗他人吸毒行为日益成为我国其他毒品犯罪的隐患，成为我国毒品泛滥的一个原因。我国一些地区吸毒现象的不断蔓延，正是在犯罪分子的引诱、教唆、欺骗下形成的局面。吸毒导致吸毒者身体虚弱、精神颓废，同时各种疾病也随之出现，造成广大人民群众尤其是青少年的身心健康受到极大摧残。因此，我们认为本罪侵犯的是复杂客体，它侵犯了国家关于麻醉药品、精神药品的管制和他人的身心健康。尽管由于本罪行为会导致吸毒人员的数量不断增加，而引起社会治安秩序、社会风尚的严重破坏，但这种破坏社会治安秩序的现象是由于吸毒人员为了满足吸毒欲望，铤而走险而实施的各种杀人越货、偷骗拐坑等刑事犯罪活动而引起的，或者是由于吸毒人员在吸毒后产生各种欲望而实施的各种犯罪活动而引起的，与本罪行为只有间接关系，因而不能成为本罪的客体。

　　引诱、教唆、欺骗他人吸毒罪所侵害的对象，刑法没有明确规定，但在司法实践中，一般是针对那些未染上吸毒恶习或者那些虽吸过毒但已戒除的人而实施本罪行为。可以是成年人，也可以是未成年人；可以是未吸过毒的人，也可以是曾经吸过毒，已经戒毒的人；可以是陌生人，也可以是熟人甚至是行为人的亲人。尚在吸毒者，即有毒瘾者，无须采取引诱、教唆、欺骗手段，因此不能成为本罪的犯罪对象。对那些尽管有吸毒意图但由于种种顾虑而犹豫不决的人采取引诱、教唆、欺骗手段，帮助其坚定吸毒意志，促使其吸毒的，也应按本罪论处。①

　　同时，有一点值得注意，尽管引诱、教唆、欺骗他人吸食、注射毒品罪的犯罪对象是广泛的，但本罪行为必须是针对具体特定的人而实施的。特定的人可以是特定的某个人，也可以是特定的几个人。如果行为人针对

---

① 参见赵秉志主编：《中国刑法案例与学理研究·分则篇（五）》，法律出版社2001年版，257页。

不特定的人实施引诱、教唆、欺骗的行为，如只是在公开场合宣扬自己吸毒体会和精神兴奋感的，又如在非法出版的报纸杂志上宣扬吸毒能使人超脱尘世、解除烦恼和获得极度的愉悦，以此引诱、教唆天然吸毒的，不能成立本罪。

（二）客观特征

本罪在客观方面表现为违反国家关于麻醉药品、精神药品的管理法规，采用引诱、教唆、欺骗的手段，促使他人吸毒的行为。本罪客观方面具有以下几个特征：

1. 行为的非法性。它是指行为人引诱、教唆、欺骗他人吸毒的行为是违反国家关于麻醉药品、精神药品的管理法规的行为。国家有关毒品的管理法规包括前述国家各种有关毒品管制的法律、法规、行政制度与规章。

2. 行为手段的多种多样。即行为人采取了引诱、教唆、欺骗手段。

（1）引诱他人吸毒

所谓"引诱"，是指以金钱、物质及其他利益诱导、拉拢原本没有意愿吸毒的人吸食、注射毒品的行为。这种行为针对青少年很容易奏效。如在未成年人面前大肆宣扬吸毒后带来的欢快与奇妙幻觉，很容易使未成年人对吸毒产生好奇心，从而吸毒。构成引诱，必须具备一定的条件：第一，至少有一个或者数个诱饵。所谓诱饵，是指行为人有意制造出来的、能够吸引被引诱者产生吸毒的欲望进而吸食毒品的一切事、物。第二，必须是被引诱者出于自愿而吸食了毒品。这也是引诱与强迫的本质区别所在。如果被引诱者虽然受到了诱惑，但是在最后吸毒时，主观上仍旧具有不自愿的因素，那就有可能构成强迫他人吸毒罪。第三，必须是被引诱者明知是毒品而吸食。如果行为人对吸食的毒品不明知，那么行为人的行为就可能构成欺骗他人吸毒罪，典型表现为：行为人将毒品掺入香烟中给他人吸食，他人自以为是在吸食一般的香烟，其实是毒品，这应当认定为欺骗他人吸毒罪，而非引诱他人吸毒罪。

如被告人刘某某、张某某引诱他人吸毒案[①]。福建省福州市台江区人

---

① 参见福建省福州市台江区人民法院刑事判决书，（2019）闽 0103 刑初 586 号。

民法院审理查明，2019年3月21日晚，被告人刘某某接到林某甲、林某乙的电话后即与被告人张某某联系，要求张某某帮忙推荐没吸过毒品且愿意吸毒的人去吸毒，以此作为线索举报，并承诺给予吸毒人员每人各7500元人民币，给张某某以及张某某的叔叔邹某（另案处理）每人各1000元作为报酬。被告人张某某随后与老乡曾某、申某商量吸毒赚钱一事，两人均表示愿意赚这个钱。3月22日凌晨2时许，被告人刘某某开车从闽清汽车站将张某某、邹某、曾某、申某4人接到福州。同日3时许，被告人刘某某接到尹某（另案处理）等人找到的愿意吸毒赚钱的朱某，并带着朱某到福州市台江区某甲宾馆325房间，后刘某某烧了开水并将冰毒掺入其中让朱某喝下。同日3时40分许，被告人刘某某和张某某、曾某、申某等人来到福州市台江区某乙宾馆附近，刘某某以金钱为诱饵，让曾某、申某喝下掺有冰毒的矿泉水，并教唆两人被警方查获后说是在KTV里吸的毒，之后带申某到某乙宾馆开房，带着曾某去路边，交代两人在原地等候公安机关的查处，随后被告人刘某某将装有17000元现金的纸袋交给张某某，张某某从中收取1000元作为报酬。当日凌晨，证人朱某、申某、曾某先后被瀛洲派出所查获，并因吸毒均被公安机关行政拘留15日。2019年4月19日，被告人张某某主动向公安机关投案。另查明，被告人刘某某于2017年8月1日因容留他人吸毒罪被刑事拘留，8月3日被取保候审，2018年3月27日被逮捕，4月26日被判处有期徒刑8个月，缓刑1年，并处罚金人民币2000元（罚金已缴纳），同年5月7日被释放。台江区人民法院认为，被告人刘某某、张某某违反国家禁毒管理法规，引诱他人吸毒，其中被告人刘某某引诱3人吸毒，情节严重；被告人张某某引诱两人吸毒，其行为均已构成引诱他人吸毒罪。台江区人民法院判处被告人刘某某犯引诱他人吸毒罪，判处有期徒刑3年6个月，并处罚金人民币5000元，判处被告人张某某犯引诱他人吸毒罪，判处有期徒刑9个月，并处罚金人民币1000元。在本案中，被告人刘某某、张某某正是通过金钱引诱原本没有吸毒意愿的曾某、申某喝下掺有冰毒的水。每人给付7500元人民币就是诱饵，在这极富吸引力的诱饵面前，被引诱人曾某、申某明知水里掺有冰毒，仍自愿喝下。上述引诱人和被引诱人的行为完全符合引诱他人吸毒罪所必须具备的3个特征，被引诱人没有受到欺骗和强迫。因此，本案判处被告人刘某某、张某某犯引诱他人吸毒罪。

又如被告人邱某引诱他人吸毒案①。2015年2月21日前后的一天晚上，被告人邱某在其居住的江苏省淮安市淮安区某镇家中，因家庭琐事和其妻子任某发生争吵，邱某殴打任某，致任某面部肿胀。次日晚，被告人邱某吸食甲基苯丙胺（冰毒）时，以"吸毒可以消肿、减轻疼痛"为由，引诱任某与其共同吸食毒品甲基苯丙胺（冰毒）。法院审理后认为，被告人邱某以吸毒可以消肿、减痛为幌子，蛊惑他人吸食毒品，其行为已构成引诱他人吸毒罪。判处被告人邱某犯引诱他人吸毒罪，判处拘役2个月，并处罚金人民币2000元。本案中，很多人就被告人邱某的行为是引诱还是欺骗有不同观点。有观点认为，被告人邱某以"吸毒可以消肿、减轻疼痛"这一个虚假的事实为由致使任某吸食毒品。这种观点其实是对欺骗他人吸毒罪中欺骗的内容认识不正确造成的。本罪中的欺骗的内容是毒品，即某物品系毒品或其中掺有毒品，而采取故意隐瞒或虚构真相的方法使被欺骗人不知该物品是毒品或其中掺有毒品而予以吸食。而本案中被告人邱某是对吸毒可能产生的效果进行了虚假描述。也就是说，被告人邱某并没有向任某隐瞒其吸食的就是毒品，因此不构成欺骗他人吸毒罪。被告人邱某是以吸毒可能产生的精神回报为诱饵来引诱任某吸食了毒品。因此本案应当认定为被告人邱某犯引诱他人吸毒罪。

（2）教唆他人吸毒

所谓"教唆"，是指以劝说、请求、怂恿、示范等方法，鼓动、唆使原本没有意愿吸毒的人吸食毒品、注射毒品的行为。既然刑法以并列的方式将其规定在同一个刑法条文中，那么，就必须对二者的界限作出划分。有论者指出，在某种意义上，引诱实质上是教唆行为的一种，立法基于引诱行为危害的严重性，将其独立出来，作为本罪的一种独立手段，这种体现立法精神的做法有利于我们准确打击毒品犯罪。因而正确区别"引诱"行为和其他"教唆"行为是正确认定"引诱"本质特征的必要方式。而"引诱"与"教唆"的根本区别在于，引诱行为是以他人吸食、注射毒品后所获得的精神或物质回报为诱饵而实施的，而教唆行为则是除此之外的任何促使他人吸食、注射毒品的行为，其特征在于刺激他人自愿尝试吸食，或者加固他人已有的吸食意愿。而教唆行为一般分为两种：一是针对

---

① 参见江苏省淮安市淮安区人民法院刑事判决书，（2015）淮法刑初字第121号。

本来无吸毒愿望的人,二是针对有吸毒愿望但尚不坚决的人。教唆的方法是除诱惑以外的任何方法,如激将、劝说、请求、怂恿、建议、示范等。

如被告人郑某某教唆他人吸毒案。① 2016年6月13日下午,被告人郑某某和高某(另案处理)等人在福建省漳州市芗城区某路某室内吸食甲基苯丙胺(冰毒)。其间,被告人郑某某询问王某(2003年3月30日出生)、许某(2002年1月26日出生)、罗某(1999年1月11日出生)要不要一起吸食甲基苯丙胺(冰毒),并向3人示范吸食甲基苯丙胺(冰毒)的方法。被害人王某、许某、罗某3人轮流吸食了甲基苯丙胺(冰毒)。法院审理后认为,被告人郑某某以教唆的方法,促使3名未成年人吸食毒品,其行为已构成教唆他人吸毒罪,且系情节严重,应予以追究其刑事责任并从重处罚。判被告人郑某某犯教唆他人吸毒罪,处有期徒刑3年3个月,并处罚金人民币2000元。本案定罪的关键点就在于正确区分引诱人吸毒罪与教唆他人吸毒罪。如前所述,引诱就是要以某一物为诱饵诱惑他人吸毒。此处的物可以指实实在在的物品或钱财,也可以指精神层面的需求。而教唆是除了以诱饵为方式吸引他人吸毒行为之外的任何能促使他人吸食毒品的行为。具体到本案中,被告人郑某某并没有抛出某物为诱饵来吸引王某、许某、罗某吸食毒品,而是以先询问后示范的方式促使原本没有吸毒想法的王某、许某、罗某吸食了毒品。因此,本案中对被告人郑某某的行为应认为教唆他人吸毒罪。

又如被告人杨某某教唆他人吸毒案②。2013年8月31日10时许,周某某入住四川省中江县某商务宾馆,后打电话邀约邓某某(已判决)与其同住。当日21时许,邓某某与被告人杨某某、黎某某相约在被告人黎某某家中吸食毒品。在被告人黎某某家中吸食毒品过程中,邓某某提出3人到宾馆去吸食毒品,先假装其不吸食冰毒,再让被告人杨某某和黎某某对其进行劝说吸食毒品,最后由其去劝说周某某吸食毒品。被告人杨某某、黎某某表示答应。尔后,3人先后来到该宾馆,邓某某先假装不吸食毒品。被告人杨某某和黎某某先后向其进行劝说吸食毒品,最后邓某某去劝说周某某吸食毒品。其间,邓某某见周某某吸食方法不正确,便为周某某

---

① 参见福建省漳州市芗城区人民法院刑事判决书,(2016)闽0602刑初802号。
② 参见四川省中江县人民法院刑事判决书,(2014)中江刑初字第397号。

讲解吸食方法，并做示范，被告人黎某某就帮周某某点板子。当日21时许，被中江县公安局当场抓获。经中江县公安局现场对被告人杨某某、黎某某及邓某某、周某某的尿液检测，被告人杨某某、黎某某及邓某某、周某某的尿液检测结果均呈阳性。分别因吸毒被中江县公安局行政处罚决定书行政拘留15日。法院审理后认为，被告人杨某某、黎某某伙同他人教唆他人吸食毒品，其行为侵犯了国家对毒品的管理制度和他人的身体健康权利，已构成教唆他人吸毒罪。判处被告人杨某某犯教唆他人吸毒罪，判处有期徒刑6个月，并处罚金人民币2000元；判处被告人黎某某犯教唆他人吸毒罪，判处有期徒刑6个月，缓刑1年，并处罚金人民币2000元。本案中被告人杨某某、黎某某是以劝说、示范、讲解的方式教唆了原本没有吸毒意愿的周某某最终吸食了毒品。因此，对被告人杨某某、黎某某的行为应当认定为教唆他人吸毒罪。

（3）欺骗他人吸毒

所谓"欺骗"，是指用隐瞒事实真相或者制造假象等方法，使原本没有意愿吸毒的人上当吸食毒品或注射毒品。如在药品、香烟、食品中投入毒品供他人吸食、注射，使他人染上毒瘾。例如，把毒品掺入香烟，或者用毒品换掉药片等。实践中，有人将罂粟壳掺入食品以招揽顾客、吸引回头客，扩大生意。罂粟壳（俗称大烟壳）含有吗啡等物质，易使人体产生瘾癖，对吸毒者的肝脏、心脏等有毒害作用。罂粟壳属于国家规定管制的毒品，国家法律对罂粟壳管理使用有着明确的规定，禁止非法供应、运输、使用。由于顾客都是在不知道的情况下被欺骗食用的，因此这种行为属于欺骗他人吸食毒品的犯罪行为。对于在食品中掺用罂粟壳的，应该以欺骗他人吸毒罪处理。

如被告人肖某某欺骗他人吸毒案[①]。2018年4月下旬，被告人肖某某在其租住的河北省深州市某公寓，多次以能减肥为由欺骗王某吸食甲基苯丙胺（冰毒），一审法院认为被告人肖某某明知甲基苯丙胺（冰毒）是毒品，隐瞒真相，编造谎言欺骗被害人吸食，妨害社会管理秩序，其行为已构成欺骗他人吸毒罪，且多次欺骗被害人吸食毒品，情节严重，应予刑罚。判处被告人肖某某犯欺骗他人吸毒罪。宣判后，被告人肖某某不服，

---

① 参见河北省衡水市中级人民法院刑事裁定书，（2019）冀11刑终204号。

提出上诉。衡水市中级人民法院审理查明，原判决认定事实清楚，故驳回上诉，维持原判。本案之所以认定被告人肖某某构成欺骗他人吸毒罪而非引诱他人吸毒罪，就在于被告人肖某某并非告诉王某吸食冰毒能够减肥，而是将冰毒谎称为能够减肥的某药物欺骗王某在不知实情的情况下吞食了冰毒。因此本案被告人肖某某的行为应当认定为欺骗他人吸毒罪。如果被告人肖某某明确告知王某吸食冰毒可以减肥，并以此为诱饵促使王某吸食了毒品，则应当认定被告人肖某某构成引诱他人吸毒罪。

又如被告人高某某欺骗他人吸毒案[①]。被害人梁某某陈述，2013年5月的一天，她与高某某在侯马市某宾馆住宿，她买了一瓶啤酒，打开后喝了几口，后来离开了一会，回来将啤酒喝完后就感觉身体发热、难受，于是就问高某某，高某某说给她啤酒里放了东西，喝了以后会兴奋、几天不睡觉都没事。之后高某某在她出租屋内吸食毒品时也让她吸了两口，毒品均是高某某提供。自2013年9月中旬开始每天都要吸食毒品。2013年7月的一天，高某某在她租住的房内说，让其给妹妹和妹夫偷偷放冰毒，她没有放。侯马市公安局现场检测报告书，证实被害人梁某某尿液检测（甲基安非他明类），结果呈阳性。侯马市公安局吸毒成瘾认定意见书，证实梁某某吸毒成瘾严重。一审法院认为，被告人高某某采用隐瞒事实真相的方法使原本没有吸毒意愿的人吸食毒品，致使他人吸毒成瘾，其行为已构成欺骗他人吸毒罪；其又教唆他人采用隐瞒事实真相的方法让没有吸毒意愿的人吸食毒品，其行为亦构成欺骗他人吸毒罪。对侯马市人民检察院指控被告人高某某犯教唆他人吸毒罪的观点，因该罪的"教唆"是指以劝说、授意等手段鼓动、教唆原本没有吸食毒品意愿的人吸食毒品的行为，故本案中被告人高某某的行为不符合教唆他人吸毒罪中的"教唆"，故对指控的该罪名不予支持；第二起事实中，被教唆人没有犯被教唆的欺骗他人吸毒罪，该起事实中，对被告人高某某可减轻处罚。故判决高某某犯欺骗他人吸毒罪，判处有期徒刑3年，并处罚金人民币5000元。一审宣判后，被告人高某某不服提出上诉。二审法院认为，原判认定的事实清楚，证据确实、充分，定罪准确，量刑适当，审判程序合法，驳回上诉，维持原判。本案的关键在于如何正确评价高某某教唆梁某某让其给妹妹和妹夫

---

① 参见山西省临汾市中级人民法院刑事裁定书，（2014）临刑终字第00113号。

偷偷放冰毒的行为。教唆他人吸毒罪中教唆的内容是让被教唆人吸食毒品。如果教唆人教唆的不是此内容，如本案中教唆人高某某并没有教唆梁某某吸毒，本案中高某某教唆的是让被害人梁某某采用欺骗的方式促使第三人吸食毒品，而非教唆被害人梁某某吸食毒品，也非教唆第三人吸食毒品。对于高某某的此种行为不应认定为教唆他人吸毒罪。而是教唆梁某某以欺骗的方式促使其妹妹、妹夫吸食毒品，如若高某某教唆成功，梁某某实施了采用隐瞒事实真相的方法欺骗第三人吸食了毒品，则梁某某构成欺骗他人吸毒罪，高某某构成该罪的教唆犯。本案中，高某某在梁某某不知情的情况下向啤酒中投入了毒品，致使梁某某吸食了毒品，此时高某某构成欺骗他人吸毒罪。之后对于高某某在梁某某出租屋内吸食毒品时也让梁某某吸两口的行为不能认定为教唆他人吸毒罪，是因为在该行为梁某某自身有吸毒的意愿遂高某某让其吸食，而不是在高某某的教唆下使得没有吸毒意愿的梁某某产生了吸毒意愿吸食了毒品。因此，不能认定高某某构成教唆他人吸毒罪。通过本案我们可以看出，在对行为人的行为审查过程中，应特别注意行为人教唆的内容，准确认定教唆他人吸毒罪。

3. 行为导致了一定的后果。行为人非法引诱、教唆、欺骗行为必须导致了他人吸毒这一结果。吸食毒品是指利用口鼻等呼吸器官以及消化器官将各种形态的毒品吸入或进入身体内的行为。注射毒品一般是指利用注射器材将液态毒品或溶化后的固态毒品通过皮下肌肉组织或静脉注入身体内的行为。吸毒行为能导致中枢神经麻醉或兴奋的状态。如果行为人实施本罪行为没有达到促使他人吸毒的后果，则不能构成本罪既遂状态。同时，行为人实施本罪行为与他人吸毒行为之间应当具有因果关系，这是追究行为人刑事责任的客观基础。如果他人吸毒行为并不是基于行为人的引诱、教唆、欺骗行为引起的，行为人的行为也不能构成本罪的既遂状态。如果行为人实施本罪行为导致了他人吸毒后果，则不论受害人是否产生毒瘾，都不能影响本罪的成立，但可以作为量刑情节考虑。

（三）主体特征

本罪的主体是一般主体，即任何达到刑事责任年龄、具有刑事责任能力的人，即凡是年满16周岁，精神智力正常的自然人，实施了引诱、教唆、欺骗他人吸毒行为的自然人，都可能构成本罪。

(四）主观特征

本罪主观罪过表现为故意，即明知自己实施引诱、教唆、欺骗行为是为了促使他人吸食、注射毒品而仍然实施。一般来说，本罪故意内容包含以下几点：

（1）意识到他人并没有吸毒的意图，或者认识到他人吸毒意图并不坚定。如果认识到他人意图吸毒的心态很明确对其传授吸毒方法的，则不能成立本罪。

（2）认识到自己的引诱、教唆、欺骗行为会导致没有吸毒恶习的人或虽曾吸毒但已戒除的人吸食、注射毒品的后果，并对这一后果持希望或放任态度。

本罪动机与目的大多出于牟利动机，如有的毒品犯罪分子为扩大毒品市场，通过各种形式引诱、劝说他人吸食、注射毒品，有的甚至赠送少量毒品，使他人上瘾后不断地买其毒品；但也有出于个人报复的，如有的人与他人有矛盾，设法诱使其或其家属染上毒瘾，以图报复；还有出于拉人下水的目的，为自己寻求吸毒的伙伴；或是出于通过毒品控制他人大力发展黑社会性质组织，或其他目的。但不论行为人出于何种动机或目的，都不影响本罪的成立。如果行为人主观上并没有引诱、教唆、欺骗他人吸食的故意，只是由于自己行为的不慎，客观上导致他人吸毒的后果（如几个"毒友"一起交流吸毒感受，他人听见之后产生好奇心而吸毒），这种情况下行为人的行为虽与他人吸毒有直接的关系，但因不具备犯罪构成的主观要件，不能成立本罪。引诱、教唆、欺骗他人吸食、注射毒品的动机是多种多样的，有的是图报复诱使他人吸食、注射毒品，以此损害他人的身体健康；有的是为自己寻找吸食、注射毒品的同伴；有的是乐于看到他人想吸食、注射毒品而没有毒品吸食、注射所表现出来的丑态；有的则是为贩卖毒品寻找消费者。犯罪动机如何，不影响犯罪的构成。

四、引诱、教唆、欺骗他人吸毒罪的追诉标准

根据最高人民检察院、公安部《关于公安机关管辖的刑事案件立案追诉标准的规定（三）》第9条的规定："引诱、教唆、欺骗他人吸食、注

射毒品的,应予立案追诉。"根据最高人民法院《关于审理毒品犯罪案件适用法律若干问题的解释》第11条:"引诱、教唆、欺骗他人吸食、注射毒品,具有下列情形之一的,应当认定为刑法第三百五十三条第一款规定'情节严重':(一)引诱、教唆、欺骗多人或者多次引诱、教唆、欺骗他人吸食、注射毒品的;(二)对他人身体健康造成严重危害的;(三)导致他人实施故意杀人、故意伤害、交通肇事等犯罪行为的;(四)国家工作人员引诱、教唆、欺骗他人吸食、注射毒品的;(五)其他情节严重的情形。"

第二节　引诱、教唆、欺骗他人吸毒罪的证据审查

一、引诱、教唆、欺骗他人吸毒罪的证据要件

（一）客体方面的证据要件

通过犯罪嫌疑人、被告人供述与辩解、相关证人证言、书证、物证、视听资料等证据，综合证明行为人的行为侵犯了国家对毒品的管理制度，侵犯了他人的身心健康。

（二）客观方面的证据要件

引诱、教唆、欺骗他人吸毒罪的客观行为表现为行为人实施了引诱、教唆、欺骗原本没有意愿吸毒的人吸食、注射了毒品的行为。因此在认定有引诱、教唆、欺骗他人吸毒行为时要紧紧围绕行为人的行为是否属于引诱、教唆、欺骗的行为和行为对象是否为原本没有意愿吸毒的人等方面审查判断证据：

1.犯罪嫌疑人、被告人的供述和辩解：
（1）实施引诱、教唆、欺骗的时间、地点、目的；
（2）毒品的来源、种类、数量；
（3）具体详细的引诱、教唆、欺骗过程；
（4）被引诱者、被教唆者、被欺骗者原本是否愿意吸毒，经引诱、教唆、欺骗后是否吸食了毒品。

2.重点收集见证人、被引诱者、被教唆者、被欺骗者的证言，以证明行为引诱、教唆、欺骗的时间、地点、方式、经过以及被引诱者、被教

唆者、被欺骗者原本不愿吸毒，但在行为人的引诱、教唆、欺骗下，最终吸食了毒品。

3. 注重对现场的勘验、检查、被引诱者、被教唆者、被欺骗者的尿液检查、所吸毒品的种类鉴定等证据的收集，以证实被引诱者、被教唆者、被欺骗者确实吸食了毒品以及所吸毒品的种类。

（三）主体方面的证据要件

本罪的主体为一般自然人，即要求行为人是已满16周岁且具有刑事责任能力的人。因此，要注重收集证明自然人身份的证据，如居民身份证、户口簿、医学出生证明、个人履历表或入学、入伍、招工、招干登记表以及犯罪嫌疑人供述，亲属、邻居关于犯罪嫌疑人情况的证言。通过以上证据证明犯罪嫌疑人已满16周岁，且具有刑事责任能力。同时，还要注重收集犯罪嫌疑人前科方面的证据，如刑事判决书、裁定书、释放证明书、假释证明书、不起诉决定书、行政处罚决定书以及其他证明材料。

（四）主观方面的证据要件

本罪的主观方面是故意，即要证明行为人明知自己引诱、教唆、欺骗他人吸食、注射毒品的行为，会侵犯国家对毒品的管理制度，还会侵犯他人的身心健康，而积极希望这种结果的发生的主观心态。行为人的目的和动机多种多样，不管行为人出于何种动机和目的，只要故意引诱、教唆、欺骗他人吸食、注射毒品的，即可构成本罪。

实践中，实施本罪的目的可以是出于牟利，即为了贩卖、推销毒品而鼓动他人吸毒；也可不以营利为目的。是否以营利为目的不影响本罪的成立。

因此在对本罪主观方面的认定过程中，应当注重收集犯罪嫌疑人、被告人供述和辩解、证人证言以证明犯罪嫌疑人、被告人明知他人不愿意吸食毒品，也明知吸毒会侵犯国家对毒品的管理制度和他人的身心健康，而仍然积极实施引诱、教唆、欺骗的行为，致使他人吸食、注射了毒品。

二、引诱、教唆、欺骗他人吸毒罪常见证据审查

（一）被告人供述和辩解的审查判断

被告人供述和辩解具有不稳定性，应当重点审查：

1. 被告人供述和辩解是否为侦查人员依法定程序合法取得，是否进行了同步录音录像，侦查人员是否有刑讯逼供、诱供、骗供的行为；

2. 被告人供述和辩解是否具有稳定性，就犯罪事实的供述包括毒品的来源、吸毒的时间、地点、方式、参与人员等细节内容与其他证据是否能够相互印证；

3. 犯罪嫌疑人、被告人关于作案动机的供述是否具有合理性。

（二）证言的审查判断

证言作为言词证据同样具有不稳定性，应当重点审查：

1. 对证人的询问是不是在适当的时间地点分别进行的；询问未成年的证人是否有其法定代理人在场；侦查人员在询问证人过程中是否有引诱、逼取证言的行为；

2. 被引诱者、被教唆者、被欺骗者关于在被引诱前、被教唆前、被欺骗前对吸食毒品主观心态的描述；

3. 被引诱者、被教唆者、被欺骗者的证言与其他证人证言关于具体情节的陈述是否具有重大矛盾；被引诱者、被教唆者、被欺骗者的证言与被告人供述之间是否具有重大矛盾。

第三节 引诱、教唆、欺骗他人吸毒罪的认定处理

一、本罪与教唆犯罪的界限

教唆犯罪,是指故意唆使他人实施犯罪的行为。本罪的教唆行为与教唆犯罪十分相似,但引诱、教唆、欺骗他人吸毒并不属于刑法中所说的教唆犯。因为如果教唆行为成立则被教唆人也应该犯有吸食毒品罪。但在我国刑法中未对吸食毒品规定为罪,所以本罪不属于教唆犯,而是新刑法中规定的独立的,以引诱、教唆、欺骗为手段的犯罪,与吸毒本身是否有罪无关。而且本罪有独立的法定刑,有确定的犯罪客体。并且其他具有教唆犯罪的性质的行为,在刑法上,有的也已单独规定为犯罪,不按共同犯罪处理。同样,鉴于教唆、欺骗他人吸食、注射毒品本身就是具有危害性的行为,刑法将其规定为罪,而不以吸毒行为构成犯罪为前提。

具体而言,这二者的区别在于:(1)罪名不同。教唆犯并非独立罪名,但对教唆犯罪行为按照行为人所教唆的罪来定罪。而教唆他人吸毒是一个独立的罪名。(2)侵犯客体不同。本罪的客体是确定的,它侵犯了国家对毒品的管制制度和他人的身心健康;而教唆犯侵犯的客体具有不确定性,要具体地根据教唆犯的教唆之罪来判定其侵犯客体。(3)教唆内容不同。本罪教唆内容只能是唆使他人吸食、注射毒品,而教唆犯罪则是唆使他人实施任何犯罪行为。(4)教唆对象不尽相同。本罪教唆对象为一切人,而教唆犯的教唆对象只能限于达到刑事责任年龄具有刑事责任能力的人,如果教唆的是未达到刑事责任能力的人或是没有刑事责任能力的人,则属于间接正犯。(5)处罚原则不同。本罪按《刑法》第352条规定的刑罚处罚即可,但教唆犯必须根据其教唆的犯罪和在共同犯罪中所起作用处

罚。如果被教唆者没有犯被教唆之罪，对于教唆犯，可以从轻或者减轻处罚。①

实践中，有人将罂粟壳掺入食品以招揽顾客、吸引回头客、扩大生意。罂粟壳属于国家管制的毒品，国家法律对罂粟壳管理使用有明确规定，禁止非法供应、运输、使用。由于顾客都是在不知道的情况下被骗食用的，因此这种行为属于欺骗他人吸食毒品的犯罪行为。对在食用中掺入罂粟壳的，应以欺骗他人吸毒罪处理。

二、本罪的罪数形态

本罪行为包括引诱、教唆、欺骗3种行为手段，属于典型的选择性罪名。行为人只要采取了其中一种行为手段实施本罪行为，在符合其他构成要件的情形下，即可构成本罪。成立本罪并不要求行为人必须同时采取上述3种手段实施本罪行为，行为人所犯具体罪名应由其实施的具体行为方式来确定。即使行为人同时采取引诱、教唆、欺骗方法促使他人吸毒，也只能定一罪，而不能定数罪。如果行为人对同一对象在不同地点、时间内分别实行了上述3种行为，也只能构成一罪。但对不同对象分别实施了引诱、教唆、欺骗行为如何定罪，理论上有不同主张，有的主张只定一罪②，有人认为应定数罪③。我们认为应当区分具体情况考虑，如果行为人的引诱、教唆、欺骗他人吸毒行为是基于一个概括的故意，而针对不同的对象实施，则应定一罪；如果行为人的这种针对不同对象分别实施的引诱、教唆、欺骗他人吸毒行为，是在不同时间、不同地点，并基于不同的故意内容，则构成数罪，但处罚上仍裁判为一罪，从重处罚。这种做法比较符合刑法理论。

另外，对于那些出于贩毒目的而引诱、教唆、欺骗他人吸毒而且也实施了贩毒行为的人，应按牵连犯处理，因为刑法对此没有明文规定实行

---

① 参见蒋小燕：《析引诱、教唆、欺骗他人吸毒罪中的几个疑难问题》，载《国家检察官学院学报》2003年第2期。
② 参见宣炳昭等主编：《特别刑法罪刑论》，中国政法大学出版社1993年版，第357页。
③ 参见赵玉亮等主编：《新罪行各论》，群众出版社1996年版，第395页。

数罪并罚，所以应适用从一重罪处断原则，按贩卖毒品罪从重处罚。如果行为人所实施的本罪行为和贩卖毒品行为之间没有牵连关系，其前后行为均为独立的犯罪行为，则按本罪与贩卖毒品罪实行并罚。

还有一个值得注意的问题，由于毒品的危险性极大，一旦用量过大，就会引起他人死亡和严重伤残，对此类案件如何定性认识不一。在有些国家有关禁毒规定中，对这种情况一般作为加重刑罚的情节处罚，不实行数罪并罚。我国刑法对此没有明确规定。有人认为构成引诱、教唆、欺骗他人吸毒罪与故意杀人罪和故意伤害罪数罪。我们认为，如果具有故意杀人和故意伤害的故意，那么就是故意杀人罪和故意伤害罪，而引诱、教唆、欺骗他人吸食、注射毒品的行为仅是杀人和伤害的手段而已。如果引诱、教唆、欺骗他人吸食、注射毒品致人死亡和伤残的，实践中能够查明没有故意伤害和故意杀人的心理，而对死亡和重伤仅有过失，即因为毒品纯度大或者被引诱、教唆、欺骗吸毒者体质较差，极有可能导致伤残或死亡，行为人在主观上应当预见被害人吸食、注射毒品会产生重伤、死亡的结果，却没有预见，或虽有预见，却轻信能够避免，以至于造成重伤、死亡的结果，应构成过失致人重伤罪、过失致人死亡罪。但考虑到过失致人死亡罪、过失致人重伤罪的法定刑较低，把出于过失而导致的这种严重后果作为本罪的严重情节处罚较为合理。

相关规定链接

1.《刑法》第 353 条第 1 款、第 3 款；

2. 2012 年 5 月，最高人民检察院、公安部《关于公安机关管辖的刑事案件立案追诉标准的规定（三）》；

3. 2016 年 4 月，最高人民法院《关于审理毒品犯罪案件适用法律若干问题的解释》；

4. 2016 年 5 月，最高人民法院、最高人民检察院、公安部《办理毒品犯罪案件毒品提取、扣押、称量、取样和送检程序若干问题的规定》。

第十章

强迫他人吸毒罪办案指引

第一节 强迫他人吸毒罪概述

一、强迫他人吸毒罪的立法沿革

1979年7月颁布《刑法》并没有规定本罪。1990年12月，全国人大常委会《关于禁毒的决定》第7条第2款，首次把强迫他人吸毒的行为规定为犯罪。1997年，修订后的《刑法》吸收继承《关于禁毒的决定》的相关内容，规定了强迫他人吸毒，即"强迫他人吸食、注射毒品的，处三年以上十年以下有期徒刑，并处罚金"。并在第3款规定了从重处罚情节："强迫未成年人吸食、注射毒品的，从重处罚。"

二、强迫他人吸毒罪的发案态势

2010年至2021年，全国检察机关以强迫他人吸毒罪批准逮捕近200件280余人，提起公诉210余件近300人。其中2013年批准逮捕40余件50余人，提起公诉30余件40余人，为历年之最。

虽然强迫他人吸毒罪的发案率较其他毒品犯罪低，但强迫他人吸毒的行为常常伴随着非法拘禁、抢劫等行为，而被强迫吸毒的人员，可能在染上毒瘾后诱发盗窃、卖淫、赌博等其他违法犯罪活动，从而给社会带来许多不稳定因素。

三、强迫他人吸毒罪的概念和构成特征

强迫他人吸毒罪，是指违背他人意志，使用暴力、胁迫或者其他方式，迫使他人吸食、注射毒品的行为。

（一）客体特征

本罪侵犯的是复杂客体，既侵害了国家对毒品的管制制度，也侵害了他人的健康权利。具体而言，强迫他人吸毒的行为直接违反了国家有关禁止使用毒品的规定，客观上加速了毒品的流通，甚至造成毒品的泛滥，因而侵犯了国家的毒品管理制度。与此同时，强迫他人吸毒还损害了他人的身体健康，因为强迫他人吸毒的行为不仅可能让被强迫的人染上毒瘾，长期吸毒还会导致身体虚弱、智力减退等，严重损害身心健康，甚至还可能会传播艾滋病等严重疾病。①

1. 本罪的犯罪对象是他人，即不愿意吸食、注射毒品的人

（1）本罪的被害人应当包括吸毒人员

实践中，一些强迫他人吸毒案件中被强迫的人员本身是吸毒人员，那么本罪的被害人是否包括吸毒人员直接影响到行为人的行为是否构罪，对此存在一定的争议。有观点认为，吸毒人员本身吸毒，对毒品有依赖，即使犯罪嫌疑人不强迫，其也会吸毒，因此吸毒人员不能成为本罪的犯罪对象。但我们认为，只要是违背他人意志，强迫他人吸食毒品的，不论被害人是否为吸毒人员，均应构成强迫他人吸毒罪。因为无论被害人是否是吸毒人员，该种强迫行为已经侵害了其健康权利，同时也侵害了国家对毒品的管理制度。

如被告人张某东强迫他人吸毒案②。2014年10月9日18时许，张某东因债务纠纷将受害人刘某（吸毒人员）胁迫至其家中，用电警棍对刘某进行电击和殴打，而后强迫刘某吸食毒品。当日22时许，被告人张某东又驾车将刘某带至刘某的家中进行控制，其间，张某东间断地用电警棍对刘某进行电击和殴打，并强迫其吸食毒品。法院认为张某东的行为构成强迫他人吸毒罪。因为本罪的客体是复杂客体，被告人强迫吸毒人员吸毒的行为，已经侵害了国家对毒品的管制制度。与此同时，吸毒人员可以主动吸食毒品，因为其有损害自己的身体健康的自由选择权，但行为人违背其自由意志而强迫其吸毒的行为，侵犯了他人的身体健康这一客体。

---

① 参见张洪江、周智勇、王力欣、李鹏：《人民法院审理毒品犯罪案件司法适用与定罪量刑》，中国法制出版社2020年版，第251页。

② 参见河南省洛阳市瀍河回族区人民法院刑事判决书，（2015）瀍刑初字第11号。

（2）如果行为人强迫的被害人是未成年人，应当对其从重处罚

根据《刑法》第353条第3款规定，强迫未成年人吸食、注射毒品的，从重处罚。这是从保护未成年人的角度出发，如果行为人强迫未成年吸毒的，会严重侵害了未成年人的身心健康，应当从严打击，故对行为人应从重处罚。

2.行为人强迫他人吸食、注射的是毒品

刑法中规定的毒品是指鸦片、海洛因、甲基苯丙胺（冰毒）、吗啡、大麻、可卡因以及国家规定管制的其他能够使人形成瘾癖的麻醉药品和精神药品。

如果行为人明知自己使用的不是毒品，强迫他人吸食、注射该物品，则不能构成本罪。如果行为人误以为自己使用的是毒品，而实际上不是毒品，强迫他人吸食、注射该物品，应当认定为强迫他人吸毒罪未遂，具体理由将在下文进行阐述，此处不做赘述。

（二）客观特征

本罪的客观方面，表现为行为人违背他人的意志，强迫他人吸食、注射毒品的行为。

1."违背他人的意志"的认定

违背他人的意志，是指行为人违反被害人本人不愿意吸毒的主观意愿。"违背他人的意志"不以被害人是否反抗为必要条件。我们不能简单地认为被害人不反抗或者反抗不明显就等同于同意。由于每个被害人的个体存在差异，行为人对被害人的强制程度存在高低等原因，被害人对强制的反抗形式和程度也有所不同。有的可能不顾一切地剧烈反抗，有的可能仅仅是挣扎或者哀求，有的可能没有明显的反抗行为。总之，明显的反抗固然是认定违背被害人意志的重要标志，而在没有反抗或者反抗不明显的情况下，应当结合具体案件具体分析，只有当被害人是基于同意或者无所谓的情况下不反抗或者反抗不明显，才能认定行为人的行为没有违背被害人意志。因此，只要是在被害人没有主动、自愿吸食毒品的情况下强迫其吸食毒品的，均应当认定为"违背他人意志"。①

---

① 参见张琦：《强迫吸毒人员吸毒仍构成强迫他人吸毒罪》，载《人民法院报》2015年6月25日，第6版。

具体而言，"违背他人的意志"通常表现为两种情形，一是被害人在有自由意志的情形下，通过言行明确表示了自己不同意的主观意愿；二是被害人在无自由意志的情形下，虽然被害人无法直接通过言行表示，但是通过当时的环境可以推定其主观上没有吸毒的意愿，如被害人处于醉酒、昏迷等状态。

对此，实践中需要注意把握以下几点：一是有些被害人本身吸毒，或者被害人可能开始愿意吸毒而后表示不愿意吸毒的情况，只要对于此次吸毒表示了不愿意的心态，而行为人又采取了强迫手段，依然可以构成本罪。

如被告人陈某甲等强迫他人吸毒一案①。被告人陈某甲提供了毒品氯胺酮（俗称"K粉"）与被告人陈某乙及本市某镇某村女青年易某某在自家一同吸食。后被告人陈某甲要求易某某将剩余氯胺酮用1张20元的纸币包起来随身携带。当晚，被告人陈某甲电话联系该镇某社区男村民凌某根（另案处理）要求其安排在长沙玩耍。凌某根表示同意并在长沙市某招待所开好房。当晚10时许，被告人陈某甲、陈某乙和易某某租乘张某军的小车来到凌某根安排的招待所403房。不久凌某根也来到该房内。凌某根拿出氯胺酮交给被告人陈某甲、陈某乙吸食。之后，被告人陈某甲又要易某某将前次吸食后剩余的氯胺酮也拿出来一起吸食。易某某在被告人陈某甲等人劝说下吸食了1次后不愿意再次吸食。被告人陈某乙即上前将易某某的双手按在床上，被告人陈某甲则用吸管将氯胺酮吹入易某某的鼻子。随后，凌某根趁易某某吸食氯胺酮后出现四肢无力、意识模糊不清的反应与其发生了性关系。虽然被害人易某某与陈某甲一起吸食毒品，但在被告人再次让其吸毒时，其明确表示拒绝，而被告人采取暴力手段让其吸毒的行为，足见被告人的行为违背了被害人的意志。

二是行为人以经济、感情因素"强迫"他人所做的选择，不宜直接认定为"违背他人的意志"。如行为人对甲说："如果吸毒，这个生意就给你做。"甲为了获得该笔业务而选择吸毒，表面上看行为人的该种说法违背了甲的意志，但实际上甲在此情况下仍有选择空间，其同意吸毒是自由选择的结果，不能认定为"违背他人的意志"，故行为人的行为不构成强

---

① 参见湖南省浏阳市人民法院刑事判决书，（2009）浏刑初字第71号。

迫他人吸毒罪。①

2."强迫"的认定

刑法并未明确规定本罪中强迫的具体内容。在司法实践中，需要对强迫的手段、方式、程度等细节进一步明确。

（1）强迫的手段

通常认为，强迫的手段包括暴力、胁迫以及其他手段。

①暴力

所谓"暴力"，是指暴露在外的力量。在刑法中，暴力手段通常表现为对被害人的身体实施了伤害、控制等足以危及其人身安全和人身自由的行为，使其不能反抗、不敢反抗。②具体到本罪，是指行为人对不愿意吸毒的人员进行殴打、捆绑、伤害、拘禁等足以危及其生命、健康的强制性手段，迫使其违心地吸食、注射毒品。③既然暴力手段是针对被害人的身体使用强制力，故该种手段一般会产生两种情况，从而导致被害人吸毒：一是通过暴力的强度导致被害人丧失反抗能力，导致其不能反抗，从而被迫吸毒；二是暴力手段虽然没有让被害人丧失反抗能力，但是让其产生恐惧心理，在能够反抗的情况下不敢反抗，从而被迫吸毒。

刑法分则中涉及的暴力犯罪均要求行为的暴力性，但是不同罪名对"暴力"的程度、后果要求并不同。因为本罪的具体法定刑设置相对较轻，决定了其暴力程度绝不能与抢劫、强奸等暴力犯罪同日而语。具体而言，如抢劫罪的法定最高刑可以判处死刑，因为其法定刑足以评价抢劫行为采取暴力致人死亡或者重伤的结果，而无须再以故意杀人罪、故意伤害罪评价死亡、重伤后果，故抢劫罪中的暴力程度和后果是不受限制的。但本罪的最高法定刑仅能判处有期徒刑10年，故本罪暴力手段所导致的结果应有所限制。结合本罪刑罚的配置分析，应当认为本罪的暴力结果不应包括死亡或者重伤，暴力导致轻伤以下的结果才能仅用本罪评价，如果出现超

---

① 参见张汝铮、关纯兴：《强迫他人吸毒罪的认定》，载《四川警官学院学报》2013年第5期。

② 参见魏东主编：《毒品犯罪与律师刑事辩护技巧》，法律出版社2017年版，第52页。

③ 参见周峰主编：《新编刑法罪名精释》（第4卷），中国法制出版社2019年版，第2104页。

过限度的重伤、死亡结果,应当对该结果另行评价定性。

行为人在强迫他人吸食、注射毒品的时候,因采取捆绑、殴打等暴力手段致人轻伤的,可以按照手段与目的的牵连犯论处,从一重处罚,认定强迫他人吸毒罪,并从重处罚。至于导致被害人死亡、重伤应如何定性,将在后文详细论述,在此不再赘述。

②胁迫

所谓"胁迫",是指行为人对不愿意吸毒的人员实施暴力威胁等或精神威胁的方式,对被害人造成心理强制,迫使其违心地吸食、注射毒品。暴力手段是通过直接加之被害人人身的有形强制,从而达到强行排除被害人反抗的目的;而胁迫手段是通过对被害人精神上的强制,达到使被害人不敢反抗而被迫吸毒的目的。

如冯某红非法拘禁、强迫他人吸毒、强奸案中,3月10日凌晨4时许,被告人冯某红(非法拘禁王某某时)吸食冰毒时,想让王某某也吸几口冰毒,王某某不吸,冯某红以"你得是想挨打哩"威胁、恐吓,王某某怕挨打被迫吸食了冰毒。[①]虽然被告人没有直接使用暴力,但却以实施暴力相威胁,使得被害人产生恐惧而被迫吸毒。

需要注意以下几方面的问题:

一是胁迫的内容,应当包括生命、健康、人身安全、财产、名誉、隐私等与被害人相关各个方面利益的威胁,具体内容可以分为两类,一类是行为人以当场实施足以危害被害人的生命、身体健康的暴力相威胁,这种程度的胁迫足以让被害人不敢反抗,在司法实践中比较容易认定。另一类是非暴力威胁,如揭发隐私、毁损名誉等,对被害人制造心理压力,行为人所使用的胁迫是否达到了使被害人不敢反抗的程度不易判断,这就需要确定一个判断标准,即胁迫需要达到何种程度才具有与暴力或者暴力相威胁的等价性。

二是胁迫内容所针对的对象,既包括对被胁迫人员本人的威胁,也包括对与被胁迫人员密切相关的其他人相威胁,但是不能包括与被胁迫人员毫无关系的第三人。

三是胁迫内容中的实施主体,既包括行为人本人亲自实施,也包括

---

① 参见陕西省宜川县人民法院刑事判决书,(2015)宜川刑初字第00051号。

行为人通过第三人实施，对此，行为人胁迫的内容应当足以使得被胁迫人员认识到行为人能够支配第三人实施该行为，而非是行为人根本无法支配影响的第三人，至于行为人实际上有无这样的影响力并不影响胁迫的成立。① 行为人既可以威胁当场实现，也可以威胁在以后某个时点实现。

四是胁迫的方法没有特别的要求，既可以是文字，也可以是语言，甚至还可以包括动作、眼神等，只要是能让被害人认识到胁迫内容的方法即可。胁迫内容既可以通过传统的面对面、电话、短信、信件等方式传递给被害人，在互联网发达的时代，也可以通过微信、QQ、电子邮件等方式传递。在这里要注意的是，除了面对面胁迫之外，行为人采取其他胁迫方式时，既可能用真实身份，也可能用虚假身份，此时应当特别注重查清犯罪嫌疑人的真实情况。

五是"胁迫"的关键在于是否足以让被害人产生恐惧心理，使其不敢反抗，从而被迫吸毒。具体而言，其一，胁迫的内容应当是行为人自己能够决定实现的。如果胁迫的内容是行为人本身根本无法控制、实现的，且无法实现的事实也是社会一般人均能认识到的，就不能认定为行为人的行为构成胁迫，比如行为人"威胁"不吸毒则会遭遇雷击。其二，胁迫的内容应当是让人产生恐惧而不仅仅是让人讨厌的行为，如行为人做鬼脸。是否构成胁迫的具体判断标准应当结合胁迫的具体内容，针对的对象性别、年龄、阅历等。②

③其他手段

所谓"其他手段"，是指行为人采取暴力、胁迫以外的其他手段，主要是利用或者致使被害人熟睡、醉酒、昏迷、病重等方式，使其吸食、注射毒品。具体而言，其他手段包括两种情形，一是行为人主动采取某种手段让被害人陷入昏迷、醉酒等状态，导致被害人不能反抗、不知反抗，如行为人以劝酒方式灌醉被害人、用药物迷晕被害人等。二是行为人利用被害人已有的状态，如趁被害人病重、昏迷处于无意识状况等。

由于司法实践中的情形复杂多变，强迫的手段多种多样，本罪的强

---

① 参见张洪成：《强迫他人吸毒罪争议问题探讨》，载《西部法学评论》2012年第1期。

② 参见张汝铮、关纯兴：《强迫他人吸毒罪的认定》，载《四川警官学院学报》2013年第5期。

迫手段应当包括其他手段，这样有利于司法机关应对实践中新的犯罪手段。其他手段的本质是一种兜底性规定，应当注意其与暴力、胁迫手段的相当性，即不论采取什么样的手段，关键在于是否足以让被害人不能反抗、不敢反抗、不知反抗，从而被迫吸毒。

（2）强迫的违法性

由于毒品是指鸦片、海洛因、甲基苯丙胺（冰毒）、吗啡、大麻、可卡因以及国家规定管制的其他能够使人形成瘾癖的麻醉药品和精神药品，国家对其有着极其严格的管理和使用规定。因此，在通常情况下，行为人强迫他人吸食、注射毒品当然具有违法性。

但是在特殊情形下，强迫行为可能不具有违法性。比如，在正常的医疗活动中，尽管病人本人不同意，但医务人员出于治疗病人疾病的需要，特别是拯救病人生命的紧急情况下，"强迫"病人吸食、注射麻醉药品、精神药品的行为属于正当的业务活动，故该强迫行为不具有违法性。当然，如果医务人员仅是以治病为幌子，强迫被害人吸食、注射毒品的行为，仍可构成强迫他人吸毒罪。

（3）强迫的方式

①直接强迫

行为人通过暴力、胁迫或者其他强迫手段导致被害人不能反抗、不敢反抗、不知反抗，行为人自己动手逼迫被害人吸毒，如强迫给被害人注射海洛因、嗅吸冰毒等。

如被告人胡某强迫他人吸毒案①。被告人胡某在涟源市某办事处某街附近袁某家中三楼以威胁的方式强迫肖某吸食毒品未果后，胡某掐住肖某的脖子，用玻璃管敲肖某的牙齿，强行将毒品甲基苯丙胺（俗称"冰毒"）、甲基苯丙胺片剂（俗称"麻古"）残渣灌至肖某嘴巴、鼻子、耳朵里。被告人通过暴力方式使得被害人不能反抗，从而喂食毒品的行为就属于直接强迫。

有观点认为，直接强迫的手段包括暴力，但不包含胁迫手段。②但我们认为，直接强迫强调的是行为人自己动手让被害人吸毒，被害人之所以

---

① 参见湖南省涟源市人民法院刑事判决书，（2018）湘1382刑初865号。
② 参见张洪江、周智勇、王力欣、李鹏：《人民法院审理毒品犯罪案件司法适用与定罪量刑》，中国法制出版社2020年版，第256页。

不反抗，除了暴力导致其无法反抗之外，胁迫也可能导致被害人不敢反抗，从而行为人能够对其喂食、注射毒品。如行为人以揭露被害人隐私为威胁，使得被害人不得不同意行为人为其注射海洛因，此时行为人的强迫方式仍是直接强迫。

②间接强迫

行为人通过暴力、胁迫或者其他强迫手段，导致被害人产生恐惧不敢反抗，从而逼迫被害人自己主动吸食、注射毒品，属于间接强迫。

有观点认为直接强迫的社会危害性要大于间接强迫，量刑上应当有所区分。[①] 但我们认为，无论是直接强迫还是间接强迫，最终的结果均是通过强制手段让被害人被迫吸毒，其社会危害性是相当的，不能简单地认为直接强迫的社会危害性更大。当然，如果直接强迫的手段导致被害人出现重伤、死亡等严重后果，则需要刑法对该结果单独进行评价。

（4）强迫的程度

判断行为人的行为是否违背被害人意志的标志，关键是其所采取的暴力、胁迫或者其他手段是否达到一定程度。实践中，强迫手段导致被害人不能反抗、不知反抗的情形能够直接认定该行为违背了被害人意志，但是对于行为人的强迫手段导致被害人不敢反抗的情形需要达到何种程度，才能说足以让被害人产生恐惧，并没有一个明确的判断标准。对此，我们认为应当结合行为人具体的强迫内容、被害人自身的情况、一般人判断标准、周围环境等情况，综合认定被害人吸食、注射毒品与行为人的强迫行为之间是否存在刑法意义上的因果关系。

①行为人的行为足以让一般人产生恐惧心理不敢反抗，事实上也让被害人产生了恐惧心理，该行为应当认定为足以让被害人产生恐惧心理。

②行为人的行为足以让一般人产生恐惧心理不敢反抗，但事实上没有让被害人产生恐惧心理，一般情况下可以认定为强迫手段（是否构成既遂则需另行考虑）。但是如果被害人因为同情等原因也吸食、注射了毒品，由于被害人实施的吸毒行为并不是行为人采取的行为所导致的，不宜认定行为人构成本罪。

[①] 参见张洪成：《强迫他人吸毒罪争议问题探讨》，载《西部法学评论》2012年第1期。

③行为人的行为不足以让一般人产生恐惧心理不敢反抗,但事实上让被害人产生了恐惧心理,一般情况下不宜认定为强迫手段。但是,如果行为人事先专门针对被害人个人情况进行调查,了解被害人的特殊情况,如被胁迫人员有黑暗恐惧症、幽闭恐惧症等,针对这一特点采取的胁迫方式,尽管不足以让一般人产生恐惧心理,但是在此情形之下,依然应当认定行为人的行为符合强迫他人吸毒罪的"强迫"程度。①

(5)强迫的限度

有观点认为,本罪的强迫没有限度,如抢劫罪等强制性犯罪,对于暴力程度和后果是没有任何限制的,根据体系解释原理,本罪也应如此认定。我们认为,本罪"强迫"应当是有限度的。因为本罪的法定最高刑为有期徒刑10年,如果对于"强迫"可以无限制扩张,造成被害人死亡、重伤的手段仅以本罪评价,则会出现罪责刑不相适应的结果,对行为人的处理明显畸轻。因此,强迫他人吸毒的行为限度应有所限制,即行为人的行为导致被害人重伤、死亡的情形属于已经超出本罪的"强迫"限度,需要另行评价,唯有此才不会轻纵一部分犯罪嫌疑人。②

(三)主体特征

本罪的主体是一般主体,即只要达到刑事责任年龄、具有刑事责任能力的人,均可以构成本罪。由于本罪的行为模式是强迫,而这种行为模式一般只能为自然人所为,故仅限定为自然人,单位不能成为本罪的主体。本罪的刑事责任年龄下限应为16周岁,已满14周岁不满16周岁的人犯本罪不负刑事责任。因为根据《刑法》第17条第2款规定,已满14周岁不满16周岁的人仅对故意杀人、故意伤害致人重伤或者死亡、强奸、抢劫、贩卖毒品、放火、爆炸、投放危险物质负刑事责任。

---

① 参见陈国庆、刘跃进主编:《毒品犯罪案件立案追诉标准适用指南》,中国人民公安大学出版社2012年版,第88页。

② 参见张洪成:《强迫他人吸毒罪争议问题探讨》,载《西部法学评论》2012年第1期。

(四) 主观特征

本罪的主观方面只能是故意构成，过失不构成本罪，即行为人明知是毒品，而强迫他人吸食、注射。从认识因素看，行为人主观上明知他人不愿意吸毒，明知强迫他人吸毒会侵犯他人的健康权、人身自由；从意志因素看，行为人希望或者放任侵犯他人健康权、人身自由危害结果的发生。由此可见，如果行为人不知道是毒品，或者不具有强迫他人吸食、注射毒品的主观故意，均不构成本罪。实践中，强迫他人吸毒案件中行为人强迫他人的动机多种多样，有为了牟利强迫他人吸毒的，也有为了报复让人吸毒的等。

如被告人钱某强迫他人吸毒案①。被告人钱某及葛某（另案处理）为索取债务将被害人王某关在本市某村某号某室。后被告人钱某在室内以烫吸的方式吸食毒品，为防止吸毒行为败露，被告人钱某以言语威胁的方式强迫被害人王某吸食了冰毒。

又如被告人柯某等非法拘禁、强迫他人吸毒案②。被告人邹某因怀疑其钱被"佳佳"偷走，遂伙同被告人柯某、黎某经预谋，欲通过范某找到"佳佳"。其间，在某宾馆207房间内，被告人邹某、黎某为套取范某的话，通过威胁、打骂的手段逼迫范某吸食了冰毒。即使行为人强迫他人吸毒是为了索取合法债务等合法目的，但是这也不能成为强迫他人吸毒的理由和借口，更不能成为阻却其成立强迫他人吸毒罪的事由。由于动机和主观故意之间有着明显的界限，强迫他人吸毒罪并没有要求牟利等要件，所以无论犯罪嫌疑人的动机是什么，均不影响犯罪故意的成立。当然，具体动机是否对量刑有影响，要结合具体的案件进行具体判断，不能认为只要事出有因就当然地认为要对行为人从轻处罚。

四、强迫他人吸毒罪的追诉标准

根据最高人民检察院、公安部《关于公安机关管辖的刑事案件立案追诉标准的规定（三）》第10条规定，"违背他人意志，以暴力、胁迫或

---

① 参见上海市奉贤区人民法院刑事判决书，（2013）奉刑初字第1483号。
② 参见浙江省宁波市鄞州区人民法院刑事判决书，（2011）甬鄞刑初字第1402号。

者其他强制手段，迫使他人吸食、注射毒品的，应予立案追诉"。根据该规定，行为人只要实施了强迫他人吸食、注射毒品的行为就构成本罪，应当立案追诉。但是，并不是任何强迫他人吸毒的行为都一定要受到刑事处罚。根据《刑法》第13条"但书"的规定，即情节显著轻微、危害性不大的行为不认为是犯罪，不予立案追诉。①

---

① 参见陈国庆、刘跃进主编：《毒品犯罪案件立案追诉标准适用指南》，中国人民公安大学出版社2012年版，第88页。

第二节　强迫他人吸毒罪的证据审查

一、强迫他人吸毒罪的证据要件

（一）客体方面的证据要件

通过案件有关主观、客观方面的证据，证明本罪的犯罪嫌疑人既侵犯了国家对制毒物品的管理制度，还损害了被害人的身体健康。

1. 因为行为人针对的是不愿吸毒的人员，应当注重审查证明被害人没有吸毒意愿的证据

由于行为人强迫的是不愿意吸毒的人员吸毒，所以需要重点审查反映被害人不愿吸毒的证据。特别是有些被害人本身吸毒，或者开始可能愿意吸毒但是对于此次吸毒表示了不愿意的意愿，行为人强迫其吸毒的情形，要注意收集证明被害人确实并非出于自愿的各方面证据，并进行综合判断，防止诬告情形的发生。如果报案人是被害人，且其系被强迫吸毒后第一时间报案，则有利于认定行为人的行为确实违背被害人意志，但此时仍须注意结合其他证据综合认定。在审查该类证据时，除了被害人陈述之外，还要重点审查犯罪嫌疑人供述和辩解，报案记录、知情人员证言、电话记录、手机短信、微信聊天记录等电子数据，综合判断被害人是否没有吸毒的意愿。

2. 如果行为人针对的犯罪对象是未成年人，应当重点审查被害人年龄的证据

由于被害人是未成年人属于本罪的从重处罚情节。应当重点审查被害人在被强迫吸毒时是否是未满18周岁的相关证据。有关被害人年龄的审查，一般根据被害人的户口簿、出生证明、身份证、护照等身份证明的客观性证据予以认定，如果被害人身份不明的，可以先通过被害人亲属及

知情人的辨认，进行 DNA 鉴定。如果对于被害人出生日期还存在疑问的，可以结合学历登记、被害人父母、接生人员等证言综合判断，必要时通过骨龄检测予以补强。① 需要说明的是，审查全部证据仍无法准确确定被害人出生日期的，根据存疑有利于被告原则，不宜认定被害人系未成年人，不能对犯罪嫌疑人从重处罚。

（二）客观方面的证据要件

1. 证明违背被害人意志的证据

由于行为人的主观认知存在于内心，只能通过外部表现来综合判断其主观意愿。如果被害人不愿意吸毒的意愿表现得非常明显，甚至有剧烈的反抗，足以证实犯罪嫌疑人的行为违背其意志。如果被害人处于醉酒、昏迷等状态，一般也可以推定违背其意志。但是对于犯罪嫌疑人采取胁迫手段而被害人没有明显反抗的情况，要判断是否违背被害人意志就较为困难。此时需要严格审查犯罪嫌疑人胁迫方面的证据，当犯罪嫌疑人的威胁导致被害人产生恐惧不敢反抗，则构成本罪。如果犯罪嫌疑人不认罪，言词证据呈现一对一且被害人反抗不明显的案件中，需要审慎审查证据，从证实事前、事中、事后情况的证据来综合判断犯罪嫌疑人的行为是否违背被害人的意志。

（1）事前情况，主要审查双方关系，是否认识，交往程度，是否存在利益关系。尤其注意审查被害人本身是否吸毒，虽然吸毒人员也能成为被害人，但是针对此类案件，一定要结合事前有无利益冲突、感情纠葛等因素，综合判断吸毒行为是否确实违背被害人的意志，防止被害人报复犯罪嫌疑人。

（2）事中情况，主要审查发生强迫吸毒的时间、地点，被害人有无反抗、离开、呼救的机会，被害人能否接触到手机、电脑等通信工具，如果被害人能逃离的却不逃离，能报警的却不报警，则违背其意志的可能性较小。

（3）事后情况，被害人在人身未受限制的情况下是否及时离开现场，

---

① 参见林金文主编：《毒品犯罪案件证据认定的理论与实务》，人民法院出版社2017年版，第362页。

报案时间与案发时间间隔长短,报案是不是被害人本人的真实意愿,被害人事后有无与犯罪嫌疑人联系等。

2. 证明犯罪嫌疑人强迫行为的证据

根据犯罪嫌疑人供述、被害人陈述、相关证人证言、报案记录、现场勘查笔录等证据,特别是案发现场附近的电子监控视频或者网络截图等,证实犯罪嫌疑人是否实施了强迫他人吸毒的行为。与此同时,应结合犯罪嫌疑人不同的强迫手段,有针对性地审查证据:

(1)暴力手段

一是对被害人的人身检查笔录、伤情照片、医院病历、住院记录等书证、伤情检验鉴定等证据,证实被害人的受伤部位、伤口特征、伤情程度等情况。二是案发现场有无搏斗痕迹、现场物品毁损情况、犯罪嫌疑人、被害人衣物有无破损等现场勘验检查笔录,殴打被害人的钝器或者锐器、捆绑被害人绳索、胶带等作案工具以及案发现场提取的相关生物样本、DNA 鉴定等,证实犯罪嫌疑人所使用的具体暴力方式。

(2)胁迫手段

如果犯罪嫌疑人的胁迫是通过口头方式当面进行,一般客观证据较少,必须认真审查言词证据,包括犯罪嫌疑人的供述和辩解、被害人陈述、证人证言等,主要核实证据之间有无矛盾。如果现场有监控录像等客观性证据,特别注重审查双方交流的过程,能否与言词证据相互印证。①如果犯罪嫌疑人的胁迫是通过一定媒介进行的,则需要重点审查犯罪嫌疑人胁迫被害人的书信、手机短信、电话清单等书证、微信、QQ 聊天记录、电子邮件等电子数据,以证实犯罪嫌疑人对被害人胁迫的具体内容等。

(3)其他手段

针对行为人采取的不同手段来审查证据,比如行为人让被害人处于醉酒状态,应注意审查现场提取的物证中有无酒杯、酒瓶等,第一时间报案的被害人有无做酒精含量检测等,以证实犯罪嫌疑人具体的强迫方式。

3. 证明强迫行为后果的证据

(1)被害人的尿检检验等鉴定意见、现场勘验检查笔录、提取到的

---

① 参见最高人民检察院侦查监督厅:《刑事案件审查逮捕指引》,中国检察出版社 2015 年版,第 325 页。

物证及痕迹鉴定等,证实被害人吸食、注射毒品的证据。

(2)虽然被害人是否成瘾不影响本罪的构成,但是如果因强迫行为导致被害人成瘾,应当作为重要的量刑情节。因此还需重点审查有关被害人因吸毒造成的药物成瘾性程度的相关证据。

(三)主体方面的证据要件

1.证明自然人基本情况的证据

犯罪嫌疑人的基本情况应当要依据户籍证明、护照、港澳居民来往内地通行证、台湾居民来往大陆通行证等证据材料予以证实。如果其中有无国籍人、外国人的,如果其所持护照、港澳居民来往内地通行证、台湾居民来往大陆通行证等与其他证据材料相矛盾的,应全面根据是否有有关外国驻我国使领馆出具的认证证明,或者公安机关户籍部门出具的确认犯罪嫌疑人是否是我国公民等证明材料综合认定。①

2.证明自然人刑事责任能力的证据

判断犯罪嫌疑人是否具有刑事责任能力,需要重点审查两个方面的证据。一是关于刑事责任年龄,判断其是否达到刑事责任能力年龄(16周岁),是否已经是成年人(已满18周岁)。重点审查有关出生日期的证据,如果户籍证明的出生日期与其他证据相矛盾的,不能径行以户籍证明认定,应当结合犯罪嫌疑人的出生证明文件、入学等登记表、无利害关系人(如居委会、村委会工作人员、邻居等)的证人证言综合判断,确有必要时可进行骨龄鉴定,作为年龄判断的参考。二是犯罪嫌疑人有无精神病,通常情况下一般推定犯罪嫌疑人没有精神病,但是如果案件中的犯罪嫌疑人行为举止反常,可能患有精神病,就需要结合精神病鉴定、相关医院就诊情况、证人证言等予以判断。

(四)主观方面的证据要件

关于犯罪嫌疑人强迫他人吸毒的主观故意,一是认识层面,主要通过犯罪嫌疑人供述、被害人陈述、证人证言、犯罪嫌疑人胁迫被害人的手

---

① 参见林金文主编:《毒品犯罪案件证据认定的理论与实务》,人民法院出版社2017年版,第292页。

机短信、通话记录等书证、微信、QQ聊天记录、电子邮件等电子数据，综合认定犯罪嫌疑人主观上是否明知自己的行为可能造成被害人吸毒的后果；二是意志层面，一般情况下，相关证据证实犯罪嫌疑人实施了强迫他人吸毒的行为，根据常情常理就可推定其具有希望吸毒结果发生的意志因素。除非犯罪嫌疑人进行合理抗辩或者提出相反的证据。①

犯罪动机虽不影响构罪但有可能影响量刑，所以也应当注重审查犯罪嫌疑人强迫他人吸毒的动机。如果强迫他人吸毒的行为发生在医务活动或者紧急状况中，需要重点审查犯罪嫌疑人是否出于正常的医疗需要，或者为了挽救他人的生命、健康，不得已强迫他人吸食、注射毒品，此时犯罪嫌疑人可能不符合强迫他人吸毒罪的主观构成要件，即不构成本罪。

二、强迫他人吸毒罪常见证据审查

强迫他人吸毒案件中，一般可能存在三大类鉴定意见、检验报告：一是证明强迫手段导致被害人伤亡的相关鉴定、检验；二是证明犯罪嫌疑人强迫被害人吸食、注射的是毒品的相关鉴定、检验；三是证明被害人吸食了毒品的鉴定、检验。

（一）伤情鉴定、法医学检验报告

由于强迫他人吸毒案件可能造成被害人伤亡，需要重点审查鉴定结论与犯罪嫌疑人行为之间的因果关系。一是注意审查伤情鉴定意见所记载的受伤情况与人身检查笔录、医院病历等书证是否一致。二是重点审查被害人受伤的具体原因，特别是被害人重伤、死亡的情况，应当结合现场勘验笔录、伤情鉴定意见、尸体检验报告综合分析出现伤亡的后果与强迫他人吸毒行为中的强迫行为还是吸毒行为存在因果关系。尤其是被害人死亡的案件，还需要注重审查尸体检验报告的死亡原因，判断死亡结果是自杀还是他杀造成，查看尸检照片中的被害人是否有明显的抵抗伤，同时结合现场勘验笔录中反映的尸体所处位置、状态、伤痕、有无搏斗痕迹进行综合判断。

---

① 参见林金文主编：《毒品犯罪案件证据认定的理论与实务》，人民法院出版社2017年版，第366页。

（二）毒品性质鉴定

针对行为人强迫他人吸食、注射的是毒品，应当注重审查证明毒品性质的证据，除了犯罪嫌疑人供述和辩解、证人证言等言词证据证实之外，最关键的是依据现场查获的疑似毒品实物及毒品检验机构出具的毒品检验鉴定意见，来认定涉案的物品是否属于鸦片、海洛因、甲基苯丙胺（冰毒）、吗啡、大麻、可卡因以及国家规定管制的其他能够使人形成瘾癖的麻醉药品和精神药品。

（三）尿液检测报告

根据被害人的尿液检测报告，一般可以查明被害人是否吸毒，且吸食、注射的是何种毒品。注意审查送检样本来源是否清楚，检测对象与送检样本是否具有一致性，是否均是被害人所提供。需要特别注意的是，各种毒品可检出阳性的时间段会有较大的个体差异，其代谢速度和检测结果与服药个体、用药途径和每次的用药量有较大的关系。一般来说，注射用药其代谢速度较快，很快尿检就可显阳性，其他用药方式相对较慢。一次用药量大的尿检持续时间较长。如果案发不及时，被害人的尿液检测或许会有呈阴性的情况，但这并不能代表犯罪嫌疑人未强迫其吸毒，应当结合全案其他证据综合判断被害人吸毒的情况。

第三节　强迫他人吸毒罪的认定处理

一、罪与非罪的界限

由于本罪没有数量、情节、是否成瘾等限制,即只要实施了强迫他人吸毒的行为就构成本罪。但根据具体的案件,如果行为人强迫他人吸毒的行为属于情节显著轻微、危害性不大的行为,可以不认为是犯罪,并给予治安管理处罚。

特别需要注意的是,出于正常医疗目的或有利于他人的目的,在他人丧失意识等紧急情况下,为其注射相关涉毒品类物质,不成立本罪;未涉及其他罪名的,通常不认为该行为构成犯罪。[1]

二、本罪与引诱、教唆、欺骗他人吸毒罪的界限

虽然本罪与引诱、教唆、欺骗他人吸毒罪都侵犯了被害人的人身健康,但是本罪采取的强迫手段同时还可能侵犯他人的人身自由、行动自由,社会危害性更大,故本罪的法定刑要重于引诱、教唆、欺骗他人吸毒罪。两罪的主要区别在于客观方面有所不同。本罪采取的是暴力、胁迫等强制手段,而引诱、教唆、欺骗他人吸毒罪则是采用引诱、教唆、欺骗手段使得他人接受行为人的意志而吸食、注射毒品。两罪针对的被害人心态有所不同。两罪的被害人最初的心态均是不愿吸毒,但本罪的被害人是在行为人暴力、胁迫之下吸食、注射毒品,被害人始终没有同意吸毒。而引诱、教唆、欺骗他人吸毒罪则是行为人通过引诱、教唆、欺骗的方式,使

---

[1] 参见魏东主编:《毒品犯罪与律师刑事辩护技巧》,法律出版社2017年版,第54页。

得他人愿意吸食、注射毒品，被害人的心态有一个从不愿到自愿的转化过程。某种程度上可以说，除了引诱、教唆、欺骗者有着不可推卸的责任之外，被害人自身或者其监护人也存在一定的过错。

（一）本罪与欺骗他人吸毒罪的区分

欺骗他人吸毒罪的行为方式通常是行为人利用隐瞒真相或者制造假象的方法，使他人陷入错误认识，进而吸食、注射毒品的行为。有观点认为，欺骗他人吸毒与引诱、教唆他人吸毒还是有本质区别的，被引诱、教唆的被害人有一定的选择权，自身也存在一定过错。但行为人欺骗他人吸毒的行为导致被害人产生错误认识而"不自觉"地吸毒，其与强迫行为并无本质区别。由于欺骗行为完全是在被害人不自愿的情况下使其吸毒，被害人根本没有选择的空间，完全违背了被害人的主观意志，也是一种"强迫"手段，故欺骗他人吸毒与强迫他人吸毒的本质是一样的。如强奸罪中的其他方法就包括欺骗，比如冒充被害人丈夫等欺骗被害人的行为也构成强奸罪。因为行为人通过欺骗手段而与被害人发生性关系，仍然违背了被害人的意志，符合强奸罪的构成要件。[①] 如果强奸罪的手段包括暴力、胁迫、欺骗等，那么强迫他人吸毒罪中的强迫手段也应包括欺骗手段。[②] 我们认为，虽然上述观点有一定的道理，但是不能因为强奸罪中的强迫方式包括欺骗手段，就当然地类推适用于强迫他人吸毒罪。因为刑法分别规定了欺骗他人吸毒罪和强迫他人吸毒罪，这两个罪名是并列关系，而非包含关系，那么就不能认为强迫他人吸毒罪中的强迫手段包含欺骗方式，否则就会导致欺骗他人吸毒罪没有适用的空间。

（二）教唆、引诱、欺骗未成年人、精神病人吸毒是否认定为强迫他人吸毒罪

有观点认为，教唆、引诱、欺骗他人吸毒罪中的被害人应当具有一定的意志自由行为。因为被害人的处分行为，既包括客观的处分事实，也

[①] 参见张洪成：《强迫他人吸毒罪争议问题探讨》，载《西部法学评论》2012年第1期。

[②] 参见丁友勤：《关于毒品犯罪立法完善的几点思考》，载《湖北行政学院学报》2005年第2期。

包括主观的处分意思。其中处分意思要求行为人应当是能够正确表达自己意思的人,即具备处分能力,比如诈骗幼儿、精神病人的财物一般不认定为诈骗罪。同理,在教唆、引诱、欺骗他人吸毒案件中,虽然不要求行为人明确知道吸毒的行为及其后果,但被害人至少对行为人所让其做的事情有所认识,且对此有处分能力。这要求被害人因为行为人的教唆、引诱、欺骗而产生一定的行为意思,从而同意吸毒。如果被害人没有认识能力,没有意志自由,则教唆、引诱、欺骗的行为方式也就无从认定,应当直接认定为强迫他人吸毒罪。[1] 当然,对于行为人教唆、引诱、欺骗哪些人员应认定为强迫他人吸毒罪也存在不同认识。有观点认为,将行为人教唆、引诱、欺骗未满14周岁的未成年人、精神病患者等吸毒的行为,认定为强迫他人吸毒罪。[2] 还有观点认为,根据法规范统一原理,应当从民法相关规定确定被害人有无认识能力。[3] 具体而言,根据《民法典》第19条规定:"八周岁以上的未成年人为限制民事行为能力人,实施民事法律行为由其法定代理人代理或者经其法定代理人同意、追认;但是,可以独立实施纯获利益的民事法律行为或者与其年龄、智力相适应的民事法律行为。"《民法典》第20条、第21条规定,"不满八周岁的未成年人为无民事行为能力人,由其法定代理人代理实施民事法律行为。不能辨认自己行为的成年人为无民事行为能力人,由其法定代理人代理实施民事法律行为。八周岁以上的未成年人不能辨认自己行为的,适用前款规定"。即不满8周岁的未成年人为无民事行为能力人,不能辨认自己行为的成年人为无民事行为能力人。参照上述规定,教唆、引诱、欺骗8周岁以下的未成年人和不能辨认自己行为的精神病人均应认定为强迫他人吸毒罪。我们认为,不宜将引诱、教唆、欺骗未成年人吸毒的行为认定为强迫他人吸毒罪。因为《刑法》第353条第3款明确规定"引诱、教唆、欺骗或者强迫未成年人吸食、注射毒品的,从重处罚"。由此可见,立法者已经注意到被害人是未

---

[1] 参见张洪成:《试论引诱、教唆、欺骗他人吸毒罪》,载《河北公安警察职业学院学报》2008年第4期。

[2] 参见张洪成:《试论引诱、教唆、欺骗他人吸毒罪》,载《河北公安警察职业学院学报》2008年第4期。

[3] 参见张洪成:《强迫他人吸毒罪争议问题探讨》,载《西部法学评论》2012年第1期。

成年人的情形，但并未规定引诱、教唆、欺骗未成年人的行为应当定性为强迫他人吸毒罪。虽然法律规定并未明确被害人是精神病人时行为人的行为定性，但是从解释的一致性出发，教唆、引诱、欺骗精神病人吸毒的行为也应认定为教唆、引诱、欺骗他人吸毒罪，在处罚上应当从重处罚。

（三）分别采用引诱、教唆、欺骗和强迫手段让人吸毒行为的定性

1. 如果行为人针对不同的被害人，分别采取了强迫手段、引诱、教唆、欺骗手段，则行为人分别构成强迫他人吸毒罪和引诱、教唆、欺骗他人吸毒罪，应数罪并罚。

2. 如果行为人对同一被害人，既采用强迫手段，又使用引诱、教唆、欺骗手段，此时如何定罪存在一定争议，是数罪并罚，还是应当从一重罪处罚，只认定强迫他人吸毒罪，法律并没有明确的规定。我们认为，应当区分情形进行分析。

（1）行为人分别采取引诱、教唆、欺骗和强迫手段，让一名被害人吸食、注射毒品一次，由于该被害人仅吸毒一次，行为人的行为不宜定数罪。具体如何定性存在较大争议。有观点认为，根据吸收犯的处理原则，即"从一重罪处罚"，由于处罚较重的强迫他人吸毒行为吸收处罚较轻的引诱、教唆、欺骗他人吸毒行为，以强迫他人吸毒罪论处。[①] 有观点认为，应当予以考虑强迫他人吸毒行为、引诱、教唆、欺骗他人吸毒行为的先后顺序，一般而言应当根据后面的行为定性，因为后行为直接导致被害人吸毒。也有观点认为，应当通过因果关系判断来认定行为人的行为构成何罪。如果某个行为对被害人吸毒来说是决定性因素，就应当认为该行为与被害人吸毒这个结果有着因果关系，进而认定行为人构成该罪。从因果关系的角度进行判断，以决定因素来认定相关罪名，似更合理。

（2）行为人分别采取引诱、教唆、欺骗和强迫手段，让同一被害人吸食、注射多次毒品，如果存在时间和空间的间隔性，应当分别定罪，数罪并罚。如甲在第一天引诱乙吸食甲基苯丙胺，第二天强迫乙吸食甲基苯

---

① 参见张洪江、周智勇、王力欣、李鹏：《人民法院审理毒品犯罪案件司法适用与定罪量刑》，中国法制出版社2020年版，第267页。

丙胺，甲的行为构成引诱他人吸毒罪和强迫他人吸毒罪，数罪并罚。如果时间和空间具有连续性，由于连续犯的处罚原则也是以一罪论处，不应数罪并罚。

需要注意的是，对于时间和空间是否具有间隔，不能机械地认为只要不在一个地点，前后行为有时间的间隔就不具有连续性。所谓连续犯，是指在一段时间内，基于同一犯罪故意，连续实施性质相同的数个行为的情形。① 只要时间、场所接近，而且为一个意思决定所贯穿的场合，均能认定为具有连续性。

三、强迫他人吸毒致人重伤、死亡的定性

该问题不仅涉及行为人的行为如何定性，即本罪与故意杀人罪、故意伤害罪的区别，而且还涉及罪数问题，即一罪或是数罪，故应当区分不同的情形进行类型化分析，以便司法工作人员准确把握。

（一）被害人因吸食、注射毒品而重伤、死亡的情形

被害人因吸食、注射毒品而重伤、死亡如何定性，应当结合行为人的常识和行为人强迫被害人使用的毒品数量，特别是对于行为人是否有丰富的毒品知识，如其是不是吸毒者、毒贩、特殊行业从业者等，进行综合判断。

1. 如果行为人采取强迫他人吸食、注射毒品的手段，希望他人死亡或者重伤的结果，多次或者不间断地强迫他人吸毒，应当构成故意杀人罪或者故意伤害罪，因为在这种情况下，行为人强迫他人吸毒只不过是实现他人死亡、重伤结果的犯罪手段而已，不需要再另行单独评价。②

2. 如果行为人主观上并未积极追求他人死亡或者重伤结果的发生，强迫他人吸食、注射超量的毒品，就应当结合行为人的常识进行判断，如果行为人本身吸毒、贩毒或者具有毒品相关专业知识等，其应该能够认识到这种行为可能会导致他人死亡、重伤的结果发生而仍然实施该行为，应

---

① 参见黎宏：《刑法学总论》（第二版），法律出版社2016年版，第327页。
② 参见陈国庆、刘跃进主编：《毒品犯罪案件立案追诉标准适用指南》，中国人民公安大学出版社2012年版，第90页。

当能够认定其对死亡、重伤结果至少有放任的故意，如果造成被害人死亡、重伤的，应当构成故意杀人罪、故意伤害罪。① 如果行为人本身从未与毒品接触，则要具体情形具体分析。如果使用的毒品数量非常大，即使行为人辩解其没有致人死亡、重伤的主观故意，但由于一般人均能认识到过量的毒品可能会导致吸毒者死亡或者重伤，此时仍应构成故意杀人罪或者故意伤害罪。如果使用毒品数量虽然超量，但是超出比例并不高，如果行为人辩解其没有致人死亡、重伤的主观故意，且无法排除合理怀疑时，则不能认定为故意杀人罪或者故意伤害罪。此时如何定性存在争议，有观点认为，由于行为人仅对强迫他人吸毒持有故意心态，导致被害人死亡、重伤结果的发生是应当预见而没有预见，或者轻信能够避免死亡、重伤结果的发生，应当认定为过失致人死亡罪或者过失致人重伤罪。② 也有观点认为，由于刑法规定过失致人死亡罪的最高法定刑为有期徒刑7年，过失致人重伤罪的最高法定刑为有期徒刑3年，均低于强迫他人吸毒罪，强迫他人吸毒罪可以包括过失致人死亡、重伤的结果，所以这种情形应认定为强迫他人吸毒罪，并从重处罚。③

3. 如果强迫他人吸食、注射常量、少量的毒品，由于被害人对毒品的耐受程度远远低于正常人而死亡或者重伤，无论行为人是否有丰富的毒品知识，均无法预见死亡、重伤结果的发生，通常情况下不能认定行为人构成故意杀人罪或者故意伤害罪。因为该种情形行为人主观上不具有致人死亡或者重伤的故意，且对该毒品导致他人重伤、死亡的后果也不具有预见可能性，不能构成过失致人死亡罪或者过失致人重伤罪，应以强迫他人吸毒罪从重处罚。但如果行为人明确知道被害人的特殊体质，仍让其吸毒而导致死亡、重伤结果的发生，应当构成故意杀人罪、故意伤害罪。

---

① 参见周峰主编：《新编刑法罪名精释》（第4卷），中国法制出版社2019年版，第2105页。

② 参见张洪成：《强迫他人吸毒罪争议问题探讨》，载《西部法学评论》2012年第1期。

③ 参见张汝铮、关纯兴：《强迫他人吸毒罪的认定》，载《四川警官学院学报》2013年第5期。

（二）被害人因行为人强迫的手段而重伤、死亡的情形

行为人在强迫他人吸食、注射毒品时，因采取捆绑、殴打等暴力手段致人重伤或者死亡的，有观点认为应当数罪并罚，认定为强迫他人吸毒罪和故意伤害罪或者故意杀人罪。① 也有观点认为，这种情形的本质是牵连犯，应当根据牵连犯处罚原则，从一重罪处罚。② 我们认为，应当区分不同的情形进行评价。

1. 如果行为人在强迫他人吸食、注射毒品时，因采取捆绑、殴打等足以致人重伤或者死亡的暴力手段，事实上导致了被害人重伤或者死亡的结果，应当如何定性，按照一罪处罚还是数罪处罚存在争议。如前文所述，本罪的强迫手段应当有所限制，即不能导致重伤、死亡结果的程度。由于行为人采取的暴力方式是足以导致被害人重伤或者死亡的，故其对重伤或者死亡结果要么持希望心态，要么持放任心态，应当构成故意伤害罪或者故意杀人罪。有观点认为，由于强迫他人吸毒是目的，采取暴力方式是手段，应当从一重罪处罚，按照故意伤害罪或者故意杀人罪论处。也有观点认为，强迫他人吸毒罪侵犯的客体是复杂客体，不仅侵犯他人的人身健康，而且还侵犯国家对毒品的管制制度。强迫他人吸毒罪的法定刑虽然低于故意杀人罪、故意伤害罪，但是本罪需要并处罚金，是故意杀人罪、故意伤害罪所不具备的，因此需要数罪并罚，构成强迫他人吸毒罪和故意伤害罪或者故意杀人罪。

2. 如果行为人在强迫他人吸食、注射毒品时，被害人因强烈反抗，使得行为人失手导致被害人重伤、死亡，如行为人为了制服被害人用力过猛伤及要害部位，或堵嘴捂鼻引起窒息等原因，应当认为行为人对于被害人重伤、死亡的结果持过失心态，构成过失致人重伤罪、过失致人死亡罪，对行为人认定数罪还是一罪存在争议。有观点认为应当从一重罪处罚，认定为强迫他人吸毒罪并从重处罚，具体理由在前文已经分析过，此处不再赘述。也有观点认为，该种情形与前一情形有所区别，前一情形被

---

① 参见周道鸾、张军主编：《刑法罪名精释》（第四版），人民法院出版社2013年版，第942页。

② 参见张洪成：《强迫他人吸毒罪争议问题探讨》，载《西部法学评论》2012年第1期。

害人重伤、死亡的原因直接是因为吸食、注射毒品所导致，行为人已经构成强迫他人吸毒罪既遂。但强迫手段导致被害人重伤、死亡的情形，由于本罪既遂标准是被害人是否吸毒，如果仅按强迫他人吸毒罪一罪处罚，当行为人尚未让被害人吸毒时，因为强迫手段导致其重伤、死亡，仅定强迫他人吸毒罪（未遂）处理，可能并不能罚当其罪。因此，如果强迫手段导致被害人重伤、死亡的，且被害人已被强迫吸毒的，按照强迫他人吸毒罪从重处罚；如果强迫手段导致被害人重伤、死亡的，且被害人尚未被强迫吸毒的，根据牵连犯原则，从一重罪处罚。

3. 如果行为人在强迫他人吸食、注射毒品时，采取的是不足以致被害人死亡或者重伤的轻微暴力，由于被害人特殊体质的原因，导致被害人死亡或者重伤的结果，需要判断被害人死亡原因与行为人的行为之间有无刑法上的因果关系。如被害人在被强迫吸毒过程中，突发心脏病而死亡，有无因果关系就需要进一步分析，如果经过司法鉴定认为，因为行为人轻微暴力行为导致被害人心脏病发，就应认定行为与死亡结果之间存在因果关系。在该种情况下，如果行为人对重伤、死亡结果具有预见可能性，则构成过失致人死亡罪或者过失致人重伤罪与强迫他人吸毒罪，根据牵连犯原则，从一重罪处罚。如果行为人对重伤、死亡结果不具有预见可能性，则不构成过失致人死亡罪或者过失致人重伤罪，而仅构成强迫他人吸毒罪，并从重处罚。

4. 如果行为人在强迫他人吸食、注射毒品时，采取的是不能直接导致被害人重伤、死亡胁迫或者其他手段，而被害人因不同意吸毒而采取自残、自杀的方式重伤、死亡的，该种情形属于介入被害人因素，应当根据不同情况判断被害人重伤、死亡的结果与行为人强迫吸毒行为之间有无因果关系，从而明确如何定性。

（1）行为人在强迫他人吸食、注射毒品时，虽然未采取直接对被害人实施足以致其重伤、死亡结果的暴力手段，但由于被害人在该种情形下，不得不或者几乎必然实施介入行为的，且该种介入行为具有通常性，应当肯定行为人的行为与被害人死亡、重伤结果之间有因果关系，如甲逼迫乙吸毒，乙为了躲避摔倒在地而受伤死亡的。

（2）被害人由于恐惧或者精神紧张等实施了异常行为导致其重伤、死亡的，但由于该行为具有通常性，仍应当肯定行为人的行为与被害人死亡、重伤结果之间有因果关系，如甲在河边持刀逼迫乙吸毒，乙无路可退跳水溺死。①

（3）被害人所实施的行为超出行为人所采取的强迫手段会产生的后果而重伤死亡的，由于该行为具有异常性，则不能将结果归属于行为人的强迫行为。如行为人采取言语威胁被害人吸毒且未采取任何人身限制、暴力手段时，被害人在能够逃离现场的情况下却直接选择自杀，不能将该死亡结果归责于行为人的强迫行为。

四、本罪罪数形态的其他情形

（一）行为人强迫他人吸毒所采取的强迫手段同时构成其他犯罪的情形

1. 行为人为了强迫他人吸毒而采取了拘禁他人人身自由的方式。

如果该强迫的手段构成非法拘禁罪，因为行为人强迫他人吸毒行为属于目的行为，非法拘禁行为属于手段行为，此时行为人的行为定性应当根据牵连犯原则，从一重罪处罚。需要注意的是，如果行为人在非法拘禁时并不具有强迫他人吸毒的故意时，当非法拘禁行为既遂后又强迫他人吸毒的，前后者并不是牵连关系，应当分别构成非法拘禁罪和强迫他人吸毒罪，数罪并罚。

如被告人郭某非法拘禁、强迫他人吸毒案②。被告人郭某与陆某甲、陆某乙父子有债务纠纷，为索要债务，被告人郭某伙同秦某、徐某、葛某（均已判刑）等人，于2014年6月4日至6月15日18时许，将陆某甲非法拘禁在诸城市某处某号楼某单元某房间、某酒店某房间等地；于2014年6月11日23时许至2014年6月15日18时许，将陆某乙非法拘禁在诸城市某处某号楼某单元某房间、某镇某花园宋某（已判刑）家中等地，非法拘禁过程中造成陆某乙腿部轻微伤。其间，2014年6月15日凌晨，被告人郭某等人在非法拘禁陆某乙的过程中，违背陆某乙意志，采用电棍胁迫的手段强迫陆某乙吸食甲基苯丙胺。由于被告人非法拘禁的行为已经

---

① 参见张明楷：《刑法学》（第五版），法律出版社2016年版，第190页。
② 参见山东省诸城市人民法院刑事判决书，（2015）诸刑初字第318号。

既遂，后又在拘禁过程中强迫被害人吸毒，应当分别构成非法拘禁罪和强迫他人吸毒罪，数罪并罚。

2.为了强迫他人吸毒而采取强迫的手段导致被害人重伤、死亡的情形，如何定性前文已经论述，在此不再赘述。

（二）行为人将强迫他人吸毒行为作为其他犯罪手段的情形

司法实践中，行为人会采取强迫他人吸毒的方式来实现某些犯罪目的，由于法律并无明确规定，行为如何定性存在一定争议。我们认为，行为人的行为应当数罪并罚还是从一重罪处罚，要根据具体案件具体分析。

以抢劫罪为例，如果行为人为了抢劫被害人的财物，采取强迫吸毒的方式让其不能不敢、不知反抗，该强迫行为属于手段行为，抢劫行为属于目的行为，根据牵连犯原则，应当认定为抢劫罪。如果行为人抢劫了被害人的财物之后，为逃离现场等临时起意强迫被害人吸毒，应当分别构成抢劫罪和强迫他人吸毒罪，数罪并罚。如果行为人强迫他人吸毒之后，临时起意实施抢劫行为（另行采取暴力等手段）应如何定性，一般应当分别构成抢劫罪和强迫他人吸毒罪，数罪并罚。

需要注意的是，在行为人利用被害人吸毒之后不知反抗、不能反抗的状态取得其财物场合，应当如何定性存在一定争议。有观点认为，行为人强迫他人吸毒的行为实际上已经是抢劫犯罪的手段行为，根据牵连犯原则，应当以抢劫罪一罪论处。也有观点认为，行为人实施强迫手段的目的是让被害人吸毒，此时已经构成强迫他人吸毒罪，但是与此同时，其实施的暴力等手段为其当场占有被害人财物创造了条件，行为人主观上具有非法占有的目的，符合抢劫罪的构成要件，应当认定为强迫他人吸毒罪和抢劫罪，数罪并罚。但我们认为，行为人实施暴力等手段的目的是强迫被害人吸毒，从客观上看行为人的行为让被害人丧失了反抗能力，为其在无阻碍的情况下占有被害人的财物创造了条件，但是行为人在实施该行为时并无非法占有财物的目的，根据主观和客观相统一的原则，不宜认定为抢劫罪，行为人的行为应当构成强迫他人吸毒罪和盗窃罪，数罪并罚。

当然，在此情形下，如果强迫他人吸毒并没有成为取财的关键手段，行为人另行采取其他手段获得财物，则应当结合行为人的具体行为分别定罪，并数罪并罚。

如被告人张某招摇撞骗、抢劫、强迫他人吸毒一案[①]。被告人张某身着自己购买的警服，携带手铐，伙同小勇（在逃）在普济寺中巷一理发店，出示假警官证，以办案为名将被害人带至榆阳区永济东路北一处沙地，夺走被害人包，将包内现金1650元及银行卡拿走，因被害人拒不提供银行卡密码，被告人张某给娜娜（在逃）打电话，让娜娜带上毒品和注射器来，娜娜来后，被告人张某与小勇将被害人按倒在地，强行将香豆和水的混合物注射进被害人身体。随即，被告人张某报案，谎称逮住一吸毒女子，让派出所民警过来抓人，到派出所后因被害人不承认吸毒，派出所准备放被害人时，被告人欺骗被害人，只要给5000元，可以将被害人带离派出所，被害人同意后，在银行取了5000元给被告人才被放走。次日，被害人报案，经对被害人尿检，结果呈阳性。虽然被告人意图通过强迫被害人吸毒的方式抢劫财物，但实际上是通过招摇撞骗、暴力获得财物，故被告人的行为构成招摇撞骗罪、抢劫罪和强迫他人吸毒罪，数罪并罚。

五、本罪的犯罪完成形态

（一）本罪既未遂的标准

如何认定本罪的既未遂，存在不同的意见。有观点认为，只要行为人实施了强迫行为，无论被害人是否已经吸毒都应当认定为既遂。但我们认为，只有行为人强迫被害人吸毒才能认定为既遂，因为此时行为人的行为才侵犯了国家对毒品的管理制度和他人的人身健康权利。当然，被害人是否因此染上毒瘾，是否身心受到摧残等事实，并不影响既遂的认定。

被害人有无吸毒，应当结合不同的毒品属性来进行具体判断，如果是注射类的毒品一般较好判断，如海洛因等只要注射到被害人体内就是既遂。如果是食用类的毒品，如丸状、片剂装毒品，一般以被害人吞咽为既遂。如果是嗅吸类的毒品，要区分毒品不同的状态进行判断，一类是呈烟雾状的毒品，只要行为人将该毒品放置被害人身边，而被害人进行呼吸即成立既遂；另一类是呈粉末状的毒品，只有当被害人将该毒品吸入鼻腔才

---

① 参见陕西省榆林市榆阳区人民法院刑事判决书，（2012）榆刑初字第00594号。

能成立既遂。①

（二）未遂情形的认定

由于被害人反抗、旁人阻拦、公安机关到场等原因，被害人未吸食、注射毒品的，行为人的行为构成本罪的未遂。

需要注意的是，如果行为人主观上误以为是毒品，而强迫他人吸食、注射该物质的行为如何评价存在争议。有观点认为，由于该物质本身就不是毒品，而强迫他人吸毒罪的毒品应当为事实上的毒品，至少会让人形成瘾癖的麻醉药品和精神药品，而不能是假毒品。强迫他人吸假毒品的行为不可能损害他人健康，也不会侵犯我国毒品管理制度，属于不能犯，不构成强迫他人吸毒罪。但我们认为，这种行为属于行为人认识上有错误，应当认定为强迫他人吸毒罪未遂。因为行为人客观上实施了强迫他人吸毒的行为，主观上具有强迫他人吸毒的故意，虽然该强迫行为达不到强迫他人吸食、注射真毒品的社会危害性，但是并不能以此否定该行为的社会危害性。该行为由于行为人意志以外的原因没有真实威胁到被害人的健康，应当认定为犯罪未遂。

（三）犯罪预备情形的认定

行为人为强迫他人吸毒而准备工具、制造条件的，可以构成犯罪预备。具体可以分为以下两类：一是准备实施强迫他人吸毒行为的工具，如准备所需要的刀具、绳索，购买好相应的毒品、租借好强迫他人吸毒的地点，如车辆、房屋等。二是为实行强迫他人吸毒行为制造条件，如调查好被害人具体的行动轨迹、诱骗被害人前往犯罪场所等。

相关规定链接

1.《刑法》第353条第2款、第3款；

---

① 参见张洪江、周智勇、王力欣、李鹏：《人民法院审理毒品犯罪案件司法适用与定罪量刑》，中国法制出版社2020年版，第265页。

2. 2012年5月,最高人民检察院、公安部《关于公安机关管辖的刑事案件立案追诉标准的规定(三)》;

3. 2016年5月,最高人民法院、最高人民检察院、公安部《办理毒品犯罪案件毒品提取、扣押、称量、取样和送检程序若干问题的规定》。

第十一章

容留他人吸毒罪办案指引

第一节 容留他人吸毒罪概述

一、容留他人吸毒罪的立法沿革

1979年7月颁布的《刑法》没有规定容留他人吸毒罪。容留他人吸毒罪行为作为犯罪行为首次出现在1990年12月第七届全国人民代表大会常务委员会第十七次会议通过的《关于禁毒的决定》，即该决定第9条规定"容留他人吸食、注射毒品并出售毒品的，依照第二条的规定处罚"（注：第二条是关于对走私、贩卖、运输、制造毒品罪的规定）。1994年12月，最高人民法院《关于执行〈全国人民代表大会常务委员会关于禁毒的决定〉的若干问题的解释》规定，容留他人吸毒并出售毒品罪，是指为他人吸食、注射毒品提供场所，并向其出售毒品的行为。容留他人吸毒、注射毒品的人数和次数的多少，以及出售毒品数量的多少，不影响本罪的成立，但是应当作为量刑情节予以考虑。对犯本罪未经处理的，其出售毒品数量应累计计算。1997年修订后的《刑法》首次将容留他人吸毒罪纳入其调整范围，且容留他人吸毒行为与销售毒品行为不再进行捆绑，容留行为单独可入罪。

最高人民法院发布的《关于审理毒品犯罪案件适用法律若干问题的解释》，详细列举了应当接受刑事处罚的容留行为具体情节并规定了兜底性内容。同时针对贩毒后容留他人吸毒以及容留他人吸毒后又贩毒等多种情节的犯罪行为进行了"数罪并罚"的规定；并且首次提出近亲属之间容留吸毒的情形，可以酌情或者从宽处理，如果是犯罪情节显著轻微，而且就其造成的后果而言，危害并不大的，甚至可以不作为犯罪处理。

2007年，全国人民代表大会常务委员会通过的《禁毒法》，再次强调和重申了1997年《刑法》中对于容留他人吸毒应当承担的刑事责任，但是处罚方式有所增加,为了打击吸毒行为和其他毒品犯罪,扩大教育范围,对于不承担刑事责任的容留他人吸毒行为,应当进行行政处罚拘留以及罚款等治安处罚。2012年5月,最高人民检察院、公安部《关于公安机关管辖的刑事案件立案追诉标准的规定(三)》明确了容留他人吸毒行为的立案追诉标准。2016年4月,最高人民法院出台的《关于审理毒品犯罪案件适用法律若干问题的解释》,细致阐述了在刑法规制范围内的容留行为的具体情节。

二、容留他人吸毒罪的发案态势

在毒品犯罪案件中,容留他人吸毒犯罪近十年一直居高不下,成为仅次于走私、贩卖、运输、制造毒品犯罪的第二大罪名。从2010年以来批捕人数和起诉人数均呈逐年上升趋势,到2015年达到最高峰值。因容留他人吸毒罪被依法批捕人数从2010年的3000余人上升至2015年的近3万人,增长了近十倍。因容留他人吸毒罪起诉人数从2010年的4000余人上升至2015年的3.9万余人,增长了近10倍。2015年以后,检察机关办理的容留他人吸毒犯罪案件数量,呈逐渐下降态势。2021年,检察机关批捕、起诉的容留他人吸毒犯罪案件分别为0.9万余人、1.3万余人,与2015年相比均下降了六成。

三、容留他人吸毒罪的概念和构成特征

容留他人吸毒罪是我国刑法明文规定的罪名,从该罪所规定的内容来看,通说观点中认为,本罪是指为他人吸食、注射毒品提供场所的行为。① 容留,是指允许他人在自己管理的场所吸食、注射毒品或者为他人吸食注射毒品提供场所的行为。② 他人,主要是指实施容留行为以外的其他人。吸食、注射毒品的方式非常之多,主要包括使用溜冰壶吸食、烫吸、黏膜摩擦、抽吸等方式进行。

---

① 参见莫关耀、杜敏菊:《容留他人吸毒罪的重构》,载《云南大学学报(法学版)》2015年第6期。

② 参见张明楷:《刑法学》(第五版),法律出版社2016年版,第1158页。

从毒品种类上来看，吸食和注射的毒品应当是我国法律明文规定或者明令禁止的毒品种类，即构成容留他人吸毒罪的毒品首先应当具有违法性，未被列入其中的，自然不构成此罪。我国禁毒法中的毒品是指鸦片、海洛因、甲基苯丙胺（冰毒）、吗啡、大麻、可卡因，以及国家规定管制的其他能够使人形成瘾癖的麻醉药品和精神药品。

（一）客体特征

本罪侵犯的客体是复杂客体，即社会的正常管理秩序和人们的身体健康。

（二）客观特征

本罪在客观方面表现为行为人实施了容留他人吸食、注射毒品的行为。容留，是指允许他人在自己管理的场所吸食、注射毒品或者为他人吸食、注射毒品提供场所的行为。既可以是行为人主动提供，也可以是在吸食、注射毒品者的要求或主动前来时被动提供。既可以是有偿提供，也可以是无偿提供。提供的地点，既可以是自己的住所，也可以是其亲戚朋友或由其指定的其他隐蔽的场所，一般则是行为人专门为吸毒者准备的某种比较固定的场所，如利用住宅、居所或租赁他人房屋让他人吸食、注射毒品；饭店、旅馆、咖啡馆、酒吧、舞厅等营业性场所的经营、服务人员利用经营性场所容留他人吸毒；航空器、轮船、火车、汽车的四级管理人员利用交通工具让他人吸食、注射毒品等。

至于为他人提供吸食、注射毒品场所的次数、人数以及提供时间的长短，均对本罪构成毫无影响，即不论容留几人，也不论容留了几次，以及多长时间，都可构成本罪。

学术界对"容留"的释义存在分歧，有观点认为"容留，是指允许他人在自己管理的场所吸食、注射毒品或者为他人吸食、注射毒品提供场所的行为"[①]，提供的场所应当是提供自己负管理义务范围内的场所，如果提供的是自己不负管理义务的场所，由于无义务则无责任，不能以容留他人吸毒罪追究刑事责任。还有观点认为，容留包括提供场所和提供便

[①] 张明楷：《刑法学》（第五版），法律出版社2016年版，第564页。

利。① 对容留所作的不同解释意味着在容留吸毒行为的入罪问题上有不同的观点。

目前国内大多数的观点认为，容留他人吸毒罪的客观行为仅仅表现为允许他人在自己管理的场所吸食、注射毒品或者为他人吸食、注射毒品提供场所的行为。仅有较少数的观点认为，应当将提供便利的行为纳入容留他人吸毒罪的处罚范围中来。另外，关于提供场所和提供便利二者之间的关系，也存在不同观点。有学者认为两者之间是一种依附关系，不依附于提供场所的提供便利行为是不具有刑事处罚必要性的。在没有提供场所行为为前提下的提供便利行为仅属于帮助行为，不可以独立作为犯罪的实行行为，不应受到刑事处罚，否则会不当扩大刑罚处罚的范围，违背罪刑法定原则。另外一些学者认为，两者之间应当属于并列关系，具有同等地位。如在空旷处实施了向他人发放毒品及吸食工具或者望风等行为，与为他人吸毒提供场所的行为的危害性相当，同样对毒品泛滥的现实趋势具有一定推动作用，增加了毒品犯罪打击的难度，侵犯了国家对毒品的管制秩序。对此类行为如果不纳入本罪的规制范围，将无法发挥本罪在打击毒品犯罪中所应起到的作用。

值得注意的是，刑法当中所规定的涉及以容留方式实施的犯罪并不只限于容留他人吸毒罪和容留他人卖淫罪这两个罪名当中。例如，刑法规定的窝藏罪，明知他人实施了犯罪行为而为了帮助其躲藏或逃逸而提供用于住宿或停留的场所以及提供财物的行为等；刑法规定的开设赌场罪中，为赌博行为提供场所、提供赌具等行为。就其中的提供场所的行为而言，为他人吸毒而提供场所和为了帮助犯罪人逃逸而提供场所及为他人赌博而提供场所三者间，单纯从字面上来理解"提供场所"的行为并没有差异。但作为犯罪的实行行为来看待这几种提供场所的行为，还是会存在一定的区别。

容留他人吸毒罪与窝藏罪中"提供场所"行为的区别②：

第一，侵害的法益不同。容留他人吸毒罪中，提供场所的行为可以明确为一种实行行为，其所侵犯的法益是社会公众的身心健康，因为这样

---

① 参见周光权：《刑法各论》，中国人民大学出版社 2011 年版，第 390 页。
② 参见李翔：《论容留他人吸毒罪中的"容留"》，湘潭大学 2017 年硕士学位论文，第 21 页。

一种为他人吸食毒品提供场所的行为会使得毒品活动的范围有进一步扩大的危险，从而危害更多人的健康。而窝藏罪中的"提供场所"具有明显的目的，刑法条文中的表述为"提供隐藏处所、财物，帮助其逃匿"，即为了帮助犯罪人逃匿。但提供场所的行为与帮助犯罪人逃匿之间并不是一个手段与目的关系，①只是表明了"提供隐藏处所"是一种典型的帮助逃匿方式。这种为犯罪人逃匿而提供场所的行为所侵犯的法益是司法机关的正常活动秩序。

第二，引起法益侵害的方式不同。二者对于引起法益侵害的作用方式也是不一样的，容留他人吸毒罪中的提供场所行为是针对他人吸食毒品的活动进行的，而所侵犯的法益是社会公众健康，单纯地提供场所的行为并不会直接导致社会公众健康受到威胁，只有被容留人实施了吸毒的行为，以此为中介，才能认为提供场所的容留行为危害到了法益。而窝藏罪的法益为司法机关的正常活动秩序，行为人一旦为了犯罪人提供场所，即影响到了司法机关对犯罪人正常的追诉程序，直接引起了法益侵害的结果。

第三，行为对象不同。窝藏罪中行为人以提供场所的方式帮助犯罪人逃逸，其行为对象针对的必须是犯罪人。但在以提供场所的方式容留他人吸毒的场合，容留人的行为所指向的对象应当是吸毒人员及其行为，而且着重点也应当放在吸毒行为上。虽然行为人容留的是有毒瘾的人，但如果被容留人并没有实施吸毒这类违法行为，很难就此认定行为人构成犯罪。

容留他人吸毒罪与开设赌场罪中"提供场所"行为的主要区别：

第一，行为性质和内容不同。提供场所供他人吸食毒品的行为，不要求附带其他行为及内容就可以认定为实行行为，提供场所的行为本身就是构成要件该当性判断中的一个独立的要素。但在开设赌场罪的场合，并不是事实上判断有提供场所的情形就可以认定为犯罪，还需要介入一个价值判断，即提供场所的行为是否属于组织赌博的行为。这也是提供棋牌室等娱乐场所，即使收取一定场地和服务费也不被认定为开设赌场行为的原因。②

---

① 参见张明楷：《刑法学》（第五版），法律出版社2016年版，第1095页。
② 参见高铭暄、马克昌主编：《刑法学》，北京大学出版社、高等教育出版社2014年版，第547页。

第二，场所的范围不同。在容留他人吸毒罪中，供他人用于吸食毒品的场所必须是客观存在的、有形可控的场所，虚拟场所不能被认定为是场所，例如网络空间、网络聊天室等。而开设赌场罪中，对于所提供的场所并没有过多限制，根据最高人民法院、最高人民检察院、公安部《关于办理网络赌博犯罪案件适用法律若干问题的意见》的规定来看，利用网络技术所制作的网站组织赌博的也可以认定为犯罪。这主要是因为行为所引起的现实危害结果不一样，提供网络等虚拟空间供他人吸毒并不是真正意义上的提供场所的行为，对于他人吸毒的行为不能起到现实的帮助；而网络赌博却基于经济活动的可远程操作性，可以对现实产生实实在在的影响，进而妨害社会管理秩序。

（三）主体特征

本罪的主体为一般主体，达到刑事责任年龄、具有刑事责任能力的人，即凡是年满16周岁，精神智力正常的自然人，实施了容留他人吸食、注射毒品行为的自然人均可构成。

（四）主观特征

本罪在主观方面表现为故意，过失不构成本罪。即行为人明知容留他人吸食、注射毒品的行为是危害社会的而故意实施这种行为。根据我国现行刑法规定，构成本罪并不要求行为人主观上具有牟利目的。

四、容留他人吸毒罪的追诉标准

根据最高人民检察院、公安部《关于公安机关管辖的刑事案件立案追诉标准的规定（三）》第11条，"提供场所，容留他人吸食、注射毒品，涉嫌下列情形之一的，应予立案追诉：（一）容留他人吸食、注射毒品两次以上的；（二）一次容留三人以上吸食、注射毒品的；（三）因容留他人吸食、注射毒品被行政处罚，又容留他人吸食、注射毒品的；（四）容留未成年人吸食、注射毒品的；（五）以牟利为目的容留他人吸食、注射毒品的；（六）容留他人吸食、注射毒品造成严重后果或者其他情节严重的"。

根据最高人民法院《关于审理毒品犯罪案件适用法律若干问题的解释》第12条，"容留他人吸食、注射毒品，具有下列情形之一的，应当依照刑法第三百五十四条的规定，以容留他人吸毒罪定罪处罚：（一）一次容留多人吸食、注射毒品的；（二）二年内多次容留他人吸食、注射毒品的；（三）二年内曾因容留他人吸食、注射毒品受过行政处罚的；（四）容留未成年人吸食、注射毒品的；（五）以牟利为目的容留他人吸食、注射毒品的；（六）容留他人吸食、注射毒品造成严重后果的；（七）其他应当追究刑事责任的情形。向他人贩卖毒品后又容留其吸食、注射毒品，或者容留他人吸食、注射毒品并向其贩卖毒品，符合前款规定的容留他人吸毒罪的定罪条件的，以贩卖毒品罪和容留他人吸毒罪数罪并罚。容留近亲属吸食、注射毒品，情节显著轻微危害不大的，不作为犯罪处理；需要追究刑事责任的，可以酌情从宽处罚"。

如犯罪嫌疑人张三涉嫌容留他人吸毒罪。2017年1月10日，犯罪嫌疑人张三因犯容留他人吸毒罪被判处有期徒刑2年。2018年12月29日，犯罪嫌疑人张三在某河堤上与李四在其轿车内一起吸食冰毒，被民警现场抓获。该毒品是张三提供，且未收取李四任何好处，李四系成年人。二人尿液检测结果均为阳性。本案的争议焦点就在于张三曾因犯容留他人吸食毒品罪被判处刑罚，2年内又容留他人吸毒的行为是否可以适用最高人民法院《关于审理毒品犯罪案件适用法律若干问题的解释》第12条第1款第3项"二年内曾因容留他人吸食、注射毒品受过行政处罚的"。第一种观点认为，犯罪嫌疑人张三的行为构成容留他人吸毒罪。根据司法解释，因容留他人吸食、注射毒品被行政处罚，再次实施同样性质行为的，应予立案追诉。而本案中的情形，是因容留他人吸食、注射毒品受过刑事处罚，相对于行政处罚，行为人主观恶性更大。既然主观恶性相对较小的行为被作为入罪评价，那么因容留他人吸食、注射毒品，曾经被刑事处罚的，应理所当然地构成容留他人吸毒罪。第二种观点认为，犯罪嫌疑人张三的行为尚未达到容留他人吸毒罪的立案标准，不构成犯罪，应该由公安机关作一般治安处罚。因为现行法律、司法解释仅规定了因容留吸毒被行政处罚后再犯构成犯罪应予立案追诉，并没有明确规定因容留他人吸毒被刑事处罚再犯的，可以构成容留他人吸毒罪。另外，犯罪嫌疑人张三曾因容留他人吸毒受过刑事处罚了，若再把前行为作为立案标准的条件之一，违反了禁止重复性评价原则。

我们赞同第二种观点。张三曾因犯容留他人吸毒罪而被判处了刑罚。后又容留一人次吸食毒品，且未达到其他立案标准，如若把曾经已被刑事处罚的行为作为此次定罪的条件，是明显的重复评价行为。且刑罚一旦生效，即意味着国家对犯罪行为已经作出了最终评价，它阻断了与后续同类违法行为的合并再评价。如果再次将其作为立案标准的条件之一，显然与禁止重复评价原则相抵触，也超出了社会大众的预期。司法解释将因容留他人吸食、注射毒品被行政处罚，此后再犯作为入罪标准之一，这是行政处罚与刑事司法相衔接的要求。其目的在于打击利用容留一人次是吸食毒品不构成犯罪，规避刑法处罚的行为。并不是要加重对有容留他人吸毒罪前科的行为人的处罚力度。

第二节 容留他人吸毒罪的证据审查

一、容留他人吸毒罪的证据要件

(一) 客体方面的证据要件

通过犯罪嫌疑人、被告人供述与辩解、相关证人证言、书证、物证、视听资料等证据,综合证明行为人的行为侵犯了社会的正常管理秩序和人们的身体健康。

(二) 客观方面的证据要件

本罪的客观方面表现为允许他人在自己管理的场所吸食、注射毒品或者为他人吸食、注射毒品提供场所的行为。

1. 容留的行为

(1) 允许他人在自己管理的场所吸食、注射毒品的"容留行为"认定。为吸毒者提供场所的行为并无争议,但是对于允许他人在自己管理的场所吸食、注射毒品是否构成容留却留有争议。"允许"他人的行为客观上是一种较为消极的对吸毒人员吸毒行为的帮助。

就不作为行为而言,不真正不作为犯的成立必须符合3个要件:首先该犯具有作为一定行为的义务,其次这种作为义务是有可能实现的,即对该犯具有行为上的可期待性,最后该犯由于并未实施本可实施的行为义务而致使最后结果的发生。满足以上3个条件,即构成不真正的不作为犯。因此,禁止或制止他人在自己管理和控制的场所内吸毒是不是场所管理者与控制者的法定义务,这是我们判定的第一步。

(2) 意识到他人吸毒行为仍提供场所的"容留行为"认定。在场所提供者意识到了吸毒行为的发生,并且继续保持提供场所的行为中,其意识内容显著发生了变化，没有停止或中断场所的提供，从逻辑的连贯性来看，就是一种默示的承认，即一种对吸毒行为的同意与认可，该行为成立容留。

如被告人胡某容留他人吸毒案①。2014年3月28日，房屋所有权人参某将位于西藏自治区拉萨市某处的房屋出租给刘某某，房屋结构为三室一厅。后刘某某将该房屋交由其公司员工居住，其中被告人胡某与其女友李某住一间，冯某某、刘某各住一间，客厅由3人共同使用。冯某某、刘某未常住，且未对各自所使用的卧室锁门封闭。2015年12月24日，胡某、冯某某、刘某外出期间，李某与朋友罗某在所居住的卧室内聊天。其间，与胡某、冯某某、刘某3人均相识的季某、罗某男友黄某及汤某某先后来到该房屋并在冯某某使用的卧室内闲谈。当日20时许，胡某回到该房屋后，在冯某某所使用的卧室内拿出季某先前让胡某存放于该房屋的毒品，与季某、黄某、汤某某3人一起吸食。随后，前来抓捕运输毒品嫌疑人季某的侦查人员当场抓获上述4人。经检验，胡某、季某、黄某及汤某某4人的尿检中均检出甲基安非他明成分。

2016年6月2日，拉萨市城关区人民检察院指控被告人胡某犯容留他人吸毒罪，向城关区人民法院提起公诉。11月18日，城关区人民法院作出一审判决，认为胡某未经冯某某的允许可否随意进入冯某某的房间及胡某对冯某某的卧室是否有排他性的控制力，本案现有证据无法证实，故宣告被告人胡某无罪。宣判后，城关区人民检察院提出抗诉。2017年3月28日，拉萨市中级人民法院作出终审判决，认为胡某的行为已构成容留他人吸毒罪，依法予以惩处。故改判胡某有期徒刑7个月4天，并处罚金人民币2000元，在案扣押的吸毒工具予以没收。判决已生效。本案焦点问题是：行为人未经他人允许，让吸食毒品人员在合居套间中归他人单独使用的卧室内吸食毒品，是否属于容留他人吸毒罪中的"容留"？

我们认为，"容留"可以作以下理解：①提供场所者可以合法取得场所的使用权，也可以未经许可或未合法取得使用权。②提供者对场所实际获得使用权即可，不必对场所具有所有权或其他排他性权益。③提供场所者取得的使用权可以是长期或永久的，也可以是临时短期的，只要提供者

---

① 参见西藏自治区拉萨市中级人民法院刑事判决书，（2017）藏01刑终1号。

在他人吸食、注射毒品时提供了场所供他人使用即可。④提供场所者提供的次数和每次时长不限，只要足以帮助吸毒者进行吸毒即可。⑤提供的场所应当具有相对封闭性，无人值守的广场、街道、免费的公园等完全开放性空间，因不需要某个人提供，吸毒者可自行前往吸毒，即使行为人指示或告知地点，其作用亦不大，无须追究刑事责任，故不属于容留他人吸毒罪的场所。本案中，胡某为吸食毒品者提供其与冯某某、刘某合居房屋，该房屋属于临时使用的相对封闭的场所，胡某提供场所的次数为1次，吸食毒品的人员除胡某外为3人。胡某利用冯某某外出和不知道其带人进入自己卧室吸食毒品的机会，私自允许季某等人在冯某某房间内吸食毒品，属于未经许可和未合法取得使用权但事实上取得使用权。因此本案应认定胡某实施了为他人提供吸食毒品场所的"容留"行为。

又如被告人古某引诱、教唆他人吸毒案①。2015年9月15日，被告人古某在四川省宜宾市南溪区某街道某宾馆、某街道某路西段某小区某出租屋等地点居住期间，多次纠集郑某、李某、宋某等多名未成年人同宿并吸食甲基苯丙胺（冰毒）。一审法院认为，被告人古某提供场所多次容留多名未成年人吸食毒品，其行为已构成容留他人吸毒罪。被告人古某到案后如实供述自己的犯罪事实，系坦白，依法可从轻处罚。判处被告人古某犯容留他人吸毒罪，判处有期徒刑2年，并处罚金5000元。一审宣判后，南溪区检察院提出抗诉，认为原审判决认定事实和适用法律错误。郑某、李某、顾某等几名重要证人能够证实被告人古某具有引诱、教唆、欺骗他人吸毒的犯罪事实，应当予以定罪量刑。二审法院认为，原审被告人古某引诱、教唆多名未满14周岁的未成年人多次吸食毒品甲基苯丙胺（冰毒），其行为已构成引诱、教唆他人吸毒罪，且情节严重。其到案后，能够如实供述其犯罪事实，依法可从轻处罚。原审被告人古某在近半个月时间内，纠集多名未成年人共同游玩、住宿，并引诱、教唆他们在多处共同吸食毒品，但吸食毒品的场地包括楼顶、宾馆房间、陈某的租住房，并非属于古某专有、专用，古某在上述场地与他人共同吸食毒品，其行为不构成容留他人吸毒罪。认定其引诱、教唆他人吸毒，更能全面、准确评价其伙同各未成年人吸食毒品的案件基本事实。故撤销了一审判决，判处被告

---

① 参见四川省宜宾市中级人民法院刑事判决书，（2016）川15刑终382号。

人古某犯引诱、教唆他人吸毒罪，判处有期徒刑4年，并处罚金5000元。本案中，争议焦点实质上是容留他人吸毒罪与引诱、教唆、欺骗他人吸毒罪的一个区分。容留他人吸毒罪要求容留场所具有相对的封闭性，且行为人对容留场所具有一定的控制权。本案中，吸食毒品的所有公共空间楼顶，古某不具有控制权；宾馆房间虽是用古某身份证登记，但是用大家共有的钱款进行的支付，古某依然没有控制权；对陈某的租住处古某更不可能有控制权。基于此，本案不符合容留他人吸毒罪的构成要件。在整个案件过程中，多位证人证言都证实被告人古某有引诱、教唆的行为，因此本案认定古某犯引诱、教唆他人吸毒罪更为适宜。

2. 容留的对象

本罪的对象应为"他人"，即要有证据证实对场所有实际控制权的人允许了对场所没有实际控制权的人在该场所内吸食、注射了毒品。如张某与李某系同居情侣关系，共同居住在张某租住的房屋内。李某虽然没有出房租，但是其是在得到张某的允许居住在该房屋内，应当认为其对该房屋具有部分的实际控制权。如果其2人在该房屋内多次吸食毒品，李某不能成为张某在该房间容留吸食的对象。

3. 容留的场所

容留是一种行为而非某种权利的存在状态。"提供"一方面来讲，意味着容留行为人事先对于场所的控制和支配；从另一方面来说，意味着被容留的人事先无法从事实和法理上占用场所。针对行为人是否实施了提供场所的行为的判断顺序应当是：首先，判断行为人对于场所是否具有现实的控制和支配力；其次，判断行为人是否将场所提供给他人用于吸食和注射毒品；最后，判断吸毒人员获得对场所的占有和使用是否基于行为人的"提供"行为。对场所控制权的认定并不是决定行为性质的最关键因素。

如被告人杨某容留他人吸毒案[①]。被告人杨某、倪某系男女朋友，2014年3月，杨某以自己的名义租住了本市一处的2305号房屋，房屋有两个房间，杨某租的是大房间，倪某经常借住于此，小房间由唐某居住。入住后，杨某多次撞见唐某伙同冯某等人在小房间内吸毒没有告发，后与倪某、唐某等人一起在小房间内吸毒。2014年12月，公安机关在2305号

---

① 参见上海市虹口区人民法院刑事判决书，（2015）虹刑初字第997号。

房屋内查获唐某等人吸毒。上海市虹口区人民检察院指控杨某容留他人吸毒，应以容留他人吸毒罪定罪处罚，案件审理过程中，杨某认为自己是二房东，租的只有大房间，因此他既没有提供吸毒场所，又没有提供吸毒工具，法院最终认为杨某的行为不构成容留他人吸毒罪。又如张三、李四、王五、赵六4人在KTV包厢唱歌，费用AA制，每人出资200元。其间，张三叫李四购买了200元的毒品供大家吸食。那么在本案中，谁构成容留他人吸毒罪呢？第一种观点认为，张三和李四构成容留他人吸毒罪。因为是张三和李四购买了毒品供大家吸食。另一种观点认为，容留他人吸毒罪处罚的是提供场所行为，而非提供毒品或者吸毒工具。如果按此逻辑，那么所有出资并参与决定将KTV包间用于吸毒的行为人均为容留行为人。但是，将KTV房间费用的支付者都认定为容留他人吸毒罪，案件将会陷入没有"他人"的境地，因为本案中费用是共同吸毒人员分担的。这种场所共同控制人之间的相互容留行为，认定为无罪更为妥当。当然，如果有证据证明KTV经营者或管理者明知客人吸毒仍然继续出租包间，则应追究场所经营者或管理者的刑事责任。

关于场所控制权的界定，其一，这种场所控制权是自身独享且排除他人权利的。这种对于吸毒场所的实际支配控制权仅由提供者所有，不牵涉被容留人的控制权认定。其二，这种场所的控制权必须是客观存在的，可由行为人在现实中自由无阻碍地进行支配，如果仅仅是对其享有返还占有权、排除妨害请求权等请求救济的权利，尽管这些权利都能体现其作为所有权人或用益物权人的权利合法性，但是不得不说，此时的房屋并不由权利所有者实际占有，进而推断出对该吸毒场所的提供并不具备支配和控制的真实权利。① 在实践中，许多吸毒者都是公安部门重点监督和检查的对象，其身份信息也较之普通人而言在公安系统内更为敏感，当其使用自己身份证办理宾馆入住等活动时，吸毒人员会借用他人的身份证办理入住，如此一来就可逃避有关部门的监管，为他人的吸毒违法活动提供场所。在这种情形中，我们单纯地将名义上的宾馆房间开房者认定为容留场所的支配者，显然对于名义上的开房人十分不公平。名义上的开房人并没有开房的实际行为，也没有开房容留他人吸毒的主观故意，主观客观因素

---

① 参见刘建宏主编：《中国毒品犯罪及反制》，人民出版社2014年版，第458页。

均不具备，不能认定其为容留他人吸毒罪的提供容留场所人。当然，如果名义上的开房人对开房吸毒行为知情，可以认定为本罪的帮助犯。所以，对于场所实际控制权的认定，首先要看控制权主体对房屋所有权的拥有情况，根据享有所有权的不同辨别不同情形的认定；此外也要关注行为人是不是对房屋实际、客观、事实的占有控制，不同情形下的认定是有着明显的差别的。

对容留他人吸毒罪中的场所认定上，该场所不仅仅限于固定的、长久的场所，还包括了临时取得使用权或支配权的场所。因为，无论行为人提供房间等空间容纳他人吸毒是临时的还是长期的，只要侵犯了刑法所要保护的法益，均应受到刑法的制裁，其容留时间的长短在所不问。虽然房间从所有权上仍属于宾馆、KTV的经营者或实际所有者，但是在消费的时间段内，由于不允许其他人打扰，有属于自己完全支配、控制的空间，且该空间与外界隔离，因此行为人也暂时享有对该空间的实际控制权、支配权和管理权。

在场所控制权的认定方面，现代社会的"合租""同居"现象又衍生出了一个自主支配权与他主支配权的问题。合租房中的房客共居于一室之内，但是对彼此行为活动的知情状况却必须根据不同的情形分开讨论。如果在合租空间内，明确知情或在其他房客吸毒中发现他人吸毒的行为而未制止或采取其他规制行为，此时是可以推定此房客的行为构成容留他人吸毒犯罪；如果该房客身处其他房间内并对该房间内的隐蔽吸毒活动并不知情，则此时不可认定该房客构成本罪。

同居者在实际的共同生活中，不仅共同对房屋的整体享有实际的支配权和控制权，对房屋内的各处空间均可自由地支配和使用，我们是可以推定同居者对房屋的整体享有支配权与控制权的。且在同居生活中，同居者具有共同生产、经营或生活的共同意思，往往是具有亲密关系和特定渊源才会选择共同居住，其主观上对于同居者将会有更多的了解，如果同居者有吸毒活动，想要避开共同居住的一方致使其完全不知情在现实中的可能性也较小，一旦发现同居者在房屋内进行吸食毒品或注射毒品的行为且有证据表明同居者对其吸毒行为的确知情，此时同居者就可被认定为容留他人吸毒罪。在同居的情况下，同居双方或多方对于共同居住生活的场所均拥有完全的支配、控制和管理的权利，这种共同控制权是我们认定本罪时的关键考量因素。

4. 容留的次数及人数

①容留次数及人数的认定在审判实践中不仅关系到罪与非罪,同时也是认定行为人犯罪情节的重要考量因素。司法解释规定,2年内多次容留他人吸食、注射毒品的,可以容留他人吸毒罪立案追诉。如甲在一小时内连续多次让乙在自己实际控制的场所吸毒是不是两次容留他人吸毒,能否认定为容留他人吸毒罪?目前较为统一的观点是,每次容留吸毒行为都应当具有较为明显的独立性,且都应有明显的间断情节。如吸毒人员在行为人实际控制的场所内完成一次吸毒行为后,离开该吸毒场所,外出吃饭或从事其他活动,之后吸毒人员又再次返回该行为人控制的场所再次吸食毒品,反复再三,即使两次吸毒行为的时间间隔较短,但外出这一"介入因素"已经终止了吸毒行为的延续,可以认定行为人多次容留。如果吸毒人员并非真正意义上的离开,而仅是接电话、外出上厕所等短暂离开容留吸毒场所,之后又回到容留场所内继续吸食毒品,这种情况下时间间隔过短,不应认定其为"多次"。又如丙连续一个星期不外出都宅在丁实际控制的场所内,饿了叫外卖,困了睡觉,睡醒边玩电脑边吸毒,这种情况下能否认定丁多次容留他人吸毒呢?有一种观点认为,行为人容留吸毒人员的吸毒行为一直在延续,没有"介入因素"间断行为人容留他人吸毒的情节,且行为人容留行为不具有明显的独立性。另一种观点认为,行为人容留吸毒人员吸毒一次后,被容留者虽未离开容留吸毒场所,但第二天睡醒后再次吸毒,两次吸毒行为之间有明显的时间间隔,且具有明显的独立性,若不对行为人的容留行为进行刑事追诉,则有放纵犯罪的嫌疑。

②关于容留人数的认定,如公诉机关指控被告人方某在KTV包厢内一次容留7人吸食毒品,符合一次容留多人吸食、注射毒品的追诉标准,应当认定其构成容留他人吸毒罪。被告人方某表示包厢内人员并不全部是其邀约来的,其邀约来的只有两人,且包厢内人员并未全部实施了吸食毒品行为。方某的辩护人也提出本案中方某容留他人吸毒的人数仅为两人,后续加入吸毒的人员不是被告人方某邀约来的,其主观上没有容留他人吸毒的故意,故后加入吸毒的人员不能计入方某容留他人吸毒的人数。此案中方某容留人数的确定对于案件的定罪具有决定性意义。承办法官经审理认为,后来到达包厢的苏某等5人虽然不是被告人方某直接邀请的,但这

些人员在吸食毒品时，被告人方某亦在现场，其对自己开设的包厢有使用和管理权限，其在主观上对这些人员在包厢内吸毒有放任的故意，因此该5名吸毒人员应计入被告人方某容留他人吸毒的人数，另根据证人证言及尿样检测结果可知，刘某等2人均未吸食毒品，因此该两人不能计入方某容留吸毒的人数之中。故被告人方某在包厢内一次容留5人吸食毒品，其行为应当认定为容留他人吸毒罪。在确定行为人容留人数的时候，不能简单依据是否由行为人邀约这一要素来简单确定，要具体考虑行为人在他人吸食毒品时对所在场所的控制权，以及在场人员是否吸食毒品等多种因素来进行综合认定，不能以偏概全，也不能全盘否定。

如贺某容留他人吸毒案。2017年5月15日中午，李某去贺某家里时，看见其客厅茶几上放着一包冰毒，便在贺某的同意下，两人用自制冰壶将此包冰毒吸食。第二天下午，刘某来到贺某家里，拿出随身携带的一小包冰毒，邀请贺某、李某和自己共同吸食，当晚，李某、刘某借宿贺某家中。第三天，刘某又拿出一小包冰毒，和李某、贺某共同吸食。在这里，对于贺某容留他人吸毒的行为没有异议，但对贺某是否构成容留他人吸毒罪存在两种意见：第一种意见，贺某不构成容留他人吸毒罪。理由是，根据最高人民法院《关于审理毒品犯罪案件适用法律若干问题的解释》第12条规定，1次容留多人吸食、注射毒品或者两年内多次容留他人吸食、注射毒品的才能依照《刑法》第354条的规定，以容留他人吸毒罪定罪处罚。而贺某在同一场所（贺某家里）、针对相同的对象（李某和刘某），且每次吸食毒品的时间相隔较短（连续三天），其容留行为具有一定的连续性，应认定为容留1次，不符合两年内多次（3次）容留他人吸食、注射毒品的标准。同时，贺某容留的吸毒人员只有李某和刘某两人，也达不到司法解释规定的1次容留多人（3人）的追诉标准。故贺某容留他人吸毒的行为不构成容留他人吸毒罪。第二种意见，贺某构成容留他人吸毒罪。理由是，贺某虽然在同一场所连续容留李某和刘某吸食毒品，但每次吸毒行为均已独立完成，每天1次，连续3天容留他人吸食毒品，符合司法解释中两年内多次（3次）容留他人吸食、注射毒品的规定。故贺某容留他人吸毒的行为构成容留他人吸毒罪。

我们同意第二种意见，认为贺某构成容留他人吸毒罪。针对本案中的贺某，只要达到1次容留多人（3人）吸食或者两年内多次（3次）容留他人吸食毒品的标准即可入罪。从上述案情可以看出，贺某每次容留的吸食人员只有1—2人，达不到1次容留多人吸食的要求。因此，贺某的容留行为能否构成犯罪，对其容留"次数"是否达到"多次"的认定就显得非常关键。对以"多次"入罪或加重处罚的情形，最高人民法院制定的《关于审理抢劫、抢夺刑事案件适用法律若干问题的意见》中对"多次"的认定特别指出，"对于行为人基于一个犯意实施犯罪的，如在同一地点同时对在场的多人实施抢劫的；或基于同一犯意在同一地点实施连续抢劫犯罪的，如在同一地点连续地对途经此地的多人进行抢劫的；或在一次犯罪中对一栋居民楼房中的几户居民连续实施入户抢劫的，一般应认定为一次犯罪"。就本案来讲，贺某容留他人吸食毒品，尽管是在同一场所、针对的也是相同人员，但其每次容留吸食毒品的行为具有相对独立性，自己伙同他人从开始吸食到吸食结束，每次都是一个独立完整的吸食行为。因此，对贺某连续3天容留他人吸食毒品3次的行为应认定为"多次"，符合司法解释规定，构成容留他人吸毒罪。

5. 容留的情节

只要容留未成年人吸食、注射毒品和以牟利为目的容留认同吸食、注射毒品的，不论容留吸毒的人数、次数多少以及容留时间的长短、牟利的多少均不影响本罪的成立。

在容留他人吸毒罪的客观方面认定中，还有一个不可忽视的方面是对犯罪情节的认定。回到刑法对本罪相关规定中可清晰地看到，在最高人民检察院、公安部《关于公安机关管辖的刑事案件立案追诉标准的规定（三）》第11条中规定了"容留他人吸食、注射毒品造成严重后果或者其他情节严重的"，在《毒品犯罪案件适用法律的解释》第12条规定了"容留他人吸食、注射毒品造成严重后果的"应当定罪入刑。这是一项兜底性规定。

（三）主体方面的证据要件

行为人是否成为本罪的主体，关键在于是否有证据证实其对容留场所是否具有支配权和控制权，是否具有阻止吸毒行为发生的义务。但是，在现实中对场所负有控制权的管理者有多种，常难以区分，行为人是否有阻止和报告义务常常也难以界定。

对于场所的共同控制人在明知其他控制人容留第三人吸毒却不予制止的情况是否属于提供场所的问题，理论上存在一定争议。肯定论者认为，场所的共同控制人在对场所具有管控能力的情况下，具有防止违法行为发生的义务，对于其他控制人对第三人实施的容留行为，如果没有制止则构成容留他人吸毒罪的共犯。否定论者认为，容留者被动提供场所的行为不宜被认定为犯罪。一方面是认为被动地提供场所的行为人主观恶性小；另一方面则是认为"追诉容留者被动提供吸毒场所有悖宽严相济的刑事政策"。[1] 场所在多人控制时有多种不同场合和情形，在不同的环境下，场所控制权的延伸范围与效力也是不一样的，因此不能一概而论。并不是所有的共同控制人在明知其他控制人容留而不制止时就构成犯罪。不论是事前还是事中，只要共同控制人明示或默示同意行为人实施容留行为，则可以将其认定为容留他人吸毒罪的共犯。但有些场合默示的同意是难以证明的，共同控制人事先知情但未制止其他人的容留行为如果属于默示同意的话，则共同控制人违反的是禁止性规定，理应属于作为的容留。而在无法证明共同控制人的主观故意之时，认为"明知不制止"就构成共犯的话，应当是不作为的容留型犯罪，但由于并不存在合理的作为义务来源，成立不作为犯罪的观点不能成立。因而，只凭事中行为人知情不制止就认定其属于容留的共犯是不合理的。

如被告人卫某容留他人吸毒案[2]。被告人卫某与被告人刘某成同居，后以刘某成的名义承租了广东省广州市海珠区某街某号某房，租金每月1800元，由卫某每月通过银行转账方式交纳房租。2012年6月至8月，2名被告人以该租住地作为据点贩卖毒品，并多次在该房内容留吸毒人员赖某国、李某豪、赵某、王某英、白某等人吸食毒品。2012年7月底，卫某在其住处先后贩卖0.5克冰毒给王某英，贩卖1克冰毒给赵某。2012年8月1日17时许，卫某在广州市海珠区某街某号大院门口被抓获。20时40分许，在某房门口抓获刘某成，在刘某成身上缴获含甲基苯丙胺成分的毒品共计8.95克，并在某房缴获红色"麻果"颗粒和粉末115.4克、含

---

[1] 莫关耀、杜敏菊：《容留他人吸毒罪的重构》，载《云南大学学报（法学版）》2015年第6期。

[2] 参见广东省广州市中级人民法院刑事判决书，（2013）穗中法刑一初字第120号。

甲基苯丙胺成分的白色晶体47.93克。法院经审理认为，被告人卫某向他人贩卖毒品并容留他人吸毒，其行为分别构成贩卖毒品罪、容留他人吸毒罪。被告人卫某犯贩卖毒品罪，判处有期徒刑13年，并处没收个人财产人民币5万元；犯容留他人吸毒罪，判处有期徒刑1年，并处罚金人民币1万元，决定执行有期徒刑13年6个月，并处没收个人财产人民币5万元，罚金1万元。被告人刘某成犯非法持有毒品罪，判处有期徒刑8年，并处罚金人民币2万元；犯容留他人吸毒罪，判处有期徒刑1年6个月，并处罚金1万元，决定执行有期徒刑9年，并处罚金人民币3万元。本案中，多名吸毒人员均指认在涉案房屋内向被告人卫某购买冰毒并吸食，房东的证言也证实卫某通过自己的银行账户定期交付房租，可见卫某在共同犯罪中是该房屋的主要使用者。被告人刘某成以自己的名义与房东签订了租房协议，其作为卫某的同居男朋友，共同在涉案房屋内居住生活，对于该房屋及屋内物品享有一定的支配、控制权，本案证据还证实刘某成系吸毒人员，曾经在上述房屋内吸食过冰毒，刘某成对毒品具有明确的认知。虽然没有充分证据证实刘某成主动实施了容留吸毒人员到其住处吸食毒品的行为，但其至少对他人在其与卫某共同居住的房屋内吸食毒品持允许的态度，属于明知自己和他人的行为会侵犯国家毒品管制制度和他人的身心健康，并希望（至少是放任）这种结果发生的心理状态，其行为也构成容留他人吸毒罪。

（四）主观方面的证据要件

本罪的主观方面是故意。本罪的故意是指行为人要有明知他人吸食毒品而为其提供场所的故意。也就是说认定本罪的故意应考察的是行为人提供场所时的目的是什么，是不是为他人提供吸毒的场所。如果行为人提供场所，如开包厢的主观目的是宴请他人饮酒娱乐，而非为吸毒提供场所，那么则不符合本罪主观方面的构成要件。

除此以外，主观故意还包括以消极的、放任的形态容留他人吸食、注射毒品的行为。如张三在李四家借宿。2人同住一室。半夜张三醒来闻到从卫生间传来刺鼻的气味，就起床打开卫生间门发现李四在卫生间吸食毒品。张三碍于朋友关系没有说什么关上卫生间门继续睡觉。后来李四又多次到张三家借宿，每次均吸食毒品，张三每次发现都未予阻止。在本案中，张三对自己的家享有所有权和实际控制权，其就有义务阻止他人在自己家里吸毒。而张三多次发现李四在自己家里吸毒，张三是完全有能力阻止但却碍于面子问题不予阻止，多次放任李四吸毒，张三虽没有主动实施容留行为，但客观上放任、默许了李四在其家吸毒，所以张三的行为构成容留他人吸毒罪。

又如被告人莫某东容留他人吸毒案[①]。2014年9月12日20时许，莫某东与好友马华甲、黄某某、梁某某等人在广西壮族自治区崇左市某路某美食街路边摊吃东西，其提议去KTV喝酒唱K，随即打电话给KTV好友"阿二"（"KTV"的保安）预定了205号包厢，然后赶到205号包厢开始喝酒唱歌。席间，陆陆续续又来了一些人，22时许，马华甲、梁某某看到桌上有个金色的碟子，碟内装有一根吸管和些许白色粉末氯胺酮（俗称"K粉"），两人便吸食了K粉。不久，马华甲的胞弟马华乙也赶到了包厢与他们一起吸食，莫某东看见了没有制止，便到一楼找"阿二"一起喝酒。次日凌晨，KTV服务员邓某进来送啤酒时发现有人在吸食毒品，劝阻未果后，告诉其主管经理黄某，黄某进入包厢告诉马华甲等人不能在包厢吸食K粉，并向公安机关举报了此情况。半小时后，公安机关来到205号包厢带走了马华甲、梁某某、何某某等人，莫某东结清了包厢的费用，后公安机关对该案立案侦查。一审法院认为莫某东向多人提供吸毒的场所，应按照容留他人吸毒罪定罪处罚。莫某东不服一审法院的判决，认为自己不是公安人员，不敢也不能制止他人吸毒，故提起上诉。二审认为莫某东订包厢的行为目的是饮酒娱乐，而不是为了提供吸毒场所，主观上缺乏故意，而且其没有制止马华甲等人吸毒的义务，故不构成犯罪。本案中，二审法院之所以没有认定被告人莫某东容留他人吸毒罪，就是基于被告人不具备主观故意这一构成要件，即被告人莫某东预定包厢的目的是唱歌喝酒，而非为他人吸食毒品提供场所。因此，对于容留他人吸毒罪的认定一定要注意考察行为人提供场所的目的是不是吸食毒品，如果不是则不能认定本罪。

---

① 参见广西壮族自治区崇左市中级人民法院刑事判决书，（2016）桂14刑终第59号。

二、容留他人吸毒罪常见证据审查

（一）对主体的审查判断

除审查行为人是否达到刑事责任年龄，是否具有刑事责任能力之外，应当重点审查行为人对吸食、注射毒品的场所是否具有所有权或实际管理权。即：

1. 是否有证据证明该场所是行为人出资购买或以行为人名义租赁并支付租金；

2. 是否有证据证明该场所是行为人承包并实际经营、管理；

3. 是否有证据证明该场所是行为人受他人委托，目前由行为人代看、代管；

4. 是否有证据证明该场所是行为人经所有人（未在此居住）同意暂住在此。

（二）对主观故意的审查判断

对主观故意的审查判断除了审查是否有证据证明行为人故意为他人吸食、注射毒品提供场所之外，还应当重点审查是否有证据证明行为人有以默认、默许、放任的形态实施容留行为。即：

1. 是否有证据证实对某场所具有控制权的行为人如某场所的经营者、管理者明知他人吸食、注射毒品而向他人提供该场所；

2. 是否有证据证实行为人知道有他人在其具有控制权的场所吸食、注射毒品，仍然无视不管、不加阻止，以消极的、放任的、默许的态度允许他人吸食、注射毒品。如某场所经营者、管理者发现有人在其经营的场所内吸毒，而未予制止且未向公安机关报告。

（三）对容留次数的审查判断

对容留次数的审查判断，应当重点审查：

1. 前一次吸毒行为是否已经完成终止；

2. 两次吸毒行为之间是否有其他"介入因素"阻断吸毒行为的延续；

3. 两次吸毒行为之间是否有明显的时间间隔；

4. 两次吸毒行为是否具有明显的独立性。

（四）对共同犯罪的审查判断

容留他人吸毒罪可由一人实施，也可由 2 人以上实施，因而存在共同犯罪的问题。在容留他人吸毒共犯认定中，主要问题在于帮助犯的认定。在容留吸毒犯罪中，实行行为是提供场所的行为，只有为他人提供场所提供了帮助才是刑法意义上的帮助行为。因此应当重点审查，是否有证据证明帮助犯为他人提供场所提供了便利的行为。若仅是为吸毒行为提供了毒品的便利，而没有为提供场所提供便利，则不得以帮助犯对提供毒品行为人以容留他人吸毒罪的共犯论处。

第三节 容留他人吸毒罪的认定处理

一、本罪与其他犯罪的界限

(一) 本罪与贩卖毒品罪的界限

容留他人吸毒罪与贩卖毒品罪之间在正常的情况下，是比较容易进行区分的。首先从犯罪构成要件来进行区分。就两罪的主体而言，贩卖毒品罪系刑法明文规定的八种特殊犯罪之一，行为人只要是年满14周岁即可成为该罪的犯罪主体，而且单位也被刑法明文规定为该罪的犯罪主体。容留他人吸毒罪的主体则需要年满16周岁才可构成本罪，并且刑法也没有明文规定将单位作为容留他人吸毒罪的犯罪主体归入处罚范围；就两罪的主观方面而言，两个罪名皆表现为故意，但两罪所表现的故意内容存在差异。贩卖毒品罪只能是行为人以直接故意才能构成此罪，即主观上明知是违禁品——毒品而仍然进行贩卖，间接故意则不构成此罪；而容留他人吸毒罪则是容留人在主观上明知吸毒人员要吸食或注射毒品，而为他人提供场所帮助他人完成吸毒过程的故意，包括直接故意和间接故意。两罪在主观目的上还有一个本质的区别是，贩卖毒品必须是以毒品牟利为必要目的，才能构成此罪。而我们认为，容留他人吸毒罪则不要求以牟利为目的，有没有牟取利益只是作为量刑的情节，而不是定罪的依据。就两罪在立法上的差异而言，容留他人吸毒罪没有将数量和次数作为定罪的构成要件，但是贩卖毒品罪中，依据贩卖的次数、数量等进行了多个法定刑幅度的确定，量刑处罚体系更加完善，更好地体现了刑法的基本原则。

然而对两罪比较难以区分的情况，亦是现实生活中经常会遇见的情况，就是两罪之间存在交织的联系，可能构成处断的一罪，也可能存在数罪的情形。两罪之间，从理论上而言，很难构成吸收犯，因二者的实行行为并没有客观上的必要联系，所以基本不会有吸收犯的存在。但是二者之间可能构成牵连犯，如甲为了将毒品贩卖给乙，为乙提供了吸毒的场所，那么这就是目的和手段的关系，构成牵连犯，应以牵连犯的处罚原则从重或加重处罚。另一种便是数罪的情形，如甲到乙处购买毒品，交易完成后，甲毒瘾突犯，想缓解一下，于是乙就让甲在吸食了毒品之后离去。在这个例子中，乙贩卖毒品给甲和甲在乙家吸食毒品之间没有必然联系，触犯了两个法益，根据我国相关司法解释的规定，若是贩卖毒品后，即是指贩卖毒品的犯罪行为完成后，又容留他人吸毒的或容留他人吸毒的过程中又贩卖毒品的，数罪并罚。所以这里应当对乙数罪并罚。

（二）本罪与引诱、教唆、欺骗他人吸毒罪的界限

引诱、教唆、欺骗他人吸毒罪与容留他人吸毒罪两罪的区别从客观方面而言，引诱、教唆、欺骗他人吸毒罪通常表现为行为人向他人传播吸毒后的感想，非法实施煽动、怂恿、哄骗他人进行吸毒的行为，而且此罪只能以作为的形式构成，不作为不能成立此罪。而容留他人吸毒罪则是表现为为他人吸毒提供场所的行为。作为和不作为都能够成立本罪。就两罪主观方面而言，引诱、教唆、欺骗他人吸毒罪存在一定的主动性，即以积极的方式去煽动、怂恿、哄骗他人进行吸毒，受害人往往是被动的接受毒品的侵害。而容留他人吸毒罪可以是容留人主动的提供场所供他人吸毒，也可以是容留人被动的提供场所供他人吸毒，而且往往是受害人自己自愿地接受毒品的侵害。就两罪在立法上而言，引诱、教唆、欺骗他人吸毒罪设置了法定加重情节，法定刑具有一定的梯度性，犯罪情节划分明确，更加有利于打击犯罪。容留他人吸毒罪却只有单一的法定刑，没有对犯罪情节进行具体的划分，所以在量刑上都是按照一个尺度进行定罪处罚。

容留他人吸毒罪与引诱、教唆、欺骗他人吸毒罪之间的关系也存在交织的情形，如行为人甲为了煽动、怂恿、哄骗乙进行吸毒，带乙去吸毒场所为其提供毒品、吸毒工具等，那么对于这种情况需要解决问题就是对于甲的行为应该如何认定，甲到底构成什么罪？是一罪还是数罪？是属于牵连犯还是想象竞合犯呢？我们认为，在这个案例之中，行为人甲为了煽动、怂恿、哄骗乙吸毒才带其去吸毒场所并为其提供毒品和吸毒工具的，其真正的目的是煽动、怂恿、哄骗乙吸毒，而提供场所只是其实现犯罪结

果的辅助手段,所以,对甲的行为应当认定为牵连犯,从一重处断,而不应该是数罪并罚。所以,在这一定要注意区分手段行为与目的行为之间的关系,做到主客观相一致,避免在定罪的过程中出现错误认定。

(三) 本罪与包庇毒品犯罪分子罪的界限

包庇毒品犯罪分子罪,是指行为人主观上明知是走私、贩卖、运输、制造毒品的犯罪分子,却向司法机关作虚假证明掩饰其犯罪行为,或者帮助其销毁犯罪证据,以使其逃脱法律的制裁的行为。① 从犯罪构成方面而言,包庇毒品犯罪分子罪损害的客体是司法机关与毒品犯罪分子斗争的正常活动,客观要件包括销毁证据以及作假证以达到犯罪分子逃脱制裁的行为,主观上系故意。包庇毒品犯罪分子罪与容留他人吸毒罪在客观上都表现为为他人提供帮助的行为,而不同的是,包庇毒品犯罪分子罪所服务的对象本身就是一种犯罪行为,而容留他人吸毒罪帮助的则不是被法律规制的犯罪行为,而是一种违法行为。

但在司法实践中,也会发生多个罪名同时出现的情形,比如说,甲在包庇毒品犯罪分子乙的同时,为其提供了可以吸毒的场所,对甲的行为如何认定罪数?笔者认为,首先,包庇毒品犯罪分子系行为犯,无须结果,损害法益行为已经完成,而后,为乙提供场所吸食毒品系另外的行为,两个行为,损害两个法益,也并无行为和结果的关系,亦并无目的和手段的关系,故而,不构成法定或者处断一罪的情形,应当数罪并罚。在司法实践中,断定是构成一罪或者是数罪,应当遵循一个规则:首先,明确到底是一个行为还是数个行为,如果是一个行为,则是实质的一罪。只有存在两个以上的行为时,才有可能构成处断的一罪或者是法定的一罪,然而法定的一罪需要法律明确进行规定,故而学术界讨论得更多的是数罪并罚与处断的一罪。而在处断的一罪与数罪并罚之间,则需要讨论的是数个行为之间关系的紧密度与发生的可能性。如果二者之间出现具有必然

---

① 《刑法》第349条规定,包庇走私、贩卖、运输、制造毒品的犯罪分子的,为犯罪分子窝藏、转移、隐瞒毒品或者犯罪所得的财物的,处三年以下有期徒刑、拘役或者管制;情节严重的,处三年以上十年以下有期徒刑。缉毒人员或者其他国家机关工作人员掩护、包庇走私、贩卖、运输、制造毒品的犯罪分子的,依照前款的规定从重处罚。犯前两款罪,事先通谋的,以走私、贩卖、运输、制造毒品罪的共犯论处。

性,或者可能性更高,则更加倾向于处断的一罪,而非数罪并罚。

二、本罪的帮助犯问题

帮助犯是指在共同犯罪中起辅助作用的行为人。帮助犯在共同犯罪中并不直接参与实施犯罪行为,而是在实行犯产生犯意以后,给实行犯提供帮助,使实行犯便于实施犯罪行为,或者促使其完成犯罪行为。帮助犯作为从犯的一种,只有故意犯罪才能成立。所以,成立帮助犯须具有如下两方面的因素:(1)认识因素。必须认识到实行犯的犯罪行为,以及该犯罪行为将造成的危害结果;必须认识到自己的行为能为实行犯实施的犯罪行为提供一定的帮助。(2)意志因素。希望或者放任通过自己的帮助行为,实行犯的实行行为能造成一定的危害结果。帮助犯的主观故意是其人身危险性的体现,同时也是其承担刑事责任的主观基础。容留他人吸毒类案件中常见的帮助行为有为容留行为人提供场所提供帮助的行为、望风行为以及提供毒品等便利的行为。这几种帮助行为是否均为容留他人吸毒罪的帮助行为呢?

刑法理论通说认为,实行行为是指实施刑法分则规定的具体犯罪构成要件的行为。就容留他人吸毒罪而言,该罪的实行行为是为他人吸食、注射毒品提供场所的行为,即只有行为人为他人吸食、注射毒品提供场所时,才可能构成容留他人吸毒罪。理论界和司法实务界将为容留行为人提供场所提供帮助的行为,认定为容留他人吸毒罪的帮助行为不存在争议。争议的焦点为:望风行为和提供毒品、吸毒工具等便利的行为该如何定性;能否将此类提供便利条件的行为也认定为容留他人吸毒罪的帮助行为。

有观点认为,望风行为、提供毒品等便利的行为不是为容留行为人提供场所提供便利,而是为吸毒人员吸食毒品提供便利,此类提供便利条件的行为与容留行为人提供场所的行为一同为吸毒人员吸食毒品提供了帮助。也有观点认为,望风、提供毒品等便利条件的行为是容留行为的帮助行为,应当认定提供此类便利条件的行为人与实行犯构成容留他人吸毒罪的共犯。我们赞成第一种观点。如果将望风、提供毒品等提供便利的行为,认定为容留他人吸毒罪的实行行为,就可以得出为他人吸毒提供便利也可构成容留他人吸毒罪的结论。此结论明显与刑法规定不符。

如犯罪嫌疑人王某、吴某容留他人吸毒罪案①。2016年6月15日，某KTV的经营管理人员王某发现某包厢内的多名客人在吸食毒品，为防止公安机关突袭检查就让保洁人员吴某到KTV门口望风。根据《禁毒法》第65条第2款的相关规定，王某作为KTV的经营管理人员，其有义务向公安机关报告发生在其所经营管理的KTV内的违法行为。但是，王某在能履行该义务的情况下，未积极履行该义务，所以王某的放任吸毒行为构成容留他人吸毒罪。而吴某的望风行为，是在王某放任客人吸毒后才实施的，即此时王某的容留行为已经实行结束。吴某接受王某的指示提供望风行为，其行为目的是，如果公安机关突袭检查吸毒行为，吴某能及时地为正在吸食毒品的客人通风报信。所以，吴某的望风行为是为吸毒人员的吸毒行为提供帮助的行为，而不是为王某的容留吸毒行为提供帮助的行为。提供毒品、吸毒工具等便利的行为更是为吸毒人员吸食毒品提供便利的行为。综上所述，容留他人吸毒罪帮助犯的帮助行为，应是为容留行为人提供场所提供帮助的行为，而不是为吸毒人员提供望风、毒品、吸毒工具等便利的行为，即帮助犯的帮助行为是针对容留者而言的帮助，不是针对吸毒者而言的帮助。

三、特定关系人容留吸毒行为的认定

目前特定关系人之间的相互容留是否构成犯罪，各地判决存在差异性。如张三和李四是恋人并同居在张三租赁的房屋里，张三和李四在该租赁房屋内多次吸食毒品，张三是否构成容留他人吸毒罪，各方判决不一。越来越多的地区出现了认定这种特点关系人相互容留无罪的裁判趋势。法院倾向于在确实充分证据的基础上，将预定场所、提供身份证件进入场所登记、共同支付场所费用的人员认定为共同控制人，共同控制人之间相互容留不构成本罪。不过其共同容留"他人"吸毒则涉嫌本罪。这类特定关系人相互容留不被认为是犯罪的情形，除了恋爱同居关系的，通常还包括

---

① 参见重庆市涪陵区人民检察院决定书，渝涪检侦监批捕〔2016〕245号及渝涪检侦监不批捕〔2016〕47号。

近亲属关系、房主与借住人关系、合租关系。

另外,相约吸毒是容留吸毒犯罪中常见第一种聚集方式。在相约吸毒中有场所提供者、帮助提供场所者、毒品提供者、提供身份证开房者、出资开房者等成员。一种观点认为,相约吸毒成因主观上没有容留他人吸毒的犯罪故意,客观上实施的仅是共同决策下的分工负责行为,损害的也仅是吸毒人员的身体健康,不应以犯罪论处。另一种观点认为,相约在一起吸食毒品的成员之间往往各司其职,虽然分工不同,但所从事的事物在广义上都是为容留他人吸毒提供便利条件,应当将提供毒资、毒品、吸毒工具等便利条件的行为纳入"容留"的范围。我们认为,相约吸毒中的容留行为也扰乱了毒品管理秩序,侵害了社会管理制度。因此,只要有某一相约行为人为相约毒友吸毒提供了管理控制下的场所,则应当认定该行为人成立容留他人吸毒罪。如某大学宿舍中,6名同学皆为"瘾君子",一日在微信群中一同学提议去校外宾馆吸毒,大家一拍即合。随后其中3人负责购买毒品,另外3人负责订宾馆,6人在宾馆内聚众吸毒,最后毒品费用与房费由6人平摊。本案属于多人相约吸毒的情形,一般此种情况下没有明确的召集人,费用实行AA制。针对这种情况,是否可以按照容留他人吸毒罪定罪处理,存在不同意见,有人认为可以将提供身份证开房者或者第一召集人按照容留他人吸毒罪处理,也有人认为此种行为本质上是共同吸毒,属于行政处罚范畴。上述问题的争议焦点可以归结为相约吸毒行为与容留他人吸毒行为如何区分?正确地区分二者应从行为人主观认识、行为作用程度、客观行为表现等方面入手。主观认识上,相约吸毒行为人主观认识是参与吸毒,容留他人吸毒则对"容留"存在认识,行为人提供吸毒便利场所的意识也比较明显;行为作用上,相约吸毒人在吸毒过程中起的作用较为平均,而容留他人吸毒行为中各行为人所起的作用一般具有主次之分;此外,相约吸毒行为与容留他人吸毒行为最为明显的区分还表现在"为他人提供场所"这一客观要件上,单纯相约吸毒并无此要求,容留他人吸毒则符合"为他人提供场所"的要求。基于上述分析,如果在共同吸毒过程中,有人发挥了主要的作用,如逐个召集、在家设局、自掏腰包支付房费等,对他人吸毒提供了隐蔽和便利,那么可以按照容留他人吸毒罪定罪量刑;但如果各个行为人AA制,聚到一起吸毒,各个行为人所起的作用相当,不存在"为他人提供场所"的特征,此种情形不宜追究吸毒人员的刑事责任。上述案例中对6人给予行政处罚即可，不能以容留他人吸毒罪追究各自的刑事责任。

四、特殊容留场所的认定

容留他人吸毒罪核心在于给吸毒者提供吸毒的场所。既可以是行为人主动提供，也可以是在吸毒者的要求或主动前来时被动提供。提供的场所大致有以下几种：（1）可以是自己的住所，也可以是其亲戚朋友的住所或由其指定的其他隐藏的场所。（2）饭店、宾馆、咖啡馆、酒吧、舞厅、洗浴中心等营业性场所的经营、服务人员利用经营性场所容留他人吸毒。（3）航空器、轮船、火车、汽车的司机管理人员利用交通工具让他人吸毒。场所的永久性或临时性不影响定罪，帐篷也包括在内。对于如KTV、餐厅等经营性场所，可能涉嫌容留他人吸毒罪的行为人包括场所的出资者、全面负责场所日常管理的经营者、行使某方面管理职能的管理人员、从事具体服务的普通工作人员，吸毒人员消费者。如何认定前述行为人容留他人吸毒的故意和容留行为，以及多位行为人明知场所内有吸毒行为的情况下，何者构成容留他人吸毒罪或者何时构成共同犯罪，目前尚缺乏统一的定罪标准。部分已决案例表明了追究场所出资者与经营者刑事责任的导向。有的已决案件则处罚了经营者、管理人员和部分普通工作人员。还有的案件仅处罚了普通员工。如张某系某网吧网络管理员，因3次在网吧三楼一包间内容留王某吸毒而构成本罪。

容留场所应具有以下特征：

（一）场所具有相对的封闭性

吸毒人员之所以要在一定的场所内吸食毒品，目的就在于逃避司法部门的打击，而容留他人吸毒正在于为吸毒行为提供场所的庇护，使之难以被司法机关发现而达到逃避司法部门打击的目的，所以相对封闭并能与外界隔离的场所均可认定为该罪中的容留地。这里所说的相对封闭是指包括半封闭和半开放性的空间，而非必须绝对封闭、隐蔽的空间。只要具备一定程度的相对隔离性，且同时具备相对的独立性，能够满足吸毒者心理上认为不会被别人发现即可认定为本罪中的场所。

一般的建筑物、房间等均具有相对封闭的特点，这一点可以肯定。但在司法实务中经常会遇到一些半封闭的场所，如网吧的卡座等，对于如何认定将这种半开放性场所提供他人用于吸毒的行为，在司法实践中存在不同认识。如被告人周某和弟弟周某甲在酒吧吧台喝酒，后因周某点的酒在吧台放不下，酒吧服务员就安排一个卡座供周某使用。周某来到卡座不久后，就买来了氯胺酮（俗称"K粉"），并将其中部分氯胺酮用来吸食，然后将余下的氯胺酮放置在卡座桌子玻璃下。而后，周某的朋友共5人先后在其所在的卡座吸食了氯胺酮，之后周某被民警抓获，并最终被认定为构成容留他人吸毒罪。在这个案例中，检察院与法院均认为酒吧半封闭的卡座也属于容留他人吸毒罪中的"场所"，周某在其所占用的卡座内允许他人吸食其购买的毒品，符合容留他人吸毒罪的构成要件该当性。但实践中也有不同的做法。又如孙某在预定了某酒吧卡座后，让徐某带毒品过来，孙某随即与其他十多人一起在酒吧卡座吸食毒品，后被禁毒民警当场抓获。但该市检察院经检委会讨论，决定对孙某作出不予起诉的处理。这个案例中，检察院认为孙某所提供的卡座不属于封闭空间，是开放性场所，因而不具备构成要件该当性，不能作为犯罪处理。

我们认为，本罪中提供的场所必须是相对封闭的空间。因为刑法分则当中明文规定的容留型犯罪仅有两个，一是容留他人吸毒罪，二是容留他人卖淫罪。二者构成要件当中对行为的要求具有相似性，都包括提供场所供他人实施违法行为。而卖淫行为涉及隐私，不可能当众进行，故开放性场所或者半封闭性场所都不可能在容留卖淫时出现。吸毒行为虽没有那么强的私密性，但考虑到其本身也是违法行为，较为封闭的环境也应当是行为人所追求的。为了保障刑法解释的统一性，本罪的场所亦应当是相对封闭的空间。另一方面，半封闭或者开放的处所在认定时不具有可操作性。

（二）对所提供场所应具有一定的控制权

提供场所的行为人应当对自己提供的容留他人吸毒的场所享有一定的控制权，如所有权、管理权、使用权、经营权等。不论该种权利的来源方式与类别，即是租用还是借用等，只要关注行为人是否对场所具有现实的支配力即可。由于司法实践中没有一个现实明晰的标准对控制权予以认定，所以常常因此产生分歧。

1. 涉及宾馆等特殊场所，在认定是否构成容留他人吸毒罪时存在诸多争议

如张三、李四、王五相约一起吸毒。张三用自己的身份证在某宾馆登记开房，李四支付房费，随后3人在宾馆房间吸食了毒品。本案中，在关于容留行为的实施者是谁的问题上产生了分歧。有观点认为，张三提供了身份证进行房间登记，因此张三享有对该场所的支配；而另一种观点认为，张三并没有实际支付房费，对于场所的控制只是形式上的，其对房间不具有控制权，因而不构成容留他人吸毒罪。之所以有这样的分歧，就是因为对于谁具有宾馆房间的现实控制权有不同的理解，进而无法准确判断"提供场所"行为的实施主体。我们认为，无论是张三还是李四，2人的行为对于租用到宾馆的房间都起到了直接的促进作用，从这个角度看，2人对于宾馆房间都具有现实直接的支配力。又如张三与李四是好朋友，一天张三借用李四的身份证在宾馆登记开房。后李四和其他3人来访，张三有事外出后，李四和其余3人在宾馆内闲聊，随后4人共同吸食了毒品。一种观点认为，本案中李四不构成犯罪，因为李四不是房间的实际控制者。另一种观点认为，在本案中，李四对于该房间具有现实的支配力，其能够实质地利用房间进行活动。李四不构成犯罪，主要是因为他没有"提供场所"的行为，其他人对于场所虽然以继受方式取得一定的控制权能，但并不是因为李四"提供"的行为。

需要说明的是，对容留的场所在硬件设施上无特别要求，可以是家中、宾馆，也可以是工地工棚。只要符合相对封闭并能与外界隔离的条件均可认定为场所。如若张三开车带着李四、王五闲逛，其间张三提议吸食毒品，张三遂将车停靠在河堤边，3人下车在河堤边树下吸食了毒品。由于3人吸食毒品的场所是在河堤边，系开放性的公共场所，张三亦对该开放性的公共场所不具有实际控制权，因此张三不构成容留他人吸毒罪。又如某甲提出和某乙、某丙去路边的公共厕所吸食毒品；张三伙同他人在一个山洞里吸食其提供的毒品，此公共厕所、山洞均不应认定为该罪所要求的场所。

如被告人聂某容留他人吸毒案①。2013年2月至同年8月，吸毒人员宋某、张某、池某、江某（未成年人）、易某先后入住被告人聂某在广东省肇庆市某区某村经营的"某旅馆"吸食毒品。聂某在送毛巾等物品到上述人员入住的房间时，看见他们吸食毒品未予制止。四会市人民法院认为，被告人聂某无视国家法律，容留他人吸食毒品，其行为构成容留他人吸毒罪。据此，四会市人民法院以被告人聂某犯容留他人吸毒罪，判处拘役5个月，并处罚金人民币1000元。我们认为，就放任型的容留他人吸毒罪而言，主要体现为行为人的制止义务。对于旅馆业娱乐业经营管理者，负有保持经营场所的秩序的法定责任，当看见他人在自己的经营场所吸毒而没有强行令其离开或采取报警等措施的，则视为没有履行制止义务，构成容留他人吸毒罪。因此判定是否构成容留他人吸毒罪关键之一在于是否负有阻止或报告义务。旅馆经营者将房屋提供给房客使用后，虽然变为间接占有人，但仍然实际控制房屋（对房屋并没有丧失管控权），对于容留他人吸毒罪所侵犯的法益——旅馆秩序仍然具有保护义务（此处的旅馆秩序乃本文从社会管理秩序缩小得出）。所以，经营者应当对于他人吸毒行为予以制止或报告。本案中，被告人聂某发现入住客人吸食毒品后不予制止，其行为属于放任他人吸毒，且聂某对于入住客人的吸毒行为有义务制止或者报告公安机关，对聂某应以容留他人吸毒罪论处。聂某作为案发旅馆的实际经营者，其对于旅馆房间拥有场所上的管控权。5名吸毒人员先后入住聂某经营的旅馆，并在房间内吸食毒品，虽然聂某事先不明知上述人员的吸毒行为，但在其发现5名客人吸食毒品的行为后，既未制止，也未向公安机关报告，放任吸毒行为的继续发生，违反了其应负有的作为义务，为他人吸食毒品提供了场所，符合容留他人吸毒罪的构成要件。

又如被告人黄某贵等容留他人吸毒案②。2001年8月，黄某贵接手海口某娱乐广场并于当月的22号重新开业，其为总经理，任陈某锋为副总经理，共同经营该娱乐场所。开业后不久，服务员小王多次撞见客人于包厢内吸食毒品，并将此现象上报给黄某贵，黄某贵等人认为客人想吸毒他

---

① 参见最高人民法院刑事审判第一、二、三、四、五庭编：《刑事审判参考》第100集，法律出版社2015年版，第78页。

② 参见海南省海口市新华区人民法院刑事判决书，（2002）新刑初字第123号。

们也管不了,向公安机关举报的话势必会影响娱乐广场的经营场所,所以他们一致决定不制止客人继续吸食毒品。不久来此娱乐广场的其他客人发现了吸毒现象的存在并向公安机关举报,公安机关逮捕了黄某贵等人。法院最终以容留他人吸毒罪对黄某贵作出了有罪判决。本案中,被告人黄某贵作为娱乐场所的经营管理者,负有保持经营场所的秩序的法定责任,当他发现有人在其经营管理的场所吸毒时其有阻止他人吸毒、劝其离开或报警等义务,如果场所的经营管理者没有采取强行令其离开或报警等措施的,则视为没有履行制止义务,构成容留他人吸毒罪。本案就属于此种情形,因此法院判处被告人黄某贵构成容留他人吸毒罪。

2. 一些案件涉及网吧包房容留吸毒问题的认定

如王某和李某凑钱买了少量毒品,带至网吧包房吸食(包房有两台电脑,王某用身份证登录其中一台电脑,以小时计费,另一台电脑无人使用),其间,李某提议喊来了小王的前女友小孙(未成年人),3人一起吸食毒品。随后李某开车带着小孙一起离开,并在途中停靠在路边继续提供冰壶和冰毒,与小孙一起吸食毒品。对于本案王某的定性,争议焦点在于王某能否认定为容留他人吸毒罪。一种观点认为,网吧包房目前就只有王某和李某2人,王某通过刷身份证登录电脑消费的方式,已经获得了该包房的临时使用权,小孙系未成年人,因此其在包房内容留小孙吸食毒品的行为,构成容留他人吸毒罪。另一种观点认为,该网吧包房不等同于酒店包厢,王某并未花钱包下该包房,仍然可能有他人来使用电脑,故其行为不宜认定为容留他人吸毒罪。我们同意第二种观点。容留他人吸毒之所以具有社会危害性就在于其为吸毒行为提供了庇护,使之难以被发现和易于逃避处罚。实践中,吸毒人员的吸毒场所不局限于自家住房等较为固定的地点,临时租赁的住所、旅馆、饭店、KTV包厢等地点聚众吸毒的现象屡见不鲜。此情况下,对于容留他人吸毒的"场所",若仅机械地将行为人具有"完全支配""拥有""管理"的"固定的场所"作为认定标准,则会纵容利用临时场所容留他人吸毒的犯罪行为,不利于打击毒品犯罪和控制毒品扩散,也违背了刑法立法目的。因此,容留他人吸毒的场所,既包括行为人自己的住宅,也包括行为人取得使用权或支配权的旅馆房间、办公室、娱乐场所的包厢等。因此该案当中,对该网吧的包房判断的关键是,能否认定为王某已经取得使用权和支配权。该网吧包房并不像酒店包厢一样,可以花钱包下一段时间的使用权,一个包房有两台电脑,不认识的顾客可以都选择在同一包房上网,只是每小时单价较大厅贵几元钱,顾客通过使用刷身份证登录的方式,可以取得电脑的使用权,但是本案当中,只有王某一人刷身份证登录了电脑,李某并未使用电脑,因此另一台电脑闲置,意味着随时有人可以来使用另一台电脑,王某并未获得该包房一段时间内的支配权,没有隐蔽性的特征,故该网吧包房不宜认定为容留吸毒的场所,因此王某的行为不构成容留他人吸毒罪。

3. 对于出租车是否能够被认定为本罪的容留场所,也存在一定争议

如出租车司机张某,某日晚10点前后正在运营中,搭载了两名乘客王某和李某,2人上车后便提出让张某在城里转悠。随后2人就开始在车上吸食毒品。张某看见了,没有说什么也没有做什么,依旧驾驶。2人毒品吸食完后,又过了半个小时,2人下车,并支付了车费。后来王某和李某因其他犯罪行为被逮捕,并如实供述了在张某出租车里吸毒的事情。本案中未阻止乘客在车上吸毒的张某是否构成本罪呢?

对此,有几种不同的观点。第一种观点认为,通过对主客观相一致原则内容的分析,张某本可以阻止该违法行为的发生,却没有采取任何行动,说明张某在主观上有放任他人吸食毒品的间接故意,客观上也实施了容留他人吸毒的行为,所以,张某的行为侵害了国家对毒品的管制秩序这一法益,其行为完全符合本罪的犯罪构成要件,应以容留他人吸毒罪定罪处罚。第二种观点认为,张某的行为符合《刑法》第13条中"但书"的规定,且系情节显著轻微,危害不大的行为,可不作为犯罪来进行处理。第三种观点认为,对张某的行为,属于缺乏期待可能性,所以,对张某的行为不应追究刑事责任。主要有以下几点理由:(1)对于张某而言,驾驶出租车载客是其作为出租车司机在业务上的要求,如果出租车司机所搭乘的乘客在没有拒绝付款或者其他的违法犯罪企图的情形下,那么他是不可以无理由而随意拒载的。(2)出租车司机的业务要求只是拉载乘客,对于乘客乘车以后,在车上所实施的其他行为,出租车司机没有管理、照看的义务,也没有向公安机关举报违法犯罪行为的义务。(3)立足本案而言,如果在当时的情况下出租车司机张某拒绝让李某和孙某继续搭乘其驾驶的出租车或让他们中途下车,张某很可能会遭到李某和孙某的威胁或人身攻击,以至于危及人身安全。第四种观点认为,张某的行为是正常的业务行

为，具有中立性，本身就不符合该罪的犯罪构成，更加不应作为容留他人吸毒罪定罪处罚。

我们认为，行为人对于场所的管控和支配是要结合客观情况和行为能力进行综合认定的，而不是纯客观的。公安部颁发的出租车义务规范《城市出租汽车管理办法》中规定"不得利用车辆进行违法犯罪活动"，"发现违法犯罪嫌疑人员，应当及时报告公安机关，不得知情不报"。当出租车司机发现在载乘顾客而顾客有违法犯罪活动的行为时，应当及时上报。尽管这种及时上报的义务是一种规定在部门规章中的作为义务，但是驾驶员的知情不报行为往往不会入刑，仅仅触犯行政规范。在乘客上车之后开始吸毒行为，如乘客与司机不曾就驾驶时间或路程目的地有一个明确的约定，则乘客从一开始吸毒行为就属于发生在司机的可控范围之内，司机不曾制止继续行驶的行为就构成容留；反之，如果对于驾驶时间和路程的目的地有明确的约定，在到达目的地之前或不满足驾驶时间时，此时要确定容留行为是否发生，就必须甄别司机的主观方面是否在载乘吸毒乘客之前就明知其将在出租车辆上吸毒。所以，当行为人对场所的权利是部分的、受限制的，其对"场所"的管控处于松弛状态，再要求行为人履行作为义务，明显缺乏期待可能性。本案中，乘客是司机的利益来源（无法期待司机损害自己的利益去维护受其管控的出租车秩序），司机对于乘客上车后吸毒的行为并不负有实质的阻止义务（不能期待司机把吸毒乘客赶下车），且阻止吸毒者的行为可能涉及司机人身危险、财产安全等方面。因此司机张某不构成容留他人吸毒罪。

五、涉网络容留吸毒行为的认定

现如今网络几乎成为了我们生活中不可或缺的一部分，由于网络具有高速传播性及隐蔽性，利用互联网实施犯罪行为也是屡见不鲜，《刑法修正案（九）》中专门新增了帮助信息网络犯罪活动罪，通过帮助行为正犯化的方式处罚网络相关犯罪活动，毒品犯罪也出现了大量借助网络实施犯罪的情况。2011年10月，公安机关破获了"8·31"全国首例特大网络吸毒贩毒案，查获涉毒违法犯罪嫌疑人12125人，缴获毒品308.3千克，涉及全国31个省、自治区、直辖市。该案带来了一个法律适用难题，即网络吸毒行为应如何处理？

网络吸毒，一般指利用网络聊天群组展示吸毒行为、交流吸毒感受，在刑法和司法解释中并未出现，如何处理亦无规定。该案发生后，引发学术界和实务界广泛关注。有观点认为，网络虚拟房间属于容留他人吸毒罪中的"场所"，对于开设网络虚拟房间的房主应当以容留他人吸毒罪进行处理。也有观点认为，鉴于网络吸毒的社会危害性，有必要对聚众吸毒行为入刑，追究房主和其他积极参与者的刑事责任。还有观点认为，对于网络吸毒行为，不能以容留他人吸毒罪进行处理，立法也无必要设立聚众吸毒罪或组织吸毒罪，此类涉毒行为在性质上属于毒品的滥用，应当用道德或行政手段进行调整。

虽然此后网络吸毒行为多发，但对此如何处理，各界分歧较大。2015年，最高人民法院在出台《全国法院毒品犯罪审判工作座谈会纪要》过程中，多数意见认为虚拟空间不符合容留他人吸毒罪的场所特征，不能将网络吸毒行为认定为容留他人吸毒罪。2016年4月，最高人民法院《关于审理毒品犯罪案件适用法律若干问题的解释》规定，设立用于实施组织他人吸食、注射毒品等违法犯罪活动的网络、通讯群组，构成非法利用信息网络罪。至此，对网络吸毒行为的定性已有定论，但实际上仍存在不少疑问。

我们认为，以非法利用信息网络罪处罚网络吸毒行为，存在以下问题：一是网络吸毒行为是否符合该罪的构成要件需进一步研究。2019年最高人民法院、最高人民检察院《关于办理非法利用信息网络、帮助信息网络犯罪活动等刑事案件适用法律若干问题的解释》明确规定，《刑法》第287条之一规定的"违法犯罪"，包括犯罪行为和属于刑法分则规定的行为类型但尚未构成犯罪的违法行为，对于刑法未规定、仅在治安管理处罚法或者其他法律法规规定的行政违法行为，即使利用信息网络实施，也不应当构成非法利用信息网络罪。我国刑法并未将吸毒和组织他人吸毒作为犯罪处理，设立用于网络吸毒的网站、通讯群组，并不符合非法利用信息网络罪的规定。该司法解释是最高人民法院、最高人民检察院最新发布的关于办理非法利用信息网络等刑事案件的专门性司法解释，否定了最高人民法院《关于审理毒品犯罪案件适用法律若干问题的解释》的相关规定。如此一来，网络吸毒行为该如何处理，又回到了原点。二是网络吸毒行为的主要危害在于行为人召集、吸引他人加入吸毒等组织，而非设立网站、通讯群组。如果行为人虽出于组织吸毒目的，设立网站、通讯群组，但未实施组织吸毒行为，则根本谈不上违法犯罪的问题，也即对于网络吸毒行为，以非法利用信息网络罪进行处罚，偏离了打击重点，针对性不强。三是非法利用信息网络罪要求行为"情节严重"，入罪门槛过高。根据最高人民法院、最高人民检察院《关于办理非法利用信息网络、帮助信息网络犯罪活动等刑事案件适用法律若干问题的解释》，设立用于实施违法犯罪活动的网站，数量达到了3个以上或者注册账号累计达到2000以上的，设立用于实施违法犯罪活动的通讯群组，数量达到5个以上或者群组成员账号数累计达到1000以上的，才可以认定为《刑法》第287条之一规定的"情节严重"。从当前司法实践情况来看，除少数重大网络吸毒案件外，其他大部分网络吸毒行为尚未达到该罪的入罪标准。

  对于网络吸毒行为认定的难题，应当坚持网络思维，通过刑法解释原理，准确判断其行为性质。实践中，网络吸毒设立的网站和通讯群组，均须通过一定权限才能进入，具有封闭性、隐蔽性，管理者也通过网络管理权限对网站和通讯群组进行严格控制。从这个意义上来讲，其与现实的物理场所并无二致。如今，人们生活的现实空间和网络空间交叉融合，"双层社会"正逐步形成。为适用"双层社会"背景下的法益保护需求，刑法中的"场所"不应再局限于人的身体可进入的现实物理场所。近年来，相关司法政策也已作出适当调整。如最高人民法院、最高人民检察院、公安部《关于办理网络赌博犯罪案件适用法律若干问题的意见》，以及最高人民法院、最高人民检察院《关于办理利用信息网络实施诽谤等刑事案件适用法律若干问题的解释》等司法解释，均将犯罪场所扩展至网络空间。因此，对于网络吸毒所在的网络空间，也可理解为容留他人吸毒罪之"场所"，对相关行为以容留他人吸毒罪进行定罪处罚。最高司法机关应当出台相关司法解释或者编发指导性案例予以明确，以满足打击网络吸毒行为的需要。①

---

  ① 参见元明、肖先华：《涉网络毒品犯罪法律适用的几个疑难问题》，载《人民检察》2020年第22期。

相关规定链接

1.《刑法》第 354 条;

2. 2008 年 12 月,《全国部分法院审理毒品犯罪案件工作座谈会纪要》;

3. 2012 年 5 月,最高人民检察院、公安部《关于公安机关管辖的刑事案件立案追诉标准的规定(三)》;

4. 2015 年 5 月,《全国法院毒品犯罪审判工作座谈会纪要》;

5. 2016 年 4 月,最高人民法院《关于审理毒品犯罪案件适用法律若干问题的解释》;

6. 2016 年 5 月,最高人民法院、最高人民检察院、公安部《办理毒品犯罪案件毒品提取、扣押、称量、取样和送检程序若干问题的规定》。

第十二章

非法提供麻醉药品、精神药品罪办案指引

第一节　非法提供麻醉药品、精神药品罪概述

一、非法提供麻醉药品、精神药品罪的立法沿革

麻醉药品、精神药品具有双重社会属性，既可以广泛运用于医疗，起到镇痛、止痛、催眠、麻醉和兴奋作用，也可能被人类广泛滥用使人形成瘾癖，把人拉入深渊、毁坏人的一生，严重破坏社会治安秩序。为保证麻醉药品、精神药品的合法、安全、合理使用，国家曾制定了《禁毒法》《药品管理法》《麻醉药品管理条例》《麻醉药品管理办法》《精神药品管理办法》《麻醉药品和精神药品管理条例》《麻醉药品、精神药品处方管理规定》《麻醉药品和精神药品运输管理办法》《麻醉药品和精神药品生产管理办法（试行）》《麻醉药品和精神药品经营管理办法（试行）》《麻醉药品和精神药品邮寄管理办法》等法律、行政法规、国务院部委规章、国务院部委规范性文件，严格管制麻醉药品药用原植物的种植及麻醉药品和精神药品的实验研究、生产、经营、使用、储存、运输等活动。

新中国成立以后，我国非常重视毒品整治工作，国内长期一段时间内无毒。1979年7月颁布的《刑法》没有将非法提供麻醉药品、精神药品行为入罪。当时，我国主要依据1978年国务院发布的《麻醉药品管理条例》对麻醉药品进行管制或以案例指导的方式指导对贩卖麻醉药品的行为以贩毒罪定罪处罚。如最高人民法院、最高人民检察院、卫生部、公安部联合发布《张水月等六人贩卖安钠咖毒品罪的案例》[1]，张水月等人因大

---

[1] 参见最高人民法院、最高人民检察院、卫生部、公安部《关于印发〈贩卖安钠咖毒品罪的案例〉的通知》（〔86〕卫药字第4号）。

量贩卖医疗一类麻醉药品安钠咖，构成贩毒罪。1987年国务院颁布的《麻醉药品管理办法》，《麻醉药品管理条例》废止。1988年颁布了《精神药品管理办法》。《麻醉药品管理办法》《精神药品管理办法》虽为麻醉药品药用原植物的种植，麻醉药品和精神药品的实验研究、生产、经营、使用、储存、运输等活动以及监督管理提供了法律依据，但只是规定非法提供麻醉药品、精神药品的行为属于违反行政法规的行为，对直接责任人员由其所在单位给予行政处分。

为适用禁毒斗争形势的需要，1990年全国人民代表大会常务委员会颁布了《关于禁毒的决定》。该文件吸收了国内外禁毒立法的经验，系统、全面地规定了毒品犯罪及其处罚标准，明确界定了毒品含义。明确毒品是指鸦片、海洛因、吗啡、大麻、可卡因以及国务院规定管制的其他能够使人形成瘾癖的麻醉药品和精神药品。这一界定使麻醉药品和精神药品具有双重的社会属性，也使《麻醉药品管理办法》《精神药品管理办法》中关于麻醉药品和精神药品的界定与刑事法律相统一，也使我国对麻醉药品和精神药品的界定与国际公约的规定相一致。同时，《关于禁毒的决定》首次确立了非法提供麻醉药品、精神药品罪，规定依法从事生产、运输、管理、使用国家管制的麻醉药品、精神药品的人员违反国家规定，向吸食、注射毒品的人提供国家管制的麻醉药品、精神药品的，处7年以下有期徒刑或者拘役，可以并处罚金；单位有同样行为的，对直接负责的主管人员和其他直接责任人员，按前述规定处罚，并对单位判处罚金。同时，也规定向走私、贩卖毒品的犯罪分子或者以牟利为目的，向吸食、注射毒品的人提供国家管制的麻醉药品的行为，认定为走私、贩卖毒品罪。1994年12月，最高人民法院《关于执行〈全国人民代表大会常务委员会关于禁毒的决定〉的若干问题的解释》也确定了非法提供麻醉药品、精神药品罪[①]。

1997年修订《刑法》，在吸收《关于禁毒的决定》等规定的基础上，正式规定了非法提供麻醉药品、精神药品罪。即依法从事生产、运输、管理、使用国家管制的麻醉药品、精神药品的人员，违反国家规定，向吸

---

① 参见最高人民法院《关于执行〈全国人民代表大会常务委员会关于禁毒的决定〉的若干问题的解释》（法发〔1994〕30号）第12条。

食、注射毒品的人提供国家规定管制的能够使人形成瘾癖的麻醉药品、精神药品的，以非法提供麻醉药品、精神药品罪定罪处罚，情节较轻的处3年以下有期徒刑或者拘役并处罚金，情节严重的处3年以上7年以下有期徒刑并处罚金；向走私、贩卖毒品的犯罪分子或者以牟利为目的，向吸食、注射毒品的人提供国家规定管制的能够使人形成瘾癖的麻醉药品、精神药品的，以走私、贩卖毒品罪定罪处罚；单位有同样行为的，对直接负责的主管人员和其他直接责任人员，按前述规定处罚，并对单位判处罚金。

二、非法提供麻醉药品、精神药品罪的发案态势

涉及非法提供麻醉药品、精神药品案件，在我国一直呈较为频发的态势。据中国裁判文书网相关裁判文书统计分析，人民法院一审判决非法提供麻醉药品、精神药品案件，2014年2452件、2015件3531件、2016年3250件、2017年3422件、2018年3826件、2019年3278件、2020年1月至10月1195件。但这些刑事案件绝大部分以贩卖、运输毒品罪，非法经营罪定罪处罚，以非法提供麻醉药品、精神药品罪定罪处罚的极少。2010年至2021年，全国检察机关批准逮捕非法提供麻醉药品、精神药品犯罪仅6件11人，提起公诉的件数人数仅为12件20人。非法提供麻醉药品、精神药品罪在我国案发率极低，主要是因犯罪主体特殊，只能是依法从事生产、运输、管理、使用麻醉药品、精神药品的人，且以无偿提供为限。如果以有偿提供，可能触犯贩卖毒品罪。同时，麻醉药品、精神药品的生产、运输、管理、使用各环节均有独立的法律法规或部门规章进行严格的管制，制度比较完善，难以被生产者、运输者、管理者、使用者非法使用。

三、非法提供麻醉药品、精神药品罪的概念和构成特征

非法提供麻醉药品、精神药品罪，是指依法从事生产、运输、管理、使用国家管制的麻醉药品、精神药品的人员与单位，违反国家规定，向吸食、注射毒品的人提供国家规定管制的能够使人形成瘾癖的麻醉药品或者精神药品的行为。

（一）客体特征

非法提供麻醉药品、精神药品罪的客体是单一客体，还是复杂客体，理论界有两种观点。第一种观点认为，非法提供麻醉药品、精神药品罪的客体是单一客体，即是国家对麻醉药品、精神药品的管制制度[①]；第二种观点认为，非法提供麻醉药品、精神药品罪的客体是复杂客体，即主要是国家对麻醉药品、精神药品的管制制度，其次是麻醉药品、精神药品生产者、运输者、管理者、使用者职务的严肃性和公民的健康权利[②]。我们认为，非法提供麻醉药品、精神药品罪的客体是单一客体，即是国家对麻醉药品、精神药品的管制制度。麻醉药品和精神药品具有双重社会属性，在合理、合法使用范围内利用将有利于人类健康，滥用则有害于人类健康。由于其特殊的属性，为防止其滥用，有助于人类健康，国家对麻醉药品、精神药品的生产、运输、管理、使用建立起一套严密的法律规章制度，如《麻醉药品和精神药品生产管理办法（试行）》《麻醉药品和精神药品运输管理办法》《麻醉药品和精神药品经营管理办法（试行）》《麻醉药品、精神药品处方管理规定》《麻醉药品和精神药品邮寄管理办法》《麻醉药品和精神药品管理条例》《药品管理法》等，形成了国家对麻醉药品、精神药品的管制制度。国家对麻醉药品、精神药品的管制制度中明确麻醉药品、精神药品的生产者、管理者、运输者、使用者如何依法履职，如何合法生产、运输、管理和使用。因此，国家对麻醉药品、精神药品管制制度应包含了麻醉药品、精神药品生产者、运输者、管理者、使用者职务的严肃性和公民健康权利的内容。

（二）客观特征

非法提供麻醉药品、精神药品罪的客观方面表现为特定主体，违反国家规定，向吸食、注射毒品的人提供国家规定管制的能够使人形成瘾癖的麻醉药品或者精神药品的行为。

---

① 参见王作富主编：《刑法分则实务研究》，中国方正出版社2010年版，第1611页。

② 参见张洪江、周智勇、王力欣、李鹏：《人民法院审理毒品犯罪案件司法适用与定罪量刑》，中国法制出版社2020年版，第293页。

1. 关于"违反国家规定"的理解

行为人的行为构成非法提供麻醉药品、精神药品罪的前提条件是"违反国家规定"。根据《刑法》第96条及相关司法解释的规定，国家规定是指全国人民代表大会及其常务委员会制定的法律和决定，国务院制定的行政法规、规定的行政措施、发布的决定和命令。其中"国务院规定的行政措施"应当由国务院决定，通常以行政法规或者国务院制发文件的形式加以规定。以国务院办公厅名义制发的文件，如有明确的法律依据或者同相关行政法规不相抵触、经国务院常务会议讨论通过或者经国务院批准或在国务院公报上公开发布的，亦应视为刑法中的"国家规定"[1]。尽管刑法及司法解释对"国家规定"的解释已经相当明确，但在司法实践中仍然存在不同理解，事关罪与非罪。第一种观点认为：国家规定即是全国人民代表大会及其常务委员会制定的法律和决定，国务院制定的行政法规、规定的行政措施、发布的决定和命令[2]。第二种观点认为，除了《刑法》第96条规定的内容外，认为在国务院制定的行政法规、规定的行政措施、发布的决定和命令中，应该包含国务院所属部委依据国务院授权制定的实施细则、办法等，但在司法实践中应当从严掌握[3]。第三种观点认为，在第一种、第二种观点的基础上，还应包括国务院各部委单独或联合发布的通知等[4]。我们认为，第一种观点太过狭隘，失之偏颇，且与当前禁毒形势不符；赞成第二种观点，即本罪中的"违反国家规定"是指违反国家关于麻醉药品、精神药品的国家法律、行政法规以及国家行政主管部门依据国务院授权单独或联合制定发布的关于麻醉药品、精神药品的管理规定、通知或公告等。如最高人民检察院认为《非要药用类麻醉药品和精神药品列管办法》及其附表《非药用类麻醉药品和精神药品管制品种增补目录》是依据国务院《麻醉药品和精神药品管理条例》授权制定，可以作为认定毒品

---

[1] 参见最高人民法院《关于准确理解和适用刑法中"国家规定"的有关问题的通知》(法发〔2011〕155号)。
[2] 参见高巍：《贩卖毒品罪研究》，中国人民公安大学出版社2007年版，第67页。
[3] 参见周道鸾、单长宗、张泗汉主编：《刑法的修改和完善》，人民法院出版社1997年版，第257页。
[4] 参见周道鸾、张军主编：《刑法罪名精释》，人民出版社1998年版，第812页。

的依据①。具体司法办案中,对案件所涉及的"违反国家规定"的认定,要依照相关法律、行政法规及司法解释的规定准确把握,对于规定不明确的要审慎认定。对于违反地方性法规、部门规章的行为,不得认定为违反国家规定。对行为人的行为是否"违反国家规定"存在争议的,应当作为法律适用问题,逐级向最高人民检察院、最高人民法院请示。

2.关于"提供"的理解

非法提供麻醉药品、精神药品罪的"提供",具有以下几个方面的特征:一是属非法提供,行为人违反国家对麻醉药品、精神药品的管制规定向吸毒人员提供。如果行为人依据国家规定,向吸毒人员提供管制的麻醉药品、精神药品,属于正常的履职行为和正当业务行为。二是属无偿提供,行为人违反国家规定向吸毒人员提供管制的麻醉药品、精神药品,必须不以牟利为目的,只能以非法批准、赠送、违规开具处方笺等方式向吸毒人员提供。此处的无偿只是针对行为人而言,而非吸毒人员。如医院医生明知某甲是吸毒人员,在吸毒人员的央求下违规在处方笺中开具某种精神药品,吸毒人员某甲必然要向医院支付药费,但医生并未直接获取经济利益,医生此种行为符合非法提供的特征。如果行为人以牟利为目的向吸毒人员提供麻醉药品、精神药品,应以贩卖毒品罪定罪处罚。司法实践中,吸毒人员为了表示感谢,给予少量钱物,行为人碍于情面收下,此时不宜认定行为人有牟利的目的。

如被告人刘某非法提供麻醉药品、精神药品案②。吸毒人员曲某携带他人的病历、《麻醉药品使用卡》来到被告人刘某任职的乡卫生院,在向被告人刘某单独诉说自己吸毒的情况后,被告人刘某同意批准其购买18支杜冷丁。为表示感谢,曲某在离开刘某办公室前顺手塞给被告人刘某50元人民币。当曲某在卫生院药房前取好杜冷丁准备离开时,被公安人员当场抓获。法院认为,被告人刘某利用自己担任某乡卫生院院长的职务便利,在明知对方是吸毒人员的情况下,为其提供杜冷丁18支,被告人刘某收受曲某50元人民币的行为是碍于情面,不是出于牟利的目的,其

---

① 参见最高人民检察院《关于〈非药用类麻醉药品和精神药品管制品种增补目录〉能否作为认定毒品依据的批复》(高检发释字〔2019〕2号)。

② 参见《医务人员非法提供麻醉药品、精神药品的刑事责任》,载新浪网,http://blog.sina.com.cn/s/blog_8802b2790102wv48.html.。

行为构成非法提供麻醉药品罪。公诉机关指控被告人行为构成贩卖毒品罪不能成立……三是提供方式不限，既包括直接提供也包括间接提供，既包括作为提供也包括不作为提供。在司法实践中无须纠缠提供的具体形式，只需把握提供行为的两个关键点。第一，提供行为把麻醉药品、精神药品的用途从救人治病、科学研究转变成给吸毒人员吸食；第二，提供行为把麻醉药品、精神药品的持有状态从合法持有转变成非法持有。同时，行为人以不作为的方式提供时，应重点考察行为人是否有特定义务，是否有可能履行特定义务，行为人不履行特定义务造成的危害结果。四是提供行为对象特定，提供行为的对象只能吸食、注射毒品的人。提供行为的对象是否属于初次吸食、注射毒品人员没有限制，是否属于吸食、注射毒品成瘾人员也没有限制，只要提供行为的对象把麻醉药品、精神药品当成毒品来吸食、注射即可。如提供行为的对象属于贩卖、走私毒品人员，应走私、贩卖毒品罪定罪处罚。如提供行为的对象既不属于吸食、注射毒品人员，也不属于走私、贩卖毒品人员，则行为人不构成犯罪，只能对其进行行政处罚。

3.关于"麻醉药品、精神药品"的理解

非法提供麻醉药品、精神药品罪的犯罪对象是麻醉药品和精神药品。国际禁毒公约将活性精神物质分为麻醉药品、精神药物、其他依赖性药物。麻醉药品，是指对中枢神经有麻醉作用，连续使用、滥用或者不合理使用，易产生身体依赖性和精神依赖性，能成瘾癖的药品。常用的麻醉药品有醋托啡、乙酰阿法甲基芬太尼、醋美沙朵等；精神药品是指直接作用于中枢神经系统，使之兴奋或抑制，连续使用能产生依赖性的药品。依据人体对精神药品产生的依赖性和危害人体健康的程度，将其分为一类和二类精神药品。

非法提供麻醉药品、精神药品罪的犯罪对象麻醉药品、精神药品按照药用类和非药用类列管，其范围应当根据国家规定确定。一是依据麻醉药品、精神药品目录确定。国务院颁布的《麻醉药品和精神药品管理条例》明确麻醉药品和精神药品是列入麻醉药品目录、精神药品目录的药品和其他物质[①]。司法解释也明确具体品种以《麻醉药品品种目录》《精神

---

① 参见《麻醉药品和精神药品管理条例》第3条。

药品品种目录》为依据①。2013年，国家食品药品监督管理总局、公安部、国家卫生和计划生育委员会依据国务院颁布的《麻醉药品和精神药品管理条例》的授权联合发布了《麻醉药品品种目录（2013版）》《精神药品品种目录（2013版）》，目录中列举了121种麻醉药品和第一类精神药品68种、第二类精神药品81种。二是依据职权部门依据国务院授权发布的公告确定。国务院颁布的《麻醉药品和精神药品管理条例》明确规定"上市销售但尚未列入目录的药品和其他物质或者第二类精神药品发生滥用，已经造成或者可能造成严重社会危害的，国务院药品监督管理部门会同国务院公安部门、国务院卫生主管部门应当及时将该药品和该物质列入目录或者将该第二类精神药品调整为第一类精神药品"。据此，2015年食品药品监管总局、公安部、国家卫生计生委依据国务院颁布的《麻醉药品和精神药品管理条例》的授权联合发布公告，将含可待因复方口服液体制剂（包括口服溶液剂、糖浆剂）列入第二类精神药品管理；2019年，国家药监局、公安部、国家卫生健康委依据国务院颁布的《麻醉药品和精神药品管理条例》的授权联合发布公告，将含羟考酮复方制剂等品种列入精神药品管理，将瑞马唑仑（包括其可能存在的盐、单方制剂和异构体）列入第二类精神药品管理。三是依据《非药用类麻醉药品和精神药品管制品种增补目录》确定。《非药用类麻醉药品和精神药品列管办法》明确规定除麻醉药品和精神药品管理品种目录已有列管品种外，新增非药用类麻醉药品和精神药品管制品种由本办法附表《非药用类麻醉药品和精神药品管制品种增补目录》列示②，截至2019年已有157种非药用类麻醉药品和精神药品列入管制品种目录中。《非药用类麻醉药品和精神药品列管办法》及其附表《非药用类麻醉药品和精神药品管制品种增补目录》是依据国务院颁布的《麻醉药品和精神药品管理条例》第3条第2款授权制定的，可以作为认定毒品的依据③。

---

① 参见最高人民检察院、公安部《关于公安机关管辖的刑事案件立案追诉标准的规定（三）》第13条。

② 参见《非药用类麻醉药品和精神药品列管办法》第3条。

③ 参见最高人民检察院《关于〈非药用类麻醉药品和精神药品管制品种增补目录〉能否作为认定毒品依据的批复》（高检发释字〔2019〕2号）。

（三）主体特征

犯罪主体是指实施危害社会行为，依法应当负刑事责任的自然人和单位[1]。依据《刑法》第355条规定，非法提供麻醉药品、精神药品罪的犯罪主体是特殊主体，包括依法从事生产、运输、管理、使用国家管制的麻醉药品、精神药品的单位和年满16周岁的自然人。一般情况下，医院、科学研究的学校或研究所、戒毒所、公安机关等单位及该单位内部依法从事生产、管理、运输、使用国家管制的麻醉药品、精神药品的自然人，可以成为本罪的犯罪主体。

有学者提出："患者依法获得麻醉药品、精神药品后，再非法提供给吸食、注射毒品的人，是否构成本罪"[2]。从"依法从事生产、管理、运输、使用"的语句结构及《麻醉药品和精神药品管理条例》等行政法规来看，患者不能成为本罪的主体。对"依法从事生产、管理、运输、使用"的理解应根据《麻醉药品和精神药品管理条例》等行政法规进行界定，依法确定本罪主体范围。从事生产是指根据国家主管部门的批准，种植麻醉药品、精神药品原植物或制造、试用麻醉药品、精神药品的成品、半成品的行为；从事运输是指根据国家主管部门的批准，将国家管制的麻醉药品、精神药品从一个地方运输至另一个地方，既包括国内运输也包括跨境运输；从事管理是指根据国家主管部门批准，对麻醉药品、精神药品进行存储、调拨、批发、供应等活动的行为；使用是指根据国家主管的批准或职务行为，将麻醉药品、精神药品用于医疗、科研等领域的行为。

（四）主观特征

非法提供麻醉药品、精神药品罪的主观特征表现为故意，包括直接故意与间接故意，即明知是吸食、注射毒品的人员，而有意向其提供国家管制的麻醉药品、精神药品。

从故意的认识因素来看，本罪应注意三个方面：一是认识到自己提

---

[1] 参见高铭暄、马克昌主编：《刑法学》，北京大学出版社、高等教育出版社2007年版，第93页。

[2] 参见高铭暄、马克昌主编：《中国刑法解释》，中国社会科学出版社2005年版，第2494页。

供的属于国家管制的麻醉药品、精神药品,且应认识到麻醉药品、精神药品的大致的种类。本罪的主体属于依法从事麻醉药品、精神药品的生产者、管理者、运输者、使用者,他们岗前一般接受过专业技能和法律知识培训,根据其掌握的业务知识应当知道自己所生产、管理、运输、使用的是国家管制的特种药品。当然这种大致的种类认识不应要求行为人对其化学成分及具体作用方式与过程具有认识。

二是认识提供行为对象属吸食、注射毒品的人。诚然因麻醉药品、精神药品的双重社会属性,具体办案中对是否属于吸食、注射毒品的人界定要特别注意,不能随意扩大解释。有观点根据麻醉药品、精神药品的来源来界定使用者是病人还是吸食、注射毒品的人。当病人的麻醉药品、精神药品属于非法获取的,病人就变成吸毒者;同样向病人非法提供麻醉药品、精神药品,病人也变成吸毒者[①]。显然,一概将病人界定为吸食、注射毒品的人,那提供行为就只能有合法和犯罪两种性质评价了,缺少了违反行政处罚条款的评价。因此,在具体办案中应对吸食、注射毒品的人作狭义的理解,应根据从业经验、生活常识及根据使用者的目的把明显不属于服药患者的人区分出来,纳入吸食、注射毒品的人。

如犯罪嫌疑人赵某栋涉嫌非法提供麻醉药品、精神药品案[②]。某医生赵某栋,在没有开具药物处方的情况下,轻信被告人李某以为患病的亲属借走国家管控的精神类、麻醉类药品用于止疼的理由,私自从彰武县某医院借给李某 206 支舒芬太尼及 6 支米达佐伦。最终李某将大部分药品用于自己注射。辽宁省阜新市彰武县人民检察院认为,赵某栋的上述行为表明其不知道李某是吸毒人员,没有犯罪事实,不构成犯罪。依照《刑事诉讼法》第 177 条第 1 款的规定,决定对赵某栋不起诉。

三是本罪是否需要违法性认识,有观点认为须明知提供行为的违法性,也有观点认为不须违法性认识。我们认为本罪无须证明行为人具有违法性认识,第一,古谚语"不知法律不免责"表达一项原则"在作为主观的犯罪成立要件的犯意中,不要认识到自己行为的违法性"[③]。第二,本罪

[①] 参见郑伟:《非法提供麻醉药品、精神药品罪的客观要件》,载《法学》2002年第 5 期。

[②] 参见辽宁省彰武县人民检察院不起诉决定书,彰检公刑不诉〔2019〕27 号。

[③] 参见张明楷:《刑法格言的展开》,法律出版社 2003 年版,第 199 页。

的主体应当熟悉麻醉药品和精神药品的管理以及有关禁毒的法律、行政法规①，其应当知道其提供行为是否违反了国家关于麻醉药品、精神药品的管制制度，无须进一步查明行为人是否知晓法律。

四、非法提供麻醉药品、精神药品罪的追诉标准

（一）立案追诉标准

根据最高人民检察院、公安部《关于公安机关管辖的刑事案件立案追诉标准的规定（三）》的规定，"依法从事生产、运输、管理、使用国家管制的麻醉药品、精神药品的个人或者单位，违反国家规定，向吸食、注射毒品的人员提供国家规定管制的能够使人形成瘾癖的麻醉药品、精神药品，涉嫌下列情形之一的，应予立案追诉：非法提供鸦片二十克以上、吗啡二克以上、度冷丁（杜冷丁）五克以上（针剂100mg/支规格的五十支以上，50mg/支规格的一百支以上；片剂25mg/片规格的二百片以上，50mg/片规格的一百片以上）、盐酸二氢埃托啡零点二毫克以上（针剂或者片剂20mg/支、片规格的十支、片以上）、氯胺酮、美沙酮二十克以上、三唑仑、安眠酮一千克以上、咖啡因五千克以上、氯氮卓、艾司唑仑、地西泮、溴西泮十千克以上，以及其他麻醉药品和精神药品数量较大的；虽未达到上述数量标准，但非法提供麻醉药品、精神药品两次以上，数量累计达到前项规定的数量标准百分之八十以上的；因非法提供麻醉药品、精神药品被行政处罚，又非法提供麻醉药品、精神药品的；向吸食、注射毒品的未成年人提供麻醉药品、精神药品的；造成严重后果或者其他情节严重的……"。

依据最高人民法院《关于审理毒品犯罪案件适用法律若干问题的解释》的规定，特定行为人非法提供麻醉药品、精神药品的行为符合以下规定，应当依照《刑法》第355条第1款的规定，以非法提供麻醉药品、精神药品罪定罪处罚：非法提供麻醉药品、精神药品达到《刑法》第347条第3款或者本解释第2条规定的"数量较大"标准最低值的50%，不满"数量较大"标准的；2年内曾因非法提供麻醉药品、精神药品受过行政处

---

① 参见《麻醉药品和精神药品管理条例》第15条第1款第7项、第38条。

罚的；向多人或者多次非法提供麻醉药品、精神药品的；向吸食、注射毒品的未成年人非法提供麻醉药品、精神药品的；非法提供麻醉药品、精神药品造成严重后果的；其他应当追究刑事责任的情形。

前述两个规定不一致的，以最高人民法院《关于审理毒品犯罪案件适用法律若干问题的解释》规定为准。对非法提供麻醉药品、精神药品罪立案追诉标准加以完善。非法提供麻醉药品、精神药品罪是行为人无偿向吸食、注射毒品的人提供麻精药品、精神药品。非法提供麻醉药品、精神药品罪的行为人的主观恶性应小于贩卖毒品罪的行为人的主观恶性，对其定罪量刑数量标准应与贩卖毒品罪协调、衔接。最高人民检察院、公安部《关于公安机关管辖的刑事案件立案追诉标准的规定（三）》将非法提供麻醉药品、精神药品罪的立案追诉标准设定为《刑法》第347条中"数量较大"标准最低值的10%。在毒品数量相同的情况下，非法提供麻醉药品、精神药品罪的量刑与走私、贩卖、运输、制造毒品罪的量刑基本相当，造成两类犯罪的罪行严重程度不相适应①。基于此，最高人民法院《关于审理毒品犯罪案件适用法律若干问题的解释》将非法提供麻醉药品、精神药品罪的定罪数量起点上调至"数量较大"标准最低值的50%。此外，该解释还规定了非法提供麻醉药品、精神药品罪的定罪情节标准，即虽未达到定罪数量标准，但具有2年内曾因非法提供麻醉药品、精神药品受过行政处罚，向多人或者多次非法提供，向吸食、注射毒品的未成年人非法提供，造成严重后果等情形之一的，也应当定罪处罚。

从刑法规定来看，原则上特定行为人只要向吸毒人非法提供麻醉药品、精神药品，就可构成本罪。但在实践中，为与相关行政法规衔接，并不是对所有非法提供麻醉药品、精神药品的行为都定罪，而要综合全案各种情况，根据相关司法解释规定，如果非法提供的麻醉药品、精神药品数量较小，情节显著轻微，危害不大的，不认为是犯罪，应按照相关行政法规给予行政处罚。

---

① 参见叶晓颖、马岩、方文军、李静然：《〈关于审理毒品犯罪案件适用法律若干问题的解释〉的理解与适用》，载《人民司法·应用》2016年第13期。

（二）情节严重的认定

依据最高人民法院《关于审理毒品犯罪案件适用法律若干问题的解释》第 13 条第 2 款规定，特定行为人非法提供麻醉药品、精神药品的行为具有下列情形之一的，应当认定为《刑法》第 355 条第 1 款规定的"情节严重"：非法提供麻醉药品、精神药品达到《刑法》第 347 条第 3 款或者本解释第 2 条规定的"数量较大"标准的；非法提供麻醉药品、精神药品达到第 1 款第 1 项规定的数量标准，且具有第 1 款第 3 项至第 5 项规定的情形之一的；其他情节严重的情形。

同样是基于非法提供麻醉药品、精神药品罪与走私、贩卖、运输、制造毒品罪的量刑标准衔接问题，最高人民法院《关于审理毒品犯罪案件适用法律若干问题的解释》第 13 条第 2 款第 1 项规定了"情节严重"的数量标准。该解释将非法提供麻醉药品、精神药品罪的"情节严重"数量标准设定为走私、贩卖、运输、制造毒品罪"数量较大"的标准，使非法提供麻醉药品、精神药品达到"数量较大"标准的行为处 3 年以上 7 年以下有期徒刑，走私、贩卖、运输、制造毒品达到"数量较大"标准的行为处 7 年以上有期徒刑，两类罪名的法定刑之间实现了较好的衔接。第 2 项规定了认定非法提供麻醉药品、精神药品罪"情节严重"的"数量＋其他情节"标准。达到第 1 款规定的定罪数量标准，但同时具有向多人或者多次非法提供，向吸食、注射毒品的未成年人非法提供，造成严重后果等情形之一的，即可认定为"情节严重"。

第二节　非法提供麻醉药品、精神药品罪的证据审查

一、非法提供麻醉药品、精神药品罪的证据要件

非法提供麻醉药品、精神药品罪与走私、贩卖、运输、制造毒品罪一样属于隐蔽型犯罪，不会有明显的作案现场和痕迹。从侦查取证的角度看，非法提供麻醉药品、精神药品罪的取证过程复杂，犯罪手段技术性强，难以获得直接证据，即使人赃俱获也难以认定为犯罪分子。因此，非法提供麻醉药品、精神药品罪案件多为"由人查事"，言词证据多于客观性证据。

（一）客体方面的证据要件

非法提供麻醉药品、精神药品罪在客体方面表现为犯罪嫌疑人违反国家麻醉药品、精神药品管制制度。具体案件中，一般需收集麻醉药品、精神药品及包装物等物证，处方，证人证言，犯罪嫌疑人供述，鉴定意见等，证明犯罪嫌疑人违反国家规定，非法提供麻醉药品、精神药品。

（二）客观方面的证据要件

非法提供麻醉药品、精神药品罪在客观方面表现为犯罪嫌疑人违反国家规定，向吸食、注射毒品的人提供国家规定管制的能够使人形成瘾癖的麻醉药品或者精神药品的行为。具体案件中，一般需收集的证据及证明的事实主要包括：

1. 麻醉药品、精神药品的种类、数量

收集生产、运输、管理、使用环节非法提供麻醉药品、精神药品场

所的勘验、检查、辨认笔录及照片，吸毒人员的人身搜查笔录、辨认笔录及照片，麻醉药品、精神药品，麻醉药品、精神药品的称量笔录及照片，麻醉药品、精神药品的包装，麻醉药品、精神药品的鉴定意见，犯罪嫌疑人供述和辩解，吸毒人员的证言，监控视频等视听资料，电子邮件、微信聊天记录、通信往来信息及其他网络聊天记录等电子证据，证明犯罪嫌疑人非法提供麻醉药品、精神药品的种类、数量。

麻醉药品、精神药品在一定情况下可以不经称量或经过相对简易的抽样称量后推算其数量。鉴于麻醉药品、精神药品的生产管理非常严格——实行标准化生产管理，实践中对于包装完整、标识清晰的麻醉药品、精神药品，可以按照其包装、标识或者说明书上标注的麻醉药品、精神药品成分的含量计算全部毒品的质量，或者相同批号的药品制剂中随机抽取3个包装进行称量后，根据麻醉药品、精神药品成分的含量计算全部毒品的质量①。对于其他包装不完整、不清晰的麻醉药品、精神药品，应当采取称量的方式确定其重量。

2. 非法提供行为

收集生产方面的生产计划命令单、生产原料调拨单、药品质量检验单、合格证、药品标志、供应合同、销售合同、药品入库存单、库保账、合格证、药品生产许可证、药品调拨单、药品出库存单及其他，运输方面的运输证明、药品清单、管制药品准运证、发货单、收据、提货单、专运文件及其他，管理方面的药品验收单、药品台账、登记簿、入库凭证、出库凭证、调拨药品通知单、药品管理规章及其他，使用方面的使用计划书、使用范围规定文件、使用批准文书、处方，其他方面的账簿、发票、收据、假证明、假介绍信、收条、病历、诊断书等书证；特情人员、同事、同案人、医疗部门相关人员、运输部门相关人员、生产部门相关人员、管理部门相关人员、销售部门相关人员、教学科研单位有关人员等人的证言；犯罪嫌疑人供述和辩解。通过逐一审查、比较分析、综合判断，证明犯罪嫌疑人非法提供麻醉药品、精神药品行为的具体过程及后果等事实。

---

① 参见最高人民法院、最高人民检察院、公安部《办理毒品犯罪案件毒品提取、扣押、称量、取样和送检程序若干问题的规定》（公禁毒〔2016〕511号）第16条。

3.吸食、注射毒品的人

收集犯罪嫌疑人供述和辩解、报案记录、证人证言、麻醉药品或精神药品、吸毒工具、吸毒现场勘查笔录及照片、麻醉药品或精神药品的鉴定意见、吸毒人员的尿液检查报告、行政处罚决定书、强制隔离戒毒决定书等，证明犯罪嫌疑人非法提供的对象为吸毒人员。

4.麻醉药品、精神药品与犯罪嫌疑人、吸毒人员的关联性

收集麻醉药品、精神药品及包装物上的指纹、生物物证，吸毒工具上的指纹、生物物证，吸毒人员注射、吸食麻醉药品、精神药品场所的勘验、检查、辨认笔录及照片，犯罪嫌疑人、吸毒人员的人身搜查笔录及照片、辨认笔录，鉴定意见，犯罪嫌疑人供述和辩解，检举揭发人员、吸毒人员等人的证言，证明查获的麻醉药品、精神药品及包装物与犯罪嫌疑人、提供的对象的关联性。

（三）主体方面的证据要件

非法提供麻醉药品、精神药品罪的主体是特殊主体，一般需要收集的证据及证明的事实主要包括：

1.单位主体方面

收集单位工商登记资料，营业执照，机构代码证，从事麻醉药品、精神药品生产、运输、管理、使用的许可证，有关部门的批准文件，从事麻醉药品、精神药品生产、运输、管理、使用等的记录情况，犯罪嫌疑人的供述和辩解，吸毒人员等的证言，证实单位具有依法从事生产、运输、管理、使用国家管制的麻醉药品、精神药品的资质。

2.自然人主体方面

（1）收集从事麻醉药品、精神药品生产、运输、管理、使用的许可证，有关部门的批准文件，劳动合同、入职文件、工作证、岗位职责等，证明犯罪嫌疑人在具有依法从事生产、运输、管理、使用国家管制的麻醉药品、精神药品资质的单位工作，其具有生产、运输、管理、使用麻醉药品、精神药品的合法授权。

（2）收集户口簿、居民身份证、临时居住证、护照、港澳居民来往内地通行证、台湾居民来往大陆通行证、边民证、工作证等书证，犯罪嫌疑人供述和辩解，证明犯罪嫌疑人的姓名（曾用名）、性别、年龄、民族、

文化程度、籍贯、住址、出生地、工作单位、职业、政治面貌等。

（3）收集入学登记表、常住人口登记表、户口簿、医院出生证明、病历及医院疾病诊断证明等书证，犯罪嫌疑人家属、邻居、医生等人证言，鉴定意见，犯罪嫌疑人供述和辩解，证明犯罪嫌疑人的刑事责任年龄和刑事责任能力。

3. 量刑情节方面

（1）收集强制戒毒决定书、刑事判决书、释放证明、行政处罚决定书等书证，犯罪嫌疑人供述和辩解，证明犯罪嫌疑人的前科劣迹事实。

（2）收集破案经过、接出警记录、110接警记录、通话记录、检举揭发书面材料及立案侦查情况说明等书证，陪同到案等人的证言，犯罪嫌疑人供述和辩解，查明犯罪嫌疑人是否有自首、立功等法定从轻、减轻或免除处罚情节。

（四）主观方面的证据要件

非法提供麻醉药品、精神药品罪属于故意犯罪，行为人主观上应明知提供的是麻醉药品、精神药品的种类和提供的对象属于吸食、注射毒品的人。一般需要收集电子邮件、微信聊天记录、短信及其他网络聊天记录、网页信息发布等电子证据，处方、发票、收据、假证明、假介绍信、收条、病历、诊断书等书证，吸毒人员、单位同事等人的证言，犯罪嫌疑人供述和辩解，证明犯罪嫌疑人的主观动机、目的，并结合犯罪嫌疑人的工作资历、生活经历、学历、职称、专业水平等事实综合判断犯罪嫌疑人主观上明知提供的麻醉药品、精神药品的种类及明知提供的对象是吸毒人员。另外，犯罪嫌疑人的意志因素一般无须特别举证证明。

二、非法提供麻醉药品、精神药品罪常见证据审查

（一）物证的审查判断

非法提供麻醉药品、精神药品罪中物证包括：查获的麻醉药品、精神药品及包装、吸毒人员吸毒的工具、手机等；包装物、吸毒工具上的指纹、生物物证等。

1. 审查物证收集是否合法

对经勘验、检查、搜查提取、扣押的麻醉药品、精神药品及包装、吸毒工具等物证，应审查是否附有相关笔录、清单，笔录、清单是否经侦查人员、物品持有人、见证人签字，物品持有人或见证人没有签名的是否说明原因、是否有录音录像，笔录、清单所描述的物品名称、形状、数量、质量等是否与麻醉药品、精神药品及包装、吸毒工具等物品相符。同时，本罪涉及搜查的侦查行为较多，应审查搜查是否出示搜查证，是否由2名以上侦查员进行搜查，是否有女侦查员对妇女进行搜查等。案件中如遇没有出示搜查证的情况，应审查侦查机关搜查时是否遇到紧急情况①。

2. 审查物证复制是否合法

侦查机关查获麻醉药品、精神药品后应依法及时交相关部门保管、处理，不能随案移送，应采取拍照、录像等方式固定后将照片、录像随案移送。司法实践中：一是要审查是否符合拍照、录像的条件。办案人员依据规定②在查获麻醉药品、精神药品后24小时内移交本部门毒品保管人员，可以将反映麻醉药品、精神药品原貌的照片、称量笔录、指认毒品照片等随案移送。二是要审查拍照、录像的程序是否合法。应审查麻醉药品、精神药品的照片、录像制作人是否为2人以上，是否附有说明制作原因、过程、制作人员及原物存放地点的说明，说明是否有侦查人员、制作人、见证人的签名或盖章。同时，还应审查案卷中是否附有毒品管理部门关于接收办案机关移送麻醉药品、精神药品的接收证明，接收证明是否描述了麻醉药品、精神药品的种类、重量（剂量）及是否有接收人签字与盖章等。

3. 审查物证是否具有真实性

通过审查勘验、检查、搜查笔录及照片，称量笔录及照片，取样笔录及照片，送检照片，麻醉药品、精神药品交接单、入库单、调拨出库单及保管环境等，判断麻醉药品、精神药品收集、称量、取样、送检、保管、鉴定过程是否规范、有无伪造或是其他原因而导致麻醉药品、精神药品发生变化情形。关于麻醉药品、精神药品的称量笔录及照片的审查，应

---

① 参见《公安机关办理刑事案件程序规定》（公安部令第159号）第223~225条。
② 参见《公安机关缴获毒品管理规定》第13条。

特别注意是否扣除了包装、容器重量,称量地点是否在案发现场,称量的衡器是否合格,称量过程中是否均对麻醉药品、精神药品外包装、衡器读数、称量结果等进行拍照或录像。不在案发现场称量时,应注意审查侦查机关将麻醉药品、精神药品带离现场前是否进行封装,称量前是否解封。此外,还应重点关注进行麻醉药品、精神药品提取、扣押、称量、取样时犯罪嫌疑人是否在场。如遇犯罪嫌疑人不在场,也不存在未确定犯罪嫌疑人或犯罪嫌疑人在逃或异地抓获犯罪嫌疑人且无法及时到场的情况,那么侦查机关依据该程序所获得的麻醉药品、精神药品系瑕疵证据,应要求侦查机关提供相关录音录像或向见证人核实相关情况。

4. 审查物证是否具有关联性

麻醉药品、精神药品、吸毒工具、指纹、生物痕迹等物证是否与案件待证事实有联系,能否对案件待证事实起到证明作用,则需要通过辨认笔录、鉴定意见、言词证据等建立联系。除现场查获的麻醉药品、精神药品包装等物品上提取指纹、生物痕迹等物证通过鉴定可以直接与犯罪嫌疑人相关联外,其他物证还应结合其他客观性证据、言词证据与待证事实进行进一步关联。经查明与案件事实无关的涉案财物,应当在3日内予以解除、退还,并通知有关当事人①。

5. 审查收集物证是否全面

仔细审查勘验笔录及照片、检查笔录及照片、搜查笔录及照片、扣押清单等,查明是否有遗漏提取、扣押物证的情形或遗漏移送物证的情况。仔细审查犯罪嫌疑人无罪、罪轻的辩解及辩护人的辩护意见、证人证言,查明是否遗漏有须侦查调取的物证。司法实践中,常常忽视提取麻醉药品、精神药品包装物上的指纹、生物斑迹等及犯罪嫌疑人使用过的手机。

(二)书证的审查判断

非法提供麻醉药品、精神药品罪中书证包括:破案经过,户籍证明,工商登记资料,营业执照,机构代码证,行政处罚决定书,刑事判决书,

---

① 参见中共中央办公厅、国务院办公厅《关于进一步规范刑事诉讼涉案财物处置工作的意见》(中办发〔2015〕7号)第2条。

从事麻醉药品、精神药品生产、运输、管理、使用的许可证，有关部门的批准文件，从事麻醉药品、精神药品生产、运输、管理、使用等的记录情况，劳动合同，工作证等。

1. 真实性的审查

审查书证内容的真实性就是审查书证是否为原件，书证是否有更改或更改迹象，是否交由犯罪嫌疑人、证人辨认及鉴定人员鉴定，书证的副本是否与原件相符，书证的内容是否客观真实、明确、有无前后矛盾，书证是否与其他证据相矛盾。如破案经过是否能真实反映案件线索的来源及案件侦破的详细过程等；麻醉药品、精神药品生产、运输、管理、使用的调拨单、处方等书证有更改或者更改迹象，且不能作出合理解释的，不得作为定案的根据。

2. 合法性的审查

应审查勘验检查笔录及照片、搜查笔录及照片、扣押决定书、扣押清单、调取证据通知书等，查明生产、运输、管理、使用麻醉药品、精神药品等方面的书证是何时、何地、何种情况下以何种方式由谁搜查、提取、扣押的；扣押在案的书证是否附有相关笔录或者清单，笔录或清单描述的特征、数量、名称是否与书证相符，笔录或清单是否有侦查人员、物品持有人、见证人签名。对于未随案件移送书证原件的，应当审查取得书证原件是否确有困难，书证的副本、复制件与原件是否相符，是否由2人以上制作，有无制作人关于制作过程以及原件存放于何处的文字说明和签名。麻醉药品、精神药品生产、运输、管理、使用的调拨单、处方等书证的来源、收集程序有疑问，且不能作出合理解释的，该书证不得作为定案的根据。

3. 关联性的审查

非法提供麻醉药品、精神药品罪的待证事实主要有犯罪嫌疑人、单位的资质，麻醉药品、精神药品的种类及数量，提供行为的非法性和无偿性，提供对象属吸毒人员及主观故意等，书证应围绕这些待证事实进行证明。具体来说，生产、运输、管理、使用麻醉药品、精神药品等方面的书证应围绕证明行为人或单位是否有权依法生产、运输、管理、使用麻醉药品、精神药品及行为人履行相关工作岗位职责时有无违法行为。行政处罚决定书、强制隔离戒毒决定书、尿液检测报告等书证应围绕证明提供对象是否属于吸食、注射毒品的人。处方、批文、调拨单等书证应围绕证明提供的麻醉药品、精神药品的种类、数量等。

4. 全面性的审查

比对审查勘验笔录及照片、搜查笔录及照片、检查笔录及照片、扣押决定书及清单等，查明是否有遗漏提取、扣押书证的情形或遗漏移送书证的情况。详细核实犯罪嫌疑人无罪、罪轻的辩解及辩护人的辩护意见、证人证言，查明是否遗漏有须侦查调取的书证，尤其查明是否遗漏有证明犯罪嫌疑人无罪或罪责较小的书证。司法实践中，常见遗漏调取犯罪嫌疑人与吸食、注射毒品人员之间通话记录、微信聊天记录照片或QQ聊天记录照片，往往这些书证能证明犯罪嫌疑人的主观故意及是否明知提供对象是否为吸毒人员。

（三）证人证言的审查判断

非法提供麻醉药品、精神药品罪案件一般较为隐蔽，知情较少，证人一般为吸毒人员、举报人员、特情、犯罪嫌疑人同事等。

1. 获取程序性的审查

核实询问证人是否个别进行；询问笔录的制作、修改是否符合法律、有关规定，是否注明询问的起止时间和地点，首次询问时是否告知证人有关作证的权利义务和法律责任，证人对询问笔录是否核对确认；制作笔录的侦查人员是否有侦查员身份，笔录起止时间与其他证据形成时间是否冲突，查清笔录内容是否有复制粘贴情况，是否有采取暴力、威胁等非法方法收集证言的可能。证人证言具有询问证人没有个别进行的，书面证言没有经证人核对确认的，询问聋、哑人未提供通晓聋、哑手势的人员，询问不通晓当地通用语言、文字的证人未提供翻译人员等情形的，不得作为定案的根据。

2. 内容实体性的审查

一是查明证人与案件当事人、案件处理结果有无利害关系，是否处于吸毒或醉酒状态，有无正确认知和正确的表达表述能力。处于明显醉酒、中毒或者麻醉等状态，不能正常感知或者正确表达的证人所提供的证言，不得作为证据使用。二是查明证人对证明的事实是来自其直接感知，还是道听途说。证人的猜测性、评论性、推断性的证言，不得作为证据使用，但根据一般生活经验判断符合事实的除外。三是查明证言前后是否一致。对证言前后不一致的，应重点查清证人原作证的背景，证人改变证言的原因及改变的证言是否与客观性证据、其他证言、犯罪嫌疑人供述相互印证。证人证言前后不一致，对定罪量刑有重大影响的，应通知其出庭作证。证人当庭作出的证言与其庭前证言矛盾，证人能够作出合理解释，并有相关证据印证的，应当采信其庭审证言；不能作出合理解释，而其庭前证言有相关证据印证的，可以采信其庭前证言。证人拒绝出庭作证的，应予排除采信其所作的证言。

（四）口供的审查判断

审查犯罪嫌疑人供述和辩解时，应当结合控辩双方提供的所有证据以及犯罪嫌疑人全部供述和辩解进行。因此，一般应从以下方面审查犯罪嫌疑人供述和辩解。

1. 移送完整性的审查

人民检察院向人民法院提起公诉时，应当将案卷和全部证据材料移送人民法院。这里的全部证据材料应当包含犯罪嫌疑人所有的供述，既包括有罪供述，也包括无罪、罪轻的辩解。司法实践中应通过四个方面审查犯罪嫌疑人供述材料是否均已在卷，一是对照提讯证记载情况一一比对，核实侦查机关是否将讯问笔录全面、完整地随案移送；二是把犯罪嫌疑人到案时间与首次笔录时间、首次作出有罪供述笔录时间进行比对，判断首次笔录时间、首次作出有罪供述笔录时间是否合理；三是详细审查破案经过记录情况，判断首次讯问时间、地点是否合理；四是讯问犯罪嫌疑人，重点核实侦查机关第一次讯问其的时间、地点等情况。

2. 获取程序性的审查

审查犯罪嫌疑人供述合法性时可以综合录音录像、健康记录、笔录进行。审查的主要内容包括：讯问的时间、地点，讯问人的身份、人数，讯问的方式是否符合法律规定；讯问笔录的制作、修改是否符合法律规定，是否注明讯问起止时间和地点，首次讯问时是否告知相关权利和适用认罪认罚从宽制度的法律规定，犯罪嫌疑人是否核对确认笔录；讯问未成年犯罪嫌疑人时，是否通知其法定代理人或者有关人员到场，其法定代理人或者有关人员是否到场；犯罪嫌疑人的供述有无以刑讯逼供等非法方法收集的情形。

3.内容实体性的审查

犯罪嫌疑人供述真实性审查的内容包括：审查犯罪嫌疑人的供述是否前后一致，有无反复以及出现反复的原因；犯罪嫌疑人的辩解内容是否符合案情和常理，有无矛盾；犯罪嫌疑人的供述和辩解与同案犯的供述和辩解以及其他证据能否相互印证，有无矛盾。犯罪嫌疑人供述具有未经犯罪嫌疑人核对确认，讯问聋、哑人未提供通晓聋、哑手势的人员，讯问不通晓当地通用语言、文字的犯罪嫌疑人未提供翻译人员等情形的不得作为定案的根据，对其他口供均由司法人员在判断真实性的基础上决定是否采信。

（五）鉴定意见的审查判断

非法提供麻醉药品、精神药品罪案件中均会遇到司法机关委托的鉴定机构作出鉴定意见，鉴定意见对案件事实的认定具有非常重要的作用。根据相关规定，对鉴定意见的审查主要包括有以下几个方面：

1.证据能力的审查

一是审查鉴定主体的合法性。查明鉴定机构和鉴定人是否具备法定资质，是否按期年审；鉴定人是否与案件有利害关系、以侦查员身份参与侦查、以见证人身份参与见证。对于没有相关鉴定资质的鉴定机构、鉴定人员及违反回避规定事项的，其作出的鉴定意见不得作为定案的依据。二是审查鉴定过程的合法性。查明鉴定活动的启动、鉴定人的遴选、鉴定程序等是否符合诉讼法和程序规则的规范；查明鉴定过程是否合法和规范，是否符合相关专业的规范要求；查明麻醉药品、精神药品、生物检材、指纹等检材的来源、取得、保管、送检是否符合法律、有关规定，与相关提取笔录、扣押物品清单等记载的内容是否相符，检材是否充足、可靠。鉴定程序合法性、鉴定材料的来源可靠性及鉴定方法的科学性存疑，足以动摇鉴定意见的采信。三是审查鉴定文书形式的法定性。查明是否注明提起鉴定的事由、鉴定委托人、鉴定机构、鉴定要求、鉴定过程、鉴定方法、鉴定日期等相关内容，是否由鉴定机构加盖司法鉴定专用章并由鉴定人签名、盖章。鉴定意见的文本形式应当符合《鉴定意见文书规范》《司法鉴定程序通则》等相关规定，审查中如发现鉴定意见的文本形式不符要求，应要求鉴定机构予以补正，不能补正或拒绝补正的不得作为定案的依据。

2. 证明力的审查

一是审查鉴定意见的明确性。"有可能是、不排除什么的可能、倾向于认定"等鉴定意见不得作为证据使用。二是审查鉴定意见的关联性。查明鉴定人是否严格按照委托事项作出鉴定意见，不得与委托鉴定事项无关的问题出具鉴定意见；查明鉴定人从鉴定材料中提取和甄别的材料，是否与待证事实相关联，是否足以对待证事实起到证明作用；查明鉴定意见的结论性意见与待证事实之间是否属于直接关联、必然关联，如不属于则鉴定意见的证明力较弱，一般不宜作为证据使用。三是审查鉴定意见的印证性。查明鉴定意见与物证、书证、证人证言及勘验、检查笔录等证据是否有矛盾。如有矛盾应当深入分析矛盾产生的原因，判明鉴定意见的客观真实性，不能盲目采信鉴定意见；查明鉴定意见是否告知犯罪嫌疑人及被害人，犯罪嫌疑人、被害人是否对鉴定意见提出异议及异议的内容。

（六）勘验、检查、辨认笔录的审查判断

麻醉药品、精神药品的种类、数量一般是通过勘验、检查发现。因此，勘验、检查、辨认相关现场是非法提供麻醉药品、精神药品案件取证工作的重要环节。

1. 真实性的审查

勘验、检查、辨认笔录的真实性审查主要是审查内容是否全面、详细、准确、规范。审查勘验、检查笔录的真实性时应审查是否准确记录了提起勘验、检查的事由，勘验、检查的时间、地点，在场人员、现场方位、周围环境等情况；是否准确记载了麻醉药品、精神药品、吸毒工具等物品的位置、特征等详细情况以及勘验、检查、搜查的过程；文字记载情况与实物、录像、照片是否相符；固定麻醉药品、精神药品、吸毒工具的形式、方法是否科学、规范；麻醉药品、精神药品、吸毒工具、痕迹等是否被破坏或者伪造，现场是否为原始现场。审查辨认笔录真实性时应从辨认主体、辨认时间、辨认背景、辨认能力等方面进行审查。辨认人的基本情况（年龄、精神状态、记忆力等）对辨认结果的真实具有重大影响。辨认时间距离案发时间长短对辨认结果也具有重大影响。距离案发时间较长的辨认，需要分析辨认人是有意识还是无意识的记忆，以判断记忆的准确

性。辨认笔录还应审查是不是犯罪嫌疑人、证人基于自己真实意思对相关人、物、地点等进行辨认，辨认过程中是否有侦查人员的诱导、暗示。违背辨认人真实意思表示的辨认笔录不得作为定案的依据。

2. 合法性的审查

勘验、检查、辨认笔录的合法性审查，主要审查这些笔录是否依照法定程序进行，一般应查明勘验、检查主体是否是2名以上侦查人员；辨认是否是由2名以上侦查人员主持进行，辨认照片是否按照混杂辨认原则、分别辨认原则、单独辨认原则、辨认前描述原则等制作的；勘验、检查、辨认活动是否有见证人参与，见证人是否签名，见证人与案件是否有利害关系，如果没有见证人参与是否有录音录像与侦查机关出具的说明；勘验、检查的现场有无保护情况，现场是否发生变动；勘验、检查现场痕迹、物品提取是否全面、客观、规范，笔录制作是否符合法律、有关规定，笔录文字记录与实物或绘图、照片、录像是否相符等。

3. 关联性的审查

勘验、检查、辨认笔录的关联性审查，主要审查勘验、检查、辨认笔录是否能够在一定程度上证明案件待证事实，应结合其他证据进行全面综合审查。勘验、检查、辨认笔录与犯罪嫌疑人供述、书证、物证、证人证言、电子数据等证据在围绕证明犯罪嫌疑人、单位的资质，麻醉药品、精神药品的种类及数量，非法提供行为，提供对象属于吸毒人员等待证事实方面是否存在矛盾、冲突。当勘验、检查、辨认笔录所承载的内容与其他证据所承载信息之间的联系，出现矛盾时应先判断清楚勘验、检查、辨认笔录与案件待证事实之间的联系属于本质联系还是非本质联系，属于必然直接联系还是偶然间接联系，以便作出正确的判断。

（七）电子数据的审查判断

在信息时代，非法提供麻醉药品、精神药品案件中出现越来越多的微信聊天记录、短信通信记录、QQ聊天记录、网页发布信息、网络购买记录等电子数据证据材料。在具体的审查与判断过程中应注重审查以下几个方面。

1. 真实性的审查

审查是否移送原始存储介质，如原始存储介质无法封存或不便移动时有无说明原因；有无注明收集、提取过程及原始存储介质的存放地点或电子数据的来源等情况；电子数据是否具有数字签名、数字证书等特殊标识，收集、提取过程是否可以重现，如有增加、删除、修改等情形是否附有说明。电子数据如具有篡改、伪造、无法确定真伪或增加、删除、修改等情形影响电子数据真实性，不得作为定案的根据。

2. 完整性的审查

审查原始存储介质的扣押、封存状态，查看录像审查电子数据的收集、提取过程，比对电子数据完整性校验值，与备份的电子数据进行比较，审查冻结后的访问操作日志。

3. 合法性的审查

审查收集、提取电子数据是否由 2 名以上侦查人员进行，取证方法是否符合相关技术标准，收集、提取电子数据是否附有笔录、清单，笔录、清单有无侦查人员、电子数据持有人（提供人）、见证人签名或者盖章，没有持有人（提供人）签名或者盖章的是否注明原因，对电子数据的类别、文件格式等是否注明清楚，是否由符合条件的人员担任见证人，电子数据检查是否将电子数据存储介质通过写保护设备接入检查设备。

4. 关联性的审查

通过核查相关 IP 地址、网络活动记录、上网终端归属、相关证人证言以及犯罪嫌疑人供述和辩解等进行综合判断，认定犯罪嫌疑人的网络身份与现实身份的同一性；通过核查相关证人证言以及犯罪嫌疑人供述和辩解等进行综合判断，认定犯罪嫌疑人与存储介质的关联性。

第三节　非法提供麻醉药品、
　　　　　精神药品罪的认定处理

一、罪与非罪的界限

非法提供麻醉药品、精神药品罪与非罪的界限，主要集中在合法行为、行政违法行为和犯罪行为三者之间。提供麻醉药品、精神药品的行为符合法律法规，属于正常履职行为，不构成犯罪。提供麻醉药品、精神药品的行为违反法律法规，也不能一律入罪以本罪定罪处罚，应区分一般违法行为和严重违法行为，其区分标准应以相关司法解释规定为准。一般违法行为属于行政违法行为，对直接责任人和单位给予行政处罚即可；严重违法行为属于犯罪行为，对直接责任人和单位以本罪定罪处罚。

具体案件办理中应注意把握以下几个方面：一是特定主体非法向非吸食、注射毒品人员提供麻醉药品、精神药品，且患者用于治病，则应认定行政违法行为；二是特定主体不明知其提供麻醉药品、精神药品的人员为吸毒、注射毒品的人，而是过失将麻醉药品、精神药品提供给吸食、注射毒品的人，应认定为行政违法行为或医疗事故；三是尽管《刑法》第355条罪状中没有数量要求的描述或其他入罪情节的描述，但相关司法解释已经明确了立案追诉或定罪处罚标准。对于非法提供麻醉药品、精神药品数量较少或不符合其他立案追诉标准的，应当认定为行政违法行为。

二、本罪与贩卖毒品罪的界限

非法提供麻醉药品、精神药品罪与贩卖毒品罪均侵害了国家对毒品的管制制度，在主观方面均表现为故意，两者的区别主要表现在以下几个方面：一是犯罪主体不同。非法提供麻醉药品、精神药品罪的主体是依法从事生产、管理、运输、使用国家管制的麻醉药品、精神药品的单位或年满16周岁的自然人，而贩卖毒品罪的主体虽然也包括单位和自然人，但其单位没有特殊限制和自然人的最低刑事责任年龄为14周岁。二是犯罪行为不同。非法提供麻醉药品、精神药品罪的客观行为表现为无偿地提供，而贩卖毒品罪的客观行为表现为以牟利为目的将毒品买进或卖出。三是犯罪行为指向的对象不同。非法提供麻醉药品、精神药品罪的犯罪行为指向的对象为吸食、注射毒品的人，而贩卖毒品罪的犯罪行为指向的对象没有特殊要求，既可以是吸毒人员也可以不是吸毒人员。四是犯罪目的不同。非法提供麻醉药品、精神药品罪可以是牟利以外的任何目的，而贩卖毒品罪往往以牟利为目的。五是犯罪场合不同。非法提供麻醉药品、精神药品罪必须是在行为人在从事生产、运输、管理和使用麻醉药品、精神药品的过程中，而贩卖毒品罪没有这一要求。

如被告人赖某禄贩卖毒品案[①]。2017年9月至2018年5月，被告人赖某禄在其经营的上杭县旧县某村卫生所内，在未有处方的情况下，向已形成瘾癖的熊某辉贩卖"立健亭"复方磷酸可待因溶液130余次，贩卖金额为26146元。2018年5月30日，上杭县公安局在该卫生所内查获804袋"立健亭"复方磷酸可待因溶液。经鉴定，该"立健亭"复方磷酸可待因溶液检出可待因、麻黄碱。上杭县人民法院认为，被告人赖某禄违反国家对毒品的管理制度，多次向他人贩卖能够使人形成瘾癖的国家二类管制精神药品，情节严重，事实清楚，证据确实、充分，其行为已构成贩卖毒品罪。关于被告人赖某禄及其辩护人提出的其行为构成非法提供精神药品罪的辩解及辩护意见，经查被告人赖某禄违反国家规定，以牟利为目的，在无处方、无诊断的情况下，多次向对精神药品成瘾的熊某辉贩卖国家二类管制精神药品复方磷酸可待因溶液，其行为已构成贩卖毒品罪。被告人赖某禄的辩解及其辩护人的辩护意见，理由不当，不予采纳。

---

① 参见福建省龙岩市上杭县人民法院刑事判决书，（2018）闽0823刑初434号。

三、非法贩卖麻醉药品、精神药品行为的认定

近年来，非法贩卖安钠咖、盐酸曲马多等麻醉药品、精神药品的案件不断出现。据统计，2013年至2020年10月，中国裁判文书网发布涉及麻醉药品、精神药品的一审刑事案件232件，涉及的主要罪名有贩卖毒品罪、非法经营罪及生产、销售假药罪。司法实践中，对此类案件如何定性存在不小的争议。《全国法院毒品犯罪审判工作座谈会纪要》做了原则性的规定，规定："行为人向走私、贩卖毒品的犯罪分子或者吸食、注射毒品的人员贩卖国家规定管制的能够使人形成瘾癖的麻醉药品或者精神药品的，以贩卖毒品罪定罪处罚；行为人出于医疗目的，违反有关药品管理的国家规定，非法贩卖上述麻醉药品或者精神药品，扰乱市场秩序，情节严重的，以非法经营罪定罪处罚。"

麻醉药品、精神药品具有双重社会属性，列入《麻醉药品目录》《精神药品目录》的麻醉药品、精神药品不等同于毒品。只有脱离管制被吸毒人员滥用的麻醉药品、精神药品，才能认定为毒品。行为人基于治病为目的且最终用于治病，不论其取得麻醉药品、精神药品的渠道是否合法，均应认定为药品。实践中非法贩卖麻醉药品和精神药品行为的定性应当结合案件的具体情况进行分析。

一是行为人向不特定对象贩卖精神药品，如果没有证据证明其是故意向走私、贩卖毒品的犯罪分子或者吸食、注射毒品的人员进行贩卖的，根据有利于被告人的原则，一般不宜认定为贩卖毒品罪。

二是行为人出于医疗目的，违反药品管理法相关规定，向无资质的药品经营人员、私立医院、诊所、药店或者病人非法贩卖的麻醉药品、精神药品，侵犯的是国家对药品的正常经营管理秩序，不应认定为贩卖毒品罪，符合非法经营罪的定罪标准的，依法定罪处罚[①]。

如被告人昝某非法经营案[②]。2017年11月25日至2019年3月23日，被告人昝某先后4次从黄某处购进佐匹克隆片3955盒，后将上述佐匹克隆片每盒加价1元至8元不等价格销售到多家药店及徐某等人，非法获利

[①] 参见高贵君、马岩、方文军、李静然：《全国法院毒品犯罪审判工作座谈会议纪要的理解与适用》，载《刑事审判参考》第102集，法律出版社2016年版，第154页。

[②] 参见内蒙古自治区奈曼旗人民法院刑事判决书，（2020）内0525刑初38号。

1万余元。经中国医科大学司法鉴定中心鉴定，被告人昝某非法经营的佐匹克隆片中检出佐匹克隆。内蒙古自治区奈曼旗人民法院认为，被告人昝某明知其经营的佐匹克隆片为法律、行政法规限制买卖的国家二类精神管制药品，仍违反国家药品管理法律法规，未取得药品经营许可证，非法经营药品，情节严重，其行为构成非法经营罪。

三是依法从事生产、运输、管理、使用麻醉药品、精神药品的人员利用职务便利收受他人财物，非法向吸食、注射毒品人员提供国家管制的麻醉药品、精神药品的行为，实质上行为人主观上具有牟利的目的，不论其主观上是否明知接受提供麻醉药品、精神药品的人是否为吸食、注射毒品的人，均应以贩卖毒品罪论处。收受他人财物也符合受贿罪、非国家工作人员受罪或单位受贿罪立案追诉标的，属于想象竞合犯，择一重罪处罚。

相关规定链接

1.《刑法》第355条；

2. 2011年4月，最高人民法院《关于准确理解和适用刑法中"国家规定"的有关问题的通知》；

3. 2012年5月，最高人民检察院、公安部《关于公安机关管辖的刑事案件立案追诉标准的规定（三）》；

4. 2015年9月，公安部、国家卫生和计划生育委员会、国家食品药品监督管理总局、国家禁毒委员会办公室《非药用类麻醉药品和精神药品列管办法》；

5. 2016年2月，《麻醉药品和精神药品管理条例》；

6. 2016年4月，最高人民法院《关于审理毒品犯罪案件适用法律若干问题的解释》；

7. 2016年5月，最高人民法院、最高人民检察院、公安部《办理毒品犯罪案件毒品提取、扣押、称量、取样和送检程序若干问题的规定》；

8. 2019年4月，最高人民检察院《关于〈非药用类麻醉药品和精神药品管制品种增补目录〉能否作为认定毒品依据的批复》。

第十三章

妨害兴奋剂管理罪办案指引

第一节 妨害兴奋剂管理罪概述

一、妨害兴奋剂管理罪的立法沿革

近年来，国内国际的一些重大体育竞赛中滥用兴奋剂的现象较突出。违规违法使用兴奋剂不仅危害运动员身心健康，而且违背人类的体育精神，破坏公平竞赛原则，甚至影响国家形象，社会危害严重。从国际上看，许多国家将滥用兴奋剂入刑，如丹麦、挪威、芬兰、意大利、法国等国家在刑法分则中专门规定了反兴奋剂的内容，或者通过制定单行刑法，采用附属刑法与刑法典相结合等形式，惩治兴奋剂犯罪[①]。

我国历来严禁在体育运动中使用禁用的药物，制定了一系列的法律法规。1995年8月，八届全国人大常委会第十五次会议通过了《体育法》（后于2009年8月、2016年11月两次修改），将反兴奋剂纳入国家法律范畴。2003年3月以来，我国相继签署并加入了《反对在体育运动中使用兴奋剂国际公约》和《世界反兴奋剂条例》，承诺对世界反兴奋剂机构规则的认可。2004年3月，国务院实施的《反兴奋剂条例》，对反兴奋剂的基本原则、兴奋剂管理、反兴奋剂义务、兴奋剂检查与检测、法律责任等作了规定。2014年11月，国家体育总局制定了《反兴奋剂管理办法》《体育运动中兴奋剂管制通则》，对兴奋剂的检查与调查、结果管理与处罚、处分与奖励等作了细致规定。上述规定，对于违规违法使用兴奋剂的行政处罚规定较为全面，虽然《反兴奋剂条例》等规定提到"构成犯罪的，依法追究刑事责任"，但长期以来刑事立法缺乏相关配套规定。

[①] 参见徐京生：《"滥用兴奋剂"入刑的理论探索》，载《法学杂志》2018年第5期。

2019年11月，最高人民法院发布了《关于审理走私、非法经营、非法使用兴奋剂刑事案件适用法律若干问题的解释》，对走私、非法经营、非法使用兴奋剂等犯罪行为的刑事处罚作了规定，相关行为可依法按照走私国家禁止进出口的货物、物品罪，走私普通货物、物品罪，非法经营罪，虐待被监护、看护人罪，组织考试作弊罪，生产、销售不符合安全标准的食品罪，生产、销售有毒、有害食品罪，滥用职权罪，玩忽职守罪，以及毒品犯罪等进行处理。该司法解释首次就兴奋剂犯罪行为的处理作出规定，但组织、强迫、引诱、教唆、欺骗运动员使用兴奋剂等违法行为没有被纳入刑法规制，仅靠禁赛、罚款等行业处罚，惩处力度明显不足，违规人员依然可能我行我素，违反禁赛规定，继续从事违法活动。①

2020年12月，十三届全国人大常委会第二十四次会议通过的《刑法修正案（十一）》规定了妨害兴奋剂管理罪，作为《刑法》第355条之一，即"引诱、教唆、欺骗运动员使用兴奋剂参加国内、国际重大体育竞赛，或者明知运动员参加上述竞赛而向其提供兴奋剂，情节严重的，处三年以下有期徒刑或者拘役，并处罚金。组织、强迫运动员使用兴奋剂参加国内、国际重大体育竞赛的，依照前款的规定从重处罚"。《刑法修正案（十一）》增设妨害兴奋剂管理罪，对于完善反兴奋剂法治体系，建设反兴奋剂长效治理体系，将发挥深远的影响。2021年2月，最高人民法院、最高人民检察院发布司法解释，对最高人民法院《关于执行〈中华人民共和国刑法〉确定罪名的规定》、最高人民检察院《关于适用刑法分则规定的犯罪的罪名的意见》作出补充、修改，明确将《刑法修正案（十一）》涉兴奋剂犯罪行为的罪名，规定为"妨害兴奋剂管理罪"。

二、妨害兴奋剂管理罪的发案态势

2021年3月1日起，《刑法修正案（十一）》正式施行。截至目前，

---

① 参见刘昕彤：《精准打击维护公平 坚决推进反兴奋剂斗争》，载《中国体育报》2021年3月19日，第1版。

我国尚未办理涉嫌妨害兴奋剂管理罪的相关案件。但从目前国内违规违法使用兴奋剂的形势来看，妨害兴奋剂管理罪的案发风险高。2021年7月14日，国家体育总局反兴奋剂中心发布了2020年度年报，全年查处兴奋剂违规31起，阳性率由2019年的0.23%下降至0.16%，但反兴奋剂的形势依然严峻。①

三、妨害兴奋剂管理罪的概念和构成特征

妨害兴奋剂管理罪，是指引诱、教唆、欺骗运动员使用兴奋剂参加国内、国际重大体育竞赛，或者明知运动员参加国内、国际重大体育竞赛而向其提供兴奋剂，情节严重的行为，以及组织、强迫运动员使用兴奋剂参加国内、国际重大体育竞赛的行为。

（一）客体特征

本罪的犯罪客体，在理论上存在一定争议。财产法益说认为运动员使用兴奋剂的目的是获取不正当的竞争优势，并非法获取了本该属于未使用兴奋剂的运动员的合理财产；运动员健康、平等比赛的机会和诚信说认为旨在保护运动员的健康及比赛中的平等机会和诚信；体育精神说认为其内涵包括体育道德、公平竞赛、健康优秀的竞技能力、体育运动的快乐等体育精神法益。②

我们认为，妨害兴奋剂管理罪规定在刑法分则第六章"妨害社会管理秩序罪"第七节"走私、贩卖、运输、制造毒品罪"中，该罪侵犯的是复杂客体，既包括国家对兴奋剂的管理秩序，公平公正的体育竞赛秩序，也包括运动员的生命健康。本罪的犯罪对象是运动员，不包括运动员辅助人员。

---

① 参见《中国反兴奋剂中心2020年年报发布》，载中国反兴奋剂中心官网2021年7月14日。https://www.chinada.cn/contents/28/2831.htm。

② 参见徐挺笠、李勇：《妨害兴奋剂管理罪的保护法益及行为构造》，载《中国检察官（司法实务版）》2021年第7期。

（二）客观特征

本罪的客观方面表现为，行为人引诱、教唆、欺骗运动员使用兴奋剂参加国内、国际重大体育竞赛，或者明知运动员参加国内、国际重大体育竞赛而向其提供兴奋剂，情节严重的行为，以及组织、强迫运动员使用兴奋剂参加国内、国际重大体育竞赛的行为。

所谓"引诱"，是指以金钱等利益诱导、拉拢运动员使用兴奋剂的行为。所谓"教唆"，是指劝说、怂恿、鼓动、唆使运动员使用兴奋剂的行为。所谓"欺骗"，是指用隐瞒事实真相或者制造假象等方法让运动员使用兴奋剂的行为。所谓"组织"，是指有组织地使多名运动员使用兴奋剂的行为。所谓"强迫"，是指违背运动员的意志，迫使运动员使用兴奋剂的行为。对相关行为的理解，可借鉴引诱、教唆、欺骗他人吸毒罪。

对于"运动员""兴奋剂""国内、国际重大体育竞赛"的理解，应当按照体育法、《反兴奋剂条例》等规定予以认定，必要时结合体育行政主管部门出具的意见作出认定。其中，所谓"运动员"，根据2020年12月国家体育总局发布的《反兴奋剂规则》相关规定，是指在全国性体育社会团体及其会员单位注册的运动员；参加国际或国家级比赛的运动员；参加全国性体育社会团体及其会员单位举办或授权举办的其他比赛的运动员；参加其他政府资助的比赛的运动员；不专门从事体育训练和比赛的普通体育运动参加者，即大众运动员；体育社会团体及其会员单位管理的其他运动员；其他所有反兴奋剂中心依照《世界反兴奋剂条例》的有关规定行使管辖权的运动员，包括所有具有中国国籍的、居住在中国的、持有中国证件的、属于中国各级各类体育组织成员的、在中国境内的，以及参加中国国家级比赛或赛事的运动员。根据《反兴奋剂条例》的相关规定，所谓"兴奋剂"，是指兴奋剂目录所列的禁用物质等。兴奋剂目录由国务院体育主管部门会同国务院药品监督管理部门、国务院卫生主管部门、国务院商务主管部门和海关总署制定、调整并公布。2021年1月，国家体育总局、商务部、国家卫生健康委、海关总署和国家药品监督管理局5部门联合发布了《2021年兴奋剂目录公告》，兴奋剂包括蛋白同化制剂品种87种，肽类激素品种65种，麻醉药品品种14种，刺激剂（含精神药品）品种75种，药品类易制毒化学品品种3种，医疗用毒性药品品种1种，以及其他品种113种。可见，兴奋剂和毒品存在交叉重叠，部分兴奋剂属于毒品，且并非所有的兴奋剂都属于毒品，也并非所有的毒品均属于兴奋剂。

所谓"国内、国际重大体育竞赛"，根据国家体育总局《反兴奋剂规则》的规定，是指由国际奥委会、国际残疾人奥委会、国际单项体育联合会、重大赛事组织机构或其他国际体育组织作为其组织机构的，或者任命技术官员的赛事或比赛，以及国际级或国家级运动员参加的、非国际赛事的体育赛事或比赛。

所谓"情节严重"，一般应当包括：一是因引诱、教唆、欺骗运动员使用兴奋剂或者为运动员提供兴奋剂，受过行政处罚或刑事处罚的；二是行为人系国家工作人员，实施引诱、教唆、欺骗运动员使用兴奋剂或者为运动员提供兴奋剂行为的；三是多次引诱、教唆、欺骗运动员使用兴奋剂或者为运动员提供兴奋剂，或者引诱、教唆、欺骗多名运动员使用兴奋剂或者为多名运动员提供兴奋剂的；四是引诱、教唆、欺骗运动员使用兴奋剂或者为运动员提供兴奋剂，造成运动员轻伤以上后果的；五是引诱、教唆、欺骗未成年、残疾运动员使用兴奋剂或者为未成年、残疾运动员提供兴奋剂的；六是抗拒、阻挠兴奋剂检查、调查的；七是造成严重恶劣社会影响的。

（三）主体特征

本罪的主体是一般主体，主要是运动员辅助人员，即为运动员参加体育训练和比赛等提供帮助、指导的人员，包括教练员、队医、领队、科研人员等。本罪的行为模式一般只能为自然人所为，故仅限定为自然人，单位不能成为本罪的主体。

（四）主观特征

本罪的主观方面只能是故意构成，过失不构成本罪，即行为人明知是兴奋剂，引诱、教唆、欺骗运动员使用兴奋剂和向运动员提供兴奋剂，以及组织、强迫运动员使用兴奋剂。如果行为人不知道是兴奋剂，或者不具有引诱、教唆、欺骗运动员使用兴奋剂和向运动员提供兴奋剂，以及组织、强迫运动员使用兴奋剂的主观故意，均不构成本罪。

四、妨害兴奋剂管理罪的追诉标准

本罪的行为方式有三种，对于行为人引诱、教唆、欺骗运动员使用兴奋剂参加国内、国际重大体育竞赛，或者明知运动员参加国内、国际重大体育竞赛而向其提供兴奋剂，要求情节严重，才能构成犯罪，予以追诉。对于组织、强迫运动员使用兴奋剂参加国内、国际重大体育竞赛的行为，则不要求达到情节严重的程度。本罪的具体追诉标准，有待最高司法机关出台司法解释予以明确。

第二节　妨害兴奋剂管理罪的证据审查

一、妨害兴奋剂管理罪的证据要件

（一）客体方面的证据要件

收集犯罪嫌疑人、被告人供述与辩解、相关证人证言、鉴定意见、视听资料等证据，证明行为人的行为侵犯了国家对兴奋剂的管理秩序、公平公正的体育竞赛秩序以及运动员的生命健康。

（二）客观方面的证据要件

收集相关证据证明行为人引诱、教唆、欺骗运动员使用兴奋剂参加国内、国际重大体育竞赛，或者明知运动员参加国内、国际重大体育竞赛而向其提供兴奋剂，情节严重的行为，以及组织、强迫运动员使用兴奋剂参加国内、国际重大体育竞赛的行为。需要收集的证据主要包括：

1.犯罪嫌疑人、被告人的供述和辩解

（1）实施引诱、教唆、欺骗、组织、强迫使用兴奋剂以及提供兴奋剂的时间、地点；

（2）兴奋剂的来源、特征、种类、数量；

（3）引诱、教唆、欺骗、组织、强迫使用兴奋剂以及提供兴奋剂的具体过程；

（4）被引诱、教唆、欺骗、组织、强迫、提供者原本是否愿意使用兴奋剂，经引诱、教唆、欺骗、组织、强迫、提供后是否使用了兴奋剂。

（5）共同犯罪中的起意、策划、分工、实施等情况，各自在共同犯罪中的地位和作用。

2. 证人证言

（1）知情人的证言；

（2）举报人的证言；

（3）证人与运动员的关系，行为人引诱、教唆、欺骗、组织、强迫、提供兴奋剂的具体过程等；

（4）运动员使用兴奋剂的相关后果等。

3. 物证

（1）兴奋剂实物或照片；

（2）作案工具，包括包装物、夹带物等。

4. 书证

（1）报案登记、受案登记表、举报记录，发破案经过等说明材料；

（2）通话清单、银行账户明细、交易凭证等。

5. 搜查、勘验、检查笔录

（1）现场的勘验、检查、辨认、搜查笔录及照片；

（2）对物证的勘验、检查笔录及照片；

（3）对犯罪嫌疑人及相关人员的人身检查笔录、搜查笔录；

（4）对兴奋剂扣押、提取、称量、取样、送检笔录及清单等。

6. 鉴定、认定意见

包括对兴奋剂含量、成分的鉴定意见，以及国家体育行政管理部门出具的认定意见等。

7. 视听资料、电子数据

（1）相关录音、录像及照片；

（2）通话记录、短信、微信、聊天记录等。

（三）主体方面的证据要件

本罪的主体是一般主体，需要收集的证据主要包括：

1. 户口簿、居民身份证、临时居住证、护照、港澳居民来往内地通行证、台湾居民来往大陆通行证、边民证、工作证等证明行为人自然身份方面的证据。

2. 刑事判决书、裁定书、释放证明书、假释证明书、不起诉决定书、行政处罚决定书等证明行为人前科劣迹方面的证据。

（四）主观方面的证据要件

本罪的主观方面是故意，要收集相关证据证明行为人明知是兴奋剂而实施引诱、教唆、欺骗、组织、强迫运动员使用兴奋剂或者提供兴奋剂。妨害兴奋剂管理的相关动机、目的不是本罪的构成要件，但可以反映出行为人的主观故意，在收集证据时应当注意。

二、妨害兴奋剂管理罪常见证据审查

根据规定，国务院体育主管部门应当制定兴奋剂检查规则和兴奋剂检查计划并组织实施。国务院体育主管部门应当根据兴奋剂检查计划，决定对全国性体育竞赛的参赛运动员实施赛内兴奋剂检查，并可以决定对省级体育竞赛的参赛运动员实施赛内兴奋剂检查。对于"运动员""兴奋剂""国内、国际重大体育竞赛"的认定，应当按照体育法、《反兴奋剂条例》等规定进行，必要时结合体育行政主管部门出具的意见作出认定。根据《刑事诉讼法》第54条的规定，行政机关在行政执法和查办案件过程中收集的物证、书证、视听资料、电子数据等证据材料，在刑事诉讼中可以作为证据使用。体育行政主管部门出具的认定意见具有证据资格，但能否作为定案的依据仍需要司法机关严格审查。

实践中，对于兴奋剂的检测认定非常重要，检测认定意见直接关系到本罪是否成立，以及行为的定性。要着重审查：一是检测认定人和机构是否具备法定资格，是否与案件或案件当事人有利害关系或其他特殊关系。二是兴奋剂的送检、取样、认定是否符合程序规定，检材与原始提取物是否一致，检材是否遭受污染，相关过程是否具有笔录记载。三是检测认定意见是否科学，分析论证是否充分，分析论证和检测认定结论是否矛盾，检测认定意见与案件其他证据有无矛盾。四是检测认定意见形式是否完备，是否具备简要案情、检材取样、检测过程及记录、分析说明、检测认定意见等内容。

第三节 妨害兴奋剂管理罪的认定处理

一、罪与非罪的界限

行为人引诱、教唆、欺骗运动员使用兴奋剂参加国内、国际重大体育竞赛，或者明知运动员参加国内、国际重大体育竞赛而向其提供兴奋剂，情节严重的行为，以及组织、强迫运动员使用兴奋剂参加国内、国际重大体育竞赛的行为，构成本罪。引诱、教唆、欺骗运动员使用兴奋剂参加国内、国际重大体育竞赛，或者明知运动员参加国内、国际重大体育竞赛而向其提供兴奋剂，尚未达到情节严重的行为，不能构成本罪。体育竞赛达不到国内、国际重大体育竞赛层次的，即使行为人实施了引诱、教唆、欺骗运动员使用兴奋剂或者提供兴奋剂的行为，不构成本罪。经检测认定，药物不属于国家管制的兴奋剂目录范围的，相关行为亦不构成本罪。

需要注意的是，运动员系本罪的犯罪对象，对于运动员本人使用兴奋剂参加国内、国际重大体育竞赛的行为，或者受人引诱、教唆、欺骗、组织、强迫而使用兴奋剂的行为，不作为犯罪处理，不构成本罪，亦不能成为本罪的共犯，应当按照相关规定由体育行政主管部门依照反兴奋剂规则进行处理。

此外，本罪属于行为犯，只要行为人具有引诱、教唆、欺骗运动员使用兴奋剂参加国内、国际重大体育竞赛，或者明知运动员参加上述竞赛而向其提供兴奋剂的行为，即构成本罪的既遂，至于运动员最终是否使用兴奋剂、运动员是否实际参赛或者是否在参赛前被发现使用兴奋剂而被取消参赛资格则在所不问。①

---

① 参见赵秉志主编:《〈刑法修正案（十一）〉理解与适用》，中国人民大学出版社2021年版，第326页。

二、本罪与其他犯罪的界限

(一) 使用兴奋剂致运动员重伤、死亡的情形

行为人引诱、教唆、欺骗、组织、强迫运动员使用兴奋剂,或者向运动员提供兴奋剂,运动员使用兴奋剂后导致重伤、死亡,如果行为人具有故意杀人或者故意伤害的主观意图,则应当以故意杀人罪、故意伤害罪追究其刑事责任;行为人对于运动员的死亡和重伤出于过失的,同时触犯过失致人死亡罪、过失致人重伤罪,应当与本罪择一重罪处罚。

(二) 强迫、诱骗未成年人、残疾人使用兴奋剂的情形

对未成年人、残疾人负有监护、看护职责的人组织未成年人、残疾人在体育运动中非法使用兴奋剂,情节恶劣的,构成虐待被监护、看护人罪。与虐待被监护、看护人罪相比,本罪入罪门槛较低,行为人实施引诱、教唆、欺骗、组织、强迫未成年、残疾运动员使用兴奋剂或者为未成年、残疾运动员提供兴奋剂的行为,即可构成本罪。对于同时触犯本罪和虐待被监护、看护人罪的,应当择一重罪处罚;考虑到二者刑罚规定一致,妨害兴奋剂管理罪条款是特别规定,一般应当以本罪定罪处罚。对于涉案的体育运动不属于国内、国际重大体育竞赛、单位涉案等情形,不构成本罪但触犯虐待被监护、看护人刑法规定的,应当以虐待被监护、看护人罪追究刑事责任。

(三) 涉嫌毒品犯罪的情形

对于行为人引诱、教唆、欺骗、组织、强迫运动员使用兴奋剂,或者向运动员提供兴奋剂,兴奋剂属于麻醉药品和精神药品的,同时触犯本罪和引诱、教唆、欺骗他人吸毒罪、强迫他人吸毒罪、容留他人吸毒罪的,应当择一重罪处罚。对于行为人实施了引诱、教唆行为无效,进而实施强迫行为,如兴奋剂属于麻醉药品和精神药品的,则应当以引诱、教唆、欺骗他人吸毒罪和强迫他人吸毒罪予以并罚;如兴奋剂不属于麻醉药品和精神药品的,则应当以本罪定罪处罚。根据刑法毒品再犯的特殊规定,对于行为人因走私、贩卖、运输、制造、非法持有毒品罪被判过刑,

又犯本罪的，应当从重处罚。

(四) 非法使用兴奋剂的其他情形

对于运动员、运动员辅助人员及其他相关人员在体育运动中出于非法使用的目的而走私兴奋剂的，可以构成走私国家禁止进出口的货物、物品罪或者走私普通货物、物品罪；违规经营兴奋剂的，可以构成非法经营罪；在高校招生、公务员录用等国家考试涉及的体育、体能测试等体育运动中，组织考生非法使用兴奋剂的，可以构成组织考试作弊罪；生产、销售含有兴奋剂目录所列物质的食品，可以构成生产、销售不符合安全标准的食品罪，生产、销售有毒、有害食品罪；国家机关工作人员在行使反兴奋剂管理职权时滥用职权或者玩忽职守，造成严重兴奋剂违规事件，严重损害国家声誉或者造成恶劣社会影响的，可以构成滥用职权罪、玩忽职守罪。因上述犯罪行为方式和本罪完全不同，对于行为人具有上述行为，又实施了妨害兴奋剂管理的行为，应当予以并罚。

如被告人秦某某、赵某非法经营案①。2016年5月，被告人秦某某、赵某共同成立郑州某生物科技有限公司，在无药品经营许可证的情况下，从他处购入含有生长激素、海沙瑞林、伊帕瑞林等兴奋剂物质的产品，以该生物科技公司名义对外销售，且部分产品使用假冒的注册商标。被告人秦某某作为该公司的法定代表人，全面负责公司经营管理，采购含有兴奋剂物质产品并指使员工对外销售，部分产品被指使的员工使用其采购的假冒注册商标包装后销售。被告人赵某作为该公司的创始人、股东，联系含有兴奋剂物质产品货源、参与假冒注册商标产品包装等。经查，被告人秦某某、赵某共销售含兴奋剂物质的产品共计人民币25481元、美元873787.78元（折合人民币5892144.69元）。2020年4月27日，公安机关在生物科技公司办公场所查扣了涉案含有兴奋剂物质的产品共计美元45569元（折合人民币320350.07元），并在他处查扣假冒注册商标某品牌生长激素外包装、说明书等。被告人秦某某在被询问时供述了主要犯罪事实，被告人赵某到案后对犯罪事实供认不讳。上海市第三中级人民法院经

---

① 参见林中明、杭晶琪、汤盛佳：《买卖兴奋剂行为属非法经营——揭秘全国刑事处罚兴奋剂第一案的查办过程》，载《检察日报》2021年7月6日，第5版。

审理认为，被告人秦某某、赵某伙同他人违反国家规定，未经许可经营兴奋剂目录所列物质，涉案物质属于法律、行政法规规定的限制买卖物品，情节特别严重，其行为均构成非法经营罪。被告人秦某某、赵某系主犯，应当按照其所参与的全部犯罪处罚。最终以非法经营罪分别判处被告人秦某某有期徒刑4年，并处罚金30万元，判处被告人赵某有期徒刑5年，并处罚金20万元。

该案系全国刑事处罚兴奋剂第一案，检察机关对兴奋剂的相关证据标准问题，依法引导公安机关侦查取证，提出了明确的补充侦查意见。在办理该案中，由国家体育总局反兴奋剂中心对涉案兴奋剂进行实质检验，再由国家体育总局根据检验结果作出属于兴奋剂的行政认定，在此基础上司法机关就涉案行为具备实质违法要素、具备社会危害性等犯罪的实质要件进行了审查，确保了办案效果，为办理同类案件提供了样本。

相关规定链接

1.《刑法》第355条之一；

2. 2019年11月，最高人民法院《关于审理走私、非法经营、非法使用兴奋剂刑事案件适用法律若干问题的解释》。

第十四章

毒品犯罪若干疑难问题办理指引

第一节 毒品犯罪的管辖

一、管辖的基本原则

根据刑事诉讼法和相关司法解释文件规定，毒品犯罪案件的地域管辖，应当坚持以犯罪地管辖为主、被告人居住地管辖为辅的原则。考虑到毒品犯罪的特殊性和毒品犯罪侦查体制，"犯罪地"包括犯罪预谋地，毒资筹集地，交易进行地，毒品生产地，毒资、毒赃和毒品的藏匿地、转移地，走私或者贩运毒品的目的地等。"被告人居住地"包括被告人常住地、户籍地及其临时居住地。

2007年，最高人民法院、最高人民检察院、公安部印发《办理毒品犯罪案件适用法律若干问题的意见》，规定"犯罪地"包括"犯罪嫌疑人被抓获地"，而2008年《全国部分法院审理毒品犯罪案件工作座谈会纪要》删去了这一规定，对于"犯罪嫌疑人被抓获地"是否有权管辖值得研究。我们认为，"犯罪嫌疑人被抓获地"不宜作为毒品犯罪案件管辖地。一方面，将"犯罪嫌疑人被抓获地"解释为"犯罪地"有些牵强，在很多案件中"犯罪嫌疑人被抓获地"与犯罪行为、犯罪结果并无关系。另一方面，部分侦查机关迫于考核指标压力，为完成办案指标，利用技侦等侦查手段，想方设法到异地抓捕毒品犯罪分子，破坏犯罪管辖的基本原则，影响司法公正。将"犯罪嫌疑人被抓获地"作为毒品犯罪管辖地，无疑将加剧这一乱象。

当前毒品犯罪高度网络化，具有空间虚拟化、跨地域化等特点，而跨地域网络犯罪案件，犯罪地是一个突出问题，容易产生管辖争议或者互相推诿[①]。由于网络犯罪的分散性，其很难如同传统犯罪一样与某个现实地

---

① 参见陆栋：《跨地域网络案件的刑事立案管辖问题研究》，载《甘肃政法学院学报》2016年第6期。

点产生稳定的联结，这就会使得管辖权大量出现与极度分散的情况，从而导致确定管辖权的混乱局面。①对此可按照最高人民法院、最高人民检察院、公安部《关于办理网络犯罪案件适用刑事诉讼程序若干问题的意见》的相关规定，以网站、群组服务器所在地，网站、群组接入地，建立者、管理者所在地，犯罪嫌疑人使用的计算机信息系统所在地等，作为犯罪地的认定标准，进而确定管辖。

公安机关对侦办跨区域毒品犯罪案件的管辖权有争议的，应本着有利于查清犯罪事实，有利于诉讼，有利于保障案件侦查安全的原则，认真协商解决。经协商无法达成一致的，报共同的上级公安机关指定管辖。对即将侦查终结的跨省（自治区、直辖市）重大毒品案件，必要时可由公安部商最高人民法院和最高人民检察院指定管辖。为保证及时结案，避免超期羁押，人民检察院对于公安机关移送审查起诉的案件，人民法院对于已进入审判程序的案件，被告人及其辩护人提出管辖异议或者办案单位发现没有管辖权的，受案人民检察院、人民法院经审查可以依法报请上级人民检察院、人民法院指定管辖，不再自行移送有管辖权的人民检察院、人民法院。

值得注意的是，近年来，组织、雇用孕妇、哺乳期妇女等特殊群体实施毒品犯罪活动较多发，由于对孕妇、哺乳期妇女的监视居住、取保候审等强制措施往往落实不到位，致使其反复进行毒品犯罪，成为影响禁毒工作成效的突出问题。为此，对怀孕、哺乳期妇女走私、贩卖、运输毒品案件，查获地公安机关认为移交其居住地管辖更有利于采取强制措施和查清犯罪事实的，可以报请共同的上级公安机关批准，移送犯罪嫌疑人居住地公安机关办理，查获地公安机关应继续配合。

二、管辖的审查

司法解释文件采取列举的方式对毒品犯罪的地域管辖作了相对明确的指引，但毒品共同犯罪和上下家关系交叉，犯罪链条、层级纷繁复杂，

---

① 参见刘品新主编：《网络时代刑事司法理念与制度的创新》，清华大学出版社2013年版，第125页。

特别是当前犯罪分子利用网络实施毒品犯罪，加之侦查破案普遍采用技术侦查、网络侦查、特情和控制下交付等手段①，使毒品犯罪管辖问题变得混乱，成为办案中的难点问题。

（一）有无管辖权问题

在办理毒品犯罪案件时，应当着重审查办案机关是否具有管辖权，是否符合上述犯罪地和被告人居住地的相关情形。从司法实践来看，毒品犯罪的管辖还存在不少误区，管辖问题已成为影响办案质量的重要因素，有的案件甚至因管辖问题在死刑复核阶段被发回重审。有观点认为只要和毒品有关的资金所在地，如提供购买毒品的特情经费所在地，都属于毒资筹集地②，而实际上根据司法解释文件规定，只有为毒品犯罪筹集资金的所在地才能认定为毒资筹集地，并不包括为吸食毒品筹集资金地以及侦查机关为特情提供经费所在地等。有的侦查机关通过摸排当地吸毒人员的线索，从而抓获在异地的贩毒人员，案件虽系其摸排本辖区相关线索而侦破，但因贩毒人员居住地和犯罪地均不在本辖区，当地并无管辖权。

如被告人闵某辉、马某霖、帕某贩卖毒品案③。2005年7月，被告人闵某辉、马某霖、帕某在广东省广州市租住了白云区某花园某栋某室的房间后，共同预谋购买毒品向他人贩卖。2005年8月1日中午，闵某辉指使帕某用维吾尔语与他人电话商定购买毒品后，闵某辉、马某霖安排帕某与同住该出租房的女子王某英（在逃）携带筹集的人民币28万元到广州大厦，从他人处购得海洛因1000克，返回后交给闵某辉、马某霖藏匿于租住处。当日21时许，广州市公安人员在该租房内将闵某辉、马某霖、帕某3人抓获，当场查获海洛因1282克以及人民币13.8万元。兰州市中级人民法院判决被告人闵某辉犯贩卖毒品罪，判处死刑，剥夺政治权利终身，并处没收个人全部财产，撤销原判假释，与没有执行完毕的余刑2年

---

① 实践中，技术侦查、网络侦查、特情和控制下交付等侦查措施往往综合运用，均与网络信息化手段密切相关。

② 参见夏忠文、柳红梅：《提供购买毒品的特情经费所在地是否"毒资"筹集地》，载《检察日报》2010年7月30日。

③ 参见最高人民法院刑事审判第一、二、三、四、五庭编：《刑事审判参考》第67集，法律出版社2009年版，第131页。

11个月零2天并罚,决定执行死刑,剥夺政治权利终身,并处没收个人全部财产。被告人马某霖、帕某均犯贩卖毒品罪,分别被判处死缓和无期徒刑。一审宣判后,被告人闵某辉、马某霖、帕某不服,提出上诉。甘肃省高级人民法院裁定驳回上诉,维持原判,并依法报送最高人民法院核准。最高人民法院复核认为,被告人闵某辉的犯罪地、户籍地、居住地均不在甘肃省;闵某辉假释期间犯罪,服刑地也不在甘肃省。第一审判决、第二审裁定违反法定诉讼程序。裁定不核准被告人闵某辉死刑,撤销原判,发回甘肃省兰州市中级人民法院,依照刑事诉讼法有关管辖的规定办理。

在办案中,该案的地域管辖如何确定,有两种不同意见:第一种意见认为,该案因与兰州市牟某苏等7人制造毒品案有一定关联,公安部故指定将两案合并侦查,后由检察机关提起公诉,当地法院具有管辖权。另一种意见认为,该案被告人闵某辉、马某霖、帕某的犯罪地、户籍地、居住地均不在甘肃省,闵某辉系假释期间犯罪,服刑地也不在甘肃省,当地法院不具有管辖权。经审查发现,3被告人的犯罪预谋地、毒资筹集地、交易进行地及毒资、毒赃、毒品藏匿地均在广东省广州市,3被告人也是在广州市被广州公安机关抓获的。3被告人的出生地、常住地在新疆等地。甘肃法院对该案进行管辖不符合犯罪地、被告人居住地的相关规定。本案在侦查阶段因认为与甘肃省兰州市牟某苏等7人制造毒品案有一定的关联,但检察机关发现牟某苏等人制造毒品"麻古"的原料"冰毒"是通过本案被告人马某霖介绍购买的证据不足,已撤回起诉,并将牟某苏等被告人制造毒品案另行起诉。另外,被告人闵某辉1996年6月曾因犯贩卖毒品罪被判处有期徒刑15年,服刑地在宁夏回族自治区石嘴山市,闵某辉此次系在假释期间犯罪,服刑所在地法院可以有管辖权。综合来看,该案3被告人的犯罪地、户籍地、居住地均不在甘肃省,被告人闵某辉的服刑地也不在甘肃省,一、二审法院并无管辖权,违反了有关地域管辖的法律规定,最终该案在死刑复核阶段被依法裁定撤销原判,发回重审。

又如被告人徐某非法持有毒品案[①]。2016年5月27日,范某乙(另案处理)在宁夏回族自治区吴忠市利通区公安机关安排下,通过电话联系被

---

① 参见宁夏回族自治区吴忠市中级人民法院刑事裁定书,(2017)宁03刑终132号。

告人徐某购买毒品，双方商议在宁夏回族自治区吴忠市利通区某大道进行交易。后被告人徐某又提出让范某乙到银川市永宁县其住处。范某乙遂来到银川市永宁县某镇徐某家中购买毒品。随后，范某乙与徐某下楼，在单元门口被公安人员查获。公安人员当场从徐某随身的手包中查获两包毒品疑似物。经鉴定，缴获毒品疑似物重24.93克，检出甲基苯丙胺成分。宁夏回族自治区吴忠市利通区人民检察院以被告人徐某犯贩卖毒品罪依法提起公诉，吴忠市利通区人民法院作出一审判决，认定被告人徐某犯非法持有毒品罪，判处有期徒刑1年4个月，并处罚金人民币5000元。宣判后，吴忠市利通区人民检察院提出抗诉，吴忠市人民检察院支持抗诉，认为一审判决改变了起诉书认定的事实和罪名，犯罪地由利通区改变认定为永宁县，罪名由贩卖毒品罪改变认定为非法持有毒品罪，当地法院对本案无管辖权。若行使审判权，必须要有上级法院的指定管辖，在自治区高级人民法院没有指定管辖的情况下作出判决，审判程序违法，应当发回重新审判。吴忠市中级人民法院作出二审裁定，认为原公诉机关指控徐某犯贩卖毒品罪时，原审法院即具有管辖权，虽然原审法院最终改变定性，以非法持有毒品罪对徐某定罪量刑，没有履行报请指定管辖的手续，存在一定的瑕疵，但不影响公正审判。最终驳回抗诉，维持原判。综合全案来看，该案被告人徐某的居住地在宁夏回族自治区永宁县，考虑到其涉嫌贩卖毒品的犯罪预谋地在宁夏回族自治区吴忠市利通区，吴忠市利通区司法机关以被告人徐某涉嫌贩卖毒品罪起诉、审判符合毒品犯罪地域管辖的规定。然而，因徐某涉嫌贩卖毒品罪的事实无法认定，只能以非法持有毒品罪追究刑事责任。在此情形下，吴忠市利通区既不是被告人居住地，又不是犯罪地，当地法院显然没有管辖权，如要对该案进行审判，应当依法报请指定管辖。

（二）管辖的规范问题

根据规定，毒品犯罪案件应当由犯罪地的公安机关管辖，如果由犯罪嫌疑人居住地的公安机关管辖更为适宜的，可以由其管辖。当多个公安机关都有权管辖时，由最初受理的管辖，必要时由主要犯罪地的管辖。实践中，一些地方为严厉打击外流毒品犯罪，将犯罪嫌疑人一概押回居住地处理。有的案件同一嫌疑人因不同毒品犯罪同时被多地公安机关管辖，其出于部门利益考虑，均不愿将自己侦查的案件进行移交。因各地毒情形势和经济社会发展水平差异，刑罚适用的毒品数量标准不一，有的差别较大。

当前，受考核等因素影响，侦查机关经常跨地区、跨省份抓捕毒品犯罪嫌疑人，进行"远洋捕捞""长臂管辖"，犯罪地和嫌疑人居住地均不在本地的"两非"案件多，导致大量案件后续检察、审判环节均须向上级机关请示指定管辖，影响诉讼效率和司法公正。毒品案件指定管辖的数量和所占比例都远远高于其他各类刑事案件。实践中，办理指定管辖程序烦琐、时限较长，影响案件的办理，这使得一些本无须退侦、延期的案件，需要一退、二退、一延再延，不仅增加了审前羁押时间，还加大了诉讼成本，浪费了司法资源。有的以辖区存在被害人为由大量抓捕"两非"案件犯罪嫌疑人；有的指定管辖时随意拆并案件；有的将指定管辖案件的犯罪嫌疑人"等"外扩大；有的指定管辖手续由公安禁毒部门，而非公安机关出具；还有的将具有管辖权的案件报请指定管辖。对于上述管辖乱象，应予以监督纠正，确保管辖原则贯彻落实。检察机关应强化诉讼监督，根据案件来源和侦破经过等情况，从严把握指定管辖的适用条件。

（三）关联案件的管辖问题

毒品犯罪案件往往因上下线关系复杂，尤其是其与网络交织后，关联案件较多，且多分布在不同的地区，依法妥善确定案件管辖尤为重要。实践中，跨地区侦查机关在案件管辖上相互推诿或互不相让，人为地将案件割裂，导致关联案件被拆分成几个案件分别由不同的管辖地进行处理，严重影响案件的办理效率和效果。有的关联案件虽由同一侦查机关办理，但出于考核等因素考虑，分案移送审查起诉。还有的案件，主要犯罪嫌疑人可能被判处无期徒刑以上刑罚，基层检察院将案件移送至市级检察院，市级检察院拆案，又将部分罪行较轻的犯罪嫌疑人移送基层检察院审查起诉，浪费司法资源。

对于毒品犯罪关联性案件的管辖问题，应予以明确。即对于毒品犯罪案件中一人犯数罪、上下家犯罪、共同犯罪以及共同犯罪的犯罪嫌疑人实施其他犯罪的，一般应当由公安机关并案侦查。对上下家犯罪的犯罪嫌疑人实施其他犯罪，以及他人实施包庇毒品犯罪分子、窝藏毒品、为毒品犯罪洗钱等存在关联的犯罪，并案处理有利于查明案件事实的，公安机关也可以在职责范围内并案侦查。对于公安机关并案侦查的案件，应当全面收集、提取相关证据材料，准确查明各犯罪嫌疑人的犯罪事实。对并案侦查的毒品犯罪案件，公安机关一般应当一并移送审查起诉，检察机关也应当一并提起公诉。对于上述关联案件，不需要另行报请指定管辖，当地检察机关应当依法审查批准逮捕和审查起诉，当地法院应当依法受理检察机关提起公诉的案件。

在实践中，有的地方司法机关认为，办理毒品犯罪案件只能对该案嫌疑人的上一家或者下一家相关案件进行查办，其他的案件需要通过指定管辖等方式才实施管辖。我们认为，这一理解明显不妥，当办案机关对某案具有管辖权时，其对关联案件在原则上均具有管辖权，而不论其上下家链条的长短。主要理由如下：一是对毒品犯罪关联案件进行并案管辖，具有法律依据。2012年12月，最高人民检察院等六家单位出台的《关于实施刑事诉讼法若干问题的规定》，规定"多个犯罪嫌疑人、被告人实施的犯罪存在关联，并案处理有利于查明案件事实的"，可以并案处理。《公安机关办理刑事案件程序规定》、最高人民法院、最高人民检察院、公安部《关于办理网络犯罪案件适用刑事诉讼程序若干问题的意见》等司法解释文件，亦有相关规定。对于毒品犯罪的关联案件，也可根据规定进行并案处理。二是查明案件事实，准确适用刑罚的需要。"基于网络犯罪案件的特性，并案处理有利于查明案件事实，有利于严厉惩治网络犯罪。"[①]毒品犯罪案件犯罪链条长，并案管辖有利于查清案件全链条的犯罪事实，进而准确地适用刑罚。特别是在重大毒品犯罪案件中，如不并案管辖，不能查清犯罪嫌疑人在犯罪链条中的地位、作用，影响全案量刑平衡，乃至死刑的依法公正适用。三是新形势下打击毒品犯罪的必然要求。长期以来，公安机关习惯于抓人缴毒品，对毒品犯罪上下线深挖不够。在当前毒品犯罪普遍网络化的新形势下，侦查工作必须上下延伸，全链条打击，对于关联案件并案管辖，是强化打击质效的必然要求。目前，全国公安禁毒部门正

[①] 喻海松：《〈关于办理网络犯罪案件适用刑事诉讼程序若干问题的意见〉的理解与适用》，载《人民司法》2014年第17期。

在总结推广对毒品犯罪案件的"集群打零"战法[①]，也为关联案件并案管辖创造了有利条件。需要指出的，一些地方公安机关虽然将毒品犯罪关联案件并案侦查，但有的检察人员顾虑工作强度大，要求公安机关分案移送审查起诉，消解了并案管辖的应有作用。要健全检察官业绩考核机制，全面考量案件难易等因素，以促进毒品犯罪关联案件并案移送审查起诉和提起公诉，确保办案效果。此外，对于部分犯罪分子在逃，其他犯罪分子已被追究刑事责任案件，在逃犯罪分子归案后，为便于查清事实，做好量刑平衡，可以由原办案机关管辖处理。当然，要准确判断毒品犯罪的关联性，对于虽存在一定联系，但并无关联的案件不能并案管辖。如犯罪嫌疑人的毒品犯罪事实未被查实，对于其在异地的上下家并无管辖权。又如犯罪嫌疑人与异地的犯罪嫌疑人存在共同的上家，该上家未到案的情况下，对于异地的犯罪嫌疑人不能并案处理。同样，犯罪嫌疑人与异地的犯罪嫌疑人存在共同的下家，该下家未到案的情况下，对于异地的犯罪嫌疑人不能并案处理，等等。

相关规定链接

1.《刑事诉讼法》第25条、第26条、第27条；
2. 2007年12月，最高人民法院、最高人民检察院、公安部《办理毒品犯罪案件适用法律若干问题的意见》；
3. 2008年12月，《全国部分法院审理毒品犯罪案件工作座谈会纪要》。

[①] 2019年，公安部在总结浙江等地经验的基础上，组织全国公安禁毒部门开展"集群打零"行动，成效明显。

第二节 毒品犯罪数量和毒品纯度

一、毒品数量的认定

刑法对走私、贩卖、运输、制造毒品犯罪中毒品数量的认定确立两大准则,一是无论数量多少,均构成犯罪;二是毒品数量以查证属实的数量计算,不以纯度折算。毒品数量对毒品犯罪的定罪量刑有着重大影响,然就目前毒品犯罪特点而言,涉案毒品种类日趋复杂、越发多种,如何计算毒品数量成为办案中一大难点热点问题。为此,司法机关不断以司法解释及意见、会议纪要等形式对如何计算毒品数量作出规定或提出指导意见。

(一) 同一罪名涉及两种以上毒品的毒品数量认定

毒品种类繁多,实践中常常遇到同一罪名涉及两种以上毒品的情况。理论界有区分说、毒品危害说、数量比重说、折算说、综合说等[①],积极探讨此类案件如何计算毒品数量问题。司法实务中,对同一罪名涉及两种以上毒品,采取折算后数量累加的方式计算毒品数量是主流观点,且最高人民法院渐进式地对同一罪名涉及两种以上毒品如何计算毒品数量提出了指导意见。1995年最高人民法院答复广东省高级人民法院"关于办理毒品犯罪案件几个问题的请示"中明确,走私、贩卖、运输、制造或者非法持有两种以上毒品并已构成犯罪的不应实行数罪并罚,可以综合考虑毒品的

---

① 参见熊海燕:《毒品犯罪研究综述与评价》,知识产权出版社2019年版,第15~18页。

种类、数量及危害，依法处理①。该答复虽未明确不同毒品折算累加，但未排除折算累加的可能性。2008年《全国部分法院审理毒品犯罪案件工作座谈会纪要》（以下简称《大连会议纪要》）虽未对同一罪名涉及两种以上毒品如何认定毒品数量提出指导意见，但提出了不同种毒品之间进行折算处理的指导意见，明确对于刑法、司法解释等没有规定量刑数量标准的毒品，有条件折算为海洛因的，参照《非法药物折算表》折算成海洛因的数量后适用刑罚。2009年最高人民法院研究室答复四川省高级人民法院就同一罪名涉及不同种类毒品的量刑问题请示时，认同折算后累加的方式②。同时，各省在具体办理、指导毒品犯罪案件中，也陆续明确同一罪名中对不同种毒品之间以折算后累加的方式计算毒品数量，如江苏省、湖南省、安徽省等。2015年，在总结各地司法实践经验的基础上，《全国法院毒品犯罪审判工作座谈会纪要》（以下简称《武汉会议纪要》）明确提出同一罪名中对不同种毒品进行数量折算的基本原则，以及折算对象、折算依据、裁判文书表述等。

《武汉会议纪要》明确提出："走私、贩卖、运输、制造、非法持有两种以上毒品的，可以将不同种类的毒品分别折算为海洛因的数量，以折算后累加的毒品总量作为量刑的根据。对于刑法、司法解释或者其他规范性文件明确规定了定罪量刑数量标准的毒品，应当按照该毒品与海洛因定罪量刑数量标准的比例进行折算后累加。对于刑法、司法解释及其他规范性文件没有规定定罪量刑数量标准，但《非法药物折算表》规定了与海洛因的折算比例的毒品，可以按照《非法药物折算表》折算为海洛因后进行累加。对于既未规定定罪量刑数量标准，又不具备折算条件的毒品，综合考虑其致瘾癖性、社会危害性、数量、纯度等因素依法量刑。在裁判文书中，应当客观表述涉案毒品的种类和数量，并综合认定为数量大、数量较大或者少量毒品等，不明确表述将不同种类毒品进行折算后累加的毒品总量。"

---

① 参见最高人民法院《关于办理毒品刑事案件适用法律几个问题的答复》（1995年11月9日）。

② 参见最高人民法院研究室《关于被告人对不同种毒品实施同一犯罪行为是否按比例折算成一种毒品予以累加后量刑的答复》（法研〔2009〕146号）。

如被告人阎某、黄某花等人贩卖毒品案①。被告人阎某卖给他人甲基苯丙胺36克和甲基苯丙胺片剂10颗；被告人阎某与黄某花卖给他人大麻190克、大麻叶167克；侦查人员在黄某花住处查获可疑植物，净重265.05克；可疑卷烟，净重6.66克；可疑白色晶体，净重1.84克；可疑红色药丸，净重0.58克；可疑"邮票"，净重0.2克；可疑棕色粉末，净重7.5克；可疑"蘑菇"，净重6克。经鉴定，上述可疑植物、卷烟中均检出大麻酚和四氢大麻酚成分，可疑白色晶体、红色药丸中均检出甲基苯丙胺成分，可疑"邮票"中检出麦角二乙胺（LSD）成分，可疑棕色粉末中检出二甲基色胺（DMT）成分，可疑"蘑菇"中检出赛洛新和赛洛西宾成分。浙江省金华市金东区人民法院认为：根据国家食品药品监督管理局《非法药物折算表》，1克二甲基色胺（DMT）＝1克海洛因，1克麦角乙二胺（LSD）＝1克海洛因，1克赛洛新＝1克海洛因，1克赛罗西宾＝1克海洛因，1克大麻＝0.001克海洛因，上述三种毒品折算为海洛因共13.7克，该数量应计入阎某和黄某花的贩卖数量中。综上，阎某的贩卖毒品的数量为冰毒43克、"麻古"0.96克、"邮票"0.2克、"棕色粉末"7.5克、"蘑菇"6克，折合海洛因共57.66克，另加大麻和大麻叶357克；黄某花贩卖毒品的数量为"麻古"0.96克、"邮票"0.2克、"棕色粉末"7.5克、"蘑菇"6克，折合海洛因14.66克，另加大麻和大麻叶357克。

（二）混合型毒品数量的认定

司法实践中，将不同种毒品混合而成的毒品较为常见，譬如"小马""柠檬""奶茶""麻古""冬虫夏草""神仙水""开心粉"等混合型毒品。此种毒品的成分复杂，形态多样，有粉末状、片剂、液体、颗粒等，并常借用饮料、药品的名义非法流通，具有很强的隐蔽性。混合型毒品的数量认定规定或指导意见主要集中在《大连会议纪要》和《武汉会议纪要》。

1.《大连会议纪要》对已查获的毒品混合物提出了计算数量的步骤和方法。

明确应根据毒品混合物的不同情况予以分别处理，"对于含有二种以上毒品成分的毒品混合物，应进一步作成分鉴定，确定所含的不同毒品成

---

① 参见浙江省金华市金东区人民法院刑事判决书，（2019）浙0703刑初字378号。

分及比例。对于毒品中含有海洛因、甲基苯丙胺的，应以海洛因、甲基苯丙胺分别确定其毒品种类；不含海洛因、甲基苯丙胺的，应以其中毒性较大的毒品成分确定其毒品种类；如果毒性相当或者难以确定毒性大小的，以其中比例较大的毒品成分确定其毒品种类，并在量刑时综合考虑其他毒品成分、含量和全案所涉毒品数量。对于刑法、司法解释等已规定了量刑数量标准的毒品，按照刑法、司法解释等规定适用刑罚；对于刑法、司法解释等没有规定量刑数量标准的毒品，有条件折算为海洛因的，参照国家食品药品监督管理局制定的《非法药物折算表》，折算成海洛因的数量后适用刑罚"。

这样规定的理由有三：一是含有海洛因、甲基苯丙胺的混合型毒品，以海洛因、甲基苯丙胺确定毒品种类，符合司法实践的普遍做法；二是能够与现有毒品犯罪量刑标准相衔接，不会放纵此类犯罪；三是分类处理，有利于解决实践中的争议，实现类案量刑均衡。

如被告人王某、苗某军窝藏毒品案①。涉毒犯罪分子"小乔"经王某同意将其随身携带的大量毒品放于王某、苗某军的租房内，苗某军与王某共同对上述毒品进行窝藏。后民警依法在租房内查获了17包疑似毒品。含甲卡西酮和咖啡因成分的毒品净重为284.3克、含咖啡因成分的毒品净重为3309.9克。被告人苗某军辩护人任某峰律师认为，关于窝藏毒品罪，侦查机关查获的毒品属于新型毒品，根据最高人民法院刑一庭《关于审理若干新型毒品案件定罪量刑的指导意见》第2条及最高人民法院《关于审理毒品犯罪案件适用法律若干问题的解释》第1条的规定，甲卡西酮和咖啡因量刑标准差异很大，不对上述混合毒品进行成分和比例鉴定，属事实认定不清。长治市郊区人民法院认为，在案的毒品成分鉴定意见可以确定涉案含甲卡西酮和咖啡因成分的毒品中，甲卡西酮的毒性大，且该混合型毒品不属于成分复杂的新类型毒品，亦无证据证明该毒品中大量掺假，故应以毒性大的甲卡西酮成分确定毒品种类进行定罪量刑。以被告人苗某军犯窝藏毒品罪，判处有期徒刑1年6个月。

2.《武汉会议纪要》对未查获实物的混合型毒品情况明确了数量计算方法和裁判文书的表述方法等问题。

明确"对于未查获实物的甲基苯丙胺片剂（俗称'麻古'）、MDMA

---

① 参见山西省长治市郊区人民法院刑事判决书，（2015）郊刑初字第311号。

片剂（俗称'摇头丸'）等混合型毒品，可以根据在案证据证明的毒品粒数，参考同案或者本地区查获的同类毒品的平均重量计算出毒品数量。在裁判文书中，应当客观表述根据在案证据认定的毒品粒数，可以用括号注明按照上述方法计算出的毒品数量。"

如被告人贺某虎贩卖毒品、非法持有枪支案①。被告人贺某虎多次向唐某、李某、何某等吸毒人员贩卖毒品甲基苯丙胺片剂，其中向唐某贩卖毒品甲基苯丙胺片剂 5 次 27 颗，向李某贩卖毒品甲基苯丙胺片剂 40 多次约 100 颗，向何某贩卖毒品甲基苯丙胺片剂 10 多次约 60 颗。公安民警在被告人贺某虎住所查获毒品甲基苯丙胺可疑物 11 颗（净重 0.975 克），查获的毒品可疑物含有甲基苯丙胺成分。法院认为被告人贺某虎无视国家法律，为牟取非法利益，明知是毒品而向多人多次贩卖，其行为已构成贩卖毒品罪，判处有期徒刑 4 年 1 个月，并处罚金人民币 5000 元。

（三）具有吸毒情节的贩毒人员的贩卖毒品数量的认定

《大连会议纪要》规定，对于以贩养吸的被告人，其被查获的毒品数量应认定为其犯罪的数量，但量刑时应考虑被告人吸食毒品的情节，酌情处理；被告人购买了一定数量的毒品后，部分已被其吸食的，应当按能够证明的贩卖数量及查获的毒品数量认定其贩毒的数量，已被吸食部分不计入在内。有意见认为，《大连会议纪要》的上述规定使有吸毒情节的贩毒人员，因为吸毒违法行为而在认定贩毒数量时获益，特别是当其购买的毒品数量大，而能够证明的贩卖及查获的毒品数量少的情况下，这种认定不利于有效打击吸毒人员实施的毒品犯罪②。

鉴于此，《武汉会议纪要》对《大连会议纪要》的相关规定进行修改和突破，对于有吸毒情节的贩毒人员，一般应当按照其购买的毒品数量认定其贩卖毒品的数量，量刑时酌情考虑其吸食毒品的情节；购买的毒品数量无法查明的，按照能够证明的贩卖数量及查获的毒品数量认定其贩毒数

---

① 参见云南省双江拉祜族佤族布朗族傣族自治县人民法院刑事判决书，（2020）云 0925 刑初 82 号。

② 参见高贵君、马岩、方文军、李静然：《〈全国法院毒品犯罪审判工作座谈会纪要〉的理解与适用》，载《刑事审判参考》第 102 集，法律出版社 2016 年版，第 144~145 页。

量；确有证据证明其购买的部分毒品并非用于贩卖的，不应计入其贩毒数量。《武汉会议纪要》一是扩大了适用主体，将主体扩大为有吸毒情节的贩毒人员；二是认定毒品数量的重心放在毒品买入环节，将购买的毒品数量全部认定为贩卖的毒品数量并据此确定适用的法定刑幅度，量刑时酌情考虑其吸食毒品的情节；三是提高证明标准，要求必须是确有证据证明。但实践情况较为复杂，《武汉会议纪要》规定了两种例外情形：一是购买毒品数量缺乏足够证据证明的，应按照能够证明的贩卖数量及查获的毒品数量认定贩卖毒品的数量；二是确有证据证明购买的部分毒品并非用于贩卖，不应计入其贩卖毒品的数量①。本人吸食的、不以牟利为目的为吸食者代购的、赠予他人的，因为行为人不以贩卖目的而购入，不应计入贩卖毒品的数量；丢失、销毁等情形，因为行为人出于贩卖目的购买这部分毒品，无论是否卖出，均应计入其贩卖毒品的数量。

如被告人纪某贩卖毒品案②。被告人纪某向王某贩卖两小袋冰毒，王某微信支付给纪某人民币400元。被告人纪某在都江堰市购买6000元钱冰毒后回到汶川县某镇王某家中，并将所购买的冰毒分装成小袋。后民警在王某家中将纪某、王某抓获，查获纪某持有的49小袋不明晶体（净重14.24克）、2小袋不明粉状物（净重1.27克）。查获的不明晶体中检出甲基苯丙胺，不明粉状物中检出海洛因、咖啡因。庭审被告人纪某辩解称：从王某家中查获的14.24克毒品除去贩卖给王某的0.4克，剩余毒品应以非法持有毒品罪认定。汶川县人民法院认为，侦查机关在王某家查获的毒品14.24克系纪某所有，纪某既在贩卖毒品又在吸食毒品，系以贩养吸，应认定纪某的行为构成贩卖毒品罪，侦查机关在其住处查获的14.24克毒

---

① 对于有吸毒情节的贩毒人员恰好购买了50克甲基苯丙胺的，应当如何认定其贩毒数量？量刑时能否考虑其购买的部分毒品可能被其吸食的情节，而判处15年有期徒刑以下刑罚？对此，会议纪要规定，一般还是应当按照其购买的毒品数量（即50克甲基苯丙胺）认定其贩卖毒品的数量，并据此确定适用的法定刑幅度，量刑时只能在相应的法定刑幅度内酌情从轻处罚，而不能在法定刑以下适用刑罚。但对于确有证据证明被告人购买的部分毒品已经被其吸食，而非用于贩卖的，可以从其贩卖的毒品数量中扣除，并在相应的法定刑幅度内量刑。参见高贵君、马岩、方文军、李静然：《〈全国法院毒品犯罪审判工作座谈会纪要〉的理解与适用》，载《刑事审判参考》第102集，法律出版社2016年版，第145页。

② 参见四川省汶川县人民法院刑事判决书，（2020）川3221刑初字第43号。

品数量，应全部计入贩卖毒品数量。故被告人纪某的辩解不成立。

（四）制造毒品案件中毒品数量的认定

《大连会议纪要》对制造毒品罪的认定与处罚作了一些规定，但没有涉及制造毒品的数量认定问题。制造毒品案件现场遗留物的情况比较复杂，可能包括毒品成品、半成品、废液废料等，其中通常都能够检出毒品成分。如何认定制造毒品的数量，一直是困扰司法实践的难题。鉴于此，《武汉会议纪要》明确提出废液、废料不应计入制毒的数量及废液、废料的司法判断方法和依据。具体规定为"制造毒品案件中，毒品成品、半成品的数量应当全部认定为制造毒品的数量，对于无法再加工出成品、半成品的废液、废料则不应计入制造毒品的数量。对于废液、废料的认定，可以根据其毒品成分的含量、外观形态，结合被告人对制毒过程的供述等证据进行分析判断，必要时可以听取鉴定机构的意见"。

废液废料是指不具备进一步提取（提纯）毒品条件的固体或者液体废弃物，能够检出毒品成分但含量极低。从上述规定看，废液、废料的认定对于制造毒品案件的数量认定极为重要。司法实践中，认定废料、废液的关键在于如何区分废料、废液与半成品。依据《武汉会议纪要》规定来看，两者区分的主要依据毒品成分的含量、外观形态并结合被告人对制毒过程的供述等证据进行分析判断。司法实践中，毒品成分的含量对判断是否属于废料废液起着至关重要的作用。相关技术专家经过一段时间的探究探索，提出在制毒现场查获的毒品含量在0.2%以下的物质，行为人基于技术水平、技术环境或犯罪成本等因素，一般难以再加工出毒品。故0.2%的含量标准可以作为认定废料废液的参考标准。

如被告人刘某红犯贩卖、制造毒品案[①]。被告人刘某红在其位于苏州市吴江区某镇某村的租房内，采用从网上查找资料、购买制毒原料、工具等手段，非法制造毒品甲基苯丙胺（冰毒）。公安机关从被告人刘某红租房查获甲基苯丙胺（冰毒）49.8克、含甲基苯丙胺成分的液体1326.3克（甲基苯丙胺含量为0.003%）、572.7克（甲基苯丙胺含量极低、无法鉴定

[①] 参见江苏省苏州市吴江区人民法院刑事判决书，（2015）吴江刑初字第00609号。

含量）、含麻黄碱成分的液体 9428.6 克（含量极低）。苏州市吴江区人民法院认为，被告人刘某红违反国家毒品管理法规，制造毒品甲基苯丙胺 49.8 克，其行为已构成制造毒品罪，依法应予以惩处。

（五）低纯度毒品的毒品数量的认定

毒品的数量以查证属实的走私、贩卖、运输、制造、非法持有毒品的数量计算，不以纯度计算。但实践中，有的地方仍在执行"对低纯度毒品按照25%的纯度进行折算后认定数量"[①]的做法；也有地方提出，对毒品含量极低的案件应当报送最高人民法院核准在法定刑以下判处刑罚。鉴于此，《武汉会议纪要》强调严格执行刑法关于毒品数量不以纯度折算的规定，办理毒品犯罪案件，无论毒品纯度高低，一般均应将查证属实的毒品数量认定为毒品犯罪的数量，并据此确定适用的法定刑幅度，但司法解释另有规定或为了隐蔽运输而临时改变毒品常见形态的除外。其中的两个例外具体是指，一是国家定点生产企业按照标准规格生产的麻醉药品或者精神药品被用于毒品犯罪的，根据药品中毒品成分的含量认定涉案毒品数量；二是为了掩护运输而将毒品临时溶于液体的，可以将溶液蒸馏后得到的纯度较高的毒品数量作为量刑的依据[②]。

如被告人钟某科等人贩卖毒品案[③]。钟某科在海口市某路的光大银行门口等待王某来购买复方磷酸可待因口服溶液时被民警抓获，当场缴获：5 瓶椰树矿泉水瓶装"止咳水"（规格：550ml/瓶）、5 瓶椰树矿泉水瓶装"止咳水"（规格：350ml/瓶）、1 瓶联邦止咳露（规格：120ml/瓶）。次日，从钟某科的住处缴获：82 瓶椰树矿泉水瓶装"止咳水"（规格：350ml/瓶）、47 瓶椰树矿泉水瓶装"止咳水"（规格：550ml/瓶）、95 瓶联邦止咳露（规格：120ml/瓶）、2400 包奥亭复方磷酸可待因口服溶液（规格：

[①] 最高人民法院《关于执行〈全国人民代表大会常务委员会关于禁毒的决定〉的若干问题的解释》（法发〔1994〕30 号）第19条规定，"对查获的毒品的鉴定"中规定"含量不够25%的，应当折合成含量为25%的海洛因计算数量"。

[②] 参见高贵君、马岩、方文军、李静然：《〈全国法院毒品犯罪审判工作座谈会纪要〉的理解与适用》，载《刑事审判参考》第102集，法律出版社2016年版，第146页。

[③] 参见海南省海口市中级人民法院刑事判决书，（2018）琼01刑初142号。

10ml/包）、120 瓶奥亭复方磷酸可待因口服溶液（规格：150ml/瓶）、1740 片奥亭愈创罂粟待因片。以上缴获的联邦止咳露（规格：120ml/瓶）、奥亭复方磷酸可待因口服溶液（规格：10ml/包、150ml/瓶）、奥亭愈创罂粟待因片，经海南省药品监督管理局核实，均是经原国家食品药品监督管理总局批准生产和销售的药品。奥亭复方磷酸可待因口服溶液每 5ml 含磷酸可待因 4.5mg，联邦止咳露每 10ml 含磷酸可待因 10mg，奥亭愈创罂粟待因片每片含磷酸可待因 6mg。根据上述药品的磷酸可待因成分含量并对规格为 350ml、550ml 的椰树矿泉水瓶装"止咳水"分别按照含有 20 包、35 包规格为 10ml 的奥亭复方磷酸可待因口服溶液计算，共含有磷酸可待因 91.8 克。庭审中，被告人钟某科辩护人提出应当对钟某科贩卖的复方磷酸可待因口服溶液按照所含有的可待因克数进行换算，其贩卖毒品的数量不属于数量大。海口市中级人民法院认为，钟某科供述其用椰树矿泉水瓶盛装的"止咳水"都是以奥亭复方磷酸可待因口服溶液兑水形成，黄某源也供述钟某科贩卖的矿泉水瓶装"咳嗽水"一般都会掺水，经检验从钟某科处缴获的 52 大瓶、87 小瓶椰树矿泉水瓶装"止咳水"成分与奥亭复方磷酸可待因口服溶液一致，但可待因含量稍低于后者，印证被告人供述的真实性，从有利于被告人考虑，可对该 52 大瓶、87 小瓶"止咳水"按照钟某科供述大瓶含 35 包、小瓶含 20 包规格为 10ml 的奥亭复方磷酸可待因口服溶液计算毒品数量。根据奥亭中的磷酸可待因含量计算毒品数量，为 32.04 克。对该辩解、辩护意见予以采纳。被告人钟某科贩卖毒品的数量虽少，但多次贩卖毒品，情节严重。被告人钟某科犯贩卖毒品罪，判处有期徒刑 6 年 6 个月，并处罚金人民币 3 万元。

二、毒品纯度的问题

刑法规定"毒品的数量以查证属实的走私、贩卖、运输、制造、非法持有毒品的数量计算，不以纯度计算"。而《武汉会议纪要》又明确指出"涉案毒品纯度明显低于同类毒品的正常纯度的，量刑时可以酌情考虑。"理论上，有学者认为认定毒品数量时应当考虑毒品的纯度[①]，也有学

[①] 参见彭景理、李亚博：《毒品数量的认定应当考虑纯度》，载《人民司法·应用》2018 年第 25 期。

者认为毒品犯罪量刑时不应以纯度折算数量。立法坚守、实务改变及理论分歧，使毒品数量的认定是否需要考虑纯度存在争议。

对毒品纯度态度的转变，是司法人员基于使个案的定罪符合刑法谦抑性原则、量刑符合罪责刑相适应原则，通过不断的检验和选择的结果。在司法实践中，既不能过于苛求毒品含量鉴定，也不能一概置之不理。对于毒品数量较小且量刑轻的毒品犯罪案件，出于诉讼经济、提高效率的考虑，一般只需进行定性鉴定以确定毒品种类，无须定量鉴定确定毒品纯度。对可能判处死刑的、不能排除有掺假可能或交易价格明显低于当地同类毒品价格等案件，原则上应当进行定性和定量鉴定，此类案件既要确定毒品的种类又要查清毒品的纯度。具体来说，定罪方面，行为人贩卖、运输的罂粟壳是不是经过取汁的罂粟壳废渣①及制造毒品案件中查获的物证是否属于废液、废料，两者的认定均须定性定量鉴定；量刑方面，犯罪嫌疑人可能判处死刑的案件、毒品纯度明显低于正常纯度的案件和成分复杂的新类型毒品案件等，量刑时均需要考虑毒品的纯度。

关于犯罪嫌疑人可能判处死刑的案件中应当有定量鉴定，主要理由有：一是贯彻罪责刑相适应原则的必然要求，毒品纯度的高低直接影响行为人社会危险性大小的认定；二是有利于类案的量刑均衡。司法实践中，毒品含量参差不齐、成分复杂，定量鉴定是毒品案件量刑科学化、规范化的重要保障；三是有利于贯彻严格控制和慎重适用死刑的政策要求，确保死刑案件的质量。譬如，甲贩卖毒品海洛因5000克（海洛因成分含量为60%），乙贩卖毒品海洛因5000克（海洛因成分含量为8%），两者其他的量刑情节一致，实践中甲的量刑应比乙重，这是考虑毒品纯度的结果，这种量刑结果容易让群众接受，也容易使诉讼当事人在个案中感受到量刑的公平公正。

关于毒品纯度明显低于正常纯度的判断，根据相关部门提供的数据，在终端消费市场，海洛因的正常纯度为5%~60%左右，甲基苯丙胺（冰毒）的正常纯度为50%~99%左右，甲基苯丙胺片剂的正常纯度为

---

① 最高人民法院研究室《关于贩卖、运输经过取汁的罂粟壳废渣是否构成贩卖、运输毒品罪的答复》（法研〔2010〕168号）规定，行为人贩卖、运输的是经过取汁的罂粟壳废渣，吗啡含量只有0.01%，含量极低，从技术和成本看，基本不可能用于提取吗啡。

5%~30%左右，氯胺酮的正常纯度为60%~99%[①]。明显低于上述纯度范围最低值的，量刑时可以酌情考虑。

成分复杂的"神仙水"等新类型毒品案件中应当有定量鉴定，没有明确量刑的具体数量标准的，判处死刑要慎重。毒品鉴定意见中毒品的品名应以《麻醉药品品种目录》《精神药品品种目录》为依据认定。实践中，对缺少作为定罪量刑重要证据的毒品定量鉴定的新型毒品犯罪案件，可以部分事实不清、证据不足为由不予批准逮捕、不予提起公诉、撤回起诉或建议发回重新审判。

相关规定链接

1.《刑法》第347条至第355条；
2. 2004年10月，国家食品药品监督管理局《非法药物折算表》；
3. 2008年12月，《全国部分法院审理毒品犯罪案件工作座谈会纪要》；
4. 2009年8月，最高人民法院研究室《关于被告人对不同种毒品实施同一犯罪行为是否按比例折算成一种毒品予以累加后量刑的答复》；
5. 2010年9月，最高人民法院研究室《关于贩卖、运输经过取汁的罂粟壳废渣是否构成贩卖、运输毒品罪的答复》；
6. 2015年5月，《全国法院毒品犯罪审判工作座谈会纪要》；
7. 2016年4月，最高人民法院《关于审理毒品犯罪案件适用法律若干问题的解释》。

[①] 参见高贵君、马岩、方文军、李静然：《〈全国法院毒品犯罪审判工作座谈会纪要〉的理解与适用》，载《刑事审判参考》第102集，法律出版社2016年版，第146页。

第三节　毒品犯罪的技术侦查

我国在立法中规定技术侦查措施较早的是1993年制定的《国家安全法》[1]和1995年制定的《人民警察法》[2]。1996年刑事诉讼法未规定技术侦查措施。但从司法实践来看，各类技术侦查措施和秘密侦查手段已广泛应用于侦查实践[3]。应该说，技术侦查措施是发现、控制和防范隐蔽犯罪活动、获取犯罪证据必不可少的重要手段，故不少国家立法都允许侦查机关使用技术侦查措施，国际公约也对技术侦查措施进行了专门规定[4]。基于此，2012年刑事诉讼法修改，总结国家安全机关和公安机关多年来开展技术侦查工作的实践经验，增设了"技术侦查措施"一节，规定了技术侦查措施的适用范围、批准手续、有效期限及用途限制等，更为重要的还在于为侦查机关实施"隐匿身份侦查""控制下交付"等技术侦查措施合法化地位的确认，明确了技侦材料在刑事诉讼中的证据资格，同时也对审判人员在案件审判过程中对技侦材料的查证属实提出了明确要求。技术侦查措施在侦破毒品犯罪案件方面发挥着不可替代的重要作用，需要在办案中

---

[1] 1993年《国家安全法》第10条规定："国家安全机关因侦察危害国家安全行为的需要，根据国家有关规定，经过严格的批准手续，可以采取技术侦察措施。"

[2] 1995年《人民警察法》第16条规定："公安机关因侦查犯罪的需要，根据国家有关规定，经过严格的批准手续，可以采取技术侦察措施。"

[3] 实际上，早在1992年之前，侦查机关就采用技侦手段开展侦查、抓捕等工作。公安部公通字〔1992〕119号关于开展追捕逃犯工作的意见指出，注意发挥秘密力量和技侦手段的作用。可布置特情、耳目进行秘密调查，摸清逃犯潜逃地址；还可派秘密力量顺线追踪。必要时可经领导批准，使用技侦手段获取线索。

[4]《联合国打击跨国有组织犯罪公约》第20条第1款规定："各缔约国均应在其本国法律基本原则许可的情况下，视可能并根据本国法律所规定的条件采取必要措施，允许其主管当局在其境内适当使用控制下交付并在其认为适当的情况下使用其他特殊侦查手段，如电子或其他形式的监视和特工行动，以有效地打击有组织犯罪。"

严格审查，确保其在法治化轨道运行。

一、技术侦查措施概述

技术侦查存在广义和狭义之分：广义的技术侦查是指利用现代科学知识、方法和技术的各种侦查手段的总称，不仅包括电子监听、电话监听、电子监控、秘密邮件检查等各种秘密使用的特殊技术手段，而且包括在一般性侦查中存在技术运用的侦查手段，如在勘验、检查中某些仪器设备的使用，为鉴定和判断某些事实而进行的鉴定等。从这个意义上讲，多数案件都存在技术侦查。如目前在毒品案件中得到广泛应用的毒品的气相色谱、气相色谱－质谱检验鉴定，同样是高科技技术的运用，但其对被告人不具保密性，所得鉴定意见也必然在法庭上予以质证，与技术侦查存在本质不同。狭义的技术侦查是一种特殊的秘密侦查，不但以特定的侦查技术为支撑，而且强调不为行为对象所知，即秘密性，是以特定技术所进行的侦查，它不等于侦查技术。①刑事诉讼法规定的"技术侦查措施"，都是指狭义的技术侦查所采取的措施，即侦查机关为了侦查某些特定犯罪，而秘密采取的特殊侦查措施或者侦查手段，包括电子监听、电话监听、电子监控、秘密拍照、秘密录像、秘密邮件检查等专门技术手段以及控制下交付等特殊侦查手段。

还应注意的是，技术侦查措施应限于侦查行为直接产生证据的相关措施②。技术侦查是一种侦查取证措施，侦查机关凭借这一技术手段获取证据或线索。从第三方调取已经形成的证据不属于技术侦查措施，如利用GPS技术确定行为人的行动轨迹，侦查机关在行为人不知情的情况下直接在其车辆上安装GPS定位系统获取车辆行踪，与侦查机关在事后调取车辆所有人处的车辆行动轨迹，虽然使用同一技术，但性质截然不同，且对所获材料的使用方式也有所不同。前者属于技术侦查措施，后者则不是。

---

① 参见宋英辉主编：《形事诉讼法学研究述评（1978—2008）》，北京师范大学出版社2009年版，第281页。

② 参见王亚凯：《毒品犯罪中技术侦查规制论纲——从审判视角出发的观察》，载《河南警察学院学报》2016年第5期。

如在一起危险驾驶案件①中，辩护人认为公安机关调取的通话记录属于技术侦查措施，而在普通刑事案件中使用技术侦查手段进行侦查活动，是严重侵犯被告人及证人的通信自由和通信秘密的违法行为。法院审理后认为，公安机关在本案的调查取证中未使用辩护人所称的侦查手段，侦查机关调取被告人与证人的通话记录仅仅是依职权向有关部门调取的书证，并非动用了重大刑事案件中使用的跟踪、监听、监控等技术性手段，辩护人对技术侦查手段的理解显然太过宽泛，驳回了辩护人的辩护意见。

关于技术侦查措施的范围，还需要注意秘密侦查的问题。所谓秘密侦查，是指为了查明案情，在必要的时候，经公安机关负责人决定，由有关人员隐匿其身份所进行专门调查工作或者采取有关强制性措施的活动。秘密侦查与技术侦查具有一定的交叉包容关系，在进行秘密侦查的过程中往往需要采用一些技术侦查措施。正是基于二者之间的这种关系，刑事诉讼法将秘密侦查规定在"技术侦查措施"一节②。但是，秘密侦查与技术侦查措施也有非常明显的区别：秘密侦查是一种侦查方法，主要强调该种侦查方法下相关人员对身份、目的的隐蔽性；技术侦查措施是侦查手段，主要强调在侦查活动中运用的一些技术性措施。因此，不能想当然认为秘密侦查被规定在"技术侦查措施"一节，就应当认为秘密侦查方法的采取也应当受刑事诉讼法规定的技术侦查措施的适用案件范围、批准决定期限等规定的限制。秘密侦查主要包括隐匿侦查和秘密监控，隐匿侦查是指侦查人员或者其他人员隐匿其身份开展的调查取证活动，如侦查人员卧底侦查、特情侦查等。秘密监控是不派出有关人员隐匿身份实施侦查，但对犯罪嫌疑人或者相关人员的犯罪活动进行监控，典型的形式就是控制下交付。

二、隐匿身份侦查和控制下交付

（一）隐匿身份侦查

《刑事诉讼法》第153条第1款规定了隐匿身份侦查，即为了查明案

---

① 参见黑龙江省建三江农垦法院刑事判决书，（2015）建刑初字第42号。
② 参见张军、江必新主编：《新刑事诉讼法及司法解释适用解答》，人民法院出版社2013年版，第133页。

情,在必要的时候,经公安机关负责人决定,可以由有关人员隐匿其身份实施侦查,也就是所谓的"特情介入侦查"。其中"在必要的时候",一般是指在采取其他的侦查手段难以获取犯罪证据的情况下。由于隐匿侦查具有危险性,如可采取其他侦查手段取证的,不应采取该种侦查方式。"隐匿身份",是指隐匿其有关侦查的身份。实践中,这种侦查手段主要是用于侦查毒品犯罪、职务犯罪以及有组织犯罪等。"有关人员",既包括公安机关的侦查人员,也包括侦查机关指派的适宜进行隐匿身份实施侦查的其他人员,如线人。在毒品犯罪中,线人一般不只为公安机关提供毒品犯罪的情报,有时为协助公安机关破获案件还在一定程度上参与毒品犯罪过程。由于线人长期处于毒品犯罪边缘地带,为防止线人利用身份实施犯罪,在办理这类犯罪案件中,就要注重对线人(特情人员)的审查。

如被告人吴某贩卖毒品案[①]。黄某向公安机关举报吴某,遂通过微信假意向吴某求购1克甲基苯丙胺。次日1时许,双方如约见面,吴某收取300元毒资后提出变换交易地点,侦查人员见状即将其抓获,同时查获0.48克甲基苯丙胺、毒资300元。一审法院经审理认为,被告人吴某构成贩卖毒品罪,判处其有期徒刑1年,并处罚金2000元。吴某提出上诉,称其是某派出所警察王某的线人。其身上的毒品是之前配合警方行动而从毒贩手中购买的,其并无毒品可卖给举报人。深圳市中级人民法院二审时发现,吴某自抓获起即称是警方线人,没有贩卖毒品的故意,但案件中并无该线索的进一步侦查材料,遂要求侦查机关对此进行补充。后查明,吴某确系警察王某线人,但吴某贩毒系其个人行为,与警方无关。因吴某上诉理由没有事实依据,二审最终裁定驳回上诉、维持原判。

运用特情介入侦破毒品案件,是依法打击毒品犯罪的有效手段。但有特情介入不等于就有特情引诱,要结合特情在具体案件中介入的时间、侦查方法等具体判断。《全国部分法院审理毒品犯罪案件工作座谈会纪要》(以下简称《大连会议纪要》)对特情介入案件处理予以明确规定,并对特情贴靠、接洽与特情引诱进行了区分。

---

① 参见被告人吴某贩卖毒品案,引自温锦资:《警方线人贩卖毒品行为的认定》,载《人民法院报》2017年2月16日,第7版。

1. 特情贴靠、接洽

特情贴靠、接洽是指对已持有毒品代售或有证据证明已准备实施大宗毒品犯罪者，采取特情贴靠、接洽而破获案件，公安机关提供机会型的特情介入，不存在犯罪引诱的问题，应当依法处理。

如被告人安某、叶某走私、运输毒品案①。公安机关根据朱某群举报"小李妹"（身份不详）涉嫌贩卖毒品，由朱某群电话联系"小李妹"，欲从其处购买毒品海洛因，双方谈妥以每对8.5万元人民币的价格向"小李妹"购买海洛因。2018年10月25日，"小李妹"雇用被告人安某等人帮其将毒品运送至昆明市，并承诺给付每人2.5万元人民币的报酬。安某等人按照分工从缅甸邦康出发，于2018年10月27日到达昆明。后朱某群又要求将毒品送到贵州省盘州市。当日23时许，被告人安某等人按朱某群微信发送的定位，到达贵州省盘州市某假日酒店停车场后被公安机关抓获，当场查获海洛因3522.07克。一审法院判决各被告人犯走私、运输毒品罪，判处无期徒刑，并处没收个人全部财产；驱逐出境。被告人安某不服，以"本案系公安机关引诱犯罪，原判量刑过重"为由提出上诉。二审法院审理后认为，本案证据证明，朱某群联系上家购买毒品后，"小李妹"立即安排人员将毒品运输到中国，"小李妹"显然为已持有毒品待售者，本案系公安机关采取特情贴靠、接洽而破获的案件，不存在犯罪引诱。故对该上诉理由和辩护意见不予采纳，并裁定驳回上诉，维持原判。

如何认定行为人在实施毒品犯罪前就具有毒品犯罪的故意，是办案中的难点。对于有相关证据直接表明行为人具有毒品犯罪的主观故意的，如行为人持有毒品待售，可以直接认定行为人具有毒品犯罪的故意。但对于那些没有直接证据表明行为人具有毒品犯罪故意的，要综合行为人与具体案情予以分析判断认定。结合有关理论和司法实践，一般可以从以下几方面进行综合分析认定：（1）行为人在特情介入而实施犯罪前是否有毒品犯罪行为，据以初步判断其是否有实施毒品犯罪的意图和倾向；（2）侦查机关在特情介入前，是否有足够的线索或合理的理由确信行为人有正在实施或即将、可能实施毒品犯罪的迹象，从而对其采用特情介入手段；（3）行为人实施毒品、犯罪的犯意系出自其本意、自发地产生，还是侦查

---

① 参见贵州省高级人民法院刑事裁定书，（2020）黔刑终25号。

机关刻意地诱惑、促成的。

如被告人邓某、罗某贩卖毒品案①。被告人罗某在被民警控制的情况下按照民警安排联系被告人邓某购买 300 元冰毒,属于侦查人员特情引诱的次数,不应计入邓某贩卖毒品次数。罗某具有立功表现,当庭自愿认罪、初犯,酌情从轻考虑。一审判处被告人邓某有期徒刑 2 年,并处罚金人民币 1 万元;罗某有期徒刑 8 个月,并处罚金人民币 3000 元。

宣判后,检察机关提出抗诉认为:原判认定事实错误,适用法律错误,导致量刑畸轻。理由:(1)本案中原审被告人邓某于 2018 年 11 月 11 日下午、晚上分别向罗某贩卖冰毒,加上之前其向周某的贩毒行为,应认定邓某系多次贩毒,属于情节严重。(2)由于邓某系持毒待售,故邓某向罗某的第二次贩毒不属于犯意引诱。(3)本案中邓某属持毒待售,其具有实施贩毒的主观意图。即使属于犯意引诱,也应予以打击,只是处罚时依法应当从轻处理。

二审法院审理后查明,其一,在案证据显示,原审被告人邓某在特情介入案件之前曾向罗某贩卖毒品,特情介入案件后向周某贩卖毒品,故本案属于对已持有毒品待售的毒品犯罪者采取特情贴靠、接洽而破获案件,故不存在犯罪引诱,应当依法处理,本案不存在"犯意引诱"的情形。且根据已查明事实,2018 年 11 月 14 日邓某向周某贩卖重约 2.1 克冰毒,2018 年 11 月 11 日下午其向罗某贩卖重约 0.54 克冰毒。2018 年 11 月 11 日晚 23 时许在特情介入下,邓某向罗某仅贩卖 0.5 克冰毒,故邓某不属于在特情引诱下实施了数量较大的毒品犯罪,本案亦不存在"数量引诱"的情形。综上,本案中不存在"犯意引诱"的情形,也不存在"数量引诱"的情形,故应当依法予以处理。其二,依据相关规定,毒品犯罪即使存在所谓的"犯意引诱",也应当依法予以处理,只是应根据罪责刑相适应原则,对于毒品犯罪者予以从轻处罚且不应判处死刑立即执行,只有行为人在特情既为其安排上线、又提供下线的"双套引诱"的情形下,处刑时可以予以更大幅度的从宽或依法免予刑事处罚。且即使存在所谓的"数量引诱",也应当依法予以处理,只是应依法予以从轻处罚且一般不应判处死刑立即执行。综上,本案中即使存在所谓的"犯意引诱"和"数量

---

① 参见四川省成都市中级人民法院刑事判决书,(2019)川 01 刑终 777 号。

引诱",由于不存在"双套引诱",也应依法认定2018年11月11日晚邓某具有向罗某贩卖0.5克冰毒的行为,只是应当予以从轻处罚。最后,运用特情侦破毒品案件,是依法打击毒品犯罪的有效手段,换言之,侦查人员可以依法运用特情侦破毒品案件。邓某辩护人所提特情介入"次数引诱"并非法定概念,即使存在所谓的"次数引诱",也只可能是指侦查人员针对同一毒品犯罪者多次实施"犯意引诱"或"数量引诱"的侦查手段。本案中,侦查人员并未针对邓某多次实施"犯意引诱"或"数量引诱",故应依法认定2018年11月11日晚邓某贩卖0.5克冰毒的行为。最终二审法院改判邓某有期徒刑3年,并处罚金人民币1万元。

2. 犯意引诱

行为人本没有实施毒品犯罪的主观意图,而是在特情诱惑和促成下形成犯意,进而实施毒品犯罪的,属于"犯意引诱"。2008年印发的《大连会议纪要》规定,对因"犯意引诱"实施毒品犯罪的被告人,根据罪责刑相适应原则,应当依法从轻处罚,无论涉案毒品数量多大,都不应判处死刑立即执行;对不能排除"犯意引诱"和"数量引诱"的案件,在考虑是否对被告人判处死刑立即执行时,要留有余地。然而,根据2012年修订的《刑事诉讼法》第153条规定,侦查"不得诱使他人犯罪,不得采用可能危害公共安全或者发生重大人身危险的方法"。这一规定实则否定了犯意引诱的合法性。因此,通过犯意引诱侦查获得的证据,不能作为认定毒品犯罪案件的定案依据。检察机关要切实发挥审查监督作用,对于因"犯意引诱"实施毒品犯罪的犯罪嫌疑人,依法坚决作出不起诉决定。

如犯罪嫌疑人王某呈贩卖毒品案[①]。公安机关辅警李某某提供毒品给特情人员朱某某,让其帮助完成办案指标。2019年6月22日15时许,朱某某即联系王某呈到其房间吸食毒品,其间李某某安排特情人员林某某打电话给朱某某购买毒品。朱某某以要洗澡为由,叫王某呈下楼交易毒品。王某呈下楼与林某某交易时即被查获,现场查获甲基苯丙胺0.25克。可见,该案犯罪嫌疑人王某呈实施毒品犯罪系受特情人员"犯意引诱"。2020年1月16日,海南省万宁市人民检察院对王某呈作出不起诉决定。

---

① 参见海南省万宁市人民检察院,万检一刑不诉(2020)2号。

3. 数量引诱

行为人本来只有实施数量较小的毒品犯罪的故意，在特情的引诱下实施了数量较大，甚至达到实际掌握的死刑数量标准的毒品犯罪的，属于"数量引诱"。很显然，"数量引诱"的行为人在特情引诱之前就已经形成了实施毒品犯罪的主观故意，即无论毒品实际交易的数量是多少，都在行为人故意范畴之内的概括性的故意。这也正是区分"数量引诱"与"犯意引诱"的一个重要因素，即审查行为人犯意产生在特请介入的时间之前还是之后。犯意引诱是特情介入之前尚未产生实施毒品犯罪的主观意图，"数量引诱"不是使行为人产生新的犯意，而是通过特情介入使其犯意暴露出来。

如被告人叶某勇、郑某等贩卖毒品案①。兰某联系郑某称有老板欲购买一条（1千克）冰毒，郑某即与被告人曾某炜联系购买冰毒，因交易地点未达成一致而未果。后曾某炜介绍被告人叶某勇、郑某两人认识。2人约定郑某以50000元价格从叶某勇处购买一条冰毒，后郑某又和兰某约定以58000元价格卖给兰某一条冰毒。当晚叶某勇、郑某等人在某酒店楼下验完货准备付款时被公安机关当场抓获，并查获冰毒510.42克。一审法院判决：被告人叶某勇无期徒刑，并处没收个人全部财产；判处郑某有期徒刑15年，并处没收个人财产人民币3万元；判处曾某炜有期徒刑13年，并处罚金人民币1万元。各被告人认为本案存在犯意引诱和数量引诱，提出上诉。二审法院审理后认为，证人兰某证言证实案发前多次向郑某购买毒品，还介绍老乡向郑某购买毒品。郑某同居女友谢某也证实兰某向郑某购买毒品，郑某说有货，但要叫朋友送上来，并证实案发前郑某与曾某炜在QQ上聊过贩卖毒品的事情，说明郑某之前就有贩卖毒品的想法，且有拿毒品的渠道。在案证据证实，曾某炜接到郑某要购买毒品的电话后，随即介绍郑某认识叶某勇，叶某勇在短时间内取得毒品，说明曾某炜、叶某勇有毒品的来源渠道。上述事实证明特情介入前，叶某勇、郑某、曾某炜就具有毒品犯罪的意图，本案不存在犯意引诱，但不排除数量引诱，故对各上诉人可酌情从轻处罚，最终改判叶某勇有期徒刑15年，并处没收个人财产人民币3万元。

---

① 参见福建省高级人民法院刑事判决书，（2016）闽刑终8号。

（1）要正确理解《大连会议纪要》中的"数量较小"。实践中有观点认为，只要行为人本来打算实施的毒品犯罪数量小于特情人员提出的毒品数量，就属于"数量较小"。事实上，这种观点是片面的，比如说，被告人打算实施的毒品犯罪的数量原本就会导致对其判处死刑，即便特情提出的毒品数量相对更大，也不能认为被告人"本来只有实施数量较小的毒品犯罪的故意"。也就是说，《大连会议纪要》中的"数量较小"应从实质意义上解释，要从被告人可能受到的惩罚的严厉性上区分，也就是其打算实施的毒品犯罪数量所应适用的刑罚幅度或刑种轻于特情人员提出的数量所应适用的刑罚，至少被告人本来打算实施的毒品犯罪的数量不足以导致对他判处死刑，因受特情引诱而增加毒品数量，导致达到被判处重刑特别是死刑的标准。此时，被告人的主观恶性、人身危险性和行为的社会危害性相对于没有"数量引诱"的情形而言要小，故而才对其从轻处罚。

（2）不排除"数量引诱"的案件在考虑是否对被告人判处死刑立即执行时要留有余地。对因"数量引诱"实施毒品犯罪的被告人，应当依法从轻处罚，即使毒品数量超过实际掌握的死刑数量标准，一般也不判处死刑立即执行。

如被告人方某利贩卖毒品案[①]。黄某（另案处理）因涉嫌毒品犯罪被公安人员抓获后，主动检举行为人有贩卖毒品的犯罪行为，并表示愿意配合公安机关对其实施抓捕。2015年4月24日22时许，黄某通过电话向行为人求购冰毒2000克，2人商定交易价格、时间和地点后。同日23时30分，行为人携带毒品到达约定地点准备与黄某进行毒品交易时，被预伏的公安人员抓获，当场起获冰毒1993.2克。原审法院审理后认为，本案不排除行为人在黄某向其求购毒品后才购进毒品的可能性，社会危害性有别于持有毒品待售的情形。因不排除"数量引诱"的可能性，且整个交易环节均受侦查人员控制，排除了毒品流入社会的可能性，所交易的毒品也在第一时间被缴获，在量刑时酌定考虑。故本案论罪应判处被告人死刑，但鉴于以上情节，不是必须立即执行死刑，可对其判处死刑同时宣告缓期2年执行。被告人认为黄某是为减轻自己罪行而设局陷害其，且通过毒品的数量大来引诱其犯罪，其在被引诱的情况下，原判量刑过重，请求

---

① 参见广东省高级人民法院刑事判决书，（2016）粤刑终452号。

从轻处罚。二审法院审理后认为，上诉人贩卖甲基苯丙胺1993.2克，含量高，且因贩卖毒品罪被判过刑又犯本罪，是毒品再犯，依法应当从重处罚，鉴于本案不排除"数量引诱"的可能性，且上诉人归案后如实供述犯罪事实，有悔罪表现，对其判处死刑，可不必立即执行，最终维持了一审法院对其判处死刑，缓期2年执行的量刑。

4. 双套引诱

行为人在特情既为其安排上线，又提供下线的双重引诱，即"双套引诱"下实施毒品犯罪的，处刑时可予以更大幅度的从宽处罚或者依法免予刑事处罚。

如被告人阮某学贩卖毒品案[①]。侦查员王某向老赵了解毒品案件线索，让老赵关注一桩1千克以上的毒品案件。2016年1月上旬，老赵多次电话联系阮某学，称有一个老板要向其购买海洛因，并以分给阮某学好处而让其配合扮演海洛因货主与老板"交易"后骗取钱财。阮某学同意后，老赵电话告知王某。同年1月8日，老赵与阮某学到云南向赵某甲（另案处理）购买了10克毒品海洛因带回毕节。当月10日，王某联系肖强假扮买主与其到约定地点查看海洛因样品，并与老赵商量与阮某学交易的具体事宜，后老赵电话告知阮某学买家已经看了样品，决定要1500克海洛因，叫其次日到毕节与老板见面商谈。1月11日，老赵带阮某学到约定地点查看买家携带的毒品货款，并商定交易价格。之后，老赵和阮某学将所购10克海洛因中的剩余部分兑在1300余克底粉里面后加工成块状后，由阮某学保管。1月18日上午，双方交易毒品时，被公安民警现场抓获，当场缴获海洛因1375.44克，含量分别为0.07g/100g、0.08g/100g、0.08g/100g。一审法院审理后认为，本案的形成及侦破，系特情老赵根据侦查员王某的安排诱惑和促成阮某学贩卖毒品，并带其购买10克毒品海洛因，将少量交由特情肖某吸食后，将剩余毒品进行掺假后与肖某进行交易，系在特情诱惑和促成下实施的毒品犯罪，且老赵根据侦查员王某的安排，促成毒品交易的过程中带阮某学向毒品卖家赵某甲购买了毒品，侦查员王某又为阮某学安排了买家肖某，对阮某学形成了"双套引诱"。根据《全国部分法院审理毒品犯罪案件工作座谈会纪要》第6条第3款的规定，可对阮某学

---

① 参见贵州省高级人民法院刑事裁定书，（2016）黔05刑初212号。

更大幅度的从宽处罚。本案查获的毒品系经大量掺假,毒品含量极少,可对行为人酌情从轻处罚。综上所述,一审法院判处行为人有期徒刑5年,并处罚金人民币3000元。

这种同时设置犯罪上线和下线的双重引诱方式,极大地简化了犯罪过程、降低了犯罪难度,极易强化行为人的犯罪决意。由于在这种诱惑侦查中,侦查机关提供了一种高于一般社会正常情形的诱因或机会,对被告人实施犯罪行为的诱发性极强,一旦这种侦查手段被少数别有用心的人利用,极易引发冤假错案。因此,在努力通过立法限制此类侦查措施的同时,还要在审理毒品犯罪案件中注意审查被告人的供述与辩解、案件来源及经过和物证毒品的来源等,防止此类现象的发生。原则上,对于双套引诱中存在犯意引诱的情形,应当依法严格审查,相关事实和证据不予认定。

如被告人荆某国运输毒品案①。2001年4月,原甘肃省临洮县公安局副局长张某卓(另案处理)让特情马某孝(另案处理)提供毒品线索。马某孝了解到甘肃广河县某汽修厂厂长马某祥(另案处理)认识的一毒贩马某沙有毒品,遂报告张某卓,由张某卓安排经营。6月间,马某孝找到张某卓商定,为了钓出大量毒品,先向马某沙购买1000克毒品取得信任,交易5公斤时抓捕。张某卓将商议情况告知了临洮县禁毒队队长边某宏(在逃)。后马某孝经马某祥介绍从马某沙处以每克43元的价格购买海洛因1000克。张某卓让马某孝出售,欲抓捕购毒人,未找到买主。张某卓、边某宏与马某孝商定,为了完成禁毒任务,将购买的1000克毒品加工后,由马某孝找人往外运或出售时抓捕。7月下旬,马某孝在兰州租乘被告人荆某国驾驶的出租车时,提出以5000元运费让荆某国运输毒品,荆某国同意后留下了传呼号。马某孝安排马某宝(另案处理)将毒品加工成九块,8月10日3人驾车同到兰州商定了截获方案。次日上午,马某孝传呼联系荆某国将车开到滨河饭店,接他去临洮县沙椤运输毒品,张某卓即电话安排堵截。马某孝取到毒品装在荆某国车上后让荆驾车先返,他随后赶到时货款两清。荆某国掉转车头行进途中,即被张某卓、边某宏指挥的缉毒人员堵截抓获,从车上查获毒品可疑物九块共计3669克。荆某国案起诉审判时,张某卓、边某宏指使办案民警作了虚假的办案说明。重审法

---

① 参见甘肃省定西地区中级人民法院刑事判决书,(2002)定中刑初字第11号。

院认为：本案是由原临洮县公安局分管缉毒工作的副局长张某卓和缉毒队队长边某宏伙同马某孝共同策划，蓄谋制造，全程控制的一起案件。证实本案的主要证据是非法收集的，法院不予确认。被告人荆某国的行为不会对国家的毒品管理制度造成实际的危害，其行为不具有社会危害性，最终判决被告人荆某国无罪。

（二）控制下交付

"控制下交付"，主要是指侦查机关在发现非法或可疑交易的物品后，在对物品进行秘密监控的情况下，允许非法或可疑物品继续流转，从而查明参与该项犯罪的人员，彻底查明该案件，在新闻媒体的报道中，有时也称其为"放线侦查"。根据刑事诉讼法的规定，实施控制下交付主要是针对涉及给付毒品等违禁物或者财物的犯罪活动。实践中主要是在侦破诸如毒品、走私、假币等犯罪中使用。是否实施控制下交付，应当由侦查机关根据侦查犯罪的需要决定。

"控制下交付"与"特情引诱"有着明显的不同，按照以上定义，控制下交付侦查手段针对的情况，仅限于在侦查机关首先发现了违禁物品、资金后，再以相对消极的态度，不立即搜查、扣押，而是允许其继续流通、交付（而非"交易"）并进行监视，从而最后抓获违禁物品、资金的实际控制者及上、下家，针对的是违禁物和资金。而"特情引诱"的是侦查机关以积极的行为给被侦查者提供实施犯罪的环境和机会，在被侦查者实施犯罪时当场人赃俱获，针对的是犯罪人员。

对于控制下交付，《联合国禁止非法贩运麻醉药品和精神药物公约》第1条有明确界定："控制下交付"系指一种技术，即在一国或多国的主管当局知情或监督下，允许货物中非法或可疑的麻醉药品、精神药物、本公约表一和表二所列物质或它们的替代物质运出、通过或运入其领土，以期查明涉及按本公约第3条第1款确定的犯罪的人。对于毒品犯罪的侦查，经常使用控制下交付。毒品犯罪只是对涉毒犯罪的总称，它包括从毒品制造、经流通到消费的各个环节。因此，缉查毒品犯罪不仅是要打击制造、流通、消费毒品的行为，更重要的是要摧毁毒品生产、交易的整个关系网络。毒品犯罪最容易暴露的是流通环节的犯罪，即在运输毒品过程中被察觉，但是侦查机关对此却面临着难题，因为如果在毒品的流通环节就当场拘捕嫌疑人,那么就只能抓获毒品犯罪最底层的运输人员和携带人员,而无法查获他们背后的秘密贩毒组织和幕后策划者,这样,侦查的效果就会大打折扣。因此,缉查毒品犯罪必须把握有利的战机,在必要的情况下,即使发现了毒品,也不能急于抓捕案犯,而应当采用放线侦查即"放长线、钓大鱼"的侦查策略,采用的侦查措施,积极深挖犯罪的"上线"与"下家",争取一举捣毁从毒品生产到交易、消费的整个犯罪网络。而"控制下交付"就是实现这一侦查策略的最有效的侦查手段。

1. 对于控制下交付的案件,一般可以酌情从宽处理

对于控制下交付,相关会议纪要并没有较多地进行规定,但从当前实践中来看,采用控制下交付侦查措施破获的案件,一般都有特情介入(其中亦有特情诱惑),毒品不能流入社会,法院在审理中一般对被告人从宽处罚。在对其适用死刑时要留有余地。

如被告人岩某囡贩卖毒品案[①]。岩某囡通过电话联系驾驶其灰色北京牌小轿车携带毒品从勐海县 A 镇前往 B 镇与他人进行交易毒品,2017 年 4 月 20 日 13 时 50 分许,公安机关根据线索到交易地点进行抓捕,岩某囡见状弃车逃窜,经过追捕,在岩某囡逃跑出去 20 米左右被民警抓获。民警当场从其驾驶的轿车后排座位上查获用黑色塑料袋包裹的毒品甲基苯丙胺片剂 2270 克。后一审法院鉴于本案属侦查机关控制下交付的案件,依法对被告人岩某囡从轻处罚。判处岩某囡有期徒刑 15 年,并处没收个人财产人民币 50000 元。

又如被告人罗某芳贩卖、运输毒品案[②]。罗某芳于 2002 年至 2012 年跟随丈夫周某在云南瑞丽生活期间,后周某因毒品犯罪被公安机关抓获并于 2015 年被执行死刑。2018 年 5 月 11 日,罗某芳从湖南省祁东县到中缅过境缅甸国棒赛从"阿清"处约购 77 板海洛因,并负责找人将毒品运输到祁东县。同月 14 日,德宏州公安机关接到高某举报该贩毒线索,高某还受贩毒人员委托帮忙寻找可靠人员运输毒品。同月 16 日晚,罗某芳通过"阿清"介绍联系到运输毒品的"小戴"(经查为化装侦查民警),两人在瑞丽市江边广场见面,商定每板海洛因运费 2.1 万元,毒品运送到祁

---

① 参见云南省西双版纳傣族自治州中级人民法院刑事判决书,(2017)云 28 刑初 390 号。

② 参见湖南省高级人民法院,(2019)湘刑终 313 号。

东县交给罗某芳后,罗某芳先支付运费104万元,其余运费待罗某芳销售毒品后付清。同月20日,罗某芳乘坐飞机回到祁东县城后筹集了100余万元运费。同月23日晚上,"小戴"将从云南瑞丽边境接收到的77板海洛因运送到祁东县城后,打电话约罗某芳次日见面交接毒品。次日上午10时许,罗某芳带着"小戴"从祁东县某大酒店租乘何某驾驶的出租车辆到其租下的租住房,罗某芳要"小戴"查看其筹集的100余万元运费后,两人约定当晚交接毒品。当晚8时许,罗某芳携带两个纸箱装现金运费和"小戴"乘坐肖某驾驶的出租车到祁东县某仓库后土路边交接毒品后被布控的公安人员当场抓获。公安人员从现场查获77板海洛因共计净重27254.266克。湖南省衡阳市中级人民法院一审判决被告人罗某芳犯贩卖、运输毒品罪,判处无期徒刑。

湖南省衡阳市人民检察院抗诉提出,被告人罗某芳贩卖、运输海洛因27254.266克,已达到判处死刑的数量标准;罗某芳不构成坦白,且主观恶性大;本案虽存在特情介入,但不存在法定的从轻理由,应当判处罗某芳死刑。罗某芳的辩护人提出,罗某芳虽贩卖毒品数量大,但毒品数量并非判处死刑的充分必要条件;罗某芳有坦白情节,主观恶性不大;本案有特情介入;原判适用法律正确,量刑适当,请求二审法院维持原判。湖南省人民检察院支持衡阳市人民检察院抗诉提出"本案事实清楚,证据确实、充分,定罪准确,本案虽存在特情介入的情形,但不存在犯意引诱、数量引诱,不宜以特情介入对其从轻处罚;罗某芳虽有坦白的法定从轻处罚情节及控制下交付的酌定从轻处罚情节,但贩卖毒品数量特别巨大,对其量刑不宜从轻至无期徒刑;罗某芳虽无贩卖毒品前科,但在其丈夫因毒品犯罪被执行死刑的情况下,仍筹款购买如此大数量毒品予以贩卖,主观恶性极深,建议二审法院对罗某芳改判死刑,缓期2年执行"的意见。二审法院经审理查明,罗某芳贩卖、运输海洛因27254.266克,数量特别巨大,依法应当适用死刑。本案属于控制下交付毒品案件,是法律允许公安机关采取的技术侦查措施,且本案不存在特情引诱犯罪的问题。鉴于共同作案人"阿清"尚未归案,无法准确评判罗某芳在共同犯罪中的地位、作用;罗某芳有坦白情节,在量刑上可以从宽处罚,据此改判罗某芳死刑,缓期2年执行,并处没收个人全部财产。

2."控制下交付"本身系犯罪未遂,但要根据行为人实施的全部行为确定犯罪形态

如被告人郝某龙贩卖、运输毒品案①。郝某龙就提出涉案毒品在公安机关的掌控之下没有完成交易,应属犯罪未遂。经最高人民法院审查认为,虽然郝某龙在进行毒品交易时属控制下交付,此节可认定为未遂。但就同一宗毒品而言,郝某龙与同伙事先共谋,以贩卖为目的而从外地购买、运输毒品的行为已构成既遂。因此,就全案而言,本案应认定为既遂。结合其他情节,虽然本案存在特情介入情形,但并不存在犯意引诱和数量引诱。原审法院以贩卖、运输毒品罪对郝某龙判处无期徒刑并无不当,最终驳回申诉。

三、毒品技侦证据材料的审查判断

(一)技侦材料的核实

《刑事诉讼法》第50条第3款规定:"证据必须经过查证属实,才能作为定案的根据。"第154条对采取技术侦查措施收集的证据材料的核实方法的规定本身暗含的就是对此类证据进行查证属实的前提内容。但是,由于采取技术侦查措施收集的证据材料本身的特殊性,对其查证属实有别于一般证据材料。根据《刑事诉讼法》第154条的规定,如果使用采取技术侦查措施收集的证据可能危及有关人员的人身安全,或者可能产生其他严重后果的,应当采取不暴露有关人员身份、技术方法等保护措施,必要的时候,可以由审判人员在庭外对证据进行核实。因此,司法解释明确要求,采取技术侦查措施收集的证据材料,经当庭出示、辨认、质证等法庭调查程序查证属实的,可以作为定案的根据。使用前款规定的证据可能危及有关人员的人身安全,或者可能产生其他严重后果的,法庭应当采取不暴露有关人员身份、技术方法等保护措施,必要时,审判人员可以在庭外核实。根据上述规定,结合司法实践的具体情形,对于采取技术侦查措施收集的证据材料的核实,通常有以下几种方式:

---

① 参见最高人民法院驳回申诉通知书,(2018)最高法刑申684号。

1. 对于采取技术侦查措施收集的证据材料，通过当庭出示、辨认、质证等法庭调查程序进行核实

对于采取技术侦查措施收集的证据材料，如果进行当庭出示、辨认、法庭质证等，并不会危及有关人员的人身安全或者产生其他严重后果的，就应当采取上述方法，以更好地对技术侦查措施进行查证核实。采取技术侦查措施、秘密侦查方法所收集的材料，原则上应当经过当庭出示、质证等法庭调查程序查证属实，才能作为定案的根据，这应当是对技侦材料进行核实的常态方式。

如被告人吉某、阿某贩卖毒品案①。2名被告人在云南省丽江市购买一张电话卡，联系上家购买毒品以贩卖。买到毒品后藏匿于2名被告人在丽江市古城区的租住屋内，后被公安机关抓获归案，公安机关在其租住屋查获毒品可疑物共3516.6克，经鉴定检出海洛因成分。在庭审中，被告人辩解未曾买过手机卡、未曾到过出租房，也没有使用过该手机打电话，未参与贩卖毒品，请求判决无罪。经法院审理查明，该被告人在证人倪某处购买用他人身份证办理的手机卡。且该卡经公安机关技术监听，与他人有多次买卖毒品的通话内容。而且，该技术监听证据已在庭审中出示、质证。可以证实，在2018年10月30日毒品交易当天中午11时至12时期间，其所持有的手机卡有女性与毒品上家联系交易事宜，结合出租房房东李某关于11点看到过2名被告人骑电瓶车出去的证言证实，加之被告人的相关供述，能够形成完整的证据链，证实其参与贩卖毒品的事实。故对该辩解及辩护意见，法院未予采纳。一审判决2名被告人犯贩卖毒品罪，分别判处死刑，缓期2年执行和无期徒刑。

2. 对于采取技术侦查措施收集的证据材料，采取不暴露有关人员的身份、技术方法等保护措施进行核实

要求使用技术侦查措施、秘密侦查方法所收集的证据材料一律在法庭上公开进行出示、质证等法庭调查程序，一方面，可能会暴露侦查人员、特情人员等相关人员，容易招致不法分子的报复，危及有关侦查人员和特情人员的人身安全；另一方面，这可能会泄露公安机关技术侦查手

---

① 参见四川省凉山彝族自治州中级人民法院刑事判决书，（2019）川34刑初188号。

段,影响今后该类措施在侦查犯罪过程中效果的发挥。因此,《刑事诉讼法》第152条规定,此种情况下应当采取不暴露有关人员身份、技术方法等保护措施。采取上述核实方法,前提要求使用该证据可能危及有关人员的人身安全,或者可能产生其他严重后果。从实践来看,所谓"有关人员的人身安全",是指相关侦查人员、线人的人身安全。而"其他严重后果",主要是指使用该证据会造成泄密、提高罪犯的反侦查能力、妨碍对其他案件的侦破等后果。①如毒品案件中的秘密侦查员一旦暴露身份,就可能面临人身危险。所谓"不暴露有关人员身份",是指不公开有关人员的真实姓名、住址和工作单位等个人信息,使用化名或者代号,以对上述人员进行隐名保护。而且,相关人员确须出庭作证的,也应当在庭审活动中采取不暴露外貌、真实声音等出庭作证措施,即在有关人员出庭作证时,用脸罩或隔离板等遮蔽上述人员的外貌,通过技术手段改变上述人员的声音,以避免为其他庭审参加人员知悉,对其进行遮蔽保护。所谓"不暴露有关技术方法",是指对所采取的技术侦查措施的技术方法不向庭审人员和外界透露,以防止该类信息的泄露。

3. 对于采取技术侦查措施收集的证据材料,由审判人员在庭外对证据进行核实

根据《刑事诉讼法》第154条的规定,采取上述核实方法,限于"必要的时候"。所谓"必要的时候",主要指两种情形:一是采取不暴露有关人员身份、技术方法不足以使法官确信这些证据材料的真实性、可靠性,无法作出判决;二是采取不暴露有关人员身份、技术方法等保护措施还是无法防止严重后果的发生。②

如被告人代某贩卖、运输毒品案件③中,代某将制造的毒品夹带在某洗衣液纸箱中通过物流邮寄至天津,准备通过某甲贩卖。2019年2月27日,代某乘飞机到天津。3月4日上午,物流快递包裹到达天津北辰区,

---

① 参见王尚新、李寿伟主编:《〈关于修改刑事诉讼法的决定〉释解与适用》,人民法院出版社2012年版,第163页。

② 参见王尚新、李寿伟主编:《〈关于修改刑事诉讼法的决定〉释解与适用》,人民法院出版社2012年版,第163页。

③ 参见宁夏回族自治区固原市中级人民法院刑事判决书,(2020)宁04刑初4号

代某电话要求物流派送员将物流包裹寄放在北辰区某菜馆。11时许,代某到该菜馆附近并围绕某菜馆所在的道路徘徊、观察。13时30分,代某指使某乙到某菜馆取物流包裹时被公安机关抓获,当场查获毒品4088克。宁夏回族自治区固原市人民检察院以代某犯贩卖、运输、制造毒品罪向宁夏回族自治区固原市中级人民法院提起公诉,在审理过程中,公诉机关当庭出示固原市公安局采取技术侦查措施决定书、延长技术侦查措施期限决定书、调取技术侦查证据材料通知书、调取技术侦查证据材料函、移送技术侦查证据材料报告书、关于"5·15"制造毒品案技术侦查证据复制件的情况说明、技术侦查证据材料移送清单等。证明:(1)某甲贩卖甲基苯丙胺获利2万元,代某让其留点钱,某甲反映毒品上头快,下头也快;(2)2018年11月24日,某乙嘱咐代某不要面交,把东西人货分离;(3)2019年3月4日,某乙与代某微信语音交流观察某菜馆附近情况等,并对技侦证据进行了庭外核实。最终,一审法院结合在案其他证据和事实判决代某犯贩卖、运输、制造毒品罪,判处死刑,缓期2年执行,剥夺政治权利终身,并处没收个人全部财产、限制减刑。

司法实践中,对于庭外核实需要注意以下几个问题:(1)庭外核实与采取不暴露有关人员的身份、技术方法等保护措施核实,可以根据案件情况综合进行。换言之,该两种核实技侦材料的方法并非互相排斥,而是可以结合使用。在使用该证据可能危及有关人员的人身安全,或者可能产生其他严重后果的情况下,采取不暴露有关人员身份、技术方法等保护措施对证据材料进行核实,如果审判人员仍然无法判断该证据材料的真实性、合法性和关联性的,可以进一步采取庭外核实的方法。(2)庭外核实的具体方法。庭外核实可以要求侦查人员在庭外展示侦查的方法、过程、收集的证据材料及相关录音录像资料。审判人员通过对侦查方法、过程等进行核实,查看收集的证据材料,观看相关录音录像以及向侦查人员、线人等相关人员了解情况,从而对证据材料进行审查判断。(3)参加庭外核实的人员范围。必要的时候,审判人员可以召集有关人员在庭外对采取技术侦查措施收集的证据材料进行核实。有关人员的范围由审判人员根据案件情况确定。关于技侦证据材料庭外核实的人员范围,特别是辩护律师是否参与,司法实践中一直存在较大分歧。有意见认为,庭外核实的人员范围仅限于审判人员以及具体承办案件起诉的检察人员和具体负责案件侦查和采取技术侦查措施的侦查人员;也有意见认为,庭外核实的人员范围应当包括辩护律师,此种情况下的技侦证据材料当庭不出示,庭外核实如果又不让辩护律师参加核实,无法保障辩护方对技侦证据材料的质证权。经研究认为,技侦证据材料的庭外核实系刑事诉讼法修改新增设的制度,缺乏司法实践经验。目前情况下对此问题作出统一规定的时机尚不成熟,宜由司法适用一段时间后再视情作出规定。因此,司法解释未对此问题予以明确,交由司法实践根据具体情况把握。需要注意的是,从国外的情况来看,参加庭外核实的人员范围一般较小。庭外核实时,根据具体情况通知辩护律师到场的,到场的辩护人应当签署保密承诺书。而采取这些特殊方法对采取技术侦查措施、秘密侦查方法所收集的材料的核实审查,并不影响该类证据的证明效力,只要核实其真实性、合法性和关联性的,就可以作为定案的根据。

(二) 技侦证据材料的审查和判断

根据刑事诉讼法的规定和司法实践的具体情形,对于技侦证据材料,应着重审查以下内容:

1. 核实技侦证据是否具备全面性、准确性、关联性

实践中,毒品案件技术侦查各类手段中,最常见的是通话监控,侦查人员对被追诉人的电话通信进行监控,对被追诉人与相关人员的聊天经过进行录音。但必须一提的是,侦查人员对此类证据一般不会以原始的录音形式作为证据,而是采用替代方式,常见的有翻音资料和情况说明。翻音资料是录音录像的衍生品,是指用书面形式对录音进行记载。情况说明,是指侦查人员对办案过程中的侦查对象的犯罪经过进行简单的书面描述。在审查中要注意以下几点:

(1) 翻音资料中所记载的言词是否与真实录音相一致,侦查人员是否存在错记、漏记的情形,所记载的内容是否与原录音有较大差异。

(2) 侦查人员所记载的内容是否存在断章取义,所记载的内容是否做到全面,是否对全部的语音聊天都予以记录,对无罪或罪轻的情形有无记载。

(3) 对于使用了方言、暗语的,侦查人员是否做到如实记录,是否存在歪曲原有语意的情形。

（4）翻音资料中的内容与案件是否存在关联，当被告人否认通话人为本人的情况下，就有必要进行声纹鉴定，以确定翻音记录是否与案件具有关联性。在之后的声纹鉴定中，应重点质疑鉴定程序是否违法，提取检材是否合规，是否有被告人在场，是否有见证人在场等。

如被告人纳某甲非法持有毒品案①。被告人纳某甲坚称自己无罪，辩护人提出如下辩护意见：第一，技侦获取的手机电话监听录音不能作为定案依据。理由是，其一，监听录音未当庭播放，录音内容一直未进行转化，被告人及其辩护人对录音内容不知情，无法质证，未经庭审质证的证据依法不应作为定案的依据。其二，监听录音的真实性以及与当事人的关联性不能确定，不能作为定案依据。被告人否认与阿某甲通过电话，辩称自己的手机家人也常用，且不认识阿某甲；阿某甲亦明确供认自己是与纳某乙联系购买毒品。监听录音未进行声纹鉴定，无法确定录音中号码为187××××××07的手机通话语音与被告人本人的声音同一，也不能确定与该手机通话的人就是阿某甲。证据的真实性、关联性不具备，不应作为定案依据。第二，指控被告人向阿某甲贩卖海洛因743.1克以及安排纳某乙运输的事实的证据不足。就该笔毒品交易，公诉机关证据显示卖方被告人的供述否认自己贩毒，买方阿某甲的供述与自己联系交易毒品的人是纳某乙，纳某乙亦供认自己与阿某甲联系交易毒品，明确否认被告人参与该笔毒品交易，本案通过技侦手段收集的手机电话监听录音因未进行声纹鉴定不具真实性而无法使用（即使使用，就该宗毒品交易亦不具有关联性），而其他证据如证人徐某的证言、手机通话记录查询单等均系间接证据或传闻证据，不能形成证据链，无法证明被告人参与该笔贩毒。第三，从被告人租住的504房查获的毒品，因在案证据不能证明是被告人的和被告人欲用于贩卖，不能以贩卖毒品罪定罪。

法院审理后认为，只有具备合法性、关联性、真实性的证明材料，才能作为定案证据。本案中，公安机关按照法定程序收集的与本案指控事实存在客观联系的电话监听录音，因与本案其他证据矛盾，且被告人否认内容的真实性，此时控方应当提供声纹鉴定予以证明。声纹鉴定是审查声音资料客观真实性以及与案件当事人关联性的重要手段。出庭公诉人当庭

---

① 参见四川省成都市中级人民法院刑事判决书，（2014）成刑初字第188号。

申请补充声纹鉴定这一证据，但补侦期限届满后声纹鉴定并未进行，由此导致本案的电话录音因真实性存疑而不能作为定案证据。本案其他指控证据，经庭审查实，可作为定案依据。被告人的辩护人提出的本案录音证据不能作为定案依据的辩护意见及理由成立，予以采纳。结合其他事实和证据，法院判决被告人犯非法持有毒品罪，判处无期徒刑，并处罚金人民币10万元。

2.技术侦查措施的适用对象是否符合刑事诉讼法的相关规定

由于技术侦查措施涉及对公民基本权利的侵犯，因此必须将技术侦查措施的适用控制在必要的范围内，即限于常规侦查措施通常收效甚微的犯罪种类，并严格限制该类措施所指向的对象。

（1）技术侦查措施适用的案件。根据《刑事诉讼法》第150条第1款的规定，对于危害国家安全犯罪，恐怖活动犯罪、黑社会性质的组织犯罪，重大毒品犯罪或者其他严重危害社会的犯罪案件，可以采取技术侦查措施。之所以严格限定技术侦查措施的案件适用范围，主要原因在于：一是遵循比例原则的要求。技术侦查措施较一般侦查措施更严厉，这就要求其所适用的犯罪种类有较大的社会危害性，而不能适用于轻微刑事案件。二是遵循补充原则。技术侦查措施是常规侦查措施的补充措施，即在常规侦查措施无法取得理想侦查效果的情况下使用的侦查措施。因此，技术侦查措施要适用于那些确实需要技术侦查措施的犯罪种类。

对毒品犯罪案件而言，在程度上要达到"重大"才能采用技术侦查。对于罪行较轻的，犯罪情节较为轻微的，则不能采用技侦措施，也没有必要浪费司法资源采用技侦手段。对于何为"重大"，一些地区通过会议纪要等形式进行了限定[①]，但刑事诉讼法没有明确规定，在实践中不宜随意扩大解释。

还有一个要注意的问题是，《刑事诉讼法》第150条第3款的规定："批捕被通缉或者批准、决定逮捕的在逃的犯罪嫌疑人、被告人，经过批准，可以采取追捕所必须的技术侦查措施。"在这里，刑事诉讼法实际上

---

① 2018年，浙江省高级人民法院、浙江省人民检察院、浙江省公安厅、浙江省司法厅印发的《关于刑事诉讼中技术侦查证据材料使用若干问题的指导意见》规定，技术侦查证据材料应遵循重罪使用原则，应限于可能判处七年以上有期徒刑、无期徒刑、死刑的重大案件。

将技术侦查措施区分为两种类型:"用于侦查犯罪(取证)的技术侦查措施"和"用于追捕的技术侦查措施"。而且对于后者,立法上并未明确限定其适用的案件范围,也就是说,所有刑事犯罪案件,只要是为了追捕被通缉或者批准、决定逮捕的在逃的犯罪嫌疑人、被告人,侦查机关都可以采用追捕所必需的技术侦查措施。

(2)技术侦查措施适用的对象。即使根据侦查犯罪的需要,对于《刑事诉讼法》第150条规定的案件采用技术侦查措施的,也只宜针对上述案件中的犯罪嫌疑人和被告人采取技术侦查措施,一般不宜对案件中的被害人、证人或者可能与案件有某种关系的其他人员采取技术侦查措施。

3. 技术侦查措施的提起和实施是否符合刑事诉讼法的相关规定

由于技术侦查措施涉及对公民权利的严重侵犯,因此,必须实现对技术侦查措施的法治化规制,严格限制其提起程序。根据刑事诉讼法的规定,技术侦查措施的提起需要履行以下程序:

(1)案件已经被立案。无论是公安机关管辖的能够适用技术侦查措施的案件,还是检察机关管辖的能够适用技术侦查措施的案件,都应当是在立案后才能进行技术侦查。而针对在逃犯罪嫌疑人、被告人采取追捕所必需的技术侦查措施的,也必须在犯罪嫌疑人被通缉或者被批准、决定逮捕之后进行。

如被告人梁某炫运输毒品案①。公安机关申请对行为人技术侦查措施时间是4月14日,公安机关立案是在4月18日,在采取技术侦查措施4天后立案,该证据在对被告人梁某炫在立案前就采取了技术侦查措施,应当予以排除。显然,采取技术侦查手段在刑事立案之前,属于重大的程序违法,侵犯了公民的自由隐私权,应当依法予以排除。

(2)技术侦查措施的审批主体分别为公安机关和人民检察院。可以适用技术侦查措施的案件在立案后,分别经过公安机关和人民检察院严格的批准手续,可以采取技术侦查措施。这里的批准手续,不仅指侦查机关内部上级的审查、批准程序,还指实践中须经一定级别党委批准的程序。

如李某印非法持有毒品案②。公诉机关当庭出示了书证、鉴定意见、

---

① 参见甘肃省陇南市中级人民法院刑事裁定书,(2017)甘12刑终156号。
② 参见北京市第二中级人民法院刑事判决书,(2015)二中刑初字第476号。

证人证言、视听资料、被告人的供述与辩解等证据外，还有一份北京市公安局预审总队于2015年4月3日出具的《工作说明》。2015年4月3日，预审总队侦查员前往市局十二总队听取行为人涉嫌运输毒品案的通话录音材料，对部分录音内容摘抄。2014年5月4日13时55分行为人在安徽临泉与同伙的通话录音内容："我明儿去了，带三百多还是带多少？""带三百多呗。""要不就不带那些了，带二百六。""带二百六跟带三百有啥区别？""二百六？三百？就带二百六吧。"2014年5月5日19时45分行为人与同伙通话录音内容："你来没？""在车上呢。""几点到？""不知道。"另据十二总队侦查员介绍，行为人案发当日乘车进入北京后，其涉案手机无通话。据此，公诉机关认为行为人无视国家法律，运输毒品数量大，应当以运输毒品罪追究其刑事责任。辩护人提出，预审总队出具的有关行为人通话录音内容的工作说明不具有合法性、真实性。经人民法院审核后认为，该《工作说明》反映了公安机关采取技术侦查措施收集通话录音的情况。由于公诉机关未提供批准采取技术侦查措施的法律文书，也未提供证明该工作说明所述通话录音中涉及的人员系本案被告人的证据，故法院未予采信。因预审总队于2015年4月3日出具的工作说明未被采纳，在案其他证据仅能证明行为人从安徽省临泉县乘坐长途客运汽车在丽泽桥上下车后，未在第一时间被警方控制，其是在丽泽桥下绿化带内被警方抓获，警方同时查获其丢弃的毒品。行为人虽承认被查获毒品系其持有，但现有证据不能证明行为人携带毒品乘坐长途客运汽车从安徽省临泉县抵京。最终法院采纳了辩护人的意见，判决行为人犯非法持有毒品罪，判处有期徒刑13年，并处罚金人民币4万元。

（3）技术侦查措施批准决定的内容。批准决定应当根据侦查犯罪的需要，确定采取技术侦查措施的种类和适用对象。需要注意的是，在技术侦查措施批准决定中，其所载明的技术侦查措施的种类和适用对象应当明确具体，不能笼统地写上"采取各类技术侦查措施""针对犯罪嫌疑人、被告人采取技术侦查措施"等概括性表述，而应当写明所批准采取的技术侦查措施的具体种类、适用对象的具体姓名等内容。

在采取技术侦查措施的过程中，不能超过批准决定所载明的措施种类使用技术侦查措施，不能针对技术侦查措施批准对象以外的人采取技术侦查措施，也不能超出批准期限实施。例如，在采取技术侦查措施的过程中，发现对被批准适用技术侦查措施对象以外的犯罪嫌疑人确有必要采取技术侦查措施的，虽然其是犯罪嫌疑人，也不能直接对其采取技术侦查措施，而应当在经过严格的批准手续后才能实施。

（4）技术侦查措施批准决定的期限。批准决定自签发之日起3个月以内有效。对于不需要继续采取技术侦查措施的，应当及时解除；对于复杂、疑难案件，期限届满后仍有必要继续采取技术侦查措施的，经过批准，有效期可以延长，每次不得超过3个月。

（5）技术侦查措施的实施主体。根据刑事诉讼法的规定，技术侦查措施只能由公安机关（包括国家安全机关）实施，人民检察院无权实施技术侦查措施，但可以经过严格的批准程序，将自侦案件中需要实施技术侦查措施的案件交由公安机关执行。

（6）对技侦资料的保密和销毁，根据《刑事诉讼法》第152条第2、3、4款的规定，侦查人员在对采取技术侦查措施过程中知悉的国家秘密、商业秘密和个人隐私，应当保密；对采取技术侦查措施获取的与案件无关的材料，必须及时销毁。采取技术侦查措施获取的材料，只能用于对犯罪的侦查，起诉和审判，不得用于其他用途。公安机关依法采取技术侦查措施，有关单位和个人应当配合，并对有关情况予以保密。

相关规定链接

1. 2018年10月，《刑事诉讼法》第150条至第154条；
2. 2008年12月，《全国部分法院审理毒品犯罪案件工作座谈会纪要》；
3. 2012年12月，最高人民法院、最高人民检察院、公安部、国家安全部、司法部、全国人大常委会法制工作委员会《关于实施刑事诉讼法若干问题的规定》；
4. 2019年12月，《人民检察院刑事诉讼规则》；
5. 2020年7月，《公安机关办理刑事案件程序规定》；
6. 2021年1月，最高人民法院《关于适用〈中华人民共和国刑事诉讼法〉的解释》。

第四节　毒品犯罪的非法证据排除

证据是刑事诉讼的核心，是认定案件事实、作出裁判的重要依据。非法取证是刑事案件办理中的重大隐患，大多冤假错案中都有非法证据的影子。因此，确立并实施非法证据排除规则，对于从制度和程序上有效遏制刑讯逼供等非法收集证据的现象，保证刑事司法的实体公正与程序公正，有着重大的意义。从目前的研究来看，毒品案件属实践中非法证据排除比较多发的案件，且毒品案件不同于一般刑事案件，其毒品犯罪的复杂性、隐蔽性也决定了毒品犯罪案件证据的特点，可集中归纳毒品犯罪案件在实践中具体适用非法证据排除规则时的特点和存在问题。

一、口供的审查判断

口供是犯罪嫌疑人在刑事诉讼过程中，就案件相关事实和情况向司法机关所作的陈述，包括有罪、罪重的供述和无罪、罪轻的辩解。在毒品犯罪案件中，口供是最重要的直接证据，往往能反映毒品犯罪案件全貌，是认定毒品犯罪事实的重要证据。但同时，口供明显地真假难辨、反复易变特征，加之毒品犯罪的隐蔽性，这就要求司法机关更加注重对其审查，既不能忽视口供在定案中的作用，也不能轻信口供。

《刑事诉讼法》第56条第1款规定，采取刑讯逼供等非法方法收集的犯罪嫌疑人、被告人供述，应当予以排除。《人民检察院刑事诉讼规则》第67条规定，对采用下列方法收集的犯罪嫌疑人供述，应当予以排除：采用殴打、违法使用戒具等暴力方法或者变相肉刑的恶劣手段，使犯罪嫌疑人遭受难以忍受的痛苦而违背意愿作出的供述；采用以暴力或者严重损害本人及其近亲属合法权益等进行威胁的方法，使犯罪嫌疑人遭受难以忍受的痛苦而违背意愿作出的供述；采用非法拘禁等非法限制人身自由的方法收集的供述。

（一）关于"刑讯逼供"的理解

实践中，殴打、违法使用戒具等暴力或者变相使用肉刑等是刑讯较为常见的方法，也是导致冤错案件的主要原因。按照上述规定，刑讯逼供是指殴打、违法使用戒具等暴力或者变相使用肉刑等方法，也就是把"刑讯逼供"具体化为"肉刑或者变相使用肉刑"。

如被告人刘某鹏、罗某全贩卖毒品案[①]。公诉机关以被告人刘某鹏、罗某全犯贩卖毒品罪，向法院提起公诉。刘某鹏在庭审中辩解，其归案后被公安人员连续讯问五天五夜，直至昏睡，公安人员将其拍醒后在讯问笔录上签字，其在侦查阶段的有罪供述内容不真实。人民法院经审理后认为，被告人刘某鹏贩卖甲基苯丙胺469.72克，被告人罗某全贩卖甲基苯丙胺464.84克，其行为均构成贩卖毒品罪，且系共同犯罪。公诉机关指控的事实及罪名成立。但是，公诉机关出示的刘某鹏在侦查阶段的有罪供述及录音录像资料不能作为定案根据。

根据2017年6月，最高人民法院、最高人民检察院、公安部、国家安全部、司法部《关于办理刑事案件严格排除非法证据若干问题的规定》（以下简称《严格排除非法证据规定》），并非所有的采用殴打、违法使用戒具等方法收集的供述都要予以排除，只有使犯罪嫌疑人、被告人遭受难以忍受的痛苦而违背意愿作出的供述，也就是非法方法与取得供述存在因果关系的情形，才予以排除。所以，实践中要关注有关取证手段的违法程度及方式问题，要根据案件情况和在案证据合理地区分非法取证与不文明司法的行为，避免将所有通过非法手段获取的犯罪嫌疑人、被告人供述一律作为"非法证据"予以排除[②]。

如被告人刘某慧等贩卖、运输毒品案[③]。刘某慧在开庭时对公诉机关

[①] 参见最高人民法院刑事审判第一、二、三、四、五庭编：《刑事审判参考》第92集，法律出版社2014年版，第91页。

[②] 参见戴长林等：《〈关于办理刑事案件严格排除非法证据若干问题的规定〉的理解与适用》，载《人民司法·应用》2017年第22期。

[③] 参见黑龙江省鸡西市中级人民法院刑事判决书，（2017）黑03刑初18号。

指控的犯罪事实和证据，犯罪情节当庭全部否认。辩解称在侦查机关的供述是自己神志不清时作出的，不是事实。且2016年5月25日、26日的讯问笔录属非法证据，应予排除。其辩护人提出刘某慧在2016年5月25日的讯问笔录存在刑讯逼供，且没有同步录像，2016年5月26日的讯问笔录存在威胁恐吓的行为，应予排除。经一审法院审理后认为，针对2016年5月25日的讯问笔录，侦查人员证实在对刘某慧讯问时，尚不掌握刘某慧涉嫌贩卖2000余克冰毒的犯罪事实，由于讯问场所设备出现故障，导致该份笔录没有同步录音录像。公诉机关提交了刘某慧2016年5月25日、6月9日进出东莞市第二看守所体检表，显示其进出看守所时体表无伤。针对2016年5月26日的讯问笔录，该份笔录的同步录音录像显示，侦查人员审讯时虽然言语存在不文明现象，但不足以使刘某慧身心遭受剧烈疼痛或痛苦，从而被迫作出违背意愿的供述。现有证据能够证实侦查人员在审讯刘某慧时不存在刑讯逼供，引供、诱供行为，故该意见与事实不符，不予采纳。最终法院判决刘某慧犯贩卖、运输毒品罪，判处死刑，缓期2年执行，剥夺政治权利终身，并处没收个人全部财产。

（二）关于"威胁"的理解

尽管与刑讯逼供相比，威胁没有直接对犯罪嫌疑人的身体实施暴力或者体罚虐待，但因涉及对自由意志这一基本人权的侵犯，所以在侵犯人权的程度上接近刑讯逼供，两者同属强迫方法。在司法实践中，常见的威胁方式有对犯罪嫌疑人进行恐吓如对其使用暴力，揭露其个人隐私或痛苦往事，对其近亲属采取强制措施，对其配偶、子女追究相应责任或者影响子女前途，对有病的犯罪嫌疑人进行恐吓如对其不予治疗等[①]。立足上述司法实践，《严格排除非法证据规定》对此予以排除。需要注意的是，上述排除情形有如下限定：一是威胁的范围，限于本人或者其近亲属的合法权益；二是威胁的程度，应当是使犯罪嫌疑人遭受难以忍受的痛苦而违背意愿作出供述的程度。对于讯问过程中的一般性的威吓、呵斥，由于程度轻微，不足以迫使犯罪嫌疑人违背意愿供述，并不构成威胁。

---

① 参见陈光中：《非法证据排除规则实施问题研究》，北京大学出版社2014年版，第11页。

1. 威胁的认定标准

尽管与刑讯逼供相比,威胁没有直接对人的身体实施暴力行为,但因涉及对自由意志权这一基本人权的侵犯,故在侵犯人权的程度上接近刑讯逼供,两者均属强迫方法。如果威胁达到了使犯罪嫌疑人、被告人遭受难以忍受的精神痛苦而违背意愿作出供述的程度,就应当对采用此类威胁方法取得的供述实行强制排除。事实上,如果威胁手段在超越一定"度"的情况下,即威胁达到严重程度时,一般会引起恐惧,属于典型的造成精神痛苦的非法方法,容易使犯罪嫌疑人、被告人被迫作出违背意愿的供述,严重损害口供的客观真实性,形成虚假的证据材料的可能性高。

如被告人易某贩卖毒品案①。易某上诉称其有罪供述系受到公安机关以"给其吃套餐"威胁所作的虚假供述,其主动指认的现场并非毒品交易现场。二审法院对易某的供述进行了合法性审查。二审庭审前,辩护人向法院申请排除易某于 2018 年 11 月 14 日在惠龙派出所、15 日在看守所所作的供述,理由是该两份供述系受到惠龙派出所副所长李某以不承认贩毒就送其强制戒毒即"吃套餐"相威胁情况下所作的虚假供述,应予排除。二审法院于 2019 年 8 月 8 日组织召开庭前会议,就是否启动非法证据排除程序进行调查。检察机关认为,易某作为吸毒人员,在权衡利弊的情况下主动承认贩卖毒品的事实,不属于采用严重损害被告人合法权益,使被告人遭受难以忍受的痛苦而违背意愿作出供述的情形,不应予以排除。二审法院审查认为,原审已根据易某的要求启动非法证据排除程序,通过召开庭前会议,播放讯问录像、侦查人员出庭说明等方式,对供述的合法性进行了审查,认为侦查机关不存在采用以严重损害被告人合法权益等进行威胁的方法收集证据情形,相应的供述笔录可以作为证据使用。二审中,易某及辩护人仍以该理由申请排除易某供述,但未提供新的线索或材料。经对取证合法性的证据审查后,二审法院维持原审法院对易某有罪供述系合法取得的认定。

如何判断威胁达到严重程度,应当综合个案案情加以判断。一般而言,仅言语上的威胁,抑制或者剥夺犯罪嫌疑人、被告人意志自由的程度是有限的,犯罪嫌疑人、被告人经过利益权衡后觉得供述比抵抗对自己更

---

① 参见江苏省无锡市中级人民法院刑事裁定书,(2019)苏 02 刑终 206 号。

有利而交代犯罪事实，则其虚假性比刑讯逼供的要小。但是，如果威胁的方法超出一定的限度，如以严重损害本人及其近亲属合法权益，或者以法律禁止的方法、以社会道德难以容忍的方式进行威胁，则应当认定威胁达到严重程度，属于司法解释规定的"其他使被告人在肉体上或者精神上遭受剧烈疼痛或者痛苦的方法"的情形。该情形应当认定为《刑事诉讼法》第56条规定的"刑讯逼供等非法方法"，所收集的被告人的供述，应当予以排除。

如被告人曾某某贩卖毒品案[①]。抗诉机关的抗诉理由之一是，判决书认为证人陈某甲的第四次笔录，是在询问的办案人员提醒下作出的购买时间修改，有引诱成分而不予采信。公安机关的这些问话是根据本案的实际情况而作的发问，属于正常询问，不属于法律上规定的应予排除的非法证据的情形，该证言证实与被告人曾某某购买毒品的时间、地点、价钱均与证人苏某某的证言相吻合，应予以采信。

2. 威胁与侦查策略的区分

在侦查活动中，为了通过讯问获取犯罪嫌疑人的供述，侦查人员在选择具体讯问方式时，通常会试图给嫌疑人施加一定的心理压力，从这个角度讲，威胁与正常的侦查策略之间存在一定的交叉，司法实践中应注意区分两者之间的界限。在日常生活中，只要以不利的后果作为要挟，都属于威胁。但非法证据排除规则意义上的威胁，与供述的自愿性紧密相关，主要是指对犯罪嫌疑人采用威逼胁迫的手段迫使其违背意愿作出供述。对于讯问过程中一般性的威吓、呵斥，由于程度轻微，不足以迫使犯罪嫌疑人违背意愿供述，虽然属于不规范的讯问，但并不构成非法证据排除规则意义上的威胁。《严格排除非法证据规定》从司法实际出发，对威胁方法作了限定，即应以暴力或者严重损害本人及其近亲属合法权益等进行威胁。在实践中，这种威胁的方法通常表现为：恐吓犯罪嫌疑人将对其使用暴力，揭露其个人隐私，对其近亲属采取强制措施，追究其配偶、子女的法律责任等[②]。

---

① 参见海南省万宁市人民检察院刑事抗诉书，万检公诉刑抗（2018）2号。

② 参见戴长林等：《〈关于办理刑事案件严格排除非法证据若干问题的规定〉的理解与适用》，载《人民司法·应用》2017年第22期。

如被告人杨某富贩卖毒品案①。杨某富上诉称其受到公安人员的威胁、引诱、欺骗，如果不作出有罪供述就将对其进行强制戒毒，被迫作出两次有罪供述，要求二审排除该两次有罪供述。出庭检察员认为，杨某富在接受讯问之前，于2016年11月7日10时30分已经在永川区拘留所讯问室收到了公安机关作出的强制戒毒决定书，公安人员以强制戒毒2年为由威胁杨某富作出有罪供述的理由不能成立，且公安机关对杨某富未采取刑事拘留，而是行政拘留，这是侦查策略的应用，并不能作为杨某富被公安人员威胁引诱作出有罪供述的合理理由。二审法院审理后查明，2016年11月7日，在讯问杨某富之前，公安人员于当日10点30分在永川区拘留所向杨某富送达了强制戒毒决定书，当日11时向杨某富宣布了刑事拘留，同时向永川区看守所递交了提讯的一证通，当日11时28分杨某富在看守所接受公安人员的讯问。公安人员在对杨某富作出强制戒毒2年决定之后，再以此为由威胁上诉人作出有罪供述，不符合情理；杨某富的两次有罪供述，均有公安机关讯问时的同步录音录像，该同步录音录像显示其供述自然，并在公安人员向其宣读了讯问笔录之后签字、捺印予以确认，公安人员没有诱供、逼供的情形；同时，在杨某富所作的两次有罪供述中，对公安人员从其和李某的住所内查获100余克毒品并未作出对其不利的供述。因此，杨某富在公安机关的两次有罪供述属于公安机关依法搜集的证据，应当予以采信。结合在案其他事实和证据，二审法院裁定驳回上诉，维持原判。

3. 威胁与引诱、欺骗等方法的区分

《刑事诉讼法》第52条规定，严禁刑讯逼供和以威胁、引诱、欺骗以及其他非法方法收集证据。在这里，威胁、引诱、欺骗是与刑讯逼供并列的非法方法，并且威胁、引诱、欺骗三种非法方法之间也是并列关系。实际上，刑讯逼供、威胁、引诱、欺骗4种方法在违法和侵权的程度上是有所不同的。通常而言，刑讯逼供方法直接侵犯了犯罪嫌疑人的人身权和意志自由权，对基本人权的侵害程度最为严重；威胁方法虽未直接侵犯犯罪嫌疑人的身体，但对其精神实施强迫，侵犯了意志自由权，侵权程度仅次于刑讯逼供；引诱、欺骗方法并未对犯罪嫌疑人的身体或者精神实施强

---

① 参见重庆市第五中级人民法院刑事裁定书，（2018）渝05刑终271号。

迫，没有直接侵犯人身权和意志自由权，但可能会影响到司法公正。①

对于采用引诱、欺骗方法取得的供述是否应当作为非法证据予以排除，理论及实践中一直存在不同意见。一种意见认为，不应当排除采用引诱、欺骗方法取得的供述。主要理由是：立法上并未将采用引诱、欺骗方法取得的供述纳入应当排除的非法证据范围，而且引诱、欺骗与讯问技巧难以截然区分，对引诱、欺骗取得的供述是否应当排除，关键看是否系虚假供述。另一种意见则认为，应当对采用引诱、欺骗方法收集的供述予以排除。主要理由是：刑事诉讼法明文严禁引诱、欺骗，故采用此类方法收集的供述就应当排除，否则，这种缺乏制裁后果的规定在实践中难以落实，也有损法律的权威；通过总结实践经验，完全能够对引诱、欺骗方法的范围及其与讯问策略的区别作出清晰的界定等。②

考虑到引诱、欺骗的情况较为复杂，2012年刑事诉讼法修改采取了原则性的处理，在立法上禁止此类取证行为，至于其法律后果则"故意"不加规定，实际上就是交由司法机关视具体情况裁量。《严格排除非法证据规定》综合考虑各种因素，也未对这一问题作出明确规定，但在司法实践中，如果侦查人员采用以非法利益进行引诱的方法或者以严重违背社会公德的方式进行欺骗的方法收集犯罪嫌疑人、被告人供述，可能严重侵犯公民权利，严重损害供述客观真实性的，对有关供述应当予以排除。当然，在这里还是要注意区分诱供与侦查策略，对于通过侦查策略获取的证据则依法可予以采信。

如被告人覃某甲、覃某乙运输毒品案③。该案庭审中，辩护人提出，公安民警在讯问过程中存在诱供情形。一审法院审理后认为，被告人在侦查阶段所作的供述均有同步录音录像，侦查人员根据微信语音翻音的内容讯问被告人案情，并不属于诱供。辩护人也没有提出排除非法证据申请和线索，亦没有证据指向侦查人员违法取证。一审法院依法判处2名被告人

---

① 参见于同志：《刑事实务十堂课：刑事审判思路与方法》，法律出版社2020年版，第122页。

② 参见戴长林等：《〈关于办理刑事案件严格排除非法证据若干问题的规定〉的理解与适用》，载《人民司法·应用》2017年第22期。

③ 参见广西壮族自治区梧州市中级人民法院刑事判决书，（2018）桂04刑初38号。

无期徒刑，并处没收个人全部财产。

（三）关于"采用非法拘禁等非法限制人身自由的方法收集的供述"的理解

司法实践中，有的办案单位未经依法批准（采取强制措施）就非法拘禁犯罪嫌疑人、被告人，或者在采取强制措施超过法定期限后仍然羁押犯罪嫌疑人、被告人，通过此种非法限制人身自由的方法取得供述，明显违反法定程序，且严重侵犯犯罪嫌疑人、被告人的人权，应当被视为《刑事诉讼法》第52条规定的与刑讯逼供和威胁、引诱、欺骗并列的"其他非法方法"。

如被告人戎某恒运输毒品案①。被告人戎某恒为获取利益，以体内藏毒的方式运输毒品，2017年12月17日22时45分许，在云南省准备乘飞机将毒品运往重庆时被民警查获，后查缴从其体内排出的毒品海洛因351.944克。辩护人在庭审质证中提出被告人18日就被拘留，但在21日许才被移交看守所羁押，不能排除被告人被非法拘禁。公诉人发表意见认为本案系体内藏毒，公安机关为便于取证故于被告人在医院排完毒后才将其送进看守所羁押，本案不存在非法拘禁的问题。一审法院采纳了公诉人的意见，判决被告人犯运输毒品罪，判处有期徒刑15年，并处没收个人财产人民币1万元。

在《严格排除非法证据规定》起草过程中，对采用非法拘禁等限制被告人人身自由的方法收集的供述是否应当予以排除，大家也存在不同的意见。从比较法看，许多国家和地区都有排除此类供述的立法例和判例。在对强制措施实行司法审查制度的美国、德国等国家，未经法院批准，不得采取限制人身自由的强制措施，采用非法限制人身自由方法取得的供述，不仅取证程序严重违法，取得的供述也不具有自愿性，应当予以排除。日本刑事诉讼法明确将"长期不当羁押"取得的供述作为非法证据予以排除，判例认为，在被告人没有逃跑可能性的情况下，经过长期羁押后被告人作出的供述，应当予以排除；如果羁押不当，在另案逮捕、另案羁押中作出的供述也应当予以排除。借鉴国外做法并考虑非法限制人身自由

---

① 参见云南省昆明市中级人民法院刑事判决书，（2018）云01刑初456号。

方法违法程度和侵权程度与刑讯逼供方法相当，都足以"使犯罪嫌疑人、被告人遭受难以忍受的痛苦而违背意愿作出的供述"的实际情况，《严格排除非法证据规定》明确提出对此类证据"应当予以排除"。从实际来看，采用非法拘禁等非法限制人身自由的方法收集犯罪嫌疑人、被告人供述，往往容易同时使用刑讯逼供、威胁等其他非法手段，如果既有非法限制人身自由的情形，又确认或者不能排除存在刑讯逼供等非法取证情形，对有关供述应当毫无疑问地予以排除。①

如被告人韩某非法持有毒品案②。一审法院判决被告人韩某犯贩卖毒品罪，判处有期徒刑7年6个月，并处罚金人民币10000元。判后，原审被告人韩某不服上诉称，上诉人非人民警察，潞城市公安局对上诉人采取禁闭措施，系非法拘禁。且在司法部门未立案的情况下，又对上诉人进行取保候审，于法不符，故上诉人在此期间被迫作出的供述系非法证据，应予排除。请求撤销原判。二审人民法院审查后认为，原审判决程序不当，裁定撤销原判，发回重审。

（四）关于重复性供述的理解

根据《严格排除非法证据规定》的相关内容，重复性供述应该予以排除，但不能一概而论，应当区别对待，要综合考虑违法取证手段的严重性、取证主体的改变情况、特定的讯问要求等因素综合考虑确定是否排除。"对重复供述是否排除的问题，关键看刑讯逼供与重复供述之间是否存在因果关系。以此为标准来衡量，对重复供述都排除或都不排除的观点都过于绝对。"③对于重复性供述的排除，存在两种例外情形：

第一，侦查主体变更的例外。侦查期间，根据控告、举报或者自己发现等，侦查机关确认或者不能排除以非法方法收集证据而更换侦查人员，其他侦查人员再次讯问时告知诉讼权利和认罪的法律后果，犯罪嫌疑人自愿供述的。此种例外以侦查主体发生变更为前提，如果侦查主体实质

---

① 参见戴长林等：《〈关于办理刑事案件严格排除非法证据若干问题的规定〉的理解与适用》，载《人民司法·应用》2017年第22期。

② 参见山西省长治市中级人民法院刑事裁定书，（2014）长刑终字第210号。

③ 朱孝清：《非法供述排除范围及重复供述排除问题》，载《人民检察》2017年第16期。

上没有变更,仍应当排除重复性供述。采用刑讯逼供等非法方法收集供述,将会对被告人产生持续的心理影响,以至于后续讯问即使不再采用刑讯逼供等非法方法,被告人仍然会重复之前的供述,因此,只有排除后续收集的审判前重复性供述,才能使非法证据排除规则落到实处,否则仅排除采用非法方法收集的供述自身,而不排除后续审判前重复性供述,非法证据排除规则将成为一纸空文。

如被告人陆某非法持有毒品案①。被告人陆某在公安机关有5份有罪供述,分别是2013年2月20日、2月21日在无锡市公安局新区分局某派出所的2份,2月26日、3月8日、4月10日在无锡市第一看守所的3份。被告人及其辩护人提出被告人在公安机关的供述是因刑讯逼供所致应作为非法证据予以排除的辩解和辩护意见,并提出如下线索:(1)被告人进入看守所时的照片脸有浮肿、眼睛青紫;(2)无锡市第一看守所出具的健康检查笔录(载明被告人陆某入所时"双眼青紫,左头部痛、自述在派出所被'吊飞机'按在地上所致");(3)被告人曾于2013年2月22日、26日两次到无锡市一〇一医院就诊。经庭审先行调查,公诉人当庭宣读和出示了下列证据:(1)无锡市一〇一医院的两份病历,证明2013年2月22日、2月26日被告人陆某确有至一〇一医院就诊的事实,其中2月22日的病历载明被告人头部外伤后头痛3天,伤者约3天前头部撞伤;2月26日的病历载明被告人因血压升高至医院就诊,心电图检查正常、脑CT检查未见异常。(2)公安机关出具的情况说明,载明2013年2月19日晚,民警抓获被告人,因天色已晚在现场未发现其眼部有伤。后将被告人带至某派出所审查,民警发现被告人眼部有伤,被告人自称2013年2月18日自己撞到眼部所致。2013年2月21日被告人因吸毒被行政拘留,民警将其送至无锡市戒毒所执行拘留。在入所检查时,戒毒所民警发现被告人眼部有伤,并对被告人询问伤势造成原因。被告人称是自己撞到的,并亲笔写下情况说明。(3)被告人在戒毒所写的一份说明及被告人在戒毒所的健康检查表、出所谈话笔录,证明被告人自己曾于2013年2月21日在无锡市戒毒所书写说明一份,载明"本人陆某眼睛伤正常的弄撞,自己

---

① 参见江苏省无锡高新技术产业开发区人民法院刑事判决书,(2013)新刑初字第0161号。

撞到的，脚有痛风"，并且无锡市戒毒所的健康检查表上亦记载被告人入所时双眼有青紫，有情况说明、出所谈话笔录证明被告人在戒毒所期间未受到打骂、体罚等。

　　上述证据经当庭质证和认证，被告人及其辩护人表示，公安机关在审讯时应当进行全程录音录像，被告人的情况说明是在被逼迫的情况下所写，且根据上述证据，不能排除被告人陆某被刑讯逼供的可能。公诉机关表示，被告人本人所写的情况说明结合其他证据可以说明被告人的外伤与刑讯逼供无关，且当庭出示了无锡市开发区人民检察院对被告人所做的2份询问笔录，证明其之前的供述均是事实；按照法律规定，被告人所犯罪行尚未达到必须要进行全程录音录像的条件，且公安机关之前对被告人进行了审讯同步录音录像，但因办案人员调动且电脑报废，目前该录像已灭失。法院认为，被告人在2013年2月19日被抓获至2月26日进入无锡市第一看守所，有多份证据证明被告人陆某有眼睛青紫，面部肿胀的情形，被告人在入看守所体检时及公诉机关提审时均对此进行了反映，而公诉机关证明证据收集的合法性仅提供了被告人陆某写的情况说明、公安机关的情况说明用以证实公安机关无非法取证行为，未能提供同步录音录像等更有力的客观证据。根据现有的证据及线索，目前不能排除公安机关存在以非法方法收集证据情形，故对被告人在公安机关所作的供述笔录应予以排除。对于被告人在公诉机关的2份有罪供述笔录，法院认为，被告人在审判前的供述具有连贯性，其在公安机关的供述不能排除以非法方法取得的可能性，应予以排除；且其当庭对事实进行了否认，作出其当时的供述是未仔细看并怕打击报复的辩解，公诉机关的2次取证并不符合足以排除第一次取证违法性的条件，且在公诉机关的供述未形成多次稳定供述，其当庭供述的犯罪事实与在公诉机关的供述仍存在反复，故其在审判前的所有供述都应予以排除。最终法院将案件由检察机关起诉时的运输毒品罪，改变定性为非法持有毒品罪，判处陆某有期徒刑7年，并处罚金人民币1万元。

　　值得注意的是，对侦查主体的变更不能机械理解。例如，办案人员变更后，讯问时如果刑讯逼供过的办案人员还在场，那么，即使变更后的办案人员告知了诉讼权利和认罪的法律后果，所取得的重复供述也应予以排除，因为犯罪嫌疑人会基于对刑讯逼供人的恐惧而沿袭原来的供述。所以,判断的关键仍要看侦查主体变更的情形是否阻断此前刑讯逼供行为对重复性供述的影响①。

第二,诉讼阶段变更的例外。审查逮捕、审查起诉和审判期间,检察人员、审判人员讯问时告知诉讼权利和认罪的法律后果,犯罪嫌疑人、被告人自愿供述的。此种情形下,对重复性供述可以不排除。这也是对犯罪嫌疑人、被告人自愿供述权利的保障,而自愿供述是其争取从宽处理的一个途径。

如被告人李某轩等人运输毒品案②。一审庭审期间,审判人员明确告知被告人李某轩有申请排除非法证据的权利,李某轩及其辩护人未申请排除非法证据;在法庭质证阶段,李某轩及其辩护人对公诉人所举其侦查期间的5次供述,均没有提出异议。判决后,被告人不服,提出上诉。二审期间,上诉人提出受到刑讯逼供,但对原判采信的其本人供述的真实性予以确认,且也没有申请非法证据排除。二审法院审理后认为,根据刑事诉讼法的规定,排除非法证据不仅是当事人的诉讼权利,也是司法机关依法必须履行的职责。虽然李某轩及其辩护人一、二审期间均没有申请排除非法证据,审判机关依职权仍应当对原判所采信的其供述的合法性进行审查,这一职责的履行不以诉讼参与人申请为前提。本案二审期间,证据合法性审查的对象应当是原审作为定案根据的证据。本案中,无论李某轩侦查阶段是否受到刑讯逼供,但在一审庭审时其应当享有的诉讼权利被明确告知并得到充分保障,其本人对自己行为的法律后果也能够正确认识。相应地,其所作的供述已属于任意性供述,对侦查阶段供述真实性的确认亦属于自愿确认。由此所形成的有罪供述,虽然属于侦查阶段供述的重复性供述,但显然已不受先前获取有罪供述的侦查行为影响,不再是侦查阶段有罪供述,而是由其转化而来的独立的当庭有罪供述。因此,原判采信的被告人李某轩有罪供述不再是侦查阶段获取的供述,不需要适用非法证据排除规则。

---

① 于同志:《刑事实务十堂课:刑事审判思路与方法》,法律出版社2020年版,第128~129页。

② 参见安徽省高级人民法院刑事裁定书,(2017)皖刑终278号。

二、毒品同一性的认定

在当前的毒品犯罪案件司法实践中，毒品的同一性认定亟待引起办案人员的高度重视。按照《严格排除非法证据规定》第7条，收集物证不符合法定程序，可能严重影响司法公正的，应当予以补正或作出合理解释；不能补正或者作出合理解释的，对有关证据应当予以排除。2016年，最高人民法院、最高人民检察院、公安部出台了《办理毒品犯罪案件毒品提取、扣押、称量、取样和送检程序若干问题的规定》（以下简称《规定》），通过规范毒品的提取、扣押、称量、取样和送检程序，统一毒品犯罪案件执法标准，以确保侦查机关扣押的毒品与行为人持有毒品具有同一性。

（一）毒品的提取和扣押

第一，有关痕迹、生物物证的提取不规范，无法作出合理解释，相关物证不能作为定案依据。在办理毒品犯罪案件中，指纹等关联痕迹物证的收集，对于排除合理怀疑具有十分重要的作用。特别是对于"零口供"案件，犯罪嫌疑人、被告人辩称涉案毒品并非其携带或持有的，那么，如果侦查人员没有提取毒品及其外包装上的指纹等生物样本或提取过程严重违反法定程序的，则难以认定侦查机关扣押的毒品与行为人持有毒品具有同一性，相关物证应予以排除。

如被告人刘某杭运输毒品案[①]。刘某杭辩称他没有犯罪，涉案毒品是李某甲在他不知情的情况下带入了其入住旅店的房间藏匿，毒品包装袋上的指纹是公安人员在抓捕其时强行将其手指按在毒品上形成的。其辩护人也提出涉案毒品包装袋上的指纹是在搜查人员把被告人带至派出所后提取的，不是在现场勘查中提取，指纹已受到污染，且在指纹提取人、抓捕录像等方面存在瑕疵，而侦查机关也没有其他证据证实该取证程序合法或合理解释该证据的瑕疵，结合现场勘验检查笔录中勘验程序违法、勘验内容虚假等事实，该指纹有如被告人辩解是由侦查人员强迫按压所得的可能，故不得作为定案根据，请求法院宣告行为人无罪。一审法院审理后认为，

---

① 参见广东省佛山市中级人民法院刑事判决书，（2014）佛中法刑一初字第74号。

本案侦查人员控制被告人后，未能依照相关规定及时通知相关部门技术人员进行现场勘验并提取、采集与案件有关的痕迹、物证、生物样本，而是直接将涉案毒品及外包装带回派出所后提取指纹，且其实际提取人并未在物证痕迹表上签名；本案现场勘验笔录、搜查笔录系在现场搜查之后补作，而现场搜查及事后的勘验过程中的侦查人员均少于2人，且搜查笔录的见证人并非由与案件无关的其他公民签名，而是由侦查人员签名，上述取证行为均严重违反法定程序；虽然参与现场抓捕的侦查人员及治安队员出庭作证称抓捕时没有非法取证的行为，但是现场抓捕录像呈片段式，相应录像片段的时间不能一一对应，录像内容缺乏连贯、完整性，而侦查机关出具的情况说明及证人证言对抓捕录像多次中断的解释、说明并不具有充分的合理性。综上，在案证据不足以排除相关物证被污染及被告人刘某杭被抓捕时接触到涉案毒品外包装并留下指纹的可能性，故该指纹不能作为定案证据。同时，证人李某甲作为侦查机关确定的特情人员，没有正当理由拒绝出庭作证，公诉机关指控被告人刘某杭从东莞市运输毒品至佛山市高明区的事实仅有证人李某甲的证言指证，并无其他证据印证。最终法院宣布被告人刘某杭无罪。

第二，混合毒品疑似物，无法确保涉案毒品性状，对于将混合毒品疑似物送检的，一般被认为是非法证据，予以排除。

在一起贩卖毒品案件[①]中，行为人多次卖给马某、赵某毒品并提供宿舍容留2人吸食，公安机关根据线索分别将3人抓获到案，现场从行为人宿舍查获毒资45元，黑色塑料纸包装毒品疑似物2小包，白色塑料纸包装毒品疑似物4小包及用作业本纸包装毒品疑似物1小包，其中用作业本纸包装的毒品疑似物1小包被行为人指认为"大白片粉末"。公安人员对查获的7包毒品疑似物混合后进行了称量，净重5.01克，并取样送检，检出毒品海洛因成分。一审法院经审理认为，现有证据能够证实，行为人明知是毒品海洛因多次向他人出售，属情节严重，且行为人2年内多次容留他人吸食毒品。但公安机关抓获行为人后，现场查获的毒品疑似物7包，其中1包被行为人明确指认为"大白片"，公安机关将7包毒品疑似物拆封后混合进行称量，并取样送检。根据相关法律规定，对两个以上包

---

① 参见陕西省宝鸡市渭滨区人民法院刑事判决书，（2018）陕0302刑初200号。

装的毒品,不得混合后称量。公安机关对该 7 包毒品疑似物混合称量,不能排除将非毒品物质与毒品混合称量的可能性,故对该 5.01 克毒品,法院未予认定,综合其他犯罪情节判决行为人犯贩卖毒品罪,判处有期徒刑 3 年 6 个月,并处罚金人民币 3000 元;犯容留他人吸毒罪,判处有期徒刑 11 个月,并处罚金人民币 1000 元。数罪并罚,决定执行有期徒刑 4 年,并处罚金人民币 4000 元,另从行为人处查获的毒资 45 元、毒品疑似物 5.01 克(扣除检材 0.2 克,均扣押在公安机关)依法没收,由扣押机关依法处理。

第三,毒品未按照规定分别根据查获毒品的位置、毒品及其包装物的外观特征、犯罪嫌疑人的供述和辩解等具体情形进行分组,导致案件事实不清,相关物证不能作为定案依据。

如被告人杜某波贩卖毒品、容留他人吸毒案①。公安人员根据线索,于 2016 年 10 月 19 日 15 时许,在鸡西市某小区某室门外蹲守将被告人杜某波当场抓获。后侦查人员在杜某波携带的背包内以及其家中的客厅冰箱内、客厅茶几抽屉内共搜出疑似冰毒 19 袋,共重 22.31 克(称重时所用的秤系从杜某波家中搜查所获)。在此过程中,侦查人员制作了搜查笔录和扣押物品清单,但在搜查笔录中却未按规定对查获的疑似冰毒进行分组编号等,在扣押物品清单中也未按规定对查获疑似冰毒的位置以及包装、颜色、形态等外部特征进行记录。10 月 31 日,公安机关将搜查出的上述疑似冰毒以杜某波是否承认进行了划分,将其承认是自己持有的 3 大袋共计 7.75 克、不承认是自己持有的 16 小袋共计 13.7 克全部送往黑龙江省公安厅刑事技术总队进行检验,但送检的克数为 21.45 克,与扣押物品清单中记载的 22.31 克相差 0.86 克。而黑龙江省公安厅刑事技术总队在检验过程中,确认杜某波不承认的白色晶体 16 袋共净重 9.19 克;杜某波承认的白色晶体 3 袋共净重 5.88 克,共净重 15.07 克,与送检的克数又相差 6.38 克。后黑龙江省公安厅刑事技术总队将 16 袋白色晶体混匀后随机留取 1.28 克;将 3 袋白色晶体混匀后随机留取 0.46 克并进行检验,均检出甲基苯丙胺。2016 年 10 月 27 日,公安机关决定对杜某波取保候审。2017 年 7 月 11 日,鸡西市某派出所侦查人员接到举报后,再次将杜某波

---

① 参见黑龙江省鸡西市鸡冠区人民法院刑事判决书,(2018)黑 0302 刑初 109 号。

抓获，并在其随身携带的包内搜出疑似冰毒1小袋。后侦查人员于次日对杜某波家中进行了搜查，搜出白色晶体3小袋，疑似冰毒液体半袋。但侦查人员在对其本人的搜查过程中，未制作搜查笔录以及扣押物品清单；在对其家中搜查过程中，只制作了搜查笔录但未制作扣押物品清单，且在搜查笔录中未按规定对查获的疑似冰毒进行分组编号等，只记录了在屋内电脑抽屉内发现疑似冰毒3小袋；在厨房冰箱内发现疑似液体半袋，经称共计4.2克。2017年8月10日，公安机关将在杜某波处及家中搜出的全部疑似冰毒送往鸡西市公安局刑事技术支队进行检验，该支队在检验过程中，确认白色晶体4袋共净重2.3克，无色透明液体净重5.47克，总净重7.77克，与搜查笔录中标明的相差3.57克。后该支队将4袋白色晶体分别标注为净重0.67克检材1、净重0.58克检材2、净重0.69克检材3、净重0.36克检材4以及净重5.47克无色透明液体检材5全部留取进行检验，在检材1、2、4、5中均检出甲基苯丙胺；在检材3中未检出甲基苯丙胺。一审法院审理认为，检察机关在起诉书中认定被告人贩卖毒品的数量为23.75克，但公安机关在对毒品的提取、扣押、称量、取样、送检程序中所制作的上述搜查笔录、扣押物品清单、检验报告等均违反了《规定》的相关内容，不得作为判决的依据。公诉机关指控杜某波贩卖冰毒23.75克属事实不清，证据不足，法院不予支持。根据杜某波其他犯罪的事实、情节及危害程度，判决杜某波犯贩卖毒品罪，判处有期徒刑1年10个月，并处罚金人民币3万元；犯容留他人吸毒罪，判处有期徒刑6个月，并处罚金人民币3万元，数罪并罚决定执行有期徒刑2年4个月，并处罚金人民币6万元。

第四，毒品未按规定进行封装，无法确认在犯罪嫌疑人处查获扣押的疑似毒品物与送检鉴定的毒品同一性，相关毒品证据将被依法排除。

如被告人李某贩卖毒品案①。一审法院判决认定，李某以440元的价格将1.14克海洛因贩卖给刘某。后将毒品交给刘某革（已判决），由刘某革分别以1300元的价格将2.75克海洛因贩卖给吴某，以100元的价格将0.12克海洛因贩卖给黄某。交易完成后被民警当场抓获，民警另从刘某革处查获海洛因共计8.43克。后公安机关将李某抓获，并从①其房间客厅

---

① 参见重庆市第五中级人民法院刑事判决书，（2017）渝05刑终780号。

茶几下一绿盖方形塑料盒内装的小号绿盖方形塑料盒中查获海洛因 98.72 克，从②客厅沙发上一个黑色圆形钥匙包内查获毒品 4.81 克，从③客厅储物箱内一敞口透明塑料袋中查获毒品 67.26 克。但②、③系在能现场封存的情况下未合理封装，且未作出合理说明，原审法院未予确认。李某明知是毒品而予以贩卖 111.16 克，其行为构成贩卖毒品罪。判处李某有期徒刑 15 年，并处罚金人民币 10 万元。

李某不服，提出上诉。其辩护人认为，从其住所查获的毒品及毒品疑似物均没有进行现场封存，其同一性存疑，应当予以排除。二审法院经审理后查明，根据搜查视频，民警从其住处查获的 3 处可疑物均未进行现场封存，其中不仅对绿盖储物盒中的毒品疑似物未进行封存，对另外两处明显可以装入证物袋的可疑物亦未进行封存。根据《规定》，公安人员在办理毒品案件时应当对提取、扣押的毒品及包装物进行现场封装。本案发生于 2016 年 8 月 3 日，即该规定正式执行期间，办案民警从李某处查获毒品疑似物或不明物，均未依照该规定进行封存；且现无证据证实该毒品疑似物从查获地点到公安机关的保管人及保管状态，故公安人员在办案地点所称量的毒品与从李某住处查获的毒品疑似物在同一性上缺乏唯一性、排他性。对从李某处查获的毒品疑似物均不能认定为毒品。辩护人提出的该辩护意见成立，二审法院予以采纳，最终改判李某有期徒刑 8 年 6 个月，并处罚金人民币 5 万元。

（二）毒品的勘验和检查

在办理毒品案件中，勘验、检查笔录、搜查笔录等作为侦查人员在特定情况下实施侦查活动形成的书面记录，并不能直接用来证实毒品犯罪事实，但是却可以与在案物证、书证等相关联，印证物证、书证的真实性、同一性，这也是《规定》对毒品提取、扣押、称量等进行一系列规定程序的主要意图，目的就是保证查扣毒品的证据资格问题。

第一，无勘查、搜查等相关笔录，不能证明物证来源的，不得作为定案的根据。

如被告人袁某容留他人吸毒、非法持有毒品案[①]。袁某辩称民警在其

---

① 参见四川省叙永县人民法院刑事判决书，（2015）叙永刑初字第 178 号。

家中及所穿外衣右侧外包的夹层处查获的毒品并非其所有，其不构成非法持有毒品罪。一审法院经审理后查明，公安机关分别于2014年12月4日、12月5日在袁某的左侧裤包内、外衣右侧外包的夹层处分别查获毒品1.80克、0.42克的相关事实，因无搜查笔录、扣押清单等证据相印证，现有证据不能充分证明相关事实，最终未予认定。

第二，在勘查、扣押、搜查笔录中，应有适格的见证人在场，无见证人或见证人不适格的，属于"瑕疵证据"，不能作出合理解释的，相关笔录不得作为定案的根据。

如被告人冶某某非法持有毒品案①。公安机关根据获悉的线索，从兰州市某区一出租屋内抓获冶某某，并当场从其出租屋的衣柜内查获粉块状毒品可疑物10小包（编号为1-10号）。随后第一组办案民警将冶某某带到东乡族自治县公安局，第二组办案民警继续搜查，从冰箱内查获晶体状毒品可疑物3小包（编号为11-13号）。经称量，编号为1-10号的粉块状毒品可疑物净重23.47克，编号为11-13号的晶体状毒品可疑物净重26.93克。经鉴定，粉块状毒品可疑物中检出海洛因成分，晶体状毒品可疑物中检出甲基苯丙胺成分。在检察机关出示的证据中，一是搜查、扣押笔录、情况说明证实侦查人员对冶某某的出租屋内先后搜查两次，搜出了毒品可疑物，在第二次搜查时冶某某及见证人均不在场的事实。二是称量笔录亦没有见证人进行见证。法院认为，侦查人员第二次对冶某某出租屋内进行搜查时搜出了26.93克毒品甲基苯丙胺，但搜查过程中没有冶某某及见证人在场，依照《规定》第38条之规定，取证程序不合法，故依法不予认定。最终判处冶某某有期徒刑2年，并处罚金人民币2000元。

又如被告人王某书、王某香、李某阳等贩卖毒品案②。辩护人提出第三节事实在毒品的称量、取样、送检等程序上都存在瑕疵，可能严重影响到司法公正，应当予以排除。经法院审理后查明，在该节事实中，三板海洛因藏在凝固的猪油桶中，毒品的数量、藏毒方式等与各被告人的供述可相印证，各被告人对此均无异议，可以确定该毒品系王某香交给贾某的毒品。公安机关于2018年6月16日从贾某处查扣了1049.15克海洛因，于

---

① 参见甘肃省东乡族自治县人民法院刑事判决书，(2017)甘2926刑初150号。
② 参见浙江省高级人民法院刑事裁定书，(2019)浙刑终377号。

同日在贾某在场、同步录音录像的情况下进行了毒品称重、取样，并于同月20日委托鉴定机构进行毒品定性检验，在确定该疑似毒品中含有海洛因成分后，又于同年7月26日委托鉴定机构进行毒品定量鉴定。公安机关在上述毒品扣押、称量、取样过程中没有见证人在场，存在一定的瑕疵，但有全程录音录像，且公安机关已作出合理解释，不存在严重影响司法公正的行为，根据《规定》，可以采用相关证据，故对于辩护人的意见未予采纳。

（三）毒品的称量

虽然毒品犯罪的量刑依据是"数量+情节"，但无论是法律规定还是在实践中，毒品的称量结果对于量刑仍占有举足轻重的地位。《规定》要求称量亦要犯罪嫌疑人和见证人在场的情况下进行，并制作称量笔录，并有称量人、犯罪嫌疑人和见证人签名。同时，侦查人员应当对称量的主要过程进行拍照或者录像。照片和录像资料应当清晰显示毒品的外观特征、衡器示数和犯罪嫌疑人对称量结果的指认情况。对于称量违反《规定》要求的，应作出合理解释，否则不应作为定案依据。

如被告人卢某赞贩卖毒品案①。卢某赞的辩护人提出，侦查机关对卢某赞所持有的毒品进行两次称量，两次称量结果差异较大，而侦查机关并未对此作出合理解释，无法证明两次称量毒品具有同一性，也无法证明送检的毒品即为卢某赞家中搜出的毒品。经二审法院审理后查明，根据称量提取笔录和相关录像，结合公安机关对两次称量误差出具的说明，两次称量提取均在卢某赞在场的情况下进行，有录音录像、拍照、卢某赞签名等证据证明，公安机关的取证程序合法。公安机关第二次称量操作出现瑕疵，一审法院采取有利于被告人较小的净重量认定涉案毒品数量适当，应予维持。辩护人据此认为两次称量不是同一毒品及送检的毒品不是上诉人家中搜出毒品的意见无事实依据，不予采纳。最终二审法院裁定驳回上诉，维持原判。

---

① 参见广东省高级人民法院刑事裁定书，（2019）粤刑终968号。

(四) 毒品的取样和送检

取样一般应当在查获毒品的现场或者公安机关办案场所完成，以上场所不具备取样条件的，应当按照规定对毒品及包装物进行封装后，将其送至鉴定机构并委托鉴定机构进行取样。取样和送检对于鉴定的真实性、可靠性至关重要。公安机关应当向鉴定机构提供真实、完整、充分的鉴定材料，并对鉴定材料的真实性、合法性负责。对于取样方法、封装保管、送检时间等有瑕疵的，只要未对毒品来源的同一性产生怀疑，且公安机关作出合理解释的，均应予以采信。

如被告人许某斌、李某华、沈某军走私、运输毒品案①。二审期间，许某斌的辩护人提出侦查程序存在严重问题：毒品数量存疑，没有当场对毒品疑似物提取、称量、封存和扣押，此后在办案中心提取、称量、扣押的毒品疑似物与现场查获的毒品疑似物同一性存疑。称量、提取笔录不合法，办案民警古某在同一时间段分别在宜宾市公安局办案中心对毒品疑似物进行称量，并在看守所对李某华进行讯问。毒品净重存疑，没有现场称重。没有将毒品疑似物提取、封装、扣押后带回办案机关再拆封、称量。没有证据证实称量前将衡器示数归零，没有计量检定证书复印件。封装和移送保管的证据缺失，涉案毒品管理存在严重问题。取样程序不合法，送检数量不合法。无封装和拆封记录，检验的毒品来源不明，送检时间严重超期，检验报告没有检验机构及鉴定人资质。达不到死刑案件证据标准，不应判处被告人死刑立即执行。二审法院经审理后查明，2018年4月22日14时20分，宜宾警方在冠英毒品检查站例行检查时，从许某斌等驾驶的白色现代越野车内查获50块用银白色锡箔纸包装的毒品疑似物，并将其控制。15时30分至16时15分，在该检查站，民警在见证人的见证下，当着许某斌的面对上述50块毛重为35690.5克的毒品疑似物予以提取，并扣押。同日22时50分至次日0时25分，在宜宾市公安局办案中心，民警在见证人的见证下，当着许某斌的面，对查获的50块用银白色锡箔纸包装的毒品疑似物进行净重称量，并分别取样送检。以上过程均进行了同步录音录像。从视频中能听到民警先行除掉胶袋重量后，再报每块毒品的净重，所报净重与称量笔录记载一致。许某斌面对电子秤重量显示

---

① 参见四川省高级人民法院刑事裁定书，（2019）川刑终445号。

栏，对民警报出的净重无异议，在笔录上签字认可，庭审中对毒品数量也无异议。同月 24 日，宜宾市公安局物证鉴定所对 50 块毒品疑似物中提取的 10 份检材进行鉴定，送检的检材中均检出甲基苯丙胺成分。2018 年 7 月 5 日，宜宾警方将检材送至四川省公安厅物证鉴定中心鉴定，经鉴定，所提取送检的 50 份检材甲基苯丙胺含量在 19.1% 至 24.2% 之间。虽存在一干警同时间段出现在两个地方的记录笔误、未及时附鉴定机构及鉴定人员资格证书复印件、计量检测证书复印件、含量鉴定时间过长的瑕疵，但不影响对本案基本事实的认定。许某斌上诉理由及辩护人的辩护意见均不能成立。最终二审法院裁定驳回上诉，维持原判。

毒品来源的同一性证据直接影响案件的定罪量刑，在办理案件时除了要关注其他证据是否足以证明犯罪嫌疑人、被告人有实施制造、贩卖、运输、走私毒品的主观故意和客观行为之外，也应重点关注毒品的来源，是否被掉包、被污染，总的来说就是查获、提取、称量、封装、取样、送检、保管各个环节均按规定完成，并形成了证据体系，再看其他证据是否足以证明行为人的主观故意和客观行为，做到正确指控犯罪。

三、排除非法证据的相关程序

办理毒品案件，"排非"理念和实践要贯穿于诉讼全过程。《刑事诉讼法》第 56 条规定，在侦查、审查起诉、审判时发现有应当排除的证据的，应当依法予以排除，不得作为起诉意见、起诉决定和判决的依据。也就是说，在刑事诉讼的全流程、各阶段都可以进行非法证据排除，体现了整个刑事诉讼过程对证据合法性问题进行递进式的层层把关，有助于切实"阻击"非法证据[1]。毒品犯罪隐蔽性强、侦查取证难度较大。检察机关在办理毒品犯罪案件过程中，要严格遵守非法证据的排除规定，对刑讯逼供收集的犯罪嫌疑人供述或者以暴力、威胁等非法方法收集的证人证言等言词证据，坚决予以排除，而对于物证、书证等其他客观证据应当采取审慎的排除原则。"捕诉一体"改革后，检察官或者检察官办案组在审查逮捕、

---

[1] 于同志：《刑事实务十堂课：刑事审判思路与方法》，法律出版社 2020 年版，第 133 页。

审查起诉毒品犯罪时，对非法证据要全面审查，一以贯之。如果经审查无法确定存在非法取证的行为，在作出批准或者不批准逮捕的决定后，应当继续对可能存在的非法取证行为进行调查核实。经调查核实确认存在非法取证情形的，应当予以排除，不得作为提起公诉的依据。对于毒品犯罪案件的非法证据排除，同样要贯彻诉讼全过程，同时要注重在几个重点环节进行推进。

（一）侦查终结前讯问合法性核查

为实现对非法证据"早发现、早应对、早排除"的要求，对于重大案件，人民检察院驻看守所检察人员应当在侦查终结前询问犯罪嫌疑人，核查是否存在刑讯逼供、非法取证情形，并同步录音录像。在办理重大毒品犯罪案件中，由人民检察院派驻看守所检察人员承担讯问合法性核查职能，能够实现监督关口前移，有助于解决刑讯逼供发现滞后、调查核实困难等问题。同时还有助于积极应对庭审中毒品犯罪分子为脱罪而提出的遭到刑讯逼供辩解。

如被告人董某伟运输毒品、非法持有枪支案[①]。董某伟的辩护人提出案件存在程序问题，公安机关提供的同步录音录像只有 2018 年 7 月 7 日以及 2018 年 7 月 8 日的讯问视频，其余的讯问笔录并无同步录音录像。一审法院审理后查明，大悟县公安局于 2018 年 9 月 30 日作出讯问合法性核查提请书，2018 年 10 月 10 日大悟县人民检察院决定对行为人涉嫌运输毒品一案进行讯问合法性核查，2018 年 10 月 10 日，驻所检察人员在大悟县看守所依法询问了犯罪嫌疑人，并进行全程同步录音录像，形成了询问笔录、同步录音录像等相关核查材料。经核查，办案机关在看守所讯问犯罪嫌疑人过程中，无刑讯逼供、暴力取证行为。大悟县人民检察院于 2018 年 10 月 11 日作出讯问合法性核查处理意见书。法院最终未采纳辩护意见，判决被告人董某伟犯运输毒品罪，判处无期徒刑，并处没收个人全部财产；犯非法持有枪支罪，判处有期徒刑 1 年，决定执行无期徒刑，并处没收个人全部财产。

---

① 参见湖北省孝感市中级人民法院刑事判决书，（2019）鄂 09 刑初 14 号。

（二）审查逮捕、起诉阶段排除非法证据

1. 程序的启动

（1）告知提供相关线索或材料

办理毒品案件审查逮捕、审查起诉期间，应当告知犯罪嫌疑人有权申请排除非法证据，以尽早解决证据合法性争议。对于犯罪嫌疑人申请排除非法证据的，还应当告知其提供相关线索或者材料。这是因为，毒品案件被移送到检察机关后，尤其是公安机关移送审查起诉后，意味着诉讼阶段的变更，检察官提审时告知犯罪嫌疑人有权申请排除非法证据后，仍然自愿供述的，所谓的"重复性供述"便可以作为证据使用，这也是与《规定》设立的重复性供述排除规则的例外情形——诉讼阶段变更相呼应。

（2）启动的方式

检察人员办理毒品犯罪案件非法证据排除程序的启动主要是依据提讯犯罪嫌疑人或被告人和听取辩护人的意见中提供的线索，对于能够提供相关证据或者线索的，人民检察院应当立即受理并进行审查，经审查后发现根据现有材料无法证明证据收集合法性的，则应当启动调查核实。除此之外，根据《人民检察院刑事诉讼规则》的规定，非法证据排除调查启动方式还有两种：一是在履行法律监督职责的过程中主动发现侦查人员存在以非法方法收集证据的；二是由上级院接到举报、控告后，既可以直接展开调查核实，也可以交由下级院予以调查核实。

2. 调查核实

根据《刑事诉讼法》第57条的规定，人民检察院接到报案、控告、举报或者发现侦查人员以非法方法收集证据的，应当进行调查核实。按照《人民检察院组织法》第21条第1款规定，人民检察院可以进行调查核实，并依法提出抗诉、纠正意见、检察建议。有关单位应当予以配合，并及时将采纳纠正意见、检察建议的情况书面回复人民检察院。

办理毒品犯罪案件常见的调查核实的方式包括，讯问、询问犯罪嫌疑人；询问证人、被害人或者其他诉讼参与人；询问办案人员；询问在场人员及证人或者其他可能知情的人员；听取申诉人或者控告人的意见；听取辩护人、值班律师意见；调取、查询、复制相关登记表册、法律文书、体检记录及案卷材料等；调取讯问笔录、询问笔录及相关讯问录音、录像

或其他视听资料；进行伤情、病情检查或者鉴定等。

如被告人周某军等贩卖毒品案①。二审期间，周某军的辩护人提出，侦查机关存在非法取证的情形，上诉人周某军的口供应该作为非法证据予以排除，不能作为定罪量刑的依据。江西省人民检察院指出，上诉人周某军在一审期间以他在侦查阶段所作的有罪供述系刑讯逼供所得为由，提出了排除非法证据的申请。一审公诉机关进行了调查核实，调取了周某军入所体检单，询问了办案民警及周某军同监室人员，周某军对办案民警进行了辨认，没有发现刑讯逼供的行为。省检察院审查期间对周某军进行讯问，周某军供述他在侦查阶段后期和一审庭审中全面翻供，是有人教他不要认，不认就没事；现在他对于一审判决认定的犯罪事实没有异议，认罪。故周某军的上诉理由不能成立。二审法院采纳检察机关意见，裁定驳回上诉，维持原判。

其中，讯问录音、录像对于证明取证行为的合法性和犯罪嫌疑人供述的真实性具有重要作用。因此，对重大毒品犯罪案件，调取录音、录像并审查录音、录像是调查核实证据（对犯罪嫌疑人的讯问笔录）合法性、真实性的重要方法，是确保案件质量的重要手段。

并非所有的毒品案件在侦办时都要求进行同步录音录像，所以对于缺少讯问同步录音、录像的侦查合法性提出异议，且无法作出合理解释的情形，法庭一旦启动非法证据调查程序，公诉人将会极为被动。因此，检察机关在调取公安机关讯问涉毒犯罪嫌疑人的录音、录像，公安机关未提供，检察机关经审查认为不能排除有刑讯逼供等非法取证行为的，不得将相关供述作为批捕起诉的依据。但是，公安机关未提供讯问录音、录像，对相关供述也并非一律予以排除，还要结合其他证据进行审查，只有经审查认为不能排除有刑讯逼供等非法取证行为的，相关供述才应予排除②。

如被告人李某贩卖毒品案③。被告人李某及其辩护人提出申请排除非法证据的辩护意见。经法院审理查明，李某在一、二审期间，始终称其在侦查机关的有罪供述是遭受刑讯逼供下作出。对李某提出排除其审判前

---

① 参见江西省高级人民法院刑事裁定书，（2019）赣刑终69号。

② 参见童建明、万春主编：《〈人民检察院刑事诉讼规则〉理解与适用》，中国检察出版社2020年版，第49页。

③ 参见安徽省高级人民法院刑事裁定书，（2013）皖刑终字第297号。

有罪供述的申请，人民法院召开庭前会议，听取控辩双方对非法证据排除的意见，归纳双方争议焦点。开庭审理时，检察机关通过宣读李某在侦查机关的供述，出示看守所收押登记表及侦查机关依法办案的情况说明等材料，以证明侦查人员没有对李某刑讯逼供，但是对侦查人员讯问结束后，于4月2日凌晨带李某到医院检查身体的原因没有作出说明。根据公安部关于加强看守所在押人员管理的有关规定，公安机关将犯罪嫌疑人送看守所羁押前，例行健康检查。法庭审理查明：侦查机关于2012年4月1日下午将李某抓获，当日20时3分至22时19分对李某第一次讯问；4月2日凌晨1时，办案人员带李某到临泉县人民医院，进行B超、心电图、血液、双下肢外伤等检查，但是健康检查后，侦查人员并未将李某送看守所羁押；4月3日，李某被送看守所羁押后，看守所对李某再次进行健康检查，体检结果为李某身体健康，无外伤。为查明侦查人员在临泉县人民医院对李某进行健康检查的原因，法庭要求侦查机关对李某在临泉县人民医院的检查情况进行说明，侦查机关没有回应；法庭依法通知办案人员出庭说明情况，但办案人员无合适理由拒绝出庭。本案中，检察机关在开庭审理时虽然出示李某的有罪供述笔录、在押人员体检登记表以及侦查机关依法办案的情况说明，但是对李某两次进行健康检查没有作出合理解释，侦查机关对可能判处无期徒刑以上刑罚的李某在讯问时也没有按照法律规定进行同步录音或录像，在现有证据材料尚不能排除李某审判前有罪供述系非法取得的情况下，法庭通知侦查办案人员出庭说明情况，办案人员无合适理由拒绝出庭。法庭经调查认为，李某的审判前有罪供述不能排除系采取非法方法收集的合理怀疑，李某在审判前的有罪供述不能作为定案的根据，应当予以排除。

  还有一种常见的情况是，由于设备、技术以及侦查人员的记录习惯等原因，要求录音录像与讯问笔录完全一致并不现实，但是如果录音录像存在剪辑、关键问题处不清晰或者与讯问笔录存在出入的地方应当予以注意；特别是讯问笔录记载与录音录像显示的时间长短、内容繁简等明显不符的，应当结合其他证据进行认真审查。尤其是对于重大毒品犯罪案件，侦查机关未进行全程同步录音录像，或是提供的录音录像无法观看，讯问又未按照法律规定在法定场所内进行，且没有其他证据能够证明讯问的合法性，此种情况就属于"不能排除以非法方法收集证据情形"。

刑事检察部门对相关证据审查后,要根据情况分别作出处理。一是发现公安机关讯问不规范,讯问过程违法,录音、录像内容与讯问笔录不一致等情形的,应当逐一列明并向侦查机关书面提出,要求公安机关纠正、补正或者书面作出合理解释。二是对于发现讯问笔录与讯问犯罪嫌疑人录音、录像内容有重大实质性差异的,或者公安机关不能补正或者作出合理解释的,该讯问笔录不能作为批捕起诉的依据。

3. 要求提供取证过程合法性说明

除了调查核实,检察机关还可以要求侦查人员提供取证合法性说明。公安机关进行的合法性说明应当采用书面形式,检察机关要注重形式审查,即是否盖有单位公章,是否有调查人员或者侦查人员签名等。

如被告人陈某军贩卖毒品案[①]。被告人陈某军在广东省惠东县以每克80元至90元不等的价格,多次将冰毒贩卖给吸毒人员邹某吸食。2013年3月26日,公安机关在惠东县某镇公寓将被告人抓获,当场从其挂包内缴获冰毒47.94克,麻古21.62克。被告人陈某军辩称其在派出所受到刑讯逼供,公诉机关向法庭出具了公安机关的取证合法性说明及入所体检表,用以证实被告人在派出所没有受到刑讯逼供,其入所体检未见异常。一审法院认为,被告人辩解在派出所受到刑讯逼供,但未能提供基本线索,相反公安机关出具了取证合法性说明和体检表能证实其取证的合法性。一审法院判决,被告人陈某军犯贩卖毒品罪,判处有期徒刑15年,并处没收个人财产人民币2万元。被告人陈某军提出上诉。二审法院审理后认为,原判认定事实清楚,证据确实、充分,适用法律正确,量刑适当,审判程序合法,裁定驳回上诉,维持原判。

4. 审查后的处理

检察机关经审查,认为公安机关在侦办毒品犯罪中存在非法取证行为,对相关证据应当予以排除,如在案其他证据不能证明犯罪嫌疑人实施毒品犯罪行为的,分两种情况处理,一是对在审查批捕阶段的,应当根据在案的其他证据认定案件事实决定是否逮捕,作出决定后,还要继续对可能存在的非法取证行为进行调查核实。经调查核实确认存在以刑讯逼供等

---

① 参见广东省惠州市中级人民法院刑事裁定书,(2014)惠中法刑二终字第24号。

非法方法收集证据情形的，应当向公安机关提出纠正意见。二是在审查起诉阶段的，犯罪嫌疑人及其辩护人又提出新的线索或者证据，或者人民检察院发现新的证据，应当依法排除相关证据，不得作为提起公诉的根据。排除非法证据后，相关证据证明的事实不符合起诉条件的，应当作出不起诉决定；相关证据证明的事实不再符合逮捕条件但需要继续审查起诉的，应当及时变更强制措施，避免犯罪嫌疑人、被告人被继续羁押而案件最终不起诉或者起诉后被法院判决免刑或无罪。

如犯罪嫌疑人郭某某非法持有毒品不起诉案[①]。2019年1月13日中午12时许，公安机关在该市某小区A栋1单元1903室郭某某居住处出警时，从其包内查获冰毒1.82克和麻果1.49克，并从其上述居住房屋客厅茶几等位置查获上述毒品共77.08克。检察机关审查起诉中发现，执法录像再现了公安机关查获嫌疑人及涉案毒品的具体经过，本案案发系由证人高某某报警被嫌疑人殴打而引起，当出警民警到达现场后高某某又举报嫌疑人吸毒，后证人高某某首先从嫌疑人包中搜出两小包毒品，嫌疑人当场供认该两小包毒品系其所有。随后出警民警呼叫支援并对涉案房屋进行搜查，从嫌疑人上述房屋卧室床头柜、床垫下查获毒品若干，在警务站支援民警到达后又共同在客厅茶几、沙发靠背等处查获毒品若干。执法录像同时证实，公安机关在本案搜查、扣押等取证过程存在违法情形。一方面，公安机关未对案发现场物证即涉案毒品及其外包装、现场原始状况进行拍照固定等处理，扣押笔录及清单也未载明涉案毒品的具体来源及外包装等情况，执法录像也不能清晰反映上述细节；另一方面，在搜查过程中让与案件有利害关系的证人高某某全程在场并出入涉案的房间、客厅。根据《规定》第4条第4款，在现场勘验、检查或搜查时，应当对查获毒品的原始状态拍照或录像，采取措施防止犯罪嫌疑人及其他无关人员接触毒品及包装物。上述违法取证情形，导致公安机关无法证实涉案毒品分别是从房屋中哪些地方查获，同时还致使被不起诉人郭某某关于被证人高某某陷害的辩解无法排除。对此，检察机关启动了非法证据调查程序，要求公安机关就收集证据合法性进行说明，公安机关补充了参与搜查的民警及辅警

[①] 参见湖北省武汉市江汉区人民检察院不起诉决定书，武江检公诉刑不诉（2019）75号。

的证言，其证言证实嫌疑人郭某某当场供认了查获的毒品为其所持有，但该证言与执法录像无法相互印证，执法录像证实嫌疑人仅对从包中查获的少量毒品予以供认，但并未供认其他毒品系其所有。公安机关也未再进行其他补证。检察机关审查后依法对涉案物证照片、扣押笔录及清单等非法证据进行了排除。鉴于嫌疑人郭某某仅供认从其包中查获的两小包毒品为其所有，但辩称从上述房屋中其他地方查获的毒品并非其所有。而上述关键证据又被排除，检察机关认为现有证据不足以认定郭某某构成非法持有毒品罪，遂决定对郭某某不起诉。

（三）法庭审理期间排除非法证据

法院开庭审理毒品案件期间，审判人员如果认为取证合法性需要进行法庭调查，由检察机关对证据收集的合法性进行证明。如果仅有当事人及其辩护人、诉讼代理人提出证据系非法取得的，并不必然需要公诉人对证据的合法性进行证明。

如果在案证据材料无法证明证据收集的合法性的，公诉人可以通过出示讯问笔录、提讯登记、体检记录、采取强制措施或者侦查措施的法律文书、侦查终结前对讯问合法性的核查材料等证据材料，有针对性地播放讯问录音、录像，提请法庭通知调查人员、侦查人员或者其他人员出庭说明情况，对证据收集的合法性加以证明。公诉人不能当庭证明证据收集的合法性，或对证据合法性进行证明后，法庭对证据仍有疑问，可以建议法庭休庭，对证据进行调查核实。法庭调查核实证据，通知人民检察院派员到场的，人民检察院可以派员到场。

（四）一审裁判后排除非法证据

根据司法解释规定，人民检察院、被告人及其法定代理人提出抗诉、上诉，对第一审人民法院有关证据收集合法性的审查、调查结论提出异议的，第二审人民法院应当审查。证据收集的合法性直接影响到证据的可采性，与案件的定罪量刑有着密切联系，对于因此而导致第一审判决、裁定确有错误的，属于刑事诉讼法规定的抗诉情形，检察机关可以向人民法院提起抗诉。对于二审生效裁判，因证据收集的合法性导致裁判确有错误的，检察机关仍可以依法提起适用审判监督程序的抗诉。

相关规定链接

1. 2018年10月,《刑事诉讼法》第55条至第60条;

2. 2016年5月,最高人民法院、最高人民检察院、公安部《办理毒品犯罪案件毒品提取、扣押、称量、取样和送检程序若干问题的规定》;

3. 2017年6月,最高人民法院、最高人民检察院、公安部、国家安全部、司法部《关于办理刑事案件严格排除非法证据若干问题的规定》;

4. 2019年12月,《人民检察院刑事诉讼规则》;

5. 2020年7月,《公安机关办理刑事案件程序规定》;

6. 2021年1月,最高人民法院《关于适用〈中华人民共和国刑事诉讼法〉的解释》。

第五节　毒品犯罪的主观明知

办理毒品犯罪案件会遇到很多疑难复杂问题，其中主观明知的认定就是一个具有代表性的问题。明知的认定涉及罪与非罪的关键问题，在司法实践中，由于毒品犯罪的隐蔽性，获取主观故意方面的证据相对比较困难，所以，在办理毒品犯罪案件中要格外注重对主观明知的审查，否则会严重影响对犯罪的有效打击。在司法实践中，对主观明知的证明具有较大的困难，主要原因在于：

第一，毒品犯罪的高度隐蔽性。毒品犯罪行为具有高度隐蔽性，没有固定的犯罪场所、被害人和目击证人；犯罪嫌疑人、被告人具有一定反侦查能力，到案后拒不供述，很难收集到能够反映行为人主观方面的证据，特别是供述、证人证言、书证、视听资料等直接证据。第二，主要据以定案的证据具有易变性。毒品犯罪案件中，除了查扣的毒品实物外，主要是依靠供述和证言来认定主观明知的，但这些证据变化性较强，司法实践中一般坚持"口供不能单独定案"的原则，必须还要得到其他证据的印证。第三，间接证据相对较少，不能排除合理怀疑。如果通过间接证据来认定行为人的主观方面，不仅需要充足的证据，还要求各间接证据之间相互印证，形成完整的证明体系，最终能够排除合理怀疑才行，但这样的标准在毒品犯罪案件中较难达到。因此，通常案件中的证明方法和证明标准在毒品犯罪案件中将面临不少困境，但如果轻易就以证据不足为由直接作出无罪的处理决定，可能又会放纵毒品犯罪，甚至助长犯罪。①

---

① 参见覃珠坚：《非法持有毒品罪主观方面证明之刍议》，载《广西政法管理干部学院学报》2019年第6期。

一、主观明知的含义

"明知"在毒品犯罪中的含义就是"明知是毒品",是认定行为人具有犯罪故意的前提和核心内容,但对于何为明知,还有以下几种不同的观点:第一,知道或应当知道说,即行为知道或者应当知道其走私、贩卖、运输、制造、非法持有或者窝藏的物品为毒品。第二,确知和实知说,即明知是指行为人对毒品是确切知道或者实际知道的。第三,证明的明知和推定的明知说,即认为从证据证明的角度来看,毒品犯罪中的明知,既可以是经证据直接证明的,也可以是按照规则推定的。第四,知道、应当知道和可能知道说,毒品犯罪中的明知分为知道和可能知道,而知道又可以进一步区分为知道和应当知道。

我们认为,上述各种观点都具有一定合理性,但是分析的角度有所不同。毒品犯罪中的"明知"是犯罪的主观构成要件的内容,属于事实问题,归属刑事实体法的范畴,因此,第一种观点相对更具有合理性。第二种观点的分类标准并不统一,确知是指认知的程度,而实知是指认知的有无,因此,这种观点不可取。第三种观点实际上是从证据证明角度的阐释,其中经证据证明的明知就是"知道"这种客观事实,而推定的明知是对"应当知道"的一种推定。概言之,知道与直接证明的明知属于客观事实层面的明知,而应当知道和推定的明知属于法律事实层面的明知。第四种观点中将可能知道纳入明知范围,无论从文义上还是司法实践上来看都是不合理的,"可能知道"中既包括知道的情形也包括不知道的情形,后者不属于明知。

因此,有关司法解释和会议纪要在总结毒品案件侦查、起诉、审判实践经验的基础上,指出"明知"是指行为人知道或者应当知道所实施的行为是走私、贩卖、运输、非法持有毒品行为。不同的毒品犯罪在主观明知的内容方面是有所不同的。除了常见的走私、贩卖、运输、制造毒品罪和非法持有毒品罪的主观明知外,还有一些毒品犯罪的主观明知内容与之并不相同。例如,非法种植毒品原植物罪要求行为人明知自己非法种植的是罂粟、大麻等毒品原植物;包庇毒品犯罪分子罪要求行为人明知自己包庇的是走私、贩卖、运输、制造毒品的犯罪分子;走私制毒物品罪只要求行为人明知所运输或携带进出境的物品为醋酸酐、乙醚、三氯甲烷或者其他用于制造毒品的原料或配剂即可。若行为人明知的内容还包括以上原料或配剂是他人用来制造毒品的,则应以制造毒品罪的共犯论处。①

如在董某某走私毒品案中,被告人马某来到T国,要求被告人董某某带一女子一起到中国卖淫,并携带"酒"和燕窝等物。董某某答应,并找一女子准备同行。两天后,马某为董某某等2人办好护照并购买机票,且交给董某某T国货币2万元和人民币2000元,要董某某2人平分,并答应到中国之后再给她们一定数量的报酬。又过了两天,被告人马某在送董某某2人去T国机场途中,将5瓶装有海洛因的"酒"分别放进董某某和另一女子的旅行袋并告诉董某某,被告人谢某和李某会在中国机场接她们。当晚9时许,董某某2人乘坐的飞机到达中国机场。在办理入境手续时,我国机场海关人员从董某某等2人的包中查获装有海洛因的"酒"5瓶。后经公安机关检验,5个酒瓶中的海洛因脱水后净重2310克。本案中,由于没有证据证明董某某明知携带的酒中藏有毒品,无法认定其主观上具有明知,其乘坐飞机进入我国境内的行为并无明显异常,也无法推定其具有明知,因此,认定董某某具有走私毒品犯罪故意的证据不足,应宣告其无罪。

二、主观明知的对象

毒品犯罪作为故意犯罪类型,行为人对犯罪对象——毒品应该具有明知,这是毒品犯罪成立的前提,但关于明知的内容和程度却存在一定争议。刑法理论通说和司法实践中的通常做法是,只要行为人认识到走私、贩卖、运输、制造、持有、窝藏的物品为毒品即可,并不要求行为人具体认识到该毒品的名称、化学成分、种类及瘾癖性等具体性质。但有人也提出疑问,如果认识主体对毒品的认识,脱离了它的种类、名称及物质属性,那么这种认识不过是一种抽象的甚至模糊的意象而已,应对毒品进行实质性审查,行为人构成毒品类犯罪主观上应对毒品的种类属性具有认

---

① 参见高贵君主编:《毒品犯罪审判理论与实务》,人民法院出版社2009年版,第62页。

识,这是行为人"明知"的重要内容。①

我们持不同观点,认为毒品犯罪的"明知"只要行为人认识到是毒品即可,不管是否对毒品的名称、成分等具体性质有无认识。理由如下:

第一,从毒品的发展趋势来看,当前毒品种类繁多,新型毒品和复合毒品层出不穷,即便是长期从事毒品犯罪活动的人员有时也难以准确说出毒品的具体成分、比例或瘾癖程度等,毒品犯罪分子文化程度千差万别,要求其对毒品的具体性质具有认识,不切合实际。第二,当前毒品犯罪猖獗,特别是新型毒品犯罪的案件数量远远超过传统毒品犯罪案件,若对行为人的认知情况提出过高要求显然不利于打击毒品犯罪。第三,从立法原意考虑,法律和司法解释并未要求行为人只有明知毒品的种类等具体性质情况下才构成犯罪,毒品的种类及数量仅影响到量刑而不影响犯罪的成立,并且有关会议纪要还针对不同类别的新型毒品,规定了折算成海洛因进而确定刑罚的规则,进一步说明立法机关并未主张行为人必须对毒品种类等具体性质具有认识。第四,从刑法理论来看,如果要求行为人必须认识到毒品的具体性质,将导致难以处理的司法问题。如行为人对毒品种类产生认识错误,按照上述观点则会影响犯罪故意的成立,但这与司法实践相违背。实际上,即使认为这种情况属于对象错误,也不影响故意的成立。因为行为人只是对毒品种类产生具体的认识错误,而各种不同种类的毒品都危害公众健康、违反国家毒品管制制度,根据法定符合说,依然成立毒品犯罪既遂。②

三、主观明知的程度

对于行为人对毒品的认识需要达到何等程度,在刑法理论和司法实务界也存在一定分歧。从文义上看,明知应理解为"明确知道",但这无形中再次提升了打击犯罪的难度,事实上,明知的内涵已经发生了很大的变化,司法解释中将"知道"与"应当知道"作为明知的下位概念对其进行解释,实际上是从客观事实和推定事实两个层面分别作出了客观性解释

---

① 参见张汝铮:《毒品犯罪"主观明知"的实质性研究》,载《广西社会科学》2019年第2期。

② 参见张明楷:《刑法学》(第五版),法律出版社2016年版,第1146页。

和规范性解释,前者需要通过直接证据来证明,后者需要通过刑事推定来进行证明,即根据各种主客观具体事实来综合认定否定行为人"不知道"的可能性,这从侧面说明毒品犯罪中行为人"明知"不需要达到确切知道的程度,无论把行为人是认识到肯定是毒品,还是认识到可能是毒品,都属于认识到是毒品,不影响犯罪的成立,因为毒品犯罪都是故意犯罪,而故意的形式可以分为直接故意和间接故意,行为人知道行为对象为毒品仍实施走私、贩卖、运输等行为的,其主观心态为直接故意;其意识到行为对象有可能是毒品,而客观上实施走私、贩卖、运输等行为的,其主观心态为间接故意。当然,行为人得认识到毒品这一"物"的存在,如果根本不知道毒品的存在显然是不存在认识的。需要说明的是,"认识到可能是毒品"这种明知情况下,包含了概括性认识,即对物品是毒品具有大体上的认识,如行为人并不确定是毒品,但明确知道肯定是违禁品,至于是毒品还是其他违禁品尚不能确定的情况就属于具有概括性认识,这种情况下要具体来分析,如果行为人在概括性认识的情况下有可能认识到对象物为毒品,则不影响认定为毒品犯罪,如果其根本没有意识到可能是毒品,对此不能认定行为人"明知毒品"。承认概括性认识的一个隐含前提就是,从证明犯罪嫌疑人对"毒品"的明知变为证明"对象具有违法性",显然降低了毒品犯罪的证明要求,从程序法角度调整了证明对象,这种变更待证事实的方法在毒品犯罪案件中虽然被应用但要特别慎重。①

四、主观明知的证明

(一)毒品犯罪明知推定规则

毒品犯罪案件中,证实行为人具有实施毒品犯罪的故意至关重要,证明主观故意中对毒品的明知又是办案实践中的疑难问题之一。在刑法理论上,主观明知可以分为自认的明知和推定的明知两类,前者是指犯罪嫌疑人、被告人自己供述其对某一犯罪构成要件内容明知;而后者是指在案没有诸如供述等证据能够直接证实犯罪嫌疑人、被告人具有明知,但根据

---

① 参见张汝铮:《毒品犯罪"主观明知"的实质性研究》,载《广西社会科学》2019年第2期。

其年龄、文化程度、职业、社会阅历并结合案件具体事实情况，综合相应因素能够推定对构成要件内容"知道或者应当知道"，从而认定犯罪嫌疑人、被告人具有明知的情形。①

因此，对于犯罪嫌疑人、被告人是否具有明知，应结合其行为和案件全部事实、证据来综合分析、审查，一般可以从其是否采取高度隐蔽的携带、运输方式，采取"行话""黑话"等高度隐蔽的联系方式，有无实施毒品犯罪的前科，非常规的交易方式等各个方面来进行推定。刑事推定在毒品犯罪中经常被使用，对于毒品犯罪案件的刑事推定规则，我国相关司法解释等文件中早有规定：2007年最高人民法院、最高人民检察院、公安部颁布的《办理毒品犯罪案件适用法律若干问题的意见》中，明确规定了8种可以推定的基础事实，并规定了可以推翻推定结论的情形，具体如下：走私、贩卖、运输、非法持有毒品主观故意中"明知"，是指行为人知道或者应当知道所实施的行为是走私、贩卖、运输、非法持有毒品行为。具有下列情形之一，并且犯罪嫌疑人、被告人不能作出合理解释的，可以认定其"应当知道"，但有证据证明确属被蒙骗的除外：(1)执法人员在口岸、机场、车站、港口和其他检查站检查时，要求行为人申报为他人携带的物品和其他疑似毒品物，并告知其法律责任，而行为人未如实申报，在其所携带的物品内查获毒品的；(2)以伪报、藏匿、伪装等蒙蔽手段逃避海关、边防等检查，在其携带、运输、邮寄的物品中查获毒品的；(3)执法人员检查时，有逃跑、丢弃携带物品或逃避、抗拒检查等行为，在其携带或丢弃的物品中查获毒品的；(4)体内藏匿毒品的；(5)为获取不同寻常的高额或不等值的报酬而携带、运输毒品的；(6)采用高度隐蔽的方式携带、运输毒品的；(7)采用高度隐蔽的方式交接毒品，明显违背合法物品惯常交接方式的；(8)其他有证据足以证明行为人应当知道的。

在2008年《全国部分法院审理毒品犯罪案件工作座谈会纪要》(以下简称《大连会议纪要》)中，进一步规定了10种可以推定的基础事实，被告人不能作出合理解释的，可以认定其"明知"是毒品，但有证据证明确属被蒙骗的除外：(1)执法人员在口岸、机场、车站、港口和其他检查

---

① 参见薛培、李飞：《从七个方面判定毒品犯罪的主观明知》，载《检察日报》2015年9月16日，第3版。

站点检查时,要求行为人申报为他人携带的物品和其他疑似毒品物,并告知其法律责任,而行为人未如实申报,在其携带的物品中查获毒品的;(2)以伪报、藏匿、伪装等蒙蔽手段,逃避海关、边防等检查,在其携带、运输、邮寄的物品中查获毒品的;(3)执法人员检查时,有逃跑、丢弃携带物品或者逃避、抗拒检查等行为,在其携带或者丢弃的物品中查获毒品的;(4)体内或者贴身隐秘处藏匿毒品的;(5)为获取不同寻常的高额、不等值报酬为他人携带、运输物品,从中查获毒品的;(6)采用高度隐蔽方式携带、运输物品,从中查获毒品的;(7)采用高度隐蔽的方式交接物品,明显违背合法物品惯常交接方式,从中查获毒品的;(8)行程路线故意绕开检查站点,在其携带、运输的物品中查获毒品的;(9)以虚假身份或者地址办理托运手续,在其托运的物品中查获毒品的;(10)有其他证据足以认定行为人应当知道的。实际上,除了对主观明知的推定外,相关会议纪要还规定可对贩卖毒品数量进行推定,如《全国法院毒品犯罪审判工作座谈会纪要》(以下简称《武汉会议纪要》)规定,对于从贩毒人员住所、车辆等地方查获的毒品,除非确有证据证明其并非用于贩卖,否则将被认定该为用于贩卖的毒品。

推定具有如下特征:第一,推定的前提是具有一定的基础事实,这是得出推定的结论必要前提和逻辑起点。第二,基础事实须被查证属实。只有当基础事实经证据证实,才能直接推导出推定事实的成立,因此,在办案实践中,对推定事实的证明往往转化为对基础事实的证明,出现证明对象转移的情况。第三,基础事实与经验事实之间存在经验法则和逻辑关联,也就是说,基础事实与推定事实之间具有发生上的伴生性或高概率性,从而足以形成一种值得信赖的经验规则或可以适用的法律规则。第四,存在反证推翻的情形。基础事实与推定事实之间的经验法则不是百分之百的必然性联系,存在得出其他结论的可能性。[1]

如被告人谢某情运输毒品案[2]。2015年3月下旬,被告人谢某情经关某兵介绍认识了一自称"李总"(身份信息不明)的男子,并接受关某兵请托从云南省开一辆车回湖北省仙桃市,且关某兵及"李总"均承诺在途

---

[1] 参见广东省人民检察院课题组:《毒品犯罪"明知"的认定》,载《中国检察官》2020年第7期。

[2] 参见贵州省高级人民法院刑事裁定书,(2017)黔刑终392号。

每天支付其 300 元报酬，途中其他开支另行支付。同年 4 月 1 日关某兵交予谢某情一个汽车遥控器、一部手机及新办理的电话卡，交代谢某情要用新的电话号码与其联系。同年 4 月 2 日，被告人谢某情即从湖北省武汉市乘坐飞机前往云南省昆明市。到达后，谢某情于 2015 年 4 月 3 日至 4 月 12 日期间在云南省境内游玩，且关某兵于 2015 年 4 月 12 日在仙桃永兴分理处通过 ATM 给谢某情所持有的中国建设银行卡存入 6000 元。2015 年 4 月 13 日 17 时许，谢某情接到"李总"电话后按要求赶到勐海县某镇某酒店，其用此前关某兵交予的汽车遥控器在该酒店停车场内找到车牌号为云 AU2××0 的福特蒙迪欧轿车，随后驾驶该车连夜赶往湖北省。在谢某情驾车赶往湖北省途中，通过关某兵事先交予其的手机与"李总"互相频繁联系。次日 17 时许，谢某情驾车行经沪昆高速安顺市镇宁自治县收费站时被公安机关查缉。经公安机关对其进行盘问及所驾车辆检查，于该车尾部保险杠下防撞钢梁内查获毒品疑似物 17 包（拆开包装，见片剂状），经称量净重 9543.29 克。经鉴定，查获的毒品疑似物中均检出甲基苯丙胺成分，含量为 18.67%。贵州省安顺市中级人民法院于 2017 年 6 月 27 日作出判决：被告人谢某情犯运输毒品罪，判处无期徒刑，剥夺政治权利终身，并处没收个人全部财产。宣判后，原审被告人谢某情以不构成运输毒品罪为由，提出上诉。贵州省高级人民法院于 2017 年 9 月 30 日作出裁定，驳回上诉，维持原判。

就本案而言，涉及可以推定的基础事实有《大连会议纪要》中规定的第（5）项：为获取不同寻常的高额、不等值报酬为他人携带、运输物品，从中查获毒品的；第（6）项：采用高度隐蔽的方式携带、运输物品，从中查获毒品的；第（7）项：采用高度隐蔽的方式交接物品，明显违背合法物品惯常交接方式，从中查获毒品的。具体的推定过程如下：

第一，结合被告人谢某情的供述、被扣押车辆、被查获毒品疑似物、鉴定意见等证据足以证实其采用的是高度隐蔽的方式运输毒品这一基础事实，被告人谢某情于 2015 年 5 月 22 日的第 7 次供述称"虽然怀疑车上有毒品，为获取报酬还是开车，但经过检查车辆没有发现毒品"，其在第一次庭审期间也作"有检查所驾车辆"的相同辩解，因该合理解释的提出，证明责任便转移到控方，但公诉机关对此合理解释中涉及的事实、情节并未有充分证予以排除，且据检查笔录记载，车辆行驶证系在谢某情所携带皮包内查获,根据生活经验,车辆行驶证体积小,易于存放于车内各处,谢某情需通过在车内翻找,才能找到该行驶证并放入包内,但也不排除"李总"告知其行驶证放置于车内何处的情况,因此,谢某情"检查车辆"的合理解释未得到充分排除,故阻却了对上述基础事实的推定。

第二,结合被告人谢某情的多次供述、建设银行卡汇款记录、云南各市的酒店登记、旅游景点留影照片等证据足以证实谢某情从此次代驾业务中除获得每天300元的工资、油费、过路费、食宿费外,还获得免费旅游。免费旅游即可被认定为"为获取不同寻常的不等值报酬为他人运输物品,从中查获毒品"中的不同寻常的不等值报酬。根据运输行业人员证人贺某标、周某祥、王某、雷某兵的证言足以证实每天300元的代驾工资以及油费、过路费、食宿费全由雇主承担系合理报酬。"免费旅游"不在此列,应认定为不同寻常的不等值报酬。对此,谢某情于2015年6月30日的第8次供述称"对于'李总'安排自己旅游,费用都由'李总'承担这个事情,我就没有多想,想着只要能赚钱就行了,我没有去想这是否正常"。在其后的供述、庭审期间,谢某情对"免费旅游"这一事实均未作出合理解释,其也未提交证据证明确属被蒙骗,故可根据第(5)项"为获取不同寻常的高额、不等值报酬为他人携带、运输物品,从中查获毒品的"的规定,认定其"明知"是毒品。

第三,结合被告人谢某情的供述、某酒店监控视频、谢某情与"李总"的通话记录、被扣押的车锁遥控器、电话号码为159×××××2的诺基亚手机等证据足以证实谢某情于2015年4月13日夜间在地处偏远的云南省勐海县某镇某酒店停车场通过其事先在湖北仙桃关某兵处所获的新办理电话与"李总"电话联系及事先在湖北仙桃关某兵处所获的车锁遥控器接收涉案车辆,并开走的事实。在这一交接物品的事实中,交接时间为夜间,谢某情与雇主仅电话联系、并无第三人在交接点即某酒店停车场,交接点地理位置僻静偏远,且谢某情事先已获得车锁遥控器,另,根据通话记录显示谢某情所交代的"李总"电话159×××××5的通话基站位置于交接当天一直处于某镇某公园,该"不露面"的交接方式可认定为系采用高度隐蔽的方式交接物品,明显违背合法物品惯常交接方式。被告人谢某情于2015年6月30日的第8次供述称"在出发去云南之前,专门给我购买新手机,办理新电话卡,并且将汽车遥控器给我,一直到4月

13日才安排开车，对于这些现象我没有去想是否正常"。于2015年12月15日的第12次供述称"我驾驶车辆的位置属于很偏远的位置，在到达某路酒店开车之前跟着旅游团去旅游时就感觉像是进了山区一样，我当时没有去想李总是否会在某镇买车，没想这么多"。在其后的供述、庭审期间，谢某情对此交接事实均未作出合理解释，其也未提交证据证明确属被蒙骗，故可根据第（7）项"采用高度隐蔽的方式交接物品，明显违背合法物品惯常交接方式，从中查获毒品的"规定，认定其"明知"是毒品。综上，本案中原审被告人具有《大连会议纪要》中规定的可以推定"明知"的两种情形，并且其未提出合理解释，在案也没有证据能够推翻推定的事实，结合谢某情的年龄、智力、从业经验等情况，综合分析判断其不可能受到蒙蔽，因此，应认定被告人谢某情对其所驾驶的车辆内藏有毒品具有明知，构成运输毒品罪。

（二）毒品犯罪明知推定的必要性

办理毒品犯罪案件，进行主观明知推定，具有必要性：第一，在司法实践中获取直接证实行为人主观故意的证据较为困难，往往只能依赖于犯罪嫌疑人、被告人的口供及相关证人证言，但这些证据具有较强的易变性，真实性也难以保证，刑事推定能够较好地解决获取证据短缺的问题。第二，采取刑事推定的方式来认定主观明知，能够有效降低侦查机关、公诉机关搜集证据和指控犯罪的难度，减少过重的证明责任，能够有效打击毒品犯罪。第三，在其他犯罪的司法实践中，已有很多关于刑事推定的规定和运用，如在走私案件中，有关司法解释同样规定了可以认定为明知的具体情形。第四，国际公约对明知事项也有规定，为我国规定毒品犯罪中的明知提供了重要依据。《联合国打击跨国有组织犯罪公约》第5条第2款规定："本条第一款所指的明知、故意、目标、目的或约定可以从客观实际情况推定。"《联合国反腐败公约》第28条规定："根据本公约确立的犯罪所需要具备的明知、故意或者目的等要素，可以根据客观实际情况予以推定。"我国签署和批准了这两个公约，尽管公约不完全是针对毒品犯罪，但它包括有组织从事毒品犯罪的集团，对其他毒品犯罪明知的认定也具有参照意义。第五，其他国家和地区关于毒品犯罪明知的规定值得借鉴。如马来西亚《1952年惩治毒品犯罪法》第37条规定，保管或控制任何含有毒品的物品的人,应当推定其对该毒品的性质具有明知;毒品隐藏在房屋、车辆内,应当推定房主、车主和当时负责车辆的人对所隐藏的毒品明知。①

(三) 毒品犯罪中明知推定的风险

第一,在对毒品犯罪中"明知"的推定中,如果仅以行为人的异常表现就推定其对毒品的明知,并不能当然否定行为人对行为的合理解释,也不能排除合理怀疑,但是根据司法解释和相关会议纪要,基于基础事实与待证事实之间的常态性联系就得出确定结论,无疑是采取优势证据标准。例如,执法人员检查时,行为人有逃跑、丢弃携带物品或逃避、抗拒检查等行为,在其携带或丢弃的物品中查获毒品的,可以推定行为人"明知毒品"。但是,在该种情形中,行为人逃跑的原因很多,很可能是误认为遇到不明身份人抢劫、因其他犯罪担心被抓获等,径直认定为具有明知,确实难以排除其他各种可能性。②

第二,在司法实践中,对毒品犯罪中"明知"的推定无形地转移了证明责任。在我国,公诉机关承担证明犯罪嫌疑人、被告人有罪的责任,犯罪嫌疑人、被告人不承担证明自己无罪的责任,但在上述推定规则中,公诉人证明行为人"明知毒品"的责任会演变为行为人证明自己"确实不知毒品"的责任。如在运输或者代购毒品的行为中,行为人如果收取了不同寻常的高额报酬,一般就推定其对毒品具有明知。那么,行为人要推翻该推定得出的结论,就要证明其所获得的报酬是合理的,或者确实有理由证实其对毒品不明知,可见,在这个过程中,犯罪嫌疑人、被告人承担了一定的证明义务。

第三,公诉机关在运用刑事推定时,证明的对象由待证事实转向基础事实,只要运用证据能够证实基础事实,便径直认定待证事实的存在。如通过查证犯罪嫌疑人采取了高度隐蔽的方式运输毒品,便推定其对所运输的毒品具有"明知",但这个推定的过程事实上是将行为人是否明知毒

---

① 张军、熊选国主编:《刑事法律文件解读》(2009年第1、2辑总第43、44合辑),人民法院出版社2009年版,第95页。

② 参见古加锦:《明知毒品的推定风险与证据证明》,载《西南政法大学学报》2017年第1期。

品这一证明对象转变为犯罪嫌疑人是否采取高度隐蔽的运输方式。实际上，证实了基础事实并不一定就能得出待证事实来，因为二者之间的联系只是高概率联系而已，不能排除例外情形存在的可能性。

（四）毒品犯罪明知推定中应注意问题

第一，要尽量收集、审查各类证据。推定规则的适用是为了克服毒品犯罪案件的证据收集的现实困境，有力打击犯罪，但需要注意的是，刑事推定远不如运用直接证据证明行为人主观罪过那样直观。因此，司法实践中，司法人员切不可因可进行推定就放弃对证据的收集调取，要尽量通过证据来证明犯罪，避免刑事推定具有的不确定性影响案件的办理；同时，在审查证据时，也要兼顾正反证据，必要时进行补证，不可为了得出某种结论而选择性忽视相反证据。

第二，不应让犯罪嫌疑人、被告人举证证明其不具有主观明知。公诉机关不仅要承担运用证据直接证明犯罪嫌疑人对毒品具有明知的义务，当犯罪嫌疑人、被告人针对推定的基础事实提出辩解后，还要承担收集证据去查证辩解是否成立的义务，而不能要求犯罪嫌疑人、被告人自行承担举证责任。

第三，推定规则得出的结果不具有唯一性，符合上述意见和会议纪要规定的情形的，仅是"可以"而不是"应当"认定行为人"明知毒品"。这是因为，认定行为人"明知毒品"必须达到证据确实、充分的证明标准，这就要求行为人的行为不仅符合所列举的各种情形，而且综合全案证据的情况，已足以排除行为人不明毒品的可能性，相反，若不能排除合理怀疑或不能否定行为人的辩解的，不应该认定行为人对毒品主观上具有明知。[1]因此，2008年《大连会议纪要》在规定可作出推定的情形前，特别强调"毒品犯罪中，判断被告人对涉案毒品是否明知，不能仅凭被告人供述，而应当依据被告人实施毒品犯罪行为的过程、方式、毒品被查获时的情形等证据，结合被告人的年龄、阅历、智力等情况，进行综合分析判断"。易言之，在认定行为人是否明知是毒品时，不能仅看行为人的行为

---

[1] 参见古加锦：《明知毒品的推定风险与证据证明》，载《西南政法大学学报》2017年第1期。

是否符合相关司法解释和会议纪要规定的具体情形，还要看全案的证据是否已经达到排除合理怀疑的"证据确实、充分"的证明标准。对于司法人员而言，要坚持客观公正的立场，不能为了打击犯罪而忽视行为人辩解的合理性。特别是，有一些事实基础下的推定应当慎重，或者说某些单一事实并不能直接推定出明知的结论，如（1）受委托或雇用携带毒品，获利明显超过正常标准的；（2）犯罪嫌疑人、被告人所有物、住宅、院落里藏有毒品的；（3）毒品包装物上留下的指纹与犯罪嫌疑人、被告人的指纹经鉴定一致的；（4）犯罪嫌疑人、被告人持有大量毒品的。

第四，要强化对基础事实的查证。基础事实是据以进行刑事推定的前提和基础，决定着推定结论的可靠性。因此，要注重对证明基础事实的证据的收集，特别是稳定性较高的客观证据，而不能过于依赖言词证据；还要注意收集证据的全面性，不能忽视对犯罪嫌疑人有利的证据，防止片面收集证据而影响证据的证明力，从而动摇刑事推定的证据基础。

第五，应允许行为人提出反证加以推翻。由于推定明知不是以确凿证据证明的，而是根据基础事实与待证事实的常态联系，运用情理判断和逻辑推理得出的，有可能出现例外情况。如果行为人能作出合理解释，有证据证明确实受蒙骗，其辩解有事实依据或者合乎情理，就不能认定其明知。

如被告人莫某奇运输毒品案[①]。2008年春节前的一天，熊某江（已被判刑）在一个麻将馆里问莫某奇是否愿意到云南去运玉石，并给予一定报酬，莫某奇答应后共到云南运输"货物"两次赚了2000元钱。2008年4月，熊某江又找到莫某奇说要到云南运玉石，莫某奇答应后，两人于4月23日赶到云南瑞丽，跟刘某华（贩卖毒品罪主犯）见面商谈运输玉石的具体路线，刘某华将装着"玉镯"的黑色行李箱交给莫某奇，告诉他先坐车到云南芒市再坐飞机到昆明，并且出租车已经安排好，车钱已付。当莫某奇到达芒市机场办理托运时被安检人员发现X光机显示异常，划开包内发现藏有1027克高纯度海洛因，至此案发。2008年9月17日，云南德宏中级人民法院以莫某奇犯运输毒品罪判处死刑，莫某奇不服判决上诉

[①] 参见云南省德宏傣族景颇族自治州中级人民法院刑事判决书，2008德中刑初字第（395）号。

到云南省高级人民法院,二审认定莫某奇受他人蒙骗、主观不明知,不构成犯罪,判决莫某奇无罪释放。

一审检法对莫某奇主观明知进行了推定,从而认定其构成运输毒品罪:第一,莫某奇曾4次到德宏,其中2次成功运输,1次将货送到广州,1次将货运到上海。在实施了前两次运输成功之后,更改身份证名字,将名字改为莫某琪,是避免因乘飞机到德宏次数过多引起警方注意。第二,莫某奇放弃了到芒市机场最近、道路情况最好的路线,绕行盈江多走了近2/3的路,而且道路情况极差,就是为了绕开固定的检查站,遇到流动检查点时还有意躲避。如果仅仅是运送玉石没有必要躲避检查。第三,在莫某奇的包里仅仅放着两个经鉴定价值20元的玉镯,毒品重达1公斤,正常人都应该感觉到里面夹藏着其他东西。第四,在这条敏感的边境线上,莫某奇运输"玉石"每天可以得到100元的收入,而且出货前有额外的500元,货到后又有500元到1000元不等的回家路费。如此"贵重"的玉石莫某奇居然不随身携带,办理托运时也不保险。据此,司法工作人员根据被告人上述反常行为,并且犯罪嫌疑人、被告人不能作出合理解释,进而认定被告人莫某奇对运输的物品为毒品具有主观明知。①

但本案中上述推定面临着两项挑战:一是被告人莫某奇对上述推定的基础事实作出了合理解释。(1)行程路线是"熊总""华哥"事前安排的,机票是两人为其买好的电子机票,他只是服从安排,而且莫某奇的家属还向警方提供了"熊总"即熊某江、"华哥"即"刘某华"的相关情况;(2)其并不知道行李包的夹层中藏有毒品,行李包是"华哥"交给他的,他也当场验了货,确认里面装有两盒玉镯,警方亦未从毒品包装上提取到他的指纹;(3)在最后一次运输前将姓名改为"莫某琪",是因为他母亲给他算了命,认为原名不吉利,因而到派出所申请改了名。在上述"解释"中,被告人一方提供了"熊总""华哥"的真实身份情况,对相关疑点也作了合理解释,按照前述推定规则和刑事证明原理,对于这些"解释",控方应承担调查核实责任。但遗憾的是,云南德宏公安、检察机关均未对"解释"的情况进行认真调查核实。辩护人还认为:2008年度当地

---

① 参见赵志华:《论毒品犯罪中"明知"的证据标准》,载《证据科学》2013年第3期。

城镇居民人均日工资是 38.9 元，相对而言，跑到千里之外找一份 100 元一天的临时工作应不算是"不同寻常的高额"收入。二是在案证据直接证实被告人莫某奇受蒙骗实施了运输毒品行为。在原审二审期间，根据莫某奇家属提供的线索，公安机关将熊某江抓获归案，熊某江到案后曾供述，其与刘某华共谋欺骗莫某奇运输毒品，莫某奇不知道是毒品，虽然在重审阶段熊某江供述发生反复，称其认为莫某奇应该知道是毒品。但熊某江曾经供述莫某奇不明知，这与莫某奇的辩解相印证，已经具有了优势证据地位，足以动摇公诉机关的推定。

从上述案件可以看出：第一，刑事推定的结论并不是不可辩驳的，在根据司法解释和会议纪要作出推定后，还要进一步审查是否有反证支持犯罪嫌疑人、被告人的辩解，审查其辩解是否具有合理性，一旦被告人一方对基础事实作了"合理解释"，构成"合理怀疑"，证明责任便再次转移到控方，控方有义务对"解释"中所涉及的事实、情节进行调查核实，承担排除"合理怀疑"的责任。否则，审判机关应认定基础事实不真实、不可靠，禁止推定适用。第二，在"有证据证明确属被蒙骗"的情况下，即可阻却推定的适用，不得再以推定方式认定"明知"，而应根据证据证明的结果认定"不明知"；即便通过推定得出的结论是"明知"，但后来有新证据出现，能够运用证据证明犯罪嫌疑人、被告人"确属被蒙骗"，也应直接否定推定结论。可以说，后两种情况也是毒品案件中适用刑事推定的必经阶段，仅仅正向推定而不考虑反向的排除因素是不科学、不完整的，得出的结论也是不可靠的。

相关规定链接

1. 2007 年 12 月，最高人民法院、最高人民检察院、公安部《办理毒品犯罪案件适用法律若干问题的意见》；

2. 2008 年 12 月，《全国部分法院审理毒品犯罪案件工作座谈会纪要》；

3. 2015 年 5 月，《全国法院毒品犯罪审判工作座谈会纪要》。

第六节 毒品犯罪的既未遂

所谓犯罪未遂，就是未充分满足某一犯罪全部构成要件的犯罪形态，也就是说，犯罪未遂是与犯罪的完成形态相较而言的，当犯罪行为进入实行阶段后，在未达到犯罪既遂前因意志以外原因停下来所形成的犯罪形态就是犯罪未遂。毒品犯罪的既未遂形态认定是司法实践中较为常见又较为疑难的问题。司法实践中，认定毒品犯罪的未遂往往忽视了对其既遂形态的判断，从而使推论难以周延。因此，可以遵循两步走的原则，一是判断毒品犯罪行为是否进入实行阶段，以排除犯罪预备形态；二是判断犯罪行为是否在既遂前被动停下来。犯罪既遂是犯罪的最基本形态，从本质上表明行为具有了危害法益的现实危险性。因此，可以将毒品犯罪行为是否具有现实危险性作为界分既未遂犯的标准。

一、走私毒品的既未遂认定

由于走私毒品罪是指违反毒品管理法规和海关法规，逃避海关监管，非法运输、携带、邮寄、贩卖毒品进出国（边）境的行为，因此，走私毒品的犯罪行为同时侵害了国家的海关监管秩序和毒品管理秩序，但前者是更主要的法益，[①] 走私毒品原则上应以毒品是否进出我国（边）境线为既遂的标准。原则上，毒品进出我国（边）境的，为走私毒品罪的既遂；毒品未进出我国（边）境即被查获的，为走私毒品罪的未遂。但走私毒品的行为方式多样，具体案件千差万别，司法实践中认定走私毒品犯罪的既未遂不仅要考虑行为人走私毒品的具体路线和行为方式，还要区分不同情形采

---

① 参见高贵君主编：《毒品犯罪审判理论与实务》，人民法院出版社2009年版，第278页。

纳不同的认定标准。结合司法实践可以分为以下几种情况：

（一）陆路方式走私毒品

通过陆路方式走私毒品应当以跨越国（边）境线使毒品进入我国领域或带出我国领域为既遂标准，毒品一过我国国（边境）即为既遂。但如何认定陆路运输、携带毒品行为是否跨越我国国（边）境，又可以进一步区分两种情形：

第一，行为人采取瞒关方式走私的，即在海关通关查验时不申报或者采取隐瞒、藏匿、伪装等欺骗手段进行虚假申报的，这种情况下应当以通过验关为既遂，如果尚未入境或者出境即被查获，则是未遂。

如被告人曹某某、马某某走私毒品案①。2012年11月5日，被告人马某某在广东省台山市委托快递公司业务员陈某某将内装有伪装成9包茶叶的毒品氯胺酮包裹（编号EE522×××××CN）邮寄到美国。次日，该包裹被深圳海关截获并从中检出净重991克含氯胺酮成分的白色晶体。就本案而言，被告人马某某将毒品夹藏在国际特快专递邮包中，寄往美国，即已着手实施走私毒品的行为。但均被海关查获而未能通过海关，即由于其意志以外的原因而未能得逞。因此，本案中的走私毒品犯罪应是未遂形态。

第二，行为人采取绕关方式走私的，即在没有设立海关或者边境检查的地方，非法进出境进行毒品走私的，应以所走私的毒品跨过国（边）境线为既遂。

（二）海路方式走私毒品

海路方式走私也有两种情形，即以船舶通过海关的瞒关走私和在其他不设立海关等边境检查关口的海岸私自登陆的走私，前者以通过验关为既遂，后者以毒品登陆上岸为既遂。关于海路、空路输入毒品的既遂，在外国刑法理论上有5种不同观点：一是"领海、领空说"，即装载毒品的船舶或航空器进入本国领海或领空时为既遂，否则为未遂。二是"登陆说"，即将毒品从船舶中转移到本国领土内（不问是否保税区）时，或者

---

① 参见广东省高级人民法院刑事裁定书，（2014）粤高法刑四终字第244号。

将毒品从航空器中转移到地面时为既遂，否则为未遂。三是"关税线说"，即在毒品经由保税区等海关支配、管理的地域的场合，转移到保税区等之外才是既遂，否则为未遂。四是"搬出可能说"，即装载毒品的船舶或航空器在本国港口停靠或在机场着陆后，出现可能将毒品转移到船舶或航空器外的状态时为既遂，否则是未遂。五是"到达说"，即装载毒品的船舶到达本国港口或航空器到达本国领土内时为既遂，否则为未遂。① 我们倾向于采取第五种学说标准，认定既遂标准仍须坚持行为具有现实危险性的统领性标准，同时又要符合打击毒品犯罪的实际情况。第一种观点过早认定为犯罪既遂，过于严苛，船舶或航空器进入我国领海或领空，尚不能得出行为具有危害毒品管理秩序的现实危险性。第二种至第四种观点则过晚认定为犯罪既遂，容易放纵毒品犯罪。而采取"到达说"，即载有毒品的船舶或航空器到达本国港口或领土时为既遂，否则应认定为未遂。

如被告人李某庆等走私毒品案②。2002年4月19日，上诉人李某庆受同案人何某水（已判刑）的指使，伙同同案人陈某辉、邓某华、邓某新（均已判刑）驾驶何某水的"深蛇5482"号船前往越南附近海域，从何某水与他人联系好的船上接运毒品海洛因。4月25日，李某庆与陈某辉、邓某华、邓某新驾驶"深蛇5482"号船从广东省东莞市到达越南附近海域等候。4月28日，李某庆与陈某辉、邓某新、邓某华在越南附近海域一货船上接收1100块海洛因，并藏匿于"深蛇5482"号船的船底暗格中。同年5月4日凌晨，李某庆与陈某辉、邓某华、邓某新驾驶"深蛇5482"号船运载上述海洛因到达广东省东莞市某码头，并将上述海洛因交给前来接应的何某水。何某水自留下21块海洛因后，根据同案犯梁某强（另案处理）的安排，将其余1079块海洛因交给前来接收保管海洛因的同案犯何某明和曾某基（均已判刑）等人。后黄埔海关缉私局侦查人员在上述被告人住处分别查获上述毒品海洛因。该案中，上诉人李某庆为牟取非法利益，明知是毒品而与同案犯结伙走私入境，运载毒品的船舶已经到达我国港口，其行为已构成走私毒品罪的犯罪既遂。当然"到达说"也不是

---

① 参见［日］香城敏磨：《鸦片法》，载平野龙一等编：《注解特别刑法5-Ⅱ》，清零书院1992年版，第33页以下，转引自张明楷：《刑法学》（第五版），法律出版社2016年版，第1146页。

② 参见广东省高级人民法院刑事裁定书，（2013）粤高法刑一终字第216号。

没有任何问题，如在以船舶装载毒品走私的情形中，如果船舶不到达港口停泊，而是中途抛锚停靠后输入或输出毒品的情形，既未遂认定便具有一定难度，但采取"到达说"相对更为合理适当。

（三）航空方式走私毒品

航空方式走私，包括通过合法的航空港海关瞒关走私和不通过航空港海关的绕关走私，前者以通过验关为既遂；后者又可以分为两种情形：一是以飞机私越国（边）境非法着陆的毒品走私，二是以空投的方式进行的毒品走私。前者以飞机降落在我国国（边）境为既遂，后者以毒品离开飞机为既遂。

（四）变相走私毒品

变相走私毒品犯罪也分为两种情况，第一种是在内海、领海、界河、界湖运输、收购、贩卖毒品的行为；第二种是直接向走私毒品的犯罪分子收购毒品的行为。对于前者而言，由于内海、领海、界河、界湖具有界分国（边）境的意义，一旦在上述地点进行毒品交易后，毒品自然进出一国领域，因此，无须再以进出国（边）境为犯罪既遂的标准，只要行为人完成毒品交易行为便成立犯罪既遂。对于后者而言，仍应以毒品是否进入我国国（边）境为标准进行判断，如果毒品交易发生在我国境内，毒品始终处于我国国境之内，只要交易行为完成，就应当认定为走私毒品罪的既遂；如果毒品交易发生在我国境外，其交易行为完成尚未直接侵害我国的海关监管秩序，仍应以毒品进入我国国（边）境作为犯罪既遂的标准。

二、贩卖毒品的既未遂认定

（一）贩卖毒品罪既未遂认定标准

关于贩卖毒品罪的既未遂认定标准，无论在刑法理论上还是在司法实务中都存在一定争议。在刑法理论上，主要存在以下不同意见：第一，契约说，认为贩卖毒品的上下家之间就毒品交易事项达成一致就构成贩卖毒品罪的既遂，而无须等到毒品交易完成。第二，进入交易说，认为只要毒品进入交易环节就构成犯罪既遂，至于交易是否最终达成、是否实际获利，都不影响贩卖毒品罪既遂的成立。① 第三，毒品交付说，认为以毒品是否实际交付为标准判断贩卖毒品罪的既未遂，毒品实际交易的构成本罪的既遂。② 第四，毒品转移说，认为应以毒品是否由卖方实际转移给买方为既遂标准，否则，即使已经达成一致的协议，或者行为人已经获得了非法利益，也不应认定为本罪的既遂。③ 可以看出，上述观点分别针对贩卖毒品的不同环节来认定既未遂，其主要差异在于认定既遂的时间不同，这对司法实践产生极大影响，背后体现的也是对毒品犯罪惩治的刑事政策理念之间的细微差别。

司法实践中对贩卖毒品罪既未遂认定标准也存在一定差异，主要体现为"毒品交付说"和"进入交易说"之间的对立。如有观点认为，贩卖毒品罪以毒品实际上转移给买家为既遂。毒品实际上没有转移时，即使已经达成转移的协议，或者行为人已经取得了利益，也不能认为是既遂。④ 对此，有地区制定的规范性文件采纳了这种意见，如2006年9月浙江省人民检察院公诉处曾印发《毒品类犯罪案件疑难问题专题研讨会会议纪要》，规定对于"贩卖方"，以毒品卖出为既遂。

与此同时，有观点却认为，贩卖毒品罪的既遂与否，应以毒品是否进入交易环节为准，而不论行为人是否已将毒品卖出获利或是否已经实际转移毒品。⑤ 同样，有部分地区制定的规范性文件采纳了这种意见，如2000年6月上海市高级人民法院印发的《关于审理毒品犯罪案件具体应用法律若干问题的意见》中规定："只要行为人将毒品现实地带入了交易环节的（即贩毒者已将毒品带到购买者面前着手交易的），不论是否完成交易行为，均应以贩卖毒品罪的既遂论处。"2011年4月，江苏省高级人民法院、江苏省人民检察院、江苏省公安厅印发的《关于办理毒品犯罪案

---

① 参见黄青祥：《刑法适用要点解析》，人民法院出版社2011年版，第341页。
② 参见王作富主编：《刑法分则实务研究》，中国方正出版社2013年版，第1443页。
③ 参见张明楷：《刑法学》（第五版），法律出版社2016年版，第1143页。
④ 参见李少平等主编：《中华人民共和国刑法案典》，人民法院出版社2016年版，第1905页。
⑤ 参见高贵君主编：《毒品犯罪审判理论与实务》，人民法院出版社2009年版，第355页。

件适用法律若干问题的指导意见》第 19 条规定:"正在进行毒品交易时被人赃并获,不论是否交易成功,对卖方和以贩卖为目的的买方均应以既遂论处。"2015 年 3 月,安徽省高级人民法院、安徽省人民检察院、安徽省公安厅印发的《关于办理毒品犯罪案件具体适用法律若干问题的指导意见》,规定:"毒品交易双方就毒品的种类、价格、数量、交易时间和地点等内容磋商达成合意,并已着手实施交易行为,即以贩卖毒品罪既遂论处。"2020 年 11 月,山东省高级人民法院刑一庭印发的《关于毒品犯罪案件常见问题裁判指引》中规定:"贩卖毒品罪的既遂与否,不以行为人是否已将毒品卖出获利或是否已实际转移毒品为准,应将毒品是否进入交易环节作为判断依据。"

我们倾向于采纳"进入交易说",应当说贩卖毒品罪在司法实践中的情形非常复杂,上述学说均具有一定合理性和不足,相比而言,"进入交易说"更有利于犯罪形态认定和打击毒品犯罪,理由如下:第一,贩卖毒品罪是行为犯,不是目的犯或结果犯,其法益侵害本质在于贩卖毒品行为对国家毒品管理制度的破坏,具有毒品非法流通的现实危险,只要实施了贩毒行为便具有严重的社会危害性。至于是否实际获利或是否取得赃款并不影响贩卖毒品罪既遂的认定,因为获利与否并不能影响贩卖毒品行为的社会危害性,将获利情况作为判断既未遂的标准不符合法律规定,又会削弱对贩毒行为的打击力度,不利于震慑毒品犯罪。第二,司法实践中破获的大量贩卖毒品案件,都是在毒品犯罪分子正在进行毒品交易时人赃并获的情形,真正能够将毒品从卖方转移到买方手中,毒品交易全部完成以后被抓获的情形并不多见,如果以毒品是否实际交付为标准来判断贩卖毒品罪的既未遂,必然使大量的毒品案件被认定为犯罪未遂,不利于对毒品犯罪的打击,严重放纵毒品犯罪。诚然,"进入交易"也不是十分确定具体的概念,实际上也存在内涵界定的问题,对此应该从一般人的观念出发,结合案件具体情况并考虑贩卖行为的现实危险性进行综合判断,如考虑行为人是否进入交易场所、是否开始实施交易行为、是否将毒品藏匿于事先约定的隐匿地点等。

如被告人陈某浪贩卖毒品案[①]。2016 年 12 月至 2017 年 1 月,被告人

---

① 参见福建省厦门市中级人民法院刑事裁定书,(2017)闽 02 刑终 774 号。

陈某浪经与王某事先电话约定，两次在福建省石狮市某酒店内，均以人民币1000元的价格将1小包的毒品氯胺酮（俗称K粉）贩卖给王某。2017年3月10日，被告人陈某浪与王某电话联系，约定以9000元的价格将10小包毒品氯胺酮贩卖给王某，并约在厦门市翔安区沈海高速马巷收费站出口交易。次日0时许，被告人陈某浪携带10小包毒品自福建省石狮市打车至上述交易地点，见公安机关抓捕，遂欲逃离，并把携带的毒品丢弃在路边的草丛中。公安机关即时抓获被告人陈某浪，并在被告人陈某浪周边现场查获其丢弃的1个红色塑料袋包裹的10小包白色粉末，从陈某浪身上缴获作案工具手机一部。经依法鉴定，现场查获的10小包白色粉末中均检出氯胺酮成分，净重共计43.3克。本案中，被告人陈某浪和买家事先商定毒品交易细节，就毒品数量和价格达成合意，并实施了携带毒品到达交易现场的行为，其贩卖毒品行为已经进入实质的交易环节，行为具有现实的社会危害性，尽管在实施交易行为时被当场抓获，仍应当认定为贩卖毒品罪既遂。据此，本案一审和二审法院均认定被告人陈某浪构成贩卖毒品罪既遂。

（二）为贩卖而购买毒品行为的既未遂认定

如前所述，贩卖毒品罪的行为方式还包括为贩卖而购买的行为，由于行为人购买毒品后尚未卖出，所以这种情况下贩卖毒品行为的既未遂认定不能适用前述"进入交易说"的认定标准，如何认定仍然存在一定争议。如有观点认为，行为人以贩卖为目的购买了毒品但未能出售给他人的，宜认定为贩卖毒品的预备行为。① 有观点则认为，被告人为贩卖而非法购买毒品的，构成贩卖毒品罪的既遂。② 司法实践中也存在不同意见，上述列举的各地规范性文件中多数认为，为贩卖而购买毒品，已购进毒品的，就构成犯罪既遂。

我们认为，司法解释将为贩卖而购买毒品的行为界定为贩卖毒品罪的实行行为，实现刑事处罚的前置化，既有现实的需要又有刑事政策的要求。据此，对于为贩卖而购买毒品的行为，只要已实际购得毒品即构成犯

---

① 张明楷：《刑法学》（第五版），法律出版社2016年版，第1143页。
② 参见周道鸾、张军主编：《刑法罪名精释》（第四版），人民法院出版社2013年版，第908页。

罪既遂，不以将毒品实际出售或交付为必要。主要有以下几方面考虑：

第一，符合司法解释规定精神。1994年12月，最高人民法院《关于执行〈全国人民代表大会常务委员会关于禁毒的决定〉的若干问题的解释》曾明确规定，贩卖毒品是指明知是毒品而非法销售或者以贩卖为目的而非法收买毒品的行为。最高人民检察院、公安部《关于公安机关管辖的刑事案件立案追诉标准的规定（三）》第1条也规定：本条规定的"贩卖"是指明知是毒品而非法销售或者以贩卖为目的而非法收买的行为。因此，在以贩卖为目的而购买毒品这种犯罪行为中，购买毒品行为本身就是实行行为而不是预备行为，根据行为犯的基本理论，只要行为人实施完毕购买毒品行为便构成贩卖毒品罪既遂，相反，若行为人为贩卖毒品而意图买进毒品，尚未买进即被查获的，应当认定为犯罪未遂，但前提条件是必须有相应的证据证明行为人买进毒品是为了贩卖。

第二，能够客观体现此种贩卖毒品行为的危害性本质。以贩卖为目的购买毒品的行为，从中牟取暴利，是后续出卖毒品行为的前提和起点，在这一贩卖毒品的过程中，购买毒品行为包含了进一步危害社会的现实危险性，与出售毒品行为之间是必然关联，具有独立的社会危害性，因此，只要实施其中一个行为，就有评价为犯罪既遂的必要。

第三，符合惩治贩卖毒品犯罪的司法现实。司法实践中，大量的贩卖毒品犯罪均是先买进后出售，公安机关往往是在行为人买进毒品时便人赃并获，况且，行为人通常大批量买进毒品但零散贩卖，如果要求必须卖出或者毒品交付才能认定为犯罪既遂，那么对于买入后尚未卖出或仅卖出一部分毒品的情况，将统统被认定为未遂或者预备，极其不利于打击毒品犯罪，有过度放纵之嫌。

第四，符合严惩毒品犯罪的刑事政策。如《全国法院毒品犯罪审判工作座谈会纪要》规定，贩毒人员被抓获后，对于从其住所、车辆等处查获的毒品，一般均应认定为其贩卖的毒品。这种司法推定不仅体现了严厉打击贩卖毒品犯罪的刑事政策，也表明对于认定贩卖毒品罪并不要求必须将毒品实际交付，那么为贩卖而购买毒品的行为人即使尚未将毒品出售，其购买行为也完全符合实行行为特征，因此只要实施了购买毒品行为便应认定为犯罪既遂。

如被告人吾某、吐某贩卖毒品案①。2006年7月17日20时许，被告人吾某在江苏省扬州市某路某餐厅二楼房间内，在对购买后准备贩卖的海洛因掺入散利痛等止痛药物并进行分包时，发现公安人员前来抓捕，遂将已经分包好的总重量为25.95克的27包海洛因及未分包的一袋重95.5克的海洛因从房间窗口扔至餐厅北侧巷内草丛中。后公安机关依法查获上述毒品海洛因。该案中，辩护律师认为，被告人吾某的行为构成贩卖毒品罪未遂。而审判机关认为，被告人吾某以出卖为目的，实施了购买毒品的行为，并将购买的该毒品海洛因掺入止痛药粉进行分包，其行为已经符合贩卖毒品罪的构成要件，属于既遂。据此，扬州市中级人民法院依法判处被告人吾某无期徒刑。

（三）特情人员参与下贩卖毒品罪既未遂认定

运用特情侦破案件，是依法打击毒品犯罪的有效手段，也是司法实践中常见的情况，但对于存在特情人员介入的贩卖毒品案件中，被告人犯罪形态是否会受到影响呢？有意见认为，因为特情人员介入下毒品不可能流入社会，因此，贩卖毒品行为不具有社会危害性，应按照不能犯未遂处理。对这个问题，刑法及相关司法解释没有作出明确规定。但《全国部分法院审理毒品犯罪案件工作座谈会纪要》（以下简称《大连会议纪要》）规定对特情介入侦破的毒品案件，要区别不同情形予以分别处理，可以总结以下几种情况：第一，对于特情贴靠案件，应当依法处理；第二，对于存在犯意引诱的案件，根据罪责刑相适应原则，应当依法从轻处罚，不论涉案毒品数量多大，都不应判处死刑立即执行；第三，对于行为人在特情既为其安排上线、又提供下线的双重引诱，即"双套引诱"下实施毒品犯罪的，处刑时可予以更大幅度的从宽处罚或者依法免予刑事处罚；第四，对因数量引诱实施毒品犯罪的被告人，应当依法从轻处罚，即使毒品数量超过实际掌握的死刑数量标准，一般也不判处死刑立即执行。可见，在特情介入的情况下，行为人构成贩卖毒品罪并不受影响，会议纪要也只是规定应当依法从轻或者免予处罚，并未采用区分犯罪既遂、未遂的方法，也就是说，并不当然一律按照犯罪未遂来处理。

---

① 参见江苏省扬州市中级人民法院刑事判决书，（2006）扬刑一初字第0013号。

那么，应按照什么原则来处理，我们认为应具体考察特情介入案件的不同情形，包括行为人在特情介入前是否具有犯意、特情引诱的程度是否在合理的范围之内、特情介入的程序是否合法，以及特情介入行为与贩卖毒品犯罪行为之间是否具有必然的因果关系等方面来综合认定。易言之，如果行为人事先就具有贩卖毒品的主观意图，特情介入仅仅是贴靠获取证据或者提供犯罪的机会、进行数量诱惑，而特情介入又经过公安机关的合法审批，且特情介入行为与毒品交易行为之间不存在必然的因果关系，则不影响贩卖毒品罪既遂的认定。

如被告人韩某标贩卖毒品案①。2015年3月14日，被告人韩某标与李某剑（另案处理）在辽宁省海城市见面，双方商定韩某标向李某剑贩卖最少1000克甲基苯丙胺（冰毒）。2015年3月15日，李某剑因涉嫌容留他人吸毒被公安机关抓获，李某剑供述已与一绰号"标哥"（指韩某标）的男子达成买卖毒品合意，欲向"标哥"购买至少1000克甲基苯丙胺，公安人员遂指示李某剑打电话给"标哥"完成交易。同年3月16日，韩某标以贩卖为目的，通过一名绰号"三哥"的男子（被告人自称，未到案）介绍，从他人处购买大量甲基苯丙胺。次日凌晨2点前后，韩某标驾车将毒品从海城市运至大连市中山区某街某公寓一楼，准备以每克100元的价格贩卖给李某剑，正欲与李某剑交易时被公安机关抓获。随后，公安机关从其驾驶的车内缴获白色晶体1包，经鉴定，净重994.2克，检出甲基苯丙胺成分，含量为73.8%。本案中，在李某剑被公安机关抓获前，被告人韩某标就已经与其达成买卖毒品的合意，并就毒品的种类、数量和价格等进行了约定，李某剑的行为仅属于特情贴靠，尚未达到犯意引诱和数量引诱的程度。因此，被告人韩某标的行为构成贩卖毒品罪的既遂，一、二审法院均认定被告人韩某标构成贩卖毒品罪既遂，判处死刑缓期2年执行。

又如被告人王某婉、吴某强贩卖毒品案②。被告人王某婉与吴某强系男女朋友关系，平时亦一起吸毒。2014年9月间，被告人王某婉主动和购买人肖某（特情人员）进行联系询问对方是否购买毒品，并表示吴某强这里随时能够拿货。后王某婉与肖某商定欲以每克300元和500元向肖

---

① 参见辽宁省高级人民法院刑事裁定书，（2015）辽刑三终字第00196号。
② 参见北京市第二中级人民法院刑事判决书，（2015）二中刑终字第1113号。

某贩卖毒品甲基苯丙胺20克及5克。2被告人于同年9月11日16时许，在王某婉暂住地，欲与肖某进行交易时被东城区某派出所民警抓获，并起获毒品甲基苯丙胺19.97克。本案中，肖某虽然是公安机关特情人员，但是在被告人王某婉主动提议贩卖毒品后，其对被告人王某婉和吴某强贩卖毒品提供了交易的机会，并对毒品交易的价格、地点、数量进行了沟通，但这种提供机会的引诱程度并没有超出一般人的承受程度，完全是按照正常的毒品交易价格进行的协商，2名被告人事先就具有贩卖毒品故意，其实施的犯罪行为与特情引诱之间并不具有必然的因果关系，因此，2名被告人应构成贩卖毒品罪既遂。

三、运输毒品的既未遂认定

要正确认定运输毒品罪的既未遂形态，前提是对该罪的行为本质具有正确的认识，即运输毒品罪是举动犯、行为犯还是结果犯？从条文逻辑上看，作为选择性罪名，运输毒品罪应与贩卖毒品罪一样，均属于行为犯。从危害性本质来看，毒品运输区别于其他毒品犯罪行为的本质是实现毒品在不同控制者之间流通，因此，只要毒品发生了位移就产生了流通的实质效果，侵犯了国家对毒品限制流通的管理秩序，至于流通的距离长短、是否到达目的地等都不会对行为本质产生影响。可见，运输毒品罪属于行为犯。值得讨论的是，作为行为犯，运输毒品罪是只要起运就构成既遂，还是要求运输行为达到一定程度呢？不仅刑法理论上存在分歧，司法实务中也有不同意见，如2011年4月江苏省高级人民法院、江苏省人民检察院、江苏省公安厅印发的《关于办理毒品犯罪案件适用法律若干问题的指导意见》规定，被告人将毒品带离藏匿地点开始进行运输应以既遂论处，不以是否到达运输目的地来区分既遂与未遂。而2015年3月安徽省高级人民法院、安徽省人民检察院、安徽省公安厅印发的《关于办理毒品犯罪案件具体适用法律若干问题的指导意见》规定，对于采用携带、体内藏毒等方式运输毒品的，毒品进入运输环节，即以运输毒品罪既遂论处；对于采用寄递、托运等人货分离方式运输毒品的，毒品交付运输行为实施完毕，即以运输毒品罪既遂论处。可见，在运输毒品罪既遂标准问题上，前者采取了"起运说"，后者采取了"适度行为说"。

我们倾向于采纳"适度行为说",认为行为人只有实施了运输行为并使毒品发生了一定距离的位移时才应认定为运输毒品罪既遂,理由如下:第一,"起运说"实际上是将运输毒品罪视为举动犯,而忽视了行为犯所具有的一定过程性特征。第二,起运即开始实施运输行为,这只是运毒毒品罪的"着手",只有着手实行行为产生了位置移动的效果,才表明客观上充足了刑法分则对运输毒品罪预设的基本犯罪构成,始得既遂。第三,仅有起运行为但未产生位移效果,就不能认为毒品已不法流通,便没有达到运输毒品罪既遂情况下通常的法益侵害程度。当然,适度行为说中的"一定距离"具有相对模糊性,不仅需要结合不同案件实质判断,也需要司法工作人员进行自由裁量。通常而言,"合理位移""一定距离"应根据行为人运输工具的特点、运输距离的远近、运输毒品数量的多少等来综合认定。①

如被告人塔某运输毒品案②。被告人塔某受穆某电话指使,到乌鲁木齐市帮他运输毒品到广州,穆某答应给予其3000美元的好处费。2006年8月9日塔某到达乌鲁木齐,8月10日穆某乘坐出租车来碰头,交给他两双鞋子,内藏有毒品,以及8袋毒品让其放在腰间和内裤里。当日18时30分许,被告人塔某欲乘飞机前往广州市,在乌鲁木齐机场内被查获,当场从其腰间、短裤内、鞋内及随身携带的黑色旅行包里缴获12包用黄色胶带缠绕的白色可疑粉末。经鉴定被缴获的白色粉末净重1500克,从中检出毒品海洛因成分,其含量为62%。本案中,辩护人认为被告人构成运输毒品罪的犯罪未遂,乌鲁木齐市中级人民法院认为:被告人塔某为牟取非法利益,欲乘飞机为他人运输毒品海洛因1500克,在登机前被抓获,其行为已构成运输毒品罪(未遂)。乌鲁木齐市人民检察院提出抗诉认为,被告人的行为属于运输毒品罪既遂。新疆维吾尔自治区人民检察院支持抗诉的意见。最终,新疆维吾尔自治区高级人民法院认为,被告人塔某将毒品带离藏匿地点,尽管其在通过机场安检时被查获,但其行为已使毒品发生了位移并且已经起运,进入了运输的环节,符合运输毒品罪(既遂)构成的条件,并依法改判。本案中,被告人塔某虽然在机场被查获,

---

① 参见郦毓贝主编:《毒品犯罪司法适用》,法律出版社2005年版,第36页。
② 参见新疆维吾尔自治区高级人民法院刑事判决书,(2007)刑一抗字第3号。

但他之前已经实施了搭乘出租车到达机场的行为，该行为与意图乘飞机前往广州的行为是不可分割的整体，该行为已经使毒品发生了位置移动，其到达机场换乘飞机只是运输方式的转换，已经实施了一定程度的运输毒品行为，理应构成运输毒品罪的犯罪既遂。因此，毒品只要进入运输状态以后，无论行为人所运输的毒品是否达到目的地，或者是否在开始起运后又因各种原因返回出发地或者中途被查获，都不影响运输毒品罪既遂的认定。对于以邮寄方式运输毒品的，将装有毒品的邮件交付邮局后经过查验被顺利接收，因邮件具有被寄出的高度可能性，便可以认定为犯罪既遂；以携带方式运输毒品的，则毒品发生位移即达到既遂；对于以交通工具运输毒品的，当毒品被装入交通工具且已离开原地时，即可认为犯罪既遂。相反，只有在由于行为人意志以外的原因导致毒品在被起运前或者刚起运便被查获，尚未进入一定程度的运输状态时，才能以未遂论处。

四、制造毒品的既未遂认定

《大连会议纪要》规定，已经制造出粗制毒品或者半成品的，以制造毒品罪的既遂论处；购进制造毒品的设备和原材料，开始着手制造毒品，但尚未制造出粗制毒品或者半成品的，以制造毒品罪的未遂论处。因此，制造毒品罪既未遂认定，应以行为人客观上是否制造出毒品为标准。与刑法中所有的"生产""制造"类犯罪相同，制造毒品罪属于结果犯，只有生产出毒品才表明该行为完整侵犯了刑法所保护的法益，故不能认为行为人只要实施了制造毒品的行为，即便尚未制造出来毒品也属于犯罪既遂。当然，这里的"毒品"还包括半成品和粗制的毒品，只要半成品和粗制的毒品具有使人形成瘾癖的功能，具备毒品的本质属性即可，纯度高低不是认定制造毒品罪既遂与未遂的标准。也就是说，如果行为人意图生产精制毒品，即便客观上生产出的毒品属于粗制毒品，也应当认定其制造毒品罪既遂。与此同时，司法实践中也存在两种常见的制造毒品罪未遂情形：一是当行为人所使用的制毒原料本可以制造出毒品，但因技术原因或者操作不当导致客观上未能制造出毒品时，属于制造毒品罪的未遂。二是如果行为人所使用的制毒原料和技术本来就不能制造出毒品，行为人误认为可以制造出毒品并进行制造的，属于手段不能犯，这种行为通常是不具有侵犯法益的具体危险的,应当按照不能犯未遂作出罪处理。

五、非法持有毒品的既未遂认定

非法持有毒品罪与走私、贩卖、运输、制造毒品罪存在一定区别,其犯罪行为属于继续犯,如前所述,要求对毒品达到一定的现实支配状态,才能认定为非法持有毒品。所以,作为持有型犯罪的典型代表,非法持有毒品罪通常被认为没有犯罪未遂形态。我们认为,从持有型犯罪的行为方式上看,从逻辑上确实可以得出上述观点。如果行为人已经着手实施了"持有"行为之后,基于一定的非法或合法起始行为,使行为人实现了事实上对特定物的控制或支配状态,却因意志以外原因被迫终止的情况,由于行为人实际上已经达到了非法控制的状态,其持有行为已经达到既遂状态,而不是犯罪未遂。原因在于,刑法上的"持有"是一个实质概念,不仅仅指一个瞬间动作,而是指达到一定支配程度的状态,易言之,实施持有行为与达到支配状态具有一致性,这就决定了刑法中不存在"未达到支配程度"的单纯的持有行为。因此,司法实践中如果行为人对毒品的控制、支配状态刚一形成之时就被司法机关查处,对行为人也不宜以非法持有毒品罪的未遂犯来论处,而应考虑是否构成持有型犯罪。如甲购买毒品后意图交给乙代为保管,在乙刚接过毒品包装物时,被埋伏好的公安民警现场抓获,也很难认定乙构成非法持有毒品罪未遂,原因在于:一方面,因为没有给乙留有决定是将该毒品及时上缴、抛弃还是决定继续持有的前置时间,难以评价乙的主观故意,如果定罪违背持有犯罪的立法本意和初衷;另一方面,从证据上也很难完成指控,乙完全可以辩解其马上就要将毒品上缴或者抛弃,从而根本不会形成控制、支配毒品的非法状态。可见,司法实践中因行为人刚刚实施保管、接收毒品的行为而被查获的,难以认定为非法持有毒品罪未遂,也难以认定行为人已经实际控制、支配了毒品从而构成非法持有毒品罪。对于共同持有或者代为持有毒品的案件中,即使部分行为人没有现实控制、支配毒品,但由于共同犯罪中"部分实行全部责任"的基本原则,只要有行为人现实持有了毒品,其他共犯人仍属于非法持有毒品罪的既遂,也没有未遂存在的空间。

但司法实践总是不乏特例,我们认为非法持有毒品罪在特殊情况下也可能存在未遂形态，常见的情形有以下两种：

一是如前文所述，行为人误将非毒品当作毒品而持有的，对象不能犯，构成非法持有毒品罪（未遂），尽管这种情况下通常不作为犯罪处理。但在控制下交付的情况下，如果公安机关为防止毒品流入社会而将交易中的真毒品换成假毒品，购买者因而持有假毒品的，则应当认定为非法持有毒品罪（未遂），具有处罚的必要性。

二是在毒品交易过程中，购买者基于自吸等非贩卖目的购买数量较大的毒品，但由于意志以外的原因而未能得逞的，应认定为非法持有毒品罪的犯罪未遂。

如被告人全某平、欧某成贩卖毒品、罗某坚非法持有毒品案①。被告人罗某坚意图向被告人欧某成购买毒品海洛因80克，约定每克310元，共支付给欧某成2.48万元。为赚取差价，被告人欧某成从被告人全某平处以每克300元价钱购买海洛因80克倒手卖给罗某坚，其将从罗某坚处获得的2.48万元中的2.4万元支付给全某平。在2人交易完成后，欧某成携带毒品离开意图送货给罗某坚过程中，被民警抓获归案。经鉴定，从欧某成身上查获的海洛因重80.1克。后公安民警将全某平抓获归案，并在其住处起获海洛因3004.5克，甲基苯丙胺片剂79.9克；后民警又将罗某坚抓获归案。广东省佛山市中级人民法院认定，被告人全某平贩卖海洛因3084.6克、甲基苯丙胺79.9克，被告人欧某成贩卖海洛因80.1克；二人均构成贩卖毒品罪。法院同时认为，罗某坚购买海洛因80.1克的行为构成非法持有毒品罪，由于已付款但尚未实际取得毒品，属于犯罪未遂，依法可减轻处罚。一审宣判后，被告人全某平、罗某坚不服，提出上诉。但广东省高级人民法院均驳回上诉、维持原判。

六、引诱、教唆、欺骗他人吸毒的既未遂认定

对于引诱、教唆、欺骗他人吸毒罪的既未遂，学术界存在不同意见：一种观点认为，本罪是结果犯，要求只有当行为人的引诱、教唆、欺骗他人吸食、注射毒品的行为导致被引诱、教唆、欺骗的人实际吸食、注射了

---

① 参见广东省高级人民法院刑事裁定书，（2017）粤刑终1176号。

毒品，才构成本罪的既遂，否则只能构成犯罪未遂。[1]另一种观点认为，本罪是行为犯，只要行为人实施了引诱、教唆、欺骗他人吸食毒品的行为，就构成本罪的既遂，至于他人是否被引诱吸毒或产生吸毒的意图，都不影响本罪既遂的成立。我们认为，第一种观点更符合本罪的构成要件，贴近司法实际，且体现了宽严相济的刑事政策，第二种观点过于严苛。一方面，本罪客观方面除了要求行为人实施了引诱、教唆或欺骗行为外，也要求他人吸食毒品行为；另一方面，本罪某种程度上具有欺骗、敲诈等性质，可以参照诈骗罪或敲诈勒索罪的基本理论来分析，后两个罪名均要求当行为人所实施的诈骗或敲诈勒索行为引起被害人处分财物时，才构成犯罪既遂，也就是强调犯罪行为与危害后果之间的因果联系，同理，构成本罪的既遂也应要求他人基于行为人的引诱、教唆、欺骗行为而吸食、注射了毒品才构成犯罪既遂。

结合司法实践，在认定本罪的既未遂时要注意以下两种情况：一是行为与结果之间的因果关系考察。如果被引诱、教唆、欺骗吸毒的人本身就具有毒瘾或者虽无毒瘾恶习但在被引诱、教唆、欺骗之前已经具有吸毒决意，本罪因为对象不能犯而构成犯罪未遂。二是注意审查引诱、教唆、欺骗他人吸食、注射的是否为真毒品。如果行为人将不具有使人形成瘾癖的物品误认为是毒品而对他人实施了引诱、教唆、欺骗行为，从而使他人吸食、注射的，则构成本罪的手段不能犯，应按照不能犯未遂进行出罪处理。

相关规定链接

1.《刑法》第 23 条；

2. 2008 年 12 月，《全国部分法院审理毒品犯罪案件工作座谈会纪要》；

3. 2012 年 5 月，最高人民检察院、公安部《关于公安机关管辖的刑事案件立案追诉标准的规定（三）》；

4. 2015 年 5 月，《全国法院毒品犯罪审判工作座谈会纪要》。

---

[1] 参见张明楷：《刑法学》（第五版），法律出版社 2016 年版，第 1157 页。

第七节　毒品犯罪的自首、立功和认罪认罚从宽制度的适用

一、自首的认定

(一) 毒品犯罪案件中的形迹可疑型自首的认定

实践中,有一部分毒品案件是在公安机关检查时破获,如果犯罪嫌疑人当场承认自己的毒品犯罪事实,能否认定为形迹可疑型自首存在较大争议。

1. 形迹可疑和犯罪嫌疑在毒品犯罪案件中的具体判断标准

所谓"自动投案",强调的是行为人投案的主动性和自愿性,能否认定为"形迹可疑"型自首的关键在于行为人主动交代犯罪事实对破获案件是否有实质的帮助。如果行为人仅因形迹可疑被盘问、教育后主动交代犯罪事实,且有关部门未掌握相关证据,其主动交代对确定犯罪嫌疑人及犯罪事实具有实质性意义,应认定为自动投案。如果司法机关通过例行检查,发现了犯罪嫌疑,基于此对行为人展开针对性询问,行为人如实供述了犯罪事实,并不适用"形迹可疑"构成自首的情形。如警察在巡逻过程中对车辆进行检查,发现藏于后备厢的白色粉末状疑似毒品物,从而对行为人开展询问,尽管行为人如实供述自己购买、运输毒品的事实,但不构成自首。①

因此,要判断毒品犯罪案件中的犯罪嫌疑人究竟是形迹可疑还是犯罪嫌疑,应综合分析在案证据能否证实公安人员对其盘问时有具体的根

---

① 参见周峰、薛淑兰、孟伟:《〈关于处理自首和立功若干具体问题的意见〉的理解与适用》,载《人民司法》2011年第3期。

据，以此来准确区分形迹可疑和犯罪嫌疑之间的界限。

如被告人张某金运输毒品案[①]。张某金在公安机关例行检查时神色紧张，在被盘问时主动交代犯罪事实，但由于其随身携带毒品，一旦被检查就会人赃并获，故法院未认定其构成自首。法院之所以不认定张某金构成自首，是因为公安机关通过其携带的白色粉末状物品，能够直接与其实施的毒品犯罪建立起联系，此时公安机关并不是一种凭借工作经验和直觉进行的主观猜测，而是有一定客观依据的怀疑，因此犯罪嫌疑人不能构成"形迹可疑"型自首。

2. 如何认定人体藏毒的犯罪嫌疑人构成"形迹可疑"型自首

司法实践中，犯罪嫌疑人为了逃避侦查会通过体内藏毒的方式运输毒品，因为该种方式的隐蔽性极高，肉眼无法分辨，目前机场、码头、车站等的安检措施无法发现体内藏毒情况，故人体藏毒的犯罪嫌疑人极少主动投案。但是如果公安机关在机场、码头、车站等例行检查时盘问犯罪嫌疑人，应以何时作为其构成"形迹可疑"型自首的时间节点。对此，存在三种不同观点，"排出说"认为，只有当犯罪嫌疑人将可疑物排出体外，侦查人员凭有关的毒品知识用肉眼进行判断后才能认定犯罪嫌疑人有运输毒品的犯罪嫌疑，所以应以毒品的排出作为认定自首的时间节点。"鉴定说"认为对毒品的认定应通过科学手段和途径，因为单凭经验难以作出准确的判断，仅从形状、颜色还不足以认定是否为毒品，还须进行进一步的鉴定才能确定，因此在鉴定意见出具前犯罪嫌疑人主动供述均可认定为自首。"透视说"认为以实施X光透视作为认定自首的标准，透视前体内运毒犯罪人交代体内藏毒事实的，视为自首，而透视后只要证实其体内有可疑物存留的，则不论该犯罪人是否主动如实交代，均不认定为自首。

我们认为，"透视说"具有一定的合理性。虽然X光透视检查证明力有限，仅能证实犯罪人体内留存有可疑物，是否就一定是毒品还处于一种真假待定的状态，但是体内藏毒的犯罪嫌疑人吞服的是包装好的毒品，由于包装物和毒品的密度不同，同时包装物和毒品的接触面无法达到真空状态，其呈现的状态与普通食物有明显区别，所以通过X射线的检查，只要稍具医学常识的人都可准确地对是否体内存留毒品可疑物进行判断。如

---

① 参见浙江省金华市中级人民法院刑事判决书，（2015）浙金刑一初字第41号。

果经过 X 光透视检查，发现体内有毒品可疑物时，侦查人员已经建立起犯罪嫌疑人和毒品犯罪的客观联系，此时犯罪嫌疑人如实供述自己的犯罪事实仅能认定为坦白，而非自首。

如被告人周某波运输毒品案①。周某波在昆明机场被公安机关盘问时主动交代自己非法运输海洛因的犯罪事实，后缴获体内排出的海洛因300.5克。由于周某波仅因形迹可疑而被公安机关盘问时就主动交代自己非法运输毒品海洛因的犯罪事实，公安机关之后才带其进行 X 光透视检查，因此周某波构成自首。

（二）毒品犯罪"如实供述"的认定

如实供述自己的罪行，是指犯罪嫌疑人自动投案后，如实交代自己的主要犯罪事实。"如实"的本质是既不缩小也不扩大自己的罪行。②

1. 犯罪嫌疑人供述的事实不全面，能否认定为"如实供述"

司法实践中，由于主客观方面的原因，毒品犯罪嫌疑人供述的犯罪事实可能与认定的事实有所偏差或缺失，甚至刻意隐瞒，此时能否认定其为如实供述主要犯罪事实存在争议。对于如何认定"如实供述"有不同观点，客观说认为应当符合案件客观事实，主观说认为符合犯罪人的记忆即可。③由于很多毒品犯罪案件涉及多笔犯罪事实，所以应以行为人供述缺失或隐瞒的事实是否属于"影响定罪量刑的事实"为标准判断是否属于"如实供述"。一般情况下，案件事实可分为犯罪构成要件事实与非构成要件事实，如果行为人未如实供述的事实属于犯罪构成要件事实的，如甲虽承认自己有贩卖毒品的事实，但是拒不承认自己贩卖的对象、次数、地点等，不能认定其如实供述。如果行为人未如实供述的事实不属于犯罪构成要件的事实，在不影响量刑的前提下，可以认定其如实供述，如甲供述了自己多次贩卖毒品的事实，但是对于其中部分事实，由于间隔时间过久，对于时间、地点记忆较为模糊，没有供述的细节并不影响事实的认定。这里需要注意的是，由于很多毒品犯罪案件是少量多次型，对于"影响量刑"的判断不宜要求过严，一般情况下，应当在法定量刑情节层面上进行

---

① 参见云南省昆明市中级人民法院刑事判决书，（2006）昆刑三初字第340号。
② 参见张明楷：《刑法学》（第五版），法律出版社2016年版，第563页。
③ 参见周光权：《刑法总论》，中国人民大学出版社2016年版，第439页。

判断，酌定情节一般不影响对如实供述的判定。

犯罪嫌疑人除供述自己的主要犯罪事实外，还应供述姓名、年龄、职业、住址、前科等情况。犯罪嫌疑人供述的身份等情况与真实情况虽有差别，但不影响定罪量刑的，应认定为如实供述自己的罪行。犯罪嫌疑人自动投案后隐瞒自己的真实身份等情况，影响对其定罪量刑的，不能认定为如实供述自己的罪行。由于大量的毒品犯罪案件是共同犯罪，犯罪嫌疑人不仅应当如实供述自己的犯罪事实，还应当供述其所知道的同案犯的罪行，尤其是毒品犯罪中的主犯，只有供述其他同案犯的罪行才能认定为"如实供述"，应当供述同案犯的基本情况，包括同案犯的姓名、住址、体貌特征、联络方式等信息。

2. 犯罪嫌疑人供述下线的联络方式，属于应当"如实供述"的范畴

毒品犯罪案件中犯罪嫌疑人供述下线的联络方式，是属于如实供述的内容还是构成立功存在不同的理解。根据最高人民法院《关于处理自首和立功若干具体问题的意见》第5条规定，犯罪分子提供司法机关尚未掌握的其他案件犯罪嫌疑人的联络方式，使司法机关抓获其他犯罪嫌疑人的，属于协助司法机关抓捕其他犯罪嫌疑人；犯罪分子提供犯罪中掌握、使用的同案犯的联络方式，司法机关据此抓捕同案犯的，不认定为协助司法机关抓捕同案犯。据此，有观点认为司法解释规定的同案犯应当是指共同犯罪，毒品犯罪上下线并非共同犯罪，因此，供述下线联系方式的行为应当构成立功。但是，同案犯不应狭义地理解为共同犯罪案件中的犯罪嫌疑人，还应包括对合犯。由于存在对合关系的犯罪，一方在如实供述本人犯罪事实时必然涉及相应的犯罪行为。因此，毒品犯罪中的上、下线虽不是共同犯罪中的犯罪嫌疑人，但由于其犯罪前、犯罪中掌握的对方的联络方式、藏匿地址在事实上密切关联，具有对合性，其行为不构成立功。

如被告人李某峰等贩卖毒品案[①]。李某峰在被公安机关强制戒毒期间交代了其贩卖毒品给何某的具体细节情况及何某的手机号码，法院认为该行为对公安机关抓获何某有一定的协助作用，但并没有起到明显的必要作用，李某峰的行为并不构成立功。这是因为在以手机为联络方式的贩毒犯罪中，售毒者供述购毒下线的手机号码属于其如实供述非法出售毒品事实

---

① 参见湖南省岳阳市中级人民法院刑事判决书，(2010)岳中刑一初字第15号。

的范畴，即使公安机关据此抓获购毒下线，也不能认定售毒者协助抓捕其他犯罪嫌疑人而具有立功表现。

3. 犯罪嫌疑人"如实供述"的时间限制

基于自首制度设立的价值基础，自首中的如实供述应当与自动投案在时间上具有紧密联系。一般情况下，行为人应在首次接受讯问时就向司法机关交代其主要犯罪事实。毒品犯罪案件中有些犯罪嫌疑人自动投案时虽然没有交代自己的主要犯罪事实，但在司法机关掌握其主要犯罪事实之前主动交代的，应认定为如实供述自己的罪行。当然，如果行为人具有如实供述的意愿，但由于其实施的毒品犯罪次数过多，因记忆等方面的原因而未能在第一次接受讯问时交代其主要犯罪事实，而在几次讯问后，经过回忆不断完善，只要是在司法机关掌握主要犯罪事实之前交代的，均可考虑认定为如实供述。但如果行为人主观上并不想如实供述，直到司法机关进一步收集到新的证据时才作如实交代的，则不能认定为自首。

（三）毒品犯罪"特殊自首"的认定

特殊自首，是指被采取强制措施的犯罪嫌疑人、被告人和正在服刑的罪犯，如实供述司法机关还未掌握的本人其他罪行的行为。毒品犯罪案件中适用特殊自首的情节较多，需要重点把握以下几个问题。

1. "罪行已被司法机关掌握"的理解

由于公安机关难以一次性全链条打击毒品犯罪案件中的所有涉案人员，仅能抓获部分犯罪嫌疑人，对于"犯罪嫌疑人的罪行是否被司法机关掌握"的理解，应根据毒品犯罪案件的不同情形区别对待。

如果该罪行已被通缉，一般应以该罪行是否在通缉令发布范围内作出判断，不在通缉令发布范围内的，应认定为还未掌握，在通缉令发布范围内的，应视为已掌握。随着电脑技术的推广，全国公安机关的网上追逃系统已得到普遍应用。① 如果该罪行已录入全国公安信息网络在逃人员信息数据库，应视为已掌握。如果罪行未被通缉，也未录入全国公安信息网络在逃人员信息数据库，应以该司法机关是否已实际掌握该罪行为标准。

---

① 参见周峰、薛淑兰、孟伟：《〈关于处理自首和立功若干具体问题的意见〉的理解与适用》，载《人民司法》2011年第3期。

2."不同种罪行"的理解

根据司法解释规定,同种罪行还是不同种罪行,一般应以罪名区分。如毒品犯罪案件中,犯罪嫌疑人因容留他人吸毒罪被刑事拘留,主动交代了其运输毒品的犯罪事实,对于运输毒品的事实可以认定为"不同种罪行",故构成自首,但在办理具体的毒品犯罪案件时有两个例外情形:

(1)犯罪嫌疑人如实供述的其他犯罪与司法机关已掌握的犯罪属选择性罪名,不宜认定为同种罪行。毒品犯罪中的走私、贩卖、运输、制造毒品罪就属于选择性罪名,对于行为人实施走私、贩卖、运输、制造毒品两种以上行为的,不论是否属于同一毒品,都只认定一个罪名,量刑适用一个法定刑,不数罪并罚。

如被告人彭某升贩卖、运输毒品案①。被告人彭某升因为运输毒品被公安机关抓获后,又如实供述了司法机关尚未掌握的贩卖不同宗毒品的罪行,应当认定为供述的属于同种罪行,不能认定为自首。

(2)犯罪嫌疑人如实供述的其他犯罪与司法机关已掌握的犯罪在法律、事实上有密切关联,不宜认定为同种罪行。法律、事实上的密切关联是指两种犯罪之间在事实或者法律上存在竞合的关系,比如牵连关系、包容或者交叉关系、法律补充评价等。②具体而言,在法律上有密切关联,主要体现在行为人触犯的数个毒品罪名中在行为、结果、对象要素上是否具有相近性或者包容性;在事实上有密切关联,主要体现在数种行为在发生概率、逻辑、关系上存在关联性。如犯罪嫌疑人因非法持有毒品被查处,其必然需要交代毒品来源去向,其中主动供述的贩卖毒品事实与非法持有毒品行为存在关联性,应认定为同一种罪行,不宜认定为准自首。

如被告人赛某华贩卖毒品、非法持有毒品、王某龙贩卖毒品案③。赛某华在公安机关未掌握其持有美沙酮的前提下,主动交代了持有美沙酮的行为,而且持有美沙酮的行为也被法院认定为非法持有毒品罪,与其构成

---

① 参见最高人民法院刑事审判第一、二、三、四、五庭编:《刑事审判参考》第71集,法律出版社2009年版,第48页。

② 参见赵慧:《持有毒品被查处后供述贩卖事实能否认定自首》,载《人民检察》2014年第11期。

③ 参见最高人民法院刑事审判第一、二、三、四、五庭编:《刑事审判参考》第122集,法律出版社2020年版,第100页。

的贩卖毒品罪是不同种罪名。然而，赛某华所持有的美沙酮系其贩卖甲基苯丙胺对价的一部分，在法律上和事实上与贩卖毒品罪有密切关联，故其主动交代的非法持有毒品罪与公安机关掌握的贩卖毒品罪属于同种罪行，其非法持有毒品罪不应认定为自首。

（四）特情引诱情形下自首的认定

实践中有部分毒品犯罪案件存在"特情引诱"，对此犯罪嫌疑人是否构成自首，需要具体问题具体分析。

1. 如果被"特情引诱"的犯罪嫌疑人主动投案，如实供述自己的犯罪事实，应当构成自首。

2. 如果被"特情引诱"的犯罪嫌疑人被公安机关抓获后如实供述自己的犯罪事实，是否构成自首应当区分不同情形。

（1）犯罪嫌疑人供述的是其他犯罪事实，且与公安机关所掌握的毒品犯罪事实不存在法律、事实上的密切关联，属于特殊自首。

（2）犯罪嫌疑人供述的是毒品犯罪事实，能否认定自首存在争议。有观点认为，由于"特情引诱"违反刑事诉讼法有关隐匿身份侦查人员不得诱使他人犯罪的规定，公安机关掌握的是"特情引诱"事实不宜作犯罪处理，那么犯罪嫌疑人供述了公安机关不掌握的毒品犯罪事实，应当认定为自首。但2008年《全国部分法院审理毒品犯罪案件工作座谈会纪要》明确了毒品犯罪案件中"特情引诱"的合法性，虽然规定了对其从轻处罚，但并未规定可以不予处罚或者不作犯罪处理，因此犯罪嫌疑人供述了毒品犯罪事实，不能认定为自首。

如被告人兰某云贩卖毒品、寻衅滋事案。兰某云因受"特情引诱"向谢某贩卖毒品被抓获后，主动供述了向贾某贩卖毒品的事实，法院认为该行为属于供述同类犯罪事实，系坦白，而非自首。[①] 由于兰某云被"特情引诱"而被公安机关抓获归案，其如实供述了公安机关尚未掌握的向贾某贩卖毒品的事实，与公安机关掌握的"特情引诱"犯罪事实属于同种罪行，故不构成自首。

---

① 参见北京市延庆县人民法院刑事判决书，（2011）延刑初字第157号。

（五）自首的从宽处罚

根据刑法规定，对于自首的犯罪分子，犯罪较轻的，可以免除处罚。对于毒品犯罪分子量刑，在考虑其自首情节的同时，应当根据犯罪事实、社会危害性、犯罪人的人身危险性等因素进行综合考量。虽然犯罪数量是很重要的判断标准，但绝不是唯一标准，应当具体案件具体分析是否符合犯罪较轻的情形。

如被告人周某持有毒品案①。周某于 2013 年 9 月 9 日主动到公安机关投案，将其藏匿于上海市浦东新区家中的 3 包白色晶体上交。经鉴定，3 包白色晶体共重 113.63 克，从中检出甲基苯丙胺成分。一审法院以非法持有毒品罪判处其有期徒刑 6 年，周某上诉后二审法院改判周某免予刑事处罚。虽然本案涉及的甲基苯丙胺数量为 113.63 克，但是其上交毒品的行为使其非法持有毒品行为的社会危害性明显低于同类犯罪，极大节约了司法资源，且周某是在公安机关未掌握其犯罪线索的情况下投案的，说明其悔罪态度真诚、坚决，再次实施毒品犯罪的可能性很小，可以对其免予刑事处罚。

二、立功的认定

《刑法》第 68 条规定了一般立功和重大立功。在毒品犯罪中，走私、贩卖、运输、制造行为往往形成多人协同、上下家衔接作案的非法产业网络、链条，其成员经常还涉及其他犯罪行为。对于犯罪嫌疑人涉及同案犯的立功情形，相关会议纪要予以明确，即犯罪嫌疑人在公安机关抓获同案犯过程中确实起到协助作用的，如经犯罪嫌疑人现场指认、辨认抓获了同案犯；犯罪嫌疑人带领公安人员抓获了同案犯；犯罪嫌疑人提供了不为有关机关掌握或者有关机关按照正常工作程序无法掌握的同案犯藏匿的线索，有关机关据此抓获了同案犯；犯罪嫌疑人交代了与同案犯的联系方式，又按要求与对方联络，积极协助公安机关抓获了同案犯等，属于协助司法机关抓获同案犯，应认定为立功。司法实践中，关于毒品犯罪案件犯

---

① 参见最高人民法院刑事审判第一、二、三、四、五庭编:《刑事审判参考》第 103 集，法律出版社 2016 年版，第 71 页。

罪嫌疑人立功的认定仍然存在以下疑难问题亟须明确。

（一）协助抓捕同案犯立功的认定

在毒品犯罪案件中，司法机关根据犯罪嫌疑人的供述协助抓捕毒品犯罪上下级是常见的破案手段。虽然犯罪嫌疑人如实供述共同犯罪的同案犯是自首的条件，但是其协助抓捕同案犯的行为，应当认定为立功。①

1. "特情引诱"同案犯的行为能否认定为立功

毒品案件犯罪嫌疑人被抓获后，往往会要求配合公安机关抓获同案犯来立功，常见的情形是犯罪嫌疑人作为特情引诱同案犯来进行毒品交易。对此，虽然理论界多数观点对特情引诱持保留态度，但是由于毒品犯罪的隐蔽性，相关会议纪要明确了特情引诱的合法性，故犯罪嫌疑人的行为能够构成立功。

如被告人胡某波走私、贩卖、运输毒品、走私武器、弹药案②。被告人胡某波到案后，供述其欲将毒品运往湖北省武汉市贩卖。公安人员押解胡某波前往武汉市，由胡某波打电话联系下家约定交易，在武汉市某饭店抓获前来接取毒品的胡某香。法院认为胡某波协助公安机关抓获胡某香的行为构成立功。在该种立功情形中，需要结合机会引诱还是犯意引诱来确定是重大立功还是一般立功。如果犯罪嫌疑人引诱的是已经有毒品交易犯意的人员对自己实施贩卖、购买毒品行为的，属于机会引诱，该种情形是否构成重大立功的关键在于同案犯的行为是否可能判处无期徒刑以上刑罚；如果犯罪嫌疑人引诱的是没有毒品交易犯意的人员对自己实施贩卖、购买毒品行为的，属于犯意引诱，此时一般不宜认定为重大立功。

2. 辨认同案犯的行为能否认定为立功

在毒品犯罪中，毒品买卖上下家之间属于对合犯，犯罪的实施或者完成必须基于双方之间的对应行为，因此，一方交代自己的犯罪事实必然包含了对方的犯罪事实，同样，交代对方的犯罪事实也必然包含了自己的犯罪事实，故毒品买卖上下家之间交代对方姓名、联络方式等基本信息属于应当供述的范围。

---

① 参见陈兴良主编：《刑法总论精释》，人民法院出版社2016年版，第861页。
② 参见最高人民法院刑事审判第一、二、三、四、五庭编：《刑事审判参考》第87集，法律出版社2013年版，第80页。

毒品犯罪案件犯罪嫌疑人辨认同案犯的行为能否认定为立功存在争议。有观点认为，辨认同案犯的行为实际上是供述同案犯基本信息的一种表现方式，仍属于如实供述的范畴，不应认定为立功。只是因为毒品犯罪的隐蔽性，为了有效打击毒品犯罪，相关会议纪要才作出了特殊的规定。① 也有观点认为，毒品交易双方往往不用真名，行为人辨认毒品犯罪同案犯照片的行为，对公安机关确定同案犯真实身份进而抓获起到了实质的协助作用，已经明显超出如实供述的范畴，属于协助司法机关抓捕其他犯罪嫌疑人，应当认定为立功。②

如在陈某财、衣某鸿等贩卖、运输毒品案。衣某鸿被抓获后交代了其上家广东省惠州市"罗姓男子"，并提供了该男子使用的手机号码、银行账号。公安人员通过信息查询初步锁定陈某财存在犯罪嫌疑，并将陈某财的照片等信息交由衣某鸿辨认，确定陈某财即为"罗姓男子"，后将陈某财抓获。衣某鸿提供其毒品犯罪上家"罗姓男子"及手机号码、犯罪中所使用的银行账号等信息，如前所述，这些信息都属于其应当供述的范围，即便公安机关据此抓获了陈某财，也不能认定其有立功表现。但公安人员在根据上述信息经侦查后，初步锁定陈某财存在犯罪嫌疑的情况下，将获取的陈某财的照片交与衣某鸿辨认，此时，衣某鸿即使不作积极辨认，也不影响对其如实供述的认定，因此，其辨认陈某财照片的行为已超越了其应当供述的范畴，对公安机关抓获陈某财起到了实质的协助作用，应当认定为立功。③

3. 协助公安机关稳住被监控的犯罪嫌疑人能否认定为立功

公安机关在查办毒品犯罪时经常采用技术侦查手段，如果已归案的犯罪嫌疑人配合公安机关抓获已被监控的同案犯能否认定立功存在争议。有观点认为，此时同案犯已经被公安机关监控，即使没有犯罪嫌疑人的配合也能将其抓获，犯罪嫌疑人稳住同案犯的行为对抓捕所起的作用不大，故不能认定为立功。但是，行为人协助抓捕行为和同案犯最终被抓捕之

---

① 参见郭世杰：《立功认定若干疑难问题探讨》，载《法律适用》2018年第11期。
② 参见周光权：《协助抓捕同案犯型立功的认定》，载《国家检察官学院学报》2012年第4期。
③ 参见王玉洲、翟守印：《辨认毒品犯罪上家照片协助抓捕应认定为立功》，载《人民法院报》2015年7月30日，第6版。

间，只要有条件关系，能够为有关机关抓捕同案犯带来便利即可，不应苛求该协助行为是同案犯被抓捕的主要原因或唯一途径。只要协助行为对抓捕其他犯罪嫌疑人确实起到了作用，无论所起作用的大小，均不影响立功的成立。① 犯罪嫌疑人稳住同案犯的行为为公安机关抓捕行为赢得了宝贵时间，应当认定为立功。

如被告人陈某嵘等贩卖、运输毒品案②。陈某嵘与赵某文之间曾多次进行毒品交易，2人的电话均已被公安机关监控。在陈某嵘因贩卖毒品被抓获后，为防止赵某文发觉陈某嵘被抓获而逃匿，在公安机关安排下，陈某嵘先后两次给在广州市的赵某文打电话"报平安"，并提出再向其购买1000克海洛因，以此稳住赵某文，配合公安机关顺利抓捕了同案犯。该案一、二审判决均未认定陈某嵘的行为构成立功。后在最高人民法院复核死刑时认为陈某嵘协助公安机关抓获同案犯的行为属于重大立功，对其判处死刑，缓期2年执行。这就是基于公安机关虽然已对赵某文采取电话监控，但是仅凭该监控手段不足以防止其逃匿，从而增加抓捕难度。归案后的陈某嵘按照公安机关的要求打电话稳住赵某文，为侦查机关抓捕赢得了宝贵时间，所以陈某嵘对公安机关抓捕同案犯有实质的协助作用，应当认定为立功。

4. 协助抓获的同案犯未作犯罪处理能否认定为立功

行为人协助公安机关抓获同案犯，但同案犯未被作为犯罪处理的，不应当构成立功。但现实情况中，同案犯没有被追究刑事责任的原因不尽相同，因而在认定行为人是否构成立功的问题上的结论也有所不同。

第一种情形，同案犯尽管已经被抓获，但依法其行为不构成犯罪。比如，行为人委托他人购买毒品，行为人到案后协助公安机关抓获了毒品代买人，但代买人的行为依法不构成犯罪。这种情况下，在将功赎罪的层面上，行为人的行为并不具备刑法上的意义，不应当认定为立功。

第二种情形，同案犯的行为已经构成犯罪，但是由于出现《刑事诉讼法》第16条的情形而终止审理、撤销案件、不起诉的。这种情况下，由于同案犯系因法定情形而被终结诉讼程序，行为人的行为具有刑法上的

---

① 参见陈兴良：《判例刑法学》，中国人民大学出版社2009年版，第628页。

② 参见最高人民法院刑事审判第一、二、三、四、五庭编：《刑事审判参考》第55集，法律出版社2007年版，第75页。

意义，应当认定为立功。

第三种情形，同案犯的行为已经构成犯罪，但因犯罪情节轻微，被作相对不起诉处理或者被法院判处免予刑事处罚。这种情况下，被抓获人的行为构成犯罪，只是由于司法机关行使自由裁量权对其免于处罚。行为人的行为符合司法解释中规定的"协助抓捕型"立功的要件。

第四种情形，同案犯虽然已经到案，但由于认定其犯罪证据不足，案件或者被侦查机关撤销，或者被检察机关作存疑不起诉处理，或者被法院宣判无罪。这时，行为人的行为在将功赎罪的层面上仍然没有意义，不应当认定为立功。

第五种情形，同案犯的行为是否构成犯罪在证据上、认识上存在争议。法院认为同案犯的行为构成犯罪，但公安机关、检察机关认为不构成犯罪，因而没有对同案犯进行刑事追究。该种情形争议较大，法律并未予以明确，从把握立功的本质精神出发，倾向于能够认定为立功。

如被告人朱某菲贩卖毒品案①。被告人朱某菲在被公安机关抓获后，主动交代其被查获的3克甲基苯丙胺系张某超明知其贩卖毒品而为其代购的，并按照公安机关的安排打电话将张某超约至指定地点见面，还在见面地点向公安人员指认了张某超，公安机关据此将张某超抓获。张某超到案后，公安机关出具的《情况说明》载明：2013年3月12日13时许，接涉毒嫌疑人费某举报，朱某菲近期在无锡市向多人贩卖毒品。当日14时许，公安机关在费某的协助下，将携带3克甲基苯丙胺准备与费某进行交易的朱某菲抓获，后朱某菲协助公安机关抓获帮助其购买毒品的张某超。因朱某菲与费某的毒品交易已被公安机关掌控，张某超不构成犯罪。一审法院据此认定："朱某菲归案后协助公安机关抓捕其他犯罪嫌疑人员，犯罪嫌疑虽未查证属实，但有立功意愿。酌情从轻处罚。"从该裁判理由分析可知，一审法院认定朱某菲协助抓获同案犯的行为不构成立功。后二审法院认为审判机关应根据法律规定认定张某超明知他人实施毒品犯罪仍为其代购毒品的行为构成犯罪，虽然公安机关未对张某超作出处理，但朱某菲确有协助公安机关抓获张某超的表现，应当认定朱某菲的行为构成立功。

---

① 参见最高人民法院刑事审判第一、二、三、四、五庭编：《刑事审判参考》第100集，法律出版社2015年版，第103页。

（二）检举、揭发犯罪立功的认定

1.检举、揭发毒品犯罪上下家的犯罪行为

在毒品犯罪中，被告人对毒品犯罪上下家的供述可能包含很多内容，对于其供述是否构成立功，应当具体地分析，不能一概地否定构成立功的可能性。如果行为人交代的内容没有超出如实供述自己罪行的范畴，则不能构成立功；如果交代的内容超出如实供述自己罪行的范围，属于揭发检举他人犯罪行为，则能构成立功。①

具体到毒品犯罪中，要特别注意区分犯罪嫌疑人供述其本人实施的犯罪涉及的上、下家行为，与犯罪嫌疑人供述上、下家实施其他犯罪。

（1）如果犯罪嫌疑人供述的上、下家罪行，经审查，与犯罪嫌疑人所犯之罪并无关联，则属于检举他人犯罪行为的立功表现。

（2）如果仅如实供述上、下家涉案人员个人信息和涉及本案的犯罪情况，而没有协助抓获的行为，存在不同的观点。有观点认为，这都属于如实供述的范围，不构成立功。也有观点认为，对于该种情况属于如实供述的范围还是属于立功，关键在于犯罪嫌疑人揭发的内容是否超出应当供述自己罪行的范畴。如犯罪嫌疑人贩卖毒品的相关事实，包括买家的基本情况等属于其"如实供述自己罪行"的范围，不能认定为立功。至于该毒品来源于何处，与其贩卖毒品行为的犯罪构成并无直接关系。因此，毒品的来源，即其上家的情况，就不属于其"如实供述自己罪行"的范围。如果超出这个范围的供述确实起到了揭发他人犯罪行为的作用，就应当认定为立功。

2.检举、揭发他人容留自己吸毒的行为

实践中吸毒人员经常聚集在一起吸毒，部分吸毒人员因毒品犯罪被抓获后，会检举他人容留自己吸毒的行为，对此能否认定为立功存在争议。

有观点认为，容留他人吸毒罪与自己吸毒属于刑法只处罚容留行为的对合犯。在该种情况下，吸毒人员如实供述自己与对方的犯罪行为，由于自己吸毒不受刑事处罚，不属于如实供述自己的罪行，也就不属于特殊

---

① 参见张明楷：《论揭发"他人"犯罪行为》，载《人民检察》2005年第5期。

自首，但是供述了对方的犯罪行为，应当认定为立功。①这也有利于鼓励犯罪嫌疑人检举揭发，有助于司法机关发现和打击容留他人吸毒犯罪，符合立功制度的功利价值。

但也有观点认为，以功利主义为价值取向的立功制度，在毒品犯罪案件破获中的确起到非常重要的作用，与此同时，也应注重与法律的公正价值以及社会良好伦理风尚、道德情操等价值之间的协调。②由于吸毒人员获取该线索系因自身的吸毒违法行为，来源不正当、不合法，且若认定其构成立功予以从轻处罚，相当于认可其从吸毒违法行为中获利，与"任何人不得从自身的违法行为中获利"的原则相悖，亦违反犯罪嫌疑人获取犯罪线索的机会公平原则，故不符合立功制度的公正价值，不应当认定为立功，不能予以从轻处罚。③

3. 检举、揭发他人实施的以自己为被害人的毒品犯罪行为

如果行为人因其他毒品犯罪被抓获后，检举、揭发他人实施的以自己为被害人的毒品犯罪，如引诱、教唆、欺骗他人吸毒罪、强迫他人吸毒罪，此时行为人能否构成立功存在争议。有观点认为，只要犯罪分子揭发的他人罪行经查证属实，就具备了认定为立功的实质根据。他人罪行应当包括以自己为被害人的犯罪，因为从客观上说，这种检举、揭发行为并非通过违法犯罪手段获得的，有利于国家打击犯罪，符合立功制度的本质。④也有观点认为，这种情形不应认定为立功。被害人检举、揭发他人事实的以自己为侵害对象的犯罪，实质上是被害人实现控告权利的一种方式。从法律逻辑上来讲，被害人立即行使控告权利，在自身没有实施犯罪的情形下，并不涉及立功问题；如果被害人自身实施了犯罪再行使控告权利，反倒被认定为立功。因为，这种做法变相地鼓励了被害人实施犯罪行为，严重违反了刑法的公正价值。⑤因此，行为人因其他毒品犯罪被抓获后，

---

① 参见陈兴良主编：《刑法总论精释》，人民法院出版社2016年版，第853页。
② 参见张军、黄尔梅主编：《最高人民法院自首、立功司法解释案例指导与理解适用》，法律出版社2012年版，第216页。
③ 参见曲翔：《检举他人容留自己吸毒不构成立功》，载《人民司法》2019年第2期。
④ 参见张明楷：《论"揭发"他人犯罪行为》，载《人民检察》2006年第2期。
⑤ 参见郭世杰：《立功认定若干疑难问题探讨》，载《法律适用》2018年第11期。

检举、揭发他人实施的以自己为被害人的毒品犯罪，如引诱、教唆、欺骗他人吸毒罪、强迫他人吸毒罪，不能认定为立功，而应视为被害人行使控告权，向公安机关报案的一种方式。

（三）毒品犯罪重大立功的认定

所谓重大立功，是指犯罪分子检举、揭发他人重大犯罪行为，经查证属实；提供侦破其他重大案件的重要线索，经查证属实；阻止他人重大犯罪活动；协助司法机关抓捕其他重大犯罪嫌疑人；对国家和社会有其他重大贡献等表现的行为。其中，"重大犯罪""重大案件""重大犯罪嫌疑人"的"重大"一般是指犯罪嫌疑人、被告人可能被判处无期徒刑以上刑罚或者案件在本省、自治区、直辖市或者全国范围内有较大影响等。

1. 毒品犯罪"可能判处无期徒刑以上刑罚"的具体把握

"可能判处无期徒刑以上刑罚"应当指的是宣告刑，而非法定刑。毒品犯罪嫌疑人检举的常是其他人员相关毒品犯罪，根据刑法规定，走私、贩卖、运输、制造鸦片1000克以上、海洛因或者甲基苯丙胺50克以上或者其他毒品数量大的可以判处15年有期徒刑、无期徒刑或者死刑，并处没收财产，但实践中犯罪嫌疑人检举他人走私、贩卖、运输、制造毒品的事实不能仅以法定刑可能判处无期徒刑以上刑罚就认定其构成重大立功，如果根据一般司法标准，涉案毒品数不可能对被检举人判处无期徒刑以上刑罚，则仅能构成一般立功。

如被告人严某琨贩卖、运输毒品案①。被告人严某琨到案后检举另案被告人倪某双运输甲基苯丙胺128.98克。在没有其他法定或酌定从重处罚情节的情况下，根据司法实践中实际掌握的毒品数量量刑标准，一般应当判处有期徒刑15年，不可能判处无期徒刑以上刑罚。故仅能认定严某琨构成一般立功，而非重大立功。具体应当把握以下两点：第一，"可能被判处无期徒刑以上刑罚"是指根据立功行为实施时就已经存在的案件的主客观事实、情节，依法可能被判处无期徒刑以上刑罚；第二，案件已经判决的，除因被判刑人在立功行为实施后，出现新的量刑情节，经依法从

---

① 参见辽宁省大连市中级人民法院刑事判决书，（2011）大刑一初字第193号。

宽处罚后判处有期徒刑之外，应当以实际判处的刑罚为准。①

2. 毒品案件中"对国家和社会有其他重大贡献等表现"的具体把握

司法解释规定重大立功的情形时将"对国家和社会有其他重大贡献等表现"作为兜底条款，从而大大拓宽了实践中立功的范围。

对于"对国家和社会有其他重大贡献等表现"的具体认定，注意把握两点：一是从行为性质上看，是"有利于国家和社会的"；二是从行为的程度上看，是"突出表现"而不是一般的表现。具体到毒品案件中，由于犯罪嫌疑人可能知道同案犯或者其他人员藏匿毒品的地点，如果能够帮助公安机关查获数千克毒品，即使没有查获具体的犯罪嫌疑人，但贩卖运输如此巨大数量的毒品完全可能被判处无期徒刑以上的刑罚，该检举行为有效防止如此数量之大的毒品流入社会，从源头上阻止了该批毒品的实际控制人继续实施以该批毒品为对象的犯罪的可能性，也可以认定为重大立功。

如被告人魏某强等走私、运输毒品案②。被告人魏某强提供线索并协助公安机关查获案外9643克毒品的行为，法院认为虽未能查获该批毒品的持有人，但毕竟使数量巨大的毒品及时被缴获，没有流入社会，因此魏某强的行为属于有利于国家和社会的行为，构成重大立功。

（四）立功的从宽处罚

关于立功从宽处罚的把握，应以功是否足以抵罪为标准。在毒品共同犯罪案件中，毒枭、毒品犯罪集团首要分子、共同犯罪的主犯、职业毒犯、毒品惯犯等，由于掌握同案犯、从犯、马仔的犯罪情况和个人信息，被抓获后往往能协助抓捕同案犯，获得立功或者重大立功。对其是否从宽处罚以及从宽幅度的大小，应当主要看功是否足以抵罪，对此需结合被告人罪行的严重程度、立功大小等进行综合考虑，确保毒品共同犯罪人以及上、下家之间的量刑平衡。对于毒枭等严重毒品犯罪分子立功的，从轻或者减轻处罚应当从严掌握：如果其罪行极其严重，只有一般立功表现，功

---

① 参见姜鹏飞、宋晓枫：《毒品犯罪中立功与重大立功的界限》，载《人民法院报》2014年6月26日，第6版。

② 参见最高人民法院刑事审判第一、二、三、四、五庭编：《刑事审判参考》第84集，法律出版社2012年版，第54页。

不足以抵罪的，可不予从轻处罚；如果其检举、揭发的是其他犯罪案件中罪行同样严重的犯罪分子，或者协助抓获的是同案中的其他首要分子、主犯，功足以抵罪的，原则上可以从轻或者减轻处罚；如果其协助抓获的只是同案中的从犯或者马仔，功不足以抵罪，或者从轻处罚后全案处刑明显失衡的，不予从轻处罚。相反，对于从犯、马仔的立功，特别是协助抓获毒枭、首要分子、主犯的，应当从轻处罚，直至依法减轻或者免除处罚。

此种处理的原因是，毒品犯罪案件中的犯罪嫌疑人处于网络链条之中，和其他类型的犯罪分子比有着掌握其他涉案人员情况和罪行的先天优势，通过举报一些从犯、马仔的犯罪事实获取立功机会，争取从宽处理，这种举报行为未必体现行为人真诚悔罪、人身危险性有所减少，所以应当将其立功行为是否足以从宽处罚作为衡量标准。

如被告人张某林等走私、贩卖、运输毒品案①。被告人张某林提出犯意、提供毒资，多次安排、指使他人实施贩毒，共计贩卖海洛因 13220.4 克、冰毒 11105 克，贩毒数量特别巨大，罪行极其严重。且其在共同犯罪中地位、作用在本案中最大，系共同犯罪的组织者、指挥者，属于毒品犯罪中应依法严惩的对象。虽然张某林归案后，能积极配合、协助公安机关抓获同案犯罪嫌疑人，有重大立功表现；也能检举他人犯罪线索，经查证属实，有立功表现，但鉴于其贩卖毒品的罪行极其严重，情节特别恶劣，社会危害性和人身危险性极大，功不足以抵罪，不宜对其从轻处罚，故最高人民法院依法核准其死刑，符合严厉惩治毒品犯罪的政策精神。

三、认罪认罚从宽制度的适用

2018 年 10 月，修改后的《刑事诉讼法》，正式确立了认罪认罚从宽制度。为了确保认罪认罚从宽制度全面正确实施，2019 年 10 月，最高人民法院、最高人民检察院、公安部、国家安全部、司法部出台了《关于适用认罪认罚从宽制度的指导意见》。认罪认罚从宽制度作为一项重要的诉讼制度，在办理毒品犯罪案件时要全面贯彻落实，同时要结合毒品犯罪的

---

① 参见最高人民法院刑事审判第一、二、三、四、五庭编：《刑事审判参考》第 67 集，法律出版社 2009 年版，第 76 页。

特殊性，切实发挥该制度的应有作用。

（一）毒品案件适用认罪认罚从宽制度的必要性和特殊价值

毒品案件适用认罪认罚从宽制度，具有特殊价值。一是解决毒品犯罪隐蔽，查证难的问题。虽然长期以来，我国对毒品犯罪的刑事打击一直保持高压态势，但是毒品犯罪分子为逃避打击，犯罪手段越来越多样化，毒贩一般采取单线联系，且往往拥有较长的买卖链条，上、下家数量众多。被公安机关查获的人员通常处在买卖链条的中间环节，其既有上家，也有下家，公安机关在抓获毒品犯罪分子后，往往很难完整地追溯到其所有上家和下家。由此可见，毒品犯罪案件呈现出极强的隐蔽性、对抗性、跨区域性等特点，导致毒品犯罪的查证工作极难开展。① 如果犯罪嫌疑人能够认罪认罚，如实供述自己的罪行，对于破获毒品案件、全链条打击毒品犯罪有着极为重要的作用。

二是推动解决毒品案件中犯罪嫌疑人"如实供述能判刑，而认罪态度差判不了"的难题。由于国家打击毒品犯罪刑罚严厉，导致在司法实践中，很多犯罪嫌疑人抱着侥幸心理拒不认罪，甚至"零口供"，由于证据搜集难，很可能对于该类犯罪嫌疑人无法处理。而一些犯罪嫌疑人在归案后如实供述自己罪行的，反而受到了较重的刑罚处罚。通过适用认罪认罚从宽制度可以较好解决该种问题，对于能够认罪认罚的犯罪嫌疑人和不能够认罪认罚的犯罪嫌疑人实行区别对待，做到"该严则严、当宽则宽、宽严适度、效果良好"。对那些社会危害严重、主观恶性深、人身危险性大的毒品犯罪分子从严惩处。而对于具有自首、立功等法定、酌定从宽情节，且愿意认罪认罚的犯罪分子，要依法从宽处理，体现政策，以分化瓦解犯罪分子。

（二）认罪认罚从宽与自首之间的关系

根据最高人民法院、最高人民检察院、公安部、国家安全部、司法部《关于适用认罪认罚从宽制度的指导意见》相关规定，认罪认罚的从宽幅度一般应当大于仅有坦白，或者虽认罪但不认罚的从宽幅度。对犯罪嫌

---

① 参见张军:《在全国部分法院审理毒品犯罪案件工作座谈会上的讲话（节录）》，载《中国刑事审判指导案例》（增订第3版），法律出版社2017年版，第1075页。

疑人、被告人具有自首、坦白情节，同时认罪认罚的，应当在法定刑幅度内给予相对更大的从宽幅度。认罪认罚与自首、坦白不作重复评价。对此，应当注意把握以下两点：第一，认罪认罚从宽与自首一样，都是"可以"从宽，暗含了从宽的导向性，即不是可有可无，而是若没有特殊理由就应当体现法律规定和政策精神，从宽处罚；第二，认罪认罚从宽幅度一般应当大于仅有自首的从宽幅度，如果自首的同时认罪认罚，则从宽应当在法定刑幅度内给予相对更大的幅度。但同时结合罪行的严重程度确定从宽幅度。①

该规定对于毒品犯罪案件的量刑有着积极的指导作用，因为实践中毒品犯罪案件易出现量刑失衡等问题，同一地区在不同时期、不同层级的法院或者同一法院不同法官之间的量刑适用标准不一致，这一问题在毒品犯罪上、下家、共同犯罪、毒品犯罪分并案处理等情形中尤为凸显。②那么案件中有犯罪嫌疑人自首、认罪认罚等情形应当结合具体案件确定从宽幅度，当轻则轻、该重则重。

如被告人黄某江、陈某飞、赵某、毛某伟、何某星贩卖毒品、章某卿容留他人吸毒案③。6名被告人均认罪认罚，其中何某星系自首，后法院对其以贩卖毒品罪，判处有期徒刑1年，并处罚金人民币1000元。

又如被告人彭某怡、肖某国贩卖毒品、钱某华运输毒品案④。虽然彭某怡自愿认罪认罚，有自首情节，但其贩卖甲基苯丙胺8524.27克、甲基苯丙胺片剂991.18克（均被公安机关查获），故法院对其以贩卖毒品罪，判处无期徒刑，剥夺政治权利终身，并处没收个人全部财产。

（三）严重毒品犯罪适用认罪认罚从宽制度的问题

《刑事诉讼法》确定认罪认罚从宽制度，但未明确对于可能判处死刑的犯罪嫌疑人能否适用，故在司法实践中存在一定的争议，之后出台的

---

① 参见苗生明、周颖：《〈关于适用认罪认罚从宽制度的指导意见〉的理解与适用》，载《刑事检察工作指导》2019年第3辑，第37页。

② 参见元明：《关于重罪检察工作的几个问题》，载《刑事检察工作指导》2019年第2辑，第59页。

③ 参见浙江省绍兴市越城区人民法院刑事判决书，（2019）浙0602刑初137号。

④ 参见湖南省株洲市中级人民法院刑事判决书，（2020）湘02刑初4号。

最高人民法院、最高人民检察院、公安部、国家安全部、司法部《关于适用认罪认罚从宽制度的指导意见》对此予以明确,"认罪认罚从宽制度没有适用罪名和可能判处刑罚的限定,所有刑事案件都可以适用,不能因罪轻、罪重或者罪名特殊等原因而剥夺犯罪嫌疑人、被告人自愿认罪认罚获得从宽处理的机会。但'可以'适用不是一律适用,犯罪嫌疑人、被告人认罪认罚后是否从宽,由司法机关根据案件具体情况决定"。由此可见,认罪认罚从宽制度对于所有的毒品犯罪案件犯罪嫌疑人均可适用,这在一定程度上促进毒品犯罪嫌疑人认罪悔罪、节约了司法资源,发挥着积极的作用。

如被告人陈某生、郭某明运输毒品一案[①]。被告人陈某生联系好运输毒品的相关事宜后,邀约被告人郭某明参与运输毒品,并商定接取到毒品后2人互换车辆驾驶,由郭某明负责驾驶藏有毒品的车辆。2019年12月17日12时许,陈某生驾车途经南涧县路段时被公安民警抓获,同日13时许,郭某明驾车途经南涧县某公安检查站时被公安民警抓获。民警在郭某明所驾驶的汽车后备厢上方顶部夹层内查获毒品甲基苯丙胺片剂可疑物21包,共计净重11542.7克,经鉴定系毒品甲基苯丙胺,含量为13.9%至17.2%。尽管郭某明不认罪,但由于陈某生供认指控的犯罪事实及罪名,并自愿认罪认罚,法院予以认定了郭某明运输毒品的犯罪事实。虽然陈某生曾两次因犯贩卖毒品罪被判过刑,此次又犯运输毒品罪,系毒品再犯,依法应从重处罚;但本次案发后,其能如实供述主要犯罪事实,系坦白,且其认罪认罚,有积极的悔罪表现,依法可以从轻处罚。后法院以运输毒品罪,判处陈某生死刑,缓期2年执行,剥夺政治权利终身,并处没收个人全部财产。

相关规定链接

1.《刑法》第67条、第68条;
2.《刑事诉讼法》第15条;

---

① 参见云南省大理白族自治州中级人民法院刑事判决书,(2020)云29刑初58号。

3. 1998年4月，最高人民法院《关于处理自首和立功具体应用法律若干问题的解释》；

4. 2008年12月，《全国部分法院审理毒品犯罪案件工作座谈会纪要》；

5. 2010年12月，最高人民法院《关于处理自首和立功若干具体问题的意见》；

6. 2015年5月，《全国法院毒品犯罪审判工作座谈会纪要》；

7. 2019年10月，最高人民法院、最高人民检察院、公安部、国家安全部、司法部《关于适用认罪认罚从宽制度的指导意见》。

第八节　毒品犯罪的共同犯罪

一、毒品共同犯罪成立的条件

我国《刑法》第 25 条第 1 款规定了共同犯罪的成立条件，这是各类犯罪中成立共同犯罪的基本原则和要求，毒品犯罪虽然具有自身的特殊性，但仍要坚持刑法基本原理，不同行为人之间构成毒品共同犯罪仍应具备共同的犯罪故意和共同的犯罪行为。

（一）共同的毒品犯罪行为

毒品犯罪中的共同犯罪行为，并不要求各共犯人之间所实施的行为都须相同，而是各共犯人的行为都指向同一犯罪事实，彼此联系，互相配合，且与最终造成的危害后果之间具有因果联系。也不要求行为人必须都实施了构成要件所要求的实行行为，根据不同的共同犯罪种类，行为人可以实施相应的实行、教唆、帮助等行为。在实际的毒品犯罪案件中，共同的毒品犯罪行为是很复杂的，既可以是走私、贩卖、运输、制造毒品的行为或者其他的毒品犯罪行为，也可以是提供资金、交通工具、食宿、通信工具等为完成毒品犯罪而提供各种便利的行为，但这些行为从实质上看，都是彼此策应、互相配合、有机统一的，是整个毒品犯罪行为不可分割的一部分。各个共同犯罪人在所实施的毒品犯罪活动中，所处的地位、作用和具体的分工、参与的时间、次数、程度以及出毒资的多少，可能有所不同，但是他们的行为都是为了达到同一犯罪目的而互相配合，因而他们各自的犯罪行为都是整个毒品犯罪活动的必要组成部分。[①]

[①] 参见周道鸾、张军主编：《刑法罪名精释》（第四版），人民法院出版社 2013 年版，第 909 页。

我国刑法中还规定了认定为毒品共同犯罪的注意性规定，如在《刑法》第349条第3款规定，犯前两款罪（包庇毒品犯罪分子罪和窝藏、转移、隐瞒毒品、毒赃罪），事先通谋的，以走私、贩卖、运输、制造毒品罪的共犯论处。又如，《刑法》第350条第2款规定，明知他人制造毒品而为其生产、买卖、运输前款规定的物品（制毒物品）的，以制造毒品罪的共犯论处。这两种情况下，虽然行为人实施的都是帮助行为，但帮助者均与实行者存在事前的通谋，从而使实行者的犯意更加坚定和强化，因此，应当认为事后的包庇、窝藏、提供制毒物品等行为对共同犯罪起到了实质的重要作用，即使没有亲自直接实施走私、贩卖、运输、制造毒品罪的实行行为，也应当认定为构成此罪。

（二）共同的毒品犯罪故意

毒品犯罪共同的犯罪故意，包括共同认识因素和共同意志因素两个方面。共同认识因素的内容主要包括各行为人认识到犯罪的对象是毒品、自己同他人共同实施毒品犯罪行为并造成刑法禁止的危害后果；共同意志因素的内容主要包括各行为人在共同认识的基础上，均认同并选择去实施这一共同危害行为的主观态度。①在共同故意的内容上，并不要求各共犯人完全一致，从认识因素上，只要均对毒品具有明知即可。成立共同犯罪还须具有意思联络，司法实践中由于毒品犯罪分子之间的密切关系、违法犯罪的经历等，彼此之间往往"心照不宣"，一般缺少其他共同犯罪中的完整、独立的共谋过程，既可以是通过语言进行谋议和策划、以文字交换意见，也可以是表现为点头示意，行为人之间通常简短的几句话或者几句"行话""黑话"就足以达成意思联络，对此，要注重审查共犯人之间的交往过程和通信联系等情况，对于采取技术侦查措施获取的通话录音等，要审查特定词语的含义，以查明双方之间是否具有"通谋"。

成立毒品共同犯罪，共同的认识因素是前提，共同的意志因素是关键。如果缺乏意图共同实施毒品犯罪这种意志因素，虽然行为客观上对他人毒品犯罪具有帮助的作用，通常也不能认定为毒品犯罪的共同犯罪。但

---

① 参见梅传强、张嘉艺：《论毒品犯罪的共犯认定思路》，载《西南政法大学学报》2019年第3期。

值得注意的是，近些年来司法实践中对毒品共同犯罪中共同犯意的要求有所放宽，在一些情形下并不要求行为人之间具有通常意义下的共谋行为，而是对他人实施毒品犯罪具有"明知"即可。如最高人民法院、最高人民检察院、公安部于2012年发布的《关于办理走私、非法买卖麻黄碱类复方制剂等刑事案件适用法律若干问题的意见》中规定，明知他人利用麻黄碱类制毒物品制造毒品，向其提供麻黄碱类复方制剂，为其利用麻黄碱类复方制剂加工、提炼制毒物品，或者为其获取、利用麻黄碱类复方制剂提供其他帮助的，以制造毒品罪的共犯论处。明知他人走私或者非法买卖麻黄碱类制毒物品，向其提供麻黄碱类复方制剂，为其利用麻黄碱类复方制剂加工、提炼制毒物品，或者为其获取、利用麻黄碱类复方制剂提供其他帮助的，分别以走私制毒物品罪、非法买卖制毒物品罪的共犯论处。

上述规定实际上可以认为是刑法中的"片面共犯"理论在毒品犯罪中的应用。实际上，不仅是在司法解释性文件中，我国刑法规定的毒品犯罪中也有类似情形，如《刑法》第350条第2款规定，明知他人制造毒品而为其生产、买卖、运输醋酸酐、乙醚、三氯甲烷或者其他用于制造毒品的原料、配剂，以制造毒品罪的共犯论处。上述规定的共同特点在于：只要求提供帮助的人对他人实施毒品犯罪具有明知即可，而不要求毒品犯罪分子是否明知提供帮助者知道自己实施毒品犯罪，也不要求双方之间事先具有毒品犯罪的共谋。对于是否应承认片面共犯的理论和法律规定，在我国历来存在争议，但近年来诈骗、电信网络诈骗、网络犯罪等领域先后规定了大量片面共犯的规定，而毒品犯罪分子分工精细、手段隐秘、打击难度加大，侦查机关有时很难将毒品犯罪的每一个共同犯罪人都抓获归案，从而完整认定共同犯罪，所以，在一定条件下承认片面共犯的理论和实践，对于严厉打击毒品犯罪、遏制毒品犯罪多发态势具有积极作用，当然在罪刑法定原则的统领下，这种司法适用也不能随意扩张，应以法律和司法解释有明文规定为限。

（三）不同罪名间的毒品共犯

司法实践中，还会出现同案犯之间实施的行为不同的情况，对此，应按照"部分犯罪共同说"，结合犯罪行为构成要件之间的关系来认定，如果行为之间具有重合关系，不同犯罪人之间可以在犯罪行为重合范围内成立共同犯罪。

如李某与张某电话约定，向其购买毒品海洛因并事先支付了毒资，后张某从他人处购买海洛因后，指示他人将毒品以快递方式直接寄送给李某。当藏有毒品的快递包裹到达后，李某不愿意亲自去取，张某便找来朋友孙某去取，并告知孙某里面是"白的"，孙某在快递站取包裹时被公安民警当场抓获。公安民警从快递包裹中扣押了毒品疑似物，后经鉴定含有海洛因成分。在本案中，现有证据足以认定张某向李某贩卖毒品，但仅能证实孙某在代取包裹时明知包裹内是毒品，但并不明知张某向李某贩毒的情况。

本案中涉及的实践问题是：贩卖、运输毒品行为人指使他人代为收取藏有毒品的邮件，取件人明知邮件内夹藏毒品而收取的，二人是否成立共同犯罪，成立何罪的共同犯罪？我们认为，根据2015年《全国法院毒品犯罪审判工作座谈会纪要》（以下简称《武汉会议纪要》）的规定，代收者明知是物流寄递的毒品而代购毒者接收，没有证据证明其与购毒者有实施贩卖、运输毒品等犯罪的共同故意，毒品数量达到《刑法》第348条规定的最低数量标准的，对代收者以非法持有毒品罪定罪处罚。本案中没有确实充分的证据证实孙某明知张某贩卖毒品，或者在转送毒品过程中有牟利企图或行为等情况，但通过证据能够证实孙某对快递邮件中藏有毒品是明知的，因此，孙某应构成非法持有毒品罪。进一步而言，孙某与张某应在非法持有毒品罪范围内成立共同犯罪，理由在于：第一，从主观上看，2人对毒品均具有明知，事先进行了意思联络，且对收取藏有毒品的邮件具有共同的犯罪故意。第二，针对非法持有毒品的行为，张某实施了教唆行为，孙某实施了实行行为，2人在客观上具有共同的犯罪行为。第三，如前所述，贩卖、运输毒品罪与非法持有毒品罪之间具有吸收、包容的关系，非法持有毒品是贩卖、运输毒品的前提和中间环节，二者在构成要件上具有部分重合关系，根据我国刑罚共同犯罪中"部分犯罪共同说"的理论，完全可以认为2人在非法持有毒品罪范围内成立共同犯罪，但由于张某具有贩卖毒品牟利的目的，其应构成贩卖毒品罪。虽然2人最终触犯的罪名不同，但认定其构成共同犯罪，既符合客观犯罪实际，又能够有效区分二者在犯罪过程中所起作用的大小，更有利于揭示犯罪并有力打击犯罪。

如被告人李某、刘某、蒋某、马某贩卖、运输毒品案①。2011年初，被告人李某、刘某、蒋某共同预谋贩卖毒品，蒋某在重庆负责购买毒品，李某、刘某负责找人将毒品从重庆运到张家口贩卖。同年2月11日，被告人马某受李某、刘某指使，从北京乘坐飞机至重庆，在刘某位于重庆的租住地等待蒋某供货。同年2月14日，被告人岑某带领蒋某来到沈某在成都市的租住地，蒋某以10万元的价格向沈某购买毒品甲基苯丙胺494.49克，并向岑某支付8000元。2月15日23时40分，马某携带上述毒品乘坐重庆开往北京西的K590次列车，2月17日5时许在北京西站被公安机关查获。本案在判决过程中，对马某是否与李某、刘某等人成立共同犯罪及应认定的罪名产生不同意见：一种观点认为，马某与李某等人属于共同犯罪，但是没有证据证明马某明知李某等人实施贩卖毒品犯罪，无法认定其具有贩卖毒品的主观故意，应认定为运输毒品罪，而李某等人应构成贩卖、运输毒品罪。另一种观点认为，马某与李某等人属于共同犯罪，但对马某与李某等人认定为不同罪名持有异议，认为对马某也应以贩卖毒品罪的共犯认定。

我们认为，毒品共同犯罪中的共同的犯罪故意，只要求共同犯罪人知道自己是在共同实施某一毒品犯罪行为即可，对其行为引起的社会危害后果抱着希望或放任的心态。在客观方面，必须有共同实施毒品犯罪的行为，不仅包括走私、贩卖、运输、制造、窝藏毒品或者其他毒品犯罪行为，而且包括策划、出资、为完成毒品犯罪活动提供交通、联络工具、住宿、掩护等各种方便的行为。本案中，在主观故意方面，马某是李某的前妻，知晓自己是在为李某、刘某和蒋某从重庆运输毒品到张家口提供帮助；在客观行为上，马某在2011年一二月间曾受李某指使独自3次将毒品运输至张家口，已经形成固定的模式，客观上独立实施了运输毒品行为。因此，马某应该与李某、刘某等人构成共同犯罪，虽然因证据原因无法认定马某明知李某等人实施贩卖毒品犯罪，也无法证实其具有贩卖毒品的主观故意，仅能认定其构成运输毒品罪，但不影响其与李某、刘某等人构成共同犯罪。因此，本案中被告人李某、刘某、蒋某与马某在运输毒品罪范围内成立共同犯罪。最终，法院认定李某犯贩卖、运输毒品罪，判处

---

① 参见王鼎：《涉毒案件中共同犯罪如何认定》，载中国法院网，https://www.chinacourt.org/article/detail/2013/07/id/1021570.shtml。

无期徒刑，剥夺政治权利终身，并处没收个人全部财产；刘某犯贩卖、运输毒品罪，判处无期徒刑，剥夺政治权利终身，并处没收个人全部财产；蒋某犯贩卖毒品罪，判处有期徒刑14年，剥夺政治权利3年，并处罚金人民币29000元；马某犯运输毒品罪，判处有期徒刑11年，剥夺政治权利2年，并处罚金人民币22000元。

二、不构成毒品共同犯罪的情形

（一）毒品犯罪的对向犯

毒品犯罪的对向犯原则上不成立毒品犯罪的共同犯罪。社会生活中"买"与"卖"往往是相伴而生的，因此，双方买卖毒品的行为在刑法理论上属于对向犯，但单纯的购买毒品行为并未被刑法规定为犯罪，然而为了贩卖而购买或因购买而持有大量毒品的，又可以分别构成贩卖毒品罪和非法持有毒品罪。虽然有购买的需求才会刺激贩卖的行为，从这个角度，也可以说购买毒品行为客观上帮助了销售行为，但买卖双方缺乏共同将该毒品贩卖的意思联络，其在本质上仍然属于各买各卖，不能认定为构成贩卖毒品罪的共同犯罪。对此，2008年《全国部分法院审理毒品犯罪案件工作座谈会纪要》（以下简称《大连会议纪要》）也规定，没有实施毒品犯罪的共同故意，仅在客观上为相互关联的毒品犯罪上下家，不构成共同犯罪。但在以下几种情况下，仍存在认定为贩卖毒品罪的共同犯罪的空间：第一，如果购买毒品者与贩卖毒品者之间业已形成了稳定的"供货关系"、赊销关系，由出卖方向购买方提供毒品，而由购买方转手倒卖，买卖双方共同分赃获利的，那么，这类行为就完全符合毒品共同犯罪的法理特征，应当认定为贩卖毒品罪的共同犯罪，行为人应当对所有的毒品犯罪行为承担同等的刑事责任。第二，购毒者唆使原本没有贩卖毒品意图的人贩卖毒品的，由于购毒者引起了他人犯意，其行为的危害性超过单纯的购买行为，应当受到惩罚。

如被告人骆某、刘某梅贩卖毒品案[①]。2008年10月31日15时许，被告人骆某携带毒品海洛因97.4克，在宜昌火车站乘坐开往西安的K628次

---

① 参见陕西省西安铁路运输法院刑事判决书，（2009）西铁刑初字第13号。

旅客列车,欲将毒品运往西安贩卖,次日上午8时许,其乘坐的列车到达西安火车站后,被告人骆某下车出站时,被公安人员将其携带的毒品全部查获。2008年11月2日凌晨,公安人员在被告人骆某的积极揭发、配合下,将前来与被告人骆某进行毒品交易的刘某梅当场抓获。法院认定被告人骆某犯贩卖、运输毒品罪,判处有期徒刑10年,并处罚金人民币4000元;被告人刘某梅犯贩卖毒品罪,判处有期徒刑7年,并处罚金人民币2000元。

对于2被告人的处置曾存在不同意见:一种意见认为2人构成贩卖毒品罪的共同犯罪;另一种意见认为2人虽为毒品交易上下家,但没有共同贩卖毒品的故意,不构成共同犯罪。我们认为,被告人刘某梅作为与被告人骆某进行毒品交易的相对方,其与骆某虽然存在意思联络,但不具备同一犯罪故意。因为骆某的犯罪故意是意欲将毒品有偿转让给刘某梅。对于刘某梅而言,她却是以贩卖为目的而非法收购毒品,实质上是在着手实施另一个符合贩卖毒品罪犯罪构成的行为。2人都仅仅是将对方作为毒品交易的相对方来对待的,他们之间的意思联络也不过是买卖双方在达成合意而已,其犯罪故意只是有部分的重合而非相同。虽然法院判决认定2名被告人均构成贩卖毒品罪,但因其不具备同一犯罪故意,所以应认定2名被告人分别构成贩卖、运输毒品罪和贩卖毒品罪,只是罪名相同而已,不属于共同犯罪。

(二)毒品犯罪的间接正犯

毒品犯罪行为中的间接正犯,由于利用者与被利用者之间缺乏共同犯罪故意,因此不成立共同犯罪。对于间接正犯中的故意行为者,可以单独追究其刑事责任。司法实践中,毒品犯罪的实行人可能教唆他人为自己犯罪提供帮助,但由于帮助人未达到刑事责任年龄或者因精神、智力等原因不具有完全刑事责任能力等情况,被帮助人只是毒品犯罪实行人利用的犯罪工具,双方之间不具有有效的犯意联络,不构成共同犯罪,仅由实行人独自承担刑事责任。但要注意,根据《刑法》第17条第2款规定,贩卖毒品罪的刑事责任年龄为14周岁,因此,已满14周岁不满16周岁的人为他人贩卖毒品提供帮助的,仍构成共同犯罪。另外,如果提供帮助者主观上对毒品犯罪行为人所实施的犯罪行为并不明知,主观上具有过失,也不成立共同犯罪。如贩毒分子甲携带毒品,在马路上搭乘途经此地的乙驾驶的出租车，前往约定地点交易毒品过程中被公安民警抓获的，出租车司机不构成贩卖毒品罪的共同犯罪。因为，其并不具有主观明知和共同的犯罪意图，即便甲在搭车时神情紧张、鬼鬼祟祟，前往地点极其偏僻，按照生活经验可以推定乙能够认识到甲可能实施贩毒等违法犯罪活动，但只要出租车司机乙没有预见到，也不能认定其构成贩卖毒品罪的共同犯罪。

（三）毒品犯罪的连累犯

连累犯是指事前与他人没有通谋，在他人犯罪以后，明知他人的犯罪情况，而故意地以各种形式予以帮助，依法应受处罚的行为。包庇毒品犯罪分子罪和窝藏、转移、隐瞒毒品、毒赃罪即属于此种情形。当然，连累犯如果是2人以上共同实施的，则他们之间可以构成连累犯的共同犯罪。①

（四）毒品犯罪的同时犯

同时犯或者同地犯，是指2人以上同时或者相继在同一地点，对同一对象实施的同种犯罪的情形。例如，毒品犯罪分子均出于贩卖目的，各自出资，同路前往边境地区购买或者运输、走私毒品，各获其利的，不构成相应毒品犯罪的共犯。在毒品同时犯中，各行为人在主观上各自有各自的毒品犯罪目的，缺乏相同的意思联络，并没有形成共同毒品犯罪的犯意。在认定毒品共同犯罪时应正确区分毒品的共犯与同时犯问题。

如被告人郗某章、耿某革等贩卖毒品案②。2008年3月以来，被告人郗某章伙同其前妻被告人胡某玲多次贩卖毒品给吸毒人员司某选、姚某、耿某革等人，牟取非法利益。2008年4月初，被告人郗某章、耿某革商定分别出资前往四川西昌购买毒品运回西安贩卖，郗某章负责联系毒品上线，耿某革购买1.9万元的毒品。4月8日下午，2名被告人驾驶一辆被盗长安之星面包车开往四川，行至四川雅安时被交警队扣押。后郗、耿2人换乘长途车、出租车到达西昌。4月10日晚11时许，郗某章经电话联系后，同耿某革前往西昌附近一沙石场，郗某章从一李姓毒贩（在逃）处

---

① 参见高贵君主编：《毒品犯罪审判理论与实务》，人民法院出版社2009年版，第71页。

② 参见陕西省西安市中级人民法院刑事判决书，（2008）西刑一初字第153号。

以每克450元的价格购得4.34万元的毒品。4月12日凌晨5时许,郗某章、耿某革携带所购毒品乘K166次火车由西昌返回西安,在西安市火车站被守候的公安人员抓获,当场从郗某章随身携带的包中查获用白色塑料纸包裹的块状毒品两块,净重107克。经鉴定,从查获的毒品中检出海洛因。本案中,被告人郗某章与耿某革商定,分别出资,租车一同前往四川西昌购买毒品。在购毒地交易了4.34万元的毒品,其中有耿某革1.9万元的毒品,后两人乘同一趟旅客列车返回西安。被告人郗某章和耿某革的行为虽然均构成贩卖、运输毒品罪,但不是贩卖、运输毒品罪的共犯,不存在主从犯问题,而属于毒品犯罪的同时犯,所以郗某章和耿某革只对各自所购买的毒品数量承担相应的法律责任。

三、运输毒品共同犯罪的认定

由于运输毒品罪中的"运输"行为具有日常生活性,在刑法理论中往往被视为具有"中立性"的行为,所以"运输"行为不像"贩卖"行为一样,从客观上容易认定其违法性,因此,要认定运输毒品罪的共同犯罪具有相当困难,要结合受雇运输的行为人主客观情况综合来认定。司法实践中,不容易处理的情形主要是,共同受雇于同一雇主同行运输毒品行为的认定,结合司法解释的规定,可以从以下两个方面进行判断:第一,主观方面要审查受雇运输者之间是否明知他人带有毒品以及有无共同运输毒品的意思联络;第二,客观上要审查行为人之间有无实施配合、掩护他人运输毒品的行为。因此,对于同行运输毒品,但不知道他人带有毒品的;或者虽然知道同行者带有毒品,但就共同运输毒品既没有事先通谋,在运输过程中也没有形成意思联络的,也没有配合、掩护等共犯行为的,不能成立共同犯罪。司法实践中,对于有无实施配合、掩护他人运输毒品的行为,可以结合下列因素进行综合判断:一是运输毒品的起运地、目的地、路线是否相同;二是交通、生活费用是否共同使用;三是在途中有无配合、掩护他人运输毒品的具体行为;四是是否由其中部分人员统一与交货人或者接货人进行交接;五是是否共同获取、统一分配报酬。①

---

① 参见南英主编:《刑事法律文件解读》2015年第7辑,人民法院出版社2015年版,第69页。

只有同时符合上述主客观条件的受雇于同一雇主的运输毒品行为人之间才构成共同犯罪，以下两种情形不构成共同犯罪：一是受雇于同一雇主同行运输毒品，但受雇者之间没有共同犯罪故意，或者虽然明知他人受雇运输毒品，但各自的运输行为相对独立，既没有实施配合、掩护他人运输毒品的行为，又分别按照各自运输的毒品数量领取报酬的，不应认定为共同犯罪。二是受雇于同一雇主分段运输同一宗毒品，但受雇者之间没有犯罪共谋的，也不应认定为共同犯罪。值得注意的是，《武汉会议纪要》规定的上述不构成共同犯罪的情形仅限于受雇者之间，并不影响雇主与受雇人员之间，以及雇主或其他对受雇者运输毒品行为起到帮助作用的人与受雇者分别构成共同犯罪。

如被告人侯某因等走私毒品案①。2008年9月3日，被告人侯某因指使被告人埃某文、小某奥、费某多、阿某尔、扎某德、恩某尔、萨某德、鲁某等8人，在境外吞服毒品后，共同于当日上午7时许，乘坐中国东方航空公司 MU548 航班由泰国曼谷飞抵上海浦东国际机场。海关关员在例行检查时，发现鲁某入境时未向海关申报任何物品，形迹可疑，遂对其进行盘问。鲁某主动交代了体内藏有毒品。后经现场人体体内藏毒检查仪检查，海关关员发现其体内有异物状阴影。经讯问，鲁某供称此次与其乘坐同一航班入境的还有4人，3人为菲律宾籍，均体内藏毒，另1人为巴基斯坦籍，系该团伙的押运者，该4人均已入境，并预订了当日上午10时20分飞往广州的航班。公安人员依照该线索对乘坐 MU548 航班的旅客进行筛选，发现除鲁某供述的4人外，还有4人也同样预订了10时20分飞往广州的航班。经过侦查，公安人员在上海市某酒店内抓获犯罪嫌疑人侯某因等8人，并从除侯某因外的7人房间内查获数量不等的用锡纸包装的圆柱状物品。经讯问，犯罪嫌疑人扎某德等8人均各自供述了体内藏毒的犯罪事实，并指称侯某因是他们的领队，即该团伙的押运者。经鉴定，在被告人鲁某等8人吞服的物品中均检验出海洛因成分。本案中鲁某等8名被告人分别吞服一定数量毒品后搭乘同一航班，从主观方面来看，他们不知道其他人携带毒品的数量，没有证据表明他们通过意思联络达成互相配合以共同完成犯罪行为的共识，而且从案发情况来看，其中一人被查获之

---

① 参见上海市高级人民法院刑事裁定书，（2010）沪高刑终字第70号。

后，其他犯罪人并未采取帮助其掩饰罪行的行动，故 8 名被告人也没有通过互相帮助的行为以表明他们达成互相配合以共同完成犯罪行为的共识。据此，8 名被告人没有通过意思联络达成犯罪共识，既未意图为他人走私毒品的行为提供帮助，也未希冀从他人处获得便利以利于自己实施犯罪，因此不存在共同的故意和共同的犯罪行为，彼此之间不构成走私毒品罪的共同犯罪，但他们均各自与被告人侯某因构成共同犯罪。据此，一、二审法院认为，被告人侯某因指使被告人扎某德、阿某尔、恩某尔、萨某德、埃某文、小某奥、费某多、鲁某以体内藏毒的方法非法携带毒品海洛因入境，9 人的行为均构成走私毒品罪。被告人侯某因指使扎某德等 8 人走私毒品，应认定为共同犯罪中的主犯，并按照其所参与的或者组织、指挥的全部犯罪处罚，即对侯某因应按照扎某德等 8 名被告人走私毒品海洛因的总数额 7249.73 克予以处罚。被告人侯某因走私毒品的数额高达 7249.73 克，且系共同犯罪中的主犯，应予严惩。被告人扎某德、阿某尔、恩某尔、萨某德、埃某文、小某奥、费某多、鲁某在共同走私犯罪中，系受侯某因指使和雇佣走私毒品，在共同犯罪中起次要、辅助作用，应认定为从犯，并应分别按照各自吞服的毒品的数量予以处罚。

四、毒品犯罪居间行为的认定

毒品犯罪具有极高的隐蔽性，即便是买卖双方之间通常也不具有密切联系，在没有中间人牵线搭桥的前提下，买卖双方不太可能直接发生联系，也正因如此，司法实践查获的相当一部分贩毒案件中，在购买者和贩卖者之间存在居间介绍人为双方提供帮助。所谓毒品犯罪的居间行为，是指为了促成毒品交易的实现，从中予以引荐、沟通和撮合的行为。刑法中对介绍贿赂、介绍卖淫等居间行为进行了规定，但对贩卖毒品中的居间行为的性质未明确作出规定，其处理规则主要体现在相关司法解释和会议纪要中，对此《大连会议纪要》明确规定，明知他人实施毒品犯罪而为其居间介绍、代购代卖的，无论是否牟利，都应以相关毒品犯罪的共犯论处。这条规定明确了毒品犯罪中居间行为的刑事可罚性，成为处罚居间行为的基本原则，但该规定较为笼统，尚不能完全涵盖实践中的各种具体情形。因此，《武汉会议纪要》对其又进行了丰富和完善，进一步规定，居间介绍者在毒品交易中处于相对中间人的地位，发挥介绍联络作用，通常与交易一方构成共同犯罪，但不以牟利为要件。

（一）单纯居间行为的处理规则

结合上述会议纪要中体现的我国毒品犯罪案件通常的处理原则，我们认为可以根据居间人的从属对象不同来进行区别认定，即居间介绍者受哪一方交易主体委托，与哪一方交易主体存在犯罪共谋，原则上就认定其与哪一方构成共同犯罪。通常而言，居间行为具有三种情形：一是从属于买方型，即为他人购买毒品而介绍卖家；二是从属于卖方型，即为他人出售毒品而介绍买家；三是兼顾买家卖家型，即同时为买卖双方撮合毒品交易的情形。据此，应审查居间人的具体行为类型和作用来认定其刑事责任：

第一，如果是从属于卖方的介绍毒品买卖行为，由于居间人是为了帮助卖家销售毒品，其与贩卖毒品的实行犯之间具有明确的共同犯罪故意，并实施了介绍交易对象的帮助行为，不管居间人是否牟利，都应认定为贩卖毒品罪的共同犯罪。《武汉会议纪要》规定，居间介绍者受贩毒者委托，为其介绍联络购毒者的，与贩毒者构成贩卖毒品罪的共同犯罪。

第二，如果是从属于买方的介绍毒品买卖行为，由于刑法中并未将购买毒品的行为规定为犯罪，那么，从属于买家的居间行为是否构成犯罪呢？有观点认为，居间人即便从属于买家，但其介绍行为对毒品交易的达成也具有促进作用，也属于对贩卖毒品者的帮助，仍应认定为贩卖毒品罪的共同犯罪。我们认为，该观点值得商榷，从生活意义上看，无论是购买还是介绍买卖都对交易达成具有促进作用，但这种促进并非犯罪构成要件层面的，居间介绍仅是提供信息，而购买者才是决定是否出资购买的决定者，从这个角度看买家对毒品交易达成的作用似乎更大一些，但对于购买毒品的行为尚未规定为犯罪，而对居间介绍行为定罪处罚难言合适。因此，不应简单认为凡是居间介绍行为都是对贩卖行为的帮助，一律构成贩卖毒品罪的共同犯罪，还是要根据《大连会议纪要》所确定的基本原则来处理，即居间者构成共同犯罪需要以其附属的行为构成犯罪为前提。因此，对附属于毒品购买者类型的居间行为而言，如果购毒者不构成犯罪的，则居间介绍者也不应构成犯罪；如果受以吸食为目的的购毒者委托，为其介绍联络贩毒者，毒品数量达到《刑法》第348条规定的最低数量标准的，一般与购毒者构成非法持有毒品罪的共同犯罪；如果居间介绍者明知购毒者以贩卖为目的购买毒品，受委托为其介绍联络贩毒者的，与购毒者构成贩卖毒品罪的共同犯罪，事实上，这一类居间行为与附属于贩毒者的情形在本质上并无区别，仍然属于"明知他人实施毒品犯罪而为其居间介绍"。根据司法解释规定，以贩卖毒品为目的而购买毒品的行为也属于贩卖毒品罪范畴。因此，居间人明知他人购买毒品是为了贩卖而为其居间介绍，其行为就是贩卖毒品的一个组成部分，与购买者产生贩卖的共同故意，理应构成贩卖毒品罪的共同犯罪。

第三，如果居间介绍者同时与贩毒者、购毒者共谋，联络促成双方交易的，通常认定与贩毒者构成贩卖毒品罪的共同犯罪。

需要再次注意的是，上述处理规则仅是针对单纯的居间行为而言，也就是居间人仅仅是居间协调、提供信息等便利条件，但如果行为人并不限于居间介绍，而是以牟利为目的居中倒卖，实施了加价、截留毒品等行为的，其行为已明显超出了居间的范畴，属于毒品交易主体，与前后环节的交易对象是上下家关系，应构成贩卖毒品罪。例如，居间人利用毒品犯罪分子的毒资购买毒品后自己贩卖或高价卖给出资者，这种情况下不能认定为共同犯罪，因为这种居间人的行为在表面上虽然起到了为毒品犯罪案分子牵线搭桥的作用，但实质上他有自己独立的犯意，并利用他人毒资购毒贩卖或者夸大价格赚钱，这些行为都是在居间人的独立的犯意指导下的独立的毒品犯罪行为。

（二）居间介绍行为与居中倒卖行为的区别

对于居间介绍行为与居中倒卖行为的区别，具体可从以下几个方面进行辨别：第一，在毒品交易中的地位作用不同。居间介绍者仅是毒品交易信息提供者、交易撮合者，处于中间人地位，而不是毒品交易的买、卖任何一方主体，对达成毒品交易仅起促进作用；居中倒卖者虽然处于毒品交易链条的中间环节，但在每一个具体的交易环节中都是一方交易主体，对交易的发起和达成起决定性作用。第二，是否成立共同犯罪不同。居间介绍者行为性质认定，须审查其从属于哪一方主体，并依附于卖方或买方，认定是否构成犯罪，通常是与一方共同构成共同犯罪；而居中倒卖者与前后环节的交易主体不是共犯关系，而是上下家关系。第三，有无获利及获利方式不同。居间介绍者不以牟利为要件,获得的报酬来自交易一方或者双方支付的中介费、介绍费、好处费等报酬;居中倒卖者是通过转手或倒卖毒品来"吃差价"的方式牟利。①

对于居间人在共同犯罪中的地位,《武汉会议纪要》中规定,居间介绍者实施为毒品交易主体提供交易信息、介绍交易对象等帮助行为,对促成交易起次要、辅助作用的,应当认定为从犯;对于以居间介绍者的身份介入毒品交易,但在交易中超出居间介绍者的地位,对交易的发起和达成起重要作用的被告人,可以认定为主犯。

如被告人陈某有、庄某思贩卖毒品案②。2013年7月4日,公安特情人员罗某某经被告人庄某思介绍与被告人陈某有商议购买毒品事宜。双方商定,陈某有以22万元的价格贩卖3000克甲基苯丙胺给罗某某介绍的买家。次日2时许,陈某有、庄某思与罗某某会合,到广州市天河区某公园附近等候他人送来毒品。7时许,经陈某有联系,由他人开车前来交给陈某有一袋毒品。随后,罗某某、庄某思、陈某有一同前往广州市某大道某号某酒店。到达酒店门口后,庄某思在车上等候;陈某有手持装有毒品的塑料袋和罗某某到酒店一房间与罗某某介绍的买家进行交易。当陈某有与买家交接毒品、点验货款时,被事先埋伏的公安人员当场抓获。公安人员从陈某有带来的塑料袋中缴获甲基苯丙胺3包,共计净重2479克。同时,其他事先埋伏的公安人员在酒店门前将庄某思抓获。

一、二审法院均认定被告人陈某有、庄某思构成贩卖毒品罪。广东省高级人民法院经二审审理认为,被告人陈某有、庄某思结伙贩卖甲基苯丙胺,数量大,其行为均已构成贩卖毒品罪。本案确系在公安机关特情人员介入之下侦破,但陈某有在公安机关安排的线人提出购买毒品后,为牟利而联系毒品货源,并携带毒品到预先商定好的交易现场,其主观上具有贩卖毒品的故意。陈某有经庄某思介绍认识罗某某以后,3人协商毒品的交易数量、价格以及交易方式等,陈某有还联系毒品来源并携带毒品到现场,在共同犯罪中起主要作用,系主犯,应当按照其所参与的全部犯罪处罚。庄某思介绍罗某某与陈某有交易毒品,并参与毒品交易的整个过程,

---

① 参见南英主编:《刑事法律文件解读》2015年第7辑,人民法院出版社2015年7月版,第69页。

② 参见广东省高级人民法院刑事裁定书,(2015)粤高法刑四终字第162号。

在共同犯罪中起次要作用，系从犯，可以减轻处罚。鉴于本案是在公安机关的监控下实施的毒品交易，社会危害较小，对各被告人可酌情从轻处罚。

上述案件完整地反映了居间介绍与居中倒卖行为的本质区别。特情人员罗某某以毒品买家代理人的身份出现，其首先联系的是被告人庄某思，还将准备用于交易的现金、银行取款回执的照片发送给庄某思。从形式上看，庄某思似乎是罗某某的直接交易对象。但本案证据证实，真正与罗某某交易的是被告人陈某有。在庄某思介绍罗某某与陈某有认识后，陈某有、罗某某见面商谈交易细节，虽有庄某思的介入，但确定交易毒品的种类、数量、价格的仍是陈某有、罗某某2人。陈某有、罗某某也均明知交易的对象并非庄某思。公安机关提取的手机短信息显示，庄某思并不从本次交易中赚取差价，而是想通过介绍交易获得5000元的好处费。显然，庄某思并不是本次毒品交易中独立的一方主体，而是陈某有、罗某某之间的居间介绍人。被告人陈某有与罗某某确定交易毒品时，尚没有直接控制用于交易的毒品。但在案证据显示，陈某有虽然没有详细供述毒品来源，但其曾供认联系毒品提供者的情节，供认过毒品提供者同意赊账向其提供毒品，确定交易金额为21万元。结合陈某有以自己的名义与罗某某进行交易，且其向罗某某贩卖毒品的价格高于其所供的向毒品提供者购买毒品的金额，故能认定陈某有是毒品交易链中单独的一环，其获利方式是通过在上下家之间转卖获得差价。故陈某有在毒品交易中具有独立主体地位，应认定其属于在本案中居中倒卖毒品。

五、毒品犯罪主从犯的认定

在毒品共同犯罪案件中，司法实践中很多案件因毒品数量大而主犯在逃的，将在案的从犯未作从犯依法从轻或者减轻处理等。产生这些偏差的原因主要有两个方面：一是认识上的原因，即认为在案的被告人就一人，不存在主犯、从犯的区别问题，应由在案的被告人承担全部责任；二是因为涉案的毒品数量特别巨大，因此不加区分，一概对被告人判处重刑。这种做法，违背了罪责刑相适应的原则，有悖法律的公正和权威。①

---

① 参见张军、熊选国主编：《刑事法律文件解读》2009年第1、2辑，人民法院出版社2009年版，第85页。

要坚持主从犯的区分标准,即以各共同犯罪人在共同犯罪中地位和作用为根据来认定其属于主犯抑或是从犯。《大连会议纪要》规定,要从犯意提起、具体行为分工、出资和实际分得毒赃多少以及共犯之间相互关系等方面,比较各个共同犯罪人在共同犯罪中的地位和作用。在毒品共同犯罪中,主出资者、毒品所有者或者起意、策划、纠集、组织、雇佣、指使他人参与犯罪以及其他起主要作用的是主犯;起次要或辅助作用的是从犯。对于受雇于他人而实施毒品犯罪的人而言,是否必然是从犯不能一概而论,关键要看其受雇后在犯罪中实际发挥的作用。受雇于他人后在犯罪过程中起次要或辅助作用的,认定为从犯;受雇于他人后积极实施毒品犯罪,在毒品犯罪中的作用十分突出的,应根据案件的具体情况认定为主犯或者不再分主、从犯。

如被告人陈某、陶某运输毒品案①。2014年4月13日凌晨,被告人陈某、陶某应吴某(另案处理)要求携带毒品由广东省惠东县驾驶轿车前往上海。同日19时许,当车行至某检查站例行检查时,被民警当场抓获,并从车内查获含量为74.22%的毒品甲基苯丙胺4980.81克及含甲基苯丙胺(氯胺酮、曲马多等)成分的液体(俗称"开心水")2767.05克。上海市第一中级人民法院经审理认为,被告人陈某、陶某参与共同运输毒品甲基苯丙胺7700余克,其行为均构成运输毒品罪。本案涉案人吴某为主策划并主导实施了本次毒品运输行为,系共同犯罪中的主犯,被告人陈某系受吴某雇佣与吴某共同驾驶车辆,被告人陶某系受吴某雇佣负责照顾吴某并实施了将毒品分包藏匿等行为,两人的行为均系在共同犯罪中起次要、辅助作用,两人均应认定为从犯。

上述案件的意义在于:第一,在受委托运输毒品的案件中,虽然委托者、指使者未被抓获归案,但根据受托者在共同犯罪中的地位和作用,仍可以被认定为从犯,不能因委托者未到案而简单认定实行者一律是主犯。第二,对于受托运输毒品的案件,主从犯的认定要结合具体的案件事实综合分析。一是如果存在雇佣、指使者与受雇佣、指使者共同实施运输毒品行为的,由于雇佣、指使者不仅实施招募、指挥等组织行为,而且亲自与受指使人共同实施全部或者部分实行行为,其主观上还是犯意提起者,无

---

① 参见上海市第一中级人民法院刑事判决书,(2014)沪一中刑初字第222号。

论从主观恶性还是客观行为危害来看，雇佣者、指使者都应认定为主犯。相比而言，如果受雇佣者、受指使者在共同犯罪中作用较小的，可以认定为从犯。二是受雇佣、受指使者单独实施运输毒品行为，雇佣、指使者并不参与运输行为的情况下，由于雇佣、指使他人运输毒品或者交付毒品的行为人是组织犯或者教唆犯，其招募人员、设计犯罪流程、诱发或胁迫他人产生犯意并按照其部署实施犯罪行为，受指使、受雇佣之人处于其支配之下，故他的意志直接决定犯罪进展和终止，其地位较高，无疑应视为对于危害结果的发生具有重要作用。而受雇佣、受指使运输毒品或者交付毒品的行为人是单纯的实行犯，虽然并未主导犯罪整体进展，但是由于其直接实施危害客体的行为，其行为直接决定着犯罪成功与否，在犯罪中的作用较大，故亦应视为对犯罪结果的发生具有重要作用。在这样的情形下，无论雇佣、指使的行为人是否到案，对受雇佣、受指使运输毒品的行为人一般均不认定为共同犯罪中的从犯，但如果受雇佣、受委托者行为意志受到雇佣、委托者严格限制，其仅是按照指示予以配合，类似于运输毒品的工具的话，根据具体案件情况，其也有构成从犯的可能。

回到本案，被告人陈某、陶某均系受吴某指使参与共同运输毒品犯罪行为，被告人陶某实施了临时保管毒品、照顾吴某起居的帮助行为，其在共同犯罪中所起的作用较小，当然应当认定为从犯。陈某虽实施了驾驶车辆运输毒品的实行行为，但其系受吴某雇佣、指使，为获取非法报酬而实施驾车运输毒品的行为。吴某不仅实施招募、组织行为，亦实施驾车运输毒品的行为，其在共同犯罪中的地位、作用明显比陈某更为重要，故本案陈某亦可认定为共同犯罪中的从犯。

相关规定链接

1.《刑法》第25条至第29条；

2. 2008年12月，《全国部分法院审理毒品犯罪案件工作座谈会纪要》；

3. 2012年6月，最高人民法院、最高人民检察院、公安部《关于办理走私、非法买卖麻黄碱类复方制剂等刑事案件适用法律若干问题的意见》；

4. 2015年5月，《全国法院毒品犯罪审判工作座谈会纪要》。

第九节　毒品犯罪累犯和再犯

一、毒品犯罪累犯和再犯概述

（一）毒品犯罪累犯

累犯，是指因犯罪受过一定的刑罚处罚，刑罚执行完毕或者赦免以后，在法定期限内又犯一定之罪的犯罪人。我国刑法中的累犯有一般累犯和特别累犯之分。根据刑法规定，构成一般累犯须符合以下条件：第一，前罪与后罪都是故意犯罪。第二，前罪与后罪的犯罪主体都必须是年满18周岁的成年人。此为构成累犯的主体年龄条件。第三，前罪被判处有期徒刑以上刑罚，后罪应当被判处有期徒刑以上刑罚。此为构成累犯的刑度条件。第四，后罪发生在前罪的刑罚执行完毕或者赦免以后5年之内。这是构成累犯的时间条件。刑法中之所以有累犯制度的规定，是因为犯过罪受过刑罚处罚的再次犯罪，说明其未从前罪中吸取教训，仍不思悔改，人身危险性较大。设立累犯制度是世界各国刑法的通行做法，它符合罪责刑相适应原则和刑罚个别化原则的要求，是一项促进刑罚预防目的实现的制度。结合上述对一般累犯构成条件的分析，顾名思义，毒品犯罪的累犯就是指故意毒品犯罪，被判处有期徒刑以上刑罚，在刑罚执行完毕或赦免以后5年内，又犯毒品犯罪，应判有期徒刑以上刑罚的犯罪人。而毒品犯罪的具体范围，就是指刑法分则第六章第七节规定的那些犯罪，不要求行为人的前后罪都是相同的犯罪。毒品犯罪并不是特别累犯中规定的前后罪的一类，所以毒品犯罪的累犯专门指毒品犯罪的一般累犯，要完全符合一般累犯的构成条件。

（二）毒品犯罪再犯

有关毒品犯罪再犯从重处罚的规定，始于1990年12月28日全国人大常委会通过的《关于禁毒的决定》。该决定第11条第2款明确规定，"因走私、贩卖、运输、制造、非法持有毒品罪被判过刑，又犯本决定规定之罪的，从重处罚"。1997年将这一规定正式纳入了《刑法》，即第356条的内容，成为了一种法定的量刑情节。再犯不同于累犯，再犯的字面含义指再一次犯罪的人，即只要犯过罪就可以成立，而不论前后罪都是哪种类型的犯罪，不论前后罪都判处何种刑罚，更不论前后罪的主观罪过以及前后罪的时间间隔等。也就是说，再犯的条件相对较少，没有固定的条文限制。再犯一般属于酌定情节，行为人再次犯罪表明其前罪的矫正效果有限，人身危险性大，在量刑时应予以综合考虑。但是，毒品犯罪的再犯确有其特殊性，因为立法明确对此予以了规定，即本是酌定情节的累犯变成了法定情节。根据《刑法》第356条规定"因走私、贩卖、运输、制造、非法持有毒品罪被判过刑，又犯本节规定之罪的，从重处罚"。根据该条的规定，只要因走私、贩卖、运输、制造、非法持有毒品罪被判过刑，无论是什么刑罚，包括缓刑和附加刑，无论判刑时间长短，无论是在刑罚执行完毕后，还是在缓刑、假释或者暂予监外执行期间，又犯刑法分则第六章第七节规定的犯罪的，都是毒品再犯，应当从重处罚。也就是说因走私、贩卖、运输、制造、非法持有毒品罪被判刑的犯罪分子，在缓刑、假释或者暂予监外执行期间又犯刑法分则第六章第七节规定的犯罪的，应当在对其所犯新的毒品犯罪适用《刑法》第356条从重处罚的规定确定刑罚后，再依法数罪并罚。可以看出，认定毒品再犯的前提仅是因走私、贩卖、运输、制造、非法持有毒品这5种行为被判过刑，再犯刑法分则第六章第七节规定的犯罪的，属于毒品再犯。如若之前行为人因容留他人吸毒罪被判刑，之后再犯罪，不论触犯何罪均不适用毒品再犯的规定，而是需要根据具体情况依据《刑法》第65条累犯的相关规定进行处理。

如甲因非法持有毒品罪被判处管制5个月，因盗窃罪被判处有期徒刑2年，乙因非法持有毒品罪被判处拘役5个月，因盗窃罪被判处有期徒刑2年。本案中，若甲再犯应判处管制的非法持有毒品罪时，甲是否构成毒品再犯应从重处罚？乙再犯应判处拘役的走私毒品罪时，乙是否构成毒品再犯应从重处罚？本案的核心问题是成立毒品再犯时，是否要求前罪刑罚已经执行完毕？

我们认为，其一，根据《刑法》第69条第2款，甲有期徒刑执行完毕后，管制仍须执行。乙只执行有期徒刑，不执行拘役。如果要求毒品再犯时前罪刑罚已经执行完毕，那么甲管制执行完毕后再犯应判处管制的非法持有毒品罪时，应按毒品再犯从重处罚；乙由于拘役根本不执行，说不上"已经执行完毕"，且执行盗窃罪的2年有期徒刑也难以理解为同时执行了非法持有毒品罪的5个月拘役，所以乙再犯应判处拘役的走私毒品罪时，不能按毒品再犯从重处罚。可是，乙所犯的前罪与后罪均比甲重，反而不能以毒品再犯从重处罚，显然不合理。所以，只有将"被判过刑"理解为宣告刑罚，才能在上述两例案件处理中取得平衡，即甲、乙均构成毒品再犯。

其二，即便刑罚尚未执行，通过宣告行为人有罪并科处刑罚，一方面已经表明了国家对被告人的非难态度，另一方面使得被告人蒙受了"犯罪人"的污名，烙上了"犯罪人"的印记。这足以让被告人认识到其实施的行为是错误的、应受惩罚的，从而产生不再实施犯罪的念头，起到特殊预防的作用。在此背景下，被告人仍然毒品再犯时，可以说其特殊预防必要性更大。

其三，要求毒品再犯时前罪刑罚已经执行完毕，实际上是将毒品再犯理解为一种特殊的累犯，认为毒品再犯的制度价值仅在于"补足刑罚执行完毕5年之后的评价空白"[①]，所以毒品再犯在其他条件上应当与累犯具有一致性。可是，毒品再犯的效果仅是从重处罚，而累犯的效果除了从重处罚，还有不得缓刑、不得假释。另外，根据2021年6月，最高人民法院、最高人民检察院《关于常见犯罪的量刑指导意见（试行）》，累犯从重处罚时，综合考虑前后罪的性质、刑罚执行完毕或赦免以后至再犯罪时间的长短以及前后罪罪行轻重等情况，应当增加基准刑的10%至40%，一般不少于3个月；而毒品再犯从重时，只是可以增加基准刑的10%至30%。可见，累犯从重的幅度比毒品再犯更大。所以，即便认为毒品再犯

---

① 李怀胜、祝炳岩：《对司法解释中毒品再犯规则的批判性思考——以刑法中的再次犯罪评价体系为视角》，载《中国刑事法杂志》2010年第9期。

与累犯从重处罚都是因为犯罪人特殊预防必要性大，也未必能得出二者特殊预防必要性同样大，以至于在成立条件上具有相同类型的结论。换言之，"一般来说，再犯对预防刑的增加量应当少于累犯对预防刑的增加量"①，既然毒品再犯对犯罪人带来的不利后果小于累犯，那么毒品再犯所体现的特殊预防必要性程度就不必达到累犯时的程度，成立毒品再犯的条件也可以比累犯宽松，不要求前罪刑罚已经执行完毕。综上，从毒品再犯从重处罚的根据来看，将"被判过刑"理解为宣告刑罚是妥当的。

二、毒品犯罪累犯和再犯的关系

（一）毒品犯罪累犯和再犯的区别

毒品犯罪的一般累犯规定与毒品犯罪的再犯规定，有以下几点不同：（1）毒品犯罪再犯的规定将前罪限于走私、贩卖、运输、制造毒品罪和非法持有毒品罪，罪名的范围很明确，而一般累犯没有这一限制。也就是说，如果行为人前罪是其他种毒品犯罪，又犯刑法分则第六章第七节的罪的，仍然不构成毒品犯罪的再犯，而有可能构成累犯。（2）一般累犯的后罪要求发生在前罪的刑罚执行完毕或者赦免以后5年之内，这种时间的限定在毒品犯罪的再犯中也不存在。也就是说，前罪属于走私、贩卖、运输、制造毒品罪和非法持有毒品罪，无论后罪发生在什么时候，都构成毒品犯罪的再犯。（3）一般累犯还有刑度要求，即前后罪都被判处有期徒刑以上刑罚，而毒品犯罪的再犯没有这一要求，无论行为人前后罪都被判处何种刑罚，只要符合要求的，都可构成毒品犯罪的再犯。认定毒品再犯和毒品累犯在处理结果上存在一定的差异性。如行为人甲（20周岁）曾因犯贩卖毒品罪被判处2年有期徒刑，在刑罚执行完毕后的第6年又犯制造毒品罪（应当判处1年有期徒刑）。由于甲的行为不符合毒品累犯成立的时间条件，因此对甲应当认定为毒品再犯并从重，但是对其可能适用缓刑和假释。又如行为人乙（20周岁）曾因贩卖毒品罪被判处3年有期徒刑，在刑罚执行完毕后的第4年又犯盗窃罪（应当判处2年有期徒刑）。显然，

---

① 张明楷：《责任刑与预防刑》，北京大学出版社2015年版，第343页。

由于乙的后一行为并不符合毒品再犯的罪质条件,因此其行为仅成立毒品累犯,此时对行为人的行为不仅应当从重处罚,而且不得适用缓刑和假释。

在行为人所犯前罪是走私、贩卖、运输、制造或者非法持有毒品罪和所犯后罪系刑法分则第六章第七节规定之罪的前提下,从内涵关系看,毒品累犯是在毒品再犯成立条件的基础上,对其刑罚种类、执行条件和时间条件均作了更具体的限定或者说更特殊的要求。具体而言:(1)毒品再犯的前罪只要被判过刑即可,此处"被判过刑"既包括被判处有期徒刑以上刑罚,也包括被判处有期徒刑以下刑罚;而毒品累犯仅限定为被判处有期徒刑以上刑罚。(2)毒品再犯只要前罪被判过刑,无论刑罚是否被实际执行或者被赦免均可。换言之,毒品再犯的前罪被判过刑既包括所判刑罚被实际执行或者被赦免,也包括所判刑罚未被实际执行或者未被赦免;而毒品累犯却将其限制为刑罚实际执行完毕或者被赦免以后。(3)在毒品再犯中,后罪与前罪的间隔并无时间长短限制,即无论间隔多长时间均构成毒品再犯。也就是说,在毒品再犯中,后罪与前罪的间隔时间既包括5年之内,也包括5年之外;而毒品累犯却将前后罪间隔时间限定在5年之内。根据2015年5月《全国法院毒品犯罪审判工作座谈会纪要》的规定,同时构成累犯和毒品再犯的,在裁判文书中应当同时引用累犯和毒品再犯的条款,但是量刑时不得重复从重处罚。

(二)《刑法》第356条规定的性质

实际上,长期以来,关于《刑法》第356条规定的性质,刑法学界存在不同观点:

第一,特别累犯说。如有的学者认为,《刑法》第356条是关于毒品累犯的规定,毒品累犯应与危害国家安全累犯一样均是我国特别累犯的一种。1990年12月28日全国人大常委会颁布的《关于禁毒的决定》将特别累犯的范围扩大到毒品犯罪。这就意味着,即使该条被规定在刑法分则中,但它其实也与刑法总则中规定的特殊累犯性质一致,当行为人符合本条规定的情形时,当然适用本条的规定,排除一般累犯的适用。还有的学者认为,在理解与适用《刑法》第356条规定时,要结合全国人大常委会

《关于禁毒的决定》，这属于毒品累犯的规定①。根据我国《刑法》第74条、第81条的规定，累犯不得适用缓刑、假释。由此继续推之，如果《刑法》第356条规定的是特殊累犯，则符合《刑法》第356条的毒品犯罪人，也不得适用缓刑和假释。也有学者反对再犯是毒品犯罪的特别累犯这个观点。因为《刑法》第356条的规定不符合我国刑法总则累犯规定的立法宗旨，也违反了我国刑法总则和分则之间指导与被指导的关系的基本原理。如果说《刑法》第356条是对毒品犯罪特殊累犯的规定，由于其成立条件明显不同于刑法总则有关累犯的规定，那么立法者在总则关于累犯的规定中应有与单位犯罪类似的规定，而遍寻我国刑法总则对累犯制度和数罪并罚制度的规定，并无"本法分则另有规定的，依照规定"的字句，因而，即使分则另有对累犯的规定，也不得违背刑法的总则性规定。也就是说刑法分则关于毒品犯罪再犯的规定依据不明，总则有没有授权分则能作出这样的特殊例外规定，导致总则与分则间的制度难以协调。持该观点的学者认为，应取消《刑法》第356条的规定，而在刑法总则中将毒品犯罪的累犯规定为特别累犯的类型之一。②

第二，毒品犯罪的再犯说。此说一般认为，《刑法》第356条是关于毒品犯罪再犯的特别规定，与刑法总则中关于累犯的规定性质不同。既然对毒品犯罪有专门的再犯规定，就不再适用总则中的累犯规定了。这种观点的依据是特别规定优先，即《刑法》第356条的规定应当算是特殊规定，优于总则适用。③根据上述观点，行为人符合毒品再犯的条件时都适用毒品再犯，这种情况下毒品累犯的范围被极度缩小，毒品累犯与再犯的轻重也不再比较。

第三，法条竞合说。该说认为，《刑法》第356条与累犯条款构成法条竞合关系，应按照法条竞合的处理方法处理。所谓法条竞合，是指一个犯罪行为，因法律的规定具有包容关系，以致同时触犯了数个法律条文或规定，但只能适用其中一个条文。对于法条竞合的处理，一般采特别法优

---

① 参见梅传强、徐艳:《毒品犯罪司法实践中的疑难问题探究》，载《河南司法警官职业学院学报》2005年第2期。

② 参见丁友勤:《关于毒品犯罪立法完善的几点思考》，载《湖北行政学院学报》2005年第2期。

③ 参见李海滢:《毒品再犯之我见》，载《当代法学》2002年第2期。

于普通法、重法优于轻法的原则。为了防止对不同的毒品犯罪再犯产生不同的法律效果，有论者进而认为，相对于《刑法》第 356 条的规定，刑法总则中关于对累犯的处理规定，既是特殊法条又是重法条，没有禁止适用的规定。因此，当毒品犯罪的再犯与累犯竞合时应以累犯处理。[①]

我们认为，《刑法》第 356 条符合再犯的定义。其一，在我国刑事立法中，一般累犯和特别累犯有其法定的内涵和构造，而第 356 条并非现行意义上的累犯条款。其二，从法条特征上讲，该条款要求后罪是在前罪被判过刑后发生，而特别累犯要求在前罪执行完毕或赦免后发生，可以明显看出此条款与特别累犯条款的不同。其三，《全国法院毒品犯罪审判工作座谈会纪要》中明确指出，"对于因同一毒品犯罪前科同时构成累犯和毒品再犯的被告人，在裁判文书中应当同时引用刑法关于累犯和毒品再犯的条款，但在量刑时不得重复予以从重处罚"。即与累犯条款不同。因此，此条款的性质就是不同于一般累犯和特别累犯条款的再犯制度，准确地来说就是毒品犯罪再犯制度，这样就比较符合我国刑法理论的要求。总而言之，《刑法》第 356 条不论是在构成要件、刑法理论和司法实践中都有其独立的刑法价值与立法地位。

如被告人周某敏贩卖毒品案[②]。被告人周某敏曾因犯贩卖毒品罪于 2012 年 9 月 26 日被江苏省镇江市中级人民法院判处有期徒刑 1 年 6 个月（判决前先行羁押期限折抵刑期，即刑期自 2011 年 6 月 3 日至 2012 年 12 月 2 日），并处罚金人民币 2000 元。宣判后，同案被告人提出上诉，法院依法对周某敏决定取保候审，江苏省高级人民法院于 2013 年 11 月 29 日作出刑事裁定，驳回上诉，维持原判。该二审裁定作出前，2013 年 8 月 21 日至 9 月 13 日间周某敏又先后 5 次向他人贩卖毒品甲基苯丙胺共计 1.1 克，得款 1500 元。对此丹阳市人民法院认为，周某敏曾因贩卖毒品罪被判过刑，又犯本罪，应依法从重处罚。本案认定周某敏因不满足"刑罚执行完毕"的条件所以不构成累犯，那么认定周某敏构成毒品再犯是否合适呢？

[①] 参见朱建华：《毒品犯罪再犯与累犯竞合时应以累犯论》，载陈泽宪、贾宇、曲新久：《刑法理论与实务热点聚焦》，中国人民公安大学出版社 2010 年版，第 1587~1592 页。

[②] 参见最高人民法院刑事审判第一、二、三、四、五庭编：《刑事审判参考》第 102 集，法律出版社 2016 年版，第 82 页。

本案的核心问题是再犯的认定是否要求宣告前罪刑罚的判决已经生效？我们认为，如前所述，毒品再犯的特殊预防必要性大，以至于需要从重处罚，是因为其有过"因走私、贩卖、运输、制造、非法持有毒品罪被判过刑"这一刑事体验。在刑事判决确定、生效前，根据刑事诉讼法确立的无罪推定原则，被告人并没有受到国家终局性的制裁，并不具有上述刑事体验，也就不能说在这段时期内毒品再犯反映出其特殊预防必要性大。这也正是前述论者所说"前罪所判处的刑罚依法尚未生效，不能称之为'被判过刑'"的实质理由所在。所以，因走私、贩卖、运输、制造、非法持有毒品罪被宣告刑罚后，当判决确定生效时，才属于"被判过刑"。显而易见，毒品累犯制度的内涵比毒品再犯制度的内涵更为丰富，而毒品再犯制度的外延宽于毒品累犯制度的外延。因此，符合毒品累犯成立条件的行为一定同时符合毒品再犯的成立条件，但符合毒品再犯成立条件的行为不一定都符合毒品累犯的成立条件，即符合毒品再犯制度规定的行为包括构成毒品累犯与不构成毒品累犯两种情形。由此可见，刑法规定毒品再犯的法条是普通法条，而规定累犯的法条是特别法条。从法律后果看，对于毒品累犯不仅应当从重处罚，而且不能适用缓刑和假释；而对于毒品再犯仅为从重处罚。由此可见，毒品再犯的法律后果只是毒品累犯法律后果的一部分。在一行为同时构成毒品累犯与毒品再犯的情况下，对其适用的规则只能是特别法条优先，即应当认定为成立毒品累犯，而排除毒品再犯的适用。因为在这种情况下，只适用特别法条规定的毒品累犯便可以实现对行为违法与责任的全面评价。

三、未成年人毒品犯罪再犯的认定

对于犯罪时不满18周岁的人是否能够构成毒品犯罪再犯，学术界存在不同的看法。有观点认为，虽然刑事诉讼法规定，未成年人犯罪记录被封存的，不得向任何单位和个人提供，但是该条同时规定"司法机关为办案需要或者有关单位根据国家规定进行查询的除外"。由此可见，封存犯罪记录的目的只是消除犯罪标签对未成年人在升学、就业等方面的不良影响，以使其更好地回归社会。但是，免除犯罪前科报告义务和实行犯罪前科封存制度并不等于未成年人的犯罪前科就此消灭，也不包含"未成年人毒品犯罪记录不可以作为毒品再犯的依据"的内容。此外，已满14周岁的未成年人应对其犯贩卖毒品罪负刑事责任的规定也表明毒品犯罪是刑法惩治的重点。刑法规定对毒品再犯从重处罚，正是从严惩治毒品犯罪的刑事政策在立法上的体现。虽然行为人犯前罪时尚未成年，但是再次犯罪表明其具有更大的主观恶性和人身危险性。因此，以累犯对行为人的行为进行评价原本并无不妥，但刑法基于宽严相济刑事政策之考虑，只是将未成年人的犯罪排除在累犯之外，而并未将毒品再犯也排除在外。[①]

我们认为，仅从对未成年人免除犯罪前科报告义务和犯罪记录封存制度方面论证未成年人实施毒品犯罪行为不构成毒品再犯是没有说服力的。根据刑事诉讼法的规定，"司法机关为办案需要"不受犯罪记录封存制度的影响。从法条的适用逻辑看，显然难以将是否认定为毒品再犯的情形排除在"司法机关办案需要"之外。且免除犯罪前科报告义务和犯罪记录封存制度系针对被判处5年有期徒刑以下刑罚的未成年犯罪人而言的，这便导致难以回答不满18周岁的未成年人因实施毒品犯罪被判处5年有期徒刑以上刑罚的是否构成毒品再犯的问题。

我国刑法将犯罪时不满18周岁的人排除在累犯之外，主要是为了贯彻对未成年犯罪人"教育为主、惩罚为辅"的刑事政策。就此而言，犯罪时不满18周岁的人的非法行为不构成累犯并非该行为本身不符合累犯的成立条件，而是说该行为虽然符合累犯的成立条件，但是基于刑事政策的考虑，对其不以累犯论处，不要求其承担累犯的不利法律后果。显然，在不满18周岁的人的行为同时符合毒品累犯与毒品再犯成立条件的情形下，如果将其认定为毒品再犯进而从重处罚，那么实际上是要求其承担毒品累犯的部分法律后果（即承担"从重处罚"的法律后果），而这明显与上述我国刑法对未成年人犯罪予以特殊处遇的刑事政策相抵牾。易言之，根据我国刑法关于未成年人犯罪特殊处遇的刑事政策，犯罪时不满18周岁的人的行为即使符合特殊预防必要性更大的累犯的成立条件，也不应认定为累犯，不要求其承担累犯的不利法律后果。既然如此，在其行为同时符合特殊预防必要性相对更小的毒品再犯规定时，当然不得认定为毒品再犯。

---

① 参见高蕴嶙、周玉玲：《未成年人毒品犯罪记录应作为毒品再犯的依据》，《人民法院报》2016年2月24日，第6版。

那么犯罪时不满18周岁的人的行为在形式上只符合毒品再犯的成立条件而不符合毒品累犯的成立条件，可否认定为毒品再犯进而对其从重处罚？答案是否定的。一方面，如前所述，对于犯罪时不满18周岁的行为人来说，即使其行为同时符合毒品累犯和毒品再犯的成立条件，也不得认定其行为成立毒品累犯，更不能认定其行为成立毒品再犯。另一方面，根据当然解释"从处罚的角度来说，举重以明轻原理的适用，首先，要求法官确定哪些典型的情节并没有被刑法规定为从重处罚的情节；然后，将刑法没有规定的这一典型情节，与待决案件和情节进行比较，判断孰轻孰重；如果待决案件的情节更轻，则不得从重处罚"。① 毫无疑问，行为同时构成毒品累犯的毒品再犯，其特殊预防必要性比单纯的毒品再犯（不构成毒品累犯）更大（否则，刑法就不会赋予毒品累犯比毒品再犯更多、更严厉的不利法律后果）。既然犯罪时不满18周岁的人的行为在同时构成毒品累犯和毒品再犯时，既不能认定为毒品累犯，也不得认定为毒品再犯，那么根据出罪和处罚轻时举重以明轻的当然解释原理，当其行为仅符合（特殊预防必要性相对更小的）毒品再犯的成立条件时，当然更不得认定为毒品再犯，即不得对其从重处罚。

如被告人刘某贩卖毒品案②。被告人刘某在未满18周岁时曾因犯贩卖毒品罪被判处拘役4个月，并处罚金人民币5000元，刑满释放后又再次贩卖毒品。安徽省黄山市休宁县人民检察院以刘某涉嫌犯贩卖毒品罪向休宁县人民法院提起公诉，并且认为其行为属于毒品再犯，依法应当从重处罚。休宁县人民法院一审判决认定，刘某的行为构成贩卖毒品罪，但是根据未成年人犯罪记录封存制度，为保护被告人刘某的合法权益，对其行为不适用关于毒品再犯从重处罚的规定。休宁县人民检察院认定，刘某的行为完全符合1997年《刑法》第356条的规定，一审判决以未成年人犯罪记录封存制度为由否定其行为毒品再犯成立的依据不足，没有体现从重处罚的立法精神，系重罪轻判，于是向安徽省黄山市中级人民法院提起抗诉。二审人民法院审理后认定，刑法关于未成年人犯罪不构成累犯的规定、关于未成年人轻罪前科报告义务之免除规定，以及刑事诉讼法关于未

---

① 张明楷：《刑法学中的当然解释》，载《现代法学》2012年第4期。
② 参见安徽省黄山市中级人民法院刑事裁定书，（2014）黄中法刑终字第56号。

成年人轻罪犯罪记录封存制度之规定，综合体现了我国对未成年犯罪人"教育为主、惩罚为辅"的立法精神，其目的在于防止未成年犯罪人被标签化，以利于未成年犯罪人更好地回归社会。在法无明文规定的前提下认定被告人刘某系毒品再犯，对其未成年时所犯前科从重处罚与立法精神不符；并且，依据未成年犯罪人的前科记录作出判决，使得原本被封存的犯罪记录公之于众从而导致未成年人犯罪记录封存制度形同虚设，因此原审判决未将被告人刘某的行为认定为毒品再犯并无不当。二审人民法院最终作出了"驳回抗诉，维持原判"的终审裁定。

相关规定链接

1.《刑法》第65条、第356条；
2.《刑事诉讼法》第286条；
3. 2008年12月，《全国部分法院审理毒品犯罪案件工作座谈会纪要》；
4. 2015年5月，《全国法院毒品犯罪审判工作座谈会纪要》。

第十节　毒品犯罪的刑罚适用

一、死刑的适用

（一）死刑适用的基本原则

"保留死刑，严格控制和慎重适用死刑"是我国一贯的死刑政策，"但80年代以来，我国的死刑政策没有得到充分的强调"。[①] 从1981年开始，我国陆续颁布了多部单行刑法，增设了大量的死刑罪名，贩卖毒品罪最高法定刑提高至死刑。最高人民法院将部分死刑案件核准权下放到省高级法院，其中包括毒品犯罪死刑案件的核准权[②]。在其后的多次"严打"中，死刑适用被逐步扩大。近年来，我国加大了控制死刑的力度，在立法方面，2011年2月颁布的《刑法修正案（八）》废除了盗窃罪等13个罪名的死刑，2015年8月颁布的《刑法修正案（九）》进一步废除了集资诈骗罪等9个罪名的死刑，刑法可适用死刑的罪名减至46个。在司法方面，死刑核准权被全部收归最高人民法院行使，明确了最高人民检察院可介入死刑复核活动履行法律监督职责，包括毒品犯罪在内的刑事案件死刑适用数量大幅减少。

毒品犯罪是社会危害最为严重的一类犯罪，我国历来厉行禁毒，对毒品犯罪进行严厉打击。现行刑法对走私、贩卖、运输、制造毒品罪，配置了死刑。近年来，随着故意杀人、抢劫等严重暴力犯罪大幅减少，毒品死刑案件在各类死刑案件中的占比明显上升，在一些地方甚至攀升至首

[①] 马克昌主编：《刑罚通论》，武汉大学出版社2006年版，第113页。

[②] 1991年6月、1993年8月、1997年6月，最高人民法院曾分别授权云南、广东、广西、四川、甘肃和贵州等省、自治区高级人民法院，对毒品犯罪死刑案件行使核准权。

位。对于毒品犯罪，要从维护重要战略机遇期国家安全和社会稳定的政治高度，充分认识毒品问题的严峻性、长期性和禁毒工作的艰巨性、复杂性。从民族兴衰和国家安危的高度，深刻认识惩治毒品犯罪的极端重要性和紧迫性，对于罪行极其严重依法应当判处死刑的，必须坚决依法判处死刑。要严厉打击毒枭、职业毒犯、再犯、累犯、惯犯、主犯等主观恶性深、人身危险性大、危害严重的毒品犯罪分子；具有将毒品走私入境，多次、大量或者向多人贩卖，诱使多人吸毒，武装掩护、暴力抗拒检查、拘留或者逮捕，或者参与有组织的国际贩毒活动等情节的毒品犯罪分子。同时，要贯彻落实宽严相济刑事政策和"保留死刑，严格控制和慎重适用死刑"政策，"要认识到限制毒品犯罪死刑的适用是大势所趋"①。部分毒品犯罪高发地区的司法机关希望加大对毒品犯罪的打击力度，呼吁死刑政策"应具有弹性"，即对毒品案件高发地区应多适用死刑，以震慑毒品犯罪。从国内外、正反面经验教训来看，死刑对毒品犯罪的遏制作用是有限的，当前对毒品犯罪需要保持严厉打击，对部分罪行极其严重的被告人还是要适用死刑，但不能简单地理解为多杀，不能过度依赖刑罚的作用。特别是对于罪行较轻，或者具有自首、立功、从犯等从宽处罚情节的，依法从宽处罚，以瓦解毒品犯罪分子，预防和减少毒品犯罪。

在死刑适用时，要坚持"数量+情节"的量刑原则，做到罪责刑相适应。毒品数量是毒品犯罪案件量刑的重要因素，但不是唯一因素。单纯以毒品数量作为刑罚特别是死刑的标准，容易造成死刑的滥用和适用的不平衡。死刑适用时，应当综合考虑毒品数量、犯罪情节、危害后果、被告人的主观恶性、人身危险性以及当地禁毒形势等各种因素，做到区别对待。因此，毒品犯罪的死刑适用，绝不能"唯数量论"，要回归对毒品数量作用的理性评价，强化对各类犯罪情节的综合评价。对于虽然已达到实际掌握的判处死刑的毒品数量标准，但是具有法定、酌定从宽处罚情节的被告人，可以不判处死刑。反之，对毒品数量接近实际掌握的判处死刑的数量标准，但具有从重处罚情节的被告人，也可以判处死刑。毒品数量达到实际掌握的死刑数量标准，既有从重处罚情节，又有从宽处罚情节的，应当综合考虑各方面因素决定刑罚，判处死刑立即执行应当慎重。

---

① 莫洪宪：《中国毒品犯罪死刑的概况及其控制》，载《政法论丛》2014年第6期。

实际上，从最高人民法院死刑复核实践来看，影响毒品犯罪适用死刑的主要因素中，毒品数量的影响呈下降趋势。1991年最高人民法院《关于十二省、自治区法院审理毒品犯罪案件工作会议纪要》(《珠海会议纪要》)①中对于数量标准起调节作用的其他情节列举很少，毒品数量标准是死刑适用的决定性条件。2000年《全国法院审理毒品犯罪案件工作座谈会纪要》(《南宁会议纪要》)开始强调"毒品数量是重要情节而不是全部情节"，对于数量标准起调节作用的其他情节（犯罪情节、后果、主观恶性、是否累犯、毒品再犯等）进行了一定程度的列举。2008年《全国部分法院审理毒品犯罪案件工作座谈会纪要》(《大连会议纪要》)强调毒品数量"是重要情节但不是唯一情节"，在"应当综合考虑"部分将毒品数量与犯罪情节、危害后果等因素并列，特别是增加了"当地禁毒形势"这一因素，要求"做到区别对待"，死刑数量标准应当结合本地实际情况并参照最高人民法院复核的典型案例"恰当把握"。这表明最高人民法院在统一收回死刑核准权后，更为重视其他情节和当地禁毒形势等因素在死刑适用中的作用，体现了宽严相济刑事政策和严格控制死刑适用的精神。2015年下发的《全国法院毒品犯罪审判工作座谈会纪要》(《武汉会议纪要》)表明，毒品数量标准已经不再是判处死刑的决定性因素，而是要求综合考虑包括毒品数量在内的各种因素，强调"突出打击重点""体现区别对待""严格审慎地决定死刑适用，确保死刑只适用于极少数罪行极其严重的犯罪分子"，更为明确的要求严格控制死刑适用。

（二）影响死刑适用的几个情节

因毒品犯罪较为特殊，组织体系纷繁复杂，共同犯罪和毒品犯罪上下家交织，案件之间以及犯罪人之间关联性强，影响量刑的事实和情节多，量刑不均衡问题较为突出，二审和死刑复核阶段发回重审、改判率高，一些案件的处理存在着偏重或偏轻的现象。为此，把握好其中的一些情节和关键问题，有助于推进毒品死刑案件的量刑均衡，确保死刑的依法公正适用。

---

① 根据2013年最高人民法院《关于废止1980年1月1日至1997年6月30日期间发布的部分司法解释和司法解释性质文件（第九批）的决定》(法释〔2013〕2号)，本文件废止。

1. 共同犯罪和上下家问题

在毒品共同犯罪中，死刑适用的关键在于区分各共同犯罪人的罪责大小。对于有多名主犯的，要区分各主犯地位、作用的大小，罪责均很突出的，也要从主观恶性、人身危险性等方面进一步区分。不能因为涉案的毒品数量特别巨大，就不区分各主犯的地位作用大小，一律判处重刑甚至死刑。实践中，毒品数量刚超过实际掌握的死刑数量标准的，一般只判处罪责最重的主犯死刑，2名主犯的罪责均很突出，均判处死刑要特别慎重。在毒品数量巨大，特别是组织体系严密的集团犯罪或严重的团伙犯罪，在注意量刑均衡的情况下，可以判处2人以上死刑。

与共同犯罪不同，毒品犯罪上下家是一种相对关系，死刑适用的关键在于区分上下家现实危害性的大小。当贩毒数量等基础事实及主观恶性和人身危险性大致相当时，区分的重点在于对促成毒品交易所起作用的大小。对于买卖同宗毒品的上下家，涉案毒品数量刚超过实际掌握的死刑数量标准的，一般不能同时判处死刑；上家主动联络销售毒品，积极促成毒品交易的，通常可以判处上家死刑；下家积极筹资，主动向上家约购毒品，对促成毒品交易起更大作用的，可以考虑判处下家死刑。涉案毒品数量达到巨大以上的，也要综合上述因素决定死刑适用，同时判处上下家死刑符合罪责刑相适应原则，并有利于全案量刑平衡的，可以依法判处。长期以来，"一些地方考虑到上家是毒品源头，所以通常对上家适用死刑"[①]，即存在"杀上家"的倾向，上家固然更接近毒品源头，但毒品犯罪上下家只是相对而言，且当下家行为更加积极主动，对促成毒品交易作用更大时，判处上家死刑显然有失公正。值得注意的是，因交易习惯多为下家约购毒品，不能以此简单地认定下家行为主动、对促成毒品交易所起作用更大，而应当综合考量上家是否持毒待售，是否为制造毒品、走私毒品的源头，是否组织指挥等，以免形成机械的"杀下家"倾向。毒品数量刚超过实际掌握的死刑数量标准的，一般不同时判处上下家死刑。对于毒品数量巨大，以及毒品共同犯罪和上下家交织，上下家链条很长时，在注意量刑均衡的情况下，可以判处2人以上死刑。

---

① 李静然：《贩卖毒品上下家的死刑适用》，载《人民司法·案例》2016年第17期。

如被告人张某、王某贵、周某会贩卖、运输毒品案①。2011年11月至2012年10月，被告人张某在河北省唐山市丰南区租借多处房屋作为贩卖毒品的窝点，以给付报酬或提供毒品吸食为利诱，先后纠集同案被告人马某帅、周某全、王某涛、贾某芳、张某永（均已判刑）等为其交接毒品，以每克500元左右的价格分别向吸毒人员孙某伟（另案处理）等12人出售毒品，共计贩卖甲基苯丙胺（冰毒）800余克。期间，2012年8月，张某还和周某全共同出资5万元，由周某全与王某涛到安徽省阜南县购得甲基苯丙胺150克，张某给付王某涛5000元报酬及甲基苯丙胺60克，给付周某全甲基苯丙胺10克，将剩余80克甲基苯丙胺贩卖。2012年6月，被告人王某贵找到被告人张某，提出以优惠价格提供甲基苯丙胺，双方合作贩毒，张某表示同意，后王某贵陆续批量购进毒品交给张某贩卖。同年10月，王某贵、张某商定将前期合作贩毒所得作为共同出资，扩大贩毒规模，获利共分。王某贵随即到广东省佛山市找到被告人周某会，商定以每克220元的价格购买甲基苯丙胺4000克，并要求周某会分两批寄至河北省唐山市。王某贵向周某会支付现金80万元，又与张某通过银行汇款付给周某会7.97万元。周某会接收毒资后向他人两次购得甲基苯丙胺，指使同案被告人周某成（已判刑）将甲基苯丙胺伪装在茶具中分两批通过物流公司寄给张某。当月17日10时许，张某指派马某帅在唐山市一小区门口接收第一批送到的甲基苯丙胺，马某帅接到毒品准备交给张某时被抓获，公安人员当场查获甲基苯丙胺1980.26克，随即将张某抓获，并查获甲基苯丙胺131.21克、甲基苯丙胺片剂（麻古）3.02克。随后，公安人员将王某贵抓获，查获甲基苯丙胺1601克；并在王某贵指认下，在丰南区一小区查获甲基苯丙胺315克。当月19日，公安人员在物流公司查获周某会邮寄的第二批甲基苯丙胺2149.45克。当月30日，公安人员在佛山市将周某会抓获。

经河北省唐山市中级人民法院、河北省高级人民法院一、二审，依法以贩卖、运输毒品罪，分别判处张某、王某贵、周某会死刑，剥夺政治权利终身，并处没收个人全部财产。最高人民法院经复核，决定核准

---

① 参见最高人民法院刑事审判第一、二、三、四、五庭编：《刑事审判参考》第114集，法律出版社2019年版，第95页。

对被告人张某、王某贵的死刑判决，对被告人周某会改判死刑，缓期2年执行。本案中，被告人张某贩卖毒品甲基苯丙胺5000余克，被告人王某贵、周某会贩卖毒品甲基苯丙胺4000余克，均已超过判处死刑的数量标准。从3人的关系来看，周某会与王某贵、张某之间比较单纯，就是上下家关系，而王某贵和张某的关系比较复杂，王某贵最初是张某的上家，其购买毒品后加价交给张某贩卖，各自获利，后王某贵与张某又发展为共同贩毒，可见2人既是共同犯罪，又是上下家。本案对各被告人在共同犯罪中的地位和作用及作为上下家所起作用的考量，是对3名被告人适用死刑的关键问题。被告人张某结伙贩卖甲基苯丙胺5145克，贩毒数量巨大；在与王某贵的共同犯罪中系地位和作用突出的主犯；在与周某全、王某涛共同犯罪中，张某系主要货主，负责安排毒资、提供路费等事宜，其地位和作用在3人中最为突出。本案中，张某还系唐山毒品销售网络的重要源头，社会危害极大，罪行极其严重，判处其死刑适当。被告人王某贵贩卖毒品4591克，提议与张某共同贩毒，承诺获利后与张某分红，积极筹措毒资，主动联系上线约购毒品，并事先交付毒资，亦系地位和作用突出的主犯，犯罪情节严重，社会危害极大，判处其死刑也是适当的。被告人周某会系王某贵的上家，但属于居中倒卖，其接收王某贵的毒资后又联系他人购进毒品加价贩卖，且雇用他人协助完成贩卖、寄运事宜，罪责严重。但与张某、王某贵相比，周某会的作用相对较小。主要是周某会贩卖毒品的数量少于张某、王某贵，并非持有毒品待价而沽，而是王某贵找他联系购毒并先支付毒资，其才去联系毒品，具有一定的被动性，在促成毒品交易方面的作用明显要小于王某贵。因此，对被告人张某、王某贵适用死刑立即执行，对被告人周某会改判死刑，缓期2年执行，是适当的。

2. 犯罪嫌疑人未到案和分并案问题

因毒品犯罪侦破难度大，往往只抓获部分被告人，对于已到案的被告人，即使其他犯罪人到案也不影响对在案被告人适用死刑的，对于在案被告人符合死刑适用条件的可以判处死刑。在案被告人的罪行不足以判处死刑，或者其他犯罪人归案后全案只宜判处其一人死刑的，不能因为其他犯罪人未到案而对在案被告人适用死刑。因其他人未到案造成罪责或危害程度大小难以区分的，对在案被告人一般不适用死刑。实践中，毒品案件分并案处理存在一定的不规范，个别地方为了严惩毒品犯罪，将关联性案件分案处理，影响死刑适用的均衡，必须加以纠正。一般来说，应当根据有利于查清案件事实，提高诉讼效率的原则进行分并案处理。对于关联性案件原则上应当依法并案处理，以最大限度保证死刑适用的均衡性。对于审查起诉后，提起公诉前查获的关联性犯罪嫌疑人，公安机关应及时移送检察机关，以便并案提起公诉；对于提起公诉后查获的关联性犯罪嫌疑人，可以追加、补充起诉，但不得撤回起诉。对于因客观原因无法并案处理的，应当及时了解关联案件的诉讼进展情况，做到量刑均衡。

如被告人李某双贩卖、制造毒品案①。2015年9月，李某双接受肖某航（未到案，另案处理）的邀约，加入以肖某航为首的制造毒品犯罪活动中。李某双前后3次到四川省成都市赊购25千克制毒原料麻黄素，送到同案被告人张某泉（已判刑）提供的四川省眉山市某地农家乐厂房内的制毒场所，与肖某航及同案被告人张某、漆某、袁某刚、肖某（均已判刑）共同制造出甲基苯丙胺后，李某双拿4000克甲基苯丙胺用于抵扣麻黄素货款，又到成都卖出500克甲基苯丙胺，获款2万元。在厂房停电期间，肖某航、李某双等人将部分制毒工具、原材料、半成品转移至张某泉家中继续制造毒品。同年11月16日，公安人员在张某泉的轿车内查获甲基苯丙胺144.4克和一把改装射钉枪；在张某泉的农家乐厂房内查获甲基苯丙胺7010.9克及铁桶、玻璃器皿等制毒工具；在张某泉家查获甲基苯丙胺490克、含甲基苯丙胺成分的液体1350克、含甲基苯丙胺成分的固液混合物8900克及分液漏斗、抽水泵、氢氧化钠、丙酮等制毒工具和原材料。

2017年3月20日，四川省眉山市中级人民法院以贩卖、制造毒品罪判处李某双死刑，缓期2年执行，剥夺政治权利终身，并处没收个人全部财产。一审宣判后，眉山市人民检察院以量刑畸轻为由对李某双提出抗诉。四川省人民检察院支持抗诉。2018年3月14日，四川省高级人民法院作出二审判决，采纳检察机关抗诉意见，撤销一审判决，以贩卖、制造毒品罪改判李某双死刑，剥夺政治权利终身，并处没收个人全部财产。2019年1月2日，最高人民法院核准了四川省高级人民法院对李某双的死刑判决。

该案中，犯意提起者、制毒活动组织者肖某航未到案，另案处理。

---

① 参见四川省高级人民法院刑事判决书，（2017）川刑终237号。

在案证据证明肖某航提出犯意,掌握制毒技术并主要负责技术操作,提供制毒工具,联系制毒场所,在共同犯罪中起主要作用,应当认定为主犯。本案被告人李某双负责联系制造甲基苯丙胺的主要原料麻黄素25千克,并将部分制出毒品交予麻黄素卖家用于折抵原料款,所起作用稍次于肖某航,但将李某双的行为纳入整体贩卖、制造毒品的共同犯罪中予以考量,李某双在提供制毒原料和处理制成毒品两个环节的地位、作用均突出,对制出毒品起到了不可或缺的作用,依法应当认定为主犯。李某双系主犯,且系毒品再犯,即使其他犯罪人到案也不影响对其适用死刑,经检察机关抗诉改判李某双死刑立即执行是正确的。

3. 运输毒品量刑问题

运输毒品行为虽然与制造、走私、贩卖等行为并列为一个罪名,但只是中间环节,具有从属性、辅助性特点,危害性相对较小。"学界早已呼吁限制和废除运输毒品罪的死刑。"① 司法实践中对运输毒品罪的死刑适用采取了严格的限制,对于单纯运输毒品,受人指使、雇用运输毒品,且系初犯、偶犯的犯罪分子,即使毒品数量超过实际掌握的死刑数量标准,一般也不判处死刑。对于不能排除受人指使、雇用初次运输毒品的被告人,毒品数量超过实际掌握的死刑数量标准,但尚不属数量巨大的,一般也可以不判处死刑。一案中有多人受雇运输毒品的,在决定死刑适用时,除各被告人运输毒品的数量外,还应结合其具体犯罪情节、参与犯罪程度、与雇用者关系的紧密性及其主观恶性、人身危险性等因素综合考虑,同时判处2人以上死刑要特别慎重。但需要注意的是,一些贩毒嫌疑人被查获后,往往以受人指使、雇用运输毒品为由进行辩解,对此要有一定的事实和证据,否则不应予以认定,以免放纵犯罪。对于涉嫌贩卖毒品证据不足而认定为运输毒品罪的,具有运输毒品数额巨大等情节的,应依法适用死刑。

如被告人赖某雄运输毒品案②。2017年9月16日17时许,被告人赖某雄伙同他人携带毒品驾乘面包车在云南省昆明市官渡区某路某号某温泉店门口停车场被公安民警抓获,当场从该车第三排座位下的一编织袋内查

---

① 贾银生:《论运输毒品罪死刑的限制适用》,载廖斌主编:《毒品违法犯罪防治研究》,中国政法大学出版社2016年版,第216页。

② 参见云南省高级人民法院刑事判决书,(2018)云刑终657号。

获毒品海洛因63块零1小袋，共计净重22080克。2018年5月3日，云南省大理州中级人民法院作出一审判决，认定被告人赖某雄犯运输毒品罪，判处死刑，缓期2年执行，剥夺政治权利终身，并处没收个人全部财产。大理州人民检察院经审查后，认为一审判决判处赖某雄死刑缓期2年，属适用法律错误，量刑畸轻，依法提出抗诉，云南省人民检察院支持抗诉。2019年5月28日，云南省高级人民法院作出（2018）云刑终657号刑事判决，改判原审被告人赖某雄死刑，剥夺政治权利终身，并处没收个人全部财产。经最高人民法院核准，被告人赖某雄于2020年4月被执行死刑。该案中，赖某雄运输毒品海洛因数量达22080克，属数量巨大，归案后拒不供述犯罪事实，无认罪、悔罪表现，且系累犯、毒品再犯，对其适用死刑立即执行量刑适当。

4.诱惑侦查问题

我国在2012年《刑事诉讼法》修改中增加规定隐匿身份侦查和控制下交付等秘密侦查条款，将诱惑侦查纳入法律规范。诱惑侦查，是指刑事侦查人员以实施某种行为有利可图为诱饵，暗示或诱使侦查对象暴露其犯罪意图并实施犯罪行为，待犯罪行为实施时或结果发生后，拘捕被诱惑者[①]。在毒品犯罪案件中，诱惑侦查存在机会引诱、犯意引诱、数量引诱等情形。其中，机会引诱指，是对本已有犯意的人提供实施犯罪的机会，使其具体犯罪行为有机会暴露出来的方式。犯意引诱是指，对本没有犯罪意图的人，因特情人员引诱，促使其产生了犯罪意图并实施犯罪行为的情形。数量引诱是，行为人原本即具有犯罪意图，并非由特情人员引诱而产生，但其最初只具有数量较小的犯意，在特情引诱下才产生数量较大犯罪的犯意。根据《刑事诉讼法》第153条的规定，侦查"不得诱使他人犯罪，不得采用可能危害公共安全或者发生重大人身危险的方法"。这一规定实则否定了犯意引诱的合法性。因此，通过犯意引诱侦查获得的证据，不能作为认定毒品犯罪案件的定案依据，当然也不能作为适用死刑的依据。机会引诱作为诱惑侦查的一种情形，在毒品犯罪侦查活动中运用非常广泛。因毒品犯罪隐蔽等特殊性，侦查活动中进行机会引诱，采取特情贴靠、接洽方式破获案件完全正当，应当依法处理，对死刑适用亦无实质影

---

① 参见龙宗智：《诱惑侦查合法性问题探析》，载《人民司法》2000年第5期。

响。对于因数量引诱实施毒品犯罪的被告人，应当依法从轻处罚。因数量引诱致使毒品数量超过实际掌握的死刑数量标准，一般也不判处死刑立即执行。实践中，对于不能排除犯意引诱和数量引诱的案件，在考虑是否对被告人判处死刑立即执行时，要留有余地。

如被告人申某雄贩卖毒品案①。2007年2月底，被告人申某雄在云南省昆明市向陈某某（另案处理）贩卖5.5克海洛因后，告诉陈某某还有3500克海洛因待售，委托陈某某联系买主。同年3月初，陈某某介绍"董哥"向申某雄购买海洛因。3月30日中午，申某雄与"董哥"约定交易价格为每克430元，并于当日下午到"董哥"住处查验购毒款。次日上午，申某雄告诉"董哥"共有6000克左右海洛因可供交易。当日15时40分许，申某雄携带海洛因到昆明市某旅馆某房间与"董哥"交易，被公安人员抓获，当场缴获海洛因6030.5克。经鉴定，海洛因纯度达55%以上。被告人申某雄以自己不是主犯、本案存在数量引诱为由作出辩解。贵州省高级人民法院经审理后认为，申某雄贩卖海洛因数量巨大，且在共同犯罪中起组织、指挥作用，系主犯。申某雄在与货主进行毒品交易时，其手里不仅有3500克海洛因，且有更大数量的毒品待售，故其所提存在数量引诱的上诉理由不能成立，维持了一审法院作出的被告人申某雄犯贩卖毒品罪，判处死刑，剥夺政治权利终身，并处没收个人全部财产的判决。最高人民法院核准了贵州省高级人民法院对被告人申某雄的死刑判决。该案中，被告人申某雄及其辩护人的一、二审期间均提出本案存在数量引诱，不应判处其死刑立即执行。综合全案事实证据来看，本案虽然存在特情介入因素，但不属于数量引诱，不影响对其适用死刑。被告人申某雄在侦查机关介入前委托陈某某联系贩卖的海洛因达3500克，已超过刑法规定的和当地实际掌握的判处死刑的毒品数量标准，不属于"本来只有实施数量较小的毒品犯罪的故意"；被告人申某雄本来打算贩卖3500克海洛因，让陈某某联系买家，陈某某提出了想购买5000克海洛因，数量相对较大，但后来被告人申某雄称自己实有6000余克海洛因，让陈某某问买主"董哥"是否全要，被告人实际拥有和欲贩卖的毒品数量超过了特情人员提出的数量，不是特情引诱造成的。因此，对被告人申某雄适用死

---

① 参见贵州省高级人民法院刑事判决书，（2008）黔高刑三终字第33号。

刑立即执行是适当的。

5. 毒品未流入社会问题

实践中，被告方往往以毒品未流入社会进行辩护，如某省级检察院2009年至2013年办理的55件毒品死刑上诉案件中，上诉方以"毒品未流入社会，要求从轻处理"为理由的就有14件。① 人民法院也往往以"毒品未流入社会"作为从轻处罚的情节，甚至以此为由发回重审或者改判，影响了死刑适用的均衡。我们认为，对于毒品未流入社会情节的适用应当慎重，特别是死刑案件一般不能因此而从轻处罚。一方面，毒品未流入消费终端看似社会危害较小，而实际上毒品被查获大多属于中间环节，毒品已被交易，流入了社会，危害性并不因此降低。另一方面，为从严打击毒品犯罪，毒品犯罪既未遂并不以毒品交付为标准，"毒品未流入社会"在量刑上则更不应予以考虑，否则不利于死刑适用的均衡。

6. 新型毒品及被告人认罪态度问题

近年来，我国查获的新型毒品犯罪呈快速上升态势，特别是新型合成毒品、新型精神活性物质频繁出现，司法处理难度很大。一些新型毒品的毒害性、成瘾性和依赖性等尚不清楚，对其定罪量刑问题应当进一步研究，适用重刑特别是死刑应当特别慎重。值得注意的，当前我国氯胺酮犯罪较猖獗，滥用明显，综合考虑涉案毒品数量和犯罪情节，对氯胺酮毒品犯罪可以适用死刑。对于其他新类型毒品犯罪案件，特别是首次发现的新型毒品案件，即使折算成海洛因已达到死刑数量标准的，一般也不适用死刑。毒品犯罪隐蔽性强，证据较为单一，实践中有的犯罪嫌疑人如实供述犯罪事实的，证据扎实却被判处死刑，而拒不供述的往往因证据单薄被排除死刑适用，严重影响死刑量刑均衡。因此，对于"被告人如实供述"的要加大从宽处罚的力度，对于因被告人如实供述才得以定案，毒品数量刚超过实际掌握的死刑数量标准的，原则上可不判处死刑。

如被告人李某均运输毒品案②。2007年12月3日，被告人李某均在四川省成都市某宾馆地下停车场将16161克"K粉"分别藏于租来的某轿车

---

① 李强、李革明：《"毒品未流入社会"不宜作为酌定从轻量刑情节》，载《人民检察》2015年第12期。

② 参见最高人民法院刑事审判第一、二、三、四、五庭编：《刑事审判参考》第67集，法律出版社2009年版，第60页。

的后备厢内和副驾驶座位的工具箱内,将16.9克"麻古"藏于该车后排座位中间的烟灰盒内,雇用不知情的出租车司机张某强,轮流驾驶该车将上述毒品运往广东省广州市。当日15时21分许,李某均驾驶该车行至贵州省桐梓县境内的崇遵高速公路某收费站时,遇到桐梓县公安局禁毒大队民警例行检查,所运毒品被当场查获。李某均亦被同时抓获。经鉴定,"K粉"中检出氯胺酮成分,"麻古"中检出甲基苯丙胺成分。一、二审法院认定被告人李某均犯运输毒品罪,判处死刑,剥夺政治权利终身,并处没收个人全部财产。最高人民法院核准了对被告人李某均的死刑判决。本案中,被告人李某均贩卖的毒品主要是氯胺酮,是一种新型毒品。近年来,我国一些地区滥用氯胺酮现象十分普遍,危害严重。被告人李某均运输氯胺酮16161克、甲基苯丙胺16.9克,毒品数量大,含量高,社会危害性大,且不能认定其系受人雇佣而运输毒品,亦无其他法定、酌定从宽处罚情节,对其适用死刑是适当的。

二、财产刑的适用

毒品犯罪是典型的贪利型犯罪,财产刑适用是有效惩治毒品犯罪的重要手段。我国刑法对毒品犯罪配置了罚金、没收财产等财产刑,但实践中存在一些突出问题。在罚金刑方面,因缺乏明确的数额标准,存在适用不规范问题。不少案件罚金刑得不到有效执行。在没收财产刑方面,由于对查获财产的性质审查不到位,导致没收财产刑适用的针对性不强。有的案件应当依法适用没收财产刑,却没有依法适用。

刑法对毒品犯罪规定了并处罚金或者没收财产刑,司法实践中应当依法充分适用。不仅要依法追缴被告人的违法所得及其收益,还要严格依法判处被告人罚金刑或者没收财产刑,不能因为被告人没有财产,或者其财产难以查清、难以分割或者难以执行,就不依法判处财产刑。要采取有力措施,加大财产刑执行力度。要加强与公安机关、检察机关的协作,对毒品犯罪分子来源不明的巨额财产,依法及时采取查封、扣押、冻结等措施,防止犯罪分子及其亲属转移、隐匿、变卖或者洗钱,逃避依法追缴。要加强不同地区法院之间的相互协作配合。毒品犯罪分子的财产在异地的,第一审人民法院可以委托财产所在地人民法院代为执行。要落实和运用有关国际禁毒公约规定,充分利用国际刑警组织等渠道,最大限度地做好境外追赃工作。

如被告人倪某勤运输毒品案①。2016年5月3日上午,被告人倪某勤受林某委托,乘坐轿车从扬州市至连云港市带回毒品。在某酒店房内,一男子交给其5袋白色可疑晶体,让其带给林某。随后被告人倪某勤乘车返回扬州市。当日17时许,车辆行驶至扬州市启扬高速某收费站处时,被公安机关查获。经现场搜查,在被告人倪某勤随身携带的紫红色拎包内查获上述5袋白色可疑晶体,净重122.65克,另查获12小袋白色可疑晶体、1袋红色可疑药丸、1袋白色可疑粉末、1袋土黄色可疑物品,净重14.93克。经检验,135.33克白色可疑晶体、红色可疑药丸、白色可疑粉末中均检出甲基苯丙胺成分,2.25克土黄色可疑物品中检测出麻黄碱成分。江苏省扬州市邗江区人民法院作出一审判决,认定被告人倪某勤犯运输毒品罪,判处有期徒刑15年,剥夺政治权利5年,并处罚金人民币2万元。扬州市邗江区人民检察院认为,运输毒品犯罪被判处15年有期徒刑的,应当并处没收财产。本案中,被告人倪某勤运输毒品数量大,且系累犯、毒品再犯,原审法院判处其15年有期徒刑适当,但并处罚金人民币2万元明显不当,应当对其并处没收财产,因此提出抗诉。扬州市人民检察院支持抗诉。扬州市中级人民法院二审认为,检察机关抗诉理由成立,于2017年3月30日将对其的财产刑改判为并处没收个人财产人民币5万元。根据《刑法》第347条的规定,对于被判处15年有期徒刑的被告人应当依法并处没收个人财产。在该案中,一审法院没有依法判处没收个人财产,适用法律错误,经检察机关抗诉,案件得到纠正改判。

三、涉毒资产的查缴

毒品犯罪是典型的逐利型犯罪,犯罪分子获取巨额利润后,往往通过各种洗钱手段转移、清洗犯罪所得及收益。涉毒资产如果不能及时追查收缴,将严重影响毒品犯罪的打击效果。由于涉毒资产追缴不到位,一些家族式毒品犯罪团伙,甚至秉承着"牺牲我一个,幸福全家人"的理念从

---

① 参见江苏省扬州市邗江区人民法院刑事判决书,(2016)苏1003刑初628号。

事毒品犯罪活动。① 因此,强化涉毒资产查缴工作,对毒品犯罪打财断血,彻底摧毁毒品犯罪赖以生存的经济基础,对有效遏制毒品犯罪蔓延和增长至关重要。

(一) 涉毒资产查缴处理的难点

长期以来,涉毒资产查缴处理是禁毒工作的难点,工作相对薄弱。一是涉毒资产调查、认定难。当前,毒犯利用他人的身份信息开设众多的银行账户,还利用微信、支付宝、财付通等互联网金融工具以及地下钱庄等各种隐蔽手段转移毒资毒赃,有的则在隐蔽的地方进行大额现金交易,犯罪事实和涉毒资产隐藏很深,传统的监听等技术侦查措施对涉毒资产调查作用不大,查证十分困难。实践中犯罪嫌疑人常常将违法所得与其本人或他人合法收入混在一起进行投资,其中哪部分收益是违法所得投资产生的,哪部分是合法收入投资产生的,情况往往十分复杂。另外,对于行为人长期占有的在他人名下并多次用于运输毒品的车辆,能否认定为涉毒资产,行为人多张银行卡均有涉毒的交易行为,如何认定涉毒资产数额等,还需要进一步明确。

二是涉毒资产侦查、调查力度不够。"现行法律法规没有突出涉毒资产调查的重要性,造成多年来执法机关在办理案件过程中形成了重视调查案件事实、缉捕案犯,轻视调查措施的执法模式。"② 公安机关禁毒部门缺乏懂金融财会知识的专业调查队伍,不能有效开展对涉毒资产深度的调查工作。不少案件未能及时对涉毒资产进行追查,深挖不够。涉毒资产查缴尚未作为侦查工作的主要内容进行考核评价。公安机关在办理毒品案件中,比较常见的是对毒品、毒资以及手机、车辆等作案工具的扣押,但对其毒品犯罪所得没有深挖细查,没有全面扣押。

三是涉毒资产处理未形成合力。在调查层面,公安机关与金融机构协作力度不够,效率较低,通过银行账户快速查扣涉毒资产的作用未充分发挥。在司法机关协作层面,侦查、起诉和审判环节对涉毒资产的调查处

---

① 参见王锐园:《如何走出涉毒资产追缴难的困境》,载《人民公安报》2015年3月23日。

② 吕新华、刘伟:《论涉毒资产调查的法律规制》,载《山东警察学院学报》2017年第4期。

理认识分歧较多，不少涉毒资产在起诉或者审判环节因无法认定其非法性而被退回公安机关。在跨境协作层面，一些大宗毒品走私至港澳台甚至国外，因缺乏跨境协作机制，难以缉拿犯罪嫌疑人，追缴其境外资产。目前，检察人员也多关注定罪量刑事实，没有对涉毒资产进行认真全面审查处理，对发现的问题没有及时指出。审查起诉只关注被告人定罪量刑的事实，未对涉毒资产问题进行全面审查，也不对涉毒资产提出审查处理意见。实践中，审判机关也未将涉毒资产处置作为法庭调查、辩论的事项。关于涉毒资产的调查处理，我国法律和司法解释等规定内容不多，只有少数原则性规定。

（二）涉毒资产查缴工作的完善

针对当前涉毒资产查缴工作中存在的突出问题，要重点加强以下几方面工作：

1. 推动法律法规的健全完善

目前，我国现行法律和司法解释对涉毒资产查缴工作规定较为简单，健全完善相关法律法规，乃是解决涉毒资产查缴难题的治本之策。亟须建立健全涉毒资产调查、认定标准、没收程序等方面的法律制度。特别是对于严重制约查缴工作开展的涉毒资产认定标准问题，要尽早作出规定。2017年1月，最高人民法院、最高人民检察院共同出台的《关于适用犯罪嫌疑人、被告人逃匿、死亡案件违法所得没收程序若干问题的规定》明确规定，毒品犯罪可适用该程序，"申请没收的财产具有高度可能属于违法所得及其他涉案财产的，应当认定为属于违法所得及其他涉案财产"。该文件对违法所得的认定采用了高度盖然性的优势证据标准。鉴于毒品犯罪的特殊性，建议通过立法或者司法解释形式进一步明确，普通毒品犯罪案件中查缴没收涉毒资产也采用这一标准，降低侦查机关、检察机关的证明责任，以增强打击毒品犯罪的实效。

2. 完善涉毒资产的查缴工作机制

一是纳入考核机制，高度重视涉毒资产查缴工作。司法机关等职能部门要提高认识，高度重视涉毒资产的查缴工作，将涉毒资产查缴作为办理毒品犯罪的重要组成部分进行部署安排。将涉毒资产查缴情况作为毒品犯罪案件办理质量、办案人员业绩的重要考核内容。

二是加强沟通协调，强化涉毒资产查缴工作合力。要建立以司法部门为主导，金融、海关、纪检监察等部门共同参与的涉毒资产查缴组织协调机制。完善案件通报、联席会议、联合培训等工作机制，共同研究建立反洗钱资金监测模式，加强资金往来情况分析，监督有关部门加强对金融机构和特定非金融机构的监管。特别是司法机关要以和金融机构、金融情报中心的合作为依托，以甄别、分析、追踪和调查非法资金的来源和去向为主线，通过对银行、证券、保险、律师、会计等各行业报送的大额和可疑交易信息进行搜集、分析和甄别，及时发现隐藏在资金交易背后的犯罪线索。要联合开展宣传教育，加强对涉毒资产查缴工作的宣传，增强公众防范意识。要建立健全跨境协作配合机制，增强打击涉毒资产的及时性和有效性。要加强沟通协调，围绕涉毒资产认定标准等重点问题，统一执法司法标准。

三是加大涉毒资产查缴工作力度。用好用足刑法、刑事诉讼法对涉毒资产的处置规定，对于掩饰、隐瞒、藏匿、转移涉毒资产构成犯罪的，应当以洗钱罪，窝藏、转移、隐瞒毒品、毒赃罪，掩饰、隐瞒犯罪所得、犯罪所得收益罪等依法进行定罪处罚。对于犯罪嫌疑人、被告人逃匿、死亡的，依法适用违法所得没收程序查缴涉毒资产。对于不符合前述情形的涉毒资产，应当根据《刑法》第64条的规定，予以追缴、没收。常见的如现金、银行存款、股票、债券、企业投资、债权、股权、房地产、车辆、设备工具、珠宝首饰、古玩字画等，包括物质的和非物质的，动产和不动产，有形的和无形的，本人占有使用的和他人占有使用的，犯罪所得的和其产生的利润收益等。实践中，对于犯罪分子已将涉毒财产转换、转化为其他财产的，也应当予以没收；对于将涉毒财产和合法财产或者家庭财产混同的，也应当依法追缴其涉毒财产及其收益部分。

公安机关要将涉毒资产查缴作为侦查毒品犯罪案件的重要内容，加大侦查环节对涉毒资产的查封、扣押、冻结的力度。要探索成立专门的财富调查部门，专人专责，推进涉毒资产侦查工作的深入开展。检察机关在批准逮捕环节，要积极建议侦查机关全面查封、扣押、冻结涉毒资产。在审查起诉阶段，坚持全面审查和重点审查相结合的原则，重点审查涉毒资产是否查扣到位、是否全部随案移送，查扣财产的性质，查扣财产的流转及权属情况，查扣的财产和被告人、犯罪事实的关联性等。要特别关注涉及毒品交易的转账记录、汇款记录，审查与涉毒资产流向相关的其他证据，准确作出审查处理意见。对于需要补查补证的，列出明确的提纲，再退回补充侦查或者自行补充侦查。在提起公诉时，应当在起诉书中将涉毒资产及其利润收益如何处理一并提出意见，并在开庭时发表明确的意见。对于积极退出涉毒资产及其收益的被告人，依法提出从宽处罚的量刑建议，兑现政策。人民法院亦应将涉毒资产的处置作为法庭调查、举证质证的内容，并在判决书中依法判处。

值得注意的是，2020年12月，《刑法修正案（十一）》将自洗钱行为纳入洗钱罪的行为方式，涉毒资产查缴面临洗钱罪与掩饰、隐瞒犯罪所得、犯罪所得收益罪，窝藏、转移、隐瞒毒赃罪的竞合问题更加复杂。我们认为，结合司法实践，考虑到洗钱罪与掩饰、隐瞒犯罪所得、犯罪所得收益罪是刑法特别规定和一般规定的关系，应当优先适用特别规定，即犯罪行为同时触犯洗钱罪与掩饰、隐瞒犯罪所得、犯罪所得收益罪时，应当以洗钱罪追究刑事责任。对于犯罪行为同时触犯洗钱罪与窝藏、转移、隐瞒毒赃罪时，可依照处罚较重的罪名进行定罪处罚。

3. 强化对涉毒资产查缴的法律监督

检察机关作为国家的法律监督机关，要加强对涉毒资产侦查、审判、执行环节的诉讼监督，全力推动涉毒资产查缴工作深入开展。要利用捕诉一体工作机制，对于特别重大疑难复杂的毒品犯罪案件，提前介入，引导侦查取证，扎实做好涉毒资产证据收集查证工作。要坚持全面审查和重点审查相结合的原则，审查涉毒资产流转及权属情况、与犯罪行为的关联性、主观明知认定等，准确认定涉毒资产，提升打击涉毒资产的效果。针对实践中侦查机关对涉毒资产深挖不够，侦查机关对涉毒赃款、赃物不随案移送，先行罚没等突出问题，检察机关要强化侦查监督，及时监督纠正。对于裁判确有错误的，要依法提出抗诉，确保涉毒资产查缴效果。同时，对于涉毒资产查缴工作中违反法定诉讼程序或者处理确有错误，损害当事人合法权益的行为，检察机关要依法提出纠正意见，切实做到不枉不纵。

如被告人刘某甲、杨某敏洗钱案①。2017年以来，刘某乙等人（均已

---

① 参见广东省广州市中级人民法院刑事判决书，（2020）粤01刑初65号。

判刑）经事先商量，多次将海洛因从缅甸运至我国云南省曲靖市师宗县贩卖，从中获取巨额利润。2017年底，被告人刘某乙与刘某甲到云南省昆明市，以毒品犯罪所得人民币31万元购买了一部凯迪拉克牌小型汽车，并登记在刘某甲名下。2018年7月至9月期间，杨某敏在刘某乙的指使下，在云南省保山市分别开设了中国银行、中国工商银行、中国农业银行、中国邮政储蓄银行、富滇银行等5个银行账户，连同之前开设的中国建设银行账户，接收刘某乙毒品犯罪所得及其收益约670万元。2018年7月23日，杨某敏在刘某乙的指使下，利用银行账户接收到的毒品犯罪所得200万元，刷卡购买了一间位于云南省保山市隆阳区的商铺，并登记在自己名下。为协助刘某乙转换犯罪所得及其收益为"合法"财物，刘某甲、杨某敏经密谋后，虚设债权债务，倒签了杨某敏于同年6月15日向刘某甲借款160万元用于购房的虚假借款合同，并于同年12月18日，以无法偿还借款为由，将上述商铺过户至刘某甲名下。2018年7月底，杨某敏根据刘某乙的授意，利用银行账户内接收到的毒品犯罪所得款452万元，购买了一套位于云南省保山市的房产，登记在自己名下。同年8月，杨某敏与某公司签订造价70万元的装修工程施工合同，用毒品犯罪所得款支付了38.5479万元的首期费用。同年9月22日，刘某甲、杨某敏密谋后，由以435万元的价格将该房产转让给娄某。2018年9月2日，刘某乙在云南省曲靖市收取了毒品犯罪所得款约200万元后，杨某敏将其中的185万元分别存入自己的银行卡内。同年9月12日，因刘某乙被公安机关抓获，该银行卡被扣押。同年9月14日至9月16日，刘某甲、杨某敏密谋后，由杨某敏办理银行卡挂失手续，将银行账户内的毒品犯罪所得款共110.2万元分别转移至刘某甲指定的袁某、所某某、常某某、王某某等4个银行账户内，并分4次取走现金40万元。2018年9月15日，刘某甲提供户名为陈某梅的银行账户，用以接收杨某敏转移的毒品犯罪所得款46万元。2019年3月初，刘某甲让陈某梅将其中的毒品犯罪所得款共计38万元转账给杨某龙、董某晖，假借其母亲陈某兰名义，投资参股经营位于云南省临沧市凤庆县某火锅店。2018年9月15日至9月28日，刘某甲让董某晖、董某猛开设银行账户，接收杨某敏转移的毒品犯罪所得款120.95万元。期间，刘某甲、杨某敏假借两人投资参股经营的云南省保山市施甸县某养蜂场盈利为由，利用陈某梅、董某晖、董某猛等人的银行账户接收毒品犯罪所得166.95万元。2018年10月间,刘某甲利用杨某敏转移的毒品犯罪所得16万元购买了一部杰德牌小型汽车,登记在张某艳名下。2019年7月,刘某甲、杨某敏密谋后,将该车过户至杨某弟名下。2018年7月间,刘某乙通过杨某敏的银行账户,转账毒品犯罪所得8万元给魏某田,用于魏某田养殖资金周转。同年12月至2019年1月,刘某甲以刘某乙的名义,向魏某田索要借款本息10.8万元。综上,刘某甲实施洗钱犯罪的数额为560.75万元,杨某敏实施洗钱犯罪的数额为766.5479万元。

广东省广州市人民检察院在办理刘某乙等人走私、贩卖、运输毒品案中,通过全面细致审查发现,刘某乙等3人从缅甸境内购买毒品海洛因转运到广东进行分销,涉案毒品海洛因多达120公斤,获利巨大。而其名下财产几乎为零,其前妻杨某敏名下却拥有一套价值超过450万元的别墅及200余万元的现金存款,其哥哥刘某甲名下也拥有一套价值200万元的商铺。经向公安机关了解,发现刘某乙于2018年9月12日被抓时,公安机关当场扣押了杨某敏的多张银行卡,几天后杨某敏到银行进行挂失补卡,并将卡内的巨额资金转走,杨某敏、刘某甲存在涉毒洗钱犯罪的重大嫌疑。

广州市人民检察院发现涉毒洗钱犯罪这一线索后,立即督促公安机关及时对刘某甲、杨某敏立案侦查。广州市人民检察院发挥主导责任,积极介入侦查,引导公安机关全面收集证据,尤其是对客观行为、主观明知等方面证据的收集,夯实证据基础。与公安机关保持沟通联系,同步引导侦查取证工作;践行亲历性办案,与公安机关一同前往刘某乙户籍地云南省保山市等地,引导侦查取证。如引导公安机关对刘某甲经营的养蜂场的合伙人董某猛询问,核实养蜂场经营情况以及其提供银行卡给刘某甲用于转账的具体经过,在核实转账的具体时间和金额等事实后,即前往云南保山金融机构调取银行流水清单,及时查询和追踪资金流向,并对涉案银行卡予以冻结。同时,及时扣押刘某甲利用杨某敏转移的毒品犯罪所得16万元购买、并先后过户至他人名下、案发后仍然由杨某敏使用的一部杰德牌小型汽车。

广州市人民检察院通过对公安机关调取涉案数十张银行卡的资金流向进行审查和梳理,以建立资金流向台账的方式,抽丝剥茧,逐一比对账单,结合银行交易流水,最终确定该资金流向刘某甲所占有使用的他人银行卡账户。尤其是刘某甲、杨某敏转移的毒资在多个账户之间流转,层层分散，且某些账户为空，或者表现形式与普通账户不同。刘某甲归案后，拒不交代其巨额资产的来源和去向，也拒不交代明知其弟刘某乙从事毒品犯罪。为证明刘某甲在主观上明知是刘某乙贩毒所得资金仍为其"洗白"，广州市人民检察院通过对全案证据综合分析，从刘某乙从事的职业和经济收入，到刘某甲、杨某敏接触和转移毒资的时间、空间以及转移的数额、数量和转移的途径、形式等主客观因素，进行具体分析判断。最终得出刘某乙、杨某敏明知是毒品犯罪所得及其收益，仍然积极采取各种手段协助转移、转换财物，具有明确主观故意的结论。2020年1月20日，广东省广州市人民检察院以洗钱罪依法对刘某甲、杨某敏提起公诉。2020年9月25日，广州市中级人民法院作出一审判决，以洗钱罪分别判处被告人刘某甲有期徒刑7年，并处罚金人民币112万元，被告人杨某敏有期徒刑5年，并处罚金人民币39万元。一审宣判后，两被告人均未提出上诉。

相关规定链接

1.《刑法》第48条、第52条、第53条、第64条、第347条、第349条；

2. 2008年12月，《全国部分法院审理毒品犯罪案件工作座谈会纪要》；

3. 2015年5月，《全国法院毒品犯罪审判工作座谈会纪要》。

附 录

悪問

附录一 最高人民法院、最高人民检察院毒品犯罪典型案例

2018年最高人民法院毒品犯罪及涉毒次生犯罪典型案例

案例1 何信泽制造毒品案
——制造毒品数量巨大，罪行极其严重

（一）基本案情

被告人何信泽，男，汉族，1976年10月29日出生，农民。

被告人何信泽住四川省金堂县赵镇现代名都小区。2013年9月11日，何信泽指使妻子租赁该镇维罗纳小区10幢2单元903室，并在该处制造毒品。同年10月31日，公安人员在何信泽家中将其抓获，当场查获甲基苯丙胺（冰毒）3.7万余克。随后，公安人员从上述维罗纳小区903室查获甲基苯丙胺220余克、含甲基苯丙胺成分的固体5800余克、液体2.5万余克，并查获一批制毒原料和工具。公安人员还从何信泽的制毒场所查获手枪1支、子弹7发，从其住处查获子弹2发。

（二）裁判结果

本案由四川省成都市中级人民法院一审，四川省高级人民法院二审。最高人民法院对本案进行了死刑复核。

法院认为，被告人何信泽制造甲基苯丙胺的行为已构成制造毒品罪；何信泽违反枪支管理规定，非法持有枪支的行为又构成非法持有枪支罪。何信泽制造毒品数量巨大，社会危害大，还非法持有枪支，主观恶性深，罪行极其严重，应依法惩处。对何信泽所犯数罪，应依法并罚。据此，依法对被告人何信泽判处并核准死刑，剥夺政治权利终身，并处没收个人全部财产。

罪犯何信泽已于2017年12月7日被依法执行死刑。

（三）典型意义

近年来，随着以甲基苯丙胺为代表的合成毒品在我国滥用人数的不断增长，国内制造合成毒品犯罪呈加剧之势，个别地区制造甲基苯丙胺犯罪突出。本案就是一起典型的制造甲基苯丙胺犯罪案件。被告人何信泽在承租房内制造甲基苯丙胺，从其住处和制毒场所查获的甲基苯丙胺成品数量达3.7万余克，还查获含甲基苯丙胺成分的固体、液体共计3万余克，何信泽另非法持有枪支，其行为具有严重的社会危害性。人民法院根据何信泽犯罪的事实、性质和具体情节，依法对其判处死刑，体现了对制造毒品这类源头性毒品犯罪的严厉惩处，充分发挥了刑罚的威慑作用。

案例2　刘帮贩卖、运输毒品案
——利用信息网络、通过快递方式贩卖、运输毒品数量大，且系毒品再犯，罪行极其严重

（一）基本案情

被告人刘帮，男，汉族，1984年9月1日出生，无业。2012年11月6日因犯贩卖毒品罪被判处拘役5个月，并处罚金人民币1000元，2013年1月24日刑满释放。

2014年6月27日16时许，被告人刘帮到广东省广州市某快递公司，化名李波将一个纸盒寄往山东省烟台市。刘帮离开后，快递公司工作人员认为该快递件可疑，遂报警。公安人员当日从上述纸盒中查获甲基苯丙胺（冰毒）约600克。

2014年9月初，被告人刘帮通过QQ、微信等方式与山东省招远市的孟祥霖（已另案判刑）商定，以每克35元的价格卖给孟祥霖甲基苯丙胺2000克。孟祥霖向刘帮提供的账户汇款6万余元后，刘帮从广州市将装有甲基苯丙胺的包裹快递给孟祥霖。同月25日，孟祥霖到招远市某快递公司收取上述包裹时被抓获，公安人员当场查获包裹内的甲基苯丙胺2000余克。

2014年10月20日左右，被告人刘帮通过QQ、微信等方式与山东省胶州市的陈晓宇（同案被告人，已判刑）商定，以1.05万元的价格卖给陈晓宇甲基苯丙胺100克、甲基苯丙胺片剂（俗称"麻古"）100粒。同月23日，刘帮通过某快递公司将装有毒品的包裹从广州市寄给陈晓宇。同月26日，陈晓宇的妻子领取上述包裹后带回家中交给陈晓宇。同月27

日17时许，公安人员在广州市番禺区刘帮租住处楼下将刘帮抓获，并在其租住处查获甲基苯丙胺2100余克、甲基苯丙胺片剂280余克；在番禺区刘帮的另一租住处查获含甲基苯丙胺成分的粉末22.5克。

（二）裁判结果

本案由山东省青岛市中级人民法院一审，山东省高级人民法院二审。最高人民法院对本案进行了死刑复核。

法院认为，被告人刘帮非法贩卖、运输甲基苯丙胺、甲基苯丙胺片剂，其行为已构成贩卖、运输毒品罪。刘帮多次以快递方式跨省贩卖、运输毒品数量大，社会危害大，罪行极其严重；刘帮曾因犯贩卖毒品罪被判刑，刑满释放后仅一年多又犯贩卖、运输毒品罪，系毒品再犯，应当从重处罚。据此，依法对被告人刘帮判处并核准死刑，剥夺政治权利终身，并处没收个人全部财产。

罪犯刘帮已于2018年6月22日被依法执行死刑。

（三）典型意义

利用信息网络和电子商务平台实施毒品犯罪，是当前毒品犯罪的新动向，物流配送的便捷性又加速了毒品从毒源地向其他省份扩散。一些不法分子利用信息网络和物流配送覆盖面广、易隐瞒真实身份等特点，通过QQ、微信等方式联系商定毒品交易，以快递方式寄送毒品，此类案件在实践中时有发生。本案被告人刘帮通过QQ、微信等方式与他人联系商定毒品交易，再将毒品快递给对方，共计贩卖、运输5000余克甲基苯丙胺及片剂，社会危害大，且其属于毒品再犯，主观恶性深。人民法院根据刘帮犯罪的事实、性质及其系毒品再犯等情节，对其判处死刑，体现了对此类犯罪的从严惩处。

案例3　龚金洪故意杀人案

——吸毒后持菜刀砍死2名未成年子女，罪行极其严重

（一）基本案情

被告人龚金洪，男，汉族，1982年8月23日出生，农民。

被告人龚金洪长期吸食毒品。2015年6月8日，龚金洪在广东省清远市清城区龙塘镇文丰村家中吸食甲基苯丙胺（冰毒）后产生幻想、猜疑，当晚与妻子发生争吵，妻子遂离家外出。次日凌晨，龚金洪持菜刀进入其儿女卧室，朝正在熟睡的女儿龚某甲（被害人，殁年11岁）、儿子龚

某乙（被害人，殁年9岁）的头颈部等处猛砍，致2人死亡。后龚金洪走上自家楼顶，跳楼跌落至院内，被人送往医院抢救，并被公安人员抓获。

（二）裁判结果

本案由广东省清远市中级人民法院一审，广东省高级人民法院二审。最高人民法院对本案进行了死刑复核。

法院认为，被告人龚金洪故意非法剥夺他人生命，其行为已构成故意杀人罪。龚金洪吸毒后持菜刀砍死自己的2名未成年子女，犯罪情节恶劣，手段残忍，后果和罪行极其严重，应依法惩处。据此，依法对被告人龚金洪判处并核准死刑，剥夺政治权利终身。

罪犯龚金洪已于2018年3月22日被依法执行死刑。

（三）典型意义

合成毒品具有中枢神经兴奋、致幻等作用，会使吸毒者出现兴奋、狂躁、幻视、幻听、被害妄想等症状，进而导致其自伤自残或实施暴力犯罪。近年来，因吸毒诱发的故意杀人、故意伤害、驾车肇事等恶性案件屡有发生，严重危害社会治安，教训十分深刻。本案就是一起因吸毒诱发的故意杀人犯罪典型案例。被告人龚金洪长期吸食毒品，并出现吸毒导致的幻想等症状；龚金洪的妻子亦证实龚金洪近年来吸毒后有幻觉和暴力行为。案发当日，龚金洪两次吸食冰毒，与妻子发生争吵后竟持菜刀砍死熟睡中的2名未成年子女，犯罪情节恶劣，手段残忍。该案充分反映出毒品对个人、家庭和社会的严重危害，尤其值得吸毒者深刻警醒。

案例4　孙小芳走私、贩卖毒品案

——走私、贩卖国家管制的新精神活性物质，依法惩处

（一）基本案情

被告人孙小芳，女，汉族，1981年12月2日出生，经商。

2016年3月，被告人孙小芳明知"4-氯甲卡西酮"（4-CMC）被国家有关部门管制，仍以向境外走私、贩卖为目的，通过互联网购买约20公斤"4-氯甲卡西酮"，并安排他人分批次邮寄给境外客户。上述由孙小芳安排发往境外的邮包中，有17批次检出"4-氯甲卡西酮"成分，共计15854.43克。

（二）裁判结果

本案由江苏省常州市中级人民法院审理。

法院认为，被告人孙小芳明知"4-氯甲卡西酮"已被国家管制，仍从国内购买后向境外贩卖，其行为已构成走私、贩卖毒品罪。孙小芳归案后如实供述犯罪事实，可以从轻处罚。据此，依法对被告人孙小芳判处有期徒刑15年，剥夺政治权利5年，并处没收个人财产人民币10万元。

宣判后，在法定期限内没有上诉、抗诉，上述裁判已于2017年11月7日发生法律效力。

（三）典型意义

本案所涉毒品"4-氯甲卡西酮"是一种新精神活性物质。新精神活性物质通常是不法分子为逃避打击而对管制毒品进行化学结构修饰所得到的毒品类似物，具有与管制毒品相似或更强的兴奋、致幻、麻醉等效果。为加强对新精神活性物质的管制，2015年国家相关部门制定了《非药用类麻醉药品和精神药品列管办法》，对新精神活性物质进行列举式管制，所有被列管的物质均属于毒品。被告人孙小芳走私、贩卖"4-氯甲卡西酮"数量大，人民法院根据此类毒品的性质、孙小芳犯罪的具体情节，依法对其判处相应刑罚。

案例5　石小美贩卖毒品案

——贩卖毒品"神仙水"数量大，依法惩处

（一）基本案情

被告人石小美，女，壮族，1988年10月1日出生，无业。

2016年8月4日23时许，被告人石小美向吸毒人员罗某、甘某某出售5瓶"神仙水"，价格为500元。次日下午公安人员从罗某驾驶的轿车内查获上述"神仙水"，净重共计49.75克，经鉴定均未检测出毒品成分。同月8日下午，石小美在一宾馆内又向罗某、甘某某出售20瓶"神仙水"，被公安人员当场抓获。经鉴定，上述20瓶"神仙水"净重共计396.52克，均检出甲基苯丙胺（冰毒）及氯胺酮（俗称"K粉"）成分。

（二）裁判结果

本案由广西壮族自治区来宾市兴宾区人民法院审理。

法院认为，被告人石小美明知是毒品而贩卖，其行为已构成贩卖毒品罪。石小美第一次贩卖给罗某的"神仙水"系假毒品，其行为属贩卖毒品未遂；第二次贩卖给罗某、甘某某含甲基苯丙胺、氯胺酮成分的液体毒品数量大，应依法惩处。石小美归案后如实供述犯罪事实，可以从轻处罚。据此，依法对被告人石小美判处有期徒刑 15 年，剥夺政治权利 2 年，并处没收个人财产人民币 5000 元。

宣判后，在法定期限内没有上诉、抗诉，上述裁判已于 2017 年 8 月 6 日发生法律效力。

（三）典型意义

"神仙水"是近年来出现的一种混合型液体毒品，常含有甲基苯丙胺、氯胺酮等不同毒品成分，服用后会导致暂时性失忆，甚至出现幻觉，严重的会导致死亡。被告人石小美贩卖含甲基苯丙胺、氯胺酮成分的"神仙水"约 400 克，人民法院根据其犯罪的事实和具体情节，依法判处相应刑罚。

案例 6　曾金华等非法生产制毒物品案
　　　　——非法生产麻黄碱，情节特别严重，依法惩处

（一）基本案情

被告人曾金华，男，汉族，1979 年 11 月 8 日出生，务工人员。

被告人吴林宝，男，汉族，1981 年 10 月 14 日出生，工人。

被告人刘贵余，男，汉族，1982 年 5 月 12 日出生，工人。

被告人曾祥胜，男，汉族，1971 年 7 月 10 日出生，工人。

2015 年 10 月至 2016 年 1 月间，被告人曾金华、曾祥胜、吴林宝、刘贵余等人先后在山东省兰陵县大仲村镇车庄村、临沂高新技术产业开发区马厂湖镇武德村租用厂房，并从临沂市化工市场及湖北省武汉市等地购买溴代苯丙酮、二甲苯、盐酸等原材料，在上述厂房内分别生产麻黄碱共计 2000 余千克，其中在临沂高新技术产业开发区生产的 976 余千克麻黄碱被查获。

（二）裁判结果

本案由山东省临沂高新技术产业开发区人民法院一审，山东省临沂市中级人民法院二审。

法院认为，被告人曾金华、曾祥胜、吴林宝、刘贵余违反国家规定，非法生产用于制造毒品的原料，情节特别严重，其行为均构成非法生产制毒物品罪。在共同犯罪中，曾金华组织、策划全部犯罪行为，系主犯，应当按照其所组织和参与的全部犯罪处罚；曾祥胜、吴林宝、刘贵余均起次要作用，系从犯，应当从轻处罚。吴林宝、刘贵余如实供述自己及同案犯

的罪行，可以从轻处罚。据此，依法对被告人曾金华、曾祥胜、吴林宝、刘贵余分别判处有期徒刑 12 年、9 年 6 个月、8 年、8 年，分别并处罚金人民币 20 万元、15 万元、14 万元、10 万元。

上述裁判已于 2018 年 1 月 24 日发生法律效力。

（三）典型意义

近年来，国内制造毒品犯罪形势较为严峻，与此相应，非法生产麻黄碱、羟亚胺、邻酮等制毒原料的犯罪案件频发。为从源头上遏制制毒物品犯罪，2015 年 11 月 1 日起施行的《刑法修正案（九）》完善了制毒物品犯罪的规定，增设了非法生产、运输制毒物品罪，并提高了法定刑。本案是一起比较典型的非法生产麻黄碱的案件。麻黄碱是制造甲基苯丙胺的主要原料。被告人曾金华等人明知麻黄碱属于制毒物品，为牟取暴利而非法生产，数量达 2000 余千克，属于情节特别严重，应当判处 7 年以上有期徒刑。人民法院根据曾金华等人犯罪的事实和具体情节，依法判处相应刑罚。

案例 7　徐福妙非法种植毒品原植物案
——非法种植罂粟数量较大，依法惩处

（一）基本案情

被告人徐福妙，男，汉族，1967 年 9 月 6 日出生，无业。2003 年 6 月 3 日因犯合同诈骗罪被判处有期徒刑 12 年，并处罚金人民币 10 万元，2009 年 7 月 3 日因病被暂予监外执行，2015 年 8 月 26 日刑罚执行完毕。

2016 年底，被告人徐福妙在浙江省永嘉县桥下镇徐山村一处田地种植罂粟。2017 年 4 月 8 日，公安人员在上述地点查获该批罂粟，经清点、鉴定，共计 2243 株。在附近务农的徐福妙在接受公安人员排查性询问时主动交代罂粟系其种植。

（二）裁判结果

本案由浙江省永嘉县人民法院审理。

法院认为，被告人徐福妙非法种植毒品原植物罂粟，数量较大，其行为已构成非法种植毒品原植物罪。徐福妙曾因故意犯罪被判处有期徒刑，在刑罚执行完毕后 5 年内再次故意犯应当判处有期徒刑以上刑罚之罪，系累犯，应当从重处罚。徐福妙具有自首情节，可以从轻处罚。据此，依法对被告人徐福妙判处有期徒刑 2 年，并处罚金人民币 8000 元。

宣判后，在法定期限内没有上诉、抗诉，上述裁判已于2017年7月30日发生法律效力。

（三）典型意义

《刑法》第351条规定，非法种植罂粟500株以上的，即构成非法种植毒品原植物罪，应当判处五年以下有期徒刑、拘役或者管制，并处罚金。本案被告人徐福妙非法种植罂粟达2243株，人民法院根据其犯罪的事实及具有累犯、自首等情节，依法判处刑罚，对此类非法种植毒品原植物行为具有重要警示作用。

案例8 袁为国贩卖、运输毒品案
——为准确查明事实，通知侦查人员、鉴定人等出庭作证

（一）基本案情

被告人袁为国，男，汉族，1974年9月10日出生，无业。

2016年5月至6月10日间，被告人袁为国在江苏省射阳县分4次向刘某某出售甲基苯丙胺（冰毒）共20克，收取毒资8600元。同年6月上旬，袁为国在江苏省盐城市亭湖区分2次向吴某某出售甲基苯丙胺共1克，收取毒资400元。同月11日，袁为国驾车至盐城市亭湖区一小区附近，欲向他人出售甲基苯丙胺时被抓获，公安人员当场从其车内查获甲基苯丙胺2.6克，并从车旁管道内查获其事先藏匿的甲基苯丙胺243.7克。

（二）裁判结果

本案由江苏省盐城经济技术开发区人民法院一审，江苏省盐城市中级人民法院二审。

法院认为，被告人袁为国明知是毒品而贩卖、运输，其行为已构成贩卖、运输毒品罪。袁为国贩卖、运输毒品数量大，应依法惩处。据此，依法对被告人袁为国判处有期徒刑15年，剥夺政治权利5年，并处没收个人财产人民币10万元。

上述裁判已于2018年1月11日发生法律效力。

（三）典型意义

毒品犯罪隐蔽性较强，一些犯罪分子为逃避打击，常将准备交易的毒品藏于隐蔽处，这种"人货分离"的方式给认定查获的毒品是否属于犯罪分子所持有、控制带来一定难度。本案就是一起较为典型的"人货分离"案件。涉案主要毒品系在被告人袁为国所驾驶汽车附近的管道内查

获,袁为国在一审中辩称该批毒品非其所有。为准确查明案情,人民法院依法通知参与侦破本案的侦查人员周某某、曹某、鉴定人陈某某及有关证人出庭作证。通过庭审查明袁为国被抓获、毒品被查获的过程,确认从毒品外包装袋上检出的是袁为国的DNA。上述人员出庭作证体现了以审判为中心的刑事诉讼制度改革的要求,是落实庭审实质化的具体举措,对准确查明案件事实、确保司法公正具有重要现实意义。

2019年最高人民法院十大毒品(涉毒)犯罪典型案例

案例1 施镇民、林少雄制造毒品案
——纠集多人制造毒品数量特别巨大,罪行极其严重

(一)基本案情

被告人施镇民,男,汉族,1973年1月27日出生,无业。

被告人林少雄,男,汉族,1970年11月2日出生,无业。

2015年6月,被告人施镇民、林少雄密谋合伙制造甲基苯丙胺(冰毒),商定施镇民出资8万元,负责购买主要制毒原料及设备等,林少雄出资20万元,负责租赁场地和管理资金。同年7月,施镇民纠集郑大江、刘广、柯森(均系同案被告人,已判刑)参与制毒。郑大江提出参股,后通过施镇民交给林少雄42万元。施镇民自行或安排郑大江购入部分制毒原料、工具。林少雄租下广东省揭阳市揭东区锡场镇的一处厂房作为制毒工场,纠集林海滨、黄海光(均系同案被告人,已判刑)协助制毒,并购入部分制毒配料、工具。同月20日晚,施镇民以每袋7.8万元的价格向吴元木、俞天富(均系同案被告人,已判刑)购买10袋麻黄素,并通知林少雄到场支付40万元现金作为预付款。林少雄将麻黄素运至上述制毒工场后,施镇民、林少雄组织、指挥郑大江、刘广、柯森、林海滨、黄海光制造甲基苯丙胺。同月23日23时许,公安人员抓获正在制毒的施镇民、林少雄等7人,当场查获甲基苯丙胺约149千克,含甲基苯丙胺成分的固液混合物和液体共计约621千克,以及一批制毒原料和工具。

(二)裁判结果

本案由广东省揭阳市中级人民法院一审,广东省高级人民法院二审。

最高人民法院对本案进行了死刑复核。

法院认为，被告人施镇民、林少雄结伙制造甲基苯丙胺，其行为均已构成制造毒品罪。施镇民、林少雄分别纠集人员共同制造甲基苯丙胺，数量特别巨大，社会危害极大，罪行极其严重，且二人在共同犯罪中均起主要作用，系主犯，均应按照其所组织、指挥和参与的全部犯罪处罚。据此，依法对被告人施镇民、林少雄均判处并核准死刑，剥夺政治权利终身，并处没收个人全部财产。

罪犯施镇民、林少雄已于2018年12月13日被依法执行死刑。

（三）典型意义

据统计，甲基苯丙胺已取代海洛因成为我国滥用人数最多的毒品种类，国内制造甲基苯丙胺等毒品的犯罪形势也较为严峻，在部分地方尤为突出。本案就是一起典型的大量制造甲基苯丙胺犯罪案件。被告人施镇民、林少雄分别纠集人员共同制造甲基苯丙胺，专门租赁场地作为制毒场所，大量购置麻黄素等制毒原料及各种制毒设备、工具，公安人员在制毒场所查获成品甲基苯丙胺约149千克，另查获含甲基苯丙胺成分的液体和固液混合物约621千克，所制造的毒品数量特别巨大。制造毒品犯罪属于刑事政策上应予严惩的重点类型，人民法院根据二被告人犯罪的事实、性质和具体情节，依法对二人均判处死刑，体现了对源头性毒品犯罪的严厉惩处，充分发挥了刑罚的威慑作用。

案例2 赵云华贩卖、运输毒品案

——跨省贩卖、运输毒品数量巨大，且系累犯、毒品再犯，罪行极其严重

（一）基本案情

被告人赵云华，男，汉族，1963年3月1日出生，无业。1981年10月因犯盗窃罪被判处有期徒刑2年；1996年5月因犯贩卖毒品罪被判处有期徒刑1年；2005年3月7日因犯贩卖毒品罪被判处有期徒刑15年，剥夺政治权利5年，并处没收财产人民币2万元，2015年11月28日刑满释放。

2016年11月24日早晨，陆慧琴（同案被告人，已判刑）雇车与被告人赵云华一起从上海市出发前往广东省。赵云华与严某某（在逃）联系后，严某某及其子严进鸿（同案被告人，已判刑）驾车在广东省粤东高速公路普宁市池尾出口接应赵云华等人。同月25日上午，赵云华、陆慧琴

分别让他人向陆慧琴的银行卡汇款32万元、5万元。陆慧琴从银行取款后,赵云华、陆慧琴将筹集的现金共计40万元交给严某某父子。后严进鸿搭乘赵云华等人的车,指挥司机驶入返回上海市的高速公路。途中,严进鸿让司机在高速公路某处应急车道停车,事先在该处附近等待的严某某将2个装有毒品的黑色皮包交给赵云华、陆慧琴。当日23时30分许,赵云华等人驾车行至福建省武平县闽粤高速检查站入闽卡口处时,例行检查的公安人员从该车后排的2个黑色皮包中查获甲基苯丙胺(冰毒)11袋,净重10002.6克,赵云华、陆慧琴被当场抓获。

(二)裁判结果

本案由福建省龙岩市中级人民法院一审,福建省高级人民法院二审。最高人民法院对本案进行了死刑复核。

法院认为,被告人赵云华以贩卖为目的,伙同他人非法购买并运输甲基苯丙胺,其行为已构成贩卖、运输毒品罪。在共同犯罪中,赵云华联系毒品上家,积极筹集毒资且为主出资,参与支付购毒款、交接和运输毒品,起主要作用,系罪责最为严重的主犯,应当按照其所参与的全部犯罪处罚。赵云华伙同他人跨省贩卖、运输甲基苯丙胺10余千克,毒品数量巨大,罪行极其严重,且其曾两次因犯贩卖毒品罪被判处有期徒刑以上刑罚,在刑罚执行完毕后不足1年又犯贩卖、运输毒品罪,系累犯和毒品再犯,主观恶性深,人身危险性大,应依法从重处罚。据此,依法对被告人赵云华判处并核准死刑,剥夺政治权利终身,并处没收个人全部财产。

罪犯赵云华已于2019年2月22日被依法执行死刑。

(三)典型意义

近年来,内地省份的犯罪分子前往广东省购买毒品后运回当地进行贩卖,已成为我国毒品犯罪的一个重要特点。与此同时,公安机关加大了执法查缉力度,一些案件得以在运输途中被破获。本案就是一起典型的犯罪分子驾车从外省前往广东省购买毒品,携毒返程途中被查获的案件。被告人赵云华伙同他人跨省贩卖、运输甲基苯丙胺数量巨大,社会危害极大,且系共同犯罪中罪责最重的主犯,又系累犯和毒品再犯,主观恶性和人身危险性大。人民法院根据赵云华犯罪的事实、性质和具体情节,依法对其判处死刑,体现了对此类毒品犯罪的严惩。

案例3 杨有昌贩卖、运输毒品、赵有增贩卖毒品案
——大量贩卖、运输新精神活性物质，依法从严惩处

（一）基本案情

被告人杨有昌，男，汉族，1972年3月25日出生，个体经营者。

被告人赵有增，男，汉族，1982年8月19日出生，公司法定代表人。

被告人杨有昌、赵有增长期从事化学品研制、生产、销售及化学品出口贸易工作。2015年4月，杨有昌租用江苏省宜兴市中宇药化技术有限公司的设备、场地进行化学品的研制、生产及销售。其间，杨有昌雇用他人生产包括N-(1-甲氧基羰基-2-甲基丙基)-1-(5-氟戊基)吲唑-3-甲酰胺（简称5F-AMB）在内的大量化工产品并进行销售。同年10月1日，5F-AMB被国家相关部门列入《非药用类麻醉药品和精神药品管制品种增补目录》，禁止任何单位和个人生产、买卖、运输、使用、储存和进出口。2016年1月，赵有增与杨有昌在明知5F-AMB已被国家相关部门列管的情况下，仍商定杨有昌以每千克2200元左右的价格向赵有增贩卖150千克5F-AMB。同月22日，杨有昌根据赵有增的要求，安排他人将约150千克5F-AMB从宜兴市运送至浙江省义乌市，后赵有增将钱款汇给杨有昌。

2016年3月28日，被告人杨有昌用约1千克5F-AMB冒充MMBC贩卖给李某某（另案处理），后在李某某安排他人寄出的邮包中查获477.79克5F-AMB。

2016年8月和9月，被告人杨有昌、赵有增先后被抓获。公安人员从杨有昌租用的中宇药化技术有限公司冷库内查获33.92千克5F-AMB。

（二）裁判结果

本案由江苏省南京市中级人民法院一审，江苏省高级人民法院二审。

法院认为，被告人杨有昌明知5F-AMB被国家列入毒品管制仍予以贩卖、运输，其行为已构成贩卖、运输毒品罪。被告人赵有增明知5F-AMB被国家列入毒品管制仍大量购买，其行为已构成贩卖毒品罪。杨有昌贩卖、运输5F-AMB约184千克，赵有增贩卖5F-AMB约150千克，均属贩卖毒品数量大，应依法惩处。据此，依法对被告人杨有昌、赵有增均判处死刑，缓期2年执行，剥夺政治权利终身，并处没收个人全部财产。

上述裁判已于 2019 年 2 月 22 日发生法律效力。

（三）典型意义

新精神活性物质通常是不法分子为逃避法律管制，修改被管制毒品的化学结构而得到的毒品类似物，具有与管制毒品相似或更强的兴奋、致幻、麻醉等效果，被联合国毒品与犯罪问题办公室确定为继海洛因、甲基苯丙胺之后的第三代毒品，对人体健康危害很大。本案所涉毒品 5F-AMB 属于合成大麻素类新精神活性物质，于 2015 年 10 月 1 日被国家相关部门列入《非药用类麻醉药品和精神药品管制品种增补目录》。人民法院根据涉案新精神活性物质的种类、数量、危害和被告人杨有昌、赵有增犯罪的具体情节，依法对二被告人均判处死刑缓期 2 年执行，体现了对此类犯罪的从严惩处。

案例 4　李军贩卖毒品案
——利用网络向外籍人员贩卖大麻，依法惩处

（一）基本案情

被告人李军，男，汉族，1980 年 3 月 9 日出生，无业。

被告人李军起意贩卖大麻后，在社交网络上发布大麻图片，吸引他人购买。浙江省苍南县某英语培训机构的一名外籍教员在社交网络上看到李军发布的大麻照片后点赞，李军便询问其是否需要，后二人互加微信，并联系大麻交易事宜。2017 年 11 月至 2018 年 10 月间，李军先后 31 次卖给对方共计 141 克大麻，得款 1.7 万余元。经鉴定，查获的检材中检出四氢大麻酚、大麻二酚、大麻酚成分。

（二）裁判结果

本案由浙江省平阳县人民法院审理。

法院认为，被告人李军明知大麻是毒品而贩卖，其行为已构成贩卖毒品罪，且多次贩卖，属情节严重，应依法惩处。鉴于李军归案后能如实供述自己的罪行，可从轻处罚。据此，依法对被告人李军判处有期徒刑 4 年，并处罚金人民币 1 万 6000 元。

宣判后，在法定期限内没有上诉、抗诉，上述裁判已于 2019 年 4 月 9 日发生法律效力。

（三）典型意义

大麻属于传统毒品，我国对大麻类毒品犯罪的打击和惩处从未放松。

但目前，一些国家推行所谓大麻"合法化"，这一定程度对现有国际禁毒政策产生冲击，也容易让部分外籍人员对我国的全面禁毒政策产生某种误解。本案就是一起通过网络向国内的外籍务工人员贩卖大麻的典型案件。被告人李军在社交网络上发布大麻照片吸引买家，而购毒人员系外籍教员。在案证据显示，此人称在其本国吸食大麻并不违法。但李军明知大麻在中国系禁止贩卖、吸食的毒品，仍通过网络出售给他人，已构成贩卖毒品罪，且属情节严重，人民法院对其依法判处了刑罚。此类案件对在中国境内的留学生、外籍务工人员以及赴外留学的中国青年学生都有警示作用。

案例 5　梁力元非法利用信息网络、非法持有毒品、汪庆贩卖毒品案
——非法利用网络平台组织视频吸毒，依法惩处

（一）基本案情

被告人梁力元，男，汉族，1974 年 1 月 2 日出生，无业。

被告人汪庆，女，汉族，1970 年 10 月 1 日出生，无业。2015 年 8 月 27 日因犯非法持有毒品罪被判处拘役 3 个月，并处罚金人民币 1000 元。

2016 年底至 2017 年初，被告人梁力元加入名流汇、CF 中国网络平台，在平台中以视频方式与他人共同吸食甲基苯丙胺（冰毒）。2017 年 3 月，梁力元主动联系网络技术员"OV"，重新架设名流汇视频网络平台，通过名流汇的 QQ 群及 QQ 站务群对平台进行管理，交付网络维护费、服务器租赁费等，发展平台会员，并对平台内的虚拟房间进行管理。经查，该平台在此期间以虚拟房间形式组织大量吸毒人员一起视频吸毒，居住在苏州的陆某、梁某（已另案判刑）等人通过该平台达成毒品买卖意向并在线下交易毒品。

2017 年 5 月 9 日，被告人梁力元在吉林省白山市被抓获，公安人员从其驾驶的汽车内查获甲基苯丙胺 2 包，净重 11.28 克。

被告人汪庆自 2016 年起在组织吸毒活动的名流汇视频平台等非法网络中进行活动，并结识吸毒人员刘某某。2016 年 12 月至 2017 年 2 月间，汪庆先后 3 次通过微信收取刘某某支付的毒资共计 4500 元，向刘某某贩卖甲基苯丙胺共 24 克，从中获利 900 元。

（二）裁判结果

本案由江苏省苏州市吴中区人民法院一审，苏州市中级人民法院

二审。

法院认为，被告人梁力元利用信息网络设立用于组织他人吸食毒品等违法犯罪活动的网站、通讯群组，情节严重，其行为已构成非法利用信息网络罪；梁力元非法持有甲基苯丙胺数量较大，其行为又构成非法持有毒品罪。对梁力元所犯数罪，应依法并罚。被告人汪庆明知是毒品而贩卖，其行为已构成贩卖毒品罪。汪庆曾因犯非法持有毒品罪被判刑，现又犯贩卖毒品罪，系毒品再犯，应依法从重处罚。据此，依法对被告人梁力元以非法利用信息网络罪判处有期徒刑1年，并处罚金人民币1万元，以非法持有毒品罪判处有期徒刑9个月，并处罚金人民币2000元，决定执行有期徒刑1年6个月，并处罚金人民币1.2万元；对被告人汪庆以贩卖毒品罪判处有期徒刑9年，并处罚金人民币2万元。

上述裁判已于2018年11月2日发生法律效力。

（三）典型意义

信息网络技术促进了经济发展，便利了社会生活，但网络自身的快速、大量传播等特点也容易被一些不法分子利用，使网络平台成为实施违法犯罪活动的场所和工具。近年来利用信息网络组织吸毒、交易毒品的案件时有发生，危害很大。为有效打击此类犯罪行为，2015年11月1日施行的《刑法修正案（九）》增设了非法利用信息网络罪，2016年4月11日实施的最高人民法院《关于审理毒品犯罪案件适用法律若干问题的解释》第14条也规定，利用信息网络设立用于组织他人吸食、注射毒品等违法犯罪活动的网站、通讯群组，情节严重的，以非法利用信息网络罪定罪处罚。本案被告人梁力元重新架设并管理维护视频网络平台，发展平台会员人数众多（加入会员需视频吸毒验证），以虚拟房间形式组织大量吸毒人员一起视频吸毒，并间接促成线下毒品交易，已有部分会员因犯贩卖毒品罪被判刑，其犯罪行为属于非法利用信息网络"情节严重"。被告人汪庆通过非法网络平台结识吸毒人员后进行线下毒品交易，贩卖毒品数量较大。人民法院依法对二被告人判处了刑罚。

案例6 谢元庆非法持有毒品、容留他人吸毒案
——容留多名未成年人吸毒，依法惩处

（一）基本案情

被告人谢元庆，男，汉族，1990年10月26日出生，农民。

2018年3月26日凌晨，被告人谢元庆在广西壮族自治区陆川县大桥镇家中，容留梁某某、吕某甲、吕某乙、王某甲及未成年人李某某、陈某、王某乙、吕某丙等8人吸食毒品。当日14时许，公安人员对该房间进行例行检查时，将谢元庆及上述8名吸毒人员抓获，当场从谢元庆的电脑台抽屉内查获1包甲基苯丙胺（冰毒），重526.5克。经依法对上述人员进行尿液检测，检测结果均呈氯胺酮阳性。

（二）裁判结果

本案由广西壮族自治区陆川县人民法院审理。

法院认为，被告人谢元庆非法持有毒品数量大，其行为已构成非法持有毒品罪；谢元庆提供场所容留多人吸食毒品，其行为又构成容留他人吸毒罪。谢元庆非法持有甲基苯丙胺数量大，且容留多名未成年人吸毒，应依法惩处。鉴于其归案后如实供述自己的罪行，可从轻处罚。对其所犯数罪，应依法并罚。据此，依法对被告人谢元庆以非法持有毒品罪判处有期徒刑8年，并处罚金人民币5000元；以容留他人吸毒罪判处有期徒刑1年，并处罚金人民币2000元，决定执行有期徒刑8年6个月，并处罚金人民币7000元。

宣判后，在法定期限内没有上诉、抗诉，上述裁判已于2019年1月7日发生法律效力。

（三）典型意义

近年来，容留他人吸毒案件发案率较高，吸毒人员低龄化特征也较为明显。未成年人心智尚未成熟，一旦沾染毒品，极易造成身体和心理的双重依赖，进而诱发侵财、伤害等违法犯罪行为，对个人、家庭和社会都会造成很大危害。本案是一起容留多名未成年人吸毒的典型案件。被告人谢元庆本身系吸毒人员，其从一名毒品受害者演变成一名毒品传播者，一次容留4名成年人、4名未成年人在其家中吸毒，且非法持有毒品数量大。人民法院根据其犯罪的事实、性质和具体情节依法判处刑罚，体现了对未成年人的保护，也对预防未成年人违法犯罪有警示作用。

案例7 李德森非法生产、买卖制毒物品案

——非法生产、买卖邻酮，数量特别巨大，依法惩处

（一）基本案情

被告人李德森，男，汉族，1982年8月3日出生，农民。

2015年冬天,边某某(已另案判刑)与王某某结识并商定非法生产制毒物品邻氯苯基环戊酮(简称邻酮),王某某负责提供部分原料、指导设备安装及生产、联系买家等,边某某负责提供厂房、设备、资金、组织人员生产等。2016年3月,边某某纠集被告人李德森等人租用山东省惠民县胡集镇一闲置厂房开始承建化工厂。其间,边某某与李德森商定,由李德森出资建厂生产,后期双方分红。同年3月至6月,李德森陆续出资25万余元,多次到工厂查看进度,并前往江苏省盐城市接送王某某。同年6月,李德森将生产出的800千克邻酮运至山东省淄博市临淄区,由边某某等人通过物流发往河北省石家庄市,后边某某给李德森25.5万元现金。同年7月12日,公安人员在上述工厂附近隐藏的车辆上查获邻酮373千克。

(二)裁判结果

本案由山东省惠民县人民法院一审,山东省滨州市中级人民法院二审。

法院认为,被告人李德森非法生产、买卖制毒物品邻酮的行为已构成非法生产、买卖制毒物品罪。李德森明知他人非法生产、买卖邻酮而积极参与投资建厂、接送人员等,生产、买卖邻酮共计约1173千克,情节特别严重,应依法惩处。据此,依法对被告人李德森判处有期徒刑8年,并处罚金人民币8万元。

上述裁判已于2018年11月15日发生法律效力。

(三)典型意义

近年来,受制造毒品犯罪影响,我国制毒物品犯罪问题也较为突出。为遏制制毒物品犯罪的蔓延,增强对源头性毒品犯罪的打击力度,2015年11月1日起施行的《刑法修正案(九)》完善了制毒物品犯罪的规定,增设了非法生产、运输制毒物品罪。本案是一起比较典型的非法生产、买卖邻酮的案件。邻酮是合成羟亚胺的重要原料,而羟亚胺可用于制造毒品氯胺酮。本案被告人李德森犯罪所涉邻酮数量特别巨大,根据最高人民法院《关于审理毒品犯罪案件适用法律若干问题的解释》第8条的规定,其犯罪行为属情节特别严重。人民法院根据李德森犯罪的事实、性质和具体情节依法判处刑罚,体现了对源头性毒品犯罪的坚决打击。

案例8　李华富故意杀人案
——有长期吸毒史，持刀杀死邻居夫妇2人，罪行极其严重

（一）基本案情

被告人李华富，男，汉族，1981年7月9日出生，农民。2007年7月19日因犯故意伤害罪被判处有期徒刑3年，缓刑5年；2013年3月11日因犯盗窃罪被判处有期徒刑11个月，并处罚金人民币2000元，同年11月7日刑满释放；2014年4月10日因犯盗窃罪被判处拘役3个月，并处罚金人民币1000元。

被告人李华富住四川省安岳县护龙镇聪明村，有长期吸毒史，因琐事对邻居伍某某（被害人，男，殁年53岁）、游某某（被害人，女，殁年52岁）夫妇素有不满。2016年6月14日18时许，李华富携带尖刀到伍某某家，见伍某某夫妇在堂屋看电视，即持刀捅刺伍某某的左肩部、右胸部等处数刀，捅刺游某某的胸部、腰背部等处数刀，致伍某某、游某某2人死亡。随后李华富返回家中烧毁了作案所穿裤子、胶鞋，清洗了作案工具尖刀，并将此事告知家人。李华富之父报警后，公安人员赶到李家将李华富抓获。经鉴定，李华富患有精神活性物质所致精神障碍，对其上述行为具有刑事责任能力。

（二）裁判结果

本案由四川省资阳市中级人民法院原审、四川省高级人民法院复核审。最高人民法院对本案进行了死刑复核。

法院认为，被告人李华富故意非法剥夺他人生命，其行为已构成故意杀人罪。李华富因琐事而起意行凶，到邻居家中杀死2名被害人，犯罪情节恶劣，后果和罪行极其严重，社会危害大，且其曾因犯盗窃罪被判处有期徒刑以上刑罚，刑罚执行完毕后5年内又犯故意杀人罪，系累犯，应依法从重处罚。虽然李华富有自首情节，但综合其犯罪的事实、性质和具体情节，不足以对其从轻处罚。据此，依法对被告人李华富判处并核准死刑，剥夺政治权利终身。

罪犯李华富已于2018年7月27日被依法执行死刑。

（三）典型意义

毒品具有刺激兴奋、致幻等作用，可导致吸食者出现兴奋、狂躁、幻视、幻听、被害妄想等症状，进而导致自伤自残或对他人实施暴力犯

罪。近年来，因吸毒诱发的故意杀人、故意伤害等恶性案件屡有发生，严重危害社会治安，教训十分深刻。本案就是一起因长期吸毒导致精神障碍，进而诱发故意杀人的典型案例。在案证据显示，被告人李华富有长期吸毒史，出现吸毒导致的幻想等症状，并伴有行为异常。李华富因琐事对邻居夫妇不满，案发当日持尖刀进入邻居家中杀死伍某某、游某某夫妇2人，犯罪情节恶劣，后果和罪行极其严重。经鉴定，李华富对其实施的行为具有刑事责任能力。李华富虽有自首情节，但根据本案的具体情况不足以从轻处罚。该案充分反映出毒品对个人和社会的严重危害，尤其值得吸毒者深刻警醒。

案例9 姚永良以危险方法危害公共安全、妨害公务案

——吸毒后驾驶机动车任意冲撞，并撞击执行公务的警车，依法惩处

（一）基本案情

被告人姚永良，男，汉族，1972年10月10日出生，务工人员。

2017年5月28日下午至29日凌晨，被告人姚永良在云南省瑞丽市某公司宿舍内吸食甲基苯丙胺（冰毒）。29日5时许，姚永良和姚某某驾驶一辆皮卡车从瑞丽市行至云南省芒市。当行至芒市人民医院路边时，姚永良怀疑姚某某对其不利，遂用长刀威胁姚某某并将姚某某赶下车，自己驾车在芒市城区行驶。其间，姚永良手持长刀对着路人及路上车辆挥舞。当日7至8时许，姚永良先后在芒市阔时路菜市场门口、造纸厂环岛驾车撞击车牌号为云NC5765、云NH8977的车辆，致二车受损。处警民警在造纸厂环岛附近驾驶警车追赶姚永良所驾车辆，并通过车载扩音器多次向姚永良喊话，让其停车接受检查。姚永良拒不停车，在造纸厂环岛旁驾车撞向正在现场执行处警任务的辅警杨某某，杨某某及时躲避。后姚永良继续驾车在造纸厂环岛撞击民警杨某驾驶的车牌号为云N0475的警车，致该车受损。8时17分，姚永良驾车在造纸厂环岛撞击一辆电动车，致车上的潘某某、裴某某受伤，该车受损。民警来到姚永良驾驶的车辆旁让其停车，姚永良不听从民警指令，继续驾车前行。民警鸣枪示警无效后，开枪将姚永良击伤制服。经鉴定，潘某某、裴某某的伤情构成轻微伤；受损的3辆汽车、1辆电动车修理费共计7550元。

(二)裁判结果

本案由云南省芒市人民法院一审,云南省德宏傣族景颇族自治州中级人民法院二审。

法院认为,被告人姚永良吸食毒品后,在公共道路上以驾车任意冲撞的危险方法危害公共安全,其行为已构成以危险方法危害公共安全罪;姚永良以暴力方法阻碍国家机关工作人员依法执行职务,其行为又构成妨害公务罪。姚永良拒不听从民警指令,驾车撞向执行公务民警驾驶的警车,属暴力袭击正在依法执行职务的人民警察,应依法从重处罚。鉴于姚永良当庭自愿认罪,态度较好,有悔罪表现,可从轻处罚。对姚永良所犯数罪,应依法并罚。据此,依法对被告人姚永良以以危险方法危害公共安全罪判处有期徒刑4年;以妨害公务罪判处有期徒刑1年,决定执行有期徒刑4年6个月。

上述裁判已于2018年4月9日发生法律效力。

(三)典型意义

甲基苯丙胺类合成毒品具有中枢神经兴奋、致幻等作用,吸食后会产生感知错位、注意力无法集中、幻视幻听等症状,此种情形下驾驶机动车极易肇事肇祸,造成严重危害后果。本案就是一起吸毒后驾驶机动车危害公共安全并妨害公务的典型案例。被告人姚永良吸毒后不顾人民群众的生命财产安全,驾车在市区任意冲撞,致2人受伤、多辆汽车受损、多名群众受到惊吓,还拒不听从民警指令,驾车撞向执行公务民警驾驶的警车和辅警,暴力阻碍警察执法,造成恶劣社会影响。人民法院根据姚永良犯罪的事实、性质和危害后果等具体情节,对其依法判处了刑罚。

案例10 李建贩卖毒品案

——对取证瑕疵能够作出合理解释的,可以依法采纳相关证据

(一)基本案情

被告人李建,男,汉族,1991年4月11日出生,务工人员。2013年1月16日因犯寻衅滋事罪被判处有期徒刑1年,同年5月13日刑满释放。

2017年4月5日、7日,被告人李建通过微信等方式与吸毒人员林某某商谈毒品交易事宜后,在福建省霞浦县一小区先后两次向林某某出售甲基苯丙胺(冰毒)各1包,收取毒资250元。同月8日12时许,李建在霞浦县松港街道欲再次向林某某出售甲基苯丙胺时被当场抓获。公安人员

从李建身上查获 2 小包甲基苯丙胺，重 1.59 克，从李建住处卧室床头柜的抽屉内查获 10 小包甲基苯丙胺，共计重约 28.07 克。

（二）裁判结果

本案由福建省霞浦县人民法院一审，福建省宁德市中级人民法院二审。

法院在审理中发现本案取证程序存在一定问题，如侦查人员搜查现场时未出示搜查证，现场勘查笔录和扣押物品清单对毒品包数和位置的记载不一致。对此，公安机关出具了工作说明，并有相关侦查人员当庭作出合理解释，再结合本案视听资料及搜查时在场的两名证人的证言，相关证据可以采纳。法院认为，被告人李建明知是毒品而贩卖，其行为已构成贩卖毒品罪。李建多次贩卖甲基苯丙胺共计约 30 克，且其曾因犯寻衅滋事罪被判处有期徒刑以上刑罚，在刑罚执行完毕后 5 年内又犯应当判处有期徒刑以上刑罚之罪，系累犯，应依法从重处罚。据此，依法对被告人李建判处有期徒刑 11 年 9 个月，并处罚金人民币 5000 元。

上述裁判已于 2018 年 10 月 8 日发生法律效力。

（三）典型意义

依法全面、规范地收集、提取证据，确保案件证据质量，是有力打击毒品犯罪的基础和前提。毒品犯罪隐蔽性较强，证据收集工作有一定特殊性，对于不属于非法取证情形的证据瑕疵，通过补查补正或者作出合理解释，可以依法采纳相关证据。本案侦查人员在搜查时未出示搜查证，现场勘查笔录与扣押清单中对毒品包数和查获毒品位置的记载不完全一致，但通过侦查机关出具说明、调取在场证人的证言、侦查人员出庭作证等方式，使得证据瑕疵得到合理解释，能够确认相关证据的真实性，体现了审判阶段对取证规范性的严格要求，有利于确保毒品犯罪案件的证据质量。

2020 年最高人民法院十大毒品（涉毒）犯罪典型案例

案例 1　吴筹、吴海柱贩卖、运输、制造毒品案

——纠集多人制造、运输、贩卖毒品数量特别巨大，罪行极其严重

（一）基本案情

被告人吴筹，男，汉族，1972 年 8 月 17 日出生，农民。

被告人吴海柱，男，汉族，1964年10月23日出生，农民。

2015年11月，被告人吴筹、吴海柱与吴某甲（在逃）、张伟健（同案被告人，已判刑）等在广东省陆丰市预谋共同出资制造甲基苯丙胺（冰毒），吴某甲纠集陈江彬、吴佳瑞（均系同案被告人，已判刑）参与。后吴筹等人租下广东省四会市的一处厂房作为制毒工场，并将制毒原料、工人从陆丰市运到该处，开始制造甲基苯丙胺。

同年12月5日凌晨，被告人吴筹、吴海柱和吴某甲指使张伟健、陈江彬驾车将制出的24箱甲基苯丙胺运往高速公路入口处，将车交给吴佳瑞开往广东省惠来县。吴海柱、陈江彬与吴筹、吴某甲分别驾车在前探路。后吴海柱指使吴佳瑞在惠来县隆江镇卸下7箱毒品交给他人贩卖，另转移4箱毒品到自己车上。吴佳瑞将车开到陆丰市甲子镇，吴某乙（另案处理）取走该车上剩余的13箱毒品用于贩卖。

同月10日，被告人吴筹经与吴某甲、吴某乙等密谋后，由张伟健从制毒工场装载7箱甲基苯丙胺前往广东省东莞市，将毒品交给吴某乙联系的买家派来的接货人刘某某、张某某（均另案处理）。次日零时许，刘、张二人驾车行至广州市被截获，公安人员当场从车内查获上述7箱甲基苯丙胺，共约192千克。

同月10日左右，被告人吴海柱在陆丰市甲子镇经林宗庭（同案被告人，已判刑）介绍，与纪某某（在逃）商定交易550千克甲基苯丙胺，并收取定金港币20万元。同月16日22时许，吴海柱、林宗庭、纪某某等在广东省肇庆市经"验货"确定交易后，陈江彬驾驶纪某某的车到制毒工场装载甲基苯丙胺，后将车停放在肇庆市某酒店停车场。次日凌晨，公安人员在四会市某高速公路桥底处抓获吴筹等人，在制毒工场抓获吴海柱等人。公安人员在上述酒店停车场纪某某的车内查获15箱甲基苯丙胺，在制毒工场的汽车内查获6箱和3编织袋甲基苯丙胺，上述甲基苯丙胺共约830千克。公安人员另在制毒工场内查获约882千克含甲基苯丙胺成分的灰白色固液混合物及若干制毒原料、制毒工具。

（二）裁判结果

本案由广东省肇庆市中级人民法院一审，广东省高级人民法院二审。最高人民法院对本案进行了死刑复核。

法院认为，被告人吴筹、吴海柱伙同他人制造甲基苯丙胺，并将制出的毒品予以运输、贩卖，其行为均已构成贩卖、运输、制造毒品罪。吴筹、吴海柱纠集多人制造、运输、贩卖毒品，数量特别巨大，社会危害极大，罪行极其严重。在共同犯罪中，二被告人均系罪责最为突出的主犯，应当按照其所组织、指挥和参与的全部犯罪处罚。据此，依法对被告人吴筹、吴海柱均判处并核准死刑，剥夺政治权利终身，并处没收个人全部财产。

罪犯吴筹、吴海柱已于 2020 年 6 月 15 日被依法执行死刑。

（三）典型意义

近年来，我国面临境外毒品渗透和国内制毒犯罪蔓延的双重压力，特别是制造毒品犯罪形势严峻，在个别地区尤为突出。本案就是一起大量制造甲基苯丙胺后予以运输、贩卖的典型案例。被告人吴筹、吴海柱纠集多人参与犯罪，在选定的制毒工厂制出毒品后组织运输、联系贩卖，形成"产供销一条龙"式犯罪链条。吴筹、吴海柱犯罪所涉毒品数量特别巨大，仅查获的甲基苯丙胺成品即达 1 吨多，另查获 800 余千克毒品半成品，还有大量毒品已流入社会，社会危害极大，罪行极其严重。人民法院依法对二人均判处死刑，体现了对制造毒品类源头性犯罪的严惩立场。

案例 2　周新林运输毒品案

——伙同他人运输毒品数量特别巨大，且系累犯，罪行极其严重

（一）基本案情

被告人周新林，男，汉族，1978 年 9 月 12 日出生，农民。2005 年 6 月 28 日因犯盗窃罪、非法持有枪支罪被判处有期徒刑 14 年，并处罚金人民币 13 万元，2012 年 10 月 30 日被假释，假释考验期至 2015 年 7 月 3 日止。

2015 年 7 月 12 日，被告人周新林与刘满生（同案被告人，已判刑）在云南省景洪市某小区租房用于藏匿毒品。同年 8 月，周新林经与毒品上家联系，伙同刘满生前往缅甸小勐拉"验货"，后二人两次驾驶事先专门购买的两辆汽车前往景洪市嘎洒镇附近接取毒品，运至上述租房藏匿。同月 10 日，公安人员在该租房内查获甲基苯丙胺片剂（俗称"麻古"）40490 克，并于次日抓获周、刘二人。

（二）裁判结果

本案由云南省保山市中级人民法院一审，云南省高级人民法院二审。

最高人民法院对本案进行了死刑复核。

法院认为,被告人周新林非法运输甲基苯丙胺片剂,其行为已构成运输毒品罪。周新林纠集同案被告人刘满生共同购买运毒车辆、租用房屋,共同前往境外查验毒品并接取、藏匿毒品,单独与上家联系,系主犯,且在共同犯罪中罪责更大,应当按照其所参与的全部犯罪处罚。周新林运输毒品数量特别巨大,社会危害极大,罪行极其严重,且其曾因犯罪被判处有期徒刑以上刑罚,在假释考验期满的当月再犯应当判处有期徒刑以上刑罚之罪,系累犯,主观恶性深,人身危险性大,应依法从重处罚。据此,依法对被告人周新林判处并核准死刑,剥夺政治权利终身,并处没收个人全部财产。

罪犯周新林已于 2020 年 4 月 21 日被依法执行死刑。

(三)典型意义

西南地区临近"金三角",一直是我国严防境外毒品输入、渗透的重点地区,从云南走私毒品入境并往内地省份扩散是该地区毒品犯罪的重要方式,也是历来重点打击的源头性毒品犯罪。本案就是一起境外"验货"、境内运输并藏匿毒品的典型案例。被告人周新林伙同他人专门购车用于运毒、专门租房用于藏毒、出境查验毒品、联系上家接取毒品,涉案毒品数量特别巨大,且其曾因犯罪被判处重刑,假释期满后又迅即实施毒品犯罪,系累犯,主观恶性深,不堪改造。根据在案证据,周新林涉嫌为贩卖而运输毒品,这种情形不同于单纯受指使、雇用为他人运输毒品,量刑时应体现从严。

案例 3　刘勇等贩卖、制造毒品案

——制造、贩卖芬太尼等多种新型毒品,依法严惩

(一)基本案情

被告人刘勇,男,汉族,1978 年 11 月 5 日出生,公司经营者。

被告人蒋菊华,女,汉族,1964 年 9 月 14 日出生,微商。

被告人王凤玺,男,汉族,1983 年 2 月 2 日出生,公司经营者。

被告人夏增玺,男,汉族,1975 年 5 月 10 日出生,公司经营者。

被告人杨行,男,汉族,1989 年 10 月 12 日出生,无业。

被告人杨江萃、张军红、梁丁丁、于淼,均系被告人王凤玺、夏增玺经营公司的业务员。

2017年5月，被告人刘勇、蒋菊华共谋由刘勇制造芬太尼等毒品，由蒋菊华联系客户贩卖，后蒋菊华为刘勇提供部分资金。同年10月，蒋菊华向被告人王凤玺销售刘勇制造的芬太尼285.08克。同年12月5日，公安人员抓获刘勇，后从刘勇在江苏省常州市租用的实验室查获芬太尼5017.8克、去甲西泮3383.16克、地西泮41.9克、阿普唑仑5012.96克等毒品及制毒设备、原料，从刘勇位于上海市的租住处查获芬太尼6554.6克及其他化学品、原料。

2016年11月以来，被告人王凤玺、夏增玺成立公司并招聘被告人杨江萃、张军红、梁丁丁、于淼等人为业务员，通过互联网发布信息贩卖毒品。王凤玺先后从被告人蒋菊华处购买前述285.08克芬太尼，从被告人杨行处购买阿普唑仑991.2克，并从其他地方购买呋喃芬太尼等毒品。案发后，公安机关查获王凤玺拟通过快递寄给买家的芬太尼211.69克、呋喃芬太尼25.3克、阿普唑仑991.2克；从杨江萃处查获王凤玺存放的芬太尼73.39克、呋喃芬太尼14.23克、4-氯甲卡西酮8.33克、3,4-亚甲二氧基乙卡西酮1 920.12克；从杨行住处查获阿普唑仑6 717.4克。

（二）裁判结果

本案由河北省邢台市中级人民法院一审，河北省高级人民法院二审。

法院认为，被告人刘勇、蒋菊华共谋制造芬太尼等毒品并贩卖，其行为均已构成贩卖、制造毒品罪。被告人王凤玺、夏增玺、杨行、杨江萃、张军红、梁丁丁、于淼明知是毒品而贩卖或帮助贩卖，其行为均已构成贩卖毒品罪。刘勇、蒋菊华制造、贩卖芬太尼等毒品数量大，且在共同犯罪中均系主犯。刘勇所犯罪行极其严重，根据其犯罪的事实、性质和具体情节，对其判处死刑，缓期2年执行，剥夺政治权利终身，并处没收个人全部财产；蒋菊华作用相对小于刘勇，对其判处无期徒刑，剥夺政治权利终身，并处没收个人全部财产。王凤玺、夏增玺共同贩卖芬太尼等毒品数量大，王凤玺系主犯，但具有如实供述、立功情节，对其判处无期徒刑，剥夺政治权利终身，并处没收个人全部财产；夏增玺系从犯，对其判处有期徒刑10年，并处罚金人民币10万元。杨行贩卖少量毒品，对其判处有期徒刑2年，并处罚金人民币6万元。杨江萃、张军红、梁丁丁、于淼参与少量毒品犯罪，且均系从犯，对4人分别判处有期徒刑1年8个月、1年6个月、1年4个月、6个月，并处罚金。

上述裁判已于2020年6月17日发生法律效力。

（三）典型意义

芬太尼类物质滥用当前正成为国际社会面临的新毒品问题，此类犯罪在我国也有所发生。为防范芬太尼类物质犯罪发展蔓延，国家相关部门在以往明确管控25种芬太尼类物质的基础上，又于2019年5月1日将芬太尼类物质列入《非药用类麻醉药品和精神药品管制品种增补目录》进行整类列管。本案系国内第一起有影响的芬太尼类物质犯罪案件，涉及芬太尼、呋喃芬太尼、阿普唑仑、去甲西泮、4-氯甲卡西酮、3,4-亚甲二氧基乙卡西酮等多种新型毒品，部分属于新精神活性物质。人民法院根据涉案毒品的种类、数量、危害和被告人刘勇、蒋菊华、王凤玺、夏增玺犯罪的具体情节，依法对4人从严惩处，特别是对刘勇判处死刑缓期执行，充分体现了对此类犯罪的有力惩处。

案例4 祝浩走私、运输毒品案

——通过手机网络接受他人雇用，走私、运输毒品数量大

（一）基本案情

被告人祝浩，男，汉族，1996年5月5日出生，无业。

2018年12月，被告人祝浩因欠外债使用手机上网求职，在搜索到"送货"可以获得高额报酬的信息后，主动联系对方并同意"送货"。后祝浩按照对方安排，从四川省成都市经云南省昆明市来到云南省孟连傣族拉祜族佤族自治县，乘坐充气皮艇偷渡出境抵达缅甸。

2019年1月下旬，被告人祝浩从对方接取一个拉杆箱，在对方安排下回到国内，经多次换乘交通工具返回昆明市，并乘坐G286次列车前往山东省济南市。同月27日18时许，公安人员在列车上抓获祝浩，当场从其携带的拉杆箱底部夹层内查获海洛因2包，净重2063.99克。

（二）裁判结果

本案由济南铁路运输中级法院一审，山东省高级人民法院二审。

法院认为，被告人祝浩将毒品从缅甸携带至我国境内并进行运输，其行为已构成走私、运输毒品罪。祝浩对接受雇用后偷渡到缅甸等待一月之久、仅携带一个装有衣物的拉杆箱即可获取高额报酬、途中多次更换交通工具、大多选择行走山路等行为不能作出合理解释，毒品又系从其携带的拉杆箱夹层中查获，可以认定其明知是毒品而走私、运输。祝浩实施

犯罪所涉毒品数量大，鉴于其系接受他人雇用走私、运输毒品，且具有初犯、偶犯等酌予从宽处罚情节，可从轻处罚。据此，依法对被告人祝浩判处无期徒刑，剥夺政治权利终身，并处没收个人全部财产。

上述裁判已于 2020 年 3 月 19 日发生法律效力。

（三）典型意义

毒品犯罪分子为逃避处罚，以高额回报为诱饵，通过网络招募无案底的年轻人从境外将毒品运回内地，此类案件近年来时有发生，已成为我国毒品犯罪的一个新动向。本案就是一起典型的无案底年轻人通过手机网络接受他人雇用走私、运输毒品的案例。被告人祝浩为获取高额报酬，在网络上接受他人雇用走私、运输毒品，犯下严重罪行。祝浩归案后辩解其不知晓携带的拉杆箱内藏有毒品，与在案证据证实的情况不符。人民法院根据祝浩犯罪的事实、性质和具体情节，依法对其判处无期徒刑，体现了对毒品犯罪的严惩。

案例 5　卞晨晨等贩卖毒品、非法利用信息网络案
——非法种植、贩卖大麻，非法利用网络论坛发布种植大麻等信息

（一）基本案情

被告人卞晨晨，男，汉族，1995 年 2 月 20 日出生，学生。

被告人卞士磊，男，汉族，1970 年 9 月 20 日出生，务工人员。

2017 年冬天，被告人卞晨晨提供大麻种子给其父被告人卞士磊，卞士磊遂在其工厂宿舍及家中进行种植。自 2018 年 1 月起，卞晨晨通过微信向他人贩卖大麻，后经与卞士磊合谋，由卞晨晨联系贩卖并收款，卞士磊将成熟的大麻风干固化成大麻叶成品后通过快递寄给买家。至同年 10 月，卞晨晨贩卖大麻至少 18 次共计 294 克，获利 13530 元，其中卞士磊参与贩卖至少 11 次共计 241 克。案发后，公安人员在卞士磊处查获大麻植株 12 株、大麻叶 16 根。

另查明，"园丁丁"是一个从事大麻种植经验交流、大麻种子及成品买卖、传授反侦查手段等非法活动的网络论坛。被告人卞晨晨于 2015 年 1 月 7 日注册账号"白振业"加入"园丁丁"论坛，系该论坛版主，负责管理内部教程板块，共发布有关大麻知识及种植技术的主题帖 19 个，回帖交流大麻种植技术 164 次。

（二）裁判结果

本案由浙江省诸暨市人民法院审理。

法院认为，被告人卞晨晨、卞士磊明知大麻是毒品而种植、贩卖，其行为均已构成贩卖毒品罪。卞晨晨、卞士磊多次贩卖大麻，属情节严重，且二人系共同犯罪，应当按照各自参与的全部犯罪处罚。卞晨晨利用信息网络发布涉毒品违法犯罪信息，情节严重，其行为又构成非法利用信息网络罪。卞晨晨、卞士磊归案后均能如实供述犯罪事实，且认罪认罚，可从轻处罚。对卞晨晨所犯数罪，应依法并罚。据此，依法对被告人卞晨晨以贩卖毒品罪判处有期徒刑4年，并处罚金人民币2万5000元，以非法利用信息网络罪判处有期徒刑1年4个月，并处罚金人民币5000元，决定执行有期徒刑4年9个月，并处罚金人民币3万元；对被告人卞士磊以贩卖毒品罪判处有期徒刑3年9个月，并处罚金人民币2万5000元。

宣判后，在法定期限内没有上诉、抗诉，上述裁判已于2019年10月29日发生法律效力。

（三）典型意义

随着信息化时代的到来，各类网络平台、自媒体等发展迅速，在社会生活中扮演十分重要的角色。同时，一些违法犯罪分子利用网络平台便于隐匿身份、信息传播迅速、不受地域限制等特点，创建或经营管理非法论坛、直播平台等，实施涉毒品违法犯罪活动。本案就是一起被告人种植、贩卖大麻并利用非法论坛发布相关违法犯罪信息的案例。被告人卞晨晨指使其父卞士磊种植大麻，二人配合进行贩卖，卞晨晨还长期管理传播种植大麻方法、贩卖成品大麻的非法论坛，同时犯两罪。人民法院依法对二被告人判处了相应刑罚。

案例6　刘彦铄贩卖毒品案

——国家工作人员实施毒品犯罪，依法严惩

（一）基本案情

被告人刘彦铄，男，汉族，1985年9月15日出生，江苏省灌云县林牧业执法大队职工。

2019年八九月的一天晚上，被告人刘彦铄在江苏省灌云县伊山镇王圩村卖给王东明甲基苯丙胺（冰毒）约0.5克。同年10月，刘彦铄又在该县老供电公司门口卖给周雷甲基苯丙胺约0.3克。

（二）裁判结果

本案由江苏省灌云县人民法院审理。

法院认为，被告人刘彦铄明知是毒品而进行贩卖，其行为已构成贩卖毒品罪。刘彦铄身为国家工作人员贩卖少量毒品，属情节严重。鉴于其有如实供述、认罪认罚等情节，可从轻处罚。据此，对被告人刘彦铄判处有期徒刑3年，并处罚金人民币1万元。

宣判后，在法定期限内没有上诉、抗诉，上述裁判已于2020年3月28日发生法律效力。

（三）典型意义

国家工作人员本应更加自觉地抵制毒品，积极与毒品违法犯罪作斗争，但近年来出现了一些国家工作人员涉足毒品违法犯罪的情况，造成了不良社会影响。本案被告人刘彦铄系灌云县自然资源和规划局下属事业单位职工，具有国家工作人员身份，根据最高人民法院《关于审理毒品犯罪案件适用法律若干问题的解释》第4条的规定，其属贩卖少量毒品"情节严重"。人民法院对刘彦铄依法判处3年有期徒刑，体现了对此类犯罪的严惩。

案例7　邹火生引诱他人吸毒、盗窃案
——引诱他人吸毒并唆使他人共同盗窃，依法惩处

（一）基本案情

被告人邹火生，男，汉族，1987年10月9日出生，农民。

被告人邹火生系广东省化州市某村村民，意图引诱同村村民邹某某（另案处理）一起吸毒。2018年9月的一天，邹火生向邹某某借款购买海洛因后，当晚来到邹某某家，称吸食海洛因可消除邹某某腿部术后疼痛。邹某某表示其不会吸毒，邹火生便将海洛因放在锡纸上加热，让邹某某吸食烤出的烟雾。此后，邹某某遇腿部疼痛时便让邹火生购买海洛因一起吸食。

同年11月的一天晚上，被告人邹火生和邹某某毒瘾发作，但无钱购买毒品。经邹火生提议，二人潜入同村一村民家窃得一台液晶电视机。次日，邹火生将电视机销赃得款400元，用其中100元购买海洛因，与邹某某一起吸食。

（二）裁判结果

本案由广东省化州市人民法院审理。

法院认为，被告人邹火生引诱他人吸食毒品，其行为已构成引诱他人吸毒罪；邹火生以非法占有为目的，伙同他人入户盗窃财物，其行为又构成盗窃罪。鉴于邹火生如实供述自己的罪行，并当庭认罪悔罪，可从轻处罚。对邹火生所犯数罪，应依法并罚。据此，对邹火生以引诱他人吸毒罪判处有期徒刑1年2个月，并处罚金人民币1000元；以盗窃罪判处有期徒刑7个月，并处罚金人民币1000元，决定执行有期徒刑1年6个月，并处罚金人民币3000元。

宣判后，在法定期限内没有上诉、抗诉，上述裁判已于2019年4月30日发生法律效力。

（三）典型意义

吸毒成瘾不仅损害身体健康，高额的支出也会造成经济困境，诱使吸毒者实施盗抢等侵财犯罪。我国刑法对引诱、教唆、欺骗他人吸毒罪没有设置数量、情节等入罪条件，故实施此类行为的一般均应追究刑事责任。本案就是一起引诱他人吸毒后又共同实施侵财犯罪的典型案例。被告人邹火生以吸毒可以消除病痛为由引诱同村村民吸食海洛因，为购买毒品又唆使其共同入户盗窃财物，较为突出地体现了吸毒诱发犯罪的危害。人民法院根据邹火生犯罪的事实、性质和具体情节，依法对其判处了刑罚。

案例8　陈德胜容留他人吸毒案
——容留多名未成年人吸毒，依法严惩

（一）基本案情

被告人陈德胜，男，土家族，1999年9月14日出生，在校学生。

2018年5月12日晚，被告人陈德胜为给女朋友黄某某（未成年人）庆祝生日，在湖北省荆州市荆州区一音乐会所的房间内容留张某某、林某某及14名未成年人吸食氯胺酮（俗称"K粉"）。当日22时许，公安人员在该房间将陈德胜、黄某某及上述16名吸毒人员查获。经尿检，陈德胜及16名吸毒人员的检测结果均为氯胺酮阳性。

另查明，2017年12月18日被告人陈德胜受他人邀约参加聚众斗殴犯罪。

（二）裁判结果

本案由湖北省荆州市荆州区人民法院审理。

法院认为，被告人陈德胜容留多名未成年人吸食毒品，其行为已构成容留他人吸毒罪,并应从重处罚;陈德胜积极参加聚众斗殴,其行为又构成聚众斗殴罪。对其所犯数罪,应依法并罚。据此,依法对被告人陈德胜以容留他人吸毒罪判处有期徒刑3年,并处罚金人民币1万元;以聚众斗殴罪判处有期徒刑3年,决定执行有期徒刑5年6个月,并处罚金人民币1万元。

宣判后,在法定期限内没有上诉、抗诉,上述裁判已于2019年8月3日发生法律效力。

(三)典型意义

毒品具有成瘾性,一旦沾染,极易造成身体和心理的双重依赖。近年来我国容留他人吸毒案件发案率较高,吸毒人员低龄化特点也较突出。未成年人心智尚未成熟,更易遭受毒品侵害。本案是一起容留多名未成年人吸毒的典型案例。被告人陈德胜系在校学生,为女朋友庆祝生日时容留前来聚会的多名未成年人一同吸毒,已从单纯的毒品滥用者转变为毒品犯罪实施者。人民法院根据陈德胜犯罪的事实、性质和具体情节,依法从严判处刑罚。

案例9 吕晓春等非法生产、买卖制毒物品案
——非法买卖溴代苯丙酮、生产麻黄素,情节特别严重

(一)基本案情

被告人吕晓春,男,汉族,1968年2月24日出生,无业。2008年1月10日因犯贩卖毒品罪被判处有期徒刑15年,并处罚金人民币10万元,2015年7月6日刑满释放。

被告人高俊成,男,汉族,1981年12月2日出生,务工人员。2014年6月30日因犯运输、制造毒品罪被判处有期徒刑1年6个月,并处罚金人民币1万元,同年11月23日刑满释放。

被告人郑颖,男,汉族,1982年5月25日出生,农民。2003年11月11日因犯抢劫罪被判处有期徒刑6年,并处罚金人民币2000元。

2017年3月,被告人吕晓春为生产麻黄素,通过网络联系被告人郑颖购买1-苯基-2-溴-1-丙酮(俗称溴代苯丙酮)200千克。后吕晓春雇用被告人高俊成参与生产,并购买制毒工具和其他原材料。2018年1月20日,公安人员在山东省青岛市市北区永乐路93号将吕晓春、高俊成抓获,并在该处查获麻黄素5.65千克、含有麻黄素的液体104.65千克及

其他化学制剂。后郑颖被抓获归案。

（二）裁判结果

本案由山东省青岛市市北区人民法院一审，山东省青岛市中级人民法院二审。

法院认为，被告人吕晓春非法购买、生产用于制造毒品的原料，情节特别严重，其行为已构成非法生产、买卖制毒物品罪；被告人高俊成非法生产用于制造毒品的原料，情节特别严重，其行为已构成非法生产制毒物品罪；被告人郑颖非法出售用于制造毒品的原料，情节特别严重，其行为已构成非法买卖制毒物品罪。吕晓春、高俊成在共同犯罪中均系主犯，且均系累犯、毒品再犯，应依法从重处罚。3人均如实供述主要犯罪事实，酌予从轻处罚。据此，依法对被告人吕晓春判处有期徒刑10年6个月，并处罚金人民币3万元；对被告人高俊成判处有期徒刑9年6个月，并处罚金人民币2万元；对被告人郑颖判处有期徒刑8年6个月，并处罚金人民币2万元。

上述裁判已于2019年7月3日发生法律效力。

（三）典型意义

受多种因素影响，当前我国制毒物品违法犯罪问题较为突出。本案是一起比较典型的非法生产、买卖制毒物品的案例。溴代苯丙酮是合成麻黄素的重要原料，而麻黄素可用于制造毒品甲基苯丙胺，二者都是国家严格管控的易制毒化学品。根据最高人民法院《关于审理毒品犯罪案件适用法律若干问题的解释》第8条的规定，被告人吕晓春、高俊成、郑颖3人实施制毒物品犯罪均属情节特别严重，人民法院依法判处相应刑罚，体现了对此类毒品犯罪的坚决惩处。

案例10 张伟故意杀人案

——有长期吸毒史，杀死无辜儿童，罪行极其严重

（一）基本案情

被告人张伟，男，汉族，1989年7月16日出生，湖南省新邵县市场监督管理局职工。

被告人张伟自2012年开始吸毒，曾多次被戒毒和送医治疗。2016年12月21日16时许，张伟驾车经过湖南省新邵县酿溪镇雷家坳村财兴路地段时，见王某某（被害人，男，殁年7岁）背着书包在路边行走，遂将

其骗上车。当日 21 时许，张伟驾车来到新邵县坪上镇坪新村一偏僻公路上，停车后将熟睡的王某某抱下车，持菜刀连续切割、砍击王的颈部，致王颈部离断死亡。张伟将王某某的头部和躯干分别丢进附近草丛后逃离现场。

（二）裁判结果

本案由湖南省邵阳市中级人民法院一审，湖南省高级人民法院二审。最高人民法院对本案进行了死刑复核。

法院认为，被告人张伟故意非法剥夺他人生命，其行为已构成故意杀人罪。张伟杀害无辜儿童，犯罪手段残忍，情节特别恶劣，罪行极其严重，应依法惩处。据此，依法对被告人张伟判处并核准死刑，剥夺政治权利终身。

罪犯张伟已于 2020 年 6 月 17 日被依法执行死刑。

（三）典型意义

吸毒行为具有违法性和自陷性。医学研究表明，长期吸毒可能对人体的大脑中枢神经造成不可逆的损伤。对于因吸毒导致精神障碍的，一般不作为从宽处罚的理由。本案就是一起被告人长期吸食毒品致精神障碍，杀害无辜儿童的典型案例。被告人张伟明知吸毒后会出现幻觉等精神异常，且曾多次被戒毒、送医，却仍继续长期吸毒。张伟诱骗独行的 7 岁儿童，并将其杀害，致其尸首分离，犯罪手段残忍，情节特别恶劣，罪行极其严重。人民法院依法判处张伟死刑，体现了对吸毒诱发的严重暴力犯罪的严惩。

2021 年最高人民法院十大毒品（涉毒）犯罪典型案例

案例 1 李奇峰走私、贩卖、运输毒品、组织越狱案

——缓刑考验期内实施毒品犯罪，数量特别巨大，
羁押期间组织越狱，罪行极其严重

（一）基本案情

被告人李奇峰，男，汉族，1974 年 2 月 19 日出生，无业。2014 年 3 月 19 日因犯非法买卖制毒物品罪被判处有期徒刑 3 年，缓刑 4 年，并处

罚金人民币20万元，缓刑考验期至2018年9月2日止。

2017年1月，被告人李奇峰在缅甸购得甲基苯丙胺片剂（俗称"麻古"），指使同乡李新林、邓文武（均系同案被告人，已判刑）与其共同重新包装后藏匿在事先改装的货车货厢底部夹层内，又雇用秦永胜（同案被告人，已判刑）运输毒品。同月23日，李奇峰安排同乡刘迎春（另案处理）将上述货车从缅甸偷开入境至云南省沧源县某偏僻处停放，又指使李新林将秦永胜送到该处。秦永胜接取上述藏有毒品的货车后，按照李奇峰书写的车辆行驶路线，驾驶该车前往湖南省，同日17时许途经沧源县城时被公安人员抓获。公安人员在该货车夹层内查获甲基苯丙胺片剂38包，共计374544克。

被告人李奇峰被抓获后，在看守所羁押期间产生越狱之念，纠集同监室在押人员朱军华、周中（均已另案判刑）参与，并自制塑料锐器等工具。2018年1月6日17时许，李奇峰等3人准备越狱，因看守所值班民警发现异常而未实施。次日17时20分许，3人趁放风之机，使用事先准备的工具挟持值班民警，打开两道监区门，欲从送饭通道逃跑，但因通道铁门外部上锁而未果，后与值班民警发生打斗，被赶来的武警等抓获。

（二）裁判结果

本案由云南省普洱市中级人民法院一审，云南省高级人民法院二审。最高人民法院对本案进行了死刑复核。

法院认为，被告人李奇峰走私、贩卖、运输甲基苯丙胺片剂，其行为已构成走私、贩卖、运输毒品罪；李奇峰纠集在押人员越狱，其行为又构成组织越狱罪。李奇峰走私、贩卖、运输毒品，数量特别巨大，社会危害极大，罪行极其严重，在羁押期间组织同监室在押人员自制工具、挟持管教人员，暴力越狱，主观恶性极深，人身危险性极大，应依法惩处。李奇峰在走私、贩卖、运输毒品和组织越狱共同犯罪中均起组织、指挥作用，均系主犯，应当按照其所组织、指挥的全部犯罪处罚。李奇峰曾因犯非法买卖制毒物品罪被判刑，在缓刑考验期内又犯罪，依法应撤销缓刑，数罪并罚。据此，依法对被告人李奇峰以走私、贩卖、运输毒品罪判处死刑，剥夺政治权利终身，并处没收个人全部财产；以组织越狱罪判处有期徒刑7年；撤销缓刑，数罪并罚，决定执行死刑，剥夺政治权利终身，并处没收个人全部财产。

罪犯李奇峰已于 2020 年 9 月 29 日被依法执行死刑。

（三）典型意义

我国毒品主要来自境外。云南是"金三角"毒品主要的渗透入境地和中转集散地，大宗走私、贩卖、运输毒品犯罪多发，是遏制境外毒品向内地扩散的前沿阵地。本案就是一起境外购毒、走私入境、境内贩运的典型案例。被告人李奇峰在境外购毒，指使并伙同他人共同藏毒，安排他人将毒品走私入境，雇用司机运往内地，毒品数量特别巨大，羁押期间组织在押人员暴力越狱，且其曾因犯非法买卖制毒物品罪被判刑，缓刑考验期内又犯罪，主观恶性极深，人身危险性极大，不堪改造。人民法院依法对李奇峰判处死刑，体现了对源头性毒品犯罪的严惩立场。

案例 2　唐志东制造毒品案

——纠集多人大量制造毒品，罪行极其严重，且系累犯

（一）基本案情

被告人唐志东，男，汉族，1973 年 11 月 24 日出生，农民。2012 年 6 月 26 日因犯抢劫罪被判处有期徒刑 1 年 6 个月，并处罚金人民币 2000 元，因患病暂予监外执行，刑期至 2013 年 11 月 29 日止。

2016 年 5 月 4 日，被告人唐志东与郭远柏、蔡笃炜（均系同案被告人，已判刑）在四川省成都市商议制毒事宜，唐志东安排郭远柏协助其制造甲基苯丙胺（冰毒），蔡笃炜提供其在四川省资中县某村的住房作为制毒窝点并找人将制毒原料和工具送往该处。后蔡笃炜、郭远柏分别纠集黄前良（同案被告人，已判刑）、郭城（另案处理）参与。同月 8 日，蔡笃炜与黄前良、郭城驾车将从唐志东处接取的制毒原料、工具等运至制毒窝点。次日，唐志东提供制毒核心技术，负责配置制毒原料等，安排郭远柏、蔡笃炜、黄前良、郭城制造甲基苯丙胺。同月 10 日，唐志东安排郭远柏、蔡笃炜负责后期结晶、冷却等制毒工序后，与黄前良、郭城离开制毒窝点。同月 13 日，公安人员在制毒窝点将郭远柏、蔡笃炜抓获，当场查获甲基苯丙胺 8114 克、含有甲基苯丙胺成分的固液混合物 16970 克以及大量制毒辅料和工具，并于当晚在成都市将唐志东抓获。

（二）裁判结果

本案由四川省内江市中级人民法院一审，四川省高级人民法院二审。最高人民法院对本案进行了死刑复核。

法院认为，被告人唐志东非法制造甲基苯丙胺，其行为已构成制造毒品罪。唐志东伙同他人非法制造毒品，数量巨大，社会危害极大，罪行极其严重，且其曾因犯抢劫罪被判刑，在刑罚执行完毕后5年内又犯本罪，系累犯，主观恶性深，人身危险性大，应依法从重处罚。唐志东提供制毒原料、辅料、工具、技术并负责制毒关键环节，安排他人具体操作，在共同犯罪中起主要作用，系地位和作用最为突出的主犯，应按照其所参与的全部犯罪处罚。据此，依法对被告人唐志东判处死刑，剥夺政治权利终身，并处没收个人全部财产。

罪犯唐志东已于2021年5月24日被依法执行死刑。

（三）典型意义

近年来，我国制造甲基苯丙胺等合成毒品犯罪突出，甲基苯丙胺已成为国内滥用人数最多的毒品，防控形势严峻。本案就是一起大量制造甲基苯丙胺的典型案例。被告人唐志东纠集多人制造甲基苯丙胺，不仅是制毒原料、工具、核心技术的提供者，还是制毒关键环节的操作者，对毒品的顺利制造起着决定性作用。本案查获的甲基苯丙胺成品8千余克，另查获毒品半成品近17千克，社会危害极大，且唐志东系累犯，主观恶性深，人身危险性大。人民法院依法对唐志东判处死刑，体现了对制造类毒品犯罪的严厉惩处。

案例3　张月东等贩卖毒品案
——诊所医务人员向吸毒人员出售精神药品

（一）基本案情

被告人张月东，男，汉族，1969年11月13日出生，乡村诊所经营者、医生。

被告人郭和聪、林进泉、刘继盛、江耀勤、赖友辉、朱志伟、蔡永辉、叶小美、蔡建军、张美霞、林倩如，均系诊所经营者、医务人员；被告人周桢淳、陈志炜，均系农民。

2016年至2017年9月间，被告人张月东在其经营的福建省平和县文峰镇文美村"文美卫生室"，向被告人周桢淳、陈志炜和罗文强、林元正、陈智辉等吸毒人员出售奥亭牌复方磷酸可待因口服溶液（以下简称可待因口服液，每包10ml，含磷酸可待因9mg）共计375次，得款110957.8元。

2015年底至2018年3月间，被告人郭和聪等11名医务人员分别在福建省漳州市城区、乡镇、农村各自经营的诊所内,向被告人周桢淳等吸毒人员出售可待因口服液,次数为4次至267次不等,得款在2150元至82812元之间。被告人周桢淳将部分购得的可待因口服液向被告人陈志炜、罗文强、林元正等多名吸毒人员出售共计91次,得款41420元,陈志炜将部分购得的可待因口服液向陈智辉出售共计12次,得款900元。

(二)裁判结果

本案由福建省平和县人民法院一审,福建省漳州市中级人民法院二审。

法院认为,被告人张月东等14人非法贩卖国家规定管制的能够使人形成瘾癖的精神药品,其行为均已构成贩卖毒品罪。张月东等14人多次向吸毒人员贩卖毒品,情节严重,应依法惩处。对于张月东,鉴于其认罪认罚,可从轻处罚,依法判处有期徒刑5年2个月,并处罚金人民币6万元。对于郭和聪等13名被告人,根据各自犯罪的事实、性质、情节和对社会的危害程度,依法判处有期徒刑4年7个月至有期徒刑3年,缓刑3年6个月不等的刑罚,并处罚金。

上述裁判已于2020年7月10日发生法律效力。

(三)典型意义

国家列管的药用类精神药品和麻醉药品,具有药品与毒品双重属性,长期服用会形成瘾癖。近年来,该类药品流入非法渠道、被作为成瘾替代品滥用的情况时有发生,在一些农村地区尤为明显。本案就是一起诊所医务人员向吸毒人员出售精神药品的典型案例。被告人张月东作为乡村诊所医生,本应利用医学知识积极抵制毒品,却在日常诊疗中非法出售国家列管的精神药品复方磷酸可待因口服溶液,犯罪隐蔽性强,社会危害大。被告人郭和聪等人同是利用其在乡镇、农村等地经营诊所的便利,非法出售该类药品,影响恶劣。人民法院依法对张月东等人进行惩处,体现了对诊所医务人员非法贩卖精神药品犯罪的严厉打击。

案例4 谢彭等贩卖毒品案

——利用网络联系订单,以比特币形式收取毒资,通过物流寄递毒品

(一)基本案情

被告人谢彭,男,汉族,1991年8月29日出生,无业。

被告人叶楚骏,男,汉族,1993年5月12日出生,无业。

2020年5月,被告人谢彭、叶楚骏经预谋,在云南省租赁土地种植大麻。同年9月至10月,二人收获大麻后,由谢彭通过telegram软件联系毒品订单,以比特币形式收取毒资,由叶楚骏使用虚假姓名,通过快递将大麻邮寄给浙江等地的毒品买家。二人贩卖大麻约10次,非法获利4万余元。后公安人员将二人抓获,并从叶楚骏处查获大麻3332.96克。

(二)裁判结果

本案由浙江省诸暨市人民法院审理。

法院认为,被告人谢彭、叶楚骏向他人贩卖大麻,其行为均已构成贩卖毒品罪。谢彭、叶楚骏多次贩卖毒品,情节严重,应依法惩处。二人结伙贩卖毒品,系共同犯罪,应当按照其所参与的犯罪处罚。鉴于二人归案后均如实供述犯罪事实,认罪认罚,可从轻处罚。据此,依法对被告人谢彭判处有期徒刑3年6个月,并处罚金人民币1万3000元;对被告人叶楚骏判处有期徒刑3年3个月,并处罚金人民币1万元。

宣判后,在法定期限内没有上诉、抗诉。上述判决已于2021年5月11日发生法律效力。

(三)典型意义

随着互联网技术和物流业的发展,犯罪分子利用网络、物流实施毒品犯罪的情况日渐增多,毒品交易手法更趋隐蔽、多样化。本案就是一起犯罪分子使用"互联网+虚拟货币+物流寄递"手段贩卖毒品的典型案例。比特币是一种认可度较高的虚拟货币,具有匿名性等特点,在本案中被用于毒品交易支付。谢彭、叶楚骏利用网络联系毒品订单,以比特币形式收取毒资,使用虚假姓名寄递毒品,隐蔽性强。人民法院依法对二被告人判处了相应刑罚。

案例5 陈嘉豪贩卖毒品案
——利用微信在酒吧等处多次出售新型毒品

(一)基本案情

被告人陈嘉豪,男,汉族,1999年6月1日出生,无业。

2018年3月至6月,被告人陈嘉豪通过微信联系等方式,在江苏省苏州市姑苏区酒吧、酒店等处向吕聪聪、宋佳能、张晗出售毒品氟硝西泮片剂(俗称"蓝精灵")24次,共计104粒,违法所得4110元。陈嘉豪归案后,其亲属帮助退缴全部违法所得。

（二）裁判结果

本案由江苏省苏州市姑苏区人民法院审理。

法院认为，被告人陈嘉豪非法贩卖国家规定管制的能够使人形成瘾癖的精神药品氟硝西泮，其行为已构成贩卖毒品罪。陈嘉豪多次在酒吧等地向他人贩卖毒品，情节严重，应依法惩处。鉴于陈嘉豪归案后如实供述犯罪事实，认罪认罚，且其亲属代为退缴全部违法所得，可从轻处罚。据此，依法对被告人陈嘉豪判处有期徒刑3年，并处罚金人民币5000元。

宣判后，在法定期限内没有上诉、抗诉。上述判决已于2021年2月19日发生法律效力。

（三）典型意义

氟硝西泮是国家列管的精神药品，俗称"蓝精灵"，与酒精作用后危害更大。近年来，"蓝精灵"在酒吧等娱乐场所较为流行，青少年群体是其侵害的主要目标。本案就是一起利用微信在酒吧等地多次出售氟硝西泮的典型案例。被告人陈嘉豪明知吕聪聪等人购买氟硝西泮片剂是提供给酒吧客人饮酒时使用，仍多次贩卖，情节严重。人民法院根据陈嘉豪犯罪的事实、性质、情节和对社会的危害程度，依法对其进行了惩处。

案例6 王飞贩卖、制造毒品案
——将新型毒品伪装成饮料销往多地娱乐场所

（一）基本案情

被告人王飞，男，汉族，1979年6月2日出生，成都陆柒捌贸易有限公司（以下简称陆柒捌公司）法定代表人。

2013年7月，被告人王飞注册成立陆柒捌公司并担任法定代表人。2016年开始，王飞多次以陆柒捌公司名义购买 γ-丁内酯，将 γ-丁内酯与香精混合，命名为"香精CD123"。2016年5月，王飞在隐瞒"香精CD123"含 γ-丁内酯成分的情况下，委托广东康加德食品实业有限公司为"香精CD123"粘贴"果味香精CD123"商品标签，委托裕豪食品饮料有限公司按照其提供的配方和技术标准，将水和其他辅料加入"果味香精CD123"，制成"咔哇氿"饮料。后王飞将"咔哇氿"饮料出售给总经销商四川玩道酒业有限公司，由该公司销往深圳、贵阳、广州等地的娱乐场所，各级经销商亦自行销售。至2017年8月，王飞购买 γ-丁内酯共计3575千克，裕豪食品饮料有限公司收到"果味香精CD123"共计1853千克,王飞销售"咔哇氿"饮料共计52355件(24瓶/件,275ml/瓶),销售金额11587040元。

2017年9月9日,公安人员将被告人王飞抓获,从其家中及陆柒捌公司租用的仓库查获"咔哇氿"饮料共计723件25瓶。各地亦陆续召回"咔哇氿"饮料18505件。经鉴定,从裕豪食品饮料有限公司提供的"果味香精CD123"、在王飞家中和仓库查获的以及召回的"咔哇氿"饮料中检出含量为80.3ug/ml至44000ug/ml不等的γ-羟丁酸成分。

(二)裁判结果

本案由四川省成都市青羊区人民法院一审,成都市中级人民法院二审。

法院认为,被告人王飞制造毒品γ-羟丁酸并销售,其行为已构成贩卖、制造毒品罪。王飞明知使用γ-丁内酯作为生产原料会产生毒品γ-羟丁酸成分,购买并使用γ-丁内酯调制成混合原料,委托他人采用其指定的工艺和配比,加工制成含有γ-羟丁酸成分的饮料并对外销售,贩卖、制造毒品数量大,社会危害大。据此,依法对被告人王飞判处有期徒刑15年,并处没收个人财产人民币427万元。

上述裁判已于2020年9月28日发生法律效力。

(三)典型意义

近年来,新型毒品犯罪呈上升趋势,与传统毒品犯罪相互交织。新型毒品形态各异,往往被伪装成饮料、饼干等形式,极具隐蔽性和迷惑性,易在青少年中传播。本案就是一起制造、贩卖新型毒品的典型案例。被告人王飞批量制造含有国家列管精神药品γ-羟丁酸成分的饮料,大量销往全国多地娱乐场所,社会危害大。人民法院根据王飞的犯罪事实、性质、情节和对社会的危害程度,依法对其判处了刑罚。

案例 / 陈国龙等贩卖毒品、以危险方法危害公共安全案

——为抗拒缉毒警察抓捕,驾车肆意冲撞,危害公共安全

(一)基本案情

被告人陈国龙,男,苗族,1981年3月12日出生,无业。2002年11月18日至2017年3月1日因犯贩卖毒品罪、故意伤害罪、容留他人吸毒罪、非法持有毒品罪,先后6次被判处有期徒刑6个月至4年不等的刑罚,2018年12月31日刑满释放。

被告人李镇,男,汉族,1986年2月18日出生,无业。2013年5月

20日因犯抢劫罪被判处有期徒刑3年，并处罚金人民币1000元；2018年9月25日因犯容留他人吸毒罪，被判处有期徒刑6个月，并处罚金人民币1000元，2018年12月12日刑满释放。

2019年6月至7月，被告人陈国龙四次向他人贩卖甲基苯丙胺5克、甲基苯丙胺片剂17颗。被告人李镇明知陈国龙贩卖毒品，仍两次驾车陪同陈国龙贩卖。

同年7月22日12时许，被告人陈国龙乘坐被告人李镇驾驶的车辆行至湖南省沅陵县沅陵镇某街道时，被前来抓捕的公安人员拦截。公安人员出示警官证，要求二人停车。陈国龙指挥李镇倒车逃避抓捕，与其后方的出租车相撞。公安人员上前制止，陈国龙、李镇拒绝停车，不顾周围群众安全多次冲撞，致3名公安人员轻微伤，并致一辆摩托车以及两户居民楼大门损坏，损失共计3189元。后公安人员抓获二人，当场从陈国龙身上查获甲基苯丙胺片剂0.5克，从其所乘车上查获甲基苯丙胺0.2克。

（二）裁判结果

本案由湖南省沅陵县人民法院审理。

法院认为，被告人陈国龙、李镇贩卖甲基苯丙胺、甲基苯丙胺片剂，其行为均已构成贩卖毒品罪；陈国龙、李镇为逃避抓捕，驾驶机动车在公共场所肆意冲撞，危害公共安全，其行为均又构成以危险方法危害公共安全罪。对二人所犯数罪，均应依法并罚。陈国龙在贩卖毒品、以危险方法危害公共安全共同犯罪中，均起主要作用，系主犯，李镇在贩卖毒品共同犯罪中系从犯，在以危险方法危害公共安全共同犯罪中系主犯，应按照二人所参与的犯罪处罚。陈国龙多次贩卖毒品，情节严重，且系累犯、毒品再犯，李镇系累犯，均应依法从重处罚。二人均如实供述犯罪事实，具有坦白情节，可从轻处罚。据此，依法对被告人陈国龙以贩卖毒品罪判处有期徒刑4年，并处罚金人民币5000元，以以危险方法危害公共安全罪判处有期徒刑3年，决定执行有期徒刑6年，并处罚金人民币5000元；对被告人李镇以贩卖毒品罪判处有期徒刑2年，并处罚金人民币2000元，以以危险方法危害公共安全罪判处有期徒刑3年，决定执行有期徒刑4年，并处罚金人民币2000元。

宣判后，在法定期限内没有上诉、抗诉。上述判决已于2020年9月15日发生法律效力。

（三）典型意义

一些毒品犯罪分子为逃避法律制裁，不惜铤而走险，暴力抗拒抓捕，既增加了缉毒工作风险，也严重威胁人民群众生命财产安全。本案就是一起毒贩为抗拒抓捕而驾车冲撞，危害公共安全的典型案例。被告人陈国龙、李镇为逃避制裁，在公共场所驾驶机动车肆意冲撞，造成多名缉毒民警受伤，多名群众受到惊吓、财产遭受损失，社会影响恶劣。人民法院依法对二人进行了惩处。

案例8　马兆云等非法生产、买卖、运输制毒物品案
——非法生产、买卖、运输制毒物品，情节特别严重

（一）基本案情

被告人马兆云，男，汉族，1969年12月8日出生，个体户。1992年9月5日因犯盗窃罪被判处死刑，缓期2年执行，剥夺政治权利终身，2007年1月30日被假释，假释考验期至2008年6月20日止。

被告人刘保安，男，汉族，1968年6月6日出生，某公司法定代表人。2019年5月8日因犯污染环境罪被判处有期徒刑9个月，并处罚金人民币1万元，2019年6月28日刑满释放。

被告人胡文虎、周国珠，均系个体户；被告人李友龙、许步年、王德林、祁建刚，均无业。

2019年三四月份，被告人马兆云、胡文虎共谋出资生产制毒物品盐酸羟亚胺。马兆云委托被告人李友龙寻找场地并负责生产，聘请被告人许步年作为技术员指导生产，胡文虎负责提供生产工艺图纸。后李友龙租用山西省介休市一公司作为生产窝点，与许步年等人组织工人生产盐酸羟亚胺。同年12月，马兆云、胡文虎从被告人刘保安处购买易制毒化学品溴素5010千克及甲苯12000千克，运至上述窝点。马兆云等人生产盐酸羟亚胺共计2723.67千克，出售1470千克，其中，马兆云15次参与出售1470千克，胡文虎6次参与出售630千克，李友龙7次参与出售900千克，被告人周国珠4次参与出售615千克，被告人王德林4次参与出售300千克，被告人祁建刚2次参与出售100千克，马兆云、胡文虎、李友龙、周国珠、王德林还参与运输盐酸羟亚胺。

2020年6月15日，公安人员在江苏省建湖县马兆云岳父家查获马兆云、胡文虎藏匿的盐酸羟亚胺1253.67千克、含有羟亚胺和邻氯苯基环戊

酮成分的固液混合物 260.69 千克。

（二）裁判结果

本案由江苏省盐城市亭湖区人民法院审理。

法院认为，被告人马兆云、胡文虎、李友龙非法生产、买卖、运输制毒物品，情节特别严重，其行为均已构成非法生产、买卖、运输制毒物品罪。被告人许步年非法生产制毒物品，情节特别严重，其行为已构成非法生产制毒物品罪。被告人周国珠、王德林非法买卖、运输制毒物品，情节特别严重，其行为均已构成非法买卖、运输制毒物品罪。被告人刘保安、祁建刚非法买卖制毒物品，情节特别严重，其行为均已构成非法买卖制毒物品罪。在共同犯罪中，马兆云、胡文虎、李友龙均系主犯，应按照其参与的全部犯罪处罚，许步年、周国珠、王德林、祁建刚系从犯，应依法从轻或者减轻处罚。刘保安系累犯，应依法从重处罚。8 人均如实供述犯罪事实，可从轻处罚。除刘保安外，其余 7 人均退缴违法所得，可酌情从轻处罚。据此，依法对被告人马兆云判处有期徒刑 12 年，并处罚金人民币 100 万元；对被告人刘保安判处有期徒刑 9 年，并处罚金人民币 40 万元；对被告人胡文虎、李友龙、许步年、周国珠、王德林、祁建刚分别判处有期徒刑 10 年 6 个月至 5 年不等的刑罚，并处罚金。

宣判后，在法定期限内没有上诉、抗诉。上述判决已于 2021 年 2 月 11 日发生法律效力。

（三）典型意义

近年来，受制造毒品犯罪增长影响，制毒物品流入非法渠道的形势十分严峻。本案就是一起非法生产、买卖、运输制毒物品的典型案例。溴素、甲苯可用于制造盐酸羟亚胺，盐酸羟亚胺可用于制造毒品氯胺酮，均是国家严格管控的易制毒化学品。根据最高人民法院《关于审理毒品犯罪案件适用法律若干问题的解释》第 8 条的规定，被告人马兆云等 8 人实施制毒物品犯罪均属情节特别严重，人民法院依法判处相应刑罚，体现了对源头性毒品犯罪的坚决惩处。

案例 9 林永伟强奸、引诱他人吸毒、容留他人吸毒案

——引诱留守女童吸毒后强行奸淫，依法严惩

（一）基本案情

被告人林永伟，男，汉族，1972 年 5 月 24 日出生，无业。1996 年 2

月9日因犯流氓罪被判处有期徒刑5年；2000年4月20日因犯盗窃罪被判处有期徒刑3年，合并余刑，决定执行有期徒刑4年6个月。

2016年上半年的一天，被告人林永伟将同村的被害人林某（女，时年10岁）带至家中，诱骗林某吸食甲基苯丙胺。林某吸食后感觉不适，林永伟让林某躺到床上休息，后不顾林某反抗，强行对林某实施奸淫。林永伟威胁林某不许将此事告知家人，并要求林某每星期来其家一次。后林永伟多次叫林某来其家中吸食毒品，并与林某发生性关系。林某吸毒上瘾后，也多次主动找林永伟吸毒，并与林永伟发生性关系。2019年10月1日，林永伟被公安人员抓获。

另查明，2016年初至2019年6月，被告人林永伟多次在家中等地容留多人吸食甲基苯丙胺。

（二）裁判结果

本案由湖南省邵阳市中级人民法院一审，湖南省高级人民法院二审。

法院认为，被告人林永伟引诱他人吸食甲基苯丙胺，其行为已构成引诱他人吸毒罪；林永伟利用幼女吸毒后无力反抗及毒品上瘾，与之发生性关系，其行为又构成强奸罪；林永伟多次容留他人吸食甲基苯丙胺，其行为还构成容留他人吸毒罪。林永伟引诱幼女吸毒，并长期奸淫幼女，情节恶劣，应依法从重处罚。对其所犯数罪，应依法并罚。据此，对被告人林永伟以强奸罪判处无期徒刑，剥夺政治权利终身；以引诱他人吸毒罪判处有期徒刑3年，并处罚金人民币1万元；以容留他人吸毒罪判处有期徒刑2年，并处罚金人民币1万元，决定执行无期徒刑，剥夺政治权利终身，并处罚金人民币2万元。

上述裁判已于2021年1月21日发生法律效力。

（二）典型意义

成瘾性是毒品最基本的特征。吸食者一旦产生依赖，容易遭受侵害。尤其是未成年人，心智发育尚不成熟，自我保护能力欠缺，更易遭受毒品危害。本案就是一起引诱留守女童吸食毒品后实施强奸犯罪的典型案例。被告人林永伟引诱年仅10岁的幼女吸食甲基苯丙胺并成瘾，以此长期控制、奸淫幼女，还多次容留他人吸毒，社会危害大。人民法院依法判处林永伟无期徒刑，体现了对侵害未成年人犯罪予以严惩的坚定立场。

案例 10　沈立功故意杀人、容留他人吸毒案
——因吸毒致幻杀害亲属，依法惩处

（一）基本案情

被告人沈立功，男，汉族，1973 年 3 月 4 日出生，高校教师。

2018 年以来，被告人沈立功因吸食大麻导致精神障碍，由妻子赵宝玲（被害人，殁年 40 岁）照顾。其间，沈立功仍吸食大麻。2019 年 12 月 13 日傍晚，沈立功在其住处因吸食大麻产生幻觉，持羊角锤等工具击打赵宝玲的头部，致赵严重颅脑损伤死亡。沈立功毁坏赵宝玲尸体后，以割腕、跳楼等方式自杀未果。同月 16 日 11 时许，沈立功在住处让他人帮忙报警，后被处警的公安人员控制。经鉴定，沈立功在作案期间患有精神活性物质所致精神障碍。

另查明，2016 年至 2019 年 11 月，被告人沈立功多次容留多人在其住处吸食大麻。

（二）裁判结果

本案由浙江省杭州市中级人民法院一审，浙江省高级人民法院二审。

法院认为，被告人沈立功在吸食毒品致精神障碍的情况下将妻子杀害，其行为已构成故意杀人罪；沈立功提供场所容留他人吸毒，其行为又构成容留他人吸毒罪。鉴于沈立功杀人后委托他人代为投案，归案后如实供述杀人事实，并主动供述公安机关尚未掌握的容留他人吸毒事实，具有自首情节，可从轻处罚。对其所犯数罪，应依法并罚。据此，对被告人沈立功以故意杀人罪判处死刑，缓期 2 年执行，剥夺政治权利终身；以容留他人吸毒罪判处有期徒刑 2 年，并处罚金人民币 5000 元，决定执行死刑，缓期 2 年执行，剥夺政治权利终身，并处罚金人民币 5000 元。

上述裁判已于 2021 年 3 月 30 日发生法律效力。

（三）典型意义

吸毒会引发神经系统损害，甚至会造成精神障碍和精神疾病，不仅损害身心健康，还易导致行为失控，诱发杀人、伤害、交通肇事等次生犯罪。本案就是一起被告人因吸毒致幻，杀害亲属的典型案例。被告人沈立功因长期吸毒导致精神障碍，多次就医后仍继续吸毒，其吸毒行为具有违法性和自陷性。沈立功杀死妻子并毁坏尸体，犯罪手段残忍，罪行严重，还多次容留多人吸毒，但同时具有自首情节。人民法院根据沈立功犯罪

的事实、性质、情节和对社会的危害程度，依法判处其死刑，缓期2年执行，体现了对吸毒诱发次生暴力犯罪的严惩立场。

2018年最高人民检察院检察机关依法惩治毒品犯罪典型案例

追诉案例之一 王慧娜等人贩卖毒品、王优生贩卖、运输毒品、故意伤害案

一、基本案情

河南省人民检察院在审查被告人李景瀛、王镇南、李季贩卖毒品上诉案过程中，发现毒品上家及毒品来源未能查清。通过要求公安机关补充侦查提取了李景瀛等人的手机通话、短信记录等证据，显示案发当天王镇南多次同"王小猴"联系交易毒品。经再次提审，王交代出上家"王小猴"的真实姓名为王慧娜，贩毒成员还有"茜茜""清亮""二孩"等人。为尽快抓获相关嫌疑人，检察机关建议公安机关对王慧娜等人立案侦查。检察官会同侦查人员到看守所，让王镇南从近百人的照片中辨认出王慧娜，掌握了王慧娜的准确信息，并迅速将其抓捕到案。后又二次到当地跟踪督查，经过调查走访平顶山市两个戒毒所，接触近百名吸毒、戒毒人员，终于查清"茜茜"等3人的真实身份为王玉琳、许清亮和郑龙非，后王玉琳、许清亮被抓获归案。经查，2014年5月，王慧娜带领被告人李景瀛、李季、王镇南，向郑龙非购买甲基苯丙胺685.69克，向王玉琳、许清亮购买甲基苯丙胺1500克。

审查中还发现，案卷中王镇南的一份讯问笔录显示，其曾向"永胜"购买毒品。经调查，"永胜"真实姓名是王优生。检察机关向公安机关发出通报，并派员前往当地现场协调查办，建议对王优生犯罪问题开展调查。在抓捕王优生时，提前介入侦查的检察官及时建议对从王住处搜出的毒品包装物进行生物物证检验。经鉴定，该毒品包装袋上提取的两枚指纹系王优生左手食指、拇指所留，有力证实了毒品系王优生所有。鉴于王优生拒不供认犯罪，检察机关建议运用大数据系统查询王优生行踪，发现其多次往返于平顶山、北京之间，并有大额银行转款记录，经与北京市公安机关协调，查清其向北京下家贩卖、运输毒品甲基苯丙胺1625.43克、氯

胺酮 2.58 克。另查明其故意伤害致人轻伤的犯罪事实。

2016 年 9 月 28 日，河南省平顶山市中级人民法院分别以贩卖毒品罪判处王慧娜、王玉琳无期徒刑，判处许清亮有期徒刑 15 年。2017 年 8 月 25 日，平顶山市中级人民法院以贩卖、运输毒品罪、故意伤害罪数罪并罚判处王优生死刑，缓期 2 年执行。

经公安机关上网追逃，于 2017 年 5 月将郑龙非抓获归案，根据郑龙非的交代，又抓获了其毒品上家宋某某。

二、典型意义

毒品犯罪的隐蔽性较强，上下家之间一般以绰号相称，真实身份往往难以查清，给依法严惩大宗贩卖毒品等源头性犯罪造成困难。实践中，部分毒品犯罪案件也因此未能深挖细查，打击上下家等关联犯罪。检察机关在办理本案时，没有就案办案，而是主动监督，根据蛛丝马迹，深挖关联犯罪，并通过引导侦查取证，跟踪监督，锲而不舍，历时 3 年多时间，成功追诉多名漏犯及相关漏罪。

追诉案例之二　周瑜、杨占华贩卖毒品案

一、基本案情

被告人杨占华因贩卖毒品一审被判处死刑，2015 年 2 月浙江省人民检察院在审查其上诉案过程中，发现杨占华租住在简陋的民房中，银行卡平时仅有小额资金出入，从其经济状况分析，不像是贩卖大量毒品的主犯；从其手机通话记录看，杨占华与其供称是同案犯的罗时应仅联系一次，而跟周瑜联系非常频繁，初步判断杨占华可能受周瑜指使贩卖毒品。检察官反复审查了相关材料，发现周瑜在通话中指使杨占华放置毒品，并谈论毒品剩余情况。经再次提审杨占华，展示相关证据，杨占华交代其系受周瑜指使贩卖毒品，一审阶段之所以编造罗时应是幕后主犯，主要是考虑其和周瑜二人是同乡，情同手足，想为周瑜隐瞒、承担罪责。此外，杨占华又交代了一起受周瑜指使贩卖毒品的事实。检察机关建议公安机关对周瑜立案侦查。周瑜被抓获后，提前介入侦查的检察官就杨、周二人在共同犯罪中的地位、作用等提出引导取证意见。经查，二人共同贩卖甲基苯丙胺 2592.24 克，在共同犯罪中，周瑜提供毒资、联系购买和销售毒品、收取货款，杨占华负责保管毒品、与买家交接毒品，周瑜作用明显大于杨占华，一审认定杨占华单独贩卖毒品并对其判处死刑，确有错误，检察机

关建议二审法院撤销原判,发回重审,对杨占华案与另提起公诉的周瑜案并案审理,重新作出判决。

2015年11月24日,浙江省温州市中级人民法院以贩卖毒品罪判处杨占华无期徒刑。2017年9月27日,浙江省高级人民法院以贩卖毒品罪判处周瑜死刑,缓期2年执行。

二、典型意义

当前,我国毒品犯罪形势严峻,职业化明显,共同犯罪较多。对毒品共同犯罪应当依法区分主犯间的罪责大小,体现区别对待,做到罚当其罪。此外,毒品共同犯罪中,由于部分共同犯罪人未到案,往往影响对各共同犯罪人罪责的认定。检察机关通过侦查监督,发现并追诉遗漏的同案犯和遗漏罪行,成功追诉幕后主犯,并使真正罪责最大的主犯受到了严惩,防止对作用相对较小的被告人错误适用死刑,确保了办案质量。

抗诉案例之一 郭锡儒等人贩卖毒品案

一、基本案情

2014年七八月间,王某(另案处理)欲向被告人李本新、刘振华、马么二苏等人购买毒品。马么二苏联系被告人郭锡儒提供毒品用于贩卖给王某,并派吴建林从郭锡儒处拿到毒品,后吴建林与王某在广州某大厦门前准备交易时被公安机关抓获,当场查获甲基苯丙胺1995克。随后抓获刘振华、李本新,当场查获毒资人民币8.3万元。在被告人李本新的协助下,抓获马么二苏、郭锡儒。

广东省广州市中级人民法院一审认为,被告人郭锡儒归案后一直否认贩毒,庭审中,直接与其交易毒品的吴建林翻供否认侦查阶段辨认郭锡儒及其车辆的辨认笔录的真实性,遂以事实不清、证据不足为由判决郭锡儒无罪。广州市人民检察院通过对照地图对交易毒品的位置、郭锡儒汽车的行动轨迹以及抓获郭锡儒所在的公寓位置进行精准复核,结合案发当天郭与马么二苏之间20余次通话,证明郭锡儒关于与马系偶遇,开车搭载其并非取毒资的辩解明显不合常理。关于被告人吴建林在庭审中翻供的原因,通过讯问马么二苏了解到,在押解去开庭的囚车上,郭锡儒向吴建林许诺如果不指认他,今后可以负担吴家人的生活费。其他3名同案人亦证实听到类似的谈话。在确凿证据面前,吴建林承认了上述事实并表示愿意再次指证郭锡儒。通过复核证据，广州市人民检察院认为一审判决认定郭锡儒无罪确有错误，于2016年6月22日依法提出抗诉。广东省人民检察院支持抗诉。广东省高级人民法院二审认为，检察机关抗诉理由成立，于2017年10月24日改判郭锡儒犯贩卖毒品罪，判处有期徒刑15年（其他同案被告人判决情况略）。

二、典型意义

毒品犯罪分子到案后，为逃避罪责而不供认犯罪、供认后又翻供的现象在司法实践中较为普遍。在本案被告人"零口供"，主要同案被告人翻供的情况下，检察机关加强调查核实，复勘案发现场，增强办案亲历性，构建以客观性证据为核心的审查模式，并通过其他证据相互印证，形成完整的证据链，有效证明了被告人的罪责，抗诉后得到改判。

抗诉案例之二　马亚贵等人贩卖、运输毒品案

一、基本案情

2013年8月至9月初，被告人李鹏、何小虎预谋从被告人王超宁处购买甲基苯丙胺运回宁夏银川贩卖。9月3日，何小虎联系被告人马亚贵驾车帮助运输，并于当日下午由马亚贵驾车赴庆阳市与王超宁见面，取得毒品样品。在驾车返回银川途中及此后在银川的宾馆住宿期间，3人多次吸食李鹏提供的毒品，李鹏又送给马亚贵少量毒品，让马看看是否有人购买。9月9日，李鹏告诉马亚贵去广州，马当即表示同意。12日22时许，3人从广东东莞王超宁处购买毒品返回途中被公安机关查获，当场查获甲基苯丙胺708克。

甘肃省平凉市中级人民法院一审认为，被告人马亚贵供述称不知道取毒品之事，李鹏及何小虎对马亚贵是否明知运输毒品时供时翻，且没有证据证明马亚贵此行获取不同寻常的高额、不等值报酬，根据疑罪从无原则，对被告人马亚贵宣告无罪。平凉市人民检察院认为，根据在案证据，马亚贵驾车载何小虎、李鹏去庆阳途中以及在银川住宿期间，李鹏除提供毒品供何、马2人吸食外，还给马亚贵少量毒品，并明确提出让马亚贵拿上看有无他人购买，该事实足以证明马亚贵明知李鹏从事毒品犯罪活动；被告人李鹏明确供述，其向何小虎、马亚贵提出过合伙进行毒品犯罪，何小虎、马亚贵知道去广东的目的是购买毒品；李鹏提出让马开车去广东时，马亚贵立即答应并即刻出发，对于此行的目的、费用等事项不闻不

问,到达广东后,在李鹏取得毒品后又立即开车返回,行为诡秘,不符常理。综上,应当认定马亚贵明知李鹏去广东购买毒品而提供帮助,其行为构成运输毒品罪。一审判决宣告马亚贵无罪确有错误,依法提出抗诉。甘肃省人民检察院支持抗诉。甘肃省高级人民法院二审认为,检察机关抗诉理由成立,于2016年4月11日改判马亚贵犯运输毒品罪,判处有期徒刑7年(其他同案被告人犯罪事实和判决情况略)。

二、典型意义

毒品犯罪案件特别是运输毒品案件中,被告人到案后否认其明知是毒品的情形较为常见。主观明知的认定一直以来是办理毒品犯罪案件的难点问题,虽然相关司法解释和规范性文件已对推定明知作出规定,但在具体适用上还存在一定的认识分歧。本案就是在被告人否认明知是毒品的情形下,检察机关综合运用在案的其他证据,并根据被告人实施犯罪时的具体情形,包括犯罪的方式、过程等,结合其个人情况,如马亚贵本人是吸毒人员等,来认定其主观明知,从而抗诉成功的案例。

抗诉案例之三　倪爱勤运输毒品案

一、基本案情

2016年5月3日,被告人倪爱勤受林杨委托,帮助运输甲基苯丙胺130余克及其他少量毒品。

被告人倪爱勤曾因犯容留他人吸毒罪,于2010年7月被江苏省扬州市广陵区人民法院判处有期徒刑7个月,并处罚金人民币3000元;因犯贩卖毒品罪,于2012年7月被扬州市广陵区人民法院判处有期徒刑4年,并处罚金人民币5000元,2015年2月18日释放。

江苏省扬州市邗江区人民法院一审认定,被告人倪爱勤犯运输毒品罪,判处有期徒刑15年,剥夺政治权利5年,并处罚金人民币2万元。扬州市邗江区人民检察院认为,根据《刑法》第347条的规定,运输毒品犯罪被判处15年有期徒刑的,应当并处没收财产。本案中,被告人倪爱勤运输毒品数量大,且系累犯、毒品再犯,原审法院判处其15年有期徒刑适当,但"并处罚金人民币二万元"明显不当,应当对其并处没收财产,因此提出抗诉。扬州市人民检察院支持抗诉。扬州市中级人民法院二审认为,检察机关抗诉理由成立,于2017年3月30日将对其的财产刑改判为并处没收个人财产人民币5万元。

二、典型意义

毒品犯罪是典型的贪利型犯罪，依法追缴毒品犯罪分子的违法所得及其产生的收益，以及供犯罪使用的本人财物，并对其准确适用财产刑，是剥夺其再犯经济基础的重要手段，对有效打击毒品犯罪具有重要作用。对被告人判处有期徒刑，同时并处没收财产的，应当结合其毒品犯罪的性质、情节、危害后果及其获利情况、经济状况等因素，确定没收个人财产的数额。而实践中，司法机关往往对财产刑的处罚不够严格，本案是对财产刑适用不当而抗诉成功的案例。

抗诉案例之四 谢伟强、邹俊等人贩卖、运输毒品案

一、基本案情

2014年11月至12月，被告人谢伟强向被告人刘志方等人贩卖、运输氯胺酮3500克以及含氯胺酮、MDMA成分的其他少量毒品。

2014年12月至2015年2月，被告人邹俊、袁志强等人向刘志方、万宇晴等人贩卖、运输氯胺酮2500克以及含氯胺酮、MDMA成分的其他少量毒品。

江西省吉安市中级人民法院一审以贩卖、运输毒品罪，判处被告人谢伟强死刑，缓期2年执行，判处被告人邹俊无期徒刑。吉安市人民检察院认为，涉案的主要毒品氯胺酮，俗称K粉，根据《非法药物折算表》，氯胺酮与传统毒品海洛因按照10∶1的比例折算，说明其致瘾癖性和对人体的危害与海洛因、甲基苯丙胺相比，还有一定差异，在量刑时应当予以考虑。综合本案的毒品数量、犯罪性质、情节及危害后果等因素，被告人谢伟强贩卖、运输氯胺酮3500克，对其尚不足以适用死刑，对被告人邹俊判处无期徒刑，亦属于量刑过重，依法提出抗诉。江西省人民检察院支持抗诉。江西省高级人民法院认为，检察机关抗诉理由成立，于2017年3月3日改判谢伟强无期徒刑，邹俊有期徒刑15年（其他同案被告人犯罪事实和判决情况略）。

二、典型意义

当前毒品犯罪案件涉案毒品种类呈多样化，新类型毒品犯罪不断涌现，其中涉氯胺酮犯罪所占比例增大。如何对被告人准确适用刑罚是司法机关面临的重要问题。本案是针对贩卖、运输氯胺酮案件量刑畸重抗诉成功的案例。

检察机关办理毒品犯罪案件，在坚持整体从严惩处毒品犯罪、突出打击重点的同时，要贯彻宽严相济刑事政策，根据案件的具体情况予以区别对待，对于罪行较轻、或者具有从犯、自首、立功等法定、酌定从宽处罚情节的毒品犯罪分子，根据罪刑相适应原则，依法予以从宽处罚，以分化瓦解毒品犯罪分子，预防和减少毒品犯罪。

2019年最高人民检察院检察机关依法惩治和预防毒品犯罪典型案例

案例一 蒙世升贩卖毒品案

一、基本案情

广西壮族自治区灵山县公安局在侦查张宗胜贩卖、运输毒品、李剑非法持有毒品案时，发现蒙世升与本案有关。抓获蒙世升后，提请灵山县人民检察院批准逮捕。检察机关经审查，认为能够证实蒙世升犯罪的证据只有其在侦查阶段的供述，但其在审查逮捕时已经翻供，直接与蒙世升联系的张宗胜始终拒不承认，没有其他证据指证蒙世升贩卖毒品，故以事实不清、证据不足为由，作出不批准逮捕决定。

广西壮族自治区人民检察院在办理张宗胜、李剑上诉案件过程中，发现侦查机关仅对扣押的张宗胜、李剑、蒙世升手机中未删除的短信、微信进行拍照提取，未对手机中已删除信息进行数据恢复，即委托自治区检察院技术部门进行电子数据检验。经检验，恢复并提取已被删除的张宗胜、李剑、蒙世升的短信、微信信息以及通讯录，这些信息证实了张宗胜与蒙世升为交付毒资多次联系进行转款的具体内容，与蒙世升曾经的有罪供述、银行交易明细等相互印证。据此，可以认定蒙世升贩卖毒品的事实。检察机关督促公安机关对蒙世升重新提请逮捕，依法追究蒙世升贩卖毒品罪。钦州市中级人民法院以被告人蒙世升犯贩卖毒品罪，判处死刑，缓期2年执行。

二、典型意义

毒品犯罪案件隐蔽性强，取证难度大，检察机关始终坚持证据裁判原则，不因毒品案件的特殊性而放松对证据标准的要求，在证据不充分、不符合逮捕条件的情况下,依法履行不批捕职能。同时在案件审查过程中,切实发挥主导作用,依法做好自行补充侦查工作,对电子证据进行收集提取和审查判断,取得了认定蒙世升犯罪的关键证据,追诉了犯罪嫌疑人,把住了证据质量关。

案例二 郭雄林、郭宝福、郭铅贩卖毒品案

一、基本案情

湖南省郴州市人民检察院在审查欧阳峰、欧旭强、何文彬涉嫌贩卖毒品案过程中,发现毒品来源及毒资去向未查清。欧阳峰、欧旭强都供述毒品来自广东的"阿林",且毒资通过欧阳峰银行账户转账至"阿林"的账户。经调取欧阳峰银行交易记录,发现欧阳峰几次购毒均给一个开户人为"郭雄林"的建设银行账户汇款,遂要求公安机关调取了郭雄林的身份信息交欧阳峰辨认。经欧阳峰确认并补充同案人欧旭强对郭雄林的辨认笔录,确认郭雄林即"阿林",系毒品上家后,建议对"阿林"网上追逃。"阿林"在广东被抓获。考虑到欧阳峰曾供述过毒品是"阿林"父亲找"阿林"叔叔拿的货,在"阿林"归案后,检察官引导侦查人员调取同案郭宝福("阿林"父亲)、郭铅("阿林"叔叔)与"阿林"的通话记录、银行账户交易明细,与扣押的手机中的短信及微信信息进行比对,查明郭宝福、郭铅亦参与本案毒品犯罪,并将2人抓获。经查,被告人郭雄林伙同其父郭宝福向郭铅等人购买冰毒后,4次贩卖给欧阳峰、欧旭强等人共计5000余克的事实。郴州市中级人民法院以贩卖毒品罪,分别判处郭雄林、郭宝福、郭铅死刑,缓期2年执行。

二、典型意义

毒品案件上下家联系隐蔽,往往难以查清。为确保对毒品犯罪的"全链条"打击,本案检察机关在办案中,始终把握毒品来源、毒资走向两条主线,做到"三必查",即与案件有关的人必查,看是否构成犯罪;与案件相关的事必查,看是否存在案中案;有疑点必查,看有无深挖的必要。同时积极引导取证,详细列明补充侦查提纲,成功追诉3名毒品犯罪主犯,扩大了打击成果,铲除了该条毒品犯罪链。

案例三 刘有娣贩卖毒品案

一、基本案情

被告人刘有娣驾驶小轿车携带毒品在广东省广州市被民警查获。民

警在其车副驾驶位置缴获甲基苯丙胺1000余克。检察机关以贩卖毒品罪起诉刘有娣。刘有娣辩称，毒品系搭乘其车中途下车的陈某某所留。广州市中级人民法院一审判决，认为本案没有形成完整的证明体系，不能排除合理怀疑，判决被告人刘有娣无罪。广州市人民检察院认为，本案侦查取证虽存在瑕疵，但现有证据可以证实刘有娣的犯罪行为，其辩解没有证据支持，依法提出抗诉。同时对侦查取证中的问题向侦查机关发出纠正违法通知书。广东省人民检察院支持抗诉，承办检察官到实地查看行车路线和抓捕现场，向侦查机关提出补证意见。承办检察官经审查案件材料还发现，被告人刘有娣的上家与省检察院办理的一起毒品上诉案中的上家"老陈"疑为同一人。但因各种原因，导致"老陈"长期未归案。广东省检察机关及时向最高检第二检察厅报告了相关情况，第二检察厅及时协调公安部禁毒局成功将犯罪嫌疑人"老陈"抓获，补强了被告人刘有娣贩卖毒品的证据。二审期间，广东省人民检察院副检察长列席了审判委员会，并发表明确意见。广东省高级人民法院二审改判刘有娣犯贩卖毒品罪，判处无期徒刑。

二、典型意义

毒品犯罪案件零口供情况较为常见，检察机关要取得突破，必须将被告人的上下家关系人的情况搞清楚。本案检察机关承办人认真复查案发现场，及时开展补查补证工作，对辖区内所办案件进行综合研判，找到了突破案件的关键性证据，对于侦查取证中的问题及时提出纠正意见。提出抗诉后，检察长列席审判委员会发表监督意见。二审将无罪改判为无期徒刑，防止了重大毒品犯罪分子逃避法律制裁。

案例四 杨楠洗钱案

一、基本案情

被告人杨楠（女）与唐俊（已判刑）系男女朋友同居关系，杨楠无工作和经济收入。唐俊纠集陈刚等人在四川省某地制造甲基苯丙胺60余公斤用于贩卖。其间，唐俊将毒品犯罪所得640万元交给杨楠，杨楠通过利用他人账户多次转账、取现等方式隐匿钱款的来源、性质，其中用140万元购买住房一套、用80万元购买轿车一辆、用420万元购买理财产品。检察机关认为，杨楠明知以上资金为唐俊毒品犯罪所得，而帮助其掩饰、隐瞒，应当以洗钱罪追究其刑事责任。杨楠辩称知道唐俊在做工程,不知钱款是制毒所得,且大部分购买理财产品的钱是他人赠予,并非唐俊所给。一审法院认为,杨楠对唐俊的工作及收入了解,应当明知仅凭唐俊的合法收入,拿不出高额现金来买房买车,故杨楠知道或应当知道唐俊的钱来源不合法,认定杨楠构成掩饰、隐瞒犯罪所得罪,判处有期徒刑4年6个月,并处罚金人民币5万元。四川省犍为县人民检察院认为一审判决定性错误,提出抗诉,同时积极引导侦查机关取证,进一步获取了唐俊同案犯陈刚等人的证言,证实杨楠曾参与讨论制造毒品用塑料桶和铁桶哪个容易损坏等问题,证明杨楠明知唐俊从事毒品犯罪;进一步调取了银行转账记录,证实买理财产品及买车买房的资金均来源于唐俊。乐山市中级人民法院采纳抗诉意见,认定杨楠犯洗钱罪,判处有期徒刑5年,并处罚金人民币60万元。

二、典型意义

毒品犯罪是典型的贪利型犯罪,依法追缴毒品犯罪分子的违法所得及其产生的收益,以及供犯罪使用的本人财物,准确适用财产刑,是摧毁其犯罪经济基础的重要手段,对有效打击毒品犯罪具有重要作用。本案在依法追缴唐俊犯罪所得的基础上,加大对洗钱等关联案件的打击力度,为积极推动缉毒反洗钱工作提供了可资借鉴的经验。同时也宣示,谁协助毒品犯罪分子洗钱,谁将受到法律的严惩。

案例五 王家宝等人贩卖、运输毒品案

一、基本案情

辽宁省辽阳市人民检察院在审查被告人吴传熙、王家宝、金宏禹、戴锡勇、邢海洋贩卖、运输毒品案时,发现公安机关仅认定戴锡勇贩卖甲基苯丙胺0.3克,邢海洋贩卖甲基苯丙胺1克。承办检察官通过认真审阅卷宗,讯问被告人,发现2人的上家、同案被告人金宏禹可能掌握2人的其他犯罪事实。经过细致工作,金宏禹供述了戴锡勇、邢海洋贩卖甲基苯丙胺60克给潘振的事实。检察机关依法补充了邢海洋、戴锡勇遗漏的此笔犯罪事实,同时要求公安机关依法追诉犯罪嫌疑人潘振,后潘振因贩卖毒品罪被判处有期徒刑1年。承办检察官在审查随案移送的被告人王家宝手机短信记录时,发现其给女友黄润红的短信中,多次要求黄润红协助邮寄毒品的事实,经讯问,王家宝供认指使女友黄润红协助贩卖毒品的事实。检察机关要求公安机关依法追诉犯罪嫌疑人黄润红,后黄润红因贩卖

毒品罪被判处有期徒刑13年。

本案作出一审判决后，检察机关加强对判决、裁定的审查，认为被告人王家宝贩卖甲基苯丙胺7320余克，又犯运输毒品犯罪，对促成本案毒品交易起到积极作用，且同案被告人吴传熙贩卖甲基苯丙胺4980克即被判处死缓，一审法院对王家宝判处无期徒刑不当，量刑失衡；金宏禹虽有重大立功和坦白从轻情节，但其亦系毒品再犯、累犯，且贩卖甲基苯丙胺6320余克，一审法院对其判处有期徒刑15年，量刑不当；同时对于被告人戴锡勇、邢海洋分别判处有期徒刑11年、有期徒刑8年，亦属量刑畸轻，一并提出抗诉。二审法院采纳检察机关的抗诉意见，改判王家宝死缓；改判金宏禹无期徒刑；改判戴锡勇有期徒刑15年、邢海洋有期徒刑10年。

二、典型意义

在毒品犯罪案件中，犯罪分子往往多次进行毒品交易，但归案后，常常隐瞒未被发现的犯罪事实。本案中，侦查机关认定戴锡勇、邢海洋贩卖的毒品数量较少，检察机关没有就案办案，而是严审细查，深挖犯罪事实和遗漏同案犯罪嫌疑人，确保相关犯罪嫌疑人依法受到法律追究。同时依法履行审判监督职能，通过抗诉，确保罚当其罪，使犯罪分子得到了应有的惩罚，切实履行了检察机关在刑事诉讼中的主导责任。

案例六　滕军红非法买卖制毒物品案

一、基本案情

江苏省扬州市江都区人民检察院在办理公安机关移送审查起诉的滕军红非法买卖制毒物品案过程中查明，滕军红系民营企业法定代表人，其公司经营范围为相关化学品的销售，取得了非药品类易制毒化学品经营备案证明、危险化学品经营许可证。滕军红在未经备案的情况下，多次向刘某某等4人各自经营的企业出售简单加工后的丙酮合计13吨，销售额人民币6.7万元，刘某某等4人将购买的上述丙酮均用于各自经营企业的乙炔瓶装生产。检察机关经退回补充侦查并经检察委员会研究认为，丙酮是我国列管的第三类易制毒化学品，滕军红未到有关部门备案，即出售丙酮，其行为违反了《易制毒化学品管理条例》的有关规定，但其进购丙酮废液转卖或者提纯后转卖的行为，均系将丙酮用于合法的生产经营活动，依据刑法及相关司法解释的规定，滕军红的行为不构成非法买卖制毒物品罪，扬州市江都区人民检察院决定对滕军红不起诉。对滕军红违反《易制毒化学品管理条例》的行为，向扬州市公安局发出检察建议，建议对滕军红依法给予行政处罚，并对辖区内相关化工企业开展专项摸底排查，确保各企业依法经营。扬州市公安局采纳了检察机关的检察建议，对滕军红的违法行为给予100余万元的行政处罚，没收其违法所得6.7万元，并对辖区内化工企业合法经营情况开展了专项检查。

二、典型意义

制毒物品是毒品的原料，多数制毒物品在工农业生产上有较为广泛的合法用途。对于实践中违规生产、经营、运输易制毒化学品的行为，要依据刑法和相关司法解释的规定，准确区分罪与非罪的界限。本案检察机关依法履行法律监督职责，对不构成犯罪的，依法作出不起诉决定，依法平等保护各类市场主体的合法权益。对于违反行政法规的行为，在充分调研的基础上，准确制发检察建议，提高企业防范法律风险的能力，促进企业规范、合法经营，实现了办案法律效果和社会效果的双赢。

2020年最高人民检察院强化法律监督、推进毒品犯罪检察治理典型案例

案例一 "园丁丁"制贩大麻论坛系列案

一、基本案情

"园丁丁"论坛是近年来国内规模较大的大麻论坛，该论坛通过邀请码进入，设有大麻品种、种子、种植等10个分区38个版块，会员1500余人，内容涵盖大麻种植及大麻种子、种植用具、吸食工具、大麻买卖，为国内大麻吸食人群提供种植、交易渠道，逐渐成为制贩大麻的源头组织。2018年初，浙江省诸暨市公安机关发现查获的吸毒人员所吸食的大麻均通过"园丁丁"论坛购买，遂立案侦查。2019年1月23日，公安机关将案件移送审查起诉后，诸暨市人民检察院审查发现，曹凤等7名论坛版主管理各自版块，发布数百条有关大麻的主题帖、交流大麻种植技术的回复帖。检察机关审查认为，版主具有一定的管理职权，在论坛中活跃程度较高，利用网络发布大量种植大麻等制毒、贩毒违法犯罪信息，为他人

实施毒品犯罪创造了条件，也产生了制毒、贩毒的实际后果，社会危害性大，情节严重，构成非法利用信息网络罪。朱必鑫等13名会员通过论坛学习种植经验、购买种子和设备，种植大麻并销售或者通过论坛直接购买大麻并寻找下家销售，构成贩卖毒品罪。

2019年5月20日检察机关将案件提起公诉后，7名版主以非法利用信息网络罪被判处有期徒刑1年9个月至2年3个月不等刑罚，13名会员以贩卖毒品罪被判处有期徒刑1年3个月至4年6个月不等刑罚。检察机关还就本案暴露出的互联网监管漏洞等问题，及时向当地党委政府提出完善网络空间治理的相关意见建议。

二、典型意义

近年来，大麻滥用和涉网络毒品犯罪均呈现上升趋势，犯罪手段多样、隐蔽性强，查证难度大。本案中，检察机关积极引导侦查取证，拓展办案思路，精准指控，不仅严厉打击利用网络实施的贩卖毒品犯罪，还严厉打击利用互联网发布涉毒信息的犯罪行为，实现全链条打击，使犯罪分子受到依法惩处。同时，检察机关还延伸司法办案效果，积极参与网络生态治理，推进源头防控和治理。

案例二　刘某涉嫌隐瞒毒品案

一、基本案情

刘某系上海某快递公司快递员，毒犯林某将一个藏有毒品的包裹通过刘某进行邮寄，次日又联系刘某拦截该包裹。包裹返回仓库后，刘某因无法联系到林某，遂将包裹暂存于快递柜内。公安机关查获林某后追踪到刘某，告知其寄出包裹内藏有违禁品，刘某担心受到公司处罚，用一包大米伪造成林某所寄包裹交至公安机关。民警发现包裹内是大米后告知刘某包裹内本应藏有毒品，刘某知情后仍未及时交出包裹。次日一早，刘某主动交代并带领民警取获包裹，查获其内藏有的毒品甲基苯丙胺约28克。

2018年4月24日，公安机关以刘某涉嫌非法持有毒品罪移送审查逮捕，上海市闵行区人民检察院以其不致发生社会危险性不批准逮捕。审查起诉阶段，检察机关引导公安机关补充侦查，收集快递公司负责人证言及刘、林二人聊天记录、交易往来清单，同时开展自行补充侦查，复核办案民警证言及刘某到案经过等，证实刘某隐瞒毒品的持续时间较短，从知晓可能藏有毒品到主动交代未超过24小时，带领公安机关查获涉案毒品，避免发生严重后果,其动机是担心受到公司处罚,主观恶性小,具有自首情节等。闵行区人民检察院根据本案事实和证据改变公安机关定性,认为刘某涉嫌隐瞒毒品罪,但情节轻微,经邀请3名人大代表作为中立第三方进行公开审查并取得一致同意后,对刘某作出不起诉决定。

二、典型意义

快递从业人员怠尽审核义务而为毒品犯罪提供便利,应予以重点关注,加强监管。本案对防范快递从业人员实施毒品犯罪、防范快递行业沦为毒品交易中转站,具有一定警示作用。检察机关根据案件事实和证据,将公安机关移送起诉时认定的非法持有毒品罪,改变定性为隐瞒毒品罪,准确认定了案件性质。同时,检察机关通过引导侦查及自行补充侦查,查明涉案人员情节轻微,有自首情节,积极开展不起诉案件公开审查,听取各方意见,作出不起诉决定。这也为快递从业人员积极检举揭发毒品犯罪行为,起到积极引导作用。

案例三 郝某某涉嫌非法买卖制毒物品案

一、基本案情

郝某某系民营企业法定代表人,在未经公安机关备案的情况下,以公司名义从某化工厂多次购买硫酸3.8吨、盐酸34.4吨,再销售给某有色金属公司,该有色金属公司将购得的硫酸、盐酸用于铜渡液、活化液生产。2018年鹤壁市公安局山城区分局对郝某某涉嫌非法买卖制毒物品案立案侦查。河南省鹤壁市山城区人民检察院提前介入侦查,引导公安机关取证,实地走访了解公司的生产状况及硫酸、盐酸的储存、使用情况。了解到郝某某系民营企业负责人,涉案行为未造成严重后果,采取羁押措施对企业发展影响较大,遂未对郝某某采取羁押措施。2019年1月21日案件移送审查起诉后,检察机关审查认为,硫酸、盐酸是我国列管的第三类易制毒化学品,郝某某未到有关部门备案,即买卖硫酸、盐酸,其行为违反了《易制毒化学品管理条例》的有关规定,但其销售的硫酸、盐酸,均被用于合法的生产经营活动,依据刑法及相关司法解释的规定,郝某某的行为不构成非法买卖制毒物品罪,鹤壁市山城区人民检察院对其作出不起诉决定。同时,对于郝某某违反《易制毒化学品管理条例》的行为,向鹤壁市山城区公安局发出检察建议,建议对郝某某依法给予行政处罚,并对辖区内相关化工企业开展专项摸底排查,确保各企业依法经营。公安机关采纳了检察机关的检察建议，进行了排查整改。

二、典型意义

对于实践中违规生产、经营、购买、运输易制毒化学品的行为，要依据刑法和相关司法解释的规定，准确区分罪与非罪的界限。本案检察机关依法妥善办理涉民营经济案件，保障企业正常生产经营活动，审慎处理企业经营的不规范问题，对不构成犯罪的，依法作出不起诉决定。检察机关还积极参与社会治理，准确制发检察建议，促进企业规范、合法经营，为民营企业的健康发展提供有力司法保障。

案例四　农子壮贩卖毒品案

一、基本案情

2017年5月，四川省广安市人民检察院在办理农子壮涉嫌贩卖毒品案时，经两次退回公安机关补充侦查，虽然有一定证据证实农子壮涉嫌贩卖毒品，但证据尚达不到确实、充分的程度，遂对农子壮作出存疑不起诉决定。检察机关在作出不起诉决定后，继续引导公安机关获取相关检材，积极协调开展司法鉴定，对其同案犯苟某进行说理教育等思想工作，促使苟某主动要求指认、辨认农子壮。至此，证实农子壮贩卖2000余克海洛因给苟某的证据链条已形成。2018年2月6日，广安市人民检察院以涉嫌贩卖毒品罪对农子壮提起公诉，2019年3月27日一审法院判决认定农子壮犯贩卖毒品罪，判处死刑，缓期2年执行，剥夺政治权利终身，并处没收个人全部财产。农子壮不服提出上诉，二审法院裁定维持原判。

二、典型意义

检察机关准确把握毒品犯罪案件的起诉标准，防止"带病"起诉，依法对证据不足案件作出不起诉决定。同时，不放过案件线索，加大办案力度，引导侦查机关补充、完善证据，构建完整的证据体系。待案件事实清楚，证据确实、充分后，依法提起公诉，犯罪分子被判处死缓，最大程度实现了不枉不纵的司法办案效果。

案例五　陈雄飞等人贩卖、运输毒品案

一、基本案情

2016年12月，刘少轻向蒋华国购买毒品甲基苯丙胺，蒋华国联系上家王易购买，王易又联系其上家葛旻购买，葛旻则联系被告人陈雄飞购买。陈雄飞安排马仔将9500克甲基苯丙胺贩卖给葛旻，葛旻将其中的

8500 克贩卖给王易，王易将其中的 8000 克贩卖给蒋华国，蒋华国全部贩卖给了刘少轻。之后，各被告人再次以同样的方式进行了毒品交易，均先后被公安机关抓获。全案查获毒品共计 20000 余克。

2018 年 2 月 7 日，湖南省衡阳市中级人民法院一审判处陈雄飞死刑，葛旻死缓，王易无期徒刑，蒋华国有期徒刑 16 年。衡阳市人民检察院以量刑畸轻为由提出抗诉，湖南省人民检察院支持抗诉。湖南省人民检察院全面审查案件后，以相关事实证据，使起初"零口供"的被告人陈雄飞如实供述了犯罪事实，引导公安机关重新对其讯问并制作同步录音录像，进一步查清上下线等案件细节，排除证据矛盾；准确认定各被告人在毒品犯罪中的地位、作用及贩卖毒品的数量；查清刘少轻已涉嫌毒品犯罪，对其及时进行追诉（诉讼过程中刘少轻因病死亡）。2018 年 9 月 25 日，湖南省高级人民法院二审采纳抗诉意见，维持对陈雄飞的死刑判决，改判葛旻死刑、王易死刑缓期 2 年执行、蒋华国无期徒刑。2019 年 10 月 31 日，最高人民法院依法核准了被告人陈雄飞、葛旻的死刑判决。

二、典型意义

检察机关充分发挥法律监督职能，坚持全面审查案件事实，以证据为核心构建抗诉基础，突破"零口供"被告人心理防线，促使其认罪，并通过仔细复核、补强证据，排除证据矛盾，完善证据体系，同时还及时追诉一名重要漏犯。通过抗诉，3 名严重毒品犯罪分子均被改判重刑，其中一名被告人被改判为死刑立即执行，维护了国家法律统一适用。

案例六　张春贩卖、运输毒品案

一、基本案情

2018 年 3 月 11 日，公安机关将雷长逢、汪锦侠涉嫌贩卖毒品案移送江苏省南通市人民检察院审查起诉。承办检察官经全面审查证据，发现该案遗漏一名重要犯罪嫌疑人张春。调查发现，公安机关以张春"零口供"、毒资往来不明为由，未将张春移送审查起诉。检察机关决定先自行补充侦查，承办检察官依法讯问张春，对其进行说理教育，展示证据，最终促使张春如实供述了主要犯罪事实。检察机关还多次与公安机关沟通，列出 30 余条退查意见，并引导公安机关补充调取了张春的微信、支付宝注册信息、交易记录、手机通话记录以及与汪锦侠银行卡交易记录、聊天记录等相关证据。

经自行补充侦查及引导补充侦查，检察机关锁定犯罪嫌疑人张春参与贩卖、运输毒品甲基苯丙胺900余克的犯罪事实，依法向公安机关发出《补充移送起诉通知书》，要求补充移送起诉犯罪嫌疑人张春。检察机关提起公诉后，2019年7月10日，南通市中级人民法院作出一审判决，雷长逢、汪锦侠、张春均以贩卖、运输毒品罪被判处死刑，缓期2年执行，剥夺政治权利终身，并处没收个人全部财产。3人均未提出上诉，判决已生效。

二、典型意义

毒品犯罪的隐蔽性较强，上下家"零口供"多，给打击贩卖毒品犯罪造成困难。为确保对毒品犯罪的"全链条"打击，检察机关在办理毒品犯罪案件过程中，始终坚持深挖彻查。在办理本案时，检察机关主动进行监督，根据蛛丝马迹，深挖关联犯罪，并通过自行侦查、引导补充侦查，跟踪监督，锲而不舍，成功追诉一名死缓漏犯，依法严厉打击了毒品犯罪。

2021年最高人民检察院新型毒品犯罪典型案例

案例一　四川王某某贩卖、制造毒品案

【关键词】

贩卖、制造毒品　γ-羟丁酸　打财断血

【要旨】

对于明知γ-羟丁酸系国家管制的精神药品，而制造含有γ-羟丁酸成分的饮料并予以贩卖的行为，应以贩卖、制造毒品罪追究刑事责任。同时，要强化对涉毒资产的审查，依法对毒品犯罪"打财断血"。

【基本案情】

被告人王某某，男，1979年6月出生，某公司法定代表人。

2013年7月，被告人王某某注册成立某贸易公司并担任法定代表人。2016年以来，王某某多次以公司名义购进γ-丁内酯，与香精混合制成混合液体"香精CD123"。后委托广东某食品公司为"香精CD123"粘贴"果味香精CD123"标签，并将"果味香精CD123"通过物流发往其

指定的广东中山某食品饮料公司，按照王某某提供的配方和技术标准加工制成"咔哇氿"饮料。王某某通过总经销商四川某酒业公司将"咔哇氿"饮料销往多地娱乐场所。至案发，共销售"咔哇氿"饮料52355件（24瓶/件，275ml/瓶），销售金额人民币1158万余元。2017年9月9日，公安机关在王某某家中将其抓获，在其家中及公司仓库内查获"咔哇氿"饮料723件零25瓶。经鉴定，"果味香精CD123"及"咔哇氿"饮料均检测出γ-羟丁酸成分。

【检察机关履职情况】

2017年12月11日，公安机关以王某某涉嫌生产、销售有毒、有害食品罪移送四川省成都市青羊区人民检察院审查起诉。2018年6月15日，成都市青羊区人民检察院以王某某犯贩卖、制造毒品罪依法提起公诉。2020年6月22日，成都市青羊区人民法院以贩卖、制造毒品罪，判处王某某有期徒刑15年，并处没收个人财产人民币427万元，依法没收被扣押在案的两套房产及违法所得、收益、孳息人民币643万余元。被告人王某某不服一审判决，提出上诉。2020年9月18日，二审法院依法裁定驳回上诉，维持原判。检察机关办案着重开展了以下工作：

（一）提前介入引导侦查。该案系四川省首例制造、贩卖新型毒品的犯罪案件，案情重大复杂。成都市人民检察院与青羊区人民检察院成立专案组提前介入侦查，了解案情及在案证据，引导公安机关收集王某某手机、电脑文档、微信聊天、通讯记录等证据，以及证明王某某主观犯意、原料来源等方面的证据，夯实证据基础。同时，强化与广东省有关办案机关的信息互通机制，加强协作配合，形成打击合力。

（二）准确认定案件性质。经审查，检察机关认为本案中的核心争议点在于生产、销售"咔哇氿"的行为构成生产、销售有毒、有害食品罪，还是贩卖、制造毒品罪。检察机关多次组织检察官联席会议，就相关专业问题与食品药品监管部门交换意见，经多方研讨论证，认定王某某明知"咔哇氿"中的成分γ-羟丁酸属于国家管制的一类精神药品，饮用后具有成瘾性、危害性，应当依法以贩卖、制造毒品罪追究刑事责任。

（三）对毒品犯罪案件"打财断血"。为全链条打击毒品犯罪，震慑毒品犯罪分子，检察机关强化证据审查，先后两次就王某某的涉案财物、资金流向、不动产登记等证据向公安机关提出补查意见，并将涉案财物清单移送人民法院，提出明确的处置意见，摧毁毒品犯罪的经济基础，充分发挥财产刑的打击效果。

【典型意义】

针对新型毒品犯罪隐蔽性、迷惑性强的特点，检察机关积极引导公安机关依法全面收集、固定证据，构建严密证据锁链，夯实证据基础。发挥检察官联席会的作用，加强与食品药品监管部门以及专业机构的联动配合，对新型毒品案件准确定性。本着打击毒品犯罪和彻查追缴涉毒资产并重的办案理念，深入推进毒品犯罪"打财断血"工作，引导公安机关加强对涉毒资产的查证，加大查处力度，彻底摧毁毒品犯罪的经济基础。

案例二 江苏彭某甲等人贩卖毒品案

【关键词】

贩卖毒品 麦角酰二乙胺 禁毒教育

【要旨】

办理新型毒品犯罪案件，要延伸办案效果，多措并举开展禁毒宣传教育，积极参与禁毒综合治理，切实防范新型毒品对青少年群体的危害。

【基本案情】

被告人龚某某，男，1998年12月出生，无业。

被告人彭某甲，男，1995年9月出生，个体工商户。

被告人彭某乙，男，1999年12月出生，在读学生。

2019年10月底，被告人彭某甲、彭某乙明知"LSD"（"邮票"）系毒品，为谋取非法利益，购得80多张"邮票"，准备予以贩卖。2019年11月7日，被告人彭某甲在长沙市某大厦内，以每片人民币120元的价格将其中的47片"邮票"贩卖给被告人龚某某，合计人民币5640元，彭某甲将其中2800元转账给被告人彭某乙。被告人龚某某将"邮票"分4次分别向他人进行贩卖，后被公安机关查获。经鉴定，查获的"LSD"（"邮票"）检测出麦角酰二乙胺成分。

【检察机关履职过程】

2020年3月26日，江苏省常州市天宁区人民检察院以被告人彭某甲、龚某某犯贩卖毒品罪依法提起公诉。同年4月28日，天宁区人民检察院对彭某乙追加起诉。同年6月28日，天宁区人民法院以贩卖毒品罪判处龚某某有期徒刑3年，并处罚金人民币3000元；判处彭某甲有期徒刑 7 个月，并处罚金人民币 7000 元；判处彭某乙有期徒刑 7 个月，并处罚金人民币 3000 元。检察机关办案着重开展了以下工作：

（一）依法慎重办理，精细化审查新型毒品案件。办案中，检察机关了解到被告人彭某乙系在校学生，主动开展社会调查，向其在读学校、亲友、老师、同学等详细了解其平时学习、交友状况、在校表现等，为提出量刑建议和帮教工作提供参考。同时，结合彭某乙对于新型毒品的明知程度、贩卖毒品的主观罪过、客观行为和获利情况等情节，依法适用认罪认罚从宽制度。

（二）关注新型毒品，联合企业成立禁毒教育基地。常州市天宁区人民检察院以该案为切入点，联系辖区制药企业，利用企业药品研发车间设立新型毒品禁毒教育基地，涵盖新型毒品的发展、演变、种类、后果、案例等内容，组织青少年参观学习，提高防毒、拒毒的意识和能力。同时，该院创设"彩虹时空法治课堂"，结合该案办理情况，采用"以案释法＋微视频"的方式，用网络语言阐释法律术语，用视频短片诠释是非观念，用卡通形象解读真实案例，让青少年在互动体验中掌握预防新型毒品的知识。

（三）制发检察建议，专项整治辖区环境。针对该案反映出"邮票"等新型毒品在青少年群体流传，以及辖区内曾出现青少年在酒吧等场所接触新型毒品的情况，检察机关在充分调研的基础上，向辖区公安机关发出检察建议，督促加强治安管理。同时联合公安机关开展娱乐场所清查行动，对存在毒品交易、吸毒、未成年人进入特定场所等问题进行检查督导、责令整改。

【典型意义】

针对"LSD"（"邮票"）等新型毒品危害性大、监管疏漏等问题，检察机关以点带面，在依法打击毒品犯罪的同时，对社会管理的薄弱环节，通过制发检察建议的形式，积极参与综合治理，督促辖区全面整治。同时，不断创新工作机制，加强与制药企业等单位合作，设立新型毒品禁毒教育基地，定期组织青少年参观学习禁毒知识。通过微博直播平台等形式，依托"云课堂"等途径，增强青少年的禁毒意识，构建防范新型毒品综合治理新格局。

案例三 广西吕某某等人贩卖毒品案

【关键词】

贩卖毒品 尼美西泮 追捕漏犯

【要旨】

办理新型毒品犯罪案件,要依法及时提前介入,全面审查案件事实证据,及时追捕漏罪漏犯,积极开展新型毒品预防宣传教育工作。

【基本案情】

被告人吕某某,男,1980年11月出生,农民。

被告人黎某某,女,1990年8月出生,无业。

被告人吕某某在明知"神仙水"含有毒品成分的情况下,通过QQ、微信等网络聊天工具,利用被告人黎某某等人对外贩卖"神仙水"。黎某某以"神仙水"具有减肥功能为由,按每袋人民币400元的价格向赵某某进行贩卖。黎某某收到钱款后,转账350元给吕某某,从中赚取了50元的差价。吕某某按照约定将"神仙水"丢包至广西壮族自治区南宁市某市场门口附近绿化带处,并将藏毒地点拍摄视频发给黎某某,由黎某某将视频转发给赵某某。赵某某根据视频前往藏毒地点拿取毒品时被公安机关抓获,当场查获"神仙水"1包,净重1克。随后,公安机关在吕某某的汽车上查获"神仙水"43包,共净重39.01克,均检出尼美西泮成分。

【检察机关履职情况】

2020年8月13日,广西壮族自治区南宁市江南区人民检察院对吕某某涉嫌贩卖毒品罪依法批准逮捕。检察机关同时发现黎某某涉案,但公安机关未移送审查逮捕,遂于同年8月30日向公安机关发出《应当逮捕犯罪嫌疑人意见书》,要求追捕黎某某,后公安机关将其抓捕归案。2020年10月27日、2021年3月7日,江南区人民检察院以吕某某、黎某某犯贩卖毒品罪分别依法提起公诉。2020年11月27日、2021年3月31日,江南区人民法院以贩卖毒品罪,依法判处吕某某、黎某某有期徒刑9个月,并处罚金人民币5000元。检察机关办案着重开展了以下工作:

(一)依法及时提前介入,引导公安机关侦查取证。检察机关依托派驻公安机关执法办案管理中心检察室,主动提前介入,引导公安机关注重对吕某某、黎某某的QQ、微信聊天记录、转账记录等客观性证据的收集。同时,以该案作为样本,与公安机关法制大队建立信息互通机制,及时通报新型毒品案件处置、侦查情况,加强案件联合会商,统一证据标准。

(二)全面审查证据,积极追捕遗漏同案犯。公安机关根据检察机关提出的意见,调取了吕某某手机内近年来聊天记录、照片、视频后,承办检察官经逐一细致审查,发现吕某某通过QQ、微信等网络聊天工具发展下家销售"神仙水",其中黎某某是其下家,涉嫌贩卖毒品犯罪。检察机关及时向公安机关发出追捕黎某某的意见,将黎某某及时追捕到案。同时,督促公安机关对未到案的其他涉案人员加大追捕力度,有效打击全案"神仙水"的销售网络。

(三)积极开展认罪认罚工作,确保办案效果。对侦查阶段不认罪的吕某某、黎某某,检察机关认真开展释法说理,告知贩卖毒品的社会危害性及认罪认罚的法律后果,通过教育感化,促使二被告人认识到所犯罪行的严重性和危害性,自愿认罪悔过。通过适用认罪认罚从宽制度,提高诉讼效率,节约司法资源,提升了办案效果。

(四)针对"神仙水"新型毒品犯罪案件,开展预防宣传工作。该案系贩卖"神仙水"的新型毒品犯罪,检察机关及时总结办案经验,通过"两微一端"等媒介发布办案情况,向广大群众宣传"神仙水"所含的尼美西泮属二类精神类管制药品,以及"神仙水"的常见形态和滥用危害,提醒广大群众增强识毒、防毒意识。

【典型意义】

办理新型毒品犯罪案件,检察机关要充分依托派驻公安机关执法办案管理中心检察室等机制,主动提前介入,引导公安机关依法收集、固定证据,特别是客观性证据。对于发现遗漏的同案犯,要依法及时追捕到案,实现对毒品犯罪的全链条打击。要认真开展释法说理工作,依法适用认罪认罚从宽制度,确保毒品犯罪案件办案效果。对于新型毒品犯罪案件,要广泛开展预防宣传教育工作,切实增强群众防范新型毒品的意识和能力。

案例四 福建胡某某贩卖毒品案

【关键词】

贩卖毒品 莫达非尼 不起诉

【要旨】

对于涉毒青少年进行综合评估,通过公开听证,依法作出不起诉决定。制订个性化帮教方案,督促涉毒青少年回归正途。

【基本案情】

被不起诉人胡某某,男,2001年9月出生,在校学生。

2020年7月14日,被不起诉人胡某某通过QQ及微信联系,以人民币160元的价格将3颗重0.75克的"聪明药"贩卖给一男子。同年7月22日,胡某某通过微信与该男子再次商定以人民币100元的价格贩卖3颗"聪明药",并约定在福建省漳州市诏安县某书店门口交易,交易时被公安机关当场抓获。经鉴定,查获的"聪明药"检测出"莫达非尼"成分。

【检察机关履职情况】

2020年8月26日,公安机关以胡某某涉嫌贩卖毒品罪向福建省晋江市人民检察院移送审查起诉。同年9月25日,晋江市人民检察院对胡某某作出不起诉决定。检察机关办案着重开展了以下工作:

(一)审查全案事实证据,依法适用认罪认罚从宽制度。检察机关审查后认为,根据胡某某的微信聊天记录、供述等证据,可以证实胡某某在明知"莫达非尼"系国家管制的精神药品的情况下,为牟取非法利益,向他人贩卖含有"莫达非尼"成分的"聪明药"1.48克,其行为构成贩卖毒品罪。考虑胡某某是在校学生,检察机关根据其身份特点,有针对性地进行法治教育,使其认识到毒品犯罪的危害和认罪认罚的法律后果,促使胡某某真诚认罪悔罪。

(二)公开听证听取意见,综合评估作出不起诉决定。胡某某贩卖毒品的数量较小,部分毒品未流入社会,且具有坦白、认罪认罚等从轻处罚情节,案发时系应届高三毕业生,学校证实胡某某在校期间一贯表现较好,审查起诉时已被某技术学院录取。检察机关综合考虑胡某某涉嫌犯罪情节、在校表现、认罪悔过情况,决定就是否以贩卖毒品罪起诉胡某某召开听证会,邀请人大代表、公安机关代表、辩护人及熟悉学生身心特点的中学教师参与听证。听证员一致认为,胡某某主观恶性较小,其作为在校期间一贯表现较好的准大学生,具有教育挽救的可能性,同意对其相对不起诉的意见。检察机关遂依法对胡某某作出不起诉决定。

(三)积极开展跟踪帮教,引导涉毒青少年回归正途。检察机关本着对涉罪青少年高度负责的态度,制订个性化的帮教方案,主动对接学校、家庭、社区,不定期向被不起诉人胡某某及其家属了解其行为表现,关心其思想、生活、学习情况。向其提供由检察机关与社工事务所联合组织的帮教服务，由专业社工定期与其谈话，了解思想动态，有针对性地加强引导教育，努力做到监管与教育并重，并组织其参加志愿活动，丰富其课余生活，促使其重塑积极向上的人生目标。目前胡某某已戒掉毒瘾，在校表现良好，成绩优异。

【典型意义】

检察机关在办理涉青少年新型毒品案件时，要严格贯彻落实宽严相济刑事政策，在依法严厉打击严重毒品犯罪的同时，秉持"惩治、教育、挽救"的办案理念，综合运用认罪认罚从宽和公开听证等制度机制，对犯罪情节轻微、主观恶性不深的青少年依法作出不起诉决定。通过指导家庭教育、送法进校园等举措，帮助涉毒青少年进行心理矫治和戒毒治疗，引导其回归正途。

附录二 《刑事审判参考》毒品犯罪相关案例索引*

11- 黄赏等走私毒品案——对走私毒品大麻的犯罪如何适用刑罚

12- 唐友珍运输毒品案——毒品犯罪数量不是决定判处死刑的唯一标准

27- 金铁万、李光石贩卖毒品案——对于有立功表现的毒品犯罪分子应如何适用刑罚

28- 马俊海运输毒品案——被告人在受人雇佣运输毒品过程中才意识到运输的是毒品的案件应如何适用刑罚

37- 胡斌、张筠筠等故意杀人、运输毒品（未遂）案——误认尸块为毒品予以运输的行为如何定罪处刑

54- 李伊斯麻贩卖毒品案——被告人拒不认罪的如何运用证据定罪处刑

82- 杨永保等走私毒品案——仅因形迹可疑被公安机关盘问后即如实交代罪行的应认定为自首

105- 张敏贩卖毒品案——如何正确认定非法持有毒品罪

163- 郑大昌走私毒品案——吸毒者实施毒品犯罪的应如何定罪量刑

164- 刘军等贩卖、运输毒品、非法买卖枪支、弹药案——有特情介入的毒品犯罪案件是否必然存在特情引诱

191- 薛佩军等盗窃案——盗窃毒品如何定罪量刑

208- 苏永清贩卖毒品案——为贩卖毒品向公安特情人员购买毒品的应如何处理

---

* 截至 2021 年第 127 集，标题前的数字为案例编号。

248- 马盛坚等贩卖毒品案——贩卖毒品犯罪中的居间介绍

249- 梁延兵等贩卖、运输毒品案——如何认定被告人协助公安机关抓获同案犯构成立功问题

250- 韩雅利贩卖毒品、韩镇平窝藏毒品案——被告人在羁押期间人工流产后脱逃，多年后又被抓获审判的，能否适用死刑

364- 李惠元贩卖毒品案——贩卖毒品数量较大，但毒品含量极低的，应当如何量刑

365- 宋国华贩卖毒品案——对购买数量巨大的毒品且被告人本人系吸毒成瘾者的应当如何定性

366- 黄德全、韦武全、韦红坚贩卖毒品案——毒品犯罪中如何准确认定从犯和适用刑罚

367- 张玉梅、刘玉堂、李永生贩卖毒品案——在毒品犯罪死刑复核案件中，对于毒品大量掺假的情况，在量刑时是否应该考虑

373- 梁国雄、周观杰等贩卖毒品案——为贩卖毒品者交接毒品行为的定性及自首、立功的认定问题

374- 吕卫军、曾鹏龙运输毒品案——如何准确区分共犯与同时犯

392- 李靖贩卖、运输毒品案——因毒品犯罪被判处的刑罚尚未执行完毕又犯贩卖、运输毒品罪的，是否适用刑法第三百五十六条的规定从重处罚

405- 宋光军运输毒品案——因同案犯在逃致被告人在共同犯罪中地位、作用不明的应慎用死刑

413- 练永伟等贩卖毒品案——如何区分犯罪集团和普通共同犯罪

414- 田嫣、崔永林等贩卖毒品案——犯罪分子亲属代为立功的能否作为从轻处罚的依据

430- 王某贩卖毒品案——对以非常规形式存在的毒品应如何定性及对涉及多种类毒品的犯罪案件如何量刑

431- 彭崧故意杀人案——被告人吸食毒品后影响其控制、辨别能力而实施犯罪行为的，是否要承担刑事责任

438- 陈佳嵘等贩卖、运输毒品案——协助司法机关稳住被监控的犯罪嫌疑人是否构成立功

453- 张建国贩卖毒品案——如何理解和把握刑事诉讼法第四十六条

关于"没有被告人供述,证据充分确实的,可以认定被告人有罪和处以刑罚"的规定

463– 庄木根、刘平平、郑斌非法买卖枪支、贩卖毒品案——非法买卖枪支时以毒品冲抵部分价款行为如何定性

486– 朱海斌等制造、贩卖毒品案——制造毒品失败的行为能否认定为犯罪未遂

500– 赵廷贵贩卖毒品案——贩卖含量极低的海洛因针剂,如何认定毒品数量并适用刑罚

501– 高国亮、李永望等贩卖、制造毒品案——加工、生产混合型毒品"麻古"的行为能否认定为制造毒品罪

528– 武汉同济药业有限公司等四单位及孙伟民等人贩卖、运输、制造、转移毒品案——不明知他人购买咖啡因是用于贩卖给吸毒人员的情况下,违规大量出售咖啡因的行为不构成贩卖毒品罪

529– 吴杰、常佳平、信沅明等贩卖毒品案——如何区分贩毒网络中主要被告人的罪责

530– 侯占齐、李文书、侯金山等人走私、贩卖毒品案——对家族式毒品共同犯罪中作用相对较小地位相对较低的主犯,可酌情从轻判处刑罚

531– 赵扬运输毒品案——如何把握运输毒品罪适用死刑的一般标准

532– 吉火木子扎运输毒品案——如何把握运输毒品案件中毒品数量

533– 李补都运输毒品案——被告人运输毒品数量大,但不排除受人雇佣的,如何量刑

534– 王丹俊贩卖、制造毒品案——如何把握新型毒品案件的法律适用标准

535– 李昭均运输毒品案——如何把握运输氯胺酮犯罪的死刑适用标准

536– 赵敏波贩卖、运输毒品案——未进行毒品含量鉴定的新类型

537– 王佳友、刘泽敏贩卖毒品案——对有特情介入因素的案件如何量刑

538– 申时雄、汪宗智贩卖毒品案——如何认定毒品犯罪案件中的数量引诱

539– 马良波、魏正芝贩卖毒品案——被告人提供的在逃犯的藏匿地

点与被告人亲属协助公安机关抓获该人的实际地点不一致的，能否认定为立功

540- 张树林等走私、贩卖、运输毒品案——对有重大立功表现但罪行极其严重的

541- 吴乃亲贩卖毒品案——罪行极其严重，虽有重大立功，但功不抵罪，不予从轻处罚

542- 贺建军贩卖、运输毒品案——保外就医期间再犯毒品犯罪的应当认定为毒品再犯

543- 龙从斌贩卖毒品案——对毒品犯罪数量接近实际掌握的死刑适用标准，又系毒品再犯的，如何体现从重处罚

544- 呷布金莫贩卖毒品案——对贩卖毒品数量刚达到死刑适用标准，但系毒品惯犯的，如何量刑

545- 依火挖吉、曲莫木加、俄木阿巫贩卖、运输毒品案——审理先归案被告人过程中，在逃的共同犯罪嫌疑人归案的，应如何处理

546- 王会陆、李明等人贩卖、运输毒品案——共同犯罪中罪责相对较小但系毒品再犯的，亦应从严惩处

547- 冯忠义、艾当生贩卖、运输毒品案——对同时为自己和他人运输毒品的被告人，应如何量刑

548- 李良顺运输毒品案——被告人以高度隐蔽的方式运输毒品，但否认明知的，如何认定

549- 龙正明运输毒品案——被告人到案后否认明知是毒品而运输的，如何认定其主观明知

550- 周桂花运输毒品案——被告人以托运方式运输毒品的，如何认定其主观明知

551- 闵光辉、马占霖、帕丽旦木·买森木贩卖毒品案——如何确定毒品犯罪案件的地域管辖

552- 胡元忠运输毒品案——人"货"分离且被告人拒不认罪的，如何运用间接证据定案

553- 李陵、王君亚等贩卖、运输毒品，非法买卖、运输枪支、弹药案——被告人到案后不认罪的，如何认定其犯罪事实

581- 龚文彬等抢劫、贩卖毒品案——诈骗未得逞后以暴力手段取得

财物的如何定性

592- 许实义贩卖、运输毒品案——毒品犯罪被告人主观明知的认定

593- 彭佳升贩卖、运输毒品案——因运输毒品被抓获后又如实供述司法机关未掌握的贩卖毒品罪行不构成自首

605- 谢怀清等贩卖、运输毒品案——毒品共同犯罪案件中被告人先后翻供的，如何认定案件事实

606- 房立安、许世财非法买卖制毒物品案——如何认定非法买卖制毒物品罪

617- 智李梅、蒋国峰贩卖、窝藏、转移毒品案——被告人曾参与贩卖毒品，后又单方面帮助他人窝藏、转移毒品的，如何定罪

638- 傅伟光走私毒品案——在毒品犯罪案件中，如何认定行为人的主观明知对走私美沙酮片剂的犯罪行为如何适用量刑情节

639- 包占龙贩卖毒品案——在毒品犯罪案件中，如何区别侦查机关的"犯意引诱"和"数量引诱"对不能排除"数量引诱"的毒品犯罪案件能否适用死刑立即执行

640- 邵春天制造毒品案——跨国犯罪案件如何确定管辖权和进行证据审查

721- 王文勇、陈清运输毒品案——侦查人员出庭作证的范围和程序

733- 陈某贩卖、运输毒品案——律师在侦查阶段先后接受有利害关系的两名同案犯委托，在审判阶段又为其中一人辩护的，如何处理

742- 古丽波斯坦·巴吐尔汗贩卖毒品案——司法机关查获部分毒品后，被告人主动交代了实际贩毒数量，并达到死刑数量标准的，如何量刑

743- 夏志军制造毒品、非法持有枪支案——如何认定制造毒品犯罪的"幕后老板"

753- 魏光强等走私运输毒品案——提供线索并协助查获大量案外毒品，但无法查明毒品持有人的，是否构成立功

767- 蒋泵源贩卖毒品案——明知他人从事贩卖毒品活动而代为保管甲基苯丙胺的行为如何定性

782- 王平运输毒品案——拒不供认毒品来源，又不能证明系受人指使、雇佣运输毒品的，如何处理

799- 吴秀龙等贩卖毒品案——对身患重病但因不符合暂予监外执行

的罪犯，看守所或者监狱拒绝收监的，法院如何处理

800- 凌万春、刘光普贩卖、制造毒品案——如何认定毒品共犯的地位、作用以及"制造"毒品行为

801- 胡俊波走私、贩卖、运输毒品，走私武器、弹药案——毒品犯罪案件中如何具体认定立功情节以及如何把握基于立功情节对被告人从轻处罚的界限

802- 王小情、杨平先等非法买卖制毒物品案——利用麻黄碱类复方制剂加工、提炼制毒物品并非法贩卖的，如何定性

803- 解群英等非法买卖制毒物品、张海明等非法经营案——非法买卖麻黄碱类复方制剂以及将麻黄碱类复方制剂拆改包装后进行贩卖的，如何定性

821- 李某贩卖毒品案——对被告人辩称受人雇用贩卖毒品的案件，如何把握死刑政策和证据标准

822- 易大元运输毒品案——走私、贩卖、运输、制造毒品过程中暴力抗拒检查、抓捕，造成执法人员重伤、死亡的行为，如何定性

839- 李光耀等贩卖、运输毒品案——被告人未满十八周岁时曾因毒品犯罪被判刑，在刑法修正案（八）实施后是否构成毒品再犯

852- 邱绿清等走私、运输毒品案——走私、运输毒品数量大，罪行严重，且有累犯情节，但有证据表明被告人系受雇走私、运输毒品，且非单独实施走私、运输毒品行为的，是否适用死刑立即执行

853- 高某贩卖毒品、宋某非法持有毒品案——如何认定以贩养吸的被告人贩卖毒品的数量以及为他人代购数量较大的毒品用于吸食并在同城间运送的行为如何定性

869- 刘晓鹏、罗永全贩卖毒品案——如何把握非法言词证据的认定标准与排除程序

936- 康文清贩卖毒品案——案发前，行为人检举揭发他人违法行为，公安机关根据该线索查获系行为人自己实施犯罪的，是否构成立功

954- 巴拉姆·马利克·阿吉达利、木尔塔扎·拉克走私毒品案——走私毒品案件中被告人主观明知的认定

955- 阿力日呷等贩卖、运输毒品案——对临时结伙贩卖、运输毒品起组织作用但本人实际贩卖毒品数量相对较少的主犯如何量刑

956- 刘洪高、刘开贵贩卖、运输毒品案——如何理解同一辩护人不得为两名以上犯罪事实存在关联的被告人辩护的限制性规定

971- 李刚、李飞贩卖毒品案——如何审查未查获毒品实物的指控事实

1014- 刘继芳贩卖毒品案——为吸食者代购少量毒品的行为如何定性以及特情引诱情节对毒品犯罪案件的定罪量刑是否具有影响

1015- 骆小林运输毒品案——对当场查获毒品的案件,被告人拒不认罪的,如何把握有关被告人主观明知的证据要求

1033- 叶布比初、跑次此尔走私、贩卖、运输毒品案——毒品犯罪中,有地位、作用突出的嫌疑人在逃的,是否影响对被告人死刑的适用

1034- 姚某贩卖毒品案——不满18周岁的人因毒品犯罪被判处五年有期徒刑以下刑罚,其再次实施毒品犯罪的,是否能够认定为毒品再犯

1035- 李梦杰、刘辉贩卖毒品案——立功等从轻处罚事实的认定是适用严格证明标准还是优势证明标准

1036- 朱莎菲贩卖毒品案——被告人协助公安机关抓获同案犯,但同案犯未被作为犯罪处理的,能否认定被告人构成立功

1039- 李志周运输毒品案——如何把握证据收集合法性的证明标准,以及排除非法证据后案件的处理方式

1051- 刘依善等贩卖毒品案——对于认定毒品交易上家犯罪事实的证据要求如何把握以及对于毒品来源有证据欠缺的案件应当注意哪些问题

1052- 刘吉良制造毒品,周永春制造毒品、非法持有枪支案——"零口供"案件中如何贯彻证据裁判原则,准确认定犯罪事实

1053- 傅勇、朱小勇贩卖、运输毒品,石远德运输毒品案——对接应毒品的行为,如何结合在案证据认定毒品运输方和接应方的犯罪事实并准确定性

1068- 周崇敏贩卖毒品案——二审裁判文书生效后,发现被告人在因一审判处的有期徒刑届满被取保候审期间又犯新罪的,在对新罪进行审判时不应认定该被告人构成累犯

1069- 张应宣运输毒品案——吸毒人员在运输毒品过程中被查获的,如何定性

1070- 欧阳永松非法持有毒品案——从吸毒人员住处查获数量较大的

毒品，但认定其曾贩卖毒品的证据不足的，是认定为贩卖毒品罪还是非法持有毒品罪

　　1084-周某非法持有毒品案——非法持有毒品者主动向公安机关上交毒品的，如何量刑

　　1131-曾某平等贩卖、运输毒品案——在上诉案件中，对于公诉机关指控但一审没有认定的犯罪事实，二审能否审理并予以认定

　　1132-易卜拉欣·阿卜杜西默德·阿布多什走私毒品案——对走私恰特草的行为如何定罪量刑

　　1167-黄志坚等贩卖、运输毒品案——二审法院经审查认为原判据以定案的证据系非法证据，依法排除有关证据后应当如何处理

　　1179-陈维有、庄凯思贩卖毒品案——如何准确认定居间介绍买卖毒品行为

　　1193-圣德·阿美·强走私毒品案——如何运用间接证据认定"零口供"走私毒品案

　　1194-张成建等贩卖毒品案——贩卖毒品案件中上下家的罪责区分及死刑适用

　　1195-张传勇贩卖毒品案——对以非接触方式交易毒品且被告人拒不供认的案件，如何综合运用间接证据定案

　　1196-刘守红贩卖、制造毒品案——如何认定制造毒品行为以及制毒数量

　　1197-章远贩卖毒品、容留他人吸毒案——为索要债务而唆使他人贩卖毒品的行为如何定性

　　1228-林清泉制造毒品案——制造毒品案件中，缴获的毒品系液态品，判处死刑应当特别慎重

　　1229-陈恒武、李祥光贩卖、运输毒品案——共同贩卖毒品的死刑政策把握

　　1230-孙奇志等贩卖毒品案——对毒品犯罪上下家如何区分罪责和适用死刑

　　1231-姚明跃等贩卖毒品案——被告人具有吸毒情节的，如何认定贩卖毒品数量

　　1232-高朝能贩卖、运输毒品案——审理死刑案件应当经审判委员会

讨论决定

1242- 陈万寿故意杀人案——吸食毒品致精神障碍后故意杀人案件的处理原则

1249- 李继轩等贩卖、运输毒品案——被告人在一审庭审中认罪并对其庭前有罪供述不持异议，二审期间提出受到非法取证的，如何审查与处理

1265- 张菊、王福贵、周道会贩卖、运输毒品案——重大毒品犯罪中，共同犯罪人及上下家之间如何适用刑罚

1279- 高洪雷等贩卖、运输毒品，介绍卖淫案——共同犯罪中作用相对较大的主犯因具有法定从轻情节而未判处死刑的，对其他主犯能否适用死刑

1280- 陈春莲贩卖毒品案——先前被羁押行为与最终定罪行为并非同一行为时，羁押日期可否折抵刑期

1290- 唐立新、蔡立兵贩卖毒品案——如何把握贩卖毒品罪的既遂未遂标准与毒品犯罪上下家的死刑适用标准

1307- 常茂、吴江运输毒品案——对毒品共同犯罪案件如何准确把握死刑政策

1348- 赛黎华、王翼龙贩卖毒品，赛黎华非法持有毒品案——如何认定毒品犯罪中的同种罪行及非法持有毒品罪中的"持有"

1384- 孙德柱贩卖毒品、容留他人吸毒案——容留他人吸毒且提供毒品并收取费用的行为如何定性

1385- 齐先贺贩卖、运输毒品案——如何区分毒品代购与加价贩卖

1412- 杨然贩卖毒品案——认罪认罚案件被告人以量刑过重为由提起上诉是否影响对原认罪认罚情节的认定

后 记

毒品犯罪案件较为特殊，犯罪手段隐蔽，证据种类单一，直接证据匮乏，翻供现象普遍，加上影响法律适用的因素多，毒品犯罪案件证据收集、审查和法律适用难度大，是司法实践中的一类难办案件。本书由长期从事毒品犯罪案件办理和指导的资深检察官撰写，既对毒品犯罪各罪进行深入分析，又分"毒品犯罪数量和毒品纯度"等专题系统论述；既细致整理、剖析各罪的证据要件和证据审查的难点，又全面阐释各罪的认定和量刑等法律适用难题；既紧贴办案实务，系统梳理立法、司法解释及其他规范性文件，辅之于典型案例解析，着力破解办案中的重点难点问题，又深入探究、论证相关问题背后的法理，给办理毒品犯罪案件予明确的指引。

本书撰稿人员分工如下（以撰写章节先后为序）：

肖先华，最高人民检察院第二检察厅检察官，负责第一章、第二章第三节（部分）、第十三章、第十四章第一节、第十节；拟定大纲、全书统稿。王晖，广东省人民检察院检察官，负责第二章第一节、第二节。陆旭，天津市人民检察院检察官，负责第二章第三节（部分）、第三章、第十四章第五节、第六节、第八节。刘欢，辽宁省人民检察院检察官，负责第四章、第五章、第十四章第三节、第四节。曹莉，原江苏省泰州市人民检察院检察官，负责第六章、第十章、第十四章第七节。肖军，广西壮族自治区人民检察院检察官，负责第七章、第八章、第十二章、第十四章第二节。王玉洁，陕西省人民检察院检察官，负责第九章、第十一章、第十四章第九节。

因撰写时间仓促，水平有限，本书内容难免存在谬误，恳请读者批评指正！

编 者

2022 年 4 月

图书在版编目（CIP）数据

毒品犯罪办案指引/肖先华主编. —北京：中国检察出版社，2022.05

ISBN 978-7-5102-2672-4

Ⅰ.①毒… Ⅱ.①肖… Ⅲ.①毒品—刑事犯罪—研究—中国　Ⅳ.① D924.364

中国版本图书馆 CIP 数据核字（2021）第 267200 号

毒品犯罪办案指引
肖先华　主编

责任编辑：柴凯菲
技术编辑：王英英
封面设计：曹　晓

出版发行：中国检察出版社
社　　址：北京市石景山区香山南路 109 号（100144）
网　　址：中国检察出版社（www.zgjccbs.com）
编辑电话：（010）86423708
发行电话：（010）86423726　86423727　86423728
　　　　　（010）86423730　86423732
经　　销：新华书店
印　　刷：河北宝昌佳彩印刷有限公司
开　　本：710mm×960mm　16 开
印　　张：45.5
字　　数：718 千字
版　　次：2022 年 5 月第一版　2023 年 4 月第三次印刷
书　　号：ISBN 978-7-5102-2672-4
定　　价：138.00 元

检察版图书，版权所有，侵权必究
如遇图书印装质量问题本社负责调换